Escapad

en **Camping car**

Europe 2012

Édito

Ont contribué à la réalisation de ce guide :

sous la direction de Philippe Orain

- **Édition** : Hélène Payelle, Archipel Studio
- **Rédaction** : Catherine Brett, Béatrice Brillion, Michel Chaput, Catherine Guégan, Adriana Malgahaes
- **Relecture** : Hélène Nguyen
- **Cartographie** : Philippe Cannot, André Prévault, Sandrine Tourari, Stéphane Anton
- **Couverture et maquette intérieure** : Jean-Luc Cannet et Pascal Grougon
- **Régie publicitaire et partenariats** :
  michelin-cartesetguides-btob@fr.michelin.com
  Le contenu pages de publicité insérées dans ce guide n'engage que la responsabilité des annonceurs
- **Contacts** :
  Michelin - Guides Touristiques
  27 cours de l'île Seguin, 92105 Boulogne-Billancourt cedex
  Service consommateurs : tourisme@tp.michelin.com
  Boutique en ligne : www.michelin-boutique.com
  www.Voyage.ViaMichelin.com
- **Remerciements** : Jutta Chaput, Grace Coston

Parution 2012

Votre avis nous intéresse

Vous souhaitez donner votre avis sur nos publications ou nous faire part de vos expériences ?
Écrivez-nous à l'adresse suivante : **camping-car@fr.michelin.com**
Nous vous en remercions par avance.

NOUVEAU FIAT DUCATO.
EURO 5, ZÉRO SOUCI.

É POUR DEVENIR VOTRE CAMPING-CAR.

e nouveau Fiat Ducato a été conçu en collaboration avec les principaux roducteurs européens de camping-cars afin d'offrir une parfaite déquation entre le châssis, la cabine et la cellule.

4 nouvelles motorisations Euro 5, Diesel Multijet II, avec urbocompresseur à géométrie variable selon la version : 115, 130, 50 Multijet et 180 Multijet Power, tous "BEST IN CLASS" de leur atégorie en matière de performance/consommation.

Jusqu'à 15 % de moins en termes de consommation et d'émissions.

Boîte de vitesses robotisée "COMFORT-MATIC" pour une conduite ncore plus détendue et efficace.

Réseau d'assistance : plus de 6 500 ateliers Fiat Ducato en Europe, ont plus de 1 700 points FIAT CAMPER ASSISTANCE particulièrement daptés pour accueillir votre camping-car.

Relation Clientèle : dans plus de 13 langues et 44 pays.

Assistance routière : 24/24 h, 7/7 j, partout en Europe.

Découvrez tout l'univers de Fiat Ducato et des services dédiés aux camping-cars sur
www.fiatcamper.com

u appeler le : **+39 0244412160****

Numéro Vert Universel : appel gratuit depuis un poste fixe. Depuis un téléphone mobile, les coûts arient en fonction des tarifs appliqués par votre opérateur téléphonique. **Coût d'un appel nternational vers l'Italie. 30th = 30 ans.

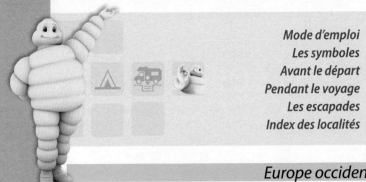

Sommaire

Europe occidentale

les escapades

Sommaire

Europe orientale

Escapades en Europe

Europe occidentale

- France
- Belgique
- Pays-Bas
- Allemagne
- Suisse
- Autriche

Europe méridionale

- Espagne
- Portugal
- Italie
- Slovénie
- Croatie
- Grèce

Europe septentrionale

- Grande Bretagne
- Irlande
- Danemark
- Suède
- Norvège
- Estonie
- Lettonie
- Lituanie

Europe orientale

- Pologne
- Rép. Tchèque
- Hongrie
- Roumanie

GRANDE BRETAGNE

Dublin

IRLANDE

PORTUGAL

Lisbonne

Madrid

ESPAGNE

SUÈDE
NORVÈGE
Oslo
Stockholm
Tallinn
ESTONIE
Riga
LETTONIE
DANEMARK
LITUANIE
Copenhague
Vilnius
PAYS-BAS
Varsovie
Berlin
Amsterdam
POLOGNE
Londres
ALLEMAGNE
Bruxelles
Prague
BELGIQUE
RÉP. TCHÈQUE
Paris
Vienne
Budapest
AUTRICHE
ROUMANIE
FRANCE
HONGRIE
Berne
Ljubljana
Bucarest
SUISSE
SLOVÉNIE
Zagreb
CROATIE
ITALIE
Rome
GRÈCE
Athènes

Pour chaque pays
Une présentation des paysages, du climat, du patrimoine culturel.

Le pays
The Country
Das Land

Espagne

Nom local : *España* **Capitale :** *Madrid*
Population : *45,11 millions d'habitants* **Superficie :** *504 783 km² ·* **Monnaie :** *Euro*

Carte d'identité du pays
Country ID Card
Landeseigene Daten

Corrida, flamenco, bar à tapas… derrière les clichés qui s'imposent quand on évoque l'Espagne se cache un pays complexe qui possède quatre langues officielles et des paysages plus différenciés qu'aucun autre pays d'Europe. S'il existe un malentendu à l'égard de ce pays aux différences saisissantes, c'est sans doute parce que les Espagnols sont eux-mêmes tiraillés entre deux Espagne, traditionnelle et moderne, sobre et exubérante, à l'image des actrices du cinéaste Pedro Almodóvar. Il convient de prendre le temps de parcourir l'Espagne pour découvrir ses côtes, tourmentées sur l'Atlantique avec les falaises abruptes de Galice, chaudes et cristallines sur la Méditerranée, atteindre les sommets des Pyrénées ou de la sierra Nevada, contempler le plateau castillan ou les vastes oliveraies andalouses, s'enfoncer dans les campagnes solitaires du centre, la Meseta, ou dans les villes trépidantes.
Le pays le plus visité dans le monde, après la France est aussi un pays de contrastes architecturaux.

L'Espagne a amassé tout au long des siècles de splendides œuvres d'art : de belles églises romanes, d'impressionnantes cathédrales gothiques, des sanctuaires baroques à couper le souffle, d'étonnants monuments hispano-musulmans, de magnifiques châteaux, de somptueuses peintures et sculptures.
On pourrait résumer en trois mots son climat : lumineux, sec et tempéré mais ce serait négliger nombre de nuances propres à chaque région. Des neiges de la sierra Nevada aux printemps délicieux des Baléares en passant par l'aridité de l'Estrémadure.
Les traditions espagnoles demeurent vivaces et chacun participe intensément aux fêtes, célébrées tout au long de l'année. Renseignez-vous sur le calendrier des festivités et si le cœur vous en dit joignez-vous aux Sanfermines de Pampelune, Fallas de Valence, fêtes de Noël à Madrid, au pélerinage à Huelva, carnaval de Cadix, à la Semaine sainte à Séville.

92

Présentation du pays
Introduction to The Country
Vorstellung des Landes

For each country a landscape, climate, cultural heritage.
Für jedes Land eine Darstellung der Landschaft, des Klimas, des kulturellen Erbes.

Des recommandations
spécifiques à chaque pays
*Specific recommendations for
each country*
*Besondere Empfehlungen
für jedes Land*

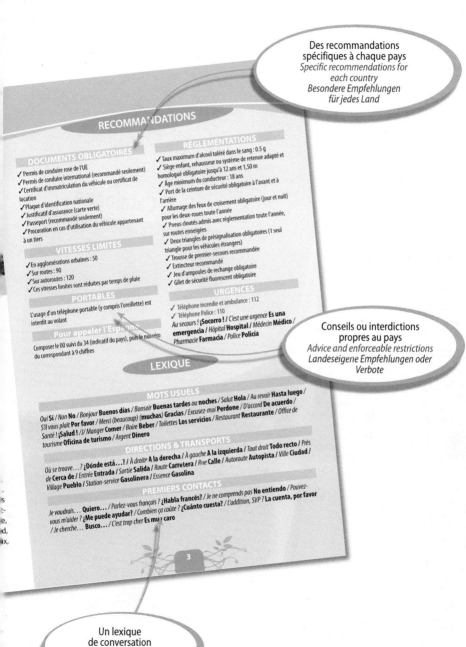

RECOMMANDATIONS

DOCUMENTS OBLIGATOIRES

✓ Permis de conduire rose de l'UE
✓ Permis de conduire international (recommandé seulement)
✓ Certificat d'immatriculation du véhicule ou certificat de location
✓ Plaque d'identification nationale
✓ Justificatif d'assurance (carte verte)
✓ Passeport (recommandé seulement)
✓ Procuration en cas d'utilisation du véhicule appartenant à un tiers

VITESSES LIMITES

✓ En agglomérations urbaines : 50
✓ Sur routes : 90
✓ Sur autoroutes : 120
✓ Ces vitesses limites sont réduites par temps de pluie

PORTABLES

L'usage d'un téléphone portable (y compris l'oreillette) est interdit au volant

Pour appeler l'Espagne

Composer le 00 suivi du 34 (indicatif du pays), puis le numéro du correspondant à 9 chiffres

RÉGLEMENTATIONS

✓ Taux maximum d'alcool toléré dans le sang : 0.5 g
✓ Siège enfant, rehausseur ou système de retenue adapté et homologué obligatoire jusqu'à 12 ans et 1,50 m
✓ Âge minimum du conducteur : 18 ans
✓ Port de la ceinture de sécurité obligatoire à l'avant et à l'arrière
✓ Allumage des feux de croisement obligatoire (jour et nuit) pour les deux-roues toute l'année
✓ Pneus cloutés admis avec réglementation toute l'année, sur routes enneigées
✓ Deux triangles de présignalisation obligatoires (1 seul triangle pour les véhicules étrangers)
✓ Trousse de premier-secours recommandée
✓ Extincteur recommandé
✓ Jeu d'ampoules de rechange obligatoire
✓ Gilet de sécurité fluorescent obligatoire

URGENCES

✓ Téléphone incendie et ambulance : 112
✓ Téléphone Police : 110
Au secours ! **¡Socorro !** / C'est une urgence **Es una emergencia** / Hôpital **Hospital** / Médecin **Médico** / Pharmacie **Farmacia** / Police **Policía**

Conseils ou interdictions
propres au pays
Advice and enforceable restrictions
*Landeseigene Empfehlungen oder
Verbote*

LEXIQUE

MOTS USUELS

Oui **Sí** / Non **No** / Bonjour **Buenos días** / Bonsoir **Buenas tardes** ou **noches** / Salut **Hola** / Au revoir **Hasta luego** / S'il vous plaît **Por favor** / Merci (beaucoup) **(muchas) Gracias** / Excusez-moi **Perdone** / D'accord **De acuerdo** / Santé ! **¡Salud !** /// Manger **Comer** / Boire **Beber** / Toilettes **Los servicios** / Restaurant **Restaurante** / Office de tourisme **Oficina de turismo** / Argent **Dinero**

DIRECTIONS & TRANSPORTS

Où se trouve…? **¿Dónde está…?** / À droite **A la derecha** / À gauche **A la izquierda** / Tout droit **Todo recto** / Près de **Cerca de** / Entrée **Entrada** / Sortie **Salida** / Route **Carretera** / Rue **Calle** / Autoroute **Autopista** / Ville **Ciudad** / Village **Pueblo** / Station-service **Gasolinera** / Essence **Gasolina**

PREMIERS CONTACTS

Je voudrais… **Quiero…** / Parlez-vous français ? **¿Habla francés?** / Je ne comprends pas **No entiendo** / Pouvez-vous m'aider ? **¿Me puede ayudar?** / Combien ça coûte ? **¿Cuánto cuesta?** / L'addition, SVP ? **La cuenta, por favor** / Je cherche… **Busco…** / C'est trop cher **Es muy caro**

3

Un lexique
de conversation
Conversation guide
Kleine Wortkunde

Pour chaque escapade
La description de l'itinéraire, avec carte et photos

Le titre de l'escapade
Trip title
Titel des Ausflug

Le pays
The Country
Das Land

N° 14

Espagne

Barcelone festive et les trésors de la **Catalogne**

➲Départ de Barcelone
➲10 jours
840 km
Carte Michelin n° 574

Ville de départ
Durée
Kilométrage
Town of departure
Duration
Mileage
Ausgangspunkt
Dauer
Länge in km

Gaudí au parc Güell

Jours 1 & 2

Barcelone, deuxième ville d'Espagne vaut assurément à elle seule une longue visite. Il faut découvrir un à un les trésors de la ville, se laisser séduire par l'architecture attachante du modernisme et par les mille et une facettes de l'art contemporain qui s'expose généreusement partout en ville. Il faut prendre le temps de flâner sur les grandes artères commerçantes de part et d'autre du passeig de Gràcia et voir les dernières tendances de la mode dans l'incontournable El Corte Inglès. Ensuite, on appréciera certainement un repos bien mérité au parc Güell au milieu des drôles de créations de Gaudí ou vous irez paresser sur les plages de la Barceloneta. Certains, et ils sont nombreux,

ne voudront pas quitter Barcelone sans visiter la fondation Miró et le musée d'Art de la Catalogne à Montjuïc, que l'on peut atteindre depuis la Barceloneta en empruntant un curieux téléphérique. Allez aussi jeter un coup d'œil à l'impressionante Sagrada Familia, à laquelle Gaudí consacra près de quarante ans mais sans pouvoir l'achever. Le soir et fort tard dans la nuit, Barcelone c'est aussi une incomparable atmosphère de fête, à l'image de ce qui se vit sur la célèbre Rambla et dans les bars à tapas aux alentours.

Jour 3

Le circuit se poursuit vers le nord jusqu'à **Empúries**, site archéologique gréco-romain de premier plan. **Castelló d'Empúries** sera la prochaine étape

puis vous poursuivrez votre route jusqu'au splendide site recelant les impressionnantes ruines du **monastère Sant Pere de Rodes**.

Jour 4

À **Figueres**, vous vous rendrez à l'extravagant musée Dalí et flânerez dans la vieille ville avant de rejoindre **Gérone**, chef-lieu de la province. Gérone est une ville aux multiples attraits : vous pourrez y visiter la cathédrale gothique, le musée d'Art, les bains arabes ainsi que la collégiale Sant Feliu et le monastère Sant Pere de Galligants.

Jour 5

La suite de notre itinéraire traverse l'une des plus belle régions de l'arrière-pays d la province de Gérone. Cett région possède une granc

94

Un découpage
par journée
Day-by-day details
Tagestouren

For each trip, an itinerary description with map and photos
Für jeden Ausflug : die Beschreibung der Reiserouten mit Landkarte und Photos

Une carte avec l'itinéraire
et les étapes localisées
Map, your itinerary and main overnight stays
Eine Landkarte mit Reiserouten und
Rastorten

variété de paysages et une grande richesse artistique et gastronomique. Passez par **Besalú** qui est l'un des plus beaux petits villages de la Catalogne. Vous continuerez par la N 260, qui passe à côté de l'impressionnante coulée basaltique de 60 m de haut à laquelle s'accroche le village de **Castellfollit de la Roca**. Faites un crochet jusqu'à **Camprodon,** connue pour ses fameux biscuits et son pont médiéval. En poursuivant votre chemin par la C 26, vous atteindrez **Sant Joan de les Abadesses**, où vous serez fasciné par la splendide Descente de croix qui préside l'abside de l'église de son monastère roman. Non loin de là, à **Ripoll**, se trouve un autre joyau de l'art roman, le portail sculpté de la magnifique collégiale Santa Maria.

Jour 6

Prenez la N 152, puis la N 260 en parcourant la comarca pyrénéenne de la Cerdagne, encerclant l'impressionnante serra del Cadí et le parc naturel Cadí Moixeró jusqu'à **La Seu d'Urgell** et rejoignez Lerida en descendant la vallée du Segre.

Jour 7

De Lerida, rendez-vous dans le delta de l'Èbre pour y découvrir ses vins, ses plantations de riz et peut-être aussi faire une excursion en bateau dans le delta.

Jour 8

Tarragone conserve un des ensembles archéologiques romains les plus importants de la péninsule. Vous ne quitterez pas la ville sans vous être promené dans ses rues médiévales et sans avoir visité sa magnifique cathédrale.

Jour 9

Vins et moines sont le binôme indissociable de cette journée qui vous offrira l'occasion de déguster quelques-uns des meilleurs crus de Catalogne, tout en découvrant l'un des ensembles de monastères cisterciens les plus beaux et les plus importants de toute l'Espagne. **Reus** conserve un intéressant ensemble d'édifices modernistes, et doit également sa célébrité à ses fruits secs et à ses confiseries. **Poblet**, fondé en 1151, est à lui seul un véritable musée d'histoire architecturale qui renferme dans le cloître et l'église ses meilleurs exemples. Depuis Poblet, et après la visite de L'Espluga de Francolí, vous rencontrerez la cité médiévale de **Montblanc**, encerclée par ses intemporelles murailles, et arriverez à **Santes Creus**, l'autre grand monastère cistercien de Catalogne.

Jour 10

De retour à Barcelone, faites halte à la moderniste **Sitges**, joyeuse station touristique dont le Museu del Cau Ferrat, résidence du peintre Santiago Rusiñol, mérite une visite.

95

Les points intéressants du parcours :
patrimoine, musée, artisanat, gastronomie, nature
Points of interest along the way :
architecture, museums, crafts, gastronomy, wildlife
Sehenswürdigkeiten auf der Strecke Kulturgut, Museum,
Handwerk, Gastronomie, Natur

Pour chaque escapade

Un carnet pratique proposant une sélection d'adresses :
aires de service, campings et les bonnes adresses de Bib

Adresse et périodes d'ouverture
Address and opening dates
Adresse und Öffnungsdatum

Nombre de places
Parking capacity
Anzahl der Stellplätze

Type de
bornes, services et tarifs
Technical facilities, services and rates
*Serviceeinrichtung (Stromanschluss,
Ent-/Versorgungseinrichtung,
Wasser); Preis*

Stationnement, durée, tarifs
Parking, duration, rates
Aufenthaltsdauer, Preis

Structure camping-car
Motorhome services
*Serviceeinrichtungen für
Wohnmobile*

Loisirs et services
Services & entertainment
*Freizeitangebot und
Dienstleistungen*

Ouverture,
nombre d'emplacement
Opening dates, parking capacity
*Öffnungszeiten und
Anzahl der Stellplätze*

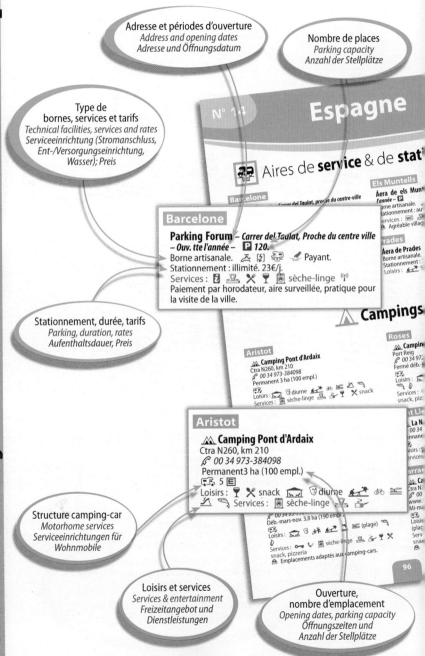

N° 14   **Espagne**

Aires de **service** & de **stat**

Barcelone

Parking Forum – *Carrer del Taulat, Proche du centre ville*
– *Ouv. tte l'année* – 🅿 *120.*
Borne artisanale. Payant.
Stationnement : illimité. 23€/j.
Services : sèche-linge
Paiement par horodateur, aire surveillée, pratique pour
la visite de la ville.

Campings

Aristot

Camping Pont d'Ardaix
Ctra N260, km 210
📞 00 34 973-384098
Permanent 3 ha (100 empl.)
5
Loisirs : snack diurne
Services : sèche-linge

For each trip, a convenient address selection :

🚐 Service areas, ⛺ campings, 🍽 Bib's selection.

Für jeden Ausflug, Ein praktisches Handbuch mit einer Auswahl an Adressen :

🚐 Serviceeinrichtungen, ⛺ Campingplätzen, 🍽 die vom Bib empfohlenen Adressen.

Carnet pratique

Les bonnes **adresses** de Bib

ionnement

ells – *Carrer de Canalet* – *Ouv. tte*

🅿 🚐 🍽 Gratuit.

🛏 ✕ 🍽
e du parc naturel du delta de l'Ebre.

- en camping – 🅿 🚐 🍽 Payant 3 €.
⛺ 🛏 🍽
,50 €/j.
ervices : 🛁 WC ✕ 🍽

g Salatà

-256086
anv. à déb.-fév. 4 ha (240 empl.)
⛺ 🍴 ⏲ diurne ✕ 🛏 🍽 (plage)
🛏 🚿 sèche-linge 🛁 🍽 🍽 ✕
eria

rènç de Montgai

oguera
973420334
it 2,5 ha (110 empl.)
🛏 🍽 🍽 (plage) 🍽 ✕
🚿 sèche-linge 🛁 🍽 ✕

one

mping Torre de la Mora
40 km 1171
34 977-650277
orredelamora.com
s à oct. 16 ha (450 empl.)
🍴 ⏲ diurne 🍽 🛏 🍽 🍽
🚿 sèche-linge 🛁 🍽 ✕
es :
ransports en commun pour le centre-ville.

Barcelone

El Portalón (Tapas)
*Banys Nous, 20 - ☎ 933 021 187 - tlj sf dim. et j. fériés
9h-0h, cuisine 13h-16h, 19h30-22h30 - fermé 15 j. en août
- menu 8/10 €, tapas 5/16 €, carte 15 € env.*
Une des rares adresses encore authentiques du Barri
Gòtic. Dans une vaste salle de pierres apparentes, tapas
et plats du jour servis sur des petites tables bistrot.
Ambiance touristique en salle, mais très catalane au bar.

Els Quatre Gats
*Montsió, 3 bis - ☎ 933 024 140 - 25/35 € - tlj sf dim. 17h-
2h.*
Symbole de la Barcelone moderniste et bohème, ce café
classique, réalisé par Puig i Cadafalch, fut le rendez-vous
des artistes tels que Picasso, Casas et Utrillo. Formule du
midi intéressante.

La Boqueria
Rambla, 91.
Marché central installé dans un bâtiment en verre et fer
de la fin du 19ᵉ s. On y trouvera les denrées d'excellente
qualité, les plus variées de Barcelone.

Mercat deSant Antoni
Comte d´Urgell, 1.
Installé à l'extérieur du marché municipal du même
nom, il n'ouvre que le dimanche matin. Indispensable
pour les amateurs de vieux magazines, journaux d'époque, bandes dessinées, timbres-poste et toutes sortes
de livres hors catalogue, à des prix très attractifs.

Blanes

Terrasans
Ample, 1 - ☎ 972 330 081 - tapas 1/15 - 7h-1h.
Taverne prestigieuse où l'on vient autant prendre son
petit-déjeuner que des tapas à midi. Terrasse ombragée
dans un patio paisible.

Cambrils

Macarrilla
*Barques, 14 - ☎ 977 36 08 14 -fermé mar., de mi-fév. à fin
fév., da mi-nov. à fin nov.*
Restaurant central tenu en toute simplicité par une famille. Sa salle qui jouit d'une entrée indépendante est
bien aménagée et séparée du bar. Une bonne adresse
pour goûter un bon repas en se détendant.

Camprodon

Cal Xec
Isaac Albèniz, 1 - ☎ 972 740 357.
En entrant dans cette charcuterie, vous ressentirez im
médiatement le désir de déguster ses produits qui em
baument dans toute la maison. Ouverte depuis 1870.

elle n'a eu de cesse d'accroître sa renommée et ses amateurs, grâce à la qualité de son *fuet* (saucisson sec), de
ses saucisses, de ses *botifarres*, boudins catalans, et de
ses *chorizos*.

Castelló d'Empuries

Portal de la Gallada
*Pere Estany, 14 - ☎ 972 250 152 - tlj 13h-16h, 19h30-
23h ; fermé le mar. hors saison.*
Spécialités de grillades dans une jolie bâtisse du 12ᵉ s.
dotée d'une terrasse superbe embrassant une partie du
parc naturel dels Aiguamolls.

Gerone

Le Bistrot
*Pujada Sant Domènec, 4 - ☎ 972 218 803 - tlj 13h-16h, 19h-
1h.*
Le restaurant est doté d'une agréable terrasse à l'intersection des deux escaliers menant à l'église Sant Martí
Sacosta. Savoureux plats de viande et poisson mais peu
de plats froids l'été.

Lérida

L'Esmolet
Pl. de Ricard Vinyes, 3 - ☎ 973 221 812.
Bar à tapas chaleureux à la déco tout en bois, où les habitants aiment se retrouver autour de grandes tartines
frottées à la tomate.

Salou

Albatros
*Brusel.les, 60 - ☎ 977 385 070 - fermé 2-20 janv., dim. soir
et lun. sf j. fériés.*
Le propriétaire est aux fourneaux ! La salle du restaurant ne cesse de gagner en confort comme la cuisine
qui ne cesse de s'améliorer et dont vous savourerez les
recettes élaborées. Terrasse animée les nuits d'été.

Tarragone

El Tiberi
*Martu d'Adenyà, 5 - ☎ 977 235 403 - fermé dim. soir., lun.
- 10,16/71 €.*
Belle sélection de spécialités catalanes salées et sucrées
présentées sur un grand buffet, dans un décor champêtre. Excellent rapport qualité-prix.

Une sélection de restaurants,
de loisirs, de produits du terroir et d'artisanat
*Selected restaurants,
leisure spots and local produce and crafts
Eine Auswahl an Restaurants,
Freizeitangeboten, typischen Erzeugnissen der
Gegen und des Handwerks*

Signification des symboles

Catégories *Categories Kategorien*

Camping : de très confortable jusqu'à simple mais convenable
Camping from very comfortable to simple but suitable
Komfortabel bis einfach, aber ordentlich

Agrément & Tranquillité *Peaceful atmosphere & setting Besonders schöne & ruhige Lage*

Camping très agréable pour le cadre, la qualité et la variété des services proposés
Particularly pleasant setting, quality and range of services available
Landschaftlich schöne Lage, gutes und vielfältiges Serviceangebot

Terrain très tranquille, isolé — tranquille surtout la nuit
Remote, isolated - at night particularly calm
Ruhig, abgelegen – nachts besonders ruhig

Sélections particulières *Special features Besondere Merkmale*

Camping équipé pour les séjours d'hiver
Equipped for winter camping
Campingplatz für Wintercamping ausgestattet

Situation & fonctionnement *Location & services Lage & Dienstleistungen*

Présence d'un gardien
Presence of a guard
Wachpersonal

Accès interdit aux chiens
Dogs prohibited
Für Hunde verboten

Parking obligatoire pour les voitures en dehors des emplacements
Cars must be parked away from pitches
Parken nur auf Parkplätzen außerhalb der Stellplätze

Cartes bancaires non acceptées
Credit cards not accepted
Keine Kreditkarten

Chèques-vacances non acceptés
« Chèques-vacances » not accepted
Keine « Chèques-vacances »

Confort *Comfort Komfort*

Sanitaire moderne
Site with modern facilities
Moderne Sanitäreinrichtungen

Installations chauffées
Heated facilities
Beheizte sanitäre Anlagen

Installations sanitaires accessibles aux handicapés physiques
Sanitary installations for the physically handicapped
Sanitäre Einrichtungen für Körperbehinderte

Lavabos en cabines individuelles
Individual wash rooms
Individuelle Waschräume

Salle de bains pour bébés
Baby changing facilities
Wickelraum

Distributeurs d'eau chaude
Warm water
Warmwasser

Branchements individuels : Eau - Évacuation
Each bay equipped with water - drainage
Individuelle Anschlüsse : Wasser - Abwasser

Conventional Signs   Zeichenerklärung

Services *Facilities Dienstleistungen*

Eau potable / *Drinking water* / *Trinkwasser*	**Laverie** / *Laundry – washing machines* / *Waschmaschinen*
Électricité / *Electricity* / *Stromanschluss*	**Téléphone** / *Telephone* / *Öffentliches Telefon*
Vidange eaux grises / *Waste water change* / *Grauwasserentleerung*	**Borne internet** / *Internet point* / *Internetanschluss*
Vidange eaux noires (cassettes) / *Mobil toilet disposal* / *Entsorgung Mobiltoilette*	**Wifi** / *Wifi* / *Wifi*
Borne / *Site equipped for camper* / *Versorgungsanschluss für Wohnmobil*	**Supermarché** / *Supermarket* / *Supermarkt*
5 **Nombre d'emplacements** / *Number of pitches* / *Anzahl der Stellplätze*	**Commerce traditionnel** / *Food shop* / *Lebensmittelgeschäft*
À savoir / *Worth knowing* / *Wissenswertes*	**Restaurant** / *Restaurant* / *Restaurant*
Formule Stop accueil camping-car FFCC / *Special price for camper on the site* / *Sonderpreis für Wohnmobil auf dem Campingplatz*	**Plats à emporter** / *Take away meals* / *Fertiggerichte zum Mitnehmen*
Centre d'information / *Tourist information* / *Informationsstelle*	
WC Public / *Public toilets* / *Öffentliche Toiletten*	
Bar - Café / *Bar – Coffee-house* / *Bar – Café*	

Tarif en € *Charges in € Preise in €*
Redevance journalière *Daily charge Tagespreise*

Par personne / *Per Person* / *Pro Person* — 5€	**Pour l'emplacement (tente/caravane)** / *Per pitch (tent/caravan/camper)* / *Platzgebühr (Zelt/Wohnwagen/Reisemobil)* — 6€
Pour le véhicule / *Per vehicle* / *Pro Fahrzeug* — 2€	**Pour l'électricité (nombre d'ampères)** / *Electricity (by number of amperes)* / *Stromverbrauch (Anzahl der Ampere)* — 6,50€ (4A)

Redevance forfaitaire *Rates included Pauschalgebühren*

25€ (10A) **Emplacement pour 1 personne, véhicule et électricité compris** / *Pitch for 1 person including vehicle and electricity* / *Stellplatz für 1 Person, Fahrzeug und Strom inklusiv*

Signification des symboles
Conventional Signs   Zeichenerklärung

Loisirs   *Recreational facilities*   *Freizeitmöglichkeiten*

Jeux pour enfants
Playground
Kinderspielplatz

Club pour enfants
Children's club
Kinderfreizeitklub

Animations diverses
Miscellaneous activities
Diverse Freizeitangebote

Salle d'animations
Recreation room
Freizeitraum

Salle de remise en forme
Fitness room
Fitnessraum

Sauna
Sauna
Sauna

Tennis
Tennis courts open air
Tennisplatz

Tennis couvert
Tennis court covered
Hallentennisplatz

Baignade
Bathing allowed
Baden erlaubt

Piscine
Swimming pool
Freibad

Piscine couverte
Swimming pool covered
Hallenbad

Toboggan
Water slide
Wasserrutschbahn

Sports nautiques
Water sports
Wassersport

Canoë / Kayak
Canoe/Cajak
Kanu/Kajak

Pêche
Fishing
Angeln

Mini-golf
Mini golf
Minigolfplatz

Tir à l'arc
Archery
Bogenschiessen

Location de vélos
Cycle hire
Fahrradverleih

Centre équestre
Riding
Reitzentrum

Ski nordique
Cross-country skiing,
Langlauf

Pistes de ski alpin
Alpine ski pistes
Pisten für Abfahrtslauf

Téléphérique
Cable car
Kabinenbahn

Les vérifications

Avant de partir, vous devez bien vérifier l'état de votre camping-car. C'est une question de sécurité et de confort. Quelques conseils en forme de check-list !

Le porteur

☑ Les pneus

Ils sont un des organes de sécurité essentiels de votre véhicule. Vous devez leur porter toute votre attention.

Le pneu doit tout d'abord être adapté au camping-car. Conçu spécialement pour les camping-cars, le pneu **Michelin Agilis Camping** vous permettra de voyager très longtemps en toute sécurité. Ses atouts majeurs sont la longévité, la robustesse, et la polyvalence.

Une architecture bi-carcasse renforcée permet d'utiliser des pressions de gonflage plus élevées. Huit boucliers de protection sont disposés sur chaque flanc du pneumatique, renforçant ainsi la résistance contre les chocs trottoir. Une sculpture avec plus de lamelles et fortement entaillée, associée à des gommes fonctionnant dans un domaine de température étendu, permettent une adhérence suffisante lors de roulages occasionnels dans des conditions difficiles (pistes, boue, neige).

Autre point important :
Avant de partir, contrôlez le **bon état** des pneus et vérifiez **la pression**. Cette dernière doit être de 5,5 bars.

☞ *Pour ces pressions, des valves métalliques sont impératives.*

☑ Sont également à contrôler

- Le niveau d'huile
- Le liquide des freins
- Le frein à main
- Le liquide du lave-glace
- Les balais d'essuie-glace
- Les serrures
- La batterie
- Les phares
- Les clignotants

☞ *Pour plus de sécurité, une partie de ces contrôles (comme celui des plaquettes de freins) peut être fait par votre garagiste.*

☞ *Penser à se munir d'un kit d'ampoules de rechange.*

☞ *En cas de panne, vous devez disposer d'un gilet et d'un triangle de signalisation. Pensez-y !*

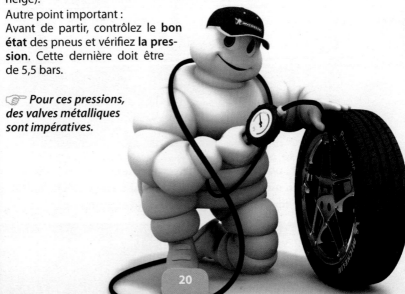

PUR PLAISIR ?

Pas seulement ! La technologie innovante des essieux et châssis AL-KO est synonyme de confort routier et tenue de route à toute épreuve.

Centre de gravité abaissé I Voie élargie I Roues indépendantes pour des vacances 100 % plaisir I Suspension à air possible pour toujours plus de confort.

 Avant le départ, n'oubliez pas de graisser votre essieu AL-KO 1 fois par an ou tous les 20 000 km !

Pour en savoir plus sur le châssis AL-KO, connectez-vous sur notre site : **www.al-ko.fr**

11Y018

Châssis amc
QUALITY FOR LIFE

Les vérifications

La cellule

✔ Circuit d'eau

Eau propre : rincer et faire le plein.
Eaux usées : verser un produit de nettoyage et de désinfection. Pour éviter les mauvaises odeurs, préférer les produits du commerce ou le vinaigre plutôt que l'eau javellisée.

✔ Electricité

Faire fonctionner tous les postes électriques du véhicule. Si vous avez des panneaux solaires, vérifiez qu'ils sont propres. Leur efficacité en dépend.
☞ *Garder les références des ampoules, tubes et fusibles pour pouvoir les remplacer en cas de problème.*

✔ Extincteur

S'assurer que la date de validité de l'extincteur n'est pas dépassée.

✔ Fermeture

Contrôler la fermeture des ouvrants (lanterneaux, baies, portillons, portes et placards). Vérifier qu'il n'y a pas de fuite aux portes, lanterneaux et baies vitrées.

✔ Gaz

Vérifier le contenu des bouteilles de gaz (surtout en période hivernale) et le fonctionnement de tous les appareils à gaz. Avant le départ, fermer l'arrivée générale du gaz.
☞ *Les tuyaux à gaz doivent être changés régulièrement.*
Vérifier la date de péremption.

✔ Hiver

Si vous partez en hiver, assurez-vous de la qualité du liquide dans le circuit de refroidissement ainsi que celle de l'huile moteur qui doit être adaptée aux températures hivernales.
Vérifiez l'état de la batterie.

Contrôlez le bon fonctionnement du chauffage et de tous les accessoires participant à la bonne visibilité.
Ne pas oublier de prendre les chaînes et apprendre à les mettre en place avant le départ ! Penser également à emporter des plaques de « désenlisement » et une pelle.

✔ Rangement

Le rangement des objets dans les placards et la soute doit être fait méthodiquement. Vous devez également veiller à bien répartir la charge.
☞ *Les objets lourds sont toujours placés en bas.*

✔ Surcharge

Les camping-cars sont limités en charge utile.
En règle générale, le **poids total** ne doit pas dépasser **3,5 t** (sauf pour les véhicules classés poids lourds).
☞ *La surcharge est passible d'une contravention.*

✔ Dans vos bagages

Penser à emporter un nécessaire à pharmacie et une trousse de secours aux premiers soins d'urgence ! Si vous voyagez avec un **animal domestique**, n'oubliez pas son **carnet de santé**. Il vous sera demandé dans les campings.

✔ Vélos

Vérifier qu'ils sont parfaitement fixés au porte-vélo. Il en va de la sécurité des autres véhicules.

✔ Juste avant le départ

Ne pas oublier de rentrer le **marche-pied** (si vous n'avez pas de système d'alerte sonore). Rabattre les **antennes** (TV, parabole).

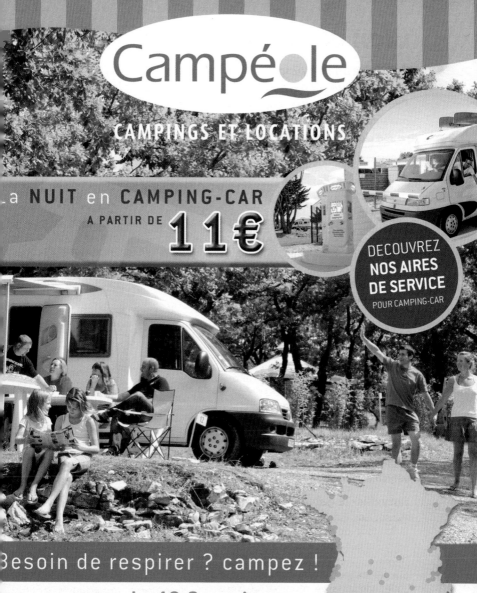

Bien conduire

Conduire un camping-car n'est pas difficile.
Tout titulaire du permis auto a la possibilité de le faire.
Toutefois intégraux, capucines et autres profilés présentent des particularités dont vous devez tenir compte afin de prendre la route dans de bonnes conditions.

On s'attache !

Est-il utile de rappeler que les passagers doivent impérativement boucler leur ceinture de sécurité, qu'ils voyagent dans la cabine ou en cellule (si celle-ci en est équipée)? De même, les effets personnels et les vivres doivent être rangés, pendant le voyage, dans des placards fermés.

Une bonne marge de distance

L'inertie au freinage demeure plus importante avec un camping-car que sur une voiture, en raison du poids en mouvement, et ce malgré les systèmes de freinage sophistiqués actuels (ABS, EPS, etc).
Préservez ainsi toujours une marge de distance confortable par rapport aux véhicules qui vous précèdent.

Surveiller le gabarit

Pensez aux autres véhicules : afin que la **largeur** de votre camping-car ne les gêne pas, veillez à bien tenir votre droite.
Sur les petites routes de campagne, soyez vigilants au moment où vous croisez tracteurs, cars et autres camions. Vous devez ralentir et vous déporter encore plus sur la droite. Vigilance accrue lorsque vous doublez un cycliste !

Gardez en tête la **hauteur** du véhicule. Le mieux est encore de noter les dimensions de votre véhicule et son PTAC sur un papier fixé sur le tableau de bord.

En **montagne**, pensez aux routes à encorbellement, surtout si vous roulez en capucine. Les véhicules les plus imposants risquent en effet d'accrocher les parois. Mais rassurez-vous ! Nos circuits ont pris en compte ce risque.

☞ *Lors de la descente des cols, utilisez au maximum votre frein moteur.*

En ville, des mésaventures du même type peuvent se produire avec certains **balcons en encorbellement**.

Sur l'autoroute, méfiez-vous des **barrières de péage**. Certains couloirs réservés aux voitures sont parfois équipés de barre de hauteur.
Attention également aux **branches basses** des arbres.

Au moment de doubler et de se rabattre, vous devez bien avoir en tête la **longueur** de votre camping-car. Certains véhicules ayant un porte-à-faux important peuvent rencontrer des difficultés lors des manœuvres de stationnement et d'accès sur les ferries ou les bacs.

Contrer les appels d'air

Si vous conduisez une grande capucine ou un intégral, pour éviter les appels d'air générés en dépassement, vous devez compenser par un léger mouvement du volant en sens inverse.

Se garer avant d'entrer dans le centre-ville

La circulation dans les villes et les villages nécessite une grande prudence. Soyez attentifs aux nombreuses barres de hauteur qui limitent parfois les accès. Et avant de pénétrer dans le vieux quartier de telle cité médiévale aux ruelles étroites, prenez vos précautions.

☞ *Vous trouverez dans « Le conseil de Bib » les lieux où se garer facilement avant d'entrer dans des centres-ville impraticables.*

Évaluer le terrain

Lorsque vous sortez des routes aménagées, vous devez ne pas sous-estimer le poids de votre camping-car et évaluer la praticabilité du terrain.

Sur un camping-car, l'essentiel du poids se trouvant concentré vers la partie arrière, mieux vaut, pour éviter le patinage des roues, faire une reconnaissance à pied.

Aire de service de St-Pourçain-sur-Sioule © M. Chaput / MICHELIN

Le stationnement des camping-cars est régi par le code de la circulation routière, le code de l'urbanisme et le code des collectivités territoriales.
Vous devez connaître et respecter leurs règles.

Stationnement sur la voie publique

En ville, garez-vous sur les parkings extérieurs au centre-ville ou sur les parkings réservés aux camping-cars, en faisant attention de ne pas empiéter sur d'autres places, ni sur la voie publique.

☞ *Si la sécurité ou l'ordre public l'exigent, les maires sont en droit de prescrire des mesures plus rigoureuses en matière de stationnement.*

Stationnement sur le domaine privé

Si vous voulez stationner sur une propriété privée, vous devez en demander l'autorisation aux propriétaires.

Il est interdit de stationner sur les rivages de la mer, dans des sites classés ou inscrits et leur proximité, dans un rayon de moins de 200 m d'un point d'eau captée pour la consommation, dans les bois, forêts, parcs classés comme espaces boisés à conserver.

Les structures d'accueil adaptées

Ci-dessous, exemple de borne industrielle © M. Chaput / MICHELIN — *Aire de service de Barbotan © M. Chaput / MICHELIN*

Aires de service

Leur première vocation est de proposer ces services :

La vidange des eaux grises (eaux ménagères)

La vidange des eaux noires (WC chimiques)

L'alimentation en eau potable

Le dépôt des ordures

Et accessoirement, l'approvisionnement en électricité.

En plus de ces services, l'aire peut proposer un stationnement.

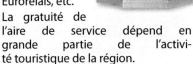

L'eau et les vidanges peuvent être fournies par l'intermédiaire d'une borne artisanale ou d'une borne de type industriel : Flot bleu, Raclet, Eurorelais, etc.

La gratuité de l'aire de service dépend en grande partie de l'activité touristique de la région.

Il faut donc s'attendre à payer pour le stationnement et / ou les services.

Ces prix, indiqués dans nos adresses, varient entre 1,50 et 6 € pour les services, et entre 2 et 10 € pour le stationnement.

Aires de stationnement

Il s'agit de lieux publics autorisés pour le stationnement, situés ou non, à proximité d'une aire de service.

Le stationnement peut être limité dans le temps à certains endroits (24h/48h). Il peut être gratuit ou payant.

L'aménagement de ces aires peut aller du plus sommaire à très confortable (aménagement de loisirs, grands espaces).

Campings

Tous les camping-cars peuvent stationner dans un camping, mais tous les campings ne sont pas encore équipés de structures spécifiques, même si leur nombre est en forte augmentation.

A l'étranger, certains campings proposent des formules adaptées aux camping-caristes à l'image de la formule française Stop Accueil Camping-Car FFCC : comme le « Quick Stop » au Danemark.

☞ *La majorité des campings sélectionnés offrent des structures adaptées aux camping-cars.*

Les initiatives personnelles

Certains agriculteurs, éleveurs, vignerons, fermes-auberges ou châtelains par exemple, vous invitent à stationner gratuitement sur leur propriété pendant une nuit, et à découvrir leurs produits et leur savoir-faire. Cette formule d'accueil existe en France, en Italie et en Allemagne.

VOUS AVEZ ENFIN TROUVÉ LE CONFORT ABSOLU.

www.renault.fr

CHANGEONS DE VIE
CHANGEONS L'AUTOMOBILE

NOUVEAU MASTER CAMPING CAR EURO5

ESPACE, CONFORT ET TECHNOLOGIES. LE BIEN-ÊTRE "BY RENAULT" CHANGE TOUT.

Retrouvez le confort de votre voiture, dans Renault Master camping car : ergonomie au volant, visibilité panoramique, équipements high-tech, nouveau moteur 2,3 litres de 125 ch à 150 ch, norme Euro 5, pouvant être associé à une boîte à vitesses robotisée, sobre et économe, pour prendre la route dans les meilleures conditions. RENAULT QUALITY MADE : la qualité par Renault.

Renault préconise

Savoir vivre!

Respecter la nature et l'environnement, respecter les autres, se comporter toujours comme un « invité » : invité des communes et des particuliers. C'est à ce prix que le tourisme en camping-car pourra se développer et avoir la réputation qu'il mérite !

RESPECT

C'est le nom donné à la charte de bonne conduite des camping-caristes, éditée par le Sicverl.
En respectant ces valeurs, vous permettez de renforcer le bon accueil des camping-cars dans les communes.

Pour le bon usage du Camping-car

especter la nature
viter le regroupement
tationner dans des lieux appropriés
rivilégier le commerce local
tre courtois et discret
ommuniquer avec autrui
enir l'ensemble de ces engagements

  dica CLC Syndicat des Véhicules de Loisirs

Sur la route

Pendant les déplacements en groupe, éviter de former des files, pour ne pas perturber le trafic.

Ne pas effectuer la vidange des eaux noires ou grises pendant le déplacement. Le faire uniquement dans les endroits réservés à cet effet et dans le respect de la nature et des principes écologiques.

☞ *Il est interdit de vidanger des WC chimiques dans un réseau de tout-à-l'égout.*

À l'arrêt

Pour le stationnement de nuit, utiliser de préférence les aires d'accueil prévues à cet effet.

Ne pas stationner en travers des parkings.

☞ *Occuper l'espace de stationnement sur la voie publique avec des chaises, des tables ou tout autre équipement personnel est interdit.*

À l'arrêt, de jour comme de nuit, éviter de stationner en obstruant la vue des monuments, des fenêtres d'habitation ou des commerces.

Eviter les bruits excessifs dus à la voix, à la télévision, la radio ou au moteur. De même, utiliser le générateur d'électricité seulement en cas de nécessité absolue, et dans ce cas, l'éloigner des autres véhicules et des habitations voisines.

Utiliser les toilettes du véhicule !

Déposer vos ordures ménagères dans des conteneurs appropriés. Ne les dispersez pas !

Dans le *Réseau*

on ne se contente pas de vous vendre un camping-car…

…même avec le sourire

Nous vous proposons, en neuf ou occasion, toute une gamme de véhicules, du fourgon au plus bel intégral.

« Prêts à partir »

Dans nos magasins spécialisés vous trouverez un large choix d'accessoires (plus de 5 000 références) … accessoires dont nous assurons la pose dans les meilleurs délais.

En cas d'immobilisation de votre camping-car, nous mettons à votre disposition un véhicule de courtoisie*.

Nous assurons le financement de votre véhicule aux meilleures conditions (jusqu'à 144 mensualités).

Question atelier, nous sommes à même de répondre à tous les travaux d'entretien, de réparation, de carrosserie…

Vous êtes prioritaires dans nos ateliers

*après accord du chef d'atelier et suivant disponibilité

MASTERS TOUJOURS PLUS DE SERVICES

1er réseau de distributeurs de camping-cars

www.masters-france. com

Réseau

masters
véhicules de loisirs

France

Nom local : *France* **Capitale :** *Paris*
Population : *65,83 millions d'habitants* **Superficie :** *551 501 km^2* **Monnaie :** *Euro*

DR/Michelin

L'Hexagone se prête bien au tourisme itinérant. Nous n'égrènerons pas ici la longue liste des cathédrales, châteaux, sites, musées, villes historiques, parcs naturels qui méritent que vous en empruntiez le chemin. Nous avons choisi de mettre plus particulièrement en avant six circuits qui vous feront découvrir ou redécouvrir les paysages variés de la France. À Dijon, vous parcourerez la route des grands crus de l'ancien duché de Bourgogne. Vous pourrez en profiter pour déguster des vins prestigieux tels le Nuits-Saint-Georges ou le Côte de Beaune. En Bretagne, dans le golfe du Morbihan, les embruns viendront vous vivifier et vous donneront l'envie de partir sur les traces de nos ancêtres, que ce soit à Carnac ou à Locmariaquer. Faites également un tour par Quiberon et prenez le bateau jusqu'à Belle-Île qui mérite amplement son nom ! Pour une visite culturelle, rendez-vous autour de Blois pour admirer les châteaux de la Loire, merveilleux témoignages de l'histoire de France. Entre deux visites, arrêtez-vous dans des vignobles pour découvrir les crus locaux. Nous vous proposons ensuite de vous diriger vers la montagne, dans les Pyrénées tout d'abord, pour prendre les eaux. Les stations thermales d'Argelès-Gazost, Luz-Saint-Sauveur ou Bagnères-de-Luchon vous permettront de vous détendre et seront de bons points de départ pour faire de splendides randonnées. Dans le Vaucluse, vous vous baladerez entre monts et gorges et apprécierez quelques douceurs comme les berlingots de Carpentras. Enfin, partez à l'assaut du Mont-Blanc pour vous forger des souvenirs inoubliables ! Les vallées qui l'entourent sont toutes spectaculaires, occupées par de petits villages typiques et propices à la découverte de la nature et la pratique sportive, que ce soit pour randonner, skier, faire du vélo ou même du bateau (sur le lac d'Annecy)...

N'attendez plus et partez à la découverte de nos régions et de leurs habitants.

RECOMMANDATIONS

DOCUMENTS OBLIGATOIRES

✓ Permis de conduire rose de l'UE
✓ Permis de conduire international (recommandé seulement)
✓ Certificat d'immatriculation du véhicule ou certificat de location
✓ Plaque d'identification nationale
✓ Justificatif d'assurance (carte verte)
✓ Passeport (recommandé seulement)
✓ Procuration en cas d'utilisation du véhicule appartenant à un tiers

VITESSES LIMITES

✓ En agglomérations urbaines : 50
✓ Sur routes : 90
✓ Sur routes à chaussées séparées : 110
✓ Sur autoroutes : 130
✓ Ces vitesses limites sont réduites par temps de pluie

RÉGLEMENTATIONS

✓ Taux maximum d'alcool toléré dans le sang : 0,5 g
✓ Âge minimum des enfants admis à l'avant : 10 ans
✓ Siège enfant, rehausseur ou système de retenue adapté et homologué obligatoire jusqu'à 10 ans
✓ Port de la ceinture de sécurité obligatoire à l'avant et à l'arrière
✓ Allumage des feux de croisement obligatoire (jour et nuit) toute l'année
✓ Pneus cloutés admis avec réglementation de mi-novembre à fin mars. Vitesse limite pour un véhicule équipé de pneus cloutés : 90km/h. Signe « pneus cloutés » obligatoire sur la vitre arrière
✓ Triangle de présignalisation obligatoire
✓ Trousse de premiers secours et extincteur recommandés
✓ Gilet de sécurité fluorescent obligatoire

URGENCES

✓ Téléphone incendie et ambulance : 112
✓ Téléphone Police : 110

G. Corbic

Dijon et la route des grands crus

*L*a renommée de l'ancien duché de Bourgogne est indissociable de son vignoble. Mariés à une cuisine de qualité, les **grands crus de la Côte** contribuent à faire de cette région un des hauts lieux de la gastronomie française. Découvrez ces villages dont les saveurs s'égrènent de **Dijon** à **Beaune**. Elle s'achève en des terres un peu plus sobres, à l'ouest, entre **Le Creusot** et **Autun**, en Sâone-et-Loire.

➲ *Départ de Dijon*
➲ *6 jours*
235 km

L'hôtel-Dieu, à Beaune.

Christophe Boisvieux / AGE Fotostock

Jours 1 et 2

Pour vraiment tirer parti de ces deux jours à **Dijon**, vous devez bien préparer votre séjour, car il y a beaucoup à voir et à faire ! La matinée doit être réservée à la visite du Palais des ducs et des États de Bourgogne. Les tombeaux des ducs de Bourgogne sont des chefs-d'œuvre à ne pas manquer au musée des Beaux-Arts (salles des Gardes). Promenez-vous ensuite dans les rues commerçantes du centre. Vous pourrez y repérer des magasins pour l'éventuel achat d'alcools, de vins, de moutarde ou de pain d'épice… Si l'après-midi n'est pas dédié au shopping, poursuivez par le quartier du palais de Justice et le musée Magnin. Réservez votre table au restaurant, afin de tester la gastronomie locale, le soir. Le lendemain, en fonction de votre temps, programmez la visite de la cathédrale Saint-Bénigne et de la chartreuse de Champmol, et pour les petits et les grands, le museum de la ville et le musée de la Vie bourguignonne. Autre possible : le musée de la moutarde Amora.

Jour 3

Partez vers le sud, sur la N74, jusqu'à **Beaune** à travers les prestigieux vignobles de la **côte de Nuits et de la côte de Beaune**. Vous pourrez visiter les caves de ces villages célèbres dans le monde entier pour la qualité de leurs crus : **Morey-Saint-Denis**, **Vougeot** (ne manquez pas la visite du **Clos-Vougeot**), **Chambolle-Musigny, Vosne-**

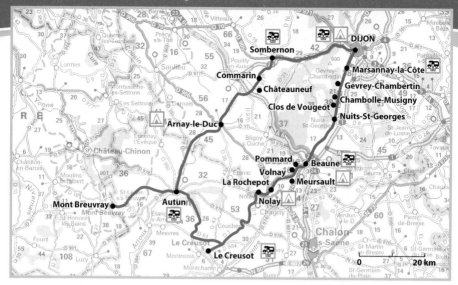

Romanée et son inaccessible **Romanée-Conti,** et **Nuits-Saint-Georges.** Un conseil : pensez à prévenir de votre venue si vous voulez déguster des vins. Passez la soirée à **Beaune,** où vous vous rendrez aux fameux Hospices sans oubliez la moutarderie Fallot ou le musée du Vin.

Jour 4

Continuez vers le sud par la D973 qui passe par **Pommard, Volnay, Meursault** et **Auxey-Duresses**… L'itinéraire s'enfonce ensuite dans l'Arrière-Côte et permet de découvrir de beaux

châteaux, comme **La Rochepot.** De Nolay, rejoignez **Le Creusot** en empruntant la D1. Le musée de l'Homme et de l'Industrie retrace l'histoire de la dynastie des Schneider et celle de la métallurgie à la fin du 19e s. Les enfants vous entraîneront ensuite au parc touristique des Combes, où les attendent de nombreuses activités de loisirs.

Jour 5

Reprenez la N80 pour visiter **Autun** et sa cathédrale Saint-Lazare. Poursuivez vers l'ouest par la N81 et la D61 jusqu'au **mont Beuvray.** Le site de l'op-

pidum de Bibracte est doté d'un intéressant musée de la Civilisation celtique. Revenez sur vos pas sur la D61, puis prenez la N81 jusqu'à **Arnay-le-Duc.** Cette petite ville ancienne, aux toits pointus qui dominent la vallée de l'Arroux est une étape très agréable.

Jour 6

Rejoignez Châteauneuf par la N81. Vous pouvez visiter son château fort ainsi que le **château de Commarin,** situé à quelques kilomètres au Nord. Vous reviendrez à Dijon par la D16 et la 905 ou l'A38.

Le conseil de Bib

▶ Favorisez les haltes chez les viticulteurs qui accueillent les camping-caristes.

France

 Aires de **service** & de **stationnement**

Autun

Aire d'Autun
Entrée de la ville par la N80, au bord du plan d'eau du Vallon, vers l'école de voile - 📞 *03 85 86 80 00 -* 🅿 *17.*
Ouv. tte l'année.
Borne artisanale. ⛽ 🚿 💧 wc Payant 3.50 €
GPS : E 4.31657 N 46.9558

Beaune

Aire de Beaune
Av. Charles De Gaulle - 📞 *03 80 22 22 62 -* 🅿 *6.*
Ouv. tte l'année.
Borne Flot Bleu. ⛽ 💧 🚿 💧 wc Payant 3 €
🅿 Proche de la vieille ville
GPS : E 4.8375 N 47.01728

Le Creusot

Aire du Creusot
Sur les hauteurs du Creusot, parc touristique des Combes - 📞 *03 85 55 85 43 -* 🅿.
Borne artisanale. ⛽ 🚿 💧 Gratuit
GPS : E 4.41243 N 46.81131

Dijon

Aire de Dijon
3 bd Chanoine Kir, Camping du Lac Kir - 📞 *03 80 43 54 72 -* 🅿 *111.*
Ouv. avr.-mi-oct.
⛽ 💧 🚿 💧 wc Payant 5 €
🅿 À l'extérieur du camping. Transports en commun pour rejoindre le centre ville
GPS : E 5.01099 N 47.32121

Marsannay-la-Côte

Aire de Marsannay-la-Côte
3 r. du Rocher, entre Dijon et Gevrey Chambertin, près de la route des vins, suivre les flèches depuis la N74 - 📞 *03 80 52 27 73 -* 🅿 *10.*
Ouv. avr.-oct.
Borne artisanale. ⛽ 🚿 💧 Gratuit
GPS : E 4.9923 N 47.27099

Sombernon

Aire de Sombernon
Parking salle polyvalente, aire située en haut du village, rte de St-Seine-l'Abbaye - 📞 *03 80 33 40 01 -* 🅿 *3.*
Ouv. tte l'année sf période de gel.
Borne Eurorelais. ⛽ 🚿 💧 wc Payant 3 €
GPS : E 4.7120 N 47.31319

 Campings

Arnay-le-Duc

⛺ L'Étang de Fouché
R. du 8-Mai-1945, Accès : 700 m à l'est par D 17C, rte de Longecourt - 📞 03 80 90 02 23 - 8 ha (209 empl.)
🚐 1 borne - 10 🅴
Loisirs : 🍴 snack, brasserie 🎱 🌞 diurne 🏃 🚣
🚴 🏊
Services : ♿ 🔌 🚽 🚿 🏧 ⛽ ♻ wifi laverie
🧺 🚿
GPS : E 4.49913 N 47.13468

Dijon

⛺ du Lac Kir
3 bd du Chanoine-Kir - 📞 03 80 43 54 72
De déb. avr. à mi-oct. - 2,5 ha (121 empl.)
Tarif : (Prix 2011) 18,90 € 👫 🚗 🅴 🔌 (10A) - pers. suppl. 3,80 €
🚐 borne artisanale 5 € - 20 🅴 18,90 €
Services : ♿ ☕ wifi 📶
GPS : E 5.01166 N 47.32163

Meursault

⛺ La Grappe d'Or
2 rte de Volnay - 📞 03 80 21 22 48
De déb. avr. à mi-oct. - 4,5 ha (170 empl.)
Tarif : 22 € 👫 🚗 🅴 🔌 (12A) - pers. suppl. 3,80 €
🚐 borne artisanale 3,50 €
Loisirs : 🍴 snack 🚣 🚴 ⚽ 🎣 🏊
Services : 🔌 ☕ wifi 🧺 🚿
GPS : E 4.77085 N 46.98717

Nolay

⛺ La Bruyère
R. de Moulin Larché, Accès : 1,2 km à l'ouest par D 973, rte d'Autun et chemin à gauche - 📞 03 80 21 87 59 - Permanent - 1,2 ha (22 empl.)
Tarif : (Prix 2011) 18,10 € 👫 🚗 🅴 🔌 (5A) - pers. suppl. 4 € - 🚐 borne artisanale - 20 🅴
Loisirs : 🎱 - Services : ♿ 🔌 🏧 laverie
GPS : E 4.63405 N 46.95196

Les bonnes **adresses** de Bib

Beaune

Cave Patriarche Père & Fils
*5-7 r. du Collège - ℘ 03 80 24 53 78 - www.patriarche.
com - 9h30-11h30, 14h-17h30 (17h w.-end nov.-mars) -
fermé 24-25 et 31 déc., 1er janv. - dégustation spéciale
le 3e w.-end de nov.* Les plus grandes caves de
Bourgogne (15 000 m²), situées dans l'ancien couvent
des Dames de la Visitation, datent des 14e et 16e s. Visite
audio-guidée et dégustation libre de treize vins.

Chambolles-Musigny

Château André-Ziltener
*R. Fontaine - ℘ 03 80 62 41 62 - www.chateau-
ziltener.com - 9h30-18h30 - fermé 15 déc.-6 mars.*
Château édifié en 1709 sur les fondations d'une
abbaye cistercienne. Visite commentée et dégustation
accompagnée de gougères ou de pains surprise.

Dijon

Le Bistrot des Halles
*10 r. Bannelier - ℘ 03 80 49 94 15 - tlj sf dim.-lun. 12h-14h,
19h-22h - fermé 25 déc.-2 janv. - déj. 17 € - 25-40 €.*
Ce bistrot au décor 1900 est aménagé face aux halles.
Tentez, parmi ses incontournables spécialités, le pâté
en croûte, les escargots ou ce surprenant cabillaud
« dijonnisé » avec sa crème de moutarde.

Masy-la-Côte

Château de Marsannay
*Rte des Grands-Crus - ℘ 03 80 51 71 11 -
www.chateau-marsannay.com - nov.-mars : tlj
sf dim. 10h-12h, 14h-18h30 - fermé 23 déc.-14 janv.*
Le domaine du château de Marsannay compte 38 ha
plantés de vignes. La visite de l'ancienne cuverie
et des caves à fûts et à bouteilles s'achève par une
dégustation des vins de la propriété.

Nolay

Ferme-auberge la Chaume des Buis
*Cirey-les-Nolay - ℘ 03 80 21 84 10 - www.ferme-auberge-
nolay.com - mi-juil.-fin août : tlj sf lun. ; mars-mi-déc. : w.-end
et j. fériés - réserv. conseillée - 22-28€.* Décor campagnard
dans cette sympathique ferme-auberge dont la
spécialité est le cochon (élevé sur place, en plein air).

Nuits-St-Georges

Cassissium
*R. des Frères-Montgolfier - ℘ 03 80 62 49 70 -
www.cassissium.com - avr.-nov. : 10h-13h, 14h-19h
(dernière entrée 1h30 av. la fermeture) ; reste de
l'année : tlj sf dim.-lun. 10h30-13h, 14h-17h30 - 6 €.*
La célèbre maison Védrenne fondée en 1919 vous
convie dans son espace de 1 000 m² entièrement dédié
au cassis. Exposition et boutique.

France

Le golfe du **Morbihan**

*M*ystérieux et fascinant **Morbihan**. Où est son vrai visage ? Dans l'extraordinaire profusion de ses **mégalithes**, dans le charme de sa « **petite mer** » au doux climat ou dans les vigoureux et tonifiants embruns de sa **presqu'île de Quiberon** ?

⮷ **Départ de Vannes**
⮷ **7 jours 330 km**

La pointe des Poulains,
à Belle-Île.

Kevin O'Hara / AGE Fotostock

Jour 1

Vannes est une cité charmante dont la vieille ville vous séduira d'emblée. À partir de la place Gambetta, qui fait face au port de plaisance, vous pouvez apprécier les remparts en longeant la Marle aux étonnants lavoirs en ardoise et la verte promenade de la Garenne. Vous entrerez vraiment dans la ville dont l'Aramis de Dumas fut l'évêque, en passant par la porte Prison. Se dévoile alors une ancienne cité très élégamment restaurée où il est plaisant de marcher au gré des beautés architecturales qu'elle conserve. Après un petit en-cas, vous visiterez la Cohue et sa galerie des Beaux-Arts ainsi que la cathédrale St-Pierre et son trésor, avant d'apprécier les vestiges préhistoriques du Musée archéologique. Il sera alors temps pour les gourmands de penser au plateau de fruits de mer qu'ils dégusteront en soirée.

Jour 2

Vous abandonnerez Vannes pour découvrir le **golfe du Morbihan**, en bateau au départ de Vannes. La vedette sur laquelle vous embarquerez vous emmènera vers l'**île d'Arz** et l'**île aux Moines**, mais aussi vers une douceur et une lumière uniques. Prenez soin de réserver au passage une visite du **cairn de Gavrinis**. L'après midi, partez à la découverte de la **presqu'île de Rhuys** jusqu'à **Port Navalo**, qui est aussi une

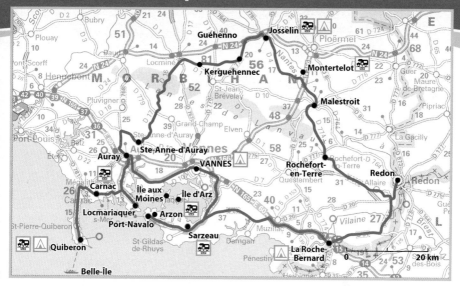

sympathique station balnéaire avec sa plage aux allures de carte postale, nichée dans une crique.

Jour 3

Passez par **La Roche-Bernard** pour rejoindre Redon et ses vieilles demeures des 15e-18e s. L'étape suivante vous emmènera plus à l'ouest, à **Rochefort-en-Terre**, qui conserve elle aussi de ravissantes maisons anciennes, tout comme la coquette **Malestroit**, plus au nord. Prévoyez d'être à **Josselin** dans l'après-midi afin d'en visiter le magnifique château et la basilique Notre-Dame-

du-Roncier, entre autres. Vous y ferez étape.

Jour 4

Être au domaine de **Kerguéhennec** à l'ouverture permet de jouir tranquillement de son étonnant parc dédié à l'art contemporain. Pour vous y rendre, passez par le village de **Guéhenno**, qui possède un beau calvaire. Après Kerguéhennec, faites route vers **Carnac** en vous ménageant un crochet à **Sainte-Anne-d'Auray** pour voir la basilique du pèlerinage et son trésor.

Jour 5

Profitez de la matinée pour découvrir les célèbres **alignements de Carnac**. Si vous êtes féru de vieilles pierres, ne manquez pas les mégalithes de **Locmariaquer** tout proches. Terminez la journée par une baignade bien méritée sur l'une des nombreuses plages de Carnac.

Le conseil de Bib

▶ Si vous souhaitez visiter des sites comme Gavrinis, accessibles par bateau, n'oubliez pas de réserver au moins la veille.

Jour 6

Essayez de rallier l'embarcadère de **Quiberon** le plus tôt possible de façon à profiter d'une journée entière à **Belle-Île**. Après la visite de la citadelle Vauban de St-Palais, prenez un pique-nique et vos vélos, et privilégiez la découverte de la magnifique côte sauvage, jalonnée par la **pointe des Poulains**, la superbe mais dangereuse plage de **Port-Donnant** et les impressionnantes aiguilles de **Port-Coton**. Revenez sur le continent.

Jour 7

La réputation des conserveries de **Quiberon** n'est plus à faire. Après en avoir visité au moins une et avoir fait le plein de délicieux produits, profitez tout votre soûl des plages et des criques de la côte sauvage. Elle longe la façade ouest de la presqu'île. Regagnez Vannes par la D768 puis la N165.

Aires de **service** & de **stationnement**

Arzon

Aire d'Arzon
Av. de Kerlun, lieu-dit « Kerjouanno » -
℘ 02 97 53 44 60 - 🅿 50.
Ouv. tte l'année sf période de gel.
Borne Raclet. ⚲ 🚽 🚿 ⚐ wc Payant 2 €
Stationnement : 6.70 €/j.
GPS : O 2.88031 N 47.53902

Carnac

Aire de Carnac
Sq. Illertissen - ℘ 02 97 52 06 86 - 🅿 20.
Ouv. tte l'année.
Borne Eurorelais. ⚲ 🚽 🚿 ⚐ wc Payant 2 €
GPS : O 3.08263 N 47.58587

Josselin

Aire de Josselin
Pl. Saint Martin - ℘ 02 97 22 24 17 - 🅿 100.
Ouv. tte l'année sf période de gel.
Borne Aireservices. ⚲ 🚿 ⚐ wc Payant 2.50 €
🛒 Marché le samedi matin
GPS : O 2.54964 N 47.95606

Montertelot

Aire de Montertelot
Quai de l'Oust, sur l'axe Rennes/Vannes, passer
Ploermel dir. Vannes, 3 km après Ploermel sortir dir.
Montertelot - ℘ 02 97 74 92 39 - 🅿
Ouv. tte l'année.
Borne artisanale. ⚲ 🚽 🚿 ⚐ wc Payant 2 €
GPS : O 2.42390 N 47.88155

Quiberon

Aire de Quiberon
R. de Port Kerné - ℘ 02 97 30 24 00 - 🅿 50.
Ouv. tte l'année.
Borne Eurorelais. ⚲ 🚽 🚿 ⚐ wc Gratuit
Stationnement : 7 €/j.
GPS : O 3.13956 N 47.49171

Sarzeau

Aire de Sarzeau
R. Brenudel - ℘ 02 97 41 85 15 - 🅿 6.
Ouv. tte l'année.
Borne Raclet. ⚲ 🚽 🚿 ⚐ wc Gratuit
Stationnement : 5 €/j.
GPS : O 2.75981 N 47.52969

⛺ Campings

Josselin

⛺ Le Bas de la Lande
Accès : 2 km à l'ouest par D 778 et D 724, rte de
Guégon à gauche, à 50 m de l'Oust, sortie ouest
Guégon par voie rapide - ℘ 02 97 22 22 20
De déb. avr. à fin oct. - 2 ha (60 empl.)
Tarif : 16 € 👫 ⚗ 🔌 (6A) - pers. suppl. 3,40 €
🔌 borne autre
Loisirs : 🍴 🎱 🏓
Services : 🚿 🔌 wifi laverie
GPS : 0 2.57148 N 47.95266

La Roche-Bernard

⛺ Municipal le Pâtis
3 ch. du Pâtis, Accès : à l'ouest du bourg vers le port de
plaisance - ℘ 02 99 90 60 13
De déb. avr. à mi-oct. - 1 ha (58 empl.)
Tarif : (Prix 2011) 19 € 👫 ⚗ 🔌 (6A) - pers.
suppl. 4 € - 🔌 borne autre 2 € - 15 🔌 9 €
Loisirs : 🎱 🏓
Services : 🚿 ⚐ (juil.-août) 🚾 🏊 laverie
GPS : 0 2.30523 N 47.51923

Quiberon

⛺ Le Bois d'Amour
R. St-Clément, Accès : 1,5 km au sud-est, à 300 m de
la mer et du centre de thalassothérapie - ℘ 02 97 50
13 52
De déb. avr. à fin sept. - 4,6 ha (272 empl.)
Tarif : (Prix 2011) 40 € 👫 ⚗ 🔌 (10A) - pers.
suppl. 7 €
Loisirs : 🍴 snack 🎱 🏓 🏊 🎣
Services : 🚿 ⚐ wifi laverie 🚴
GPS : 0 3.11036 N 47.47854

Vannes

⛺ Flower Le Conleau
À la Pointe de Conleau, Accès : au sud, dir. parc du
Golfe par l'av. du Mar.-Juin - ℘ 02 97 63 13 88
5 ha (260 empl.)
🔌 1 borne artisanale - 33 🔌
Loisirs : 🍴 🎱 🏓 - Services : 🚿 ⚐ 🚾 🧺
🏊 laverie , cases réfrigérées
🛒 Site agréable face au Golfe du Morbihan
GPS : 0 2.75952 N 47.6549

Carnet pratique

Les bonnes **adresses** de Bib

Arradon

Le Médaillon
10 r. Bouruet-Aubertot - ☎ 02 97 44 77 28 -
www.lemedaillon.chez-alice.fr - juil.-août :
12h-13h30, 19h-21h30 ; reste de l'année : tlj sf mar.
soir, merc. et dim. soir 12h-13h30, 19h-21h30 - 16-35 €.
Ne vous fiez pas à l'aspect extérieur de cet ancien bar
converti en restaurant et gagnez l'accueillante salle
à manger rustique agrémentée de poutres et pierres
apparentes, ou la terrasse dressée à l'arrière. L'une et
l'autre se prêtent à la dégustation d'une sage cuisine
traditionnelle.

Auray

Au Régal Breton
17 r. du Belzic - ☎ 02 97 24 22 75 - tlj sf merc. 9h-12h30,
14h-19h. Après avoir fait ses premières armes chez
Jean-Paul Hévin, Sylvain Tallon a repris cette pâtisserie
bien connue des Alréens puisqu'elle existe depuis les
années 1970. Il réalise les produits phares qui ont fait
la réputation de la maison (far, quatre-quarts, gâteau
breton, kouign amann).

Sarzeau

La Rose des Vents
5 r. St-Vincent - ☎ 02 97 41 93 77 -
www.larosedesventssarzeau.com - tlj sf lun. hors
sais. - réserv. conseillée - 16-30 €. Lorsque l'on pousse
la lourde porte de cette maison de 1730, on ne peut
soupçonner qu'à l'arrière se cache un divin jardin
où est dressé le couvert en saison. Très bel intérieur
rustique avec meubles et boiseries d'époque et petite
cheminée. Mets traditionnels et crêpes.

Vannes

Le Gavroche
17 r. de la Fontaine - ☎ 02 97 54 03 54 -
www.restaurant-legavroche.com - tlj sf dim.
12h-14h, 19h-22h30 - menus 15,50-19,50-25,50 €.
Dans une rue envahie par les restaurants de toutes
nationalités, voici une adresse qui sort du lot. La
cuisine mitonnée y est on ne peut plus traditionnelle :
blanquette, foie gras maison… Délicieuse terrasse
intérieure rafraîchie par une fontaine. Pousse-café
offert.

Navix
Parc du Golfe - ☎ 0 825 132 100 (0,15 €/mn) -
www.navix.fr - avr.-oct. : 9h-18h - tour du golfe : 18-
29 € ; Belle-Île-en-Mer : 20-32 €. Croisières dans le golfe
du Morbihan, l'une des plus belles baies du monde.
Déjeuner et dîner-croisière, croisières-découverte du
golfe et des îles du large (Belle-Île et Houat).

Châteaux de la Loire
autour de **Blois**

*La Sologne est un endroit privilégié, somptueux, et riche en beautés naturelles, et la Loire – aujourd'hui dernier fleuve sauvage d'Europe, inscrite au Patrimoine mondial de l'Unesco – a sans doute ajouté à la féerie du lieu, idéal pour construire des châteaux parmi les plus beaux du monde. Nous vous en proposons ici une petite sélection : **Chambord**, **Cheverny**, **Chaumont**…*

➲ *Départ de Blois*
➲ *6 jours*
90 km

Le château d'Amboise.

Vidler Steve / Prisma / AGE Fotostock

Jours 1 et 2

Consacrez les deux premiers jours à **Blois**. Commencez par la visite guidée du château. De l'autre côté de l'esplanade, des spectacles d'illusion vous attendent à la Maison de la magie Robert-Houdin. Ville royale, Blois a conservé nombre de ruelles et de rues escarpées du Moyen Âge. Il est agréable de s'y promener. Pour le dîner, un marbré d'asperges vertes de Sologne au foie gras et un poisson de Loire s'imposent dans un restaurant au bord du fleuve. Si vous venez le deuxième dimanche du mois, vous pourrez chiner à la brocante du mail. Sinon, visitez la cathédrale Saint-Louis et sa vaste crypte. Restaurez-vous avant de partir pour un petit tour au jardin en terrasses de l'évêché (derrière la cathédrale Saint-Louis), d'où vous pouvez prendre encore quelques photos sur la Loire. Pour terminer sur une note insolite, arrêtez-vous au musée de l'Objet et ses créations contemporaines, rue Franciade.

Jour 3

Rejoignez **Chambord** de préférence tôt le matin en faisant un petit détour par **Saint-Dyé-sur-Loire**, port historique de Chambord, et remarquez les postes d'observation des animaux. À la visite du château, vous pouvez associer une balade en attelage dans le parc (45 mn), le spectacle équestre aux écuries du maréchal de Saxe (45 mn) ou une partie de canotage sur le Cosson. L'après-midi, découvrez le **château de Villesavin**, intéressante

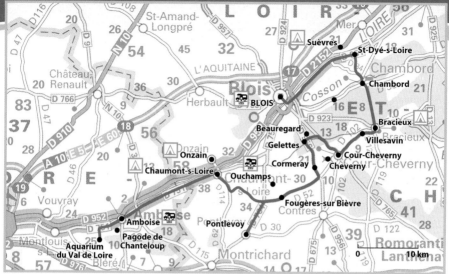

demeure du surintendant des travaux de Chambord, avant de terminer la journée par la visite extérieure et intérieure du **château de Cheverny**. Prenez le temps de visiter les communs (chenil d'une meute de chasse à courre) et le parc. Faites étape à **Cour-Cheverny**.

Jour 4

Beau début de matinée au **château et jardins de Beauregard**, que l'on poursuivra (via **Gellettes** et **Cormeray**) par la visite de l'élégant château médiéval de **Fougères-sur-Bièvre**. Après le déjeuner à **Pontlevoy**, jetez un coup d'œil aux extérieurs de son ancienne abbaye, en prévoyant de vous rendre suffisamment tôt à **Chaumont-sur-Loire** pour une visite guidée du château, de ses écuries, et profiter de ses jardins (notamment pendant le Festival des jardins, de mi-mai à mi-octobre) jusqu'à la tombée de la nuit...

Jour 5

Partez en promenade à travers le vieil **Amboise**. Prenez votre temps pour visiter le château et la délicieuse chapelle St-Hubert. À midi, de très bons restaurants vous attendent en bord de Loire. Tout en dégustant un sandre accompagné d'un cru local, vous observerez le vol léger des sternes et le mouvement incessant de la Loire placide et puissante. À deux pas, vous rendrez visite au **Clos-Lucé**, la demeure de **Léonard de Vinci** dont les fabuleuses machines ne laissent pas d'étonner les plus blasés. Le soir, le spectacle « À la cour du roy François » évoquera pour vous tous les fastes de la Cour... dans la cour du château.

Jour 6

Après une bonne nuit, partez avec votre pique-nique, pour, au choix, découvrir en un seul coup d'œil la totalité des châteaux de la Loire dans le **Parc des Mini-Châteaux**, grimper au sommet de la **pagode de Chanteloup** pour contempler toute la vallée, de Tours à Amboise, et si le temps vous le permet, canoter sur la grande pièce d'eau de l'ancien domaine du duc de Choiseul. Vous pouvez terminer par la visite de l'**aquarium de Touraine**, à **Lussault-sur-Loire**.

Le conseil de Bib

▶ À inscrire sur votre agenda : mi-mai-mi-oct. – Chaumont-sur-Loire – Festival international des jardins.

France

 Aires de **service** & de **stationnement**

Amboise

Aire d'Amboise - Vinci Park
Avenue Léonard de Vinci, à côté du camping de l'Île d'Or, face au château - 📞 *02 47 57 23 37 -* 🅿️ *40.*
Ouv. tte l'année.
Borne artisanale. 🚿 🚽 ⚓ WC Payant 2 €
Stationnement : 9 €/j.
GPS : E 0.98757 N 47.41746

Blois

Aire de Blois
R. Jean Moulin, sur le parking des cars de tourisme, proche de la gare SNCF - 📞 *02 54 90 41 41 -* 🅿️ *15.*
Ouv. mai-sept.
Borne artisanale. 🚿 🚽 ⚓ WC Gratuit
Stationnement : 5 €/j.
⚕️ Aire située à 10mn à pied du château de Blois
GPS : E 1.32609 N 47.58665

Ouchamps

Aire d'Ouchamps
R. Toussaint Galloux, à 15 km au sud de Blois sur la D7 à côté d'un étang de pêche - 📞 *02 55 44 02 88 -* 🅿️
Ouv. avr.-oct.
Borne Eurorelais. 🚿 🚽 🚽 ⚓ WC Payant 2 €
Stationnement : interdit
GPS : E 1.31878 N 47.47937

⛺ Campings

Bracieux

♨ Indigo Bracieux
11 r. Roger-Brun, Accès : sortie nord, rte de Blois, au bord du Beuvron - 📞 02 54 46 41 84
De déb. avr. à déb. nov. - 8 ha (350 empl.)
Tarif : (Prix 2011) 13,90 € 👤👤 🚐 📧 🔌 (5A) - pers. suppl. 5 €
🚰 borne autre 6 €
Loisirs : 🎱 ⛵ 🎣 ⛳ 🚣
Services : ♿ 🔌 laverie
⚕️ Cadre boisé composé d'essences variées
GPS : E 1.53821 N 47.55117

Chaumont-sur-Loire

♨ Municipal Grosse Grève
81 r. de Maréchal de Lattre de Tassigny, Accès : sortie est par D 751, rte de Blois et r. à gauche, avant le pont, au bord de la Loire - 📞 02 54 20 95 22
De déb. mai à fin sept. - 4 ha (150 empl.)
Tarif : (Prix 2011) 👤 3 € 🚐 1 € 📧 2 € – 🔌 (10A) 2 €
🚰 borne raclet 2 €
Loisirs : 🎣⛵
Services : ♿ 🔌 🚽 laverie
GPS : E 1.1999 N 47.48579

Onzain

♨♨ Siblu Le Domaine de Dugny
Accès : 4,3 km au nord-est par D 58, rte de Chouzy-sur-Cisse, D 45 rte de Chambon-sur-Cisse et chemin à gauche, au bord d'un étang - 📞 02 54 20 70 66
De déb. avr. à fin sept. - 12 ha (350 empl.)
Tarif : (Prix 2011) 47 € 👤👤 🚐 📧 🔌 (10A) - pers. suppl. 10 € - 🚰 borne artisanale
Loisirs : 🍽 ✕ snack 🎱 🎲 ⚾ jacuzzi, salle d'animation ⛵ 🚲 ⛳ 🎣 🏀 🏊 🎿 ⛷ 🚣 terrain multisports, pédalos
Services : ♿ 🔌 🍴 🚿 📶 wifi, laverie 🧺 🚽
GPS : E 1.18735 N 47.52602

Suèvres

♨♨ Les Castels Le Château de la Grenouillère
Accès : 3 km au nord-est sur D 2152 - 📞 02 54 87 80 37 - De mi-avr. à mi-sept. - 11 ha (250 empl.)
Tarif : 39 € 👤👤 🚐 📧 🔌 (10A) - pers. suppl. 8 €
🚰 borne artisanale
Loisirs : 🍽 ✕ snack 🎱 🎲 ⚾ jacuzzi 🎣 🚲 🎯 ⛵ 🏊 🎿 🚣 ⚾
Services : ♿ 🔌 🚿 🚿 📶 wifi, laverie 🧺 🚽
GPS : E 1.48512 N 47.68688

Les bonnes **adresses** de Bib

Blois

La Maison du Vin de Loir-et-Cher

*11 pl. du Château - ✆ 02 54 74 76 66 - janv.-juin :
lun.-vend. 9h-12h, 14h-17h ; juil. : lun.-vend. 9h-12h,
14h-18h, w.-end 12h-18h ; août : lun.-sam. 12h-18h ;
sept. : lun.-vend. 9h-12h, 14h-18h, w.-end 12h-18h ;
oct.-déc. : lun.-vend. 9h-12h, 14h-17h.* Cette maison
créée par la Fédération des syndicats viticoles du
Loir-et-Cher est une étape idéale pour découvrir
les vins de la région. Les crus vendus ici bénéficient
des appellations d'origine contrôlée côteaux-du-
vendômois, crémant de Loire, touraine-mesland,
touraine, cheverny, cour-cheverny ou valençay, ou de
la dénomination « vins de pays du jardin de la France »,
de moindre notoriété.

Le Bistrot du Cuisinier

*20 quai Villebois-Mareuil - ✆ 02 54 78 06 70 -
www.lebistrotducuisinier.fr - 12h-14h, 19h-23h - 29 €.*
Ce restaurant des bords de Loire mise sur la simplicité
et la décontraction. Vous y dégusterez des petits plats
traditionnels et des recettes inédites, composées selon
le marché et les inspirations du moment. Belle carte
des vins, particulièrement riche en crus régionaux.

Cheverny

Domaine Le Portail

*✆ 02 54 79 91 25 - www.leportailcadoux.free.fr - tlj
sf dim. 9h-19h.* Un caveau de vente et de dégustation
accueille les visiteurs dans ce domaine de 35 ha situé
à deux pas du château de Cheverny. Installés dans
un ancien monastère, Michel Cadoux et son épouse
produisent des vins blancs, rouges et rosés AOC cour-
cheverny, cheverny et crémant de Loire. Passionnés par
leur métier, ils vous avec le sourire.

Contres

Gillet Contres, maître légumier en Val-de-Loire

*5 av. des Platanes, 8 km au sud de Cheverny -
✆ 02 54 79 53 05 - www.gillet-contres.fr - lun.-vend.
8h30-12h, 13h30-17h - fermé j. fériés, sem. du 15 août.*
Depuis 1908, ce maître légumier hors pair cultive,
sélectionne et conditionne dès la récolte une large
gamme de légumes. L'asperge blanche du Val de
Loire compte parmi les spécialités de la maison. Ses
conserves se retrouvent dans les meilleures épiceries
fines, mais aussi à la boutique de l'usine (vente par
carton de six unités).

Eaux thermales des **Pyrénées**

*D*éjà, les **Romains**, fins connaisseurs en la matière, avaient établi des thermes çà et là dans les Pyrénées. Mais c'est à partir du 18ᵉ s., et plus encore au 19ᵉ s., que « **prendre les eaux** » devint une véritable mode : les Pyrénées doivent à cette vogue leur fortune touristique. Telle est l'explication historique. Mais il suffit de voir une fois le paysage pour comprendre qu'il en est d'autres !

⮑ Départ de Tarbes
⮑ 5 jours
230 km

Cascades dans le cirque de Gavarnie.

Doug Pearson / Agency Jon Arnold Images / AGE Fotostock

Jour 1

Deuxième agglomération de la région Midi-Pyrénées et capitale de la Bigorre, **Tarbes** était autrefois peuplée de chevaux et de hussards. Vous pouvez aujourd'hui visiter le musée des Hussards et le Haras, ainsi que la maison natale du maréchal Foch. Quittez Tarbes pour gagner **Lourdes** où l'eau n'est pas thermale, mais miraculeuse ! Les apparitions de la Vierge ont transformé cette paisible bourgade en une ville connue du monde entier.

Cette cité religieuse réputée pour la grotte de Massabielle, où Bernadette Soubirous vit, à 18 reprises, apparaître la « belle dame », présente l'heureux avantage d'être située au pied des Pyrénées. Commencez votre journée par découvrir les sanctuaires (grotte, basilique néobyzantine du Rosaire, musée Sainte-Bernadette), après quoi vous grimperez au château fort. Un petit tour au musée de Cire, puis quittez les foules et les innombrables marchands de

pieuseries pour respirer l'air des montagnes.

Jour 2

Roulez vers le sud, en direction des Pyrénées. L'ascension du **pic de Pibeste** (chaussures de marche indispensables) vous offrira une vue splendide sur les Pyrénées. Poursuivez vers **Argelès-Gazost** pour une pause déjeuner. Cette petite station thermale se partage entre une ville haute, aux ruelles pentues, et la ville basse où sont installés les commerces. Vous y trouverez de quoi bien manger.

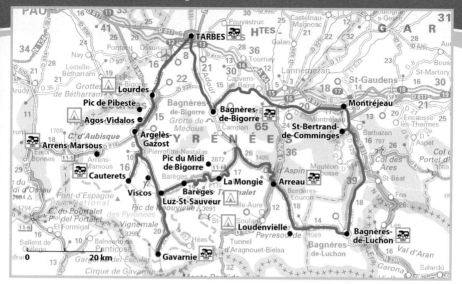

À Cauterets, une station de ski vous attend.

Gagnez ensuite **Luz-Saint-Sauveur.** Petite capitale du pays Toy et station thermale, elle doit sa fortune à l'impératrice Eugénie qui y séjourna de nombreuses fois. Reprenez la route jusqu'à **Barèges,** encore une station thermale, autrefois fréquentée par Michelet. De là, un détour s'impose pour voir un cirque inscrit au patrimoine mondial de l'humanité par l'Unesco : le **cirque de Gavarnie**. La promenade à pied (2h AR) est grandiose. Il est aussi possible de profiter de la station de ski de Gavarnie Gédre. Revenez sur vos pas et franchissez le **col du Tourmalet** pour contempler le paysage du haut du **pic** **du Midi de Bigorre** et visiter l'observatoire (accès en téléphérique depuis La Mongie). Arrêtez-vous à **Arreau** pour la nuit.

Jour 3

La ville d'**Arreau** mérite une visite, ne serait-ce que pour sa maison des Lys, place de la mairie. Vous pouvez aussi faire un détour par les stations de ski de Piau-Engaly et St-Lary-Soulan. Partez en fin de matinée pour la **vallée du Louron**, avec un pique-nique. Vous y admirerez au passage de belles églises peintes (**Mont** en particulier). Une fois franchi le **col de Peyresourde**, délassez-vous dans la cité thermale de **Bagnères-de-Luchon**.

Jour 4

Après une matinée de randonnée vers le **lac d'Ôo**, mettez le cap au nord, vers **Saint-Bertrand-de-Comminges**, magnifique bourg perché sur une colline et dominé par son abbatiale. L'après-midi sera consacré à la visite de l'abbatiale, de la cité romaine au pied de la colline et de la basilique romane de **Saint-Just de Valcabrère**.

Jour 5

Quittant le Moyen Âge pour la préhistoire, gagnez **Montréjeau**, puis partez visiter les **grottes de Gargas**. Restaurez-vous en chemin avant de rejoindre l'**abbaye de l'Escaladieu et Bagnères-de-Bigorre**, ultime étape avant le retour sur **Tarbes**.

France

 Aires de **service** & de **stationnement**

Arreau

Aire d'Arreau
Parking du Château de Nestes, vers la gare -
📞 05 62 40 75 60 - 🅿 8
Ouv. tte l'année .
♿ 🚰 🚿 🚾 Gratuit
Stationnement : 2 €/j.
GPS : E 0.35937 N 42.90724

Arrens

Aire d'Arrens-Marsous
Rte d'Azun, D918 - 📞 05 62 97 02 54 - 🅿
Ouv. tte l'année sf période de gel.
Borne artisanale. ♿ 🚰 🚿 🚾 Gratuit
GPS : O 0.20747 N 42.95834

Bagnères-de-Bigorre

Aire de Bagnères-de-Bigorre
R. René-Cassin - 📞 05 62 91 75 57 - 🅿 12
Ouv. tte l'année.
Borne Raclet. ♿ 🚰 🚿 🚾 Gratuit
GPS : E 0.15198 N 43.07387

Bagnères-de-Luchon

Aire de Bagnères de Luchon
Allée du Corps Franc Pommiès, sortie Luchon, route de
Toulouse - 📞 05 61 79 21 21 - 🅿 30

Ouv. tte l'année.
Borne artisanale. ♿ 🚰 🚿 🚾 Payant
Stationnement : 4 €/j.
GPS : E 0.59837 N 42.79492

Cauterets

Aire de Cauterets
Pl. de la Patinoire - 📞 05 62 92 50 34 - 🅿 50
Ouv. tte l'année.
Borne artisanale. ♿ 🚰 🚿 🚾 Payant
Stationnement : 10 €/j.
GPS : O 0.11256 N 42.89361

Gavarnie

Aire de Gavarnie
Lieu-dit « La Holle » - 📞 05 62 92 48 12 - 🅿 25
Ouv. tte l'année sf période de gel.
Borne artisanale. ♿ 🚰 🚿 🚾 Gratuit
Stationnement : 5 €/j.
GPS : O 0.01961 N 42.73857

Tarbes

Aire privée des ambulances Didier
4 bis, av. de la Libération - 📞 05 62 38 30 00 - 🅿 35
Ouv. tte l'année.
Borne artisanale. ♿ 🚰 🚿 🚾 Payant 3 €.
Stationnement : 10 €/j.
GPS : E 0.06785 N 43.24316

⛺ Campings

Agos-Vidalos

⛺ Le Soleil du Pibeste
16 av. Lavedan, Accès : sortie sud, par la N 21 -
📞 05 62 97 53 23
1,5 ha (90 empl.)
🚰 borne artisanale
Loisirs : 🍴 🍽 🏊 ☀ diurne 🛝 🎣
Services : ♿ 🔑 🚽 🌫 🚿 ♿ 📶 wifi laverie 🧺
GPS : 0 0.07298 N 43.03792

Loudenvielle

⛺ Pène Blanche
Accès : sortie nord-ouest par D 25, rte de Génos, près
de la Neste de Louron et à prox. d'un plan d'eau -
📞 05 62 99 68 85 - Permanent - 4 ha (120 empl.)
Tarif : 24,50 € 👥 🚐 🔲 (10A) - pers.
suppl. 5,50 €
🚰 6 🔲 12,20 €
Services : 🔑 (juil.-août) 🚿 wifi laverie
GPS : E 0.40722 N 42.79611

Lourdes

⛺ Le Moulin du Monge
28 av. Jean Moulin, Accès : 1,3 km au nord - 📞 05 62
94 28 15 - De déb. avr. à déb. oct. - 1 ha (67 empl.)
Tarif : 20,35 € 👥 🚐 🔲 🔸 (6A) - pers. suppl. 5,45 €
🚰 borne artisanale 4 € - 10 🔲 16,35 €
Loisirs : 🏊 ⛱ 🛝 🎣
Services : ♿ 🔑 🚿 wifi laverie 🧺
GPS : 0 0.03148 N 43.11575

Luz-Saint-Sauveur

⛺ Pyrénévasion
Rte de Luz-Ardiden, Accès : 3,4 km par D 921, rte de
Gavarnie et D 12, à Sazos - 📞 05 62 92 91 54 - De fin
nov. à fin oct. 3,5 ha (100 empl.) - Tarif : (Prix 2011)
23,50 € 👥 🚐 🔲 🔸 (10A) - pers. suppl. 5,50 €
🚰 borne artisanale 6 € - 🔸 11 €
Loisirs : 🍴 snack jacuzzi 🛝 🎣 terrain multisports
Services : ♿ 🔑 🚿 ♿ 📶 wifi laverie
GPS : 0 0.02417 N 42.8831

Carnet pratique

Les bonnes **adresses** de Bib

Argelès-Gazost

Les Gaves Sauvages
*2 av. des Pyrénées - ☎ 05 62 97 06 06 ou 06 13 79
09 58 - juil.-sept. : 9h-13h, 15h-19h ; reste de l'année
sur réserv. - fermé avr. et nov.* Maison spécialisée dans
les sports d'eau vive proposant des descentes le long
des gaves pyrénéens à bord d'un canoë, d'un mini-raft
ou d'un raft, le tout accompagné d'un guide de rivière
diplômé d'état.

Lau-Balagnas

Sarl La Truite des Pyrénées
*☎ 05 62 97 02 05 - avr.-sept. : 9h-12h, 15h-19h ; oct.-
mars : tlj sf dim. 9h-12h, 15h-18h - fermé 1er et 11 Nov.*
Vous saurez tout sur la truite grâce au parcours de
pêche à la mouche (matériel fourni et cours d'initiation
possibles) et à une exposition sur la pisciculture. Vente
de produits artisanaux à base de poisson.

Lourdes

Le Magret
*10 r. des Quatre-Frères-Soulas - ☎ 05 62 94 20 55 -
www.lemagret.com - fermé 5-26 janv. et lun. - 29 €.*
Ce petit restaurant vous recevra dans une salle à
manger d'esprit campagnard, avec poutres apparentes
et chaises paillées. Pèlerins et Lourdais y apprécient
des recettes du Sud-Ouest sans prétention, mitonnées
avec les bons produits bigourdans : tournedos de
magret au jus de cèpes, crème de haricots tarbais…

Luz-St-Sauveur

Luzéa
*Les Thermes - ☎ 05 62 92 81 58 - www.luz.org -
16h-20h ; vac. scol. en hiver : 10h-12h30.* Ce centre de
remise en forme, installé dans les thermes de Luz, vous
fera découvrir les bienfaits de la balnéothérapie. L'eau
de la source, riche en gaz rares, minéraux et soufre,
renforce les défenses naturelles du corps. Les plus
gourmands apprécieront le massage au chocolat, aux
vertus supposées relaxantes.

Viscos

La Grange aux Marmottes
*Au village - ☎ 05 62 92 88 88 - fermé 15 nov.-15 déc. -
21/52 €.* Cette ancienne grange à toit d'ardoise, bâtie
sur les hauteurs d'un village de montagne fleuri, offre
à ses hôtes un refuge on ne peut plus cosy. La table,
dressée au grenier aménagé dans le style rustique,
propose d'appétissantes spécialités comme le bœuf
Wellington, le saumon frais au champagne ou la
croustade à l'armagnac. La piscine, installée face aux
sommets, invite au farniente.

France

Merveilles naturelles du **Vaucluse**

*L*es couleurs de cette escapade ? Jaune comme les genêts au pied des **dentelles de Montmirail**, noir comme la **truffe du Vaucluse**, blanc comme le sommet enneigé du **mont Ventoux**, bleu comme la lavande de **Sault** ou rouge comme l'ocre du village de **Roussillon** et du colorado de **Rustrel**. Une gamme de couleurs qui ne saurait être complète sans la lumière d'un soleil, ici, très généreux.

➲*Départ de Carpentras*
➲*4 jours*
205 km

Gordes.

Michel Renaudeau / AGE Fotostock

Jour 1

De bon matin, promenez-vous dans les ruelles de la vieille ville de **Carpentras**, que vous quitterez pour les paysages échancrés des **dentelles de Montmirail**, avec un arrêt au pittoresque village de **Malaucène**. En mai-juin, lorsque les genêts, très abondants, illuminent les collines de leurs fleurs jaunes, les paysages des dentelles sont sublimes. Offrez-vous un déjeuner de terroir dans un village des environs. N'oubliez pas que vous êtes dans un pays de truffe et de bon vin (gigondas). Profitez de l'après-midi pour vous promener sur les sentiers balisés, au cœur des vignes du fameux **muscat de Beaumes-de-Venise**.

Jour 2

Aujourd'hui, entamez l'ascension du **mont Ventoux** voisin (les grands sportifs s'y mesureront à vélo). Sachez que le mont Ventoux est classé par l'Unesco comme « réserve de biosphère ». À tous, le sommet réserve un panorama exceptionnel... pour peu que l'air soit assez transparent ! Offrez-vous une longue promenade sur les sentiers balisés du Géant de Provence (en ski de fond ou en raquettes l'hiver !), puis passez la nuit aux alentours.

Jour 3

Partez à la découverte de **Sault**, berceau de la distillation industrielle. Le matin, visitez la Ferme des lavandes et son conservatoire botanique, puis faites vos emplettes à la Maison des producteurs. Déjeunez terroir dans un restaurant ou une ferme-auberge. L'après-midi, découvrez l'exposition

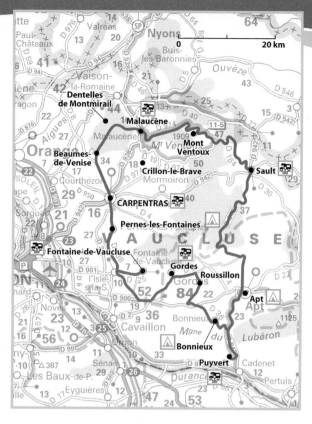

lavande du Centre de découverte de la nature, faites un tour à la distillerie du Vallon et à la savonnerie Brunarome. Option plein air : suivez la boucle pédestre de 4 km, « Chemins des lavandes ».

Jour 4

Longez les **gorges de la Nesque**, pour atteindre dans la matinée les impressionnantes carrières d'ocre du **Colorado de Rustrel**, aux portes du Luberon. Plusieurs circuits vous permettront d'y découvrir les cheminées des fées, le Sahara, le cirque de Barriès, la cascade, et la rivière de sable, émouvants résultats de l'œuvre conjointe de l'activité humaine (arrêtée en 1956) et de l'érosion. Grimpez ensuite au **Mourre Nègre**, le point culminant du Lubéron avant de consacrer l'après-midi à sillonner la **montagne du Luberon**. Vous déjeunerez dans l'un de ses villages

Le conseil de Bib

▶ Le Vaucluse est la terre de prédilection de la truffe noire. La saison est marquée par l'ouverture, mi-novembre, du marché aux truffes de Carpentras. Jusque début mars, vous y verrez vendeurs et négociants chuchoter leurs prix autour des sacs de jute. Autre grand marché aux truffes à Richerenches.

perchés avant d'en savourer les charmes. En rejoignant Bonnieux, faites une halte à **Apt, capitale du fruit confit et de l'ocre (**elle conserve la seule usine d'exploitation de l'ocre encore en activité). De là partent une Voie Verte et une Véloroute, pour explorer les environs. Ne manquez pas **Bonnieux, Roussillon** et **Gordes,** avec ses calades et son village des Bories. En fin d'après-midi, offrez-vous une dernière échapée à **Fontaine-de-Vaucluse,** où l'on visite l'étonnante résurgence de la Sorgue, au terme d'un mystérieux parcours souterrain sous le plateau de Vaucluse.

France

 Aires de **service** & de **stationnement**

Carpentras

Aire de Carpentras
Bd de la Pyramide - 📞 *04 90 60 84 00 -* 🅿 *4*
Ouv. tte l'année.
Borne Plateforme. 🚿 🚽 💧 wc Gratuit
🏕 Stationnement parking de la Porte d'Orange.
GPS : E 5.04235 N 44.05597

Fontaine-de-Vaucluse

Aire de Fontaine-de-Vaucluse
Av. Robert Garcin, parking Les Vergnes -
📞 *04 90 20 31 79 -* 🅿
Ouv. tte l'année.
Borne artisanale. 🚿 🚽 💧 wc Gratuit
Stationnement : 3.50 €/j.
GPS : E 5.11740 N 43.91955

Gordes

Aire de Gordes
R. de la Combe - 📞 *04 90 72 02 08 -* 🅿
Ouv. tte l'année.
Borne Aireservices. 🚿 🚽 💧 wc Payant 2 €
Stationnement : 5 €/j.
GPS : E 5.19745 N 43.91469

Malaucène

Aire de Malaucène
Av. Charles-de-Gaulle, à côté de la gendarmerie -
📞 *04 90 65 20 17 -* 🅿 *10*
Ouv. tte l'année.
Borne artisanale. 🚿 🚽 💧 wc Gratuit
GPS : E 5.12987 N 44.17753

Puyvert

Aire de Puyvert
Parking Super U, rte de Lauris - 📞 *04 90 08 40 73 -* 🅿
Ouv. tte l'année.
Borne Eurorelais. 🚿 ⚡ 🚽 💧 wc Gratuit
🏕 Parking fermé la nuit
GPS : E 5.33644 N 43.74689

Sault

Aire de Sault
Parking P3, rte de Ferrassières, près du cimetière -
📞 *04 90 64 02 30 -* 🅿
Ouv. tte l'année.
Borne Eurorelais. 🚿 🚽 💧 wc Payant 2 €
🏕 15 août : fête de la lavande
GPS : E 5.41315 N 44.09412

⛺ Campings

Apt

⛺ Les Cèdres
Accès : sortie nord-ouest par D 22, rte de Rustrel -
📞 04 90 74 14 61
De mi-fév. à mi-nov. - 1,8 ha (75 empl.)
Tarif : (Prix 2011) 🧍 2,60 € 🚐 5,30 € - ⚡ (10A) 3,50 €
🚰 borne raclet 5 €
Loisirs : 🛖 mur d'escalade 🧗
Services : ♿ 🔌 🚿 wifi 📶 réfrigérateur,
congélateur
GPS : E 5.4013 N 43.87765

Bonnieux

⛺ Le Vallon
Rte de Ménerbes, Accès : sortie sud par D 3, rte de
Ménerbes et chemin à gauche - 📞 04 90 75 86 14

De mi-mars à mi-oct. - 1,3 ha (80 empl.)
Tarif : (Prix 2011) 21,50 € 🧍🧍 🚐 📶 ⚡ (10A) - pers.
suppl. 4 €
Services : 🔌 🚿 wifi 📶
GPS : E 5.22838 N 43.81881

Pernes-les-Fontaines

⛺ Municipal de la Coucourelle
391 av. René Char, Accès : 1 km à l'est par D 28, rte de
St-Didier, au complexe sportif - 📞 04 90 66 45 55
De déb. avr. à fin sept. - 1 ha (40 empl.)
Tarif : (Prix 2011) 15,50 € 🧍🧍 🚐 📶 ⚡ (10A) - pers.
suppl. 4 €
🚰 borne flot bleu
Loisirs : 🧗
Services : ♿ 🔌 🚿 wifi 📶
GPS : E 5.0677 N 43.99967

Carnet pratique

Les bonnes **adresses** de Bib

Beaumes-de-Venise

Domaine de Fenouillet
Allée St-Roch - ℰ 04 90 62 95 61 - www.domaine-fenouillet.fr - tlj sf dim. 9h-12h, 14h-19h.
Cette maison qui pratique l'agriculture raisonnée propose une belle gamme de vins : côtes-du-ventoux blanc, rosé et rouge, beaumes-de-venise, muscat et marc de muscat de Beaumes-de-Venise. Le domaine vend également de l'huile d'olive provenant du moulin familial situé à quelques kilomètres.

Carpentras

Marché aux truffes
Pl. Aristide-Briand - le vend. 8h-12h30.
 C'est l'un des plus importants du Vaucluse. Le vendredi précédant le 27 novembre, pour l'ouverture, défilé de confréries bachiques et de la truffe, puis l'Amicale truffe passion offre à tous la brouillade truffée.

Confiserie Nano
280 allée Jean-Jaurès - ℰ 04 90 29 70 39 - lun.-sam. 8h30-12h30, 14h30-19h.
Cette maison succède à la Confiserie Bono, créée en 1925. Le changement de propriétaire n'a pas ébranlé la vocation de ses créateurs : perpétuer la tradition des maîtres confiseurs de Provence. La preuve : c'est toujours le même chef confiseur qui opère depuis 1974 ! Fruits confits, chocolats, nougats, calissons et autres tentations sont donc bien au rendez-vous.

Crillon-le-Brave

Le Vieux Four
144, rue du Vieux Four - ℰ 04 90 12 81 39 - tlj sf lun. midi - fermture en nov. et mars - 29 €.
C'est dans l'ancienne boulangerie du village qu'est venue s'établir cette jeune cuisinière dynamique. Elle vous accueille dans le fournil, dont elle a conservé le vieux four, ou sur la terrasse, installée sur les remparts. De là, vous pourrez voir le mont Ventoux.

Sault

André Boyer
Pl. de l'Europe - ℰ 04 90 64 00 23 - www.nougat-boyer.fr - 7h30-19h.
La boutique d'André Boyer est une adresse incontournable, qui perpétue les traditions artisanales de fabrication. Miel de lavande et amandes de Provence constituent les matières premières nobles qui entrent dans l'élaboration du nougat blanc tendre ou du nougat noir croquant, sans oublier macarons et petites galettes à la farine d'épeautre.

Maison des producteurs
R. de la République - ℰ 04 90 64 08 98 - de mars à mi-nov. tlj 9h30-12h30, 14h-19h ; hors saison slmt le w.-end.
Coopérative des producteurs de lavande et de petit épeautre du pays de Sault. Plantes aromatiques, huiles essentielles, miel, nougat, huile d'olive.

France

À l'assaut du **Mont-Blanc**

*I*mpérial dans son manteau d'hermine, le **massif du Mont-Blanc** règne sans partage sur les Alpes. Son étendue et la succession des vallées qui le caractérise interdisent toute vision globale. Mais vous aurez une bonne idée de sa beauté en arpentant le **vallée de Chamonix**. Suivez bien notre escapade !

⊃ *Départ d'Annecy*
⊃ *7 jours*
150 km

Le massif du Mont-Blanc.

Gavin Hellier / Robert Harding Picture Library / AGE Fotostock

Jour 1

Le matin à Annecy, longez les rives du Vassé depuis le centre Bonlieu en direction du pont des Amours et abordez les ruelles de la vieille ville par son cadre le plus représentatif, le palais de l'Île. L'après-midi, en montant jusqu'au château-musée, vous pouvez profiter d'un magnifique panorama sur la ville. L'Observatoire des lacs alpins est l'occasion de s'initier aux sciences naturelles. Le musée présente quant à lui des œuvres d'art contemporain sur la thématique de la montagne. En fin d'après-midi, visitez la roseraie et le parc de l'hôtel Impérial.

Jour 2

Partez à la découverte du lac en débutant par la rive est. Après **Veyrier**, contemplez la silhouette fortifiée du **château de Menthon-St-Bernard** et appréciez le calme de **Talloires**. La Voie Verte est une belle façon de découvrir la rive ouest. À **Sévrier**, ne manquez pas de rendre visite à la célèbre fonderie de cloches Paccard.

Jour 3

Quittez Annecy par la D 909. Vous longez comme hier, le lac jusqu'à Veyrier, puis **Menthon-St-Bernard**. Là vous pourrez visiter le château du fondateur des célèbres hospices du Grand-St-Bernard. Rejoignez la D 909 au col de Bluffy et prenez à droite vers **Alex** (Fondation Salomon), la Nécropole nationale des Glières, puis **Thônes** au cœur du massif des Bornes-Aravis. Dans ces vastes prairies de vert cru, les troupeaux paissent en nombre : vous êtes au **pays du reblochon**. Vous visiterez le musée du Pays et le musée du Bois et de la Forêt situé dans une ancienne scierie.

Jour 4

Départ le lendemain vers le sud pour la vallée secrète de **Manigod** ; empruntez la D 2, puis la

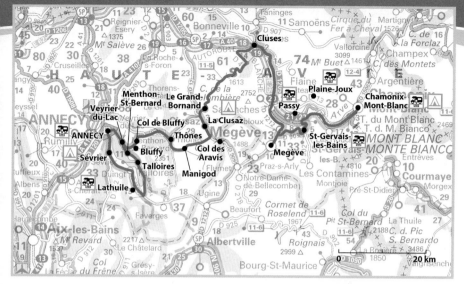

D 16 qui franchit le col de la **Croix-Fry**. Vous serez impressionnés par les vastes fermes perdues dans les alpages. À l'intersection avec la D 909, prenez à droite jusqu'au **col des Aravis** (1 498 m) d'où s'étend une vue magnifique sur le massif du Mont-Blanc. Les plus courageux se rendront jusqu'à la **Croix de Fer** (2h de marche) d'où le panorama est encore plus grandiose. Vous pouvez alors faire demi-tour pour gagner **La Clusaz** qui fut l'une des premières stations de sports d'hiver. Si vous avez le temps, rejoignez le minuscule, mais charmant, **vallon des Confins**, à quelques kilomètres à l'est de La Clusaz.

Jour 5

Rejoignez **Le Grand-Bornand** par la D 4. Ici, le paysage est d'une extrême douceur. Dans le village, vous pourrez visiter l'église et la Maison du patrimoine installée dans une ferme de 1830. Franchissez **le col de la Colombière** (D 4) et arrêtez-vous à la chartreuse du Reposoir, beau couvent du 18ᵉ s. établi dans un site magnifique. À **Cluses**, vous pourrez visiter le musée de l'Horlogerie et du Décolletage, puis direction **Saint-Gervais** et **Chamonix** via **Megève**.

Tout le long de la journée, vous trouverez des stations de ski fameuses à proximité de votre itinéraire : Bourg-St-Maurice, Les Saisies, Les Contamines- Montjoie, Passy-Plaine-Joux et Samoëns, pour ne citer qu'elles.

Jour 6

Ce sixième jour sera réservé aux montées à **l'aiguille du Midi** et à la mythique traversée de la **vallée Blanche** par le téléphérique. Nous vous conseillons de faire une halte au premier tronçon du téléphérique de l'aiguille du Midi (plan de l'Aiguille), pour vous acclimater et observer **la vallée de Chamonix et le massif des Aiguilles-Rouges**. Projeté ensuite en quelques minutes à 3 500 m d'altitude, vous découvrirez l'ensemble dantesque du massif du Mont-Blanc. Et par temps de grand beau, un panorama inoubliable de l'arc alpin. Si vous avez le temps et que vous avez pris toutes les précautions d'usage pour une randonnée, vous pourrez réaliser la traversée Plan de l'Aiguille/Montenvers et rejoindre ainsi la **mer de Glace**. Le train du Montenvers relie aussi la vallée à ce site.

Jour 7

Restez à **Chamonix** pour visiter le Musée alpin qui retrace l'histoire de la ville au travers de gravures et d'objets traditionnels. Vous pouvez à pied, au départ des Praz, monter en forêt jusqu'à la buvette de la Floria. Vous y serez bien accueilli et vous dégusterez, face au **mont Blanc**, les plus fameuses **tartes aux myrtilles** de la vallée.

France

 Aires de **service** & de **stationnement**

Annecy

Aire d'Annecy
1 ch. de Colmyre.
Borne Plateforme ⚓ 🚿 🚽 WC Gratuit.
🅿 10 Gratuit.
GPS : N 45.89049 E 6.139

Chamonix-Mont-Blanc

Aire de Chamonix
Parking du Grépon - 📞 *04 50 53 11 13 -* 🅿
Ouv. tte l'année (aucun service pdt saison hivernale).
Borne artisanale. ⚓ 🚿 🚽 WC Gratuit
Stationnement : 12 €/j.
🚍 Navette gratuite pour le centre-ville
GPS : E 6.86971 N 45.91578

Lathuile

Aire de Lathuile
Rte de la Porte, Hameau du Bout du Lac -
📞 *06 30 08 35 50 -* 🅿25
Ouv. juin-août.
Borne artisanale. ⚓ 🚿 🚽 🚽 WC Payant 2 €
Stationnement : 7.50 €/j.
GPS : E 6.20761 N 45.79489

Passy

Aire de Passy
Av. de Marlioz, parking de Super U -
📞 *04 50 58 80 52 -* 🅿
Ouv. tte l'année.
Borne Flot Bleu. ⚓ 🚿 🚽 WC Payant 2 €
GPS : E 6.70383 N 45.91914

Plaine-Joux

Aire de Plaine-Joux
Rte de Plaine-Joux - 📞 *04 50 78 00 03 -* 🅿8
Ouv. tte l'année sf gel.
Borne Flot Bleu. ⚓ 🚿 🚽 WC Payant 2 €
Stationnement : 9 €/j.
🚍 Vue sur le Mont-Blanc et la vallée du Giffre
GPS : E 6.73915 N 45.95128

Saint-Gervais-les-Bains

Aire de Saint-Gervais-les-Bains
Av. du Mont-d'Arbois - 📞 *04 50 47 76 08 -* 🅿
Ouv. tte l'année.
Borne Raclet. ⚓ 🚿 🚽 🚽 WC Payant 2 €
🚍 En contrebas de la patinoire, proche du centre-ville
GPS : E 6.71284 N 45.88821

⛺ **Campings**

Chamonix-Mont-Blanc

⚠ L'Île des Barrats
185 chemin de l'Île des Barrats, Accès : au sud-ouest de
la ville, à 150 m de l'Arve - 📞 04 50 53 51 44
De mi-mai à mi-sept. - 0,8 ha (56 empl.)
Tarif : (Prix 2011) 29 € 👤👤 🚗 🔲 🚽 (10A) - pers.
suppl. 6,10 €
Loisirs : 🏊
Services : ♿ ⛽ 🚫 ⚓ 📶 wifi laverie
GPS : E 6.86135 N 45.91463

La Clusaz

⚠ FranceLoc Le Plan du Fernuy
Rte des Confins, Accès : 1,5 km à l'est - 📞 04 50 02
44 75
De mi-déc. à mi-avr. - 1,3 ha (60 empl.)
Tarif : (Prix 2011) 32 € 👤👤 🚗 🔲 🚽 (13A) - pers.
suppl. 6 €
🚐 borne artisanale

Loisirs : 🍽 🏊 ⛱ 🎿
Services : ♿ ⛽ (juil.-août) 📶 🧺 ⚓ 📶 wifi
laverie
🚍 Belle piscine d'intérieur et site agréable au pied
des Aravis
GPS : E 6.458 N 45.91139

Sévrier

⚠ Au Coeur du Lac
3233 rte d'Albertville, Accès : 1 km au sud - 📞 04 50
52 46 45
De déb. avr. à fin sept. - 1,7 ha (100 empl.)
Tarif : (Prix 2011) 25,10 € 👤👤 🚗 🔲 🚽 (10A) - pers.
suppl. 4,30 €
🚐 borne artisanale - 10 🔲 16,50 €
Loisirs : 🏊 🎮 diurne ⛱ 🚣 kayak
Services : ♿ ⛽ 📶 🏖 wifi laverie 🏊
🚍 Situation agréable près du lac (accès direct)
GPS : E 6.14399 N 45.85487

Les bonnes **adresses** de Bib

Annecy

L'Atelier Gourmand

2 r. St-Maurice - ☎ 04 50 51 19 71 - www.atelier-gourmand.net - fermé 6-14 janv., dim. soir, mar. midi et lun. - 20 €. Ici, plaisir des yeux et du palais sont au rendez-vous. Peintre à ses heures, le patron, quand il est aux fourneaux, nous régale… Et dans la salle décorée avec soin, les amateurs de gastronomie française dégusteront ses mets, entourés de ses toiles d'inspiration italienne.

Au Fidèle Berger

2 r. Royale - ☎ 04 50 45 00 32 - tlj sf dim. et lun. 9h15-19h - fermé 2 sem. en nov. et les j. fériés. Ce salon de thé, confortable et chic, est devenu une institution locale au fil des ans. Les Annéciens viennent y déguster de savoureuses pâtisseries maison accompagnées d'un thé, d'un café ou d'un bon chocolat chaud. Difficile de résister après avoir vu en vitrine la fontaine de chocolat qui aguiche les gourmands.

La Fermette

8 r. Pont-Morens, vieille-ville - ☎ 04 50 45 01 62 - www.produits-regionaux-annecy.fr - 9h-19h - fermé lun.-merc. en janv. et nov. Charmante boutique de produits régionaux : miels, confitures, bonbons, vins, liqueur de génépi, marc, crozets, charcuteries, fromages, objets artisanaux. Vous pourrez également mordre à pleines dents dans un sandwich chaud garni, par exemple, de reblochon ou de raclette.

Meyer le Chocolatier d'Annecy

4 pl. St-François - ☎ 04 50 45 12 08 - tlj sf dim. et lun. 9h-12h30, 14h-19h. Ne manquez pas cette chocolaterie renommée : les savoyards viennent de la région entière y acheter les très fameux Roseaux du Lac fourrés au café, à la praline ou à la liqueur (douze parfums différents), la Frolanche du Peliahu ou encore le Palais de l'Isle.

Chamonix-Mont-Blanc

Aux Petits Gourmands

168 r. du Dr-Paccard - ☎ 04 50 53 01 59 - 7h-19h45. C'est effectivement le rendez-vous des « p'tits gourmands » ! Pâtisserie, chocolatier et salon de thé : les propriétaires de l'établissement marient avec un égal bonheur ces 3 activités pour le plus grand plaisir des touristes, tout autant que des Chamoniards. Les gâteaux au chocolat, l'amandine aux myrtilles du pays, les tartes aux fruits de saison, les excellents chocolats maison… les invitent à ne plus en ressortir !

Megève

Au Crochon

2748 rte Nationale - ☎ 04 50 21 03 26 - www.megeve-decor.com - 9h-12h, 14h-18h30 - fermé dim. en inter-sais. et sais. hiver, j. fériés sf 14 Juil. et 15 août. Pour les amoureux d'objets en bois fait main, le choix risque d'être cornélien ! Du bac à fleurs ou du moule à beurre, de la paire de sabots (pour grand-mère) ou du tonnelet (pour grand-père), de la luge ou des raquettes, qu'emporterez-vous dans vos valises ?

Thônes

Coopérative agricole des Producteurs de Reblochon

Rte d'Annecy - ☎ 04 50 02 05 60 - www.reblochon-thones.com - vente au détail : tlj (sf dim. hors vac. scol.). Visite de la fabrication : tlj sf w.-end à partir de 9h30. Que diriez-vous d'un en-cas de fromage, pour couper la faim qui vous tenaille au milieu d'une journée vécue au grand air ? Cette coopérative fabrique des Reblochons de manière artisanale, et les affine directement dans ses caves où règne une température constante de 12°. Leur visite s'accompagne d'une dégustation dont vous apprendrez à connaître les subtiles variations d'aspect et de goût.

La Belgique depuis la France

De Paris à **Anvers**

Jose Antonio Moreno / imagebroker / AGE Fotostock

Vue depuis la Citadelle de Namur sur la ville et la cathédrale Saint-Aubin.

➲ *Départ de Paris*
➲ *9 jours - 609 km* **Cartes Michelin n° 714 et 721**

Jour 1

133 km

En partant de **Paris**, prenez la direction de **Chantilly** en empruntant la D317, puis la D924, qui vous fera traverser la **forêt domaniale d'Erme-nonville**. La visite du **château de Chantilly**, suivie de celle des **Grandes Écuries** du château ou d'une promenade dans le parc est incontournable.

En arrivant à **Amiens**, capitale de la Picardie (D916 et D1001), vous découvrirez la **cathédrale Notre-Dame**, inscrite au patrimoine mondial de l'Unesco, et plus vaste édifice gothique de France. En fin de journée, une marche le long des canaux vous permettra d'admirer les demeures anciennes qui les bordent.

Jour 2

150 km

Avant de rejoindre **Cambrai**, faites un crochet pour la matinée par le **château fort des Ducs de Guise** (D1023 puis E44), dont la construction commença au 11e s., et dont la forteresse fut renforcée par Vauban au 17e s. Une fois arrivés à **Cambrai** (D960), déambulez sur la **place Aris-tide-Briand,** entièrement reconstruite après la guerre de 1914-1918. Admirez l'**hôtel de ville** de style Louis XVI.

Jour 3

134 km

Pour atteindre **Dinant** (D962), vous couperez à travers le **parc naturel régional de l'Avesnois**. À Dinant, ville installée au creux de la vallée de la Meuse, la vue de la ville depuis le **château de Crèvecœur**, la visite de la **citadelle de Dinant**, et pour les plus téméraires, la descente dans la **grotte La Merveilleuse** vous occuperont toute une journée.

Jour 4

29 km

Départ pour **Namur** par la N92 qui vous fera longer les très jolies **rives de la Meuse.** En matinée, rendez-vous

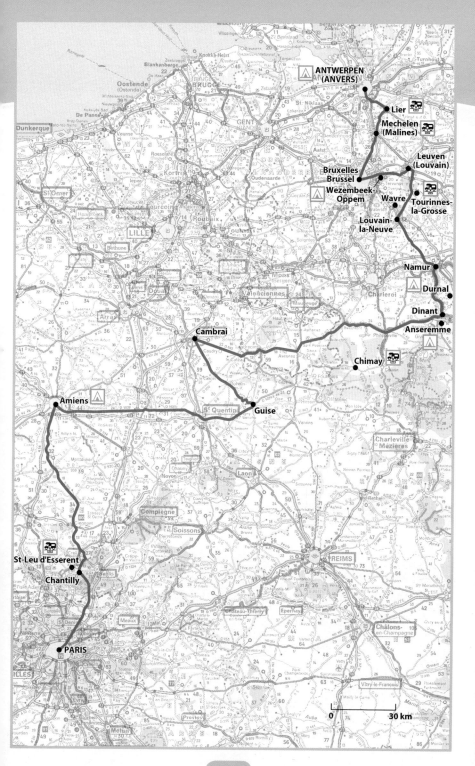

La Belgique depuis la France

De Paris à **Anvers** *suite*

à la **citadelle de Namur,** vestige du long passé militaire de la ville. Dans l'après-midi, flânez dans le centre-ville dont les petites ruelles et les églises valent le détour. Pensez aussi à découvrir la **gastronomie belge**!

Jour 5
70 km

Gagnez la ville de **Louvain-la-Neuve** (N4), pour la découverte du **musée Hergé**, le plus célèbre des dessinateurs belges. **Wavre,** ville voisine (par la N239), abrite le grand parc d'attractions **Walibi** et son complexe aquatique **Aqualibi,** rafraîchissant en été!

Rejoignez enfin **Louvain** (N25) pour admirer l'**église Saint-Pierre** bâtie au 15e s., et son **Trésor.** Poursuivez votre visite avec l'**hôtel de ville,** magnifique édifice du 15e s., dont l'intérieur abrite de nombreuses toiles de maîtres.

Jour 6
30 km

Arrivé par la E40 à **Bruxelles,** capitale de l'Europe, promenez-vous dans le **quartier Européen** et le **parc du Cinquantenaire**. Repérez le **Berlaymont,** bâtiment de la **Commission européenne.** Rendez-vous plus tard sur la **place Poelaert** pour la splendide **vue panoramique** de la ville. Cette place porte le nom de l'architecte du **Palais de Justice,** bâtiment démesuré, qui semble trôner sur Bruxelles. De là, descendez vers le **quartier des Sablons,** où logent antiquaires et chocolatiers renommés. Tout au bout de la rue de la Régence, faites une dernière étape au

L'hôtel de ville de Louvain.

José Fuste Raga / AGE Fotostock

musée Magritte, pour côtoyer l'univers des surréalistes.

Jour 7
63 km

De Bruxelles à **Malines** (N1), vous entrez réellement dans le Brabant flamand, dont vous pourrez admirer la richesse architecturale, avec la **cathédrale Saint-Rombaut**, ainsi que l'**hôtel de ville**, sur la **Grand-Place**. Saviez-vous qu'à 15 km de là (N14 puis N108), une ville est surnommée depuis toujours « Le Petit Plaisir », en raison de sa légendaire douceur de vivre ? Il s'agit de **Lierre**. Arrêtez-vous à l'**église Saint-Gommaire** pour voir ses beaux vitraux, et au **Béguinage**, datant du 13e s. Prenez la route pour **Anvers** (N10) avant d'entamer votre dernière étape.

Jours 8 et 9

Anvers, deuxième ville du pays, symbolise le modernisme et le dynamisme économique de la Flandre, tout en ne perdant rien de son charme ancien. Avant tout, promenez-vous dans les ruelles, jusqu'à tomber sur la monumentale **gare centrale** de style néo-baroque. Le très réussi **musée de la Mode (MoMu)** vous permettra de revoir vos classiques et de découvrir de jeunes créateurs. À Anvers, le shopping est vivement conseillé aux amateurs : la ville est à la pointe de la mode, et les prix sont encore doux ! Le **Jardin zoologique** est le plus grand zoo d'Europe : il ravira petits et grands. Enfin, n'oubliez pas la traditionnelle visite de la **Grand-Place**, et un arrêt à l'une de ses ravissantes terrasses pour goûter une bière belge !

Aires de **service** & de **stationnement**

Chantilly

Aire du Camping de l'Abbatiale
39 r. Salvador Allende, 60340 Saint-Leu d'Esserent -
℘ 03 44 56 38 76 - www.camping-abbatiale.com.
Stationnement : autorisé
Loisirs : 🚴🏕
Services : 📷 🚿

Chimay

Aire du Camping de Chimay
Allée des Princes 1 - ℘ 060/21 18 43.
Payant 2€
Services : 🚰 🚿 WC 🔧

Lier/Lierre

Aire du Kulturel Centrum de Mol
Aarschotsesteenweg 3 - ℘ 038/00 05 55.
Borne eurorelais 🚿🚰🔧
Stationnement : autorisé
Services : 🚿 ✕ 🔧

Mechelen/Malines

Parking De Nekker
Nekkerspoel-Borcht 19 - ℘ 015/15 70 05 - 🅿 10.
5 🔳
Stationnement : 24h maxi.
Loisirs : 🚴🏕 🏊 ⚲
Services : 🚿 ✕

Waver/Wavre

Aire du Camping Val Tourinnes
R. du Grand Brou 16A, 1320 Tourinnes-la-Grosse -
℘ 010/86 66 42.
Loisirs : ⚲ 🐴 🏇 🚴🏕
Services : 🚰 🚿 🔧

⛺ Campings

Amiens

Parc des Cygnes
111 av. des Cygnes - ℘ 03 22 43 29 28 - www.parcdescygnes.com.
🚐 5 🔳
Prix indicatif : 10,40 €
Loisirs : 🚴🏕 🛶
Services : ♿ 🚿

Antwerpen/Anvers

Stedelijk Kampeerterrein De Molen
Achthavenweg z/n - ℘ 03/219 81 79.
16 mars-15 oct.
🚐 6 🔳
Prix indicatif : 8,50-10,50 €
Loisirs : 🚴🏕 🏄 ⚲ 🏊
Services : ✕ 🚰 🚿

Brussel/Bruxelles

Royal Camping Caravaning Club
Warandeberg 52, 1970 Wezembeek-Oppem - ℘ 027/82 10 09 -
www.camping-r3cb-brussels.be.
avr.-fin sept.

🚐 15 🔳
Prix indicatif : 18-23 €
Loisirs : 🚴🏕
Services : ♿ 🏔 📷 🚰 🔧 ⚲ 🍷

Dinant

Camping Villatoile
Ferme de Pont-à-Lesse, 5500 Anseremme - ℘ 082/22 22 85 -
www.villatoile.be.
1er avr.-15 oct.
Prix indicatif : 18,50-25 €
Loisirs : ⚲ 🚴🏕
Services : ♿ 🔧 📷 ✕

Namen/Namur

Camping de Durnal
Rte de Spontin, 5530 Durnal - ℘ 083/69 99 63 - www.camping-durnal.net.
1er fév.-5 janv.
🚐 6 🔳
Prix indicatif : 18-25 €
Loisirs : 🚴🏕
Services : ♿ 🔧 🚿 ✕ 📷

Les bonnes **adresses** de Bib

Au Relais des orfèvres
14 r. des Orfèvres - ℘ 03 22 92 36 01 - www.restaurant-relais-orfevres.fr - tlj sf sam. midi, dim. et lun. - fermé 3 semaines en août et 2 semaines en février - formule 23 € - menu : 30-52 €, carte : 50-60 €.
Après avoir visité la superbe cathédrale, prenez place dans cette jolie salle à manger contemporaine (tons gris et rouge) pour savourer une cuisine au goût du jour à prix doux.

Dock's Café
Jordaenskaai 7 - ℘ 032/26 63 30 - www.docks.be - tlj sf dim. - formule 15 € - menu : 26-42 €.
Dans le paysage post-industriel des docks, cette brasserie a su capter le goût contemporain : décor à la Jules Verne, clientèle branchée et savoureuse cuisine terre-mer (bar à huîtres). Pensez à réserver !

Le Zoute Zoen
Zirkstraat 17 - ℘ 032/26 92 20 - tlj sf sam. midi et lun. - formule 18 € - menu : 29-45 €.
Une petite table qui ravit par son caractère intime et cosy et par sa cuisine féminine préparée avec amour, en donnant autant que possible la parole aux terroirs belges. Testez le « Zoenmenu » !

Viva M'boma
R. Flandre 17 - ℘ 025/12 15 93 - tlj sf lun. soir, mar. soir, merc. et dim. - carte : 26-39 €.
Cette élégante néocantine aux tables serrées et murs carrelés façon métro parisien attire les amateurs d'abats et de mets bruxellois oubliés (pis de vache, choesels, os à moelle, joue de boeuf). Un trip au pays de la tripe !

De la vigne à l'assiette
R. Longue Haie 51 - ℘ 026/47 68 03 - tlj sf sam.midi, dim. et lun. - fermé Noël-Nouvel an - formule 16 € - carte : 38-55 €.
« Bistrot-gastro » vous conviant aux plaisirs d'un généreux repas sortant de l'ordinaire et d'un choix de vins planétaire tarifé avec sagesse et commenté avec professionnalisme.

Auberge Fontenoise
543 rte de Bapaume, 59400 Fontaine-Notre-Dame - ℘ 03 27 37 71 24 - www.auberge-fontenoise.com - oct.-avr. : tlj sf sam. midi, dim. soir et lun. - menu : 28-64 €, carte : 48 € env.
Dans cette auberge familiale, on se régale de recettes mises au goût du jour teintées d'influences régionales : des produits de qualité et une bonne dose de savoir-faire !

Le Jardin de Fiorine
R. Cousot 3 - ℘ 082/22 74 74 - www.jardindefiorine.be - oct.-mars : tlj sf merc.-jeu. et dim. soir ; reste de l'année : tlj sf merc. et dim. soir - formule 25 € - menu : 30-60 €.
Installée depuis 1991 dans une maison de maître, cette table du rivage mosan s'est taillée une jolie réputation avec son menu « Invitation à la gourmandise » et sa bonne cave bien conseillée. Ample salle aux tons vifs. Repas d'été sur la pelouse face au fleuve.

Botaniq
Kapucijnenvoer 48 - ℘ 016/22 23 17 - www.botaniq.be - tlj sf lun. midi, mar. midi, sam. midi et dim. - formule 26 €.
Dans l'ex-conciergerie du jardin botanique, table au décor « fashion ». Bon menu selon le marché. Petite terrasse (boissons uniquement).

Zarza
Bondgenotenlaan 92 - ℘ 016/20 50 05 - www.zarza.be - tlj sf dim. et j. fériés - fermé 18 juil.-17 août - formule 24 € - menu : 44-58 €.
Cette maison à pignon située entre la gare et Grote Markt accueille une brasserie très en vue. Orangerie et jardin fort agréables pour boire un verre de vin ou une bière belge.

Gulden Anker
Brusselsesteenweg 2 - ℘ 015/42 25 35 - www.guldenanker.be - tlj sf sam. midi et dim. soir - fermé juil. - formule 28 € - carte : 46-66 €.
Restaurant genre bistrot moderne, convertible en salle de réceptions et séminaires.

Les Embruns
R. La Tour 2 - ℘ 081/22 74 41 - www.les-embruns.be - tlj sf dim. et lun. 12h-20h30 - fermé 13-27 sept. et 15 déc.-15 janv. - formule 18 € - menu : 28-45 €.
Menu-carte à prix muselé, produits hyper-frais, bel assortiment de vins blancs et terrasse urbaine chauffée : cette poissonnerie-restaurant a conquis le coeur des namurois.

Le Bateau Ivre
Ruelle Nuit et Jour 19 - ℘ 010/24 37 64 - www.lebateauivre.be - tlj sf dim. et lun. - formule 17 € - menu : 35 €.
Dans une ruelle piétonne, cette adresse est prisée pour sa carte mêlant saveurs méditerranéennes, influences françaises et asiatiques. Jolie cour intérieure où s'attabler l'été.

Belgique

Nom local : *België / Belgique* **Capitale :** *Bruxelles*
Population : *11 millions d'habitants* **Superficie :** *30 513 km²* **Monnaie :** *Euro*

Il était une fois… la Belgique, pays de taille relativement modeste mais aux paysages différents, à l'histoire politique parfois mouvementée et aux qualités artistiques incontestables, de la peinture à la BD, du polar à la chanson.

De la mer du Nord en terre flamande aux forêts profondes des Ardennes, la diversité géographique est de mise. Plages de sable fin, cordons de dunes, polders, régions vallonnées, terres de bruyère, vallées et plateaux se fondent harmonieusement.

Née officiellement en 1830, la Belgique a connu plusieurs tutelles étrangères. À peine réalisée, l'unité entre Wallons et Flamands apparaît bientôt comme un défi permanent à l'unité. Mais ce petit pays fédéral, où siègent les institutions européennes, est incontestablement une destination touristique de choix.

Les meilleurs moments pour arpenter la Belgique en camping-car sont les mois de juin, juillet, août et septembre quand il fait doux. Pour les inconditionnels de la plage – celle qui longe la mer du Nord de la Panne à Knokke – les deux mois d'été sont préférables. Au printemps et en automne, les forêts d'Ardenne prennent de magnifiques couleurs. L'hiver est la période idéale pour découvrir les villes d'art et de création que sont Bruxelles, Anvers, Gand, Bruges et Liège.

Car la Belgique, qui a vu confluer sur son territoire des peuples porteurs de grands courants artistiques (bourguignon, espagnol, autrichien, français et hollandais) possède une richesse extrême en musées et merveilles architecturales. Les peintres Van Eyck, Bruegel, Rubens, Ensor, Magritte, Spilliaert, Alechinsky… nous ont donné de splendides chefs-d'œuvre.

Et sur le plan gastronomique, la Belgique n'est pas seulement le pays des moules et des frites… Les Belges, bons vivants, savent apprécier les mérites d'une table bien garnie que les provinces wallonnes et flamandes sauront vous faire découvrir en l'arrosant d'une des 400 bières commercialisées sous plus de 800 noms.

RECOMMANDATIONS

DOCUMENTS OBLIGATOIRES

✓ Permis de conduire rose de l'UE
✓ Permis de conduire international (recommandé seulement)
✓ Certificat d'immatriculation du véhicule ou certificat de location
✓ Plaque d'identification nationale
✓ Justificatif d'assurance (carte verte)
✓ Passeport (recommandé seulement)
✓ Procuration en cas d'utilisation du véhicule appartenant à un tiers

VITESSES LIMITES

✓ En agglomérations urbaines : 50 km/h
✓ Sur routes : 90 km/h
✓ Sur routes à chaussées séparées : 120 km/h
✓ Sur autoroutes : 120 km/h
✓ Ces vitesses limites sont réduites par temps de pluie

INFOS

✓ Interdiction de rester en stationnement plus de 24 heures consécutives sur la voie publique
✓ Les autoroutes sont gratuites. Elles ne disposent que de très peu d'aires de repos

RÉGLEMENTATIONS

✓ Taux maximum d'alcool toléré dans le sang : 0,5 g
✓ Siège enfant, rehausseur ou système de retenue adapté et homologué obligatoire jusqu'à moins d'1,35 m
✓ Âge minimum du conducteur : 18 ans
✓ Port de la ceinture de sécurité obligatoire à l'avant et à l'arrière
✓ Allumage des feux de croisement obligatoire (jour et nuit) pour les deux-roues toute l'année
✓ Pneus cloutés admis avec réglementation du 1er novembre au 31 mars
✓ Triangle de présignalisation obligatoire
✓ Trousse de premiers secours obligatoire
✓ Extincteur obligatoire
✓ Gilet de sécurité fluorescent obligatoire

URGENCES

✓ Téléphone incendie et ambulance : 112
✓ Téléphone Police : 110

Pour téléphoner en Belgique

Composez le 00 + 32 + l'indicatif de la zone sans le 0 puis le numéro de l'abonné

Lexique

Se reporter au lexique des Pays-Bas pour la langue flamande

Y. Dehamel / MICHELIN

Belgique

De la Belgique du sud à **Bruxelles**

➲*Départ de Liège*
➲*8 jours*
470 km
Carte Michelin n° 716

Grand-Place à Bruxelles

Y. Duhamel / MICHELIN

Jour 1

Liège, ville chaleureuse et accueillante, au riche passé historique, possède de magnifiques églises et musées. Vous admirerez les fonts baptismaux de l'église St-Barthélemy, le trésor de la cathédrale St-Paul, les voûtes de l'église St-Jacques. À **Blégny-Trembleur**, visitez l'ancien charbonnage avant de filer vers le village de **Theux**. Ensuite, gagnez **Spa**, la seule ville thermale que compte la Belgique.

Jour 2

Pour un bol d'air, allez au parc naturel des **Hautes Fagnes** avant de prendre la direction de **Malmedy** formant jadis avec **Stavelot** une principauté ecclésiastique. Taillé sur mesure pour les amoureux de la nature, le trajet suit la vallée de l'Am-blève, puis la vallée de l'Ourthe pour atteindre **La Roche-en-Ardenne**, haut lieu du tourisme estival. Vous partez à la découverte du monde mystérieux de la grotte de **Han** et de la ville de **St-Hubert**, capitale de la chasse. La route descend vers l'Euro Space Center, consacré à la navigation spatiale, puis vers **Florenville**. On arrive à **Orval,** connue pour ses ruines et sa célèbre bière d'abbaye, puis à **Bouillon,** dominé par son château médiéval.

Jour 3

Gagnez ensuite la petite localité de **Vresse-sur-Semois,** jadis un important centre de la culture du tabac. L'itinéraire remonte vers **Dinant** où vous visiterez la citadelle. La route longe la Meuse pour atteindre **Namur,** capitale politique de la Wallonie. Faites halte dans cette paisible cité pour visiter la citadelle et l'un des musées de la ville comme le musée Félicien Rops.

Jour 4

On arrive au cœur du pays des « gueules noires » : **Charleroi, Marcinelle** et son ancien charbonnage du Bois du Cazier, **Binche,** la cité du carnaval. La route se dirige vers **La Louvière,** capitale de la région du Centre, et le domaine de Mariemont puis rejoignez **Soignies,** capitale de la pierre bleue. Faites un petit crochet à **Écaussinnes-Lalaing** et son impressionnant château fort, puis au château de Seneffe qui vous présente sa belle collection d'argenterie. Regagnez **Tournai** en passant par **Mons** chef-lieu du Hainaut, dominé par son beffroi d'ou

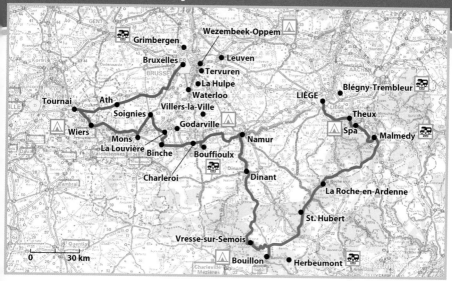

vous aurez de superbes vues sur la ville et les environs.

Jour 5

Passez la journée à Tournai, fleuron du patrimoine belge où vous ne manquerez pas de visiter la cathédrale Notre-Dame, le beffroi, le musée des Beaux-Arts sans oubliez de flâner dans les petites rues du centre historique. Rejoignez **Bruxelles** par la route qui passe par Ath, cité des Géants.

Jours 6 et 7

Située au cœur de la Belgique, **Bruxelles** est une ville pleine de contrastes et de paradoxes. Cité flamande à l'origine, elle s'est presque entièrement francisée au cours des siècles passés. En dépit des vagues de démolitions successives, dont Bruxelles fut victime, la ville a su conserver son caractère chaleureux et convivial.

Capitale de l'Art nouveau par excellence, la cité est riche en monuments et musées. Mais Bruxelles la cosmopolite ne se limite pas au « pentagone ». Les 19 communes dont se compose la Région de Bruxelles-Capitale incitent à la découverte : Laeken et ses serres royales, les quartiers animés d'Ixelles, St-Gilles à l'ambiance décontractée, Koekelberg et son imposante basilique, les quartiers chic du sud. Au moins deux journées entières sont nécessaires pour faire connaissance des principales curiosités de la capitale. Consacrez ces deux jours à la visite de la Grand-Place, des Galeries St-Hubert, des Serres de Laeken, de la cathédrale des St-Michel-et-Gudule, du musée d'Art ancien, du musée des Instruments de Musique et de l'Atomium sans oubliez de déambuler dans les petites rues proches de la Grand-Place (comme la rue des Bouchers, la rue de l'Écuyer…). Vous tomberez forcément sur le Manneken Pis.

Jour 8

Après avoir visité le Jardin botanique de **Meise**, vous vous dirigez sur **Leuven**. Faites étape au musée royal de l'Afrique centrale à **Tervuren** et arrêtez-vous à la Fondation Folon à **La Hulpe**. Qui ne connaît pas **Waterloo** avec sa butte du Lion, son champ de bataille et son musée Wellington ? La dernière partie de l'itinéraire est consacrée à la découverte des ruines de l'abbaye de **Villers-la-Ville**, de la collégiale Ste-Gertrude à Nivelles, de la basilique de Hal, fleuron du gothique brabançon, et pour terminer des châteaux de **Beersel** et de **Gaasbeek**.

Aires de **service** & de **stationnement**

Blégny

Blégny-Mine –
*R. Lambert-Marlet 23 - – * **P**.
Stationnement : autorisé

Bouffioulx

Centre d'interprétation de la Poterie –
*Rue Général- Jacques – Ouv. tte l'année sf fin déc. et déb. janv. – * **P**.
Borne eurorelais. 🛁 👤 🚿 ⚓ Payant.
Stationnement : autorisé

Grimbergen

Camping Grimbergen –
*Veldkantstraat 64 – ℘ 0479/760378 - avr.-oct. – * **P**.
Borne autre. 🛁 👤 🚿 ⚓
Stationnement : 9,50/22 €/j.

Herbeumont

Aire d'Herbeumont –
*Av. René-Demarteau – * **P**.
Borne artisanale. 🛁 ⚓ Gratuit.
Stationnement : autorisé

Malmedy

Aire de Malmedy –
*Av. de la Gare – ℘ 080/398232 - www.malmedy.be – ouv. tte l'année – * **P**.
Borne artisanale. 🛁 👤 🚿 ⚓
Stationnement : autorisé. 5 €/j.

Campings

Bouillon

⛰ Moulin de la Falize
Vieille route de France, 62
℘ 061/46 62 00
www.moulindelafalize.be
Avr.- mi-nov.
🚐 10 🔲
Loisirs : 🏠 ⛱ bowling, jeux pour adultes 🎣
🎾 🛶
Services : 🔌 🌫 😊 🛁 ⚓ 📺 sèche-linge 🧺 ♈
✗ brasserie, cafétéria

Godarville

⛰ Camping des voies d'eau du Hainaut
R. de Clémenceau 31
℘ 065/36 04 64
Mars-oct. (270 empl.)
Loisirs : 🎣 🎾 🛥 (plan d'eau) 🪁 aire de sports
Services : 🌫 😊 🛁 📺 sèche-linge ♈ ✗ cafétéria

Spa

⛰ Parc des Sources
R. de la Sauvenière 141
℘ 087/77 23 11

www.parcdessources.be
Permanent
🚐
Loisirs : 🎣 🚲 🏊
Services : 🌫 😊 🛁 ⚓ 📺 sèche-linge 🧺 ✗
cafétéria, snack

Wezembeek-Oppem

⛰ Paul Rosmant
Warandeberg 52
℘ 027/82 10 09
Avr.-sept. (69 empl.)
🚐
Loisirs : 🎣 aire de sports
Services : 🔌 🌫 😊 🛁 ⚓ 📶 🧺 ✗ brasserie

Wiers

⛰ Château du Biez
R. du Prince d'Espinoy 11
℘ 069/77 21 26
www.chateaudubiez.com
Permanent (107 empl.) 🚐
Loisirs : 🎣 🪁 aire de sports
Services : 🔌 📱 🌫 😊 🛁 🧺 ♈ ✗ cafétéria
brasserie

Carnet pratique

Les bonnes **adresses** de Bib

Office de tourisme de Bruxelles
VisitBrussels – *2-4 r. Royale, 1000 Bruxelles - 𝒫 025/13 89 40 - www.tourismebelgique.com.*

Bruxelles/Brussel

'T Kelderke
Grand Place 15 - 𝒫 025/11 09 56 - www.restaurant-het-kelderke.be - ouvert tlj - menu : 10-28 €.
Découvrez la cuisine belge populaire dans un cadre original sur la Grand Place. Parmi les spécialités figurant à la carte, stoemp (potée), carbonades flamandes, boudin noir et rognons sauce moutarde.

Atomium Restaurant
Square de l'Atomium (accès par le métro Haysel, au nord de Bruxelles) - 𝒫 024/79 58 50 ou 04 96 10 58 58 (réserv.) - www.belgiumtaste.com - 10h-18h, 19h30-23h - menu : 10-30 €.
Ce restaurant se trouve dans le monument le plus connu de Belgique, l'Atomium. On y mange à 100 m de hauteur, ce qui permet de découvrir Bruxelles autrement. Certes, les prix sont un peu trop élevés pour la qualité proposée, mais la vue et l'expérience offrent une compensation.

Chocolatier Pierre Marcolini
R. des Minimes 1(Pl. du Grand Sablon) - 𝒫 025/14 12 06 - www.marcolini.be - 10h-19h (vend.-sam. 20h).
Bruxelles compte un grand nombre de chocolatiers, mais celui-ci se démarque par son originalité dans la combinaison de saveurs et l'esthétique de ses pralines. Ce tenant du commerce équitable réalise également des desserts, des biscuits et des sorbets.

Buvrinnes

Le Beau Séjour
R. de Merbes 408 - 𝒫 064/22 32 42 - www.beausejourrestaurant.be - tlj sf mar.-merc. et sam. midi non fériés - menu : 25 €.
Ce restaurant à l'atmosphère familiale est une des adresses préférées des habitants de Binche. Préparations classiques de cuisine française et prix abordables. Outre les vins, le restaurant propose une carte des bières variée.

Bouillon

La Vieille Ardenne
Grand Rue 9 - 𝒫 061/46 62 77 - tlj sf merc. (sf pdt les mois d'été) - menu : 12-25 €.
Agréable petit restaurant également apprécié par les habitants de Bouillon. Collection remarquable de pots à bière suspendus au plafond. La carte propose surtout des plats régionaux. Grand choix de bières belges.

Charleroi

La Bruxelloise
Pl. Émile Buisset 9 - 𝒫 071/32 29 69 - www.restaurant labruxelloise.be - 15h30-18h - menu : 30 € - service voiturier - parking gratuit.
Le meilleur de la cuisine belge avec des plats de viande et de poisson et, cela va de soi, des moules et des huîtres. Ce restaurant est ouvert tous les jours et offre la qualité à des prix abordables dans un cadre moderne et intime.

Dinant

Maison Jacobs
Rue Grande 147 - 𝒫 082/22 21 39 - mars-déc. - possibilité de visite de l'atelier à partir de 8 pers. (2,50 €).
Ce boulanger est l'un des fabricants de la célèbre « couque de Dinant », réputée pour son goût particulier, mais aussi pour les figures qui la décorent.

Liège

Amon Nanesse (ex-La Maison du Pekèt)
R. du Stalon 1-3 - 𝒫 042/50 67 83 - www.maisondupeket.be - ouvert tlj - menu déj. 16-30 €.
Les murs en briques et le grand foyer ouvert sont garants d'une ambiance authentique intime et agréable. Les plats typiques de la région figurent à la carte. Prix attrayants et service chaleureux.

Malmedy

Au Petit Louvain
Chemin-rue 47 - 𝒫 080/33 04 15 - tlj sf lun. soir et merc. - 25-50 €.
Petite table familiale discrètement installée dans la rue commerçante de Malmedy. Traditionnelle et assez engageante, la carte propose du gibier en saison de vénerie. L'assiette, souvent bien garnie, ne manque pas de saveur !

Mons

No Maison
Grand-Place 21 - 𝒫 065/31 11 11 - tlj, cuisine ouverte jusqu'à 23h le w.-end.
Agréable taverne, proposant deux étages et terrasse, avec, à la carte, un grand choix de petites préparations et de boissons. Cet établissement est réputé pour ses plats régionaux particulièrement savoureux, surtout à base de bière.

Namur

Le Chapitre
Pl. du Carillon 1 - 𝒫 048/51 23 806 - www.estaminetlechapitre. skynetblogs.be - ouvert tlj - menu : 15 €.
Dans ce sympathique estaminet, vous découvrirez ce que sont les « stoemp », les « ravioli al djote » ou les « ravioli à la bière trappiste » ! Petite restauration belge authentique dans le vieux centre de Namur. La carte des boissons propose 100 bières belges différentes, beaucoup en provenance de petites brasseries artisanales.

La Belgique du **nord** et sa côte

⮡ *Départ d'Anvers*
⮡ *7 jours*
405 km
Carte Michelin n° 716

Façades d'Anvers

Jours 1 et 2

Cet itinéraire débute à **Anvers**, (Antwerpen) « métropole de la Flandre », ville dynamique et attachante. Berceau des jeunes créateurs belges, ville portuaire de premier ordre, plaque tournante du commerce du diamant, Anvers a su conserver le charme typique des cités flamandes. C'est un véritable plaisir de flâner dans les ruelles et sur les vastes places de la vieille ville. Les nombreux monuments historiques, les théâtres, les boutiques à la mode, les restaurants dernier cri et les galeries d'art lui confèrent un charme incomparable. Après la découverte du vieux centre, de la cathédrale Notre-Dame, de la Grand-Place, des Musées (Plantin-Moretus/ Cabinet des estampes, royal

des Beaux-Arts), dirigez-vous vers **Brasschaat**, aux villas cossues, et la réserve naturelle de **Kalmthout**. Remontez dans le temps au béguinage de **Hoogstraten** superbement restauré, puis longez la frontière belgo-hollandaise en passant par **Baarle-Nassau**, petite enclave belge aux Pays-Bas. Il est alors temps de faire une halte à **Turnhout**, capitale de la carte à jouer. Pour la suite, deux petites villes agréables au cœur de la Campine anversoise : **Geel** et **Herentals**. Le périple se poursuit en passant à **Lier**, charmante petite ville connue pour ses délicieuses tartelettes.

Jour 3

Dirigez-vous vers **St-Niklaas**, au centre du pays de Waas en passant par **Temse**, qui possède

le plus long pont métallique de Belgique, et **Bornem**, couronné de son imposant château. Poursuivez ensuite vers **Gand**. La visite de la vieille ville ne saura vous laisser indifférent. Citadelle spirituelle de la Flandre, ville universitaire, second port belge, Gand dégage une impression de grande vitalité. La cité natale de Charles Quint, chargée d'histoire et de monuments, offre aussi, entre la cathédrale et le château des Comtes, la poésie intime de ses vieux quartiers et de ses quais. Les illuminations rendent la promenade nocturne extraordinaire.

Jour 4

Avant de prendre la direction de **Kortrijk**, passez par **Oudenaarde**, renommé pour ses verdures. La Lys parcourt

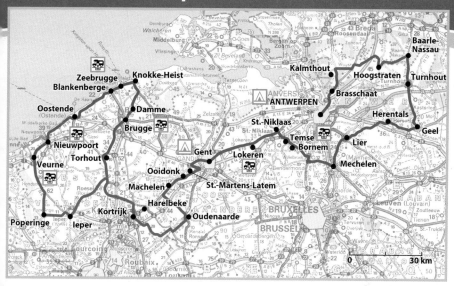

un paysage verdoyant et idyllique, parsemé de petits villages charmants : **Machelen** et son musée Raveel, **Deinze, Ooidonk** avec son château de style hispano-flamand, **Deurle** et **St-Martens-Latem** qui ont inspiré de nombreux artistes.

Jours 5 et 6

De Kortrijk gagnez **Bruges**. Son vieux centre a vraiment tout pour vous séduire : monuments historiques (dont son béguinage), musées renommés et canaux romantiques. L'hiver, ou au clair de lune, Bruges paraît véritablement sortie du Moyen Âge, avec ses vieilles demeures aux briques patinées par les siècles, ses nobles édifices, ses églises au clair carillon et ses canaux où évoluent les cygnes. Son centre historique est d'ailleurs inscrit depuis l'an 2000 au patrimoine mondial de l'Unesco. L'été, ou même le week-end, la ville se métamorphose. Celle qu'on appelle la Venise du Nord est

alors bourdonnante d'activité et d'animation. Deux traditions importantes font également la réputation de Bruges : d'une part le véritable artisanat d'art qu'est la dentelle au fuseau, et d'autre part les festivités célébrés le jour de l'Ascension avec la procession du Saint-Sang. À faire avant de repartir : la promenade en bateau sur les canaux.

Jour 7

Ne ratez pas la petite ville de **Damme**, cité d'Uylenspiegel, avant d'aborder le littoral. Les inconditionnels de la plage auront l'embarras du choix entre **Knokke-Heist, Blankenberge, Le Coq, Ostende**. Ostende est à la fois une station balnéaire très fréquentée et une ville dotée d'un riche passé royal. Les souverains belges, notamment Léopold II, aimaient y séjourner. La station balnéaire s'étend entre le Casino-Kursaal, inauguré en 1953, et le Thermae Palace Hôtel, le long du promenoir

qui borde la plage. Tout près se situent les Galeries royales et vénitiennes, où il fait bon flâner. À proximité du chenal du port et de l'avant-port, l'ancien quartier des pêcheurs forme un quadrillage de rues plus étroites, limité au sud par les bassins du port de plaisance. Les célèbres huîtres sont élevées à Ostende dans un bassin de 80 ha, le Spuikom, au sud-est de la ville. La suite de l'itinéraire vous amène à découvrir la région du Westhoek avec **Veurne** et sa superbe Grand-Place, et **Poperinge**, cité du houblon. Faites une halte à **Ieper**, fortement touché par la Grande Guerre, et **Torhout**, dominé par son église St-Pierre.

Le conseil de Bib

▶ Le centre-ville de Gand est inaccessible en camping-car.

Belgique

 Aires de **service** & de **stationnement**

Brugge/Bruges

Aire de Bruges –
Bargeweg – Ouv. tte l'année – 🅿 *4.*
Borne sanistation. 🚿 💧 🔧 Payant.
Stationnement : 22.50 €/j éléctricité incluse (avr.-sept.),
15 €/j (oct.-mars).

Lokeren

Parking Heirbrugkerk –
Veerstraat – 🅿
Stationnement : autorisé

Nieuwpoort

Kampeerautoterrein De Zwerver –
Brugsesteenweg 29 – 🅿 *28.*
Borne autre. 🚿 💧 🔧 Payant.
Stationnement : 13 €/j.
😊 À 1km du centre-ville.

Temse

Alpha Motorhomes –
Kapelanielaan 13A – ☎ *03/7711835 –* 🅿.
Borne euro-relais. 🚿 💧 🔧 Payant.
Stationnement : autorisé

Veurne

Parking am Lindendreef –
Lindendreef – 🅿 *4.*
Stationnement : autorisé

Zeebrugge

Parking Zeebrugge Strand –
Baron de Maerelaan – 🅿 *5.*
Stationnement : autorisé

⛺ Campings

Antwerpen/Anvers

⛺ **Stedelijk Kampeerterrein De Molen**
Thonetlaan
☎ *032/19 81 79*
info.sport@stad.antwerpen.be
Avr.-sept. 1,3 ha (46 empl.)
Loisirs : 🏇 🎾 ⛹ 🏊 aire de sports, randonnées
Services : 🚿 😊 🚰 ♨ 🍷 🍴

Gent/Gand

⛺ **Blaarmeersen**
Zuiderlaan 12
☎ *092/66 81 60*
camping.blaarmeersen@gent.be
Mars-oct. 6 ha (184 empl.)
🚐
Loisirs : squash 🏇 🚲 🎾 ⛹ 🏊 (plan d'eau) 🎣
💧 aire de sports, beachvolley, barbecue, plongée
sous-marine
Services : 🔑 Ⓜ 🛒 ⛄ 🚿 😊 🚰 📶 🔥 sèche-
linge 🚰 🍷 🍴 brasserie, snack
😊 Emplacements spéciaux pour camping-cars.

Carnet pratique

Les bonnes **adresses** de Bib

Office de tourisme d'Anvers
GroteMarkt 13 - ℰ 03 232 01 03 - http://visit.antwerpen.be -
9h-17h45, dim. 9h-16h30.

Alost

Borse van Amsterdam
Grote Markt 26 - ℰ 053/21 15 81 - www.borsevanamsterdam.be -
tlj sf merc. soir, jeu. et dim. - formule déj. 10 € - carte : 30 €.
Restaurant installé dans un bâtiment historique près
de la Grand-Place. Cuisine belge traditionnelle et petite
restauration. En façade, agréable terrasse sous les arcades avec vue sur la Grand-Place.

Antwerpen/Anvers

Brasserie Van Loock
Dageraadplaats 10-11 - ℰ 032/35 01 58 - tlj sf dim. midi -
menu : 25-35 €.
Cette brasserie est aussi animée que la place sur laquelle elle est située. Cuisine de brasserie « à la belge » : carbonades, asperges, poissons ou tomate aux crevettes ;
toujours avec de délicieuses frites.

Café Den Engel
Grote Markt 13 - ℰ 032/33 12 52 - www.cafedenengel.be -
tlj à partir de 10h.
Sans doute le café le plus connu d'Anvers, un des établissements les plus authentiques, où les Anversois
pure souche et les touristes viennent déguster leur
boisson préférée. Comme il est proche de l'hôtel de
ville, son intérieur orné de lambris de bois et de miroirs
a sûrement été témoin d'innombrables discussions po-
litiques. Si, par hasard, il n'y a plus de place dans « Den
Engel », entrez chez son voisin, le « Den Bengel ».

Blankenberge

Oesterput
Wenduinsesteenweg 16 - ℰ 050/41 10 35 - www.oesterput.com -
déb. fév.-déb. mars : w.-end seult ; reste de l'année : tlj sf
mar. - 40 €.
Adresse dédiée aux saveurs littorales : bassins à huîtres,
viviers à homards, longues rangées de tables recouvertes de nappes en papier, le tout, dans un hangar proche
du port de plaisance. Les plateaux de fruits de mer tien-
nent la vedette.

Brugge/Bruges

Des frites !
Au pied du beffroi sont installées les deux friteries les
plus renommées de Bruges. Du matin jusque tard dans
la nuit, on peut y manger d'excellentes frites.

The Chocolate Line
Simon Stevinplein 19 - ℰ 050/34 10 90 - www.thechocolateline.be -
mar.-sam. 9h30-18h15, dim.-lun. 10h30-18h30.
Du chocolat sous toutes ses formes : lettres, pralines
classiques ou personnalisées, œufs, peinture au chocolat… À l'arrière, une fenêtre permet d'observer l'atelier
du maître chocolatier.

Gent/Gand

Vintage
Onderbergen 35 - ℰ 092/23 51 31 - www.vintagewine.be -
lun.-jeu. 12h-14h30, 18h30-21h30 (vend.-sam. 22h30) - bar
à vin : tlj sf dim. 11h30-jusque tard - menu : 15-25 €.
On se rend dans ce bar à vin, situé dans une rue peuplée
de boutiques plaisantes et de cafés, non seulement pour
un verre, mais aussi pour un lunch ou un dîner. Carte
limitée, mais plat principal qui change tous les jours.

Kortrijk/Courtrai

Café Rouge
Sint-Maartenskerkhof 6A - ℰ 056/25 86 03 - www.caferouge.be -
mar., jeu. et dim. 11h-21h, vend.-sam. 11h-22h - fermé
23 mars-7 avr.
Établissement recommandé pour sa terrasse donnant
sur une place tranquille, en partie sous les arbres et avec
vue sur l'église St-Martin. À la carte, café et succulentes
pâtisseries, mais aussi bières régionales, glaces maison,
choix de thés et de bières et petite restauration.

Oostende/Ostende

Étals à poisson du Vistrap
Visserskaai.
Incontestablement l'une des attractions les plus gourmandes d'Ostende : une dizaine d'échoppes où l'on
peut acheter et consommer toutes sortes de préparations de poisson. Les crevettes sont un des ingrédients
les plus fréquents. Des maatjes (jeunes harengs), servis
ou non avec des oignons, sont également disponibles.

Les Pays-Bas depuis la France

De Lille à **Amsterdam**

*Les galeries royales
face à la mer, à Ostende.*

⮑ *Départ de Lille*
⮑ *8 jours - 513 km*

Cartes Michelin n° 714 et 721

Jour 1
32 km

Quittez Lille pour **Ypres** par la N336. Fortement touchée par la guerre de 1914-1918, elle fut rebâtie dans un style néo-gothique. Les **Halles aux draps**, achevées en 1304, détruites pendant la Première Guerre mondiale, et aujourd'hui reconstruites selon le style primitif, sont emblématiques de l'histoire architecturale de la ville. Visitez le très novateur musée **In Flanders Fields** : il reconstitue les témoignages poignants et inoubliables de 3 000 personnes qui furent plongées au cœur de la Grande Guerre.

Jour 2
63 km

En continuant vers le nord (N8), vous ferez étape à **Furnes**, particulièrement pour vous rendre sur la **Grand-Place** : admirez les monuments qui l'entourent ainsi que les maisons anciennes et leurs frontons du 17e s. Sur la plage d'**Oostduinkerke-Bad** (N39), vous pourrez observer les chars à voile et les quelques pêcheurs qui pratiquent encore la pêche aux crevettes à cheval. Vous pourrez constater en arrivant à **Ostende** (N34) que cette station balnéaire populaire attira aussi les souverains, lors d'une balade dans les **Galeries royales**.

Jour 3
110 km

Juste après la frontière hollandaise, arrêtez-vous à **Hulst** (N9, N49, N258) : ses façades colorées et ses charmantes petites ruelles dissimulent un passé d'ancienne place forte. Seuls les remparts du 17e s. témoignent de son passé militaire. Entre 1807 et 1931, l'église servit à la fois aux cultes catholiques et protestants. Sur la côte, le port de **Terneuzen** commande l'entrée du canal de Gand : il possède trois écluses gigantesques.

Jour 4
33 km

Middelburg (N290, N62) mérite que l'on y passe une

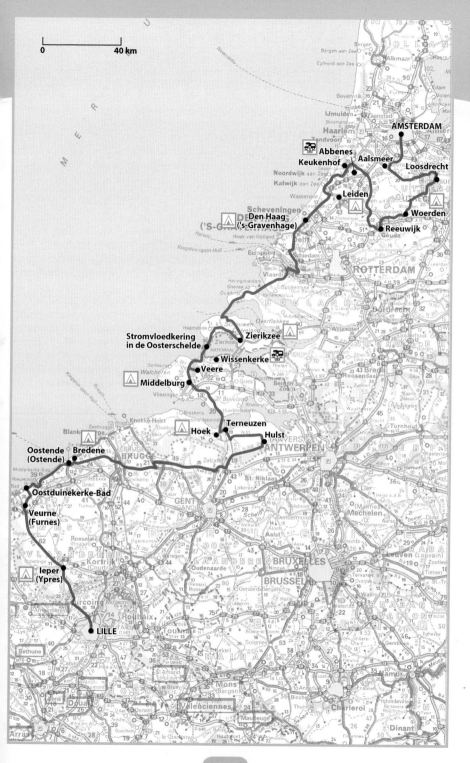

Les Pays-Bas depuis la France

De Lille à **Amsterdam** *suite*

journée. Bien qu'elle attire surtout des plaisanciers, ses moulins de rempart, ses bâtiments abbatiaux et son **hôtel de ville** témoignent de sa richesse historique. La très belle **abbaye** est aujourd'hui le siège du gouvernement provincial de Zélande, et abrite l'**Historama Abdij Middelburg**, qui relate l'histoire de ses anciens occupants. Pour bien comprendre la situation de la presqu'île de Walcheren, allez voir la maquette en plein air de **Miniatuur Walcheren**.

Jour 5
52 km

Continuez de traverser les îles et presqu'îles zélandaises, avec une visite de **Veere**. Cette ancienne petite colonie de pêcheurs s'est enrichie grâce au stockage des laines d'Écosse, puis fut ruinée par la guerre d'Indépendance. Le **barrage de l'Escaut oriental**, à l'entrée de l'île de Schouwen-Duiveland, ne passe pas inaperçu : construit en 10 ans, il est long de 3 km ! Sur l'île, allez visiter la petite ville de **Zierikzee**, encerclée par un canal.

Jour 6
83 km

Retour sur le continent par la N57 et la N213, à **La Haye**. Capitale de la province de Zuid-Holland, connue pour la **Cour internationale de Justice** qu'elle accueille, c'est aussi la ville la plus élégante de Hollande. Moderne, jeune et vivante, La Haye réserve néanmoins une place importante à sa vieille ville. Dans le centre, visitez le **Mauritshuis**, dont les collections de peintures sont réputées dans le monde entier. Vous pourrez

Parterres de tulipes de Keukenhof.

Richard van Kesteren / AGE Fotostock

dédier le reste de votre journée à la visite du **Biennenhof**, centre du pouvoir politique hollandais, ou à une balade sur l'immense plage qui borde la ville.

Jour 7
38 km

Ville voisine (N44), **Leyde** est appréciée pour sa tranquillité et son charme. Vous y verrez la plus ancienne université du pays, ainsi que de nombreux musées. Sillonnée de canaux, dont **Rapenurg** est le plus joli, Leyde est une invitation

à la flânerie. À 15 km au nord (N206), les **champs de fleurs de Keukenhof** sont incontournables si vous visitez la région au printemps ! Ils forment un parterre multicolore enchanteur que l'on peut admirer depuis les petits avions qui les survolent.

Jour 8
102 km

Votre dernière étape vous fera parcourir une région peu connue. Elle concentre plusieurs étangs : ceux de **Reeuwijk,** bordés de routes

sinueuses qui vous feront découvrir un paysage champêtre et sauvage. Puis les **étangs de Loosdrecht**, propices aux sports nautiques et jalonnés de ports de plaisance. Avant de rejoindre Amsterdam, et si vous avez aimé les champs de Keukenhof, le **marché de fleurs aux enchères d'Aalsmeer** (N201) dispose de passerelles en hauteur depuis lesquelles on observe le spectacle des pesées, des estimations et des ventes tôt le matin.

Aires de **service** & de **stationnement**

Abbenes

Ferme de Jasper Roubos
Kaagweg 50 - ℘ 0623 559 659.
Stationnement : 10€/j.
🅿 15 - Vidéo surveillance
Services : [⚡](2 €) 🚿 🔧

Wissenkerke/Kamperland

Presqu'île de Noord Beveland
Hooidijk, face à la piscine publique.
Stationnement : nuit 13 € (17h-10h) ; journée 6 € (10h-17h)
Loisirs : 🤸
Services : [⚡] 🚿🔧✕
🏖 Proche de la plage

 **Campings**

Ypres/Ieper

Camping Jeugdstadion
Bolwerkstraat 1 - ℘ 057/21 72 82 - www.jeugdstation.be.
Déb. mars à mi-nov.
Prix indicatif : 12 €
🏠 18
Loisirs : 🚴
Services : 🚿🔧🍴✕📞

Ostende/Oostende

't Minnepark
Zandstraat 105, 8450 Bredene - ℘ 059 322 458 - www.minne park.be.
Prix indicatif : 17 €
Loisirs : 🎣⛵🤸🏊💧🎾📺
Services : 🚿🔧📺📞

Hoek

Vakantie-Eiland Braakman
Middenweg 1, sur la route N61, à 16 km à l'ouest de Terneuzen - ℘ 0115481730.
Prix indicatif : 32,20-40,40 €
🏠 50
Loisirs : 🤸💧⛵🎣🏠
Services : 🚿🔧✕📞

Middelburg

Camping De Vlaschaard
Koudekerksweg 165 - ℘ 0118617094 - www.devlaschaard.nl.
Déb. avr. à fin oct.
Prix indicatif : 17,50 €
🏠 5
Loisirs : 🤸🚴
Services : 🚿🔧📺📞

Zierikzee

Camping Fam. Kloet
Eerste Weegje 3 - ℘ 0111414214 - www.campingkloet.nl.
Déb. avr. à fin oct.
Prix indicatif : 10,50-13 €
🏠 5
Loisirs : 🤸 terrain de sport, poneys
Services : 🚿🔧📺♨🚿📞

La Haye/Den Haag

Kampeerresort Kijkduin
Machiel Vrijenhoeklaan 450 - ℘ 0704482100.
Prix indicatif : 45 €
🏠 28
Loisirs : ⛵🤸🛝🎣💧
Services : ♿🚿🔧✕🍴snack 📺📞

Leyde/Leiden

WSC Vlietland
Rietpolderweg 11 - ℘ 0715612200 - www.wscvlietland.nl.
Mi-avr. à mi-sept.
Prix indicatif : 10-20 €
Loisirs : ⛵🤸🛝💧 escalade, pétanque
Services : 🛒✕📺 sèche-linge📞

Woerden

Camping Batenstein
Van Helvoortlaan 36 - ℘ 0348-421320 - www.camping-batenstein.nl.
Déb. avr. à fin oct.
Prix indicatif : 17,90-24,30 €
🏠 4
Loisirs : 🤸🛝🛝🎣🏂
Services : 🚿🔧📞

Les bonnes **adresses** de Bib

Ypres/Ieper

De Stoove
Surmont de Volsbergestraat 12 - 📞 0479229233 - www.destoove.be - lun., jeu., dim. 12h-14h, 18h-21h, vend. 12h-14h, 18h-22h - fermé troisième sem. de janv., dernière sem. de juil. et deux premières sem. d'août - formule 19 € - 34-49 €.
Près du Grote Markt, une petite maison ancienne entièrement transformée. Cuisine très simple (salades, viande rouge) et menus le week-end.

Ostende/Oostende

Au Vieux Port
Visserskaai 32 - 📞 059703128 - www.auvieuxport.be - tlj sf lun. - mar. - fermé 14-22 juin, 13 nov.-2 déc. - menu 27-75 € boisson comprise - 43-83 €.
Face au port de pêche, petit repaire gourmand au cadre actuel ponctué d'évocations balnéaires (clichés rétro, maquette de voilier, vitrail). Carte typique de la côte belge.

Hulst

Napoleon
Stationsplein 10 - 📞 (0114) 313 791- www.restaurant napoleon.nl - tlj sf mar.-merc. 11h30-21h - fermé 27 déc.-5 janv., 11-21 juil. - menu 33-46 € - 34-64 €.
Maison engageante où défilent les gourmets depuis plus de 30 ans. Terrasse avant abritée, déco rétro, cuisine classique française, homard toute l'année (vivier en salle).

Middelburg

Peper & Zout
Lange Noordstraat 8 - 📞 (0118) 627 058 - www.peperenzout.com - lun., jeu., vend. 12h-14h, 17h30-21h30, w.-end 17h30-21h30 - fermé 27 déc.-6 janv. - formule 19 € - menu 33 € - 34-52 €.
Resto sympa en deux parties (accès séparés) : nostalgie rétro et expo de vieux ustensiles de cuisine d'un côté ; cadre moderne baroquisant de l'autre. Recettes du moment.

Veere

De Peperboom
Kapellestraat 11 - 📞 (0118) 501 307 - www. peperboom.nl - haute sais. : tlj sf lun. 12h-jusque tard ; basse sais. : tlj sf lun.-mar. 12h-14h30, 18h-21h - menu 19-27 €.
L'enseigne de ce sympathique café hollandais se réfère à un vaisseau de la Compagnie des Indes orientales dont le capitaine était originaire de Veere. Terrasse estivale fleurie. Carte de préparations actuelles et menu à bon prix.

La Haye/Den Haag

Stadsbrasserie De Ooievaer
Turfmarkt 2 (dans l'atrium de l'hôtel de ville) - 📞 (070) 361 54 72 - www.deooievaer.nl - lun.-vend. 8h-20h30, sam. 10h-20h30, dim. 10h-19h - menu 17 € - 10-30 €.
Et vous n'aviez jamais mangé dans une mairie ? Qui plus est sous une verrière haute de 40 m ? C'est le moment, avec, au déjeuner, les classiques broodjes et soepen ; pour dîner, plats façon brasserie.

Maxime
Denneweg 10b - 📞 (070) 360 92 24 - www.restaurantmaxime.nl - 12h-14h, 18h-22h (juil.-août : tlj sf dim.-lun.) - fermé 25, 26 et 31 déc. - formule 25 € - menu 33 €.
Petit bistrot branché au design bien cosy. Menus "links" ou "rechts" et lunch avec choix. Pour dîner le week-end, pensez à réserver au 1er (18-20h) ou au 2e service (20-22h).

Leyde/Leiden

Stadscafé/restaurant Van der Werff
Steenstraat 2 - 📞 (071) 513 03 - www.stadscafevanderwerff.nl - lun.-jeu. 9h-0h, vend.-sam. 9h-1h, service 9h-17h, 18h-22h - 8-24 €.
Près de la gare et des deux moulins que compte encore Leyde, établissement tombant à point nommé pour prendre un verre ou manger un en-cas avant ou après la visite des musées situés aux alentours.

't Baarsje
Zwarteweg 6 - 📞 (0182) 394 460 - www.dennisvanderwerf.nl - déj. uniquement sur réserv. - lun., merc., jeu. 17h-21h30, vend.-sam. 16h-22h, dim. 16h-21h30 - menu 31 € - 40 €.
Auberge mignonne retirée sur son polder. L'enseigne, qui signifie petite perche *(baarsje)*, résume le passé du lieu, naguère café de pêcheurs.

Vinkeveen

La Canette
Groenlandsekade 61 - 📞 (0294) 291 544 - www.lacanette.nl - lun.-vend. 12h-22h, w.-end 18h-22h - formule 30 € - menu 33-43 € - 47-64 €.
En bord de lac, maison régalant les gourmets dans un décor "fashion" coloré ou sur sa terrasse-ponton en bangkirai. Platanes et bambous au patio. Cuisine du moment. Suites modernes flambant neuves, personnalisées par des tons vifs.

Pays-Bas

Nom local : *Nederland* **Capitale :** *Amsterdam*
Population : *16,84 millions d'habitants* **Superficie :** *41 863 km²* **Monnaie :** *Euro*

Un ciel changeant, des terres basses en bordure de la mer du Nord, pénétrées par les grands fleuves d'Europe… ce pays, l'homme en a fait son jardin, en aménageant une mosaïque de digues, de canaux, de polders, de bouquets d'arbres. C'est donc l'une des plus basses contrées au monde (Alexanderpolder atteint - 6,50 m d'altitude, à côté de Rotterdam). Et près du tiers de la superficie des Pays-Bas est le résultat d'une opiniâtre lutte contre les eaux.

Les meilleurs moments pour partir sont les mois de juin à septembre quand il fait doux. Les champs de fleurs et les vergers au printemps, avec quelques moulins en arrière-plan, prennent les magnifiques couleurs des cartes postales.

Le pays nourrit d'ailleurs une certaine nostalgie pour la tradition authentiquement néerlandaise. Sont réhabilités les moulins et les maisons anciennes, les entrepôts et les châteaux d'eau en briques qui, en d'autres temps, auraient été rasés. Dans les villes, les carillons égrènent de leurs notes claires les heures et les orgues anciennes continuent de fonctionner à l'occasion de concerts. Dans les ports ou le long des canaux sont amarrés d'anciens bateaux hollandais, restaurés avec soin, témoins des grands navigateurs d'hier ou de négociants d'aujourd'hui.

Les musées et monuments, concentrés principalement à Amsterdam, reflètent l'histoire mouvementée du pays : tantôt catholique puis protestante, à l'avant-garde artistique au XVIIe siècle ou encore refuge des Juifs allemands lors de la Seconde Guerre mondiale. Cela ne veut pas dire que les autres villes néerlandaises ne valent pas le détour, bien au contraire. Rotterdam et toutes ses constructions avant-gardistes raviront les amateurs d'architecture contemporaine. La Haye, ville gouvernementale vous mènera tout droit aux institutions néerlandaise et internationales. Bref les Pays-Bas, ce ne sont pas seulement les champs de tulipes, les fromages et les bicyclettes…

RECOMMANDATIONS

DOCUMENTS OBLIGATOIRES

✓ Permis de conduire rose de l'UE
✓ Permis de conduire international (recommandé seulement)
✓ Certificat d'immatriculation du véhicule ou certificat de location
✓ Plaque d'identification nationale
✓ Justificatif d'assurance (carte verte)
✓ Passeport (recommandé seulement)
✓ Procuration en cas d'utilisation du véhicule appartenant à un tiers

VITESSES LIMITES

✓ En agglomérations urbaines : 50
✓ Sur routes : 80
✓ Sur routes à chaussées séparées : 100
✓ Sur autoroutes : 120
✓ Ces vitesses limites sont réduites par temps de pluie

SIGNALISATION

À l'abord d'un carrefour, une ligne constituée de triangles blancs peints sur la chaussée indique au conducteur qu'il doit céder le passage à tout véhicule (y compris un vélo) circulant sur la voie abordée.

RÉGLEMENTATIONS

✓ Taux maximum d'alcool toléré dans le sang : 0,5 g
✓ Age minimum des enfants admis à l'avant : 12 ans
✓ Siège enfant, réhausseur ou système de retenue adapté et homologué obligatoire jusqu'à 1,35 m
✓ Age minimum du conducteur : 18 ans
✓ Port de la ceinture de sécurité obligatoire à l'avant et à l'arrière
✓ Pneus cloutés interdits
✓ Triangle de présignalisation obligatoire
✓ Trousse de premier secours recommandée
✓ Extincteur recommandé
✓ Gilet de sécurité fluorescent recommandé

URGENCES

✓ Téléphone incendie et ambulance : 112
✓ Téléphone Police : 110
Au secours ! **Help !** / *Hôpital* **Ziekenhuis** / *Police* **Politie**

Pour téléphoner aux Pays-Bas

Composez le 00 + 31 + le numéro de l'abonné sans le 0 initial. Les indicatifs locaux (020 pour Amsterdam, 070 pour La Haye, 043 pour Maastricht, 010 pour Rotterdam ou 030 pour Utrecht) ne sont à composer que si vous appelez d'une zone à l'autre.

LEXIQUE

MOTS USUELS

Oui **Ja** / *Non* **Nee** / *Bonjour* **Goedendag** / *Bonsoir* **Goedenavond** / *Salut* **Hallo** / *Au revoir* **Tot ziens** / *S'il vous plaît* **Alstublieft** / *Merci* **Dank u** / *Excusez-moi* **Sorry** / *Santé !* **Proost !** / *Manger* **Eten** / *Boire* **Drinken** / *Toilettes* **Toilet**

DIRECTIONS & TRANSPORTS

À droite **Naar rechts** / *À gauche* **Naar links** / *Entrée* **Ingang** / *Sortie* **Uitgang** / *Autoroute* **Autosnelweg** / *Route* **Weg** / *Ville* **Stad** / *Station-service* **Tankstation** / *Essence* **Benzine**

PREMIERS CONTACTS

Je voudrais… **Ik zou graag…** / *Où se trouve… ?* **Waar is… ?** / *Parlez-vous français ?* **Spreekt u Frans ?** / *Je ne comprends pas* **Ik begrijp het niet** / *Pouvez-vous m'aider ?* **Kunt u mij helpen ?** / *Combien ça coûte ?* **Hoeveel kost ?**

Le chemin des **fleuves** et du **delta**

➲ *Départ de Breda*
➲ *6 jours*
420 km
Carte Michelin
n° 715

Musée des Bons Enfants, à Maastricht

C. Labonne / MICHELIN

Jour 1

Breda était jadis l'une des principales places fortes du pays. Aujourd'hui, c'est une cité dynamique et accueillante aux larges zones piétonnes. Les environs de la ville sontdotés de grands espaces verts comme le Liesbos, à l'ouest, et le Mastbos, au sud. Après la visite de Breda (le tombeau en albâtre d'Englebert II de Nassau dans l'église Notre-Dame), le circuit mène à l'ancien marquisat de **Bergen op Zoom**. Prenez le temps de découvrir la Zélande, parsemée de petites villes pittoresques et de villages charmants : l'ancien port de **Goes**, **Middelbourg** et son hôtel de ville, les stations balnéaires de **Westkapelle** et de **Domburg**, **Veere** et ses maisons écossaises.

Jour 2

Par le barrage de l'Escaut oriental, on gagne **Zierikzee** située sur l'île de Schouwen-Duiveland. Par **Brouwersdam** et **Haringvlietdam**, on arrive les pieds dans l'eau à **Schiedam**, ville du genièvre.

Jour 3

Port d'importance mondiale, **Rotterdam** a tout pour séduire les amateurs d'architecture contemporaine. À 30 km de la mer du Nord, il bénéficie d'une situation privilégiée au débouché des régions industrielles drainées par le Rhin, la Meuse et leurs affluents. Après les bombardements de la Seconde Guerre mondiale, la ville s'est reconstruite ; dynamique et moderne, elle n'en finit pas de renaître, devenant un véritable laboratoire d'architecture. Le trafic fluvial vers l'Europoort, second port du monde après Shanghai, et ses activités commerciales ouvertes sur l'étranger confèrent à la cité son atmosphère particulière.

Jour 4

Visitez ensuite les dix-neuf moulins de **Kinderdijk** avant de gagner **Dordrecht**, dominée par la tour inachevée de la Grande Église. Si vous souhaitez prendre un bol d'air, rendez-vous alors au parc national **De Biesbosch** et laissez-vous emporter par la magie au sein du parc d'attractions De Efteling avant de gagner **Tilburg**. Vous pourrez enchaîner par **Bois-le-Duc**, située sur le Binnendieze, et Eindhoven, réputée pour son musée Van Abbe consacré à l'art moderne. Sur le chemin qui conduit à

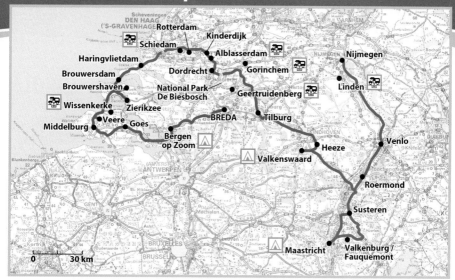

Maastricht, vous admirerez le château **Heeze** et le village blanc de **Thorn** aux confins de la Belgique.

Jour 5

Faites une halte à **Maastricht**, ville au caractère méridional. Au pied de sa « montagne » St-Pierre, la capitale du Limbourg est une cité pittoresque et joyeuse, érigée sur les bords de la Meuse. Les maisons mosanes en pierre, les pans de muraille médiévale et les rues piétonnes où s'alignent

Le conseil de Bib

▶ Il est recommandé d'allumer vos feux de croisement.

les commerces forment un tableau attrayant, entre les vastes places prises d'assaut par les terrasses des cafés. À la confluence de trois pays, Maastricht, symbole de l'Europe politique, cultive son identité plurielle. Le dialecte est toujours de rigueur dans la rue, les habitants portent presque tous un prénom français et d'Artagnan, l'ancien combattant ennemi, mort ici sur le champ de bataille, est célébré par une statue en bronze. Vous succomberez au charme de son carnaval débordant de gaieté et de son art de vivre où la bonne chaire et les mets régionaux se taillent la part du lion – vins blanc, fromages à pâte molle ou agneaux fondants des vallées voisines.

Jour 6

Vous vous dirigerez ensuite vers **Fauquemont**, au centre d'une région verte et vallonnée. Après avoir visité l'abbaye de **Rolduc** et le château **Hoensbroek,** on atteint **Susteren**, dominée par l'église St-Amelbergakerk, et l'ancienne place forte de Sittard. On remonte au nord en passant par **Roermond** et **Venlo** afin de regagner **Nimègue**. Avec Maastrich, elle est la ville la plus ancienne des Pays-Bas. Il fait bon flâner le long du Waalkade, point de départ des bateaux d'excursion, comme dans les rues animées du centre-ville. Sur le plan sportif, la ville est connue comme étant le point de départ d'une marche annuelle qui dure quatre jours et attire de nombreux participants.

Pays-Bas

 Aires de **service** & de **stationnement**

Alblasserdam

Parking du Port
Haven 4 – **P** *14.*
Borne autre. Payant.
Stationnement : 10 €/j.

Geertruidenberg

Parking Geertruidenberg
Statenlaan – **P**.
Stationnement : autorisé 24h maxi.

Gorinchem

Parking Buiten de Waterpoort
Buiten de Waterpoort – **P**.
Stationnement : 3 €/j.

Linden

Marina Brasker
Hardweg 15 - 0485/311951 - 15 avr.-15 oct. - **P** *10.*
Borne autre.
Stationnement : 10 €/j.

Schiedam

Parking de Schiedam –
Nieuwe Haven 110 – **P** *3.*
Stationnement : autorisé

Wissenkerke (Noord Beveland)

Kamperland
Hooidijk (face à la piscine) - **P**.
Borne autre.
Stationnement : 19 €/j (13 € 17h-10h, 6 € 10h-17h)

Campings

Bergen op Zoom

Uit en Thuis
Heimolen 56
0164/233391
www.campinguitenthuis.nl
De mi-mars à fin oct. 8 ha (80 empl.)

Loisirs : diurne jeux pour adultes
aire de sports
Services : sèche-linge brasserie, snack

Maastricht

Mooi Bemelen
Gasthuis 3 - Bemelen
043/4071321
www.mooibemelen.nl
Permanent

Loisirs : diurne piste de danse
aire de sports
Services : sèche-linge brasserie, cafétéria

Valkenswaard

Recreatiepark Brugse Heide
Maastrichterweg 183
040/2018304
www.brugseheide.nl
De mi-mars à fin oct. 7 ha (81 empl.)

Loisirs : jeux pour adultes,
discothèque aire de sports
Services : sèche-linge brasserie, snack

Carnet pratique

Les bonnes **adresses** de Bib

Office de tourisme de Rotterdam
Rotterdam Info – *Coolsingel 195-197 (entrée Binnenwegplein) - ☎ (0031) 10 271 01 20 - http://fr.rotterdam.info/visiteurs/contact/.*

Eindhoven

Bali
Keizersgracht 13 - ☎ (040) 244 56 49 - tlj sf lun. - 25 €.
Restaurant oriental officiant depuis près de 25 ans sur cette artère du centre-ville. Les fines bouches rompues aux saveurs indonésiennes y trouveront leur bonheur, autant que les papilles novices en quête de dépaysement. Formules *rijsttafel* (table de riz) très demandées.

Fauquemont

Gouden Leeuw
Grotestraat 49 - ☎ (043) 601 25 79 - www.restaurant goudenleeuw.nl - lun.-sam. 17h-21h30, dim. 12h-21h30, vac. scol. 12h-21h30 - 23/30 €.
Avec sa terrasse sur la Grand'Rue, le « Lion d'or » propose une cuisine roborative et savoureuse, avec large choix de grillades. Poutres apparentes et briques sombres composent le décor de la salle à manger.

Maastricht

Pieke Potloed
Sporenstraat 5 - ☎ (043) 321 59 68 - www.piekepotloed.nl - tlj sf lun. 11h-22h, dim. 12h-20h - 15/25 €.
Un classique de la gastronomie populaire locale, rythmé par de vieilles chansons traditionnelles. Spécialités de plats cuits dans des chaudrons : bœuf à l'étuvée, lapin mariné à la façon de Maastricht, etc.

Middelbourg

Surabaya
Stationsstraat 20 - ☎ (0118) 63 59 14 - www.surabaya.nl - tlj sf lun. (et mar. hors saison) 16h30-21h - 18 €.
Honorable petit restaurant indonésien au décor *made in Singapour*, complété d'une épicerie orientale à l'arrière. Le patron est le fournisseur de la cour.

Nimègue

Claudius
Bisschop Hamerstraat 12 - ☎ (024) 322 14 56 - tlj sf lun. 18h-23h - 32/72 €.
Rôtisserie sympathique dont les grillades, saisies à la braise dans la cheminée qui trône en salle, régalent les vrais amateurs de viande depuis plus de trente ans.

Une verdoyante terrasse d'été garnie de meubles en teck se cache à l'arrière. L'enseigne se réfère à Claudius Civilis, l'instigateur de la révolte des Bataves contre les Romains.

Roermond

Het Gesprek
Luifelstraat 38 - ☎ 0475 330600 - www.restauranthetgesprek.nl - tlj sf mer. 16h-23h - 30 €.
Cette enseigne alimente volontiers « la conversation » *(het gesprek)* des fines fourchettes dans le voisinage du Markt. Un trio de menus bien conçus y tient lieu de carte. Décoration intérieure mariant agréablement le moderne et l'ancien.

Rotterdam

Koekela
NieuweBinnenweg 97a - ☎ (010) 4364774 - www.koekala.nl - tlj sf dim. 8h30-17h30.
Si vous êtes pris de fringale dans le quartier, n'hésitez pas à rentrer dans cette petite pâtisserie pour goûter de délicieux gâteaux et boire un thé ou un café : les meilleurs scones, muffins, brownies ou *cheesecake* de la ville !

Proef
Mariniersweg 259 - ☎ (010) 2807297 - www.proefamsterdam.nl - tlj sf lun. 12h-22h (diner 18h-22h) - 20/39 €.
Tout est frais et savoureux dans ce petit restaurant donnant sur une rue calme juste derrière la station de métro Blaak. Une halte agréable pour déjeuner.

Cruise Terminal Rotterdam
Wilhelminakade 699 - ☎ (010) 2908440 - www.cruiseterminal rotterdam.nl - mar.-sam. 11h-23h, dim. 12h-22h - 20/25 € (réser. conseillée le w.-end).
On y vient pour la vue depuis la terrasse sur le Wilhelminapier, à côté des paquebots de croisière, et pour l'ambiance de grands départs qui plane dans la salle. Cuisine européenne.

Binnenrotte
Derrière l'église St-Laurent - mar. et sam. 9h-17h.
L'un des plus grands marchés des Pays-Bas.

Tilburg

De Eetkamer
Tilburgsweg 34 - Goirle (à 5 km au sud du centre) - ☎ (013) 534 49 00 - lun.-vend. à partir de 12h, w.-end à partir de 17h- menu 25€, à la carte env. 50 €.
Une adresse appréciée dans cette petite cité à proximité de Tilburg. Brasserie pour gourmets, atmosphère conviviale, agréable terrasse d'été ouverte sur le jardin, et son mobilier en teck.

Amsterdam et la **Hollande du Nord**

➲ *Départ*
de Amsterdam
➲ *8 jours*
485 km
Carte Michelin
n° 715

Marché aux fleurs

Jours 1 et 2

L'itinéraire débute à **Amsterdam**, ville à la fois dynamique, tolérante et romantique. Son réseau de canaux en toile d'araignée, ses maisons de briques hautes et étroites aux frontons de formes variées, son port, son intense activité commerciale et culturelle et ses musées donnent à la capitale des Pays-Bas une personnalité marquée, au charme prenant. Pour faire sa connaissance, il est conseillé de partir à pied ou bien de louer une bicyclette. Le touriste flânant le long des pittoresques canaux ne se doutera pas de la nature marécageuse du sous-sol d'Amsterdam, raison pour laquelle de nombreuses maisons ont été construites sur pilotis. La présence de maisons flottantes amarrées sur les quais s'explique par le manque parfois chronique de logements neufs dans le centre historique de la ville. De même, les anciens docks et les îles artificielles situés à l'est de la ville ont été transformés à partir des années 1990 en quartiers résidentiels, offrant un vaste terrain d'expérimentation aux architectes les plus audacieux. Dans le quartier des musées, admirez quelques grands peintres. Car le XVIIᵉ siècle fut celui des maîtres néerlandais, tels que Rembrandt van Rijn, Johannes Vermeer et Jan Steen. Les XIXᵉ et XXᵉ siècles ne sont pas moins remarquables pour leurs artistes d'envergure qu'étaient Vincent van Gogh et Piet Mondriaan.

Jour 3

L'étape suivante est **Haarlem**, la cité du célèbre portraitiste Frans Hals. À proximité, **Zandvoort** est une des stations balnéaires les plus courues des Pays-Bas. Après la visite du **Keukenhof**, la route traverse la magnifique région des champs de fleurs que l'on visitera de préférence au printemps.

Jour 4

Le voyage se poursuit par **Leyde**, cité universitaire très animée et riche en musées. Ensuite vous atteindrez **La Haye**, ville à multiple facettes. Siège du gouvernement des Pays-Bas, elle abrite des institutions internationales d'envergure. C'est aussi une ville élégante avec ses parcs, ses jolis canaux bordés de belles demeures. Puis on gagne **Delft**, renommée pour sa faïence, le « bleu de Delft ». Ses vieux canaux aux quais ombragés,

ses monuments historiques, ses intéressants musées en font l'une des cités qui ont conservé le plus de caractère. Faites un tour par **Gouda**, où vous admirerez les vitraux magnifiques de l'église St-Jean avant d'atteindre la ville accueillante d'**Utrecht**, où vous pouvez découvrir la maison Rietveld-Schröder, fleuron du patrimoine néerlandais.

Jour 5

Le circuit mène à **Hilversum**, située dans la région verdoyante du Gooi. Puis vous pourrez visiter le château de **Muiden**, entouré de douves. À quelques kilomètres de la capitale, vous découvrirez **Marken** et **Volendam**, deux bourgs portuaires caractéristiques des Pays-Bas traditionnels. On s'attarde à **Edam**, réputée pour son marché aux fromages qui se déroule en été sur la place appelée Kaasmarkt. N'oubliez pas de faire une halte à **Hoorn**, ville charmante dotée de beaux bâtiments historiques avant de gagner **Enkhuizen** et **Medemblik**, toutes les deux situées sur l'IJsselmeer.

Jour 6

Par la digue du Nord, on atteint la Frise, à la découverte de

Le conseil de Bib

▶ Pour la visite d'Amsterdam, faites halte dans un camping avec accès au centre ville par les transports en commun.

Bolsward, **Sneek** et **Sloten**, villes frisonnes pleines de charme. Le trajet descend ensuite vers **Schokland**, site inscrit au patrimoine mondial de l'Unesco. La route parcourt alors la province de Flevoland et rejoint les villes ultramodernes de **Dronten**, **Lelystad** et **Almere**.

Jour 7

Rejoignez **Amersfoort** et visitez le centre-ville où vous pourrez admirer ses « maisons de rempart » La ville natale du peintre Mondrian, avec ses anciennes rues commerçantes, son vaste marché, ses grandes places finira agréablement ce parcours.

En poursuivant votre périple, la route traverse le superbe parc national de la **Haute-Veluwe** abritant le musée Kröller-Müller qui, à lui seul, mérite le voyage. Une petite halte dans la ville d'**Arnhem** puis reprenez la route qui longe le parc national **Veluwezoom** pour arriver au château de **Middachten**.

Jour 8

Par **Zutphen**, située au cœur de la région verdoyante de l'Achterhoek, on arrive à **Deventer**, connue pour son délicieux pain d'épice, le *deventer koek*. Le trajet continue jusqu'à la ville verte d'**Apeldoorn**. Tout près se situe le musée-palais Het Loo témoignant d'un riche passé royal.

Pays-Bas

 Aires de **service** & de **stationnement**

Abbenes

Ferme Jasper Roubos
Kaagweg 50 - Het Holland Midden - 📞 *0623/559659 -*
🅿 *15.*
Borne autre. ⚄ 🛁 🚿 Payant.
Stationnement : 10 €/j.

Den Oever

Parking du Port
Oostkade – 🅿 *15.*
Borne plateforme. ⚄ 🛁 🚿 Payant.
Stationnement : 11 €/j.

Gouda

Klein Amerika
🅿 *15.*
Borne autre. ⚄ 🛁 🚿 Payant.
Stationnement : 7 €/j.

Hoorn

Grashaven
Visserseiland 221 – 📞 *0229/215208 –*
Oct.-avr. : lun.-vend.; mai-sept. : tlj (w.-end 8h-12h,
13h-17h) – 🅿 *15.*
Borne autre. ⚄ ⚡ 🛁 🚿 Payant.
Stationnement : 13 €/j.

Urk

Aire d'Urk
Sur le port - centre ville - Ouv. tte l'année – 🅿 *24.*
⚄ ⚡ 🛁 🚿 Payant.
Stationnement : 11 €/j.

⛺ Campings

Amsterdam

⛰ **Gaasper**
Loosdrechtdreef 7
📞 020/6967326
www.gaaspercamping.nl
De mi-mars à oct. 5,5 ha (350 empl.)
🚐
Loisirs : jeux pour adultes 🏓 🏊 (étang) 🎣 ♨
🐎
Services : 🔌 ⛺ 🚿 😊 ⚄ 🚻 🔲 sèche-linge 🏪
🛒 🍽 ✗ brasserie, snack, pizzeria
😊 Transports en commun pour centre-ville

⛰ **Zeeburg**
Zuider IJdijk 20
📞 020/6944430
www.campingzeeburg.nl
Permanent 3,8 ha (70 empl.)
🚐
Loisirs : 🎱 soirées disco, jeux pour adultes 🏓 🚲
♨
Services : 🔌 🚿 😊 ⚄ 🚻 📶 🔲 sèche-linge
🏪 🛒 🍽 ✗ pizzeria, snack, self service
😊 Transports en commun pour centre-ville

Otterlo

⛺ **Beek en Hei**
Heideweg 4
📞 0318/591483
www.beekenhei.nl
Permanent 5 ha (60 empl.)
🚐
Loisirs : 🎱 🌞 diurne 🏓 🐎
Services : 🔌 🚿 🚾 😊 ⚄ 🚻 🔲 sèche-linge
🏪 ✗

Carnet pratique

Les bonnes **adresses** de Bib

Office de tourisme d'Amsterdam
Amsterdam Tourist & Convention Board – *Gare centrale, quai 2B - ℘ (0031) 205512512 - www.amsterdam. info/fr/office-tourisme - 8h-20h.*

Amersfoort

In den 'Kleinen' Hap
Langestraat 95-97 - ℘ (033) 462 13 65 - www.kruispuntamersfoort.nl - lun. 12h-20h, mar.-merc. 10h30-20h, jeu. 10h30-21h30, vend.-sam. 10h-21h - 25 €.
Une adresse traditionnelle et centrale, située au cœur de la Grand-Rue, toujours animée. Cadre rustique à l'intérieur. Cuisine robuste et savoureuse.

Amsterdam

Small World
Binnen Oranjestraat 14 - ℘ (020) 0420 27 74 - www.smallworldcatering.nl - mar.-sam. 10h30-20h, dim. 12h-20h - 5/10 €.
L'une des meilleures sandwicheries de la ville, cachée dans une petite rue perpendiculaire au Brouwersgracht. Des compositions fraîches et originales, mais aussi des quiches, des cocktails de fruits frais et de succulents gâteaux maison – mention spéciale pour le *muffin* pomme-carotte-graines. À emporter ou à consommer sur place dans un tout petit intérieur ou en terrasse.

De Kaas Kamer
Runstraat 7 - ℘ (020) 623 34 83 - www.kaaskamer.nl - lun. 12h-18h, mar.-vend. 9h-18h, sam. 9h-17h, dim. 12h-17h.
Dans ce superbe magasin de fromages, difficile de faire son choix entre les innombrables sortes de Gouda et d'Edam, sélectionnés dans les meilleures fermes du pays : de six semaines à cinq ans d'affinage, à la truffe, aux épices, etc.

Delft

Aardewerkatelier de Candelaer
Kerkstraat 13 - ℘ (015) 213 18 48 - www.candelaer.nl - tlj sf dim. 9h30-17h.
Leurs faïences sont aussi vendues dans des boutiques spécialisées regroupées sur le Markt : De Blauwe Tulp ; De Backer van de Hoeck ; In den Porceleyne Winkel.

Enkhuizen

Die Drie Haringhe
Dijk 28 - ℘ (0228) 31 86 10 - www.diedrieharinghe.nl - merc.-vend. 12h-14h, 17h-22h, w.-end 17h-22h - menu 40 €.

À l'entrée du vieux port, près de la tour Drommedaris, ancien entrepôt transformé en relais-gourmand auréolé d'une certaine reconnaissance locale. Décor intérieur d'esprit rustique et bonne carte actuelle basée sur les produits régionaux.

Gouda

Marché au fromage et aux métiers
De mi-juin à fin août - jeu. : 10h-12h30.
En dehors du marché, vous trouverez les meilleurs fromages à l'une de ces deux adresses , **Kaaswinkeltje** – *Lange Tiendeweg 30 - ℘ (0182) 51 42 69* et **Hoogendoorn** – *Markt 70 - ℘ (0182) 51 04 15.*

Den Haag/La Haye

De Basiliek
Korte Houtstraat 4a - ℘ (070) 3606144 - www.debasiliek.nl - lun.-vend. 12h-14h, 18h-22h, sam. 18h-22h - menu 30/55 €.
En plein centre-ville, affaire familiale affichant un petit air de bistrot et misant sur une carte actuelle, assez ramassée mais engageante. Tables dressées sur la petite terrasse à l'avant du restaurant par beau temps.

Leeuwarden

't Pannekoekschip
Willemskade 69 - ℘ (058) 212 09 03 - www.pannekoekschipleeuwarden.nl - lun.- mar. à partir de 12h, mer.- dim. à partir de 17h - 7/12 €.
Cette crêperie aménagée dans un joli bateau amarré sur Willemskade, entre la gare et la vieille ville, propose un choix de 90 sortes de crêpes.

Volendam

Smit-Bokkum
Slobbeland 19 - ℘ (0299) 36 33 73 - www.smitbokkum.nl - mar.-vend. 10h-23h, w.-end 10h-0h30 (cuisine fermée à 21h) - 15/25 €.
À l'extrémité ouest de la ville, dans la fumerie familiale datant de 1856, le patron propose les spécialités qui font la réputation de Volendam : accompagnés d'une salade et de toasts, les poissons fumés constituent un déjeuner inoubliable. À savourer sur la terrasse donnant sur la toute nouvelle marina, si le soleil est au rendez-vous.

L'Allemagne depuis la France

De Strasbourg à **Hambourg**

Joachim Huber / ImageState / AGE Fotostock

Le port de Hambourg.

➲ *Départ de Strasbourg*
➲ *9 jours - 812 km*

Cartes Michelin n° 718 et 721

Jour 1
116 km

Partez de **Strasbourg** (par la D41) pour gagner la capitale de la Sarre : **Saarbruck**. Son origine remonte au temps des Celtes et des Romains, mais elle n'en est pas une ville figée pour autant. Elle fut transformée et influencée par la révolution industrielle au 19ᵉ s., qui lui donna un nouvel essor économique, ainsi que par la Seconde Guerre mondiale, qui l'endommagea largement. Les incontournables de Saarbruck sont la **basilique Saint-Jean**, construite au 18ᵉ s., véritable bijou baroque, ainsi que la vieille ville autour du marché Saint-Jean. Au détour des petites rues, vous tomberez nez à nez avec la fontaine, son obélisque et sa grille en fer forgé.

Jour 2
86 km

Arrivé à **Trier** par la B268, vous découvrirez la plus ancienne ville d'Allemagne. Là encore, vous voici dans une ville chargée d'histoire : les civilisations celtique, germanique et romaine s'y rencontrèrent, et l'empereur Auguste fonda la cité Augusta Trevevorum. Son dynamisme culturel actuel prend ses sources dans son passé de capitale de l'Empire occidental, de résidence des archevêques les plus puissants d'Europe, ainsi que dans son héritage prussien du 19ᵉ s. Vous en prendrez la mesure en visitant la **basilique de Trier**, ainsi que le très réussi musée de la Rhénanie.

Jour 3
118 km

Une demi-journée suffira pour un arrêt à **Bernkastel-Kues** (suivez L145, 141, 47), formée de villes jumelles situées de part et d'autre de la Moselle. Son célèbre vignoble – le plus grand vignoble d'un seul tenant en Allemagne – est planté à 95 % de riesling.

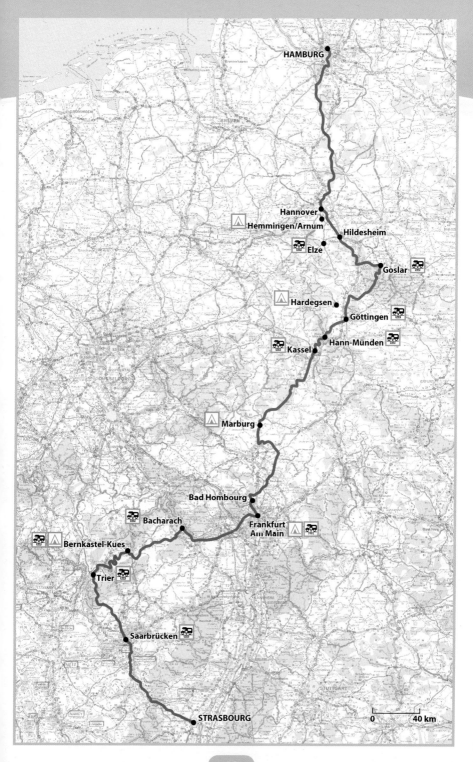

HAMBURG

Hannover
Hemmingen/Arnum
Hildesheim
Elze
Goslar

Hardegsen
Göttingen
Kassel
Hann-Münden

Marburg

Bad Hombourg

Bacharach
Bernkastel-Kues
Frankfurt
Am Main

Trier

Saarbrücken

STRASBOURG

0   40 km

L'Allemagne depuis la France

De Strasbourg à **Hambourg** *suite*

Ne manquez pas de faire une dégustation : les cavistes de la ville sont nombreux à en proposer. Pour une belle vue sur les maisons à colombage, postez-vous devant les ruines du **château de Landshut**. Poursuivez vers **Bacharach** (B50), elle aussi entourée de vignobles et de fortifications du Moyen Âge. Flânez devant les maisons à pans de bois le long de l'Oberstrasse et sur la **Marktpaltz**. Avant de reprendre la route, l'**église Saint-Pierre** et la **chapelle Saint-Werner** sont d'agréables visites à faire.

Jour 4
84 km

Francfort (via la B9) est surtout connue pour être la capitale financière et commerciale de l'Allemagne. Mais c'est également la ville la plus internationale du pays, ainsi qu'un pôle culturel important. À l'écart du tumulte, replongez-vous dans la vie du poète Gœthe, en visitant sa maison et le musée attenant : à travers la vie de la famille Gœthe, vous découvrirez surtout à quoi ressemblait la vie à Francfort au 18e s. Enfin, lui aussi hors du temps, le **zoo de Francfort**

accueille six cents espèces, compte une volière exceptionnelle, ainsi que la Grizmek Haus, salle plongée dans l'obscurité vous permettant d'observer les animaux chassant uniquement la nuit.
Si vous le souhaitez, à quinze kilomètres de Francfort (prenez la L3003) rendez-vous à **Bad Homburg vor der Höhe**, à la fois ville d'eau et ville de jeu. Alliance surprenante, la vie à Bad Homburg s'organise entre le parc thermal, le casino, l'église russe, le temple siamois et le château à la haute tour blanche, vestige de la résidence d'été des

L'hôtel de ville de Göttingen.

Werner Otto / AGE Fotostock

rois de Prusse. Une étape pour le moins originale!

Jour 5
89 km

Passez une journée entière à **Marbourg** (suivez la L3125), qui fut l'un des plus grands centres de pèlerinage de l'Occident chrétien. La ville a conservé la très belle église gothique dédiée à sa patronne sainte Élisabeth, princesse du 13ᵉ s canonisée en 1235. En particulier, soyez attentif au chœur qui abrite la châsse de sainte Élisabeth, chef-d'œuvre d'orfèvrerie. Les maisons anciennes à colombage, l'hôtel de ville de style gothique, et le château de Marbourg, vous occuperont jusqu'au soir.

Jour 6
91 km

Les frères Grimm – qui en firent leur résidence pendant vingt-cinq ans – ont laissé leur trace à **Kassel** (prenez la B3 pour vous y rendre), ville célèbre pour son activité musicale et théâtrale. Chaque année se tient la Documenta, l'exposition internationale d'art contemporain, au **Fridericianum**. En dehors de cette manifestation, c'est le **parc de Wilhelmshohe** qui retiendra votre attention. Élaboré comme parc de style baroque, il fut transformé au 18ᵉ s. en un jardin anglais. Vous y verrez des temples, des pavillons, des grottes et des ruines artificielles. Le château de Wilhelmsthal, édifice rococo, se visite également.

Ville voisine (que l'on atteint par la B3), **Hannoversch-Munden** compte plus de sept cents maisons à colombage, et vous donnera un bon aperçu de la splendeur de l'art médiéval en Allemagne. Il ne vous reste plus qu'à déambuler dans les rues situées entre l'hôtel de ville et la Werra pour admirer cette architecture raffinée.

Jour 7
103 km

Nouvelle étape urbaine à **Göttingen** (via la B241). C'est l'une des villes d'Allemagne les plus imprégnées de traditions universitaires, et la vie étudiante y entretient une animation permanente. Une balade dans la ville ancienne vous fera voir un ensemble architectural intéressant. Particulièrement l'hôtel de ville, datant des 14ᵉ et 15ᵉ s., qui présente le schéma médiéval classique. Remarquez que, depuis l'angle sud-est du **Markt**, la vue donne sur quatre églises : à l'est, le dôme campagnard de Saint-Alban ; au sud, Saint-Michel ; à l'ouest, les tours octogonales de Saint-Jean ; au nord, le clocher de Saint-Jacques et ses 72 mètres de haut.

Jour 8
73 km

Fondée au 10ᵉ s. après la découverte de mines d'argent dans les environs, **Goslar** (que vous rejoignez par la B241) est aujourd'hui une destination très prisée des Allemands

pour le week-end. C'est notamment parce qu'elle forme un ensemble urbain harmonieux, composé de maisons moyenâgeuses et de bâtiments de style Renaissance. Épargnée par les bombardements de la Seconde Guerre mondiale, son hôtel de ville gothique est intact et superbement conservé, ainsi que la salle des Hommages.

Jour 9
52 km

Cette étape vous conduit à **Hildesheim** (par la B6), petite ville à 30 km de Hanovre. Détruite à 90 % en 1945, le centre historique fut reconstruit entièrement avec le souhait de retrouver l'ancien charme qui l'habitait. Tentative réussie avec la **Marktpaltz**, ainsi qu'avec la cathédrale, copie de l'ancienne basilique romane du 11ᵉ s. Attardez-vous pour voir le cloître roman le long de la cathédrale, ainsi que les portes de bronze de la façade ouest. En milieu de journée, partez pour **Hannover** (en prenant la B6), elle aussi détruite en grande partie pendant la Seconde Guerre mondiale. Dernière trace du faste baroque de la ville, les **jardins de Herrenhausen** qui furent dessinés au 18ᵉ s. par Charbonnier, élève de Le Nôtre.

Pour rejoindre enfin le port de **Hambourg**, point d'arrivée de votre itinéraire, prenez la direction du nord par la B3.

Aires de **service** & de **stationnement**

Bacharach

Aire de Bacharach
Strandbadweg 9, entre la B9 et le Rhin, en face de la Bahnweg -
🖉 49 06743/1752 - www.camping-sonnenstrand.de - 🅿 30.
Ouverte tte l'année
Borne Sanistation 🛁 (1 €/80 l) 🚽 (2,50 €) 🚮 ⚡
Stationnement : 7 €/nuit

Bernkastel-Kues

Aire de Bernkastel-Kues Wehlen
Hauptstrasse 152, parking Am Weingut Studert Prüm Maximinhof.
🛁 🚽 🚮 ⚡
Stationnement : 9 €/nuit

Elze

Aire de Elze
Am Stadion 7, près de Hildeheim - 🖉 49 (0) 506 892 196.
🛁 🚮 ⚡
Stationnement et services gratuits

Göttingen

Aire de Göttingen
Windausweg 6, Reisemobilhafen Eiswiese (sortie 73 de
l'autoroute A7 Kassel-Hannovre) - 🅿 28.
🛁 (1 €/100 l) 🚽 (0,50 €/Kwh) 🚮 ⚡
Stationnement : 9 € (services compris)

Goslar

Aire de Goslar
Bertha Von Suttner Straße - 🖉 49 (0) 5321 78060 - http://
www.goslar.de/suche/inde.html - 🅿 10.
Borne Sanistation 🛁 🚮 ⚡
Stationnement : autorisé

Hambourg

Aire Wohnmobilhafen Hamburg Süd
Finkenrieker Hauptdeich 5 - 🖉 49 (0) 1577-4505514 -
www.Wohnmobilplatz-Hamburg.de - 🅿 100.
🛁 (1 €/100 l) 🚽 (1 €) 🚮 ⚡
Stationnement : 12 €/j

Hann Munden

Aire de Hann Munden
Tanzwerder, depuis l'A7, sortie 75 ou 76, rejoindre le centre du
village - www.hann.muenden.de - 🅿 30.
Avr.-mi-oct.
Borne Sanistation 🛁 🚽 (0,60 €/Kwh) 🚮 ⚡
Stationnement : 6 €.

Kassel

Aire de Kassel
Giesenallee 7 - 🖉 (0049) 0561/707707 - 🅿 4.
Stationnement : 7 €/j., 🛁 (1 €), 🚽 (0,50 €/Kwh)

Saarbrücken

Aire de Saarbrücken
Deutschmühlental 7, Erlebnisbad Calypso -
www.erlebnisbad-calypsp.de - 🅿 30.
Ouverte tte l'année
Borne Sanistation
Stationnement : 7 € 🛁 🚽 (4 prises : 1 €/j.).

Trier

Aire de Trier
Luxemburger Straße, parking des expositions (suivre
Messegelände, à côté du Mac Donald).
Borne Eurorelais 🛁 (1,50 €) 🚮 ⚡ Gratuit
Stationnement : 6 € + 2,50 €/j

⛺ Campings

Bernkastel-Kues

Camping Kueser Werth
Am Hafen 2 - 🖉 49 (0)6531 8200 - 🅿 42.
Avr.-oct. Prix indicatif : 19-28 €

Frankfurt

City Camp Frankfurt GmbH
An der Sandelmühle 35 - 🖉 49 (0)6957 0332 - 🅿 120.
Ouvert tte l'année. Prix indicatif : 23,50-28,50 €

Göttingen

Camping Ferienpark Solling
À 19 km de Gottingen, Auf dem Gladeberg 1 (A7 sortie 71
Nörten-Hardenberg, puis la 241 direction Uslar. Le camping
est indiqué sur la 241 à Hardegsen) - 🖉 49 (0)5505 2272.
Ouvert tte l'année. Prix indicatif : 16,50-21,50 €

Hannover

Camping Arnumer See
Osterbruchweg 5, Hemmingen/Arnum - 🖉 49 (0)5101 8551490.
Ouvert tte l'année. Prix indicatif : 25-31 €

Marburg

Camping Lahnaue
Trojedamm 47 - 🖉 49 (0)6421 21331.
Avr.-oct. Prix indicatif : 19-25 €

Les bonnes **adresses** de Bib

Trier

Schlemmereule
Domfreihof 1b D- ✆ (0651) 73616 - www.schlemmereule.de - fermé 8-18 fév. et dim., sauf j. fériés - menu : 18/45 € - carte : 38/54 €.
Le restaurant aménagé dans des murs historiques est inondé de lumière : des murs en jaune pâle, des miroirs, des tables en bois foncé et des chaises capitonnées créent un style bistrot d'une grande élégance.

Bacharach

Landgasthaus Blücher
Oberstr. 19 D- ✆ (06774) 267 - www.landgasthaus-bluecher.de - fermé mar. midi ; nov.-avr. : tlj sf mar. - carte : 22/37 €.
Cuisine savoureuse et principalement régionale. On y sert le vin de la maison et des spiritueux primés.

Francfurt

Druckwasserwerk
Rotfeder Ring 16 D - ✆ (069) 256287700 - www.restaurant-druckwasserwerk.de - carte : 29/40 €.
Le bâtiment en briques d'une vieille station d'eau du quartier de Westhafen est un monument industriel produisant une atmosphère loft. Bonne cuisine internationale dans un cadre moderne et léger.

Marburg

Weinstube Weinlädele
Schlosstreppe 1 - ✆ 06421 142 44 - www.weinlaedele.com - 10/20 €.
Plats contemporains et régionaux, avec entre autres tartes flambées.

Kassel

El Erni
Parkstr. 42 D - ✆ (0561) 710018 - www.el-erni.de - carte : 20/46 €.
Des murs peints en jaune clair, un éclairage agréable et une décoration sympathique à partir d'étagères à vin, de tableaux et de chandeliers donnent au restaurant son aspect chaleureux.

Hannoversch-Munden

Letzter Heller
Letzter Heller 7 D - ✆ (05541) 6446 - www.heller-und-batzen.de - tlj sf jeu. - fermé 1er-7 janv. - menu : 19/33 € - carte : 24/33 €.
Établissement familial depuis plus de 125 ans ! La façade à colombage cache des salles lambrissées de l'époque vieil allemand. Plats internationaux. Établissement familial depuis plus de 125 ans ! La façade à colombage cache des salles lambrissées de l'époque vieil allemand. Plats internationaux.

Göttingen

Gaudi
RoteStr. 16 D- ✆ (0551) 5313001 - www.restaurant-gaudi.de - fermé 1er-6 janv. - carte : 33/47 €.
L'aménagement de ce restaurant est un hommage à l'architecte catalan Antonio Gaudi. Ambiance colorée et joyeuse. Cuisine d'inspiration méditerranéenne.

Goslar

Die Butterhanne
Marktkirchhof 3 - ✆ 05 321 228 86 - www.butterhanne.de - 12/20 €.
Dans cette brasserie aux grandes tablées, le menu fait la part belle aux viandes, dont quelques spécialités de gibier (saucisse de sanglier, steak de cerf).

Hannover

Le Monde
Friedrichswall 21 D - ✆ (0511) 8565171 - tlj sf dim. - fermé 1er-6 janv., 10 j. à Pâques, 3 sem. entre juil. et août - menu : 21/35 € - carte : 23/40 €.
Restaurant chaleureux offrant un très beau cadre. Cuisine française classique de style bistrot, préparée avec soin à partir de bons produits.

Röhrbein
Joachimstr. 6 D - ✆ (0511) 9366171200 - www.clichy.de - tlj sf dim. - carte : 21/36 €.
Pour trouver ce restaurant de type bistrot, vous devrez vous rendre dans la galerie Luisenpassage. Cuisine régionale savoureuse de style bourgeois, service sympathique et décontracté.

Allemagne

Nom local : *Bundesrepublik Deutschland* **Capitale :** *Berlin*
Population : *81,77 millions d'habitants* **Superficie :** *356 733 km²* **Monnaie :** *Euro*

L'Allemagne en camping-car vous surprendra… agréablement par la richesse de ses patrimoines naturels et culturels, célébrée par le Romantisme. Lacs verts transparents, plages de sable fin, falaises de grès et de craie, landes intactes, forêts de bouleaux et de chênes millénaires, montagnes noires ou enneigées, le paysage germanique est l'écrin d'une rencontre entre hommes et nature.

Saviez-vous que le territoire allemand compte plus de cent parcs naturels qui, outre leur vocation de protection de la nature, préservent les coutumes, l'artisanat, l'histoire locale et l'architecture traditionnelle ?

Des villes, pour certaines très industrielles, recèlent les plus belles collections des musées d'Europe.

La situation géographique de l'Allemagne et son histoire – marquée par les guerres – ont en effet favorisé la pénétration des grands courants artistiques européens, principalement français à l'époque gothique, et italien à la Renaissance.

Chaque style a été réinventé et adapté aux goûts régionaux. Les touristes du monde entier viennent admirer les abbayes baroques de Bavière et les œuvres du Bauhaus à Berlin.

Le temps, quelle que soit la saison, est susceptible de nombreuses variations. La période la plus sûre pour partir est certainement celle qui s'étend de mai à octobre (vous aurez même sans doute chaud dans le Bade-Wurtemberg et en Bavière). Toutefois, l'automne et le printemps, alors que la fréquentation des sites touristiques est moindre, peuvent aussi constituer de bons moments pour découvrir le pays. N'oubliez pas, avant le départ, de vous renseigner sur les fêtes, foires et autres manifestations qui peuvent considérablement accroître la fréquentation de certaines villes.

T. Krieger/MICHELIN

RECOMMANDATIONS

DOCUMENTS OBLIGATOIRES

✓ Permis de conduire rose de l'UE ou permis de conduire international (recommandé seulement)
✓ Certificat d'immatriculation du véhicule (carte grise) ou certificat de location
✓ Plaque d'identification nationale
✓ Justificatif d'assurance (carte verte)
✓ Passeport français (recommandé seulement) ou carte d'identité en cours de validité
✓ Procuration en cas d'utilisation du véhicule appartenant à un tiers
✓ Il est conseillé aux voyageurs d'être munis d'une Carte européenne ou du certificat provisoire de remplacement que l'on obtient auprès de sa Caisse d'assurance maladie
✓ L'accès au centre-ville de certaines villes comme Berlin n'est possible qu'avec l'écopastille verte.

VITESSES LIMITES

✓ En agglomérations urbaines : 50 km/h
✓ Sur routes : 100 km/h. Sur les autoroutes, il n'y a pas de limitation mais il est conseillé de ne pas rouler à plus de 130 km/h. Attention à la « conduite en accordéon » ; des accrochages surviennent car des portions limitées à 80 ou 100 km/h succèdent parfois et brutalement à des portions non limitées.

Pour appeler l'Allemagne

Depuis la France ou l'étranger, composer le :
00 + 49 (indicatif de l'Allemagne) + indicatif urbain **sans** le 0 + numéro du correspondant

RÉGLEMENTATIONS

✓ Siège enfant, rehausseur ou système de retenue adapté et homologué obligatoire jusqu'à 12 ans et 1,50 m
✓ Âge minimum du conducteur : 16 ans (permis spécial avec accompagnateur autorisé)
✓ Taux maximum d'alcool toléré dans le sang : 0, 5 g
✓ Phares allumés de jour par pluie, neige ou brouillard
✓ Port de la ceinture de sécurité obligatoire à l'avant et à l'arrière
✓ Pneus cloutés interdits
✓ Triangle de présignalisation obligatoire
✓ Trousse de premiers secours obligatoire
✓ Gilet réfléchissant : obligatoire pour les camping-cars dont le poids excède 3,5 t

ARGENT

Attention les banques sont fermées le samedi et le dimanche. Les heures d'ouvertures sont en général de 8h30 à 13h et de 14h30 à 16h. Les cartes bancaires ne sont pas acceptées par tous les commerçants. Dans les villes, les distributeurs admettent la plupart des cartes

URGENCES

✓ Téléphone incendie et ambulance : 112
✓ Téléphone Police : 110

Pharmacie **Apotheke** / *Médecin* **Arz** / *Hôpital* **Krankenhaus** / *C'est une urgence* **Das ist ein Notfall**

LEXIQUE

MOTS USUELS

Oui **Ja** / *Non* **Nein** / *Bonjour (le matin)* **Guten Morgen** / *Bonjour* **Guten Tag** / *Au revoir* **Auf Wiedersehen** / *Bonsoir* **Guten Abend** / *Combien ?* **Wieviel ?** / *Comment ?* **Wie ?** / *S'il vous plaît* **Bitte** / *Merci* **Danke** / *Excusez-moi* **Entschuldigung** / *Restaurant* **Gasthaus** / *Santé!* **Prost!**

DIRECTIONS & TRANSPORTS

Où se trouve ? **Wo ist ?** / *droite* **Rechts** / *gauche* **Links** / *Tout droit; Près de* **Geradeaus; Nahe** / *Entrée* **Eingang** / *Sortie* **Ausgang** / *Route, rue* **Straße** / *Autoroute* **Autobahn** / *Station-service* **Tankstelle** / *Essence* **Benzin**

PREMIERS CONTACTS

Je ne comprends pas **Ich verstehe nicht** / *Je voudrais…* **Ich möchte…** / *L'addition SVP* **Die Rechnung bitte** / *Pouvez-vous m'aider?* **Können Sie mir bitte helfen ?** / *Parlez-vous français ?* **Sprechen Sie Französisch ?**

Allemagne

À la découverte des vallées de la **Moselle** et du **Rhin**

➲*Départ de Trèves*
➲*7 jours*
405 km
Carte Michelin n° 543

Château de Pfalz
G. Gorbic/Michelin

Non loin des frontières belge et luxembourgeoise, ce parcours longe deux des grands fleuves allemands et croise quelques hauts lieux de l'identité et de l'histoire du pays dont la mythique Lorelei ou le Deutsches Eck (coin allemand), confluence du Rhin et de la Moselle au cœur de Coblence. Les rives de ces deux fleuves sont émaillées de villages pittoresques, de châteaux et de vignobles.

Jour 1

Trier est considérée comme la plus vieille ville d'Allemagne car elle fut la capitale de l'empire romain au 3e s. de notre ère. Avec ses larges places animées, la ville est une étape très agréable et un bon point de départ pour se lancer à la découverte des vallées.

Jour 2

En longeant la Moselle vous arriverez à **Bernkastel-Kues**, cité de la vigne et du vin. Bernkastel-Kues est formée de villes jumelles situées de part et d'autre de la Moselle. Son vignoble – le plus grand d'Allemagne qui soit d'un seul tenant – englobe les coteaux de la boucle de la Moselle et se prolonge par les clos de Graach et de Zeltlingen. La ville connaît une véritable effervescence à l'occasion de la fête des vignerons, qui se déroule pendant la première semaine de septembre. De là, faites un crochet à **Idar-Oberstein**. Depuis le Moyen Âge, l'histoire d'Idar-Oberstein est liée à la production et au commerce de pierres précieuses. C'est l'abondance, dans les environs de la

ville, de gisements d'agates, jaspes et améthystes qui détermina sa vocation pour la taille et le polissage des gemmes. Musées, ateliers, boutiques, tout ici évoque le monde des minéraux.

Jour 3

Retour sur les bords de la Moselle pour rejoindre **Cochem** en passant par des sites comme **Marienburg** et **Beilstein** qui offrent de superbes vues sur les méandres et les vignobles. Laissez le camping-car à l'entrée de Cochem et suivez le bord de la Moselle pour découvrir l'un des plus célèbres sites de Rhénanie : dominant le fleuve, le château couronne une butte plantée de vignes. En continuant la descente du fleuve vers Coblence, faites halte au **Burg Eltz** accessible

Europe occidentale

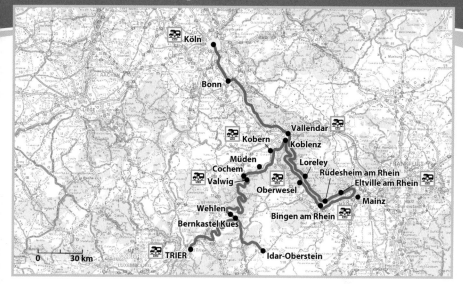

à pied à partir d'Hatzeneport et au **Burg Thurant,** joli petit château du 12ᵉ s.

Jour 4

Vous voilà à **Coblence**, où la Moselle se jette dans le Rhin. Gravement endommagée au cours de la Seconde Guerre mondiale puis reconstruite, elle fait aujourd'hui figure de cité dynamique. Avec son festival d'été couronné par « l'embrasement du Rhin » et des concerts en plein air, son centre-ville entièrement réservé aux piétons et truffé de bars et de restaurants, Coblence est une base idéale de départ pour des croisières sur le Rhin et sur la Moselle.

Jour 5

Gagnez **Mainz** via **St-Goar, Oberwese**l en longeant le Rhin. **Mainz** est dotée d'un centre historique qui regorge de petites ruelles aux maisons anciennes abritant parfois des artisans. « Mainz, il faut la vivre! ». Cette devise se vérifie particulièrement à l'occasion du défilé du Lundi gras, qui attire chaque année des centaines de milliers de visiteurs. Ville natale de Gutenberg, le musée qui lui est consacré ravira les bibliophiles. Remontez ensuite vers **Coblence** en empruntant la rive opposée à celle de votre arrivée et faites halte à **Rüdesheim am Rhein**.

Jour 6

Longez le Rhin par la 42. On n'omettra pas, en remontant vers Cologne, de marquer un arrêt à **Lorelei**, le rocher légendaire haut de 132 m. Joindre ensuite Cologne, étape finale du périple en faisant une petite visite de **Bonn**, ancienne capitale de la RFA. À défaut d'être aujourd'hui une grande capitale européenne, elle offre le charme d'une cité riche en musées, à l'atmosphère calme et accueillante. Bonn est également la ville de Beethoven qu'elle célèbre de multiples manières, en particulier à l'occasion d'un festival.

Jour 7

Cologne. « Pourquoi est-on si bien sur les rives du Rhin ? », demande une chanson populaire allemande… Il faut venir à Cologne sur la place de Tanzbrunnen, esplanade qui offre un panorama sur la ville rhénane, pour trouver la réponse. Mais aussi boire une Kölsch, la bière locale, à la terrasse d'une brasserie au bord du fleuve, flâner dans les ruelles de la vieille ville dominée par les deux flèches de l'incontournable cathédrale, emblème de la ville et du pays, ou encore partir naviguer sur le Rhin… Cologne est également une métropole artistique dotée de plus d'une centaine de galeries, du musée Ludwig connu pour sa collection d'art américain et d'une foire renommée, Art Cologne. Autre événement marquant, le carnaval et les cinq « journées folles » qui précèdent le mercredi des Cendres. Cologne et ses habitants vous surprendront par leur vitalité et leur joie de vivre.

Allemagne

 Aires de **service** & de **stationnement**

Bingen am Rhein

Wohnmobilpark Bingen
Mainzer Strasse - Gaulsheim – ✆ *06721/153421 –*
Ouv. tte l'année – 🅿 *37.*
⚗ [⚡] 🚽 🚰 Payant.
Stationnement : 6,50 €/j.

Eltville am Rhein

Parkplatz P6
Weinhohle – 🅿 *20.*
Borne artisanale. ⚗ 🚽 🚰. Payant.
Stationnement : autorisé

Kobern

Wohnmobilstellplatz an der Mosel
Moselvorgelände - Gemeinde Kobern-Gondorf – Ouv. tte l'année – 🅿 *25.*
⚗ 🚽 🚰 Payant.
Stationnement : 5 €/j.

Köln/Cologne

Reisemobilhafen Köln
An der Schanz - ✆ *0178/4674591 - www.reisemobilhafen-koeln.de -* 🅿 *40.*
Borne holiday-clean. ⚗ [⚡] 🚽 🚰 Payant.
Stationnement : 8 €/j.
🚌 30 mn à pied du centre-ville et à 15 mn du téléphérique. Résev. possible sur internet.

Oberwesel

Gutsschänke Burghof
✆ *06744/483 – Ouv. tte l'année –* 🅿 *20.*
⚗.
Stationnement : 6 €/j.

Trier/Trèves

Reisemobilpark Treveris
In den Moselauen/Messepark – Ouv. tte l'année – 🅿 .
Borne artisanale. ⚗ [⚡] 🚽 🚰 Payant.
Stationnement : illimitée. 7 €/j.
🚌 Transports en commun et piste cyclable pour le centre-ville.

Vallendar

Parkplatz am Rheinufer
B42 – 🅿 *4.*
Borne autre. ⚗ 🚽 🚰 (fermé en hiver). Gratuit.
Stationnement : autorisé.
🚌 Centre de la vieille ville à 100 m.

Valwig

Aire de Valwig
Parkplatz Moselvorland - bord de la Moselle - Ouv. tte l'année – 🅿 *20.*
Stationnement : 5 €.
🚌 Proche du centre-ville

Carnet pratique

Les bonnes **adresses** de Bib

Office de tourisme de Cologne
Kardinal-Höffner-Platz 1 - ℰ 49 (0) 221 221 30400 - www.cologne-tourisme.fr - lun.-sam. 9h-20h, dim. et j. fériés 10h-17h.

Bernkastel-Kues

Weinstube Spitzhäuschen
Karlstrasse 13 - ℰ 06531 74 76 - www.weinstube-spitzhaeuschen.de.
Bon choix de vins, mais c'est surtout pour la maison tout droit sortie d'un conte de fée qu'il convient de venir ici.

Bonn

Bistro Kaiser Karl
Vorgebirgsstraße 50 - ℰ 0228 69 69 67 - www.lebistrot.de - 11h-23h - fermé 1 sem. pdt le carnaval, 2 sem. en août, sam. midi et dim. - 30/45 €.
Les magnifiques lustres et ornements des plafonds, les murs aux miroirs argentés et les belles fenêtres de style brasserie donnant sur la terrasse font, entre autres, l'attrait de ce bistrot *Jugendstil*.

Boppard

Gasthaus Hirsch
Rheinstraße 17 - ℰ 06741 26 01 - www.gasthaus-hirsch-sindelfingen.de - 11h-14h, 18h-23h30 - fermé 2 sem. apr. Pâques et de mi-nov. au 25 nov. - 23,50 €.
Établissement rustique et de bon goût. Les plats concoctés à partir des produits du marché sont savoureux.

Kaub

Zum Turm
Zollstraße 50 - 56349 - ℰ 06774 922 00 - www.rhein-hotel-turm.com - fermé le midi en sem., 1 sem. déb. janv., 1 sem. fin juil. et de mi-nov. à fin nov. - 25 €.
Cette maison fondée il y a plus de 300 ans est située près de la vieille tour et abrite depuis plus d'un siècle un petit restaurant familial. Plats préparés avec soin.

Koblenz/Coblence

Historischer Weinkeller
Mehlgasse 14 - ℰ 973 89 87 - www.weinkeller-koblenz.de - mar. 18h-22h, merc.-dim. 12h-14h, 18h-22h - fermé le lun. - 41,50 €.
Carte variée. Décor rustique dans les trois caves voûtées du 13e s., luxueusement restaurées.

Köln/Cologne

Pfaffen Brauerei
Heumarkt 62 - ℰ 0221 257 77 65 - www.max-paeffgen.de - tlj sf lun. 10h-0h - 15/25 €.
Une des dernières brasseries de Cologne où l'on brasse la bière sur place et qui a conservé un côté artisanal. Dans un décor rustique, on vient surtout pour déguster la bière typique de la ville, la Kölsch, et des plats régionaux. En été, vous pourrez profiter de l'agréable *Biergarten*, à l'arrière du restaurant.

Peters Brauhaus
Mühlengasse 1 - ℰ 0221 257 39 50 - www.peters-brauhaus.de -10h-19h - 15/30 €.
Une brasserie typique de Cologne que vous apprécierez pendant votre séjour. Le bois ajoute convivialité et chaleur au cadre rustique et confortable du lieu. Plusieurs espaces avec un coin brasserie et une salle de restaurant.

Hase
St.-Apern-Straße 17 - ℰ 0221 25 43 75 - tlj sf dim. 12h-15h, 18-23h - 25/40 €.
Les tables en bois clair de ce restaurant-bistrot ajoutent à la note rustique du lieu. Quelques plats, généralement classiques, vous sont proposés sur une ardoise.

Café Reichard
Unter Fettenhennen 11 (en face de la cathédrale) - ℰ 0221 2 57 85 42 - www.cafe-reichard.de - 8h30-20h - 30 €.
Ce café au décor intérieur classique comporte un jardin d'hiver et une grande terrasse. Si l'on y ajoute la magnifique vue sur la cathédrale, on comprend pourquoi l'établissement est aussi fréquenté. La véranda est sans nul doute le meilleur emplacement pour observer le fourmillement de la ville.

Biergarten im Stadtgarten
Venloer Str. 40 (rue qui part de la station Friesenplatz vers l'ouest) - ℰ 0221 95 29 94 33 - www.stadtgarten.de - avr.-oct : 12h-1h (fermé par mauvais temps) - 8 €.
À quelques encablures du centre-ville vous trouverez cet agréable *Biergarten* situé à l'entrée du parc public (*Stadtgarten*). À partir de 15h, on y sert de petits en-cas.

Trier/Trèves

Gasthaus Mosellied
Zurlaubener Ufer 86 - ℰ 0651 265 88 - www.gasthaus-mosellied.de - à partir de 17h - fermé janv.-fév. - 25/30 €.
Sur les rives de la Moselle, vous trouverez regroupés à cet endroit une demi-douzaine d'établissements allant du snack au restaurant gastronomique. Tous ont une terrasse. Le Gasthaus Mosellied est particulièrement apprécié par la population locale.

Weinstube Kesselstatt
Liebfrauenstraße 10 - ℰ 0651 411 78 - www.weinstube-kesselstatt.de - tlj sf dim. 11h-14h30, 18h-22h - 15/25 €.
Ici, on se sert au bar. La terrasse, à proximité de la cathédrale, offre un cadre idéal pour déguster une pâtisserie.

Allemagne

Entre **Baltique et mer du Nord :** de port en port…

➲ *Départ de Hambourg*
➲ *8 jours*
470 km
Carte Michelin n° 541

Port de Hambourg

Jours 1 et 2

Située au fond de l'estuaire de l'Elbe, **Hambourg** est un port vibrant d'activités ; les quartiers centraux se prêtent à la promenade et les musées, particulièrement riches, raviront les amateurs d'art. Quand on prend le temps de la visiter, la deuxième plus grande métropole d'Allemagne possède un charme indéniable. Son port commercial ouvert aux visites guidées en bateau est un labyrinthe de quais et de canaux, de bassins et de ponts. Une véritable ville dans la ville, ouverte sur le monde avec son trafic incessant de conteneurs. Parmi les incontournables, le quartier de Speicherstadt et ses entrepôts centenaires qui affichent leurs élégantes façades de briques surmontées de tourelle, ainsi que la cité portuaire de Hafen City qui représente actuellement le plus grand projet de développement urbain en Europe. Sur les rives de l'Elbe ou du joli lac de l'Alster, les espaces verts invitent à la flânerie. Et si vous venez en mai, ne manquez pas la plus grande fête portuaire du monde, rendez-vous des plus majestueux voiliers de la planète.

Jour 3

De Hambourg à **Lübeck**, il y a à peine 70 km. Cette perle de l'Allemagne du nord-est, depuis 1987, classée au patrimoine mondial de l'Unesco. Remarquablement conservée, la ville natale de Thomas Mann abrite un ensemble exceptionnel de maisons et monuments des époques les plus variées. Vous ne manquerez pas de déguster le véritable marzipan (masse-pain). Avant-poste de Lübeck sur la Baltique, **Travemünde** est réputée pour sa plage de sable fin, sa vaste promenade sur le front de mer et son casino.

Jour 4

Le voyage se poursuit vers le nord avec le port de **Kiel**, véritable porte de la Scandinavie, où respire une atmosphère à la fois joyeuse et mondaine. La route le long de la Baltique, en direction du nord-ouest, nous amène à **Schleswig**, étape idéale pour associer découverte et détente. En faisant route d'est en ouest, d'une mer à l'autre, on atteint rapidement **l'île de Sylt** et les **îles Frisonnes**. Sauvages, en lutte perpétuelle contre l'érosion marine, elles opposent à la mer du Nord leurs fragiles ondulations de sable.

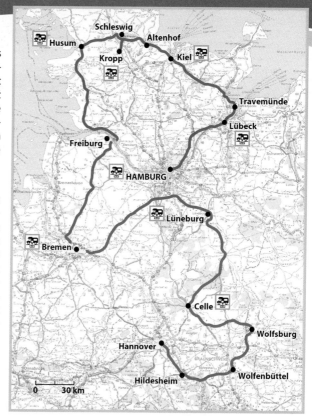

Les plaisirs de la plage, les belles maisons typiques (couvertes de roseaux, de lilas et d'églantiers) vous donneront envie de vous poser peut-être plus qu'un jour. Ensuite la paisible ville côtière de **Husum** offre tous les attraits d'une station touristique moderne.

Jour 5

Rejoignez **Brême** en optant pour le bac au départ de Brunsbüttel (traversée de l'estuaire de l'Elbe). Brême est une ville où règne une animation des plus plaisantes. Grand port et cité d'art, où s'épanouit le style Renaissance de la Weser, elle s'agrémente de nombreux parcs et d'une charmante promenade le long du fleuve.

Jour 6

Nous vous invitons à découvrir **Lüneburg** qui a longtemps dû sa richesse au sel. La ville constitue la porte d'entrée des vastes étendues de la lande de Lüneburg. Les pittoresques bosquets de bouleaux, de pins et de genévriers et surtout la floraison des bruyères (de mi-août à mi-septembre) font le charme de ces paysages, parfois austères, de cette steppe en partie conçue par la main de l'homme. Une réserve naturelle de 200 km^2 a été créée afin de contrer l'avancée de l'agriculture.

Jour 7

Située au sud de la Lande de Lüneburg, **Celle** a gardé le cachet d'une cité aristocratique : trésors de la ville ancienne, palais ducal magnifiquement restauré… Les passionnés de voiture ne manqueront pas la visite d'Autostadt, le vaste complexe automobile aménagé par Volkswagen, à une soixantaine de kilomètres de Celle dans la ville de **Wolfsburg**.

Jour 8

On s'attardera ensuite volontiers dans la belle cité de **Wolfenbüttel** qui possède un ensemble exceptionnel de maisons Renaissance. Plus à l'ouest, **Hildesheim** est la dernière étape avant **Hannover** dont vous apprécierez les plans d'eau, et les célèbres jardins de Herrenhausen qui sont situés en pleine ville.

Aires de **service** & de **stationnement**

Bremen/Brême

Stellplatz «Am Kuhhirten»
Kuhhirtenweg - 📞 *0173/9850092 –*
Ouv. tte l'année – 🅿 *70.*
⚰ 🚿 🚰 Payant.
Stationnement : 10 €/j.
🚍 Transports en commun pour le centre-ville

Celle

Schützenplatz
Hafenstrasse – 📞 *0514/112739 – Ouv. tte l'année –* 🅿 *8.*
Borne holiday-clean. ⚰ 🚰 Payant.
Stationnement : autorisé

Hamburg/Hambourg

Wohnmobilhafen Hamburg-Süd
Finkenrieker Hauptdeich 5 – 📞 *01577/4505514 –* 🅿 *100.*
Borne autre. ⚰ 🚿 🚰 Payant.
Stationnement : 12€/j.
🚍 Transports en commun pour le centre-ville

Husum

Husumer Campingplatz
Dockkoogstrasse 17 – 📞 *04841/61911 –*
Ouv. Pâques-oct. – 🅿 *25.*
Borne sanistation. ⚰ 🚰 Payant.
Stationnement : 72h maxi. 10 €/j.

Kiel

Wohnmobilstellplatz Kiel
Mecklenburger Str. 58 (Nordmole) – 📞 *0431/554280 –*
Ouv. tte l'année – 🅿 *33.*
Borne sanistation. ⚰ 🚰 Payant.
Stationnement : 13 €/j.

Kropp

Rosengarten Restaurant
Rheider Weg 7 – 📞 *04624/802943 –* 🅿 *5.*
Stationnement : autorisé.

Lübeck

Sportpark - Sankt Gertrud
An der Hülshorst 11 – Ouv. janv.-oct. – 🅿 *40.*
Borne artisanale. ⚰ 🚿 🚰 Payant.
Stationnement : 7 €/j.
🚍 En hiver, emplacements réduits et pas de services

Lüneburg

Wohnmobilstellplatz Lüneburg
Parkplatz Sülzwiesen, Am Bargenturm – 🅿 *37.*
⚰ 🚿 🚰 Payant.
Borne sanistation. Stationnement : 8 €/j.

Carnet pratique

Les bonnes **adresses** de Bib

Office de tourisme de Hambourg
Kardinal-Höffner-Platz 1 - $\mathscr{C}$ 49 (0) 221 221 30 400 - www.cologne-tourisme.fr - lun.-sam. 9h-20h, dim. et j. fériés 10h-17h.

Bremen/Brême

Katzen-café
Schnoor 38 - $\mathscr{C}$ 0421 32 66 21 - www.katzen-cafe.de - 10/20 €.
Dans le quartier Schnoor, ce restaurant se démarque par son jeu de terrasses sur différents niveaux, agréables. Spécialités, dont de nombreux plats de la mer.

Paulaner's
Schlachte 30 - $\mathscr{C}$ 0421 169 06 91 - www.paulaners.de - réserv. conseillée - 15/30 €.
Établissement agréable à la décoration rustique. Service efficace et aimable. L'un des plus beaux *Biergarten* du centre-ville, à proximité directe de la Weser. Nombreux plats bavarois au menu.

F. L. Bodes
Bischofsnadel 1-2 (ruelle qui mène de Wallanlagen à Domshof) - $\mathscr{C}$ 0421 32 41 44 - mar.-jeu. 8h-18h, vend. 8h-18h30, sam. 8h-15h - fermé dim., lun. et j. fériés - 10 €.
Poissonnerie et snack-bar proche du centre-ville. Dégustez fruits de mer et poissons à la carte ou choisissez-les parmi la sélection qui vous est proposée ou encore directement sur les étals.

Holländische Kakao-Stube
Ständehausstr. 2-3 (rue qui prolonge Luisenstr. vers le sud-ouest) - $\mathscr{C}$ 0511 30 41 00 - lun.-vend. 9h-19h30, sam. 9h-17h - fermé dim. et j. fériés - 7 €.
Vous aimez le chocolat chaud ? Alors vous trouverez votre bonheur dans cet établissement de renom décoré de belles faïences hollandaises. Outre le vaste choix de chocolats chauds, tous aussi bons les uns que les autres, on vous propose des pâtisseries et confiseries maison ainsi que d'autres boissons et petits plats.

Celle

Weinkeller Postmeister von Hinüber
Zöllnerstraße 25 - $\mathscr{C}$ 05141 284 44 - www.weinkellercelle. de - fermé 3 sem. en juil.-août, dim. et lun. - 21/34 €.
L'intérieur de cette maison à colombages historique surprend par son cadre coquet. Le Weinkeller a élu domicile dans une cave en brique ; c'est une belle taverne rustique.

Hamburg/Hambourg

Le Marché aux poissons
Le Marché aux poissons de Hambourg, dont les origines remontent au début du 18e s., est une véritable institution. Il se tient tous les dimanches matin, au sud du quartier St-Pauli, le long de l'Elbe, de 5h30 à 9h30 (en hiver, à partir de 7h). La gouaille des vendeurs, la foule des gens de tous âges, acheteurs ou simples curieux, et les animations musicales de la *Fischauktionhalle* en font un événement vivant du folklore hambourgeois.

Gröninger Haus
Willy-Brandstraße 47 - 1 Messberg - $\mathscr{C}$ 040 33 13 81 - www. groeninger-hamburg.de - fermé sam. midi et dim. - réservation conseillée - 15/25 €.
Cette propriété de la digue intérieure, mentionnée pour la première fois dans un document en 1260, est le plus ancien hôtel de la ville. L'actuelle Gröninger Haus comprend la Gröninger Braukeller, l'Anno 1750 et la Brauhaus Hanseat. Plats consistants avec bière brassée sur place.

Atlas
Schützenstraße 9a - $\mathscr{C}$ 040 851 78 10 - www.atlas.at - 12h-14h, 18h-21h - 20/30 €.
Ancien bâtiment d'usine quelque peu caché dans la Phönixhof. Une véritable aventure : cet établissement de la *Scène* mélange bistrot-restaurant et bar à cocktails. Aménagement rectiligne et terrasse recouverte de lierre aux allures d'arrière-cour.

Kiel

Alte Mühle
An der Holsatiamühle 8 (sur la rive est de la Kieler Förde, suivre les panneaux indiquant « Schwentinetal ») - $\mathscr{C}$ 0431 205 90 01 - www.altemuehle-kiel.de - 12h-23h - 20 €.
Au bord de la rivière Schwentine, dans un ancien moulin du 19e s. Cuisine traditionnelle qui varie selon les saisons. Du lundi au vendredi, formules déjeuner à prix intéressants.

Werkstatt-Café
Falckstr. 16 (centre-ville) - $\mathscr{C}$ 0431 918 65 - www.werkstattcafe-kiel.de - lun.-vend. 10h-20h, sam. 10h-19h - fermé j. fériés.
Salon de thé sympathique et familial à côté d'un atelier (« Werkstatt ») d'orfèvre. Délicieux gâteaux maison et quelques plats du jour. Le café expose régulièrement les œuvres d'artistes de la région. Jardin magnifique.

Lübeck

Paulaner's
Schlachte 30 - $\mathscr{C}$ 0421 169 06 91 - www.paulaners.de - tlj sf w.-end à partir 11h - 10-18 € - réserv. conseillée.
Spécialités d'Allemagne du nord. Agréable *Biergarten* dans la cour de l'église St-Jacques.

Schleswig

Olschewski's
Hafenstr. 40 - 24837 - $\mathscr{C}$ 0462 125577 - www.hotelolschewski. de.vu - fermé lun., mar., et en janv.-fév. - 30 €.
Tout près du port. Cuisine internationale. Nombreux plats de poissons. Agréable terrasse.

Allemagne

De la **Baltique à Berlin**, un voyage dans le temps

➲*Départ de*
Neubranden-
bourg
➲*8 jours*
635 km
Carte Michelin
n° 542

L'église du Souvenir à Berlin

O. Ferm/ MICHELIN

Voici un itinéraire qui vous mettra au contact d'une Allemagne méconnue et attachante, qui était pour partie l'ancienne RDA.

Jour 1

La ville de **Neubrandenbourg** surprend par ses imposants remparts médiévaux, miraculeusement épargnés par la Seconde Guerre mondiale. Le périple se poursuit, en direction de l'ouest, à travers les lacs du **Mecklembourg**. Cette région si bien préservée compte parmi les moins peuplées d'Allemagne. Riche en lacs et offrant de nombreuses possibilités d'activités, elle ravira les amoureux de la nature.

Jour 2

Bordée par des lacs et autant de verdure, **Schwerin** est assurément une des villes les plus agréables de l'Allemagne du Nord. Cette cité de caractère séduit par son architecture raffinée et le charme majestueux de son château qui règne sur une île face à la vieille ville. Après Schwerin, notre itinéraire se prolonge vers le nord, pour épouser le littoral. **Wismar**, avec ses édifices en brique rouge, constitue une excellente introduction à la côte baltique. Le centre historique de la ville a été classé en 2002 au patrimoine mondial de l'Unesco.

Jours 3 et 4

Le long de la côte s'égrène un chapelet de villes intéressantes

– **Bad Doberan, Rostock** et **Stralsund** – qui constitueront autant d'étapes avant l'île de **Rügen**.

Rügen, la plus grande île d'Allemagne, cache de petites mers intérieures, de belles plages de sable et d'impressionnantes falaises calcaires. Elle est, au même titre que sa voisine **Usedom**, une destination très prisée des vacanciers auxquels elle propose d'agréables stations balnéaires, climatiques et de thalassothérapie.

Jour 5

Retour sur le continent, en direction de Berlin, faites une halte à **Greifswald** pour apprécier son architecture très ancienne dans laquelle on discerne l'influence scandinave.

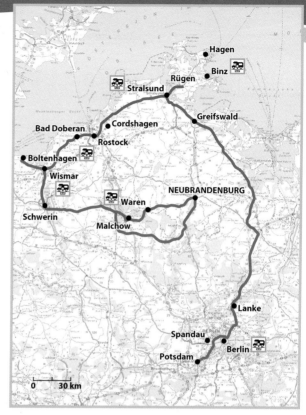

Son village de pêcheurs avec un pont basculant en bois et les ruines de l'abbaye Eldena aux environs ont inspiré Caspar David Friedrich, grand peintre de l'époque romantique.

Jours 6 et 7

Ville bouillonnante, **Berlin** séduit par les fastes de sa vie culturelle comme de sa vie nocturne. Cette étonnante métropole, l'une des plus étendues et les plus vertes du Vieux Continent, vit aujourd'hui un nouvel âge d'or. Marcher au cœur de l'histoire de l'Allemagne et de l'Europe dans une ville en permanent devenir… Telle est l'une des nombreuses impressions que laisse Berlin à celui ou celle qui la découvre. On franchira la porte de Brandebourg, symbole de la réunification ; on montera dans la coupole du Reichstag signée par l'architecte sir Norman Foster pour un coup d'œil sur la cité la plus palpitante d'Europe ; on se promènera dans les nouveaux quartiers de la capitale allemande qui mêlent architecture moderne, shopping, divertissement et

Le conseil de Bib

▶ L'accès aux autoroutes est gratuit et certaines portions sont à vitesses limitées.

business. Quant à l'offre des musées et des expositions de Berlin, elle est inépuisable : le Kulturforum et l'île des Musées, classée au patrimoine mondial de l'Unesco, en constituent les deux principaux pôles. Mentionnons juste le superbe musée de Pergame et l'émouvant Musée juif à Kreuzberg. Berlin rend « dépendant », disent ceux qui y ont goûté. Enfin, la vie nocturne berlinoise est légendaire. Autrement dit, si vous n'y restez que deux ou trois jours, il y a de grandes chances

pour que vous y retourniez très vite.

Jour 8

Potsdam, à quelques 38 km seulement de Berlin, la cité d'élection des anciens rois prussiens, possède un charme tout provincial, avec ses maisons basses, ses rues piétonnes, sans oublier ses deux joyaux rococo que sont le château de Sans-Souci et le Nouveau Palais. Le parc de Sans-Souci couvre près de 300 ha et compte plusieurs centaines d'arbres. Comme Voltaire, vous succomberez au charme de cette cité.

Aires de **service** & de **stationnement**

Berlin

Internationale Reisemobilstation
Chausseestrasse 82 – Ouv. tte l'année – 🅿 *50.*
Borne autre. 🔧 💧 🚿 ⚡.
Stationnement : 17 €/j.

Reisemobilhafen Berlin
Streitstrasse 86 – 🅿 *100.*
Borne artisanale. 🔧 💧 🚿 ⚡.
Stationnement : 12 €/j.

Binz

Wohnmobilstellplatz «Zentrum binz»
Proraer Chaussee 5 – www.wohnmobiloase-ruegen.de –
Ouv. avr.-oct. – 🅿.
Borne autre. 🔧 💧 🚿 ⚡ Payant.
Stationnement : 13 €/j.
🚲 Centre ville à 500m.

Boltenhagen

Wohnmobilpark Boltenhagen
Ostseeallee 58 – ☎ *038825/23288 –* 🅿 *45.*
Borne autre. 🔧 💧 🚿 ⚡ Payant.
Stationnement : 12 €/j.

Stralsund

Stellplatz an der Rügenbrücke
Werftstrasse 16/17 – ☎ *03831/293915 –* 🅿 *60.*
Borne autre. 🔧 💧 🚿 ⚡ Payant.
Stationnement : 24h maxi. 12 €/j.

Waren

Campingpark Kamerun
Zur stillen Bucht 3 - ☎ *03991/121406 –* 🅿.
Borne autre. 🔧 💧 🚿 ⚡ Payant.
Stationnement : 12 €/j.
🚲 Centre ville à 2 km par piste cyclable.

Wismar

Wohnmobilpark Westhafen Wismar
Schiffbauerdamm 12 - 8h-9h, 18h30-19h30 – 🅿 *50.*
🔧 💧 🚿 ⚡ Payant.
Stationnement : 9 €/j.

Carnet pratique

Les bonnes **adresses** de Bib

Office de tourisme de Berlin
Berlin Infostore – ℰ *030 25 00 25 - www.visitberlin. de/fr - Pte de Brandebourg, Pariser Platz - 10h-18h; Alexanderplatz, Grunerstraße 20 (magasin Alexa) - lun.-sam. 10h-22h, dim. 11h-15h; Hauptbahnhof (rdc) - 8h-22h; Neues Kranzler Eck, Kurfüstendamm 21 - 10h-20h.*

Berlin

Mutter Hoppe / Alt Berliner Weißbierstube
Rathausstraße 21 - Alexanderplatz - ℰ 030 24 24 454 - www.prostmahlzeit.de - 11h-0h - 20/25 €.
Ce restaurant typique du vieux Berlin se trouve tout près du quartier St-Nicolas. Aménagement rustique avec d'anciens comptoirs à bière et de vieilles photos. Les vendredis et samedis à partir de 20h, vous pourrez faire connaissance avec la musique « live » du vieux Berlin.

Vapiano
Potsdamer Platz 5 - ℰ 030 23 00 50 05 - www.vapiano.de - 10h-1h - 15 €.
Un self-service original où vous combinez selon votre convenance les pâtes et la sauce qui les accompagne, les ingrédients de votre salade ou ceux de votre pizza. Les cuisiniers concoctent votre plat devant vous, et, une fois à table, vous pouvez l'agrémenter de feuilles de basilic, de romarin ou de menthe disposées en pots.

Diekmann
Meinekestraße 7 - ℰ 030 883 33 21 - www.j-diekmann.de - 12h-0h, dim. 18h-0h - 15/30 €.
Élégante décoration à l'ancienne dans ce restaurant qui propose des formules rapides le midi. Plats variés, qui s'inspirent à la fois des cuisines allemande et française.

Telecafé
Panoramastraße 1a (près d'Alexander-platz) - ℰ 030 2 42 33 33 - à partir de 9h (10h en hiver).
Situé en haut de la tour de la télévision, à 207,53 m de hauteur, ce café effectue une rotation complète en 30mn et permet d'apprécier tout Berlin en prenant un café ou un rafraîchissement.

Bon à savoir
Les rues commerçantes les plus importantes de la ville sont Kurfürstendamm, Tauentzienstr. (avec les grands magasins Europa-Center et KaDeWe), ainsi que Friedrichstraße et Fasanenstraße dans le centre-ville. Les passages commerçants les plus prestigieux sont Leibnizkolonnaden (entre Leibniz et Wielandstraße), Potsdamer Platz Arkaden, Friedrichstadtpassagen (avec les Galeries Lafayette) et les Hackesche Höfe.

Potsdam

Café Heider
Friedrich-Ebert-Str. 29 - ℰ 0331 270 55 96 - 8h-0h, dim. 10h-0h.
Animé à toute heure, le plus vieil établissement de la ville (1878) propose un vaste choix de cafés, de thés et de chocolats, sur fond de musique entraînante.

Île de Rügen

Le train à vapeur *Rasender Roland* relie Putbus à Göhren en 1h15 environ. Il dessert Binz et plusieurs autres localités qui représentent les points les plus touristiques de l'île. Il fonctionne toute l'année. Durant la haute saison (fin avril-début octobre), quatre départs de Putbus le matin (premier départ à 7h48), un dans l'après-midi. Selon la distance parcourue, les tarifs varient entre 1,60 € et 8 € (aller seulement). La première section de ce train a été ouverte en 1895 : autant dire que le *Rasender Roland* fait partie du patrimoine historique de l'île de Rügen !
Pour tout renseignement : ℰ 038 301 801 12 et sur *www.rasender-roland.de.*

Rostock

Marientreff
Bei der Marienkirche 27 - ℰ 0381 492 23 89 - tlj sf dim. 11h-18h.
Ce lieu de rencontres aménagé en salon de thé a été créé par des bénévoles dans l'ancienne maison du sacristain près de l'église Ste-Marie. Dans une ambiance chaleureuse, on sert des gâteaux maison ainsi que des boissons. Prix défiant toute concurrence, et dons toujours bienvenus.

Amberg 13
Amberg 13 - ℰ 0381 490 62 62 - www.altstadtrestaurant. de - 11h-23h - 24-34 €.
Le restaurant situé dans la vieille ville arbore un style bistro accueillant. Ce sont les cuisiniers eux-mêmes qui assurent le service. Brunch le dimanche.

Schwerin

Weinhaus Uhle
Schusterstr. 15 - ℰ 0385 562 956 - www.weinrestaurant-uhle.de - 11h-23h - menu avec vin à 49 €.
Près de la place du marché (*Marktplatz*). Restaurant très élégant (haute salle avec voûte du 18e s. et fenêtres en plein cintre). Plats variés et grand choix de vins.

Allemagne

À travers **le Land de Saxe**, entre musique et politique

➲ *Départ de Dresde*
➲ *6 jours*
550 km
Carte Michelin n° 544

Château de Pillnitz - le Bergpalais

© Forêt / MICHELIN

Jours 1 et 2

Ville d'art et de culture, **Dresde** attire un nombre sans cesse croissant de visiteurs. Un long travail de reconstruction, qui dure encore aujourd'hui, lui a rendu ses joyaux baroques et lui a ainsi permis de redevenir la « Florence de l'Elbe » qu'elle était autrefois.

Au sud de Dresde s'étend la **Suisse saxonne** ; cette région, avec ses impressionnantes parois de grès en forme de tables et ses longues gorges taillées dans la roche, constitue un des sites naturels les plus spectaculaires d'Allemagne.

Jour 3

Les villes de **Görlitz** et **Bautzen** vous donneront l'occasion de faire étape au pays des Sorabes. Cette minorité ethnique d'Allemagne, qui occupe la région de la Lusace, à cheval sur les Länder de Saxe et du Brandebourg, a longtemps fait partie du royaume de Bohême. Outre sa langue, toujours pratiquée, elle a conservé vivantes de nombreuses traditions, telles que la décoration des œufs de Pâques, le port du costume sorabe et des grandes coiffes brodées.

Jour 4

Un crochet par le nord vous conduira à **Branitz** dans la banlieue sud de **Cottbus**. Passionné de jardins à l'anglaise, le prince Hermann von Pückler-Muskau y aménagea un château ainsi qu'un remarquable parc. En reprenant la direction de Dresde, vous vous arrêterez au château baroque de **Moritzburg** et à **Meissen**, réputée pour ses porcelaines. Plus au sud, en se rapprochant de la frontière tchèque, **Annaberg-Buchholz** livre, avec l'église Ste-Anne un des exemples les plus accomplis du gothique flamboyant de Saxe.

Jour 5

Cette partie du parcours vous plonge dans une Allemagne historique où s'épanouirent, au 18e s. notamment, les lettres et la musique.

Leipzig est une ville d'art qui peut s'enorgueillir d'un héritage musical exceptionnel ; Bach, Schumann et Mendelssohn-Bartholdy y ont jadis résidé et elle occupe aujourd'hui encore une place de tout premier plan sur la scène musicale allemande. Paradoxalement, Leipzig fut la vitrine de la RDA (par sa foire annuelle, en particulier) mais

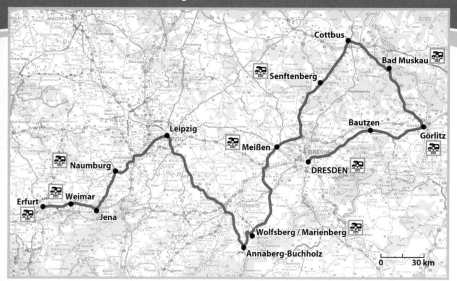

aussi l'épicentre de la contestation religieuse et politique. En effet, la réunion, à l'initiative de protestants entre 1982 et 1989, tous les lundis à 17h dans l'église St-Nicolas contribua à ébranler le régime est-allemand et prépara la chute du mur de Berlin.

Jour 6

À une soixantaine de kilomètres au sud, **Naumburg** est établie dans un paysage de coteaux où s'enchevêtrent vignes et forêts. La VIlle doit notamment sa renommée à son exceptionnelle cathédrale qui marie roman et gothique. Les noms de **Weimar**, **Iéna** et **Erfurt** sont riches de résonances dans la culture et la conscience allemandes. Weimar est sans conteste la capitale du classicisme allemand : ses bibliothèques renferment les plus grands trésors littéraires du pays. Bach y fut maître de chapelle, Liszt y dirigea l'opéra, Nietzche y termina ses jours… sans oublier Goethe qui y résida pendant plus de vingt ans.

La ville a gardé ce petit côté provincial ; avec ses petites rues bordées de maisons colorées, ses places animées par les marchés et son château à l'orée d'un parc à l'anglaise. Erfurt attira les plus grands noms de l'humanisme allemand, parmi lesquels Luther, Schiller et toujours Goethe et Bach.

Célèbre pour la victoire remportée par Napoléon contre les Prussiens en 1806, Iéna est une ville de grande tradition universitaire où résonnent encore les grands noms de la culture allemande et également ceux des inventeurs du microscope (Carl Zeiss et Ernst Abbe).

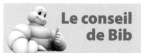

Le conseil de Bib

▶ Un piéton qui s'apprête à traverser est prioritaire (en France, c'est le piéton engagé qui l'est).

Manufacture Nationale de Porcelaine de Meissen

Porcelaine de Meissen

Aires de **service** & de **stationnement**

Bad Muskau

Stellplatz Bad Muskau
03577/158100 – 🅿 *20.*
Borne autre. 🛁 💧 🚽 🔧 Payant.
Stationnement : 10 €/j.

Dresden/Dresde

Parkplatz Wiesentorstrasse
Wiesentorstrasse – 8h-20h – 🅿 *15.*
Borne sanistation. 🛁 💧 🚽 🔧 Payant.
Stationnement : 16 €/j.
🚌 Transports en commun pour le centre-ville, piste cyclable.

Stellplatz Schaffer-mobil
Kötzschenbroder Strasse 125 – 🅿 *80.*
Borne sanistation. 🛁 💧 🚽 🔧 Payant.
Stationnement : illimité. 11 €/j.
🚌 Transports en commun, centre-ville à 5km.

Erfurt

P+R Urbicher Kreuz
Am Urbicher Kreuz – 🅿 *15.*
Borne holiday-clean. 🛁 🚽 🔧 Payant.
Stationnement : 24h maxi.

Görlitz

Stellplatz Rosenhof
Geschwister-Scholl-Strasse 15 – ℰ *03581/74820 –* 🅿 *70.*
Borne autre. 🛁 💧.
Stationnement : 24 h. 15 €/j.
🚌 Centre-ville à 1 km

Marienberg

Caravanplatz Drei-Brüder-Höhe
Drei-Brüder-Höhe 1 – ℰ *03735/6000 –* 🅿 *12.*
Borne sanistation. 🛁 💧 🚽 🔧 Payant.
Stationnement : 10 €/j.

Meissen

Landhaus Nassau
Nassauweg 1 – ℰ *03521/738160 – Ouv. tte l'année –* 🅿 *7.*
Borne autre. 🛁 💧 🚽 🔧 Payant.
Stationnement : 8 €/j.

Naumburg

Altstadtparkplatz Vogelwiese
Luisenstrasse – ℰ *03445/273112 –* 🅿 *10.*
Borne holiday-clean. 🛁 💧 🚽 🔧 Payant.
Stationnement : 72h maxi. 3 €/j.

Senftenberg

Stellplatz Senftenberg
Seestrand Buchwalde – Ouv. avr.-oct. – 🅿 *15.*
💧.
Stationnement : 14 €/j.
🚌 Prix hors saison : 9 €, centre-ville à 2 km.

Weimar

Stellplatz Hermann Brill-Platz
Hermann-Brill-Platz – ℰ *03643/7450 –* 🅿 *23.*
Stationnement : 4 €/j.
🚌 Gratuit entre 18h-8h

Carnet pratique

Les bonnes **adresses** de Bib

Office de tourisme de Dresde
Tourist-Information Office – *Dans le Palais de la Culture (Kulturpalast), sur Wilsdruffer Straße - ℘ 49 (0) 351 50 160 160 - http://www.dresden.de/dtg/en/service/touristinfo.php.*

Dresden/Dresde

Aha Ladencafé
Kreuzstraße 7 - ℘ 0351 496 06 73 - www.ladencafe.de - 10h-0h - 15 €.
Une plaisante adresse face à l'église Sainte-Croix proposant, au milieu d'un décor coloré, une cuisine sud-américaine où chaque pays est représenté par son plat national. Vins du monde entier. Magasin d'artisanat au sous-sol.

Historisches Fischhaus
Fischerhausstr. 14 (à 5 km au nord-est du centre-ville ; suivre Bautzner Str.) - ℘ 0351 89 91 00 - lun.-vend. 12h-0h, sam. 11h-0h, dim. 11h-23h - réserv. conseillée - 15/25 €.
Maison de tradition au cadre verdoyant, proche de la ville. Parmi les spécialités, on trouve poissons et gibier. En été, vous apprécierez le cadre idyllique du jardin.

Dresdner Molkerei Gebrüder Pfund
Bautzner Str. 79 - ℘ 0351 8 10 59 48 - lun.-sam. 10h-18h, dim. et j. fériés 10h-15h, café-restaurant : 10h-20h.
La boutique de cette laiterie est entièrement recouverte de faïences peintes à la main (1892). Debout autour des tables, vous pourrez y déguster des produits laitiers et fromagers. Café-restaurant au 1er étage.

Neustädter Markthalle
Metzer Str. 1 (à la hauteur de Hauptstr. 36 ; accès par Ritter- et Metzer Str.) - ℘ 0351 8 11 38 60 (musée) - lun.-vend. 8h-20h, sam. 8h-18h ; musée : 10h-19h, 3,80 €.
Dans ce marché couvert historique, les stands traditionnels cohabitent avec ceux proposant des spécialités internationales. Au 1er étage, une exposition divertissante présente l'histoire de la construction de l'automobile en RDA entre 1945 et 1990. Nombreux carrosses d'origine.

Erfurt

Köstritzer « Zum güldenen Rade »
Marktstraße 50 - ℘ 0361 561 35 06 - 11h-0h - 19/45 €.
Dans la vieille ville, non loin de la mairie ; murs en pierre de taille, bois et tableaux forment un décor agréable. Jardin d'été et terrasse dans la cour intérieure. Un bâtiment séparé abrite un ancien moulin à tabac.

Leipzig

Zill's Tunnel
Barfußgässchen 9 - ℘ 0341 96 02 078 - www.zillstunnel.de - 11h30-0h - 14,30-34,80 €.
Depuis 1841, cette maison est à la fois une brasserie et une taverne. La carte est entièrement rédigée en saxon (plats régionaux principalement).

Barthels Hof
Hainstraße 1 - ℘ 0341 14 13 10 - www.barthelshof.de - 7h-0h - 20/30 €.
Un hôtel typique de foire, construit entre 1747 et 1750 pour le marchand Gottlieb Barthel. Depuis plus de cent ans, un restaurant a élu domicile dans ses murs ; on vous y servira une cuisine simple.

Bon à savoir
« Leipziger Lerchen », les alouettes de Leipzig, sont une des spécialités de la ville que vous trouverez dans toutes les pâtisseries. Après que le roi de Saxe eut interdit, en 1876, la chasse de ces oiseaux dont la préparation contribua à la renommée gastronomique de la ville, les pâtissiers eurent l'idée de créer une nouvelle spécialité du même nom, faite de pâte brisée enveloppant de la pâte d'amandes.

Gasthaus & Gosebrauerei Bayerischer Bahnhof
Bayrischer Platz 1 (au croisement de Windmühlenstr. et Nürnberger Str.) - ℘ 0341 1 24 57 60 - - www.bayerischer-bahnhof.de - 11h-1h - fermé 1er janv. et 25 déc. - 10/20 €.
Dans une ancienne gare, on brasse de nouveau aujourd'hui la *Gose*, la bière traditionnelle de Leipzig qui, dans les années 60 avait disparu (on ajoute aux ingrédients habituels du sel, de l'acide lactique et de la coriandre). D'autres bières sont également proposées. Cadre rustique, beau *Biergarten* (self-service) et plats copieux.

Magdeburg

Klostercafé
Regierungsstr. 4-6 (dans l'abbaye Notre-Dame) - ℘ 0391 565 02 33 - tlj sf lun. 10h-18h, jusqu'à 17h en hiver.
Salon de thé aménagé dans l'ancien réfectoire de l'abbaye. Si le cadre est un peu austère, la vue sur le cloître et surtout les gâteaux faits maison susciteront l'enthousiasme. Laissez-vous tenter par celui au fromage blanc et la magdebourgeoise, un vrai délice !

Meissen

Romantik Restaurant Vincenz Richter
An der Frauenkirche 12 - ℘ 03 521 45 32 85 - fermé 15 janv.-31 janv., dim. soir-lun. - menus 32-36 €.
Vous tomberez immédiatement sous le charme de cette maison de drapier de 1523. L'été, agréable terrasse dans la cour intérieure.

Weimar

Sommer's Weinstube Restaurant
Humboldtstr. 2 - ℘ 03 643 40 06 91 - fermé midi et dim. - 15/20 €.
Dirigé depuis plus de 130 ans par la famille Sommer, ce restaurant a su conserver son charme d'autrefois. On y sert des spécialités de Thuringe, souvent à base de pommes de terre. Grand choix de vins régionaux et internationaux.

Allemagne

Route allemande des **Alpes**

⮑*Départ
de Lindau*
⮑*9 jours
550 km*
**Carte Michelin
n° 545 et 546**

Aux alentours de Lindau

Jour 1

Lindau est une île-cité au charme unique. Jadis prospère et commerçante, il suffit de s'aventurer dans une arrière-cour ou de flâner entre le port et la Maximilianstrasse, pour apprécier la douceur de vivre un peu rétro de cette petite ville souabe au caractère méridional. De Lindau se diriger vers **Lindenberg im Allgäu** par la B308 puis **Hindelang**. Avec sa voisine Bad Oberdorf, Hindelang constitue un centre de villégiature et de cure thermale agrémenté en hiver par la pratique du ski sur les pentes de l'Oberjoch. La route descend par la vallée de la Wertach, longe le Grüntensee avant d'atteindre **Füssen**.

Jour 2

Consacrez la matinée à la visite des châteaux de Louis II de Bavière : **Hohenschwangau** et **Neuschwanstein**.
Rejoindre **Steingaden** où l'ancienne abbaye des Prémontrés (Welfenmünster), fondée au 12e s., possède encore sa remarquable abbatiale. Quitter la B17 en direction de l'église de Wies. Poursuivre l'itinéraire vers **Oberammergau**. Enserrée dans les contreforts boisés de l'Ammergau, cette petite ville d'artisans sculpteurs sur bois, parsemée de chalets et de superbes maisons historiques (18e s.) aux façades peintes, doit sa renommée aux représentations du mystère de la Passion, qui s'y déroulent tous les dix ans (les prochaines seront en 2020) au cours de l'été.

Jour 3

À la sortie d'Oberammergau, une route conduit au château de **Linderhof**. L'après-midi direction Ettal et son abbaye. Poursuivre jusqu'à **Garmisch-Partenkirchen**.

Jour 4

Garmisch-Partenkirchen, première station de sports d'hiver d'Allemagne est aussi très prisée en été. Après avoir découvert le centre de la station, faites la visite des gorges de la Partnach (Partnachklamm) puis vers Bad Wiessee en empruntant la haute vallée de l'Isar. De Garmisch-Partenkirchen, prendre la E 533 vers Mittenwald et Krün. À la sortie de Wallgau, dans un virage, prendre à droite la route qui s'engage dans la haute vallée de l'Isar ; puis la route 307 longe le lac du barrage de Sylvenstein et le traverse, avant de franchir l'Achenpass et de plonger vers

Europe occidentale

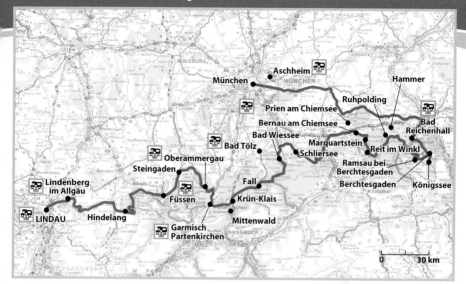

le Tegernsee et **Bad Wiessee**, centre de cure thermale bien situé entre le lac de Tegernsee et l'arrière-pays semi-alpin.

Jour 5

Poursuivre sur la 307. À Neuhaus, une route monte au **Spitzingsee** (10 km AR). Avant d'atteindre ce lac de montagne, un belvédère routier offre une vue d'ensemble du bassin de Fischhausen-Neuhaus et du Schliersee. De retour sur la 307, avant Bayrischzell, on atteint la station inférieure d'un téléphérique menant au sommet du Wendelstein dont le panorama englobe, d'est en ouest, les monts du Chiemsee et les Alpes de Berchtesgaden, les Loferer et les Leoganger Steinberge, les Kaisergebirge et leurs dentelles de pierre, les crêtes glaciaires des Hautes Tauern. Après un parcours sinueux où la route passe à proximité de la **cascade du Tatzelwurm** (10mn à pied), l'itinéraire descend la vallée de l'Inn et prend l'autoroute Munich-Salzbourg.

Sortir à Bernau am Chiemsee, et suivre alors la route 305. À partir de Marquartstein, on traverse une succession de vallons tortueux, aux parois abruptes, pour déboucher au-dessus du vaste bassin de Reit, au pied du Zahmer Kaiser. Faites étape à **Ruhpolding**.

Jour 6

Ruhpolding, cette localité, très fréquentée par les villégiateurs, est restée un centre de traditions populaires. Le passage du **col de Schwarzbachwacht** (868 m) fait apparaître un vif contraste entre le sévère vallon boisé du Schwarzbach et les pâturages dégagés du versant de Ramsau. La descente sur **Ramsau** donne l'occasion, en plusieurs endroits, d'apprécier le panorama sur les dents du Hochkalter. La route des Alpes finit à Berchtesgaden - visite des mines de sel et découverte du Königssee.

Jour 7

Quittez **Berchtesgaden** et rejoignez Munich via le

Chiemsee qui peut être une étape agréable avec baignade, balade en bateau ou randonnée vélo.

Jours 8 et 9

Munich, la capitale de la Bavière ne bénéficie pas d'une aussi bonne image que celle de Berlin, aux yeux des Français. Cette métropole qui a vue sur les Alpes depuis les tours de son impressionnante cathédrale gothique, la Frauenkirche, vibre toute l'année, et pas seulement durant la Fête de la bière. Aller prendre un casse-croûte entre amis dans l'un des vastes Biergarten (littéralement « jardin de bière ») est l'un des rituels de l'été à ne pas manquer. L'architecture de ce « village d'un million d'habitants » en partie dessiné par les rois de Bavière est passionnante à découvrir. Point d'orgue d'une escapade culturelle : les pinacothèques abritent des collections d'art qui figurent parmi les plus importantes au monde.

Allemagne

 Aires de **service** & de **stationnement**

Aschheim

Hotel-Gasthof zur Post
Ismaninger Strasse 11 – ☎ *089 9004800 –* 🅿 *5.*
Stationnement : 8 €/j.
🚐 Réservation conseillée.

Bad Reichenhall

Wohnmobilpark Rupertus Therme –
Hammerschmiedweg – ☎ *08651/76220 –* 🅿 *25.*
Borne sanistation. 🚰 🚽 🚿 .
Stationnement : 13 €/j.
🚐 À 700 m du centre-ville.

Bad Tölz

Wohnmobilstation an der Isarpromenade
Königsdorfer Strasse – 🅿 *30.*
🚰 🚽 🚿 Payant.
Stationnement : 8 €/j.
🚐 À 10mn à pied du centre-ville.

Füssen

Wohnmobilplatz Füssen
Abt-Hafner-Strasse 9 – ☎ *08362/940104 –*
Ouv. tte l'année – 🅿 *90.*
Borne autre. 🚰 🚽 🚿 Payant.
Stationnement : 11 €/j.
🚐 Idéal pour la visite des châteaux de Hohenschwangau et Neuschwanstein.

Garmisch-Partenkirchen

Alpencamp am Wank
Wankbahnstrasse 2 – ☎ *08821/71746 –* 🅿 *100.*
🚰 🚽 🚿 Payant.
Stationnement : 14 €/j.

Lindau

Parkplatz Blauwiese P1
Reutlinger Strasse – 🅿 *35.*
Borne sanistation. 🚰 🚿 Payant.
Stationnement : 18,40 €/j.
🚐 Navette gratuite pour le centre-ville (sf hiver), accessible à pied en 30 mn.

Lindenberg im Allgäu

Parkplatz Austrasse
Austrasse – ☎ *08381/80328 –* 🅿 *8.*
Stationnement : 24h maxi.
🚐 Proche des pistes de ski de fond, centre-ville à 500 m.

Oberammergau

Campingpark Oberammergau
Ettaler Strasse 56 – ☎ *08822/94105 –* 🅿 *20.*
Borne autre. 🚰 🚿 Payant.
Stationnement : 24 €/j.

Prien am Chiemsee

Café-Restaurant Alpenblick
Am Sportplatz 2 – 🅿 *20.*
Stationnement : 24h maxi. 10 €.
🚐 Parking réservé aux clients du restaurant.

Les bonnes **adresses** de Bib

Office de tourisme de Munich
SendlingerStr.1- 𝒫 (0)8923396500 -www.muenchen. de/tam - lun.-vend. 9h-18h, sam. 9h-17h.

Bad Wiessee

Freihaus Brenner
Freihaus 4 - 𝒫 08022 820 04 - www.freihaus-brenner.de - 12h-14h, 18h30-22h - 25 €.
Restaurant de montagne offrant une jolie vue sur le lac de Tegernsee. Salles confortables, aux tables bien dressées, avec plafond en bois, poutres apparentes et petites fenêtres aux jolis rideaux. Un cadre des plus agréables.

Berchtesgaden

Gasthof Auzinger
Hirschbichlstraße8-Ramsau- 𝒫 08 657230-www.auzinger.de- 11h30-14h, 17h-19h30 - fermé soir, du 1ᵉʳ nov. au 25 déc., 3 sem. à Pâques- 15 €.
Près du lac Hintersee, l'ambiance d'une taverne de campagne et une cuisine familiale à base de produits frais. Viande de bœuf de leur élevage.

Rupertus Therme
Freidrich-Ebert-Allee 21 - 𝒫 01 805 606 706 - 9h-22h (dim. et fêtes 20h) - 12 € (4h).
Le bienfait des sources salées et des bassins extérieurs avec vue sur les montagnes.

Füssen

Promenades en bateau (*Forggensee Schifffahrt*)
𝒫 08 362 92 13 63 - 1ᵉʳ juin-15 oct. : 10h-17h - 7 € (enfants 3,50 €), 50mn - 9,50 € (enfants 5 €), 2h. Départ du Bootshafen de Füssen.
Le Forggensee, un lac de retenue situé aux portes de Füssen, se prête à la promenade et à la baignade. Location possible de bateaux individuels.

Zum Schwanen
Brotmarkt 4 - 𝒫 08 362 61 74 - avr.-mi-janv. : tlj sf lun. 11h30-14h, 17h30-22h - fermé mi-janv.-fin mars - 14 €.
Restaurant installé dans une maison de la vieille ville. On y déguste des spécialités de l'Allgäu.

Hindelang

Obere Mühle
Ostrachstraße 40 - 𝒫 08 324 28 57 - tlj sf mar. 16h-0h - 26 €.
Cet agréable restaurant est installé dans les bâtiments d'un ancien moulin de 1433. Dans un cadre propret, cuisine régionale et plats cuits au feu de bois. Fromagerie de démonstration accolée au restaurant.

Lindau

Alte Post
Fischergasse 3 - 𝒫 0838293460-12h-14h30,17h30-21h30- fermé nov., fin déc.-fin mars - 15 €.
Une cuisine traditionnelle servie avec le souci du détail sur une jolie terrasse d'été, dans le centre-ville de Lindau.

München/Munich

Ratzkeller
Marienplatz 8 - 𝒫 089 21 99 89 30 - www.ratskeller.com - 11h-23h30 - 16 € (carte en français avec photos).
Populaire et raffinée, cette immense taverne installée dans les caves de l'hôtel de ville, comme son nom l'indique, est une véritable institution à Munich. Dans ce lieu magique, dégustez de croustillants jarrets de porc ou de petites saucisses à frire sous les arcs gothiques de sa grande salle ou dans de petits box de bois plus cosy.

Le Biergarten
Littéralement « jardin de bière », fait partie intégrante de la vie bavaroise, notamment à Munich. Nombre de ces terrasses et jardins ombragés sont accessibles même en hiver, dès les premiers rayons de soleil. Service restreint voire inexistant (souvent self-service), l'atmosphère prime avant tout. On se délecte des jarrets de porc grillés *(Schweinshaxe)* ou de *Steckerlfisch*, poissons piqués sur un bâton et cuits sur le gril. Parmi les nombreuses adresses : Chinesicher Turm (Tour chinoise, dans le Jardin anglais), Hofbraükeller (Inner Wiener str. 19), Augustiner-Keller (Arnulfstraße 52) et les deux lieux ci-dessous.

Hofbräuhaus
Am Platzl 9 - 𝒫 089 2 90 13 60 - www.hofbraeuhaus.de - 9h-23h30.
Brasserie de renommée mondiale à l'ambiance originale, malgré le nombre de touristes. Musique d'instruments à vent dans la Schwemme toujours bruyante au rez-de-chaussée. Premier étage et Biergarten de la cour intérieure plus calmes (Trinkstube, musique 18h-23h30). Spectacles folkloriques bavarois et buffet chaque soir dans l'immense Festsaal (à partir de 18h30).

Hirschgarten
Hirschgarten 1 - 𝒫 089 17 999 119 - 9h-0h (Biergarten de mars à oct.).
Proche du château de Nymphenburg, ce Biergarten (avec restaurant rustique à côté) est sans doute le plus grand de Munich, voire de Bavière. 8 000 places à l'extérieur (1 200 avec un service à table).

Allemagne

Découverte de la légendaire **Forêt-Noire**

➲*Départ de*
Baden-Baden
➲*6 jours*
310 km
Carte Michelin
n° 545

Baden-Baden sous la neige

www.Baden-Baden.de

Jour 1

Les palaces et les villas au bord de la rivière Oos composent toujours la vitrine de **Baden-Baden**, cité thermale réputée. Lieu de villégiature prisée à la Belle Époque, elle attire encore aujourd'hui une clientèle aisée. Peu importe que vous ne soyez pas nouveaux riches, les vertus relaxantes des thermes agiront sur vous aussi. Suivre ensuite les panneaux Schwarzwald-Hochstrasse/B500, au fur et à mesure que la route s'élève. Vous traverserez de tranquilles stations climatiques, comme **Bühlerhöhe** à 750 m d'altitude. Au Ruhestein, quitter la route des Crêtes pour plonger vers la combe d'Allerheiligen et remonter, à partir d'Oppenau, vers Zuflucht en grimpant au flanc de versants très raides.

À **Allerheiligen**, un sentier conduit le long du torrent jusqu'au pied des **chutes d'Allerheiligen** (Wasserfälle). Compter 3/4 h à pied pour découvrir sept belles cascades.

Jour 2

Poursuivre sur la Hochstrasse en direction de Freudenstadt. Au croisement de plusieurs routes touristiques, **Freudenstadt,** bâtie à partir de 1599 et brûlée en 1945, s'est relevée suivant un plan quadrillé autour de la Marktplatz. La suite de l'itinéraire suit le fond des vallées de la **Kinzig** et de l'**Elz**, traversant de petites localités actives (Alpirsbach, Schiltach, Triberg et St-Peter), avant d'atteindre, au **mont Kandel**, la Haute Forêt-Noire.

Dans le cadre de la vallée de la Gutach, le musée de plein air de la Forêt-Noire, à **Gutach** témoigne de l'habileté des habitants de cette région en matière de construction rurale, d'artisanat et d'agriculture. Puis continuer en direction de Triberg. Le passage du col de **Landwassereck** offre de jolies vues sur les paysages de la Forêt-Noire centrale. En amont d'Oberprechtal, la route longe les petites cascades de l'**Elz**.

Jour 3

Centre d'industrie horlogère, **Triberg** est également une station climatique réputée. À voir : la promenade des Cascades et le musée de la Forêt-Noire (Schwarzwaldmuseum). De passage à **Furtwangen** vous pourrez visiter le musée allemand de l'Horlogerie (Deutsches Uhrenmuseum), qui abrite la plus grande collection

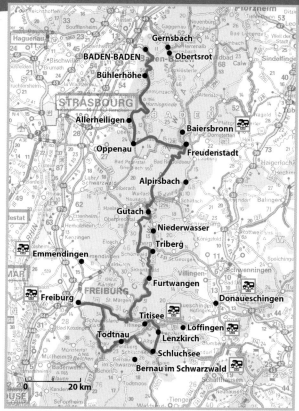

d'horloges de la Forêt-Noire au monde. De Furtwangen, on peut se rendre à la source de la **Breg** (direction « Katzensteig-Martinskapelle », puis « Donauquelle »), alimentant un ruisselet, le Danube, qui finit sa course 2 900 km plus loin en se jetant dans la mer Noire.

La table d'orientation du **mont Kandel** offre un panorama magnifique sur les Vosges, le massif isolé du Kaiserstuhl, le Feldberg et le Belchen.

Jours 4 et 5

Difficile de rester insensible à la douceur de vivre qui caractérise **Fribourg**, vieille ville universitaire dont les ruelles pavées sont une invitation à la promenade. Les guerres successives ont laissé intacte l'admirable cathédrale.

La suite du parcours, à caractère montagnard dans sa première partie, passe par les trois principaux sommets de la Forêt-Noire (Schauinsland, Belchen et Feldberg), puis par les deux lacs les plus connus du massif (**Schluchsee** et **Titisee**). La région étant en grande partie un parc naturel, les sentiers permettent souvent de rencontrer des espèces rares de fleurs sauvages, et parfois des chamois. La route conduit à la station supérieure du téléphérique du **Schauinsland**. Du parking, gagner la tour-belvédère. La vue se développe au-delà des pâturages sur le Feldberg. Poursuivre la route vers Stohren, puis Münstertal. La route déroule ses lacets au milieu des pâturages avant de pénétrer dans la forêt.

À Wiedener Eck, tourner à droite vers le mont **Belchen** et sa table d'orientation. Par bonnes conditions de visibilité, il constitue un magnifique observatoire sur la plaine du Rhin, les ballons des hautes Vosges, et les Alpes, du Säntis (Alpes suisses d'Appenzel) au mont Blanc. À 1,5 km de **Todtnau,** en remontant une combe boisée, un sentier (1h AR) conduit aux chutes (Wasserfall) qui dévalent sur 97 m de hauteur.

Jour 6

En route pour le massif du **Feldberg**. Un télésiège (le Feldbergbahn) aboutit au mont Seebuck (1 448 m) avec une vue sur la vasque parfaite du **Feldsee**, petit lac au creux d'un cirque glaciaire. On peut se rendre au sommet déboisé du Feldberg, à 1 493 m (1h 30 AR), pour jouir d'un vaste panorama s'étendant jusqu'aux Alpes. Poursuivez votre périple jusqu'au Schluchsee. Ce lac, modeste à l'origine, est devenu, grâce à l'édification d'un barrage, le plus vaste plan d'eau de Forêt-Noire. Gagner le **Titisee** par Lenzkirch. Au carrefour de plusieurs routes touristiques, ce joli lac glaciaire est devenu un centre touristique important, à la fois station climatique – Titisee-Neustadt et Hinterzarten – point de départ de nombreuses excursions.

Allemagne

 Aires de **service** & de **stationnement**

Baiersbronn

Reisemobilplatz Baiersbronn P5
Neumühleweg/Lochweg – 🅿.
Borne holiday-clean. ⛲ 🚽 🚿 Payant.
Stationnement : 6 €/j.

Bernau im Schwarzwald

Wohnmobilstellplatz und Wintercamping Am Spitzenberg
Sportplatzstrasse – ☎ 07675/160030 – Ouv. 16 avr.-30 sept. – 🅿 15.
Stationnement : autorisé.

Donaueschingen

Stellplatz beim Sportzentrum
Stadionstrasse – 🅿.
Stationnement : 48h maxi.
⛲ 🚿
🚌 10 mn à pied du centre-ville.

Emmendingen

Wohnmobilstellplatz am Freibad
Am Sportfeld – 🅿 20.
Borne euro-relais. ⛲ 🚿 Payant.
Stationnement : autorisé
🚌 Centre-ville à environ 400 m.

Freiburg im Breigsau/Fribourg

Reisemobilplatz am Eschholzpark
Bissierstrasse – 🅿.
Borne autre. ⛲ 🚽 🚿 Payant.
Stationnement : 7 €/j.
🚌 Transports en commun pour le centre-ville.

Parkplatz von Südcaravan
Hanferstrasse 30 – 🅿 10.
Borne autre. ⛲ 🚽 🚿
Stationnement : autorisé.
🚌 Centre-ville à 5 km, transports en commun.

Löffingen

Parkplatz Waldbad Löffingen
Ouv. de mi-mai à fin sept. - 🅿 7.
Borne autre. ⛲ 🚽 🚿.
Stationnement : 8 €/j.
🚌 Centre-ville à 1.5 km. Services inclus dans prix du stationnement.

Titisee

Campingplatz Bankenhof
Bruderhalde 31a – ☎ 07652 1351 – 🅿.
Borne artisanale. ⛲ 🚽 🚿.
Stationnement : 12 €/j.

Le conseil de Bib

▶ Vous avez du temps : La route allemande de l'Horlogerie *(Deutsche Uhrenstraße)* propose de découvrir, sur environ 320 km, musées, fabriques ouvertes à la visite et horloges remarquables. C'est vers 1850 que Friedrich Eisenlohr conçoit des boîtiers rappelant les maisonnettes de garde-barrière *(Bahnhaüsele)*, bientôt ornés de feuillages et dont la forme originale est presque restée inchangée.

Carnet pratique

Les bonnes **adresses** de Bib

Office de tourisme de Baden-Baden
Baden-Baden Kur & Tourismus GmbH – *Schwarzwaldstraße 52 und Kaiserallee 3 - ✆ 49 (0) 7221 275200/1 - www.baden-baden.de/fr - lun.-sam. 9h-18h, dim. et j. fériés 9h-13h.*

Baden-Baden

Weinstube im Baldreit
Küferstraße 3 - ✆ 07221 231 36 - tlj sf dim. 12h-14h, 17h-22h - 22 €.
À l'écart, dans une impasse de la vieille ville, cuisine badoise généreuse aux accents français – le chef vient d'outre-Rhin. Carte réduite à midi.

Café König
Lichtentaler Straße 12 - ✆ 07 221 23 573 - café : 8h30-18h30, confiserie-pâtisserie : lun.-sam. 9h30-18h30, dim. 10h30-18h30 - plat du jour 15 €.
Lustre de cristal et douceurs sucrées de la confiserie-pâtisserie dans ce café qui propose aussi des en-cas salés et des plats du jour. En été, terrasse ombragée sous un tilleul.

Friedrichsbad
Römerplatz 1 - ✆ 07 221 27 59 20- lun.-sam. 9h-22h; dim. et j. fériés 12h-22h - fermé Vend. saint, 24 et 25 déc. - 21 € (3h sans massage) ; 29 € (3h30 avec massage).
Bains romano-irlandais en 16 étapes (montée progressive en température et repos final) dans l'établissement historique de 1877. On se baigne nu (hommes et femmes séparément les lundi et jeudi, mixte les autres jours, enf. - 14 ans non admis).

Dorfstuben
Gärtenbühlweg 14 - ✆ 07 442 470 - 11h-23h - 29 €.
De charmantes décorations et du bois qui craque font du Dorfstuben un adorable refuge. La cuisine est en rapport avec l'endroit, tout simplement savoureuse. Vous dégusterez des spécialités succulentes de la Forêt-Noire.

Freiburg im Breisgau/Fribourg

Hausbrauerei Feierling
Gerberau 46 - ✆ 0761 24 34 80 - 11h-0h, sam. jusqu'à 1h, Biergarten 11h-23h.
Cette micro-brasserie fabrique sa bière à partir de produits bio. Jetez un œil aux alambics en cuivre depuis la galerie. Pour accompagner la bière, on sert une cuisine régionale, en salle et dans le Biergarten, de l'autre côté de la rue.

Marché
Münsterplatz (autour de la cathédrale) - tlj sf dim. et j. fériés 7h-13h30.
Il faut venir ici manger une saucisse *(rote Wurst)* dans un petit pain, de bon matin avec les Fribourgeois en train de faire leur marché chez les producteurs de légumes de la région.

Markthalle
Kaiser-Joseph-Str. 233 (accès par Grünwälderstr. et Fressgässle) - ✆ 0761 38 70 00 - lun.-vend. 7h-20h, sam. 7h-18h.
Un lieu unique qui réunit une vingtaine de stands de spécialités internationales – afghanes, chinoises, portugaises, etc. – à emporter ou à manger sur place. Une cuisine centrale gère les assiettes de chaque échoppe.

Freudenstadt

Jägerstüble
Marktplatz 12 - ✆ 07 441 23 87 - fermé 24 déc. - 22 €.
Situé sur la place du Marché (Marktplatz), le Jägerstüble est un point de rendez-vous apprécié des habitants de la ville et des visiteurs de passage. Le cadre rustique et l'ambiance décontractée de cet établissement traditionnel contribuent à sa fréquentation.

Lauterbach

Gasthof Gedächtnishaus
Fohrenbühl 12 - ✆ 07 422 44 61 - fermé 6 sem. après 6 janv. ; rest. fermé merc. soir, jeu. - 18 €.
Ce gîte construit dans le style de la région est idéalement situé en haut d'un ballon. Le restaurant rustique est décoré de bois sombre.

Lenzkirch

Löffelschmiede
Löffelschmiede 1 - ✆ 07 653 279 - www.sbo.de/loeffelschmiede - tlj sf mer. 12h-22h - fermé de nov. à mi-déc. - 13,50 €.
Ce petit restaurant familial et soigné est situé dans une petite vallée, à l'extérieur de la commune de Lenzkirch. Dans la salle de restaurant claire et accueillante avec son poêle en faïence, on vous servira des truites et des plats bourgeois régionaux.

119

Nuremberg et **Franconie**

➲*Départ*
de Nuremberg
➲*7 jours*
500 km
Carte Michelin
n° 546

Forteresse de Marienberg

O. Fortr/ MICHELIN

Jour 1

Nuremberg, ville traditionnelle des fondeurs de bronze et des batteurs d'or, fut l'une des plus belles cités médiévales d'Allemagne. On pense à Dürer en découvrant ses remparts et ses portes, les maisons bourgeoises à colombages et à pignons. Son centre médiéval et son caractère typiquement germanique lui valurent d'être choisie comme théâtre des grands rassemblements du parti national-socialiste. Reconstruite avec énergie, Nuremberg est aujourd'hui l'un des principaux centres industriels d'Allemagne du Sud et une capitale culturelle grâce à son exceptionnel Musée national.

Jour 2

Plus au sud, **Eichstätt** est aujourd'hui « La Mecque » de l'architecture moderne sans compromis, comme le montrent le nouveau bâtiment de la Pädagogische Hochschule et celui de la résidence d'été de l'université. Au gré de vallées fluviales ou de collines fertiles, l'itinéraire nous fait revivre à chacune de ses étapes des aspects du passé qui n'appartiennent qu'à l'histoire allemande : tour à tour sont évoquées les grandes heures des vieilles cités médiévales comme **Nördlingen**, **Dinkelsbühl** et notre prochaine étape.

Jour 3

Plus au nord, à l'abri de ses remparts, **Rothenbourg** domine le cours sinueux de la Tauber. Particulièrement bien préservée, elle concentre un nombre impressionnant de bâtisses médiévales sur un site spectaculaire en bordure de falaise. Dans ce véritable musée du Moyen Âge à ciel ouvert, il fait bon se promener, en empruntant des ruelles étroites aux maisons à pignons pointus, avec des fontaines et édifices à colombages.

Jour 4

Une fois à **Wurtzbourg**, de la rive est du Main, en haut de la forteresse Marienberg, la vue sur la ville, son vieux pont et ses clochers est telle que l'on peine à imaginer qu'une grande partie de la ville fut détruite à la fin de la Seconde Guerre mondiale. Sa grandeur passée, liée à trois princes-évêques de la famille de Schönborn, se retrouve dans les églises baroques et le splendide palais de la Résidence, classé au patrimoine mondial de l'Unesco. Ville du sculpteur

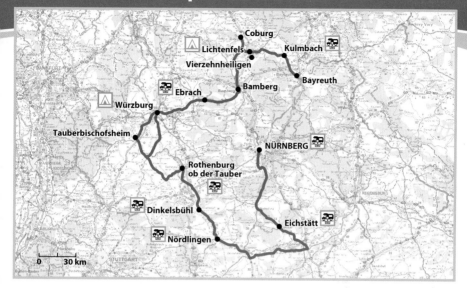

Riemenschneider, dont on peut admirer de nombreuses œuvres, mais aussi du physicien Wilhelm Conrad Röntgen qui découvrit les rayons X en 1895, Wurtzbourg allie parfaitement modernité, art et histoire.

Jour 5

Direction **Bamberg**, ville à laquelle, selon les résultats d'un sondage, les Allemands se sentent le plus intimement liés. Inscrite également au patrimoine mondial de l'Unesco, cette ville construite sur sept collines est née au Moyen Âge. Transformée aux 17e et 18e s. en cité baroque par les princes-évêques et épargnée par les bombardements, elle compte aujourd'hui près de 2 300 monuments historiques classés. Les églises médiévales côtoient des maisons bourgeoises de style baroque et des édifices monumentaux. Sur l'une des collines, vous découvrirez la ville haute, le centre ancien avec ses petites rues bordées d'antiquaires et

sa cathédrale impériale aux quatre clochers qui constitue encore le cœur de la cité et le plus important chef-d'œuvre architectural de la région.

Jour 6

La suite de notre parcours bavarois vient flirter avec la région de Thuringe et passe par **Cobourg** non sans recommander une étape à la **basilique des Quatorze-Saints (Vierzehnheiligen)**. Ce sanctuaire de pèlerinage est une merveille du baroque qui surprendra même les moins convaincus par ce style. Son ordonnance intérieure révèle la hardiesse de l'architecte Balthasar Neumann, et la décoration captive les yeux par sa richesse.

Jour 7

Pour finir, la visite de **Bayreuth**. Connue mondialement pour son festival wagnérien, Bayreuth porte l'empreinte d'une princesse du 18e s. hors du commun qui en fit un pôle culturel européen et la vitrine d'un rococo original parfaite-

ment représenté par le Château Neuf. En 1945, la ville a payé cher le rôle que Bayreuth et Wagner ont joué dans l'idéologie d'Adolf Hitler, qui était, avec son entourage, un visiteur régulier du festival. Pendant les dernières semaines de la guerre, la ville a été lourdement bombardée. Aujourd'hui il n'en paraît rien. Du 25 juillet au 28 août, la ville vit à nouveau au rythme de Wagner. Les 60 000 places disponibles sont réservées jusqu'à sept ans à l'avance... mais quelques tickets retournés sont vendus le jour de la représentation, au tarif d'une place d'opéra classique. (La queue commence à 6h le matin).

Le chef-lieu de la Haute-Franconie est également devenu une importante ville universitaire et un centre économique de pointe en matière de haute technologie. La proximité de la Suisse franconienne en fait aussi un point de départ idéal pour des randonnées à pied ou à vélo.

Allemagne

 Aires de **service** & de **stationnement**

Dinkelsbühl

DCC Campingpark Romantische Strasse
An der Kobeltsmühle 12 – 🅿 *14.*
🛁 🚽 🚯 💧.
Stationnement : 10 €/j.

Eichstätt

Stellplatz Schottenwiese
Pirkheimerstrasse/Schottenau – 📞 *08421/908147 –* 🅿 *70.*
Borne sanitation. 🛁 🚽 🚯 💧 Payant.
Stationnement : 7 €/j.

Ebrach

Parkplatz am Naturbad
Schwimmbadweg – 🅿.
🛁 🚯 💧 Payant.
Stationnement : autorisé

Kulmbach

Festplatz Schwedensteg
Schwedensteg – 🅿 *30.*
Borne bodeneinlass. 🛁 🚽 🚯 💧 Payant.
Stationnement : 48h maxi. 3 €/j.
🅰 Centre-ville à 300 m.

Nördlingen

Wohnmobilstellplatz
Kaiserwiese – 📞 *09081/84116 –* 🅿 *30.*
Borne holiday-clean. 🛁 🚽 🚯 💧 Payant.
Stationnement : autorisé

Nürnberg/Nuremberg

Wöhrder See
Gustav-Heinemann-Strasse – 📞 *0911/2336132 –* 🅿.
Stationnement : 72h maxi.

Rothenburg ob der Tauber

Parkplatz P2 Bensenstrasse
Nördlinger Strasse – 📞 *09861/404800 –*
Ouv. tte l'année – 🅿 *70.*
Borne holiday-clean. 🛁 🚽 🚯 💧 Payant.
Stationnement : 10 €/j.

⛺ Campings

Lichtenfels

⛺ **Main-camping**
Krösswehrstrasse 52
📞 09571/71729
campingplatz@lichtenfels-city.de
Déb. avr. à mi-oct.
🚐 – 15 🅔
Loisirs : 🎱 🏖 🏊
Services : 🚿 😊 🛁 ⚡ 🔵 sèche-linge 🧺 🚰 ✕

Würzburg

⛺ **Kalte Quelle**
Winterhäuser Strasse 160
📞 0931/65598
info@kalte-quelle.de
Permanent
🚐 – 20 🅔
Loisirs : 🎱 🏖 🛶
Services : 🔌 🚿 😊 🛁 ⚡ 🔵 sèche-linge 🧺 🚰 ✕ snack, cafétéria

Carnet pratique

Les bonnes **adresses** de Bib

Office de tourisme de Nuremberg
Nürnberg Info –*Hauptmarkt 18 -* ℘ *49 (0) 911/23 36-0-www.nuernberg.de - lun.-sam. 9h-18h (19h en été et à Noël).*

Bamberg

Historischer Brauereiausschank Schlenkerla
Dominikanerstraße 6- ℘ 0951 5 60 60-tljsfmar. 9h30-23h30-14 €.
Dans ce beau bâtiment à colombages, spécialités franconiennes et bière fumée *(Rauchbier)*, brassée sur place.

Café im Rosengarten
Domplatz (dans la Neue Residenz) - ℘ 0951 98 04 00 - de Pâques à mi-oct. : 10h-18h.
Dans le petit pavillon ou sur la terrasse de la roseraie, friandises de la pâtisserie-confiserie Graupner dont la maison mère se trouve à Lange Str. 9. Pour les gourmands…

Bayreuth

Oskar - Das Wirtshaus am Markt
Maximilianstr. 33 - ℘ 0921 5 16 05 53 - tlj 8h-1h, 9h le dim. - 16 €.
Restaurant à la fois moderne et traditionnel aménagé dans l'ancienne mairie. Différentes salles à l'atmosphère intime, joli jardin d'hiver et terrasse. Spécialités typiques de la Bavière.

Café Funsch
Sophienstr. 9 - ℘ 0921 6 46 87 - tlj 8h30-18h15, dim. 9h-18h - fermé 2 sem. après Pentecôte et à Noël.
La terrasse de ce salon de thé ouvre sur la zone piétonne de la ville. À la carte, chacun y trouvera un petit plat ou une friandise à son goût. Dans la boutique, petites figurines en pâte d'amandes qui seront de bons souvenirs de voyage.

Nürnberg/Nuremberg

Bon à savoir
La spécialité culinaire de la ville sont la saucisse grillée, les *Nürnberger Rostbratwürste* que l'on peut déguster dans les échoppes du centre-ville (souvent selon la formule *Drei im Weckla* : trois saucisses dans un petit pain), mais aussi dans la plupart des restaurants qui servent une cuisine traditionnelle.

Biergarten Am Hexenhäusle
Vestnertorgraben 4 - ℘ 0911 36 73 24 - www.sudhausnuernberg.de - tlj sf dim. 11h-23h - 7-15 €.
Non loin du château au nord. Atmosphère conviviale dans cette ancienne maison de garde, dite maison de la sorcière, et son jardin ombragé. Profitez du *Biergarten* et de la belle vue pour consommer boissons rafraîchissantes et spécialités locales.

La cour des artisans (Handwerkerhof)
Königstor (face à la gare centrale ; près de Frauentorturm) - ℘ 0911 8 60 70 - www.handwerkerhof.de - mars-déc. : boutiques : lun.-vend. 10h-18h30, sam. 10h-16h; restaurant : lun.-sam. 10h30-22h - 20 €.
Cour pittoresque entourée de remparts avec à la fois petites boutiques d'artisanat et restaurants traditionnels. Pour se procurer souvenirs de voyage (pain d'épice) ou pour faire une petite pause.

Käthe Wohlfahrt
Herrngasse 1 - ℘ 09 861 40 90 - lun.-vend. 9h-18h30, w.-end 9h-18h (fermé dim. de Noël à mi-mai) ; musée de mi-avr. à déb. janv. 10h-17h30 (dernière entrée 17h) - musée : 4 €.
Ici, c'est toute l'année Noël ! Choisissez votre décoration à la lumière des bougies du « village de Noël » (plus de 65 000 articles). À l'étage, musée de Noël allemand *(Deutsches Weihnachtsmuseum)* retraçant l'histoire de cette fête et de ses décorations. Exposition exceptionnelle de casse-noisettes.

Rothenburg ob der Tauber

Baumeisterhaus
Obere Schmiedgasse 3 - ℘ 09861 947 00 - www.baumeisterhausrothenburg.de - 11-21h - fermé janv.-mars et nov. - 18/30 €.
Joyau de la Renaissance construit en 1596 face à l'hôtel de ville, cette maison abrite un restaurant sur deux étages orné de peintures murales anciennes et une cour entourée de galeries à colombages. Bonne cuisine, grand choix de gâteaux à maison.

Les « Schneeballen »
Il s'agit d'une pâtisserie traditionnelle de la région faite à base de pâte brisée. À l'origine, les Schneeballen (boules de neige) étaient uniquement couvertes de sucre glace ou de cannelle, mais aujourd'hui elles se présentent sous d'autres formes, couvertes ou fourrées de chocolat par exemple ; des traditionnelles chez Bäckerei Striffler, Untere Schmiedgasse 1 ou Kappellenplatz, ou chez Uhl.

Würzburg

Bürgerspital
Theaterstraße 19 - ℘ 0931 35 28 80 - www.burgerspital-weinstuben.de - 17/24 €.
Taverne du vignoble de Bürgerspital parmi les plus importantes d'Allemagne. Dans un cadre historique, sous une belle voûte d'arêtes, prenez place à des tables impeccables pour découvrir vins de la région et cuisine franconienne.

La Suisse depuis la France

De Lyon à **Thoune**

Super Stock / AGE Fotostock

Château de Chillon

↪ *Départ de Lyon*
↪ *9 jours - 483 km*

Cartes Michelin n° 721 et 729

Jour 1
123 km

Au départ de Lyon, prenez la direction de **Bourg-en-Bresse** (D1083), ville qui doit sa renommée architecturale au **monastère royal de Brou**, que Marguerite d'Autriche fit construire par un maître maçon flamand.
Lons-le-Saunier, capitale du Jura, sera votre prochaine étape (D1083): elle vous permettra de rayonner autour du **cirque de Baume**, d'où vous pourrez contempler de splendides falaises rocheuses. Prenez de la hauteur en vous rendant au **belvédère des Roches de Baume**, qui vous donnera un point de vue unique sur la vallée.

Jour 2
80 km

Proche de la frontière suisse, **Pontarlier** (par la D471) a connu la prospérité grâce à l'absinthe, fabriquée dans les nombreuses distilleries de la ville. C'est le point de départ idéal pour la **source de la Loue**, l'un des plus beaux sites naturels du Jura. Autre vue imprenable, celle de la **cluse de Joux**, que l'on peut admirer depuis le monument aux morts du Frambourg.

Jour 3
42 km

Sur la route pour **Grandson** (D6), les randonneurs feront une halte à l'église de **Sainte-Croix**, puis marcheront jusqu'à la **Pierre de Paix** où sont gravés les symboles de toutes les religions. Un peu plus loin, le signal du **Chasseron** offre un panorama sur les Alpes, le Jura et le lac de Neuchâtel.
Une fois arrivé à Grandson, visitez son château (13ᵉ s.), qui abrite des collections d'armes anciennes, un musée des guerres de Bourgogne, de Charles le Téméraire, un musée des Châteaux forts, et un musée de l'Automobile.

Jour 4
32 km

La ville de **Neuchâtel**, toute proche par la Route 5, propose une expérience plus urbaine sur les bords du lac. La ville est entrée dans la Confédération helvétique en 1815, après

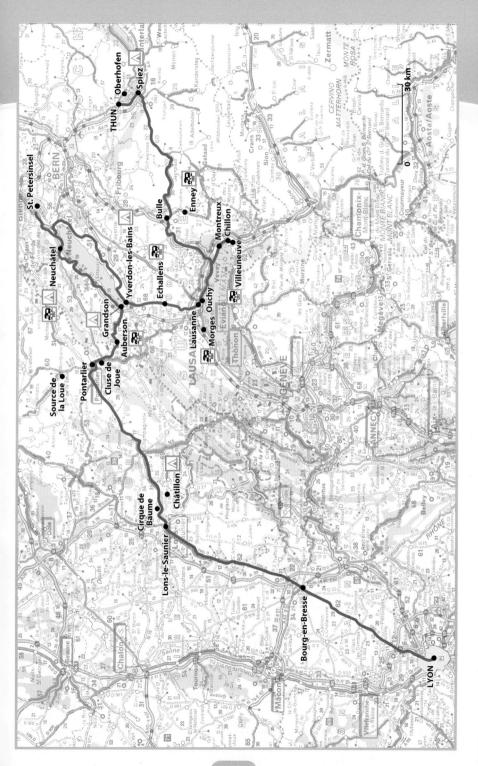

La Suisse depuis la France

De Lyon à **Thoune** *suite*

avoir été, depuis 1707, possession personnelle du roi de Prusse. Riche culturellement, avec son **musée d'Art et d'Histoire**, son centre de recherche horlogère, elle est aussi un foyer de culture française. Promenez-vous dans la vieille ville, repérez les fontaines des 16e et 17e s., et visitez l'église. À 20 mn de Neuchâtel, rendez-vous sur l'**île de Saint-Pierre**, réserve naturelle où séjourna le philosophe Jean-Jacques Rousseau en 1765.

Jour 5
60 km

Pour arriver jusqu'à **Yverdon-les-bains**, vous longerez tout le lac de Neuchâtel. Les eaux sulfureuses et magnésiennes qui jaillissent à 500 m de profondeur depuis des milliers d'années ont fait de la ville une station balnéaire réputée. Au milieu de votre itinéraire, profitez donc de la situation d'Yverdon pour vous promener autour du lac et pratiquer l'une des activités nautiques proposées. L'**hôtel de ville** et

le **château** méritent également le détour.

Jour 6
33 km

Cap vers le sud pour rejoindre **Lausanne** (Route 5), qui trône sur les bords du lac Léman. Il y fait bon vivre, entre les animations culturelles, la **cathédrale** gothique, la **Place centrale**, et la douceur d'**Ouchy**, base de navigation prisée. Ville d'histoire depuis sa création au néolithique, Lausanne accueille le **Musée olympique**, dont

La petite ville de Spiez au bord du lac de Thoune.

Adrian Baker / International Photobank / AGE Fotostock

l'architecture est inspirée de celle d'un temple grec. La flamme olympique y brûle à jamais, et de nombreux objets vous feront revivre les Jeux depuis la Grèce antique.

Jour 7
28 km

En poursuivant vers l'est (Route 9), deux belles visites peuvent vous occuper une journée : une excursion aux **Rochers de Naye**, qui s'effectue depuis la gare de **Montreux** dans un petit train à crémaillère. Vous apercevrez les villages de **Glion** et de **Caux**, et une fois arrivé au sommet, une

superbe vue sur le Léman s'offrira à vous. Puis, à moins de 10 mn de là (Route 9), le **château de Chillon**, bâti sur un îlot rocheux, est un site idyllique, ancienne propriété des évêques de Sion et des comtes de Savoie.

Jour 8
65 km

Depuis **Chillon** (Route 12), filez vers la **région de Gruyère**, réputée pour ses paysages et son folklore. Dans la ville de **Bulle**, vous pourrez vous rendre à l'important bourg-marché, assister à la vente du bois, du bétail bovin, et du célèbre

fromage de Gruyère ! En fin de journée, partez pour Spiez (Route 189 puis 11).

Jour 9
10 km

Spiez est un bon centre d'excursions. Ne manquez pas de voir le **château de Spiez**, et de vous balader dans la vieille ville. Sur le **lac de Thoune,** les trajets en bateau d'une rive à l'autre sont réguliers : embarquez donc pour **Oberhofen**, dont le château qui s'avance dans les eaux du lac, face aux Alpes, est enchanteur. Depuis Spiez, la ville de **Thoune** n'est qu'à une dizaine de kilomètres.

Aires de **service** & de **stationnement**

L'Auberson

Aire communale
Grand-Rue 1454 L'Auberson - 🅿 *5.*
Borne Eurorelais 🔋 ⚡ ⚱
Stationnement : autorisé

Neuchâtel

Aire de Neuchâtel
Route des Falaises - 🅿 *12.*
Borne Raclet 🔋 ⚡ ⚱
Services : WC

Echallens

Parking du Pont
Rue du Pont - 🅿 *8.*
Borne Eurorelais 🔋 ⚡ ⚱

Morges

Aire de Morges
Promenade du Petit Bois, près du Camping Le Petit Bois
Borne artisanale 🔋 ⚡ ⚱

Enney

Aire du Camping TCS
Chemin du Camping 18 - 📞 *02 69 21 22 60 -* 🅿 *5.*
🔋 ⚡ ⚱
Payant : 3 CHF

Villeneuve

Aire extérieure au Camping des Flots Bleus
Rue du Quai - 📞 *021 960 1547 -* 🅿 *5.*
Borne Eurorelais 🔋 ⚡ ⚱
Payant : 2 CHF

🏕 Campings

Lons-le-Saunier

Camping Domaine de l'Epinette
5 rue de l'Épinette, 39130 Châtillon - 📞 *03 84 25 71 44 -*
www.domaine-epinette.com.
De mi-juin à mi-sept.
Prix indicatif: 27,60-35,40 €
🔋 7 🇪
Loisirs : 🎣 🛝 👶 🏊 ⛹
Services : ♿ 🖥 ✕ 🔋 🏪 📶

Grandson

Camping VD 24 Le Pécos
R. du Pécos - 📞 *02 44 45 49 69 - www.campings-ccyverdon.ch.*
Déb. avr.-déb. oct.
Prix indicatif : 22,90-27,50 €
🔋 6 🇪
Loisirs : 🏊 🛶
Services : ♿ 📧 🔋 🧺 📠 🏪 🚿 📶 GB
🚣 Accès direct au lac

Neuchâtel

Camping Paradis-Plage
8 allée du Port, 2013 Colombier - 📞 *03 28 41 24 46.*

Déb. mars-fin oct.
Prix indicatif : 46,20-52,30 €
🔋 20 🇪
Loisirs : ♿ 🏊 ⛹
Services : ♿ ✕ 🔋 🌭

Yverdon-les-Bains

Camping VD 8 Pointe d'Yvonand
Pointe d'Yvonand - 📞 *02 24 430 16 55 - www.campings-ccyverdon.ch.*
Déb. avr.-fin sept.
Loisirs : 🏊 🛶
Services : ♿ 🔋 🧺 🧺 📠 📶 🚿 📶
🚣 Accès direct au lac

Spiez

Camping Panorama Aeschi
Scheidgasse 26 -3703 Aeschi/Spiez - 📞 *03 33 6544377 -*
www.camping-aeschi.ch.
De mi-mai à mi-oct.
Prix indicatif : 25,10-33,40 €
Services : ♿ 🧺 📶

Les bonnes **adresses** de Bib

Lons-le-Saunier

Mirabilis
41 Grande-Rue - ℰ 03 84 48 24 36 - www.lemirabilis. com - jeu.-dim. 12h-14h, 18h30-21h30 ; juil.-août : tlj sf lun. - formule 12€ - menus 20/50€ - carte : 26/48€.
Demeure familiale (1760) très chaleureuse : décor de bois et de pierre, jeux pour les enfants, terrasse et jardin... Cuisine actuelle bien goûteuse, sur des bases régionales.

Pontarlier

L'Alchimie
1 av. Armée de l'Est - ℰ 0381466589 - www.l-alchimie.com - tlj sf dim. soir, mar. soir, merc. 11h30-13h30, fermeture 17 avr.-2 mai, 17 juil.-7 août, 2-14 janv. - menu déj. 18 €, carte env. 50 €.
Le chef-alchimiste prépare des plats inventifs bien pensés en "transmutant" produits régionaux, épices et saveurs exotiques. Cadre tendance, en adéquation avec la cuisine.

Grandson

L'Auberge
R. de l'hôtel de ville, Baulmes (12 km à l'ouest de Grandson, Route 5) - ℰ 0244591118 - www.lauberge.ch - merc.-dim. 11h30-13h30, jeu.-sam. 11h30-13h30, 19h-21h - fermé janv. - menu déj. 45 CHF, carte 45/78 CHF.
Auberge de 1790 située dans un petit village pittoresque. Le restaurant propose une fine cuisine inspirée par le mouvement Slow Food : fraîcheur, respect des produits et valorisation du terroir.

Neuchâtel

La Maison du Prussien
11 r. des Tunnels - ℰ 0327305454 - www.hotel-prussien.ch - tlj sf sam. midi, dim. 11h30-13h, 18h30-20h30 - fermé 17 juil.-10 août, 24 déc.-11 janv. - menu déj. 49 CHF, carte 81/149 CHF.
Vieille maison nichée aux abords de la ville, entre gorges et chemin de fer. Carte créative proposée sous une verrière moderne ou l'été en terrasse. Pour l'étape nocturne, chambres rustiques personnalisées. Torrent aux flots parfois tumultueux en fond sonore.

Yverdon-les-bains

Table de Mary
2 r. du Gymnase - ℰ 0244363110 - www.latabledemary.ch - tlj sf lun.-mar. 8h-23h30 - fermé 20 déc.-7 janv., 27 fév.-7 mars, 3-18 août - menu déj. 57 CHF, carte 69/91 CHF.
Auberge communale muée en chaleureux restaurant. Bonne cuisine du marché présentée avec soin. Agréable terrasse bordée de verdure et donnant sur le lac de Neuchâtel.

Lausanne

Aulac
4 pl. de la Navigation - ℰ 0216131500 - www.aulac.ch - lun.-vend. 11h30-14h, 18h30-22h, sam. 11h45-14h30, 18h30-23h, dim. 11h45-22h - carte 43/80 CHF.
Brasserie traditionnelle au cadre agréable : décor nautique et ambiance décontractée en salle, terrasse panoramique.

La Croix d'Ouchy
43 av. d'Ouchy - ℰ 0216162233 - tlj sf sam. midi, dim. 12h-14h, 19h-21h45 - menu déj. 59 CHF, carte 66/88 CHF.
Une table très appréciée en ville, au cadre classique. Spécialités suisses et italiennes. Service agréable par la patronne ; jolie terrasse.

Marchés d'Ouchy
Allée des Bacounis - avr.-sept. : dim. 8h-20h.
Marché traditionnel.
Pl. de la Palud - mars-nov. : 1er vend. du mois 6h-19h et trois 1ers vend. de déc.
Produits de l'artisanat.

Bulle

L'Écu
5 r. Saint-Denis - ℰ 0269129318 - merc.-vend. 10h-14h30, 18h-23h30, w.-end jusqu'à 0h - fermé 24 avr.-3 mai, 6-27 juil. - menu 28-112 CHF, carte 37/112 CHF.
Près du centre-ville, engageante maison aux volets verts où l'on vient faire de généreux repas traditionnels dans un décor rustique. Joli bar en bois blond près de l'entrée.

Spiez

Panorama
Aeschiriedstr. 36 - ℰ 0336542973 - www.restaurantpanorama.ch - merc.-sam. 12h30-0h, dim. 9h-22h - fermé 14-29 mars, 14 juin-6 juil. - carte 56/96 CHF.
Située dans un cadre ravissant, sur un plateau, cette affaire familiale dirigée avec un grand dévouement propose une succulente cuisine internationale - les pâtes sortent directement de la fabrique de l'établissement. Épicerie fine avec bar-apéro et somptueuse terrasse panoramique tournée vers la montagne.

Suisse

Nom local : *Die Schweiz / Svizzera / Suisse* **Capitale :** *Berne* **Population :** *7,78 millions d'habitants* **Superficie :** *41 284 km²* **Monnaie :** *Franc suisse (1 € = 1,23 CHF)*

La Suisse, ou plutôt la Confédération helvétique composée de vingt-trois cantons, est un pays attachant, une terre de contrastes, voire de paradoxes, originale par la diversité de ses habitants, de ses langues et de ses religions. « C'est une accablante entreprise que d'expliquer un peuple, surtout quand il n'existe pas » écrivait l'écrivain Ramuz.

Le pays offre aussi une variété naturelle tout à fait étonnante. En quelques kilomètres, on peut passer de cols enneigés à des vallées couvertes de vignes et d'abricotiers. Les paysages bien préservés se composent essentiellement de vallons couverts de forêts et de prairies, parsemés de fermes et de villages typiques, ainsi que de lacs et de majestueuses montagnes qui couvrent plus de 70 % du pays (le Mont Rose avec la pointe Dufour culmine à 4 634 m).

En camping-car, le pays peut se traverser aisément de part en part en moins d'une demi-journée, aussi pourrez-vous combiner certains itinéraires. La Suisse se visite en toute saison. Le pays dans son ensemble bénéficie d'un climat de type semi-continental. Les hivers sont froids, les étés chauds. Mais d'une région à l'autre, les conditions peuvent tellement varier que l'on parle parfois de microclimats.

Les traditions sont partout en Suisse et d'abord dans les architectures rurales parfaitement entretenues dont témoignent les larges maisons de bois en harmonie avec le paysage montagnard. La carte postale en irrite certains. Mais n'est-ce pas ce que l'on vient chercher en Suisse ? Une Suisse rêvée avec ces sonneurs de cloche en costumes, ces joueurs de cors des Alpes, les alpages où gambaderait Heidi… Sur les timbres, il est écrit « Helvétia » pour désigner ce « pays-patchwork ». Avec ses quatre langues officielles (allemand, français, italien, romanche), la Suisse n'est jamais en manque de contradictions, marquée par la permanence et l'innovation. La Confédération refuse l'adhésion à l'Union européenne tout en faisant son chemin sur la scène internationale.

RECOMMANDATIONS

DOCUMENTS OBLIGATOIRES

✓ Permis de conduire rose de l'UE
✓ Permis de conduire international (recommandé seulement)
✓ Certificat d'immatriculation du véhicule ou certificat de location
✓ Plaque d'identification nationale
✓ Justificatif d'assurance (carte verte), recommandé seulement
✓ Passeport (recommandé seulement)
✓ Procuration en cas d'utilisation du véhicule appartenant à un tiers (recommandée seulement)

VITESSES LIMITES

✓ En agglomérations urbaines : 50 km/h
✓ Sur routes : 80 km/h
✓ Sur routes à chaussées séparées : 100 km/h
✓ Sur autoroutes : 120km/h
✓ Ces vitesses limites sont réduites par temps de pluie

CAMPING

Le camping sauvage n'est pas autorisé en Suisse

RÉGLEMENTATIONS

✓ Vignette autoroutière. En vente auprès des bureaux de poste, des bureaux de douane, ainsi que des garages et stations d'essence. Montant annuel : 40 CHF
✓ Taux maximum d'alcool toléré dans le sang : 0,5 g
✓ Siège enfant, rehausseur ou système de retenue adapté et homologué obligatoire jusqu'à 7 ans
✓ Âge minimum du conducteur : 18 ans
✓ Port de la ceinture de sécurité obligatoire à l'avant et à l'arrière
✓ Pneus cloutés admis avec réglementation du 24 octobre au 30 avril. Vitesse limite pour un véhicule équipé : 80 km/h
✓ Disque de limitation de vitesse obligatoire à l'arrière
✓ Triangle de présignalisation obligatoire
✓ Trousse de premiers secours recommandée
✓ Extincteur recommandé
✓ Gilet de sécurité fluorescent recommandé

URGENCES

✓ Téléphone incendie et ambulance : 112
✓ Téléphone Police : 110

Pour téléphoner en Suisse

Composer 00 41 + indicatif régional sans le 0 + numéro de l'abonné

M. Chaput / MICHELIN

Suisse

Suisse romande

➲ *Départ de Genève*
➲ *7 jours*
355 km
Carte Michelin n° 729

Les rives d'Ouchy à Lausanne

Jours 1 et 2

Organisez votre séjour à **Genève** en tenant compte de la météo. S'il fait beau le matin, allez vous promener assez tôt le long de la rive gauche du lac, quand il n'y a pas encore trop de monde. Vous y verrez de très près le fameux jet d'eau, et surtout, tout au bout du quai, deux beaux parcs paysagers en pente douce. Revenez vers la ville par le quartier populaire des Eaux-Vives, et jetez un coup d'œil aux grandes rues commerçantes de Genève, autour de la place du Molard. De là, grimpez dans la Vieille Ville, passez par la place du Bourg-de-Four, avant de vous rendre ensuite à la cathédrale et de monter tout en haut de sa tour, qui offre une vue imprenable sur Genève. En redescendant, visitez l'un des très nombreux musées de la ville. Si vous êtes passionné(e) d'histoire, ne manquez pas le musée international de la Réforme, et si vous aimez l'art primitif, le musée Barbier-Mueller. Pour dîner ou boire un verre, la Vieille Ville reste le quartier tout indiqué, à moins que vous ne fassiez un saut dans la commune voisine de **Carouge**, qui regorge de bons restaurants. Le lendemain, grimpez dans les transports en commun pour vous rendre en un clin d'œil au quartier international. Si vous avez le temps, visitez à la fois le Palais des Nations et le musée international de la Croix-Rouge. Vous pouvez ensuite revenir vers la ville à pied, en passant par le très beau jardin botanique et les parcs de la rive droite du lac. Les passionnés de littérature se résoudront à remplacer une de ces visites du dimanche par une escapade à l'extérieur de Genève, à **Cologny** (accessible par les transports en commun), pour découvrir la fabuleuse Fondation Bodmer.

Jour 3

Si vous avez envie de varier les plaisirs, la rive suisse du Léman s'offre à vous. Vous avez le choix : vous pouvez consacrer l'essentiel de votre temps à la visite des grandes villes riveraines (**Lausanne**, **Montreux-Vevey**) ou flâner le long du lac et choisir des cités étapes plus petites, comme **Nyon** ou **Morges**. Le parcours est jalonné de châteaux, à **Coppet**, Nyon, **Prangins** et **Chillon**

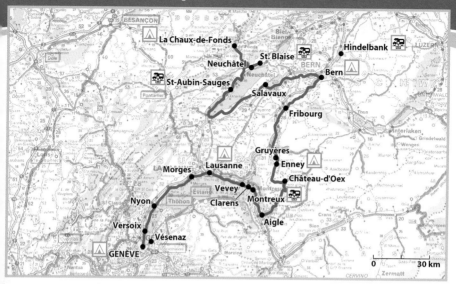

où se trouve le plus célèbre d'entre eux. N'hésitez pas à quitter de temps en temps la côte pour grimper dans les vignobles et découvrir notamment les terrasses de **Lavaux**. Enfin, ne vous privez pas du plaisir le plus évident : une mini-croisière sur le lac…

Jour 4

Centre viticole et industriel au confluent de la vallée du Rhône et de celle des Ormonts, **Aigle** est une avenante petite ville de plaine entourée de montagnes et de vignes. Chef-lieu du pays d'Enhaut, **Château-d'Oex** offre une succession de chalets et d'hôtels au pied des derniers contreforts boisés de la Gummfluh et des Vanils. C'est la villégiature familiale type des Alpes vaudoises, réputée pour les sports d'hiver comme pour ses nombreuses activités nautiques. Au pied du Moléson et de la dent de Broc, la capitale des comtes de Gruyères, nichée au cœur de la région qui a donné son nom au célèbre fromage, fait partie des cités-

musées de la Suisse. Dans la longue rue pavée qui monte vers son château, on ne croise guère que des touristes. Mais le site verdoyant de cette petite ville vaut le détour, tout comme les villages environnants, qui ont su garder leur authenticité. Si vous aimez le Moyen Âge, ne manquez surtout pas **Fribourg**. Perchée sur un promontoire rocheux qui domine la rivière de la Sarine, la ville a gardé de cette époque une partie de ses remparts, des ponts, des églises, des fontaines sculptées et de nombreuses maisons gothiques – soit l'un des plus beaux ensembles d'architecture médiévale en Europe.

Jour 5

Gagnez **Berne**, classée au patrimoine culturel mondial de l'Unesco pour ses richesses médiévales, qui détient par ailleurs la plus grande collection de tableaux de Paul Klee.

Jour 6

Rejoignez la charmante petite ville de **Neuchâtel,** dominée

par son château et sa collégiale du 12e s., et ne manquez ni son littoral – la cité est au cœur de la région « des Trois Lacs » – ni son musée d'art et d'histoire réputé.

Jour 7

Poursuivez votre route dans les montagnes jusqu'à **La Chaux-de-Fonds**, entièrement détruite par un incendie à la fin du 18e s. et reconstruite selon un étonnant plan en damier. Son musée international d'horlogerie est un des joyaux de la « Watch Valley ». Vous y verrez également plusieurs villas de Le Corbusier. Rendez-vous ensuite dans la petite ville du **Locle**, autre capitale de l'horlogerie. Cette étape vous permettra de rejoindre par d'agréables petites routes le **Val-de-Travers**, véritable paradis pour les randonneurs. Si vous ne deviez y faire qu'une promenade, grimpez au **Creux-du-Van**, un cirque naturel aux falaises hautes de plus de 100 m et qui domine la vallée. **Neuchâtel**, n'est qu'à une vingtaine de kilomètres.

Aires de **service** & de **stationnement**

Hindelbank

Parkplatz Bantam
Kirchbergstrasse 18 – ☎ 03/44119090 –
www.bw-sports-loisirs.ch/web-hindelbank/ – P.
Borne eurorelais. 🛁 🚿 ⚡
Stationnement: autorisé

Montreux

Aire de Montreux
r. du Torrent – P.
Borne eurorelais. 🛁 🚿 ⚡ Gratuit.
Stationnement: interdit de 22h à 7h.

St-Blaise

Port de St.-Blaise
chemin des Pêcheurs – P.
Borne raclet. 🛁 🚿 ⚡ Gratuit.
Stationnement: 8 CHF/j.

Saint Aubin

Aire du port
r. du Débarcadère - P.
Borne eurorelais. 🛁 🚿 ⚡
Stationnement: 20 CHF/j.
☺ Au bord du lac.

⛺ Campings

Berne/Bern

Bern-Eymatt
Wohlenstrasse 62c - Hinterkappelen
☎ 031/9011007
Permanent 3,5 ha (230 empl.)
🚐
Loisirs: 🏠 🌙 nocturne 🚴 🛶 ♨ (plan
d'eau) 🎣
Services: ♿ M 🛒 🚿 ☺ 🔌 🖥 ⚡ 🎣 ✖
brasserie

Enney

⛺ **Haute Gruyère**
Chemin du Camping 18
☎ 026/9212260
Mars-nov. 1,5 ha (80 empl.)
🚐
Loisirs: 🏠 🌙 🚴 ♨ (plan d'eau) 🎣
Services: 🔌 ☺ 🖥 sèche-linge ⚡ 🍹 ✖

Genève

⛺ **Pointe à la Bise**
Chemin de la Bise
☎ 022/7521296
Mi-mars-déb.-oct. 3,2 ha (220 empl.)
🚐 – 10 🔲
Loisirs: 🏠 🌙 🚴 🛶 (petite piscine) ♨
(plan d'eau) 🎣

Services: M 🛒 🚿 🔌 ☺ 🖥 ⚡ 🍹 ✖
☺ Bien situé au bord du lac, transport en commun
pour Genève centre (15mn).

La Chaux-de-Fonds

⛺ **Bois du Couvent**
Bois du Couvent 108
☎ 032/9132555
Mai-sept. 1,4 ha (80 empl.)
🚐 – 8 🔲
Loisirs: 🏠 🚴 m 🛶
Services: ♿ M 🔌 ☺ 🖥 sèche-linge ⚡ 🍹
✖ brasserie, snack
☺ Aire de services à l'extérieur du camping.

Lausanne

⛺ **Camping de Vidy**
Chemin du Camping 3
☎ 021/6225000
Permanent 4,5 ha (260 empl.)
🚐 – 15 🔲
Loisirs: 🏠 🌙 🚴 🛶 ♨ ♨ (plan d'eau)
🎣 🚴 aire de sports
Services: ♿ 🛒 🚿 🔌 ☺ 🖥 sèche-linge ⚡
🍹 ✖ brasserie, snack
☺ Aire de services et stationnement sécurisé, extérieurs
au camping.

Les bonnes **adresses** de Bib

Office de tourisme de Genève
Genève Tourisme & Congrès – *R. du Mont-Blanc 18 -*
℘ 41 (0)22 909 70 00 - www.geneve-tourisme.ch -
lun. 10h-18h, mar.-sam. 9h-18h, dim. et j. fériés 10h-16h.

Berne

Klötzlikeller
Gerechtigkeitsgasse 62 - ℘ 031 311 74 56 - www.klotzlikeller.ch -
tlj sf dim. 16h-0h - 25/60 CHF.
Ce sympathique caveau abrite le plus vieux bar à vin de
Berne, tel qu'il en existait plus de 230 dans la ville en
1635 ! Sous les sombres lambris de l'entre-sol ou sous
la grande voûte de la cave, goûtez l'émincé de veau au
rösti ou aux plats à base de champignons frais (toute
l'année). Ambiance chaleureuse et bon rapport qualité-
prix.

Fribourg

La Cigogne
*24 r. d'Or - ℘ 026 322 68 34 - www.aubergedelacigogne.ch - tlj
sf dim.-lun. 10h-14h30, 18h30-23h30 - menu déj. en semaine 25€, à
la carte 35/60 €, menu gastronomique pour au min. 2 pers. à partir
de 75€/pers.*
Ce restaurant à deux pas du pont de Berne propose une
cuisine sophistiquée. Terrasse couverte très agréable
aux beaux jours.

Salon de thé Nicolas-Bertherin
*61 r. de Lausanne - ℘ 026 322 34 89 - www.berthelin.ch - lun.-
vend. 7h30-18h30, sam. 7h30-18h, dim. 8h-18h - brunch le dim.
8h-14h, env. 18 CHF.*
Pour déguster pâtisseries fines et chocolats… Nicolas
Bertherin a été élu meilleur confiseur suisse en 2002.

Genève

Brasserie des Halles de l'Île
*1 pl. de l'Île - ℘ 022 311 08 88 - www.brasseriedeshallesdelile.ch -
lun.-merc. 10h30-1h, jeu.-sam. 10h30-2h, dim. 10h30-0h - menu
déj. 17 CHF, menu dégustation 39 CHF - brunch buffet à volonté
w.-end 10h30-14h - spectacles en soirée.*
Situé sur l'île qui s'étire au milieu du Rhône, ce restaurant est doté d'une salle à manger panoramique très
agréable qui s'ouvre sur le fleuve. On y mange bien.
Carte traditionnelle, poissons. Dîners jazz le w.-end.

Chez ma Cousine
*6 pl. du Bourg-de-Four - ℘ 022 310 96 96 - www.chezmacousine.
ch - 11h30-23h30 - pas de réserv. possible - deux autres adresses
dans Genève.*
Tout près de la cathédrale, restaurant au cadre gai et coloré (murs jaunes, tables vertes). On y mange du poulet,
sous toutes ses formes.

La Favola
*15 r. Jean-Calvin - ℘ 022 311 74 37 - www.lafavola.com - lun.-
vend. 12h14h, 19h-22h, sam. 19h-22h - 35/60€ - réserv. conseillée.*

Derrière la façade en bois d'une maison du 17e s. se
cache un petit restaurant sur deux étages, souvent
bondé. Cuisine tessinoise inventive, savoureuse et bien
présentée.

Buvette des Bains des Pâquis
*30 quai du Mont-Blanc - ℘ 0227381616 - www.buvettedesbains.ch-
8h-21h30 - 12/20 CHF.*
Un endroit à ne pas manquer : l'un des lieux les plus
populaires de Genève, au bout de la jetée des Pâquis.
En quelques secondes, on se retrouve au calme, tout au
bord de l'eau. Idéal le matin, pour prendre son café.

Gruyères

Le Chalet
*R. de Bourg ℘ 026 921 21 54 - www.chalet-gruyeres.ch -
8h-22h30, cuisine non-stop 12h-21h30 - 25/45 CHF.*
Spécialités gruériennes dans cette auberge rustique située au cœur du bourg. Fondues, raclettes, meringues
et crème de gruyère.

Lausanne

Restaurant du musée Olympique
*1 quai d'Ouchy - ℘ 021 621 67 08 - www.olympic.org.fr/
musee-restaurant-kiosque - 9h-18h - menu env. 20 CHF - brunch
w.-end 10h30-14h30, 35 CHF/pers., tarif enfant 1 CHF par année d'âge.*
À ne pas manquer lorsqu'on vient au musée, surtout par
beau temps : grande terrasse panoramique avec peut-
être l'une des plus belles vues d'Ouchy, sur le lac et le
parc du musée. Cuisine traditionnelle, très bon rapport
qualité-prix.

Montreux

Le Museum
*40 r. de la Gare - ℘ 021 963 16 62 - www.museum-montreux.ch -
tlj sf dim. à partir de 18h - à la carte 25/45 CHF.*
Dans trois belles salles voûtées appartenant à un ancien
couvent du 13e s., on peut déguster fondues, raclettes et
cuisine au feu de bois.

Caveau des Vignerons
*30 bis r. Industrielle - ℘ 021 963 25 70 - www.caveaudesvignerons.ch-
8h-0h, w.-end 10h-0h - menu env. 35 CHF.*
Restaurant au décor inspiré des métiers du vignoble.
Viandes sur ardoise, fondues, raclettes et vins locaux.

Neuchâtel

Brasserie Le Cardinal
*9 r. du Seyon - ℘ 032 725 12 86 - www.lecardinal-brasserie.ch -
tlj sf dim. - menu 18 CHF.*
L'intérieur de cette brasserie, orné de carreaux de
faïence colorés, est classé au patrimoine architectural.
La cuisine, à la fois sans prétention, délicieuse et peu
coûteuse, est à la hauteur du décor.

De lacs en **lacs**

⮑ *Départ de Thoune*
⮑ *9 jours*
495 km
Carte Michelin n° 729

Le lac de Thoune

Jours 1 et 2

Partez à la découverte du toit de l'Europe… À partir de **Thoune**, qui fait face aux sommets enneigés des Alpes bernoises, gagnez la charmante petite ville de **Spiez**, au décor tout droit sorti d'un livre d'images, entre lac et montagnes. Rejoignez **Interlaken** pour vous échapper une journée en train : le circuit ferroviaire du **Jungfraujoch** vous conduit en 3 heures à 3 454 m d'altitude. Là, vous pourrez admirer les célèbres montagnes de la Jungfrau, du Mönch et de l'Eiger, ainsi que le glacier d'Aletsch. L'ensemble du site est classé patrimoine naturel mondial de l'Unesco. Et si vous aimez randonner dans de fabuleux paysages de haute montagne, le village de **Grindelwald** vous attend.

Jour 3

Posée au bord du lac de ce nom, face aux chutes du **Giessbach**, **Brienz** est l'une des stations estivales de l'Oberland bernois qui a le mieux conservé son cachet rural traditionnel. Capitale suisse de la sculpture sur bois depuis le début du 19e s., le bourg possède une école professionnelle (*Schule für Holzbildhauerei*), la seule du pays, qui assure la continuité de cette tradition, ainsi qu'une école de lutherie (*Geigenschule*). Plusieurs ateliers ouvrent leurs portes au public, qui peut ainsi voir les artisans au travail. Les plantigrades de toutes tailles, aux postures variées, vendus comme souvenirs à Berne, Interlaken ou Lucerne sortent, en majeure partie, des ateliers de Brienz. Au cœur de la Suisse centrale, **Lucerne** est un lieu de rêve pour un court séjour. Vous serez immédiatement séduit par son incroyable panorama alpin, le lac des Quatre-Cantons qui la borde, sa vieille ville entièrement piétonne et ses ponts de bois illuminés la nuit. Ses alentours sont tout aussi séduisants. L'ascension du **Mont-Pilate** en téléphérique fait partie des incontournables. Le lac des **Quatre-Cantons**, aux paysages extrêmement variés, offre de nombreuses possibilités de croisières en bateaux à vapeur. On peut rejoindre notamment la mythique prairie du **Rütli**, où fut fondée la Confédération helvétique. Le lac prend à cet endroit des allures de fjord…

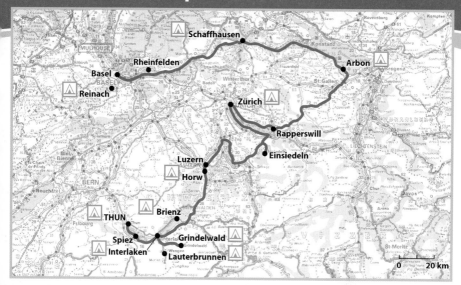

Jour 4

Gagnez **Zürich** et son lac en faisant un détour par **Ensielden**, lieu de pèlerinage le plus célèbre de Suisse. Puis faites une petite halte à **Rapperswil** qui occupe un joli site sur une courte presqu'île de la rive nord du lac de Zurich. Regagnez **Zürich** ou ses environs pour y faire étape.

Jours 5 et 6

À quoi ressemble une ville réputée pour avoir l'une des meilleures qualités de vie au niveau mondial ? Pour le savoir, allez faire un petit tour à Zürich qui, en dehors de ce « label », a bien d'autres attraits. Commencez votre séjour en vous plongeant dans l'ambiance de la ville, sur la rive gauche du fleuve de la Limmat. Avec ses innombrables boutiques, la *Bahnhofstrasse* est la rue la plus animée de la cité. Pour vous repérer, grimpez sur l'esplanade Lindenhof, d'où vous découvrirez la ville ancienne qui s'étage sur la rive

d'en face. À deux pas de l'esplanade, le quartier de la Schipfe et ses ruelles médiévales vous en donnent déjà un avant-goût. Principaux musées à voir sur la rive gauche, le Musée national suisse et le musée Rietberg. Traversez la Limmat pour parcourir la *Spiegelgasse*, petite ruelle chargée d'histoire : Lénine y prépara la Révolution, et son cabaret Voltaire, aujourd'hui un café branché, fut le berceau du dadaïsme. D'autres richesses vous attendent sur cette rive : la cathédrale, le musée des Beaux-Arts avec sa collection unique d'œuvres de Giacometti, et les belles rues pavées du quartier d'Oberdorf, dont vous apprécierez le calme au terme de cette journée chargée ! Et si vous aimez la vie nocturne, ne manquez pas le quartier « tendance » de Zurich West. Le lendemain, rendez-vous à la Fondation-collection E. G. Bührle (accessible en tramway), l'un des plus importants musées d'art privés de Suisse.

Jour 7

Consacrez cette journée à rejoindre Bâle en n'oubliant pas de faire étape à Schaffhausen pour ses impressionnantes chutes du Rhin.

Jours 8 et 9

Si vous aimez l'art et l'architecture, **Bâle** va vous combler avec sa vieille ville, l'une des mieux conservées d'Europe, et ses constructions ultra-modernes conçues par des architectes mondialement connus (Mario Botta, Herzog & de Meuron, Diener & Diener…). Commencez par visiter l'hôtel de ville et la cathédrale. Puis promenez-vous autour de la très animée Barfüsserplatz, et empruntez les belles ruelles pavées de la ville. Bâle compte 33 musées : à vous de choisir combien vous pouvez en visiter en deux jours ! Mais ne manquez pas le musée des Beaux-Arts (à l'extérieur du Vieux Bâle). Pour faire une pause, choisissez les bancs de la fontaine Tinguely ou encore le beau jardin botanique de l'Université de Bâle.

Suisse

 **Campings**

Arbon

Buchhorn
Philosophenweg 17
☏ 071/4466545
Mi-mars-sept. 2,5 ha (120 empl.)

Loisirs : 🏠 ✨ 🎾 ≌ (plan d'eau) 🏹 aire de sports, barbecue
Services : ⚿ Ⓜ 🍴 ♨ ⚫ ☺ 🎛 sèche-linge 🧺 ✕ snack, self-service

Brienz

Aaregg
Seestrasse 26
☏ 033/9511843
Avr.-oct. 4 ha (240 empl.)

Loisirs : 🏠 diurne ✨ 🚲 🎾 🎣 ≌ (plan d'eau) 🏹 🐎 aire de sports, ski nautique, excursions en bateau
Services : ♿ ⚿ ☺ ♨ 🔧 🎛 🧺 ✕ cafétéria, pizzeria

Grindelwald

Eigernordwand 27
☏ 033/8531242
Permanent 1,2 ha (200 empl.)

Loisirs : 🏠 ✨ 🏹 barbecue, ski de fond, téléski
Services : ⚿ Ⓜ 🍴 ♨ ⚫ ☺ 🎛 🧺 ✕
☺ Superbe vue sur la Jungfrau et sommets environnants.

Horw

Steinibachried
Seefeldstraße
☏ 041/3403558
Avr.-sept. 2 ha (100 empl.)

Loisirs : 🏠 diurne 🐎 ✨ 🎾 🎣 ≌ (plan d'eau) 🏹 🐎
Services : ⚿ 🍴 ♨ ⚫ ☺ 🗼 🎛 sèche-linge 🧺 ✕ snack, pizzeria, self-service

Interlaken

Alpenblick 2
Seestrasse 130
☏ 033/8227757
Permanent 2 ha (100 empl.)

Loisirs : 🏠 ✨ 🚲 🎣 ≌ (plan d'eau) 🏹 🐎 aire de sports, ski nautique
Services : ⚿ 🍴 ♨ ♨ ☺ 🗼 🎛 sèche-linge 🧺 🍷 ✕ snack, brasserie
☺ Belle situation entre deux lacs.

Lauterbrunnen

Jungfrau AG
Weid 406
☏ 033/8562010
Permanent 4,5 ha (260 empl.)

Loisirs : 🏠 ✨ 🚲 🎾 🎣 🏊 🎿 ski de fond, téléski
Services : ♿ ⚿ ♨ 🗼 🔧 🎛 🧺 🧺 🧺 ✕ brasserie, self-service, snack, pizzeria

Reinach

Waldhort
Heideweg 16
☏ 061/7116429
Mars-oct. 3,3 ha (200 empl.)
Loisirs : 🏠 ✨ 🎾 🏊 barbecue
Services : ⚿ Ⓜ 🍴 ♨ ⚫ ☺ 🎛 🧺 🧺 ✕ snack

Schaffhausen/Schaffhouse

Rheinwiese
Strandbad Rhiwies
☏ 052/6593300
Mai-sept. 4,3 ha (70 empl.)
Loisirs : 🏠 🎭 ✨ ≌ 🏹 🐎
Services : Ⓜ 🍴 ♨ ⚫ ☺ 🗼 🎛 🧺 ✕ snack

Thun/Thoune

Thunersee
Gwattstrasse 103a
☏ 033/3364067
Fin-mars-mi-oct. 1,5 ha (150 empl.)
Loisirs : ♨ ✨ 🚲 🎾 🎣 🏊 ≌ (plan d'eau) 🏹 🐎 excursions en bateau
Services : ♿ ⚿ Ⓜ 🍴 ♨ ☺ 🎛 🧺 🍷 ✕ brasserie, snack

Zürich

Seebucht
Seestrasse 559
☏ 044/4821612
Mai-sept. 20 ha (300 empl.)
Loisirs : k 🏠 ✨ 🏊 ≌ (plan d'eau) 🏹 🐎 barbecue, ski nautique
Services : 🍴 ♨ ⚫ ☺ 🗼 🎛 🧺 🧺 ✕
☺ Transports en commun pour le centre-ville à 50 m.

Carnet pratique

Les bonnes **adresses** de Bib

Office de tourisme de Zurich
Zürich Tourisme – *Gare centrale de Zürich -*
41 (0) 44 215 40 00 - www.zuerich.com - lun.-sam.
8h30-19h (été 8h-20h30), dim. 9h-18h (été 8h30-18h30).

Basel/Bâle

Rosario's
Spalenberg 53 - 061 261 03 76 - tlj sf dim. 8h30-23h30 - menu déj. env. 20 CHF.
Joli décor Art nouveau dans ce bistrot à vins du vieux Bâle. Le patron sicilien veille à ce que la cuisine de son pays soit bien représentée : vins italiens et bons petits plats méditerranéens. À partir de 16h, la salle se remplit de Bâlois qui viennent se mettre à l'heure italienne après le travail.

Torstübli
Riehentorstrasse 27 - 061 692 01 10 -tlj sf lun.-dim. 11h jusque tard - à la carte 18/45 CHF, menu 75 CHF.
On passerait presque sans s'arrêter devant cette maison bourgeoise du Petit Bâle. La cuisine qu'on y sert est pourtant fort réputée pour la qualité de ses produits. Plats abordables le midi pour les petites faims.

Interlaken

Goldener Anker
Marktgasse 57 - 033 822 16 72 - www.anker.ch - 16h-1h, service : 18h-23h - 20-40 CHF.
Une cuisine simple mais variée (curry, tortillas, entrecôte, gigot) attend les clients de ce bar-restaurant légèrement excentré. Ses prix, plus raisonnables qu'en ville, attirent les budgets moyens. Atmosphère jeune et détendue, concerts le soir en haute saison.

Sankt Gallen/St-Gall

Marktplatz
Neugasse 2 - 071 222 36 41 - www.restaurant-marktplatz.ch - tlj lun.-jeu. 8h30-0h, vend.-sam. 8h30-1h, dim. 10h-0h - menu env. 20 CHF.
Pas besoin de se ruiner pour bien manger à St-Gall ! Cette brasserie moderne, avec ses murs clairs, ses briques et ses écrans de télé, sert une cuisine variée à prix modérés : flammeküeche, burgers, salades, röstis, spätzles, grillades… Chaque plat est proposé en petite portion pour les petites faims. Dernier atout : le restaurant est ouvert le dimanche, ce qui est assez rare à St-Gall pour être signalé.

Schaffhausen/Schaffhouse

Croisières sur le Rhin
Schweizerische Schiffahrtsgesellschaft Untersee und Rhein - 052 634 08 88 - www.urh.ch - horaires et tarifs à consulter sur le site Internet.

En saison (de fin avr. à déb. oct.), départs quotidiens de Schaffhouse (embarcadère Schifflände) ou Stein am Rhein vers Constance (et inversement). On peut se contenter de la portion Schaffhouse/Stein am Rhein, qui traverse de magnifiques paysages et reste la plus spectaculaire. Possibilité de rejoindre Schaffhouse en train. Le « River Ticket » à 30 CHF permet de prendre tous les bateaux pendant une journée (3h AR).

Thun/Thoune

Waisenhaus
Bälliz 61 - 033 223 31 33 - www.bindella.ch - mar.-sam. 9h-0h30, dim. 11h-23h. - 25/40 CHF.
Cette ancienne soierie sise au bord de l'Aare, transformée en orphelinat au 19e s., s'est brillamment reconvertie en « ristorante » semi-gastronomique. Saveurs italiennes dans les assiettes, salles feutrées et vue splendide sur le vieux Thoune. En été, tables en terrasse et bon prix à midi.

Croisière sur le lac de Thoune
Excursions sur le lac avec la compagnie BLS - www.bls.ch - à partir de mi-mai - horaires et tarifs à consulter sur le site Internet.
Idéal pour contempler les sommets enneigés de l'Oberland bernois. Compter 2h pour rallier Thoune à Interlaken (30 CHF, retour en train possible ; 51 CHF AR). Arrêts recommandés à Spiez et Oberhofen.

Luzern/Lucerne

Goldener Löwen
Eisengasse 1 041 410 11 33.
Ambiance de taverne pour savourer l'une des innombrables fondues suisses. Même la fondue au chocolat est à la carte !

Zürich

Zunfthaus zur Zimmerleuten
Limmatquai 40 (1er étage) - 044 250 53 63 - www.zunfthaus-zimmerleuten.ch - 11h30-14h, 18h-23h30 - fermé mi -juil.-mi-août -30 CHF pour la salle"rustique" et 48 CHF pour le restaurant du 1er étage.
On y trouve deux salles à manger aux styles très différents : une salle rustique plutôt cossue avec des poutres (Küferstube), une autre salle charmante, claire et intime, qui offre la possibilité de souper avec vue sur la Limmat. Dans les deux cas, la cuisine ne déçoit pas et le personnel est attentionné.

Sprüngli
Bahnhofstrasse 21, sur Paradeplatz - 044 224 46 46 - www.spruengli.ch, lun.-vend. 7h30-18h30, sam. 8h-17h.
Cette célèbre confiserie est une institution zurichoise. Elle propose toutes sortes de truffes et de chocolats dont une spécialité locale, les *Luxemburgerli*.

Du **Valais** au **Tessin**
par les grands cols

➲*Départ*
de Martigny
➲*7 jours*
530 km
Carte Michelin
n° 729

Vue de la Furkapass

M. Chanut / MICHELIN

Jour 1

« Le Midi commence à **Martigny** » proclame un adage local. À juste titre : l'ensoleillement dont bénéficie la région y fait pousser tomates, vignes, abricotiers et autres arbres fruitiers. La ville elle-même cultive un cachet méridional, que les vestiges et monuments romains disséminés dans ses rues viennent encore renforcer. Regagnez **Sion** ou l'on fera étape. Semblant surgir du passé, ses deux pitons rocheux coiffés chacun d'un château plantent tout de suite le décor. Sion est une ville d'histoire, et l'une des plus anciennes de Suisse. Capitale politique et administrative du Valais, elle est devenue également le centre des affaires du canton. Le développement de ses quartiers périphériques n'est pas des plus heureux, mais sa Vieille Ville les fait aisément oublier.

Jour 2

Zermatt est à 76 km au sud-est de Sion. Mais on y accède seulement en train, à partir de Brigue, Viège (Visp) ou Täsch, à 5 km de Zermatt. Choisissez **Täsch** où un vaste parking payant a été aménagé (compter 11 CHF par jour environ). Au pied du célèbre Cervin, Zermatt attire, tout autant que les alpinistes, un flot continu de touristes, de toutes nationalités. La longue rue principale de ce village sans voitures – seuls voiturettes électriques, calèches et traîneaux y circulent – est dévolue aux boutiques de luxe, aux hôtels et aux magasins de souvenirs.

Jour 3

Saas-Fee est à 39 km de Zermatt. Station sans voitures, les parkings sont à l'entrée du village. Perchée à 1 800 m d'altitude, entourée de 13 sommets de plus de 4 000 m, de glaciers et de roches, celle qu'on surnomme la « perle des Alpes » se blottit au pied de la chaîne des Mischabel.

Jour 4

Au cœur du Valais alémanique, à la jonction des routes du Simplon et de la Furka, découvrez **Brigue**. Cette petite ville-relais animée dispose d'un agréable centre piéton, aux larges rues pavées. Mais c'est bien le château Stockalper qui fait une grande partie de son charme. Direction **Davos** via **Andermatt** et **Chur**. Au cœur des

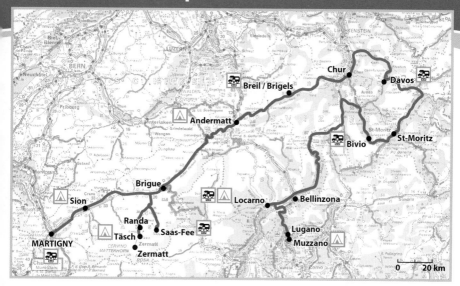

Alpes suisses, l'itinéraire nous impose le franchissement de nombreux cols (**Furkapass**, **Oberalppass**, **Flüelapass**) tous à plus de 2 000 m. Andermatt se trouve à la jonction des routes du Gothard, de la Furka et de l'Oberalp : c'est, par excellence, le carrefour des Alpes suisses. **Chur** (Coire), capitale historique, administrative et religieuse des Grisons depuis le 16ᵉ s., cache un riche patrimoine bâti au pied des montagnes. Puis **Davos**, « la plus haute ville d'Europe » à apprécier hiver comme été. À 1 560 m d'altitude, au cœur des montagnes des Grisons, entre vallée du Rhin et Engadine, Davos dispose de nombreux équipements et services : patinoire d'été, golf, lac, centre nautique.

Jour 5

St-Moritz ne semble pas le meilleur lieu de vacances pour qui n'est pas joueur de polo ou fin dégustateur de cigare. Pourtant, des touristes venus du monde entier, débarqués du Glacier Express, viennent vérifier la réputation du lieu. Heureusement, il reste encore ici des plaisirs gratuits : une randonnée dans une vallée discrète ou un plongeon revigorant dans le lac. Puis vous ferez étape sur la route qui vous mènera dans le Tessin, terme de notre périple.

Jour 6

Bellinzone, c'est d'abord une silhouette : une muraille crénelée et trois châteaux visibles de loin, de jour comme de nuit, qui veillent au milieu de la vallée. Cet exemple exceptionnel d'une place forte de la fin du Moyen Âge est inscrit depuis 2000 au Patrimoine mondial de l'humanité. Mais contrairement aux apparences, la cité lombarde n'a rien austère. Pour s'en convaincre, Il suffit de flâner un samedi matin, jour de marché, dans le centre historique. Le rendez-vous est animé et authentique ; les charcuteries et les fromages sur les étals sont alléchants. Nulle part ailleurs que dans la capitale administrative du canton, on ne sent aussi bien l'esprit tessinois.

Jour 7

La plus belle salle de cinéma au monde se trouve à… **Locarno**, quand l'écran géant du Festival international du film se dresse sur la sublime Piazza Grande. Tout le reste de l'année – jeudi, jour de marché compris – le pouls de la ville bat sur cette place lombarde chauffée au soleil. Regagnez **Lugano**. La ville a donné son nom au lac qui la borde et que l'on appelle aussi Ceresio. Une baie encadrée par deux sommets, Monte Brè et Monte San Salvatore, sentinelles boisées de la tête au pied qui plongent sans retenue dans des eaux sombres et calmes.

Suisse

 Aires de **service** & de **stationnement**

Bivio

Camping Platz Bivio
Route Cantonale n°3 – 🅿 .
🚿 🚽 � 🚰 Payant.
Stationnement : 15 CHF/j.

Breil / Brigels

Parking du Badeweiher/Bergbahn
📞 *081/9411331 – fermé hiver –* 🅿 .
🚿 🚽import 🚰 Payant.
Stationnement : 10 CHF//j.

Davos

Rinerlodge
Landwasserstrasse 64 – 📞 *081/4011321 –* 🅿 .
Borne artisanale. 🚿 🚽 🚽import 🚰 .
Stationnement : autorisé. 35,30 CHF/j.

Locarno

Aire de Locarno
Via alla Lanca degli Stornazzi – 🅿 .
Stationnement : 20 FCH/j.

Martigny

Parking de la Fondation Pierre Gianadda
r. du Forum – 📞 *027 722 39 78 - Ouv. tte l'année –* 🅿
Borne raclet. 🚿 🚽 🚽import 🚰 Gratuit (eau coupée
en hiver).
Stationnement : limité à 5h sf dim., fêtes et de 19h à 5h.

Saas-Fee

Parkplatz P4
📞 *027/9581858 –* 🅿 .
Borne artisanale. 🚿 🚽 🚽import 🚰 Payant.
Stationnement : autorisé. 25 CHF/j.
😊 Belle vue sur les montagnes environnantes.

🏕 Campings

Andermatt

🏕 **Gotthard**
Gotthardstrasse 110
📞 *079/2828550*
Juin-mi-oct. 1,1 ha (100 empl.)
🚐 – 50 🔲
Loisirs : 🛖 🏃 ⚽
Services : 🔥 ⊕ 🚿 🚰 📶 📺 🔌 ✗ brasserie

Locarno

🏕 **Delta**
Via Respini 7
📞 *091/7516081*
Mars-oct. 6 ha (225 empl.)
Loisirs : 🛖 🕐 diurne (juil.-août) 🏃 🚴 jeux
pour adultes, squash 🏃 🚲 ⚽ 🏊 (plan
d'eau) 🎣 ♿ aire de sports
Services : ♿ ⊙ Ⓜ 🚿 🔌 ⊕ 🚰 📶 📞
📺 sèche-linge 🔌 🚰 🍴 ✗ brasserie, self
service, snack, pizzeria

Muzzano

🏕 **La Piodella**
Via alla Force 14
📞 *091/9947788*

Permanent 4,7 ha (210 empl.)
🚐
Loisirs : 🛖 🕐 diurne (juil.-août) 🏃 jeux pour
adultes 🚲 ⚽ 🏊 (plan d'eau) 🎣
Services : ♿ ⊙ ⊕ 🚿 📶 📞 📺 🔌
🚰 🍴 ✗ brasserie, pizzeria

Sion

🏕 **Les Îles**
Rue d'Aproz
📞 *027/3464347*
Mi-déc.-déb.-nov. 8 ha (440 empl.)
🚐
Loisirs : 🛖 🕐 🏃 squash, jeux pour adultes
🏃 🚴 🏊 ⚽ 🏊 (plan d'eau) 🎣 ♿ aire de
sports, barbecue
Services : ♿ ⊙ Ⓜ 🚿 ⊕ 🔌 🚿 🚰 📶 📞
📺 sèche-linge 🔌 🚰

Täsch

🏕 **Alphubel**
📞 *027/9673635*
Mi-mai-mi-oct. 0,7 ha (100 empl.)
Loisirs : 🛖 🕐 diurne (juil.-août) 🏃 ⚽
Services : ⊙ 🚿 ⊕ 📶 📺 ✗ brasserie

Les bonnes **adresses** de Bib

Office de tourisme de Martigny
Av. de la Gare 6 - 📞 41 (0) 27 720 49 49 -
www.martigny.com.

Airolo

Caseifico del Gottardo
📞 *091 869 11 80 - 091 869 17 37 (réserv. visite de la laiterie) -*
www.cdga.ch - lun.-vend. 11h30-14h, 18h-22h, w.-end 11h30-22h -
env. 35 CHF.
Une fromagerie, avec restaurant, et visite de la laiterie.
Fromages du Tessin (lait cru et pasteurisé).

Ascona

Monte Verità
Via colina 78 - 📞 091 785 40 40 - www.monteverita.org - 9h-0h -
50/60 CHF.
Cuisine créative qui fait la part belle aux produits locaux
et aux herbes de son jardin des épices. Certaines chambres de la Villa Semiramis avec vue sur le lac.

Bellinzona/Bellinzone

Osteria Sasso Corbaro
Dans le Castello Sasso Corbaro - 📞 091 825 55 32 -
www.osteriasassocorbaro.com - tlj sf dim. soir et lun. 12h-14h,
19h-21h - menu déj. env. 45 CHF, diner "à la carte" 79 CHF.
Une petite adresse sympathique dans le château le plus
élevé. Cuisine régionale. Terrasse et vue sur la ville.

Castelgrande
Salita al Castello (accès par ascenseur) - 📞 091 826 23 53 -
www.ristorantecastelgrande.ch - tlj sf lun. 18h30-0h, dernier service à 22h - menu gastronomique 85 CHF/pers.
Laissez-vous surprendre par ce restaurant moderne et
élégant situé dans l'enceinte du château médiéval Castelgrande. Cuisine raffinée et ample choix de vins.

Chur/Coire

Süsswinkel
Süsswinkelgasse 1 - 📞 081 252 28 56 - tlj sf dim. et lun. 10h-14h,
17h30-0h - 17/45 CHF.
Une cuisine de bistrot appliquée et savoureuse dans
une ambiance d'autrefois.

xDavos

Walserhuus Sertig
Sertig (à 10 km au sud de Davos) - 📞 081 410 60 30 -
www.walserhuus.ch - 7h30-0h - menu à partir de 35 CHF.
Au bout de la route, dans la vallée de Sertig, vue sublime et assiettes copieuses de spécialités locales.

Locarno

Campagna
Via Castelrotto 16 - 📞 091 751 99 47 - ouvert tlj - env. 30 CHF.

Une ambiance italienne avec jardin, pergola et jeux
pour enfants. Gambas grillés, friture, spaghettis aux
coques…

Lugano

Antica Osteria del Porto
Via Foce 9 - 📞 091 971 42 00 - www.osteriadelporto.ch - tlj sf mar.
8h30-0h, vend.-sam. 8h30-1h - service : 11h30-15h et 19h-23h.
À côté du port, dans un style décontracté, beaux filets
de poisson et de savoureux risotto.

Vanini
Piazza della Riforma - 📞 091 923 82 83 - basse saison : 8h-19h ;
haute saison : 10h-19h.
Spécialiste des *amaretti* (petits macarons aux amandes),
des *panettones* « maison » et d'excellentes glaces.

Martigny

Les Trois Couronnes
8 pl. du Bourg - 📞 027 723 21 14 - tlj sf dim.-lun.- env. 20/35 CHF.
Sur une agréable petite place, dans un bâtiment du
début du 17ᵉ s. Très bonne cuisine traditionnelle, pour
un excellent rapport qualité-prix. Grande terrasse ombragée.

St-Moritz

Engiadina
Plazza da Scoula - 📞 0818333265 - www.restaurant-engiadina.ch -
restaurant fermé jusqu'en décembre 2011 pour rénovations - env.
40 CHF.
Un restaurant familial et sympathique, loin du luxe des
palaces. Spécialités grisonnes.

Sion

Cave de Tous Vents
16 r. des Châteaux - 📞 027 322 46 84 - www.cave-tous-vents-ch-
sept.-déc. : 17h-0h ; janv.-juin : tlj sf lun. 17h-0h ; juin-mars : tlj sf
dim. 17h-0h - fermé fin juin-mi-août - 25/50 CHF.
Dans cette belle cave voûtée du 13ᵉ s., on déguste des
plats valaisans accompagnés des meilleurs crus de la
région.

Zermatt

Walliserkanne
Bahnofstrasse 32 - 📞 027 966 46 10 - www.walliserkanne.ch -
8h-0h, service 12h-14h, 18h-22h et pizzeria jusqu'à 23h - 25/35 CHF.
Au choix, plats régionaux ou italiens (salles séparées).
La nourriture est correcte. Deux terrasses permettent de
profiter du soleil.

L'Autriche depuis la France

De Besançon à **Vienne**

Le centre d'Innsbruck.

➲ *Départ de Besançon*
➲ *13 jours - 1 182 km*

Cartes Michelin n° 719 et 730

Jour 1

80 km

Partez de **Besançon** (D683, D663) pour la seule étape française de votre itinéraire : **Montbéliar**. Mélange entre les influences française et allemande, Montbéliard est connue tant pour ses ruelles médiévales que pour son château perché à 300 m sur un éperon rocheux. Vous l'aurez compris, la vieille ville est une curiosité à elle toute seule. Cependant ne manquez pas non plus le **musée d'Art et d'Histoire**, situé dans l'hôtel Beurnier-Rossel : il offre l'aspect typique d'un hôtel particulier du 18e s. Vous pourrez vous plonger dans la vie quotidienne de l'époque avec les appartements reconstitués à l'identique.

Jour 2

72 km

C'est la Suisse que vous traversez ensuite, en passant par **Bâle** (via la D463). Pôle culturel majeur, avec la plus ancienne université du pays, une trentaine de musées, et un intérêt historique pour l'art contemporain et le design. Le prestigieux **musée des Beaux-Arts**, où se déroulent de grandes expositions, rassemble quantité de chefs-d'œuvre. Ne manquez pas non plus la cathédrale de Bâle, bâtie en grès rouge. Au sommet de ses tours, vous aurez une belle vue sur la ville. À 30 km de là, faites une courte étape à **Bad Säckingen**, où vous pourrez voir l'église gothique de Saint-Fridolin.

Jour 3

110 km

C'est à **Konstanz**, enclave allemande sur la rive suisse

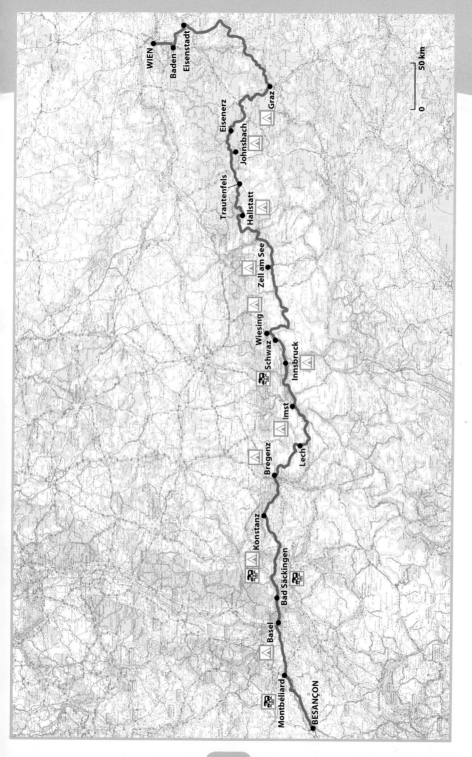

WIEN
Baden
Eisenstadt
Graz
Eisenerz
Johnsbach
Trautenfels
Hallstatt
Zell am See
Wiesing
Schwaz
Innsbruck
Imst
Bregenz
Lech
Konstanz
Bad Säckingen
Basel
Montbéliard
BESANÇON

50 km
0

L'Autriche depuis la France

De Besançon à **Vienne** *suite*

du lac de Konstanz qu'il fait bon s'arrêter (par la route 13). Dans la ville, c'est avant tout la cathédrale qu'il faut voir, dont la construction s'est étalée entre le 11e et le 17e s. Le lac, « Bodensee » est le troisième plus grand lac d'Europe. Il a des airs de mer du Sud, avec les vignes, les arbres fruitiers ou encore la végétation tropicale de l'**île de Mainau**. Depuis ses rives, on contemple la chaîne suisse de l'Alpstein, ainsi que plusieurs joyaux architecturaux comme le château médiéval de **Meersburg** ou l'église baroque de Birnau.

Jour 4
60 km

Changez de rive et de pays en arrivant à **Bregenz**, en Autriche (par la route 13). Les abords du lac, tout aussi enchanteurs qu'à Konstanz, sont légèrement éclipsés par la douceur de vivre de la ville elle-même. Dans la ville basse, au pied de l'ancienne cité fortifiée, faites une balade sur les quais ombragés jusqu'au port. Dans la ville haute, hissez vous jusqu'à **Martinstor,** porte fortifiée, pour avoir un panorama sur la vieille ville, le lac, et au loin sur les Alpes d'Appenzell. Enfin, à pied ou en téléphérique, montez au Pfänder, le sommet qui domine Bregenz, et qui vous donnera une vue impres-

sionnante sur une partie de la chaîne des Alpes.

Jour 5
199km

Consacrez une journée à la route entre Bregenz et Innsbruck : la beauté des paysages, la richesse des traditions et du folklore régional méritent que l'on prenne son temps.

Vous allez tout d'abord descendre tout le long du **Bregenzerwald** (B171) : c'est une région naturelle très diversifiée des Alpes orientales, alternant doux vallons et sommets alpins. Les amoureux de la nature et de la montagne y trouveront entière satisfaction. Sachez aussi que depuis la jolie ville de **Lech**, de nombreuses excursions sont possibles pour les lacs et les cols aux alentours.

Jour 6

Arrivé à **Innsbruck,** vous ferez la connaissance d'une ville ouverte et fastueuse, entourée de montagnes. Pour visiter la vieille ville, prenez la Maria-Theresien-Strasse : vous aurez ainsi une perspective spectaculaire, avec, derrière, la **Nordkette** au sommet rocheux et aux pentes vertigineuses. Ne quittez pas Innsbruck sans avoir vu le **mausolée de l'empereur Maximilien Ier** : ce monument funéraire, legs le plus important de la sculpture allemande

de la Renaissance, devait glorifier les fastes de son règne et symboliser aussi la légitimité du Saint Empire romain germanique, héritier des Césars. De nombreux artistes participèrent à sa construction, tel Albrecht Dürer, pour la réalisation des 28 statues de bronze représentant des personnages réels.

Jour 7
27 km

Sur la route vers **Schwaz** (B171), c'est à la **cristallerie Swarovski** que vous pouvez vous arrêter pour rêver un moment. La première salle abrite le plus grand et le plus petit cristal taillé du monde, suivent sept « salles des merveilles » qui vous éblouiront. C'est l'argent qui a fait la prospérité de Schwaz : aux 15e et 16e s., ses mines en faisaient le plus grand centre de production d'argent du monde. Cela explique en partie la richesse inhabituelle et les dimensions de ses monuments, notamment la très vaste église paroissiale ou l'église des Franciscains. Pour les curieux, la visite d'une vraie mine d'argent d'il y a 500 ans est possible.

Jour 8
120 km

Zell am See (par la B165), aux portes de la route du Grossglockner et au pied des vallées de Kaprun et de Glemm, offre un paysage étonnant : neiges des Hohe Tauern au sud, roches désertiques du Steinernes Meer au nord, alpages des Grasberge, le tout devant le lac de **Zeller See**. En été, c'est le point de départ idéal pour excursions et randonnées pédestres.

Jour 9
113 km

À **Hallstatt** (B311, B166), ravissante ville accrochée au versant d'un contrefort du Dachstein plongeant dans les eaux d'un lac, ne ratez pas la charmante église néoromane, qui offre une belle vue sur le lac. Attention, il n'y a pas de places de parking au centre-ville, mais il est possible de se garer dans l'un des cinq parkings autour de Hallstatt. À 50 km de Hallstatt, le **château de Trautenfels** abrite le **musée de la Nature** (Landschaftsmuseum). Si vous montez au belvédère, vous aurez un splendide panorama, surtout sur l'imposant massif du Groß-Grimming.

Jour 10
74 km

À **Eisenerz**, que vous atteignez par la B146, on extrait le fer depuis l'an 712. Dans la vieille ville on peut admirer les dernières Radmeisterhöfe,

ces demeures qu'habitaient les maîtres de forges. Non loin de là, le **lac de Leopoldstein** est l'un des plus beaux sites de Styrie. Enfin, voyez l'**église de Saint-Oswald**, fortifiée par les murailles circulaires, les tours et la massive barbacane que l'on peut encore contempler aujourd'hui.

Jour 11
96 km

En plongeant vers le sud, vous arrivez à **Graz** (B115), deuxième ville d'Autriche par sa population. Cette métropole toujours animée – même la nuit – est pleine de charme. La vieille ville est inscrite au Patrimoine mondial de l'humanité par l'Unesco. En partie piétonnière, il fait bon s'y promener, ou se perdre dans les ruelles étroites. Visitez le **Landhaus**, siège de la Diète de Styrie depuis le 16e s., car il est l'un des plus beaux palais Renaissance de la ville. À 3,5 km du centre-ville en tram, allez voir le **château d'Eggenberg**. Ses dimensions répondent toutes à des symboles : il y a 365 fenêtres pour les jours de l'année, 24 salles d'apparat pour les heures de la journée, éclairées par 52 fenêtres pour chaque dimanche de l'année !

Jour 12
165 km

En remontant vers le nord (B54), vous retrouvez un climat plus doux, propice à la culture de la vigne, des pêchers, des abricotiers, des amandiers que vous verrez au début de l'été. À **Eisendadt,** la fierté est d'avoir accueilli le compositeur Haydn pendant près de trente ans. En sortant de la ville, vous pouvez gagnez **Rust**, que l'on visite surtout pour sa richesse architecturale. Elle vous ouvre aussi une porte sur le **lac de Neusiedl**, reconnu pour abriter une faune et une flore riches et typiques de la région.

Jour 13
36 km

Votre dernière étape avant Vienne est la **Baden**, ville romantique par excellence. Station thermale prisée par François Ier et Beethoven – dont la maison se visite – au 19e s., elle est toujours aussi prisée par les Autrichiens. Baden a réussi à conserver villas et bains du temps de sa grandeur, qui sont le plus souvent devenus des centres culturels intéressants. Éloignez-vous du centre-ville pour aller vers **Kupral**, merveilleux parc thermal qui vous fera remonter le temps. De Baden, vous n'êtes plus qu'à 30 km de **Vienne**.

Aires de **service** & de **stationnement**

Montbéliard

Parking du Champ de Foire
R. du Champ de Foire - 📞 *03 81 99 22 00 -*
Ouv. tte l'année - 🅿️ *4.*
Borne eurorelais. ⚡(1,60 €/100L.) 🚿💧 wc
Stationnement : 48h maxi.

Bad Säckingen

Aire Bad Sackingen
Autraße, Bordure du Rhin - 📞 *49 (0) 7761 5683 14 -*
Ouv. tte l'année - 🅿️ *40.*
Borne sani-service. Payante.
Stationnement : illimité 8 €/j.

Konstanz

Aire de Konstanz
Döbelestrasse.
⚡🚿💧 wc
Stationnement : illimité 14 €/j.

Schwaz

Aire de Schwaz
Königfeldweg - 🅿️ *10.*
⚡(1€)🚿💧
Stationnement : illimité 4€/j.

Campings

Bâle

Camping Waldhort
Heideweg 16 - 📞 *41 (0)61-7116429 - www.camping-waldhort.ch*
Déb. mars à fin oct.
Prix indicatif : 27,70-35,40 €
🚐 10 🅴
Loisirs : 🏊 Services : ⚡

Konstanz

Camping Bruderhofer
Fohrenbühlweg 50 - 📞 *49 (0)7531-31388*
Déb. avr. à déb. oct.
Prix indicatif : 24,10-28,70 €
🚐 10 🅴
Loisirs : 🎾 💧 aire de sports
Services : ⚡ snack, self service

Bregenz

Camping Mexico
Hechtweg 4 - 📞 *43 (0)5574-73260*
Déb. mai à fin sept.
Prix indicatif : 26,80-33,80 €
🚐 2 🅴
Loisirs : 🎾 💧 Services : ⚡ ✕ ⚲ &

Imst

Campingpark Imst-West
Langgasse 62 - 📞 *43 (0)5412-66293*
Ouvert tte l'année
Prix indicatif : 24-31,40 €
Loisirs : randonnées et excursions guidées
Services : ⚲ ⚡ ✕ snack, self service

Innsbruck

Camping Kranebitterhof
Kranebitter Allee 216 - 📞 *43 (0)512-279558*

Prix indicatif : 30-37 €
Loisirs : 🎾 ⚲ aire de sports Services : ⚡ ✕ ⚲

Wiesing

Camping Inntal
À 11km de Shcwaz - 📞 *43 (0)5244-62693*
Déb. janv. à déb. nov.
Prix indicatif : 27-35 €
🚐 4 🅴
Loisirs : 🎾 🏊 & ☂ ⚲ aire de sports, randonnées
accompagnées Services : ⚡ ✕ ⚲

Zell am See

Seecamp Zell am See
Thumersbacherstraße 34 - 📞 *43 (0)6542-721150*
Loisirs : 🎾 ⚲ aire de sports, randonnées guidées
Services : ⚡ ✕

Hallstatt

Camping Klausner-Höll
📞 *061348322 - www.camping.hallstatt.net*
Mi-avr. à mi-nov.
Prix indicatif : 10 €/pers.
Loisirs : 🏊 ⚲ Services : ✕ ⚡ ⚲

Johnsbach

Camping Forstgarten
Gstatterboden 105 - 📞 *43 (0)664-8252311*
Loisirs : 🏊 ⚲ Services : ⚲ ⚡

Graz

Camping Central
Martinhofstraße 3 - 📞 *43 (0)676-3785102*
Déb. avr. à fin oct.
Prix indicatif : 30-40€
Loisirs : 🏊 Services : ✕ self service

Les bonnes **adresses** de Bib

Bâle

Au Violon
Im Lohnhof 4 - ℘ 0612698711 - www.au-violon.com - fermé 24-26 déc., 22-25 avr., dim., lun. et j. fériés - 50/98 CHF.
Ce restaurant attrayant aux allures de brasserie s'agrémente d'un joli patio ombragé.

Konstanz

Riva
Seestr. 25 D - ℘ (07531) 363090 - www.hotel-riva.de - 30/61 €.
Cuisine internationale et terrasse magnifique dans ce restaurant.

La Piazza
MarktstaÅNtte 2 - ℘ 07 531 917 927 - lapiazza-kn.de - 12 € (midi 6,90 €).
Une atmosphère décontractée et un cadre moderne pour une cuisine italienne et des desserts maison gourmands.

Bregenz

Maurachbund
Maurachgasse 11 - ℘ 055 44 40 20 - tlj sf dim. soir et lun. - 12/20 €.
Agréable établissement situé dans la vieille ville. Plats du terroir.

Inssbruck

Ottoburg
Friedrich-Str. 1 - ℘ 0512 58 43 38 - www.ottoburg.at - fermé lun. - 15/30 €.
Restaurant situé dans l'un des bàtiments les plus anciens d'Innsbruck. Jolies salles lambrissées avec meubles anciens et très belle terrasse en été. Côté cuisine, plats traditionnels qui constituent une très bonne introduction à la cuisine autrichienne.

Solo Pasta-Solo Vino
Universitätsstr. 15 - ℘ 0512 58 72 06 - www.solovino.info - 15/30 €.

Deux restaurants sous une même enseigne : l'un raffiné, l'autre plus simple, proposant de délicieuses spécialités italiennes : spaghettis, risotto, antipasti… Très belle carte de vins.

Zell am see

Gsthof Steinerwirt
Dreifaltigkeitsgasse 2 - ℘ 0654272502 - www.steinerwirt.com - fermé 15-30 juin, 2 sem. fin nov. - 16/43 €.
Cette maison dont la construction remonte au 15e s., accueille une salle à manger confortable et cossue, avec juste ce qu'il faut de rusticité pour être dépaysé. Agréable jardin où il fait bon siroter un Weisswein gesprizt (vin blanc coupé d'eau) sous les châtaigniers.

Eisenerz

Gasthof zur Post, Lindmoserstr. 10 - ℘ 03848 2232 - tlj sf lun.
Restaurant accueillant, situé dans un bâtiment historique. La cuisine est locale et typique.

Graz

Glöckl Bräu
Glockenspielplatz 2-3 - ℘ 0316814781 - www.gloecklbraeu.at - 10/20 €.
Au cœur de la vieille ville, fréquenté par les Grazois. Spécialités styriennes : la *Backhendl Salat* (salade de poulet).

Don Camillo
Franziskanerplatz 11 - ℘ 0316845496 - www.doncamillo.at - tlj sf dim. - 10 € (plus cher le soir, jusqu'à 42 €).
Sur l'une des places les plus agréables de Graz. Bons plats de pâtes et pizzas.

Baden

Café Damals
Rathausgasse 3 - ℘ 022 52 42 686 - tlj sf dim. soir - plats à partir de 7 €.
Maison ancienne au décor rétro avec patio. Cuisine traditionnelle et délicieuses pâtisseries l'après-midi.

Autriche

Nom local : *Republik Österreich* **Capitale :** *Vienne*
Population : *8,21 millions d'habitants* **Superficie :** *83 853 km²* **Monnaie :** *Euro*

Printemps, été, automne, hiver… l'Autriche se visite en toute saison et pour moult raisons. Réputée pour ses domaines skiables, ses lacs limpides et ses paysages boisés, elle est une destination de rêve pour les amoureux de la nature. Trois chaînes montagneuses forment plus des deux tiers de son territoire, le Nord, pour le reste, est drainé par le Danube. Des paysages enchanteurs et contrastés se succèdent : Alpes tyroliennes enneigées, lacs et villages de pastorale, vallée du Danube jalonnée de vieux châteaux et vignobles. Trois zones climatiques se distinguent : l'Est est caractérisé par des étés secs et chauds et des hivers froids ; les régions des Alpes sont sous l'influence du climat alpin, riche en précipitations, étés courts et soirées fraîches ; le reste du territoire accuse un climat de transition propre à l'Europe centrale, tempéré et humide. À ces images de nature se superposent celles des villes et leurs trésors d'art, le prestige incomparable de Vienne et de Salzbourg, valses et musiques, vie littéraire dans les cafés…

Le baroque autrichien a donné à l'Autriche sa plus brillante expression artistique. L'Art nouveau est aussi connu dans le monde entier à travers les œuvres en verre et en acier de Otto Wagner et les peintures sensuelles et délicates de Klimt ou celles tourmentées de Schiele. L'Autriche s'enorgueillit également d'une très longue tradition musicale (Mozart, Haydn, Beethoven, Schubert, Brahms, Strauss puis Malher, Schönberg…) qui influença nombre de compositeurs contemporains. Les grands auteurs sont aussi autrichiens : de Freud à Zweig en passant par Rilke, Musil, Bernhard, Handke, Jelinek…
Car au cœur du vieux continent, l'Autriche a longtemps tenu un rôle clé dans l'histoire de l'Europe. Héritière d'un Empire qui a regroupé des pays aussi divers que l'Italie du Sud et la Galicie, la Hongrie et les Pays-Bas, l'Autriche, sans prétendre au même rayonnement qu'autrefois, est l'un des adhérents les plus engagés de l'Union européenne depuis son entrée en 1995.

RECOMMANDATIONS

DOCUMENTS OBLIGATOIRES

✓ Permis de conduire rose de l'UE
✓ Permis de conduire international (recommandé seulement)
✓ Certificat d'immatriculation du véhicule ou certificat de location
✓ Plaque d'identification nationale
✓ Justificatif d'assurance (carte verte)
✓ Passeport (recommandé seulement)
✓ Procuration en cas d'utilisation du véhicule appartenant à un tiers

VITESSES LIMITES

✓ En agglomérations urbaines : 50 km/h
✓ Sur routes : 100 km/h
✓ Sur autoroutes : 130 km/h
Ces vitesses limites sont réduites par temps de pluie

URGENCES

✓ Téléphone incendie et ambulance : 112
✓ Téléphone Police : 110

Pharmacie **Apotheke** / *Médecin* **Arz /**
Hôpital **Krankenhaus /**
C'est une urgence **Das ist ein Notfall**

RÉGLEMENTATIONS

✓ Triangle de présignalisation obligatoire
✓ Trousse de premiers secours obligatoire
✓ Extincteur recommandé
✓ Gilet de sécurité fluorescent obligatoire
✓ Taux maximum d'alcool toléré dans le sang : 0, 5 g
✓ Siège enfant, rehausseur ou système de retenue adapté et homologué obligatoire jusqu'à 14 ans ou 1,50 m
✓ Âge minimum du conducteur : 18 ans
✓ Port de la ceinture de sécurité obligatoire à l'avant et à l'arrière
✓ Pneus cloutés admis avec réglementation d'octobre à mai; Vitesse limite pour un véhicule équipé de pneus cloutés (80 km/h)
✓ Signe « pneus cloutés » obligatoire sur la vitre arrière

VIGNETTE

Pour circuler sur les autoroutes, il est obligatoire d'apposer une vignette « autoroute » sur le pare-brise. Elle est disponible dans les bureaux de poste et certains bureaux de tabac ainsi qu'aux postes frontières.

Pour appeler l'Autriche

Composez le 00 43 + indicatif téléphonique de la ville sans le 0 + numéro du correspondant.
Pour trouver un numéro de téléphone en Autriche : www.herold.at.

LEXIQUE

MOTS USUELS

Oui **Ja** / *Non* **Nein** / *Bonjour (le matin)* **Guten Morgen** / *Bonjour* **Guten Tag** / *Au revoir* **Auf Wiedersehen** /
Bonsoir **Guten Abend** / *Combien ?* **Wieviel ?** / *Comment ?* **Wie ?** / *S'il vous plaît* **Bitte** / *Merci* **Danke** / *Excusez-moi*
Entschuldigung / *Restaurant* **Gasthaus** / *Santé !* **Prost !**

DIRECTIONS & TRANSPORTS

Où se trouve ? **Wo ist ?** / *droite* **Rechts** / *gauche* **Links** / *Tout droit; près de* **Geradeaus; Nahe** / *Entrée* **Eingang** /
Sortie **Ausgang** / *Route, rue* **Straße** / *Autoroute* **Autobahn** / *Station-service* **Tankstelle** / *Essence* **Benzin**

PREMIERS CONTACTS

Je ne comprends pas **Ich verstehe nicht** / *Je voudrais…* **Ich möchte…** / *L'addition SVP* **Die Rechnung bitte** /
Pouvez-vous m'aider ? **Können Sie mir bitte helfen ?** / *Parlez-vous français ?* **Sprechen Sie Französisch ?**

Au fil du **Danube**

➲ *Départ*
de Passau
➲ *6 jours*
325 km
Carte Michelin
n° 730

Rives du Danube près de Hainburg

G. Popp / Office National de Tourisme autrichien

Jour 1

Passau, ville située au confluent de trois cours d'eau : le Danube, l'Inn et l'Ilz, est dominée par l'imposante forteresse d'Ober haus au nord et l'église de pèlerinage baroque Mariahilf au sud. La vieille ville, largement préservée et très pittoresque, occupe la langue de terre située entre le Danube et l'Inn et se concentre autour de la cathédrale St-Étienne. Quitter Passau par le pont de l'Inn en direction de Linz. À hauteur d'**Obernzell**, que l'on aperçoit sur la rive allemande, le fleuve s'étale en un magnifique plan d'eau : la retenue du **barrage de Jochenstein**. Peu après **Wesenufer**, coquet village aux balcons fleuris, la route abandonne la rive du Danube et atteint la pittoresque vallée de l'**Aschach**, que l'on quitte pour traverser le Danube en aval des ouvrages du barrage d'Aschach. Après Ottensheim et un nouveau barrage, la route rejoint la rive gauche du fleuve par les pentes plus rapides des collines, rapprochées en un défilé qui débouche à Linz.

Jour 2

Ancienne ville marchande, **Linz** est aujourd'hui devenue un important centre industriel. La ville a su cependant cantonner ses industries à ses faubourgs et a conservé un centre-ville ancien. Quitter Linz au sud-est par la St-Peterstrasse, en direction de Grein. La route franchit le Danube au pont de Steyregg.

Jour 3

L'agglomération de **Mauthausen** serre ses maisons jusqu'au bord même du Danube. Le château de **Pragstein**, ancien bastion qui, les pieds dans l'eau du Danube, protégeait la cité du côté du fleuve, abrite aujourd'hui le musée local. À la hauteur de Saxen, bifurquer à gauche en direction du château de **Clam**. Perché sur son rocher, le château veille sur le paisible village. En aval de Dornach, la route suit de très près la rive gauche du Danube. L'arrivée à **Grein** est très belle et la ville mérite une visite. De Grein à Ybbs, admirez le **Strudengau**, encaissé entre les hautes falaises boisées qui dominent de 400 m le fleuve. Dominant la rive gauche, les ruines du château de Struden, accrochées au rocher, puis celles du château de Sarmingstein, attirent le regard. Le fleuve, enserrant des

Europe occidentale

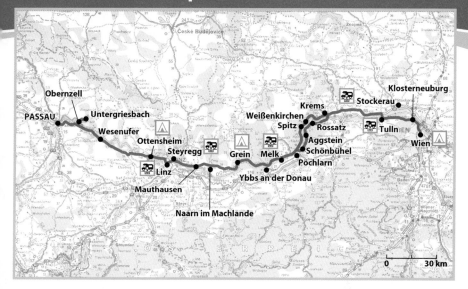

îles couvertes de saules, s'étale bientôt en un magnifique plan d'eau retenu par le barrage hydroélectrique d'Ybbs-Persenbeug. Faites une halte au Château-musée d'**Artstetten**.

Jour 4

À **Pöchlarn**, sur la rive droite du fleuve, se sont installés au 10ᵉ s. les Babenberg. Ce sont eux qui ont fondé, tout près de là, l'abbaye de **Melk** dont la belle façade baroque apparaît à partir d'Ebersdorf. Sur la section du Danube séparant Melk de Krems s'étend la **Wachau**. Cette région extrêmement pittoresque et fertile mêle divers paysages, vignobles en terrasses, églises, châteaux, villes. La région est célèbre pour ses cultures d'abricots, qui portent ici le nom de « Marillen ». À la fin de l'été, les arboriculteurs en vendent le long des routes. Le château de **Schönbühel**, que l'on aperçoit de la grande route de la Wachau, a été construit au début du 19ᵉ s. sur les fondations d'une forteresse

médiévale. À Grimsing s'étendent les premiers vignobles. Plus loin, sur la rive opposée, se détachent les ruines de la forteresse d'**Aggstein**. Sa situation exceptionnelle et ses dimensions imposantes font de la forteresse bâtie au 12ᵉ s. une des plus belles d'Autriche. Une route abrupte relie le hameau d'Aggstein à la tour d'entrée (2h à pied AR).

Jour 5

Rejoignez **Spitz**. Caché derrière un rideau d'arbres fruitiers, ce petit bourg a conservé des maisons et des rues anciennes. Vous arrivez sur **Weissenkirchen**, localité viticole nichée entre le Danube et les collines de l'arrière-pays. Faites un tour au musée de la Wachau aménagé dans la **Teisenhoferhof**, ferme fortifiée du 16ᵉ s. Au débouché oriental de la Wachau, **Krems und Stein** s'étend en terrasses sur la rive gauche du Danube au pied de collines couvertes de vignobles. Peu après Mautern,

on aperçoit à droite, couronnant une colline, l'imposante abbaye de Göttweig. Direction **Tulln** puis **Klosterneuburg** pour la visite de son abbaye et regagnez Vienne.

Jour 6

Vienne enchantera les amateurs de musées et d'urbanisme. En quelques heures, faites le tour de la vieille ville (cathédrale, Graben, le quartier juif), puis traversez la Hofburg jusqu'au MuseumsQuartier. L'après-midi, dirigez-vous vers l'Opéra, puis vers la place Charles pour admirer les bâtiments Sécession. De la place Charles, parcourez ensuite le Ring, jusqu'à l'hôtel de ville, en faisant une pause (le boulevard est long !) dans un café. Revenez dans le centre en passant par la Freyung. Le lendemain, visitez le château de Schönbrunn le matin, puis un musée l'après-midi (par exemple le musée des Beaux-Arts, le musée d'Art moderne ou le MAK).

Autriche

 Aires de **service** & de **stationnement**

Linz

Camping Pichlingersee
Wienerstraße 937 – ℰ 0732/305314 – 15 mars-oct. - 🅿.
Borne autre. ⌂ 🔧 🚽 ⚿.
Stationnement : 27 €/j.

Melk

Fährhaus
Rollfarrestrasse – ℰ 02752/53291 – ouv. tte l'année – 🅿.
Borne autre. ⌂ 🔧 🚽 ⚿ Payant.
Stationnement : 10,50 €/j.

Steyregg

Stellplatz Weber
Pulgarn 14 – ℰ 0732/640770 – 🅿.
Borne artisanale. ⌂ 🔧 🚽 ⚿ Payant.
Stationnement : 9 €/j.

Stockerau

Wohnmobilpark
Weg zum Hallenbad – ℰ 02266/6950 –
ouv. tte l'année – 🅿 6.
Borne sanistation. ⌂ 🚽 ⚿.
Stationnement : autorisé

Tulln

Camping Tullm
Donaulände 76 – ℰ 02272/65200 –
fin mars à mi-oct. – 🅿.
Borne autre. ⌂ 🔧 🚽 ⚿ Payant.
Stationnement : 38 €/j.

 **Campings**

Grein

⌂ **Grein**
Campingplatz 1
ℰ 07268/21230
campgrein@hotmail.com
Permanent 2 ha (87 empl.)
🚐
Loisirs : 🛝 🚲 ✂ 🏊 🎣 aire de sports
Services : 🔥 ☺ ⌂ ⚿ (t°) 🅱 sèche-linge 🧺 🚿
🍷 ✗ snack, self service

Ottensheim

⛺ **Hofmühle**
Höflein 20
ℰ 07234/82418
www.hofmuehle.at
Permanent
🚐
Loisirs : 🏠 🛝 🚲 ✂ 🏊
Services : 📋 ⌂ 🔥 ☺ ⌂ ⚿ 🅱 🧺 ✗ brasserie

Wien/Vienne

⛰ **Wien West**
Hüttelbergstrasse 80
ℰ 01/9142314
www.wiencamping.at/ww
Ouv. tte l'année sf fév. (250 empl.)
🚐
Loisirs : 🏠 🛝 🚲
Services : 📋 ⌂ 🔥 ☺ ⌂ ⚿ (t°)
🅱 sèche-linge 🧺 ⌂ 🍷 ✗ snack, self service
☺ Transports en commun pour centre-ville : départ devant le camping.

Aktiv Camping Neue Donau

⛰ **Aktiv Camping Neue Donau**
Am Kleehäufel
ℰ 01/2024010
www.campingwien.at/nd
Déb. avr. à mi-sept.
🚐
Loisirs : 🏠 ☺ diurne jeux pour adultes 🛝 🚲 🏊
(plan d'eau) aire de sports
Services : 🔥 ☺ ⌂ ⚿ (t°) 🅱 sèche-linge 🧺 🚿
🍷 ✗ self service

Carnet pratique

Les bonnes **adresses** de Bib

Office de tourisme de Vienne
Tourist-Info Vienne – *Vienne 1er arr., Albertinaplatz/ Maysedergasse, derrière l'Opéra national* - ☎ 43124555 - *www.wien.info/fr - 9h-19h.*

Grinzing

Altes Presshaus
Cobenzlgasse15- ☎ *(01)3200203-www.altespresshaus.at-tlj à partir de 16h - fermé janv.-fév. - repas autour de 15 €.*
Le plus ancien *Heuriger* de Grinzing (maison de 1527), est situé en haut du village. Il est constitué en partie d'une ancienne cave voûtée avec des pressoirs à vin d'époque. Son cadre s'apprécie donc particulièrement en hiver. Concerts de musique très régulièrement. Buffet et plats à la carte.

Heiligenstadt

Mayer am Pfarrplatz
Pfarrplatz 2 - ☎ *(01) 370 12 87 - www.pfarrplatz.at - tlj à partir de 16h, w.-end à partir de 11h - repas autour de 15 €.*
C'est là que Beethoven écrivit son *Testament d'Heiligenstadt*. Les hôtes de cet *Heuriger* pourront y déguster un copieux buffet et d'excellents vins des meilleurs vignobles viennois en écoutant une musique typique des Heurigen. à la carte Grüner Veltliner, Rheinriesling, chardonnay, sauvignon blanc, Gelber Muskateller et bien d'autres encore… que l'on peut acheter à la boutique.

Krems

Gasthaus Jell
Hoher Markt 8 - ☎ *027 32 82 345 - www.amon-jell.at - à partir de 12h - fermé 2 premières sem. de fév. et de juil.; rest. fermé sam., dim. soir et lun. - 19/37 €.*
Cette petite auberge tout contient à bonne réputation. Elle sert des spécialités régionales bien préparées. Le lard maison, auquel il faut absolument goûter, mérite à lui seul le détour.

Linz

Alte Welt
Hauptplatz 4 - ☎ *07 32 77 00 53 - www.altewelt.at - tlj sf dim. midi 11h30-15h, 18h-23h - à partir de 6 €.*
Un cadre superbe – une ancienne cour à arcades – et un chef qui sait renouveler avec talent les plats traditionnels de la cuisine autrichienne. L'Alte Welt possède également un bar ouvert le soir. Atmosphère jeune et conviviale.

Stieglbräu zum Klosterhof
Landstr. 30 - ☎ *07 32 77 33 73 - www.klosterhof-linz.at - 9h-0h - 10/15 €.*
Un immense jardin ombragé et plusieurs salles rustiques et confortables proposent de la cuisine autrichienne traditionnelle à accompagner d'une dégustation de bière.

Melk

La compagnie Brandner Schiffhart - ☎ 074 33 25 90 21- propose des croisières entre Melk et Krems, tous les jours de mi-avril à fin octobre. Renseignements en anglais sur www.brandner.at.

Passau

Promenades fluviales
Compagnie Wurm + Köck - Höllgasse 26 - ☎ *0851 92 92 92 .*
Balades autour du confluent (45mn) : de mars à déb. nov. - ttes les 30mn en saison, des quais 7 et 8 - de 10h à 17h - 7,50 €. Grand tour (2h), croisières vers Linz (5h), Vienne (11h).

Wien/Vienne

Hawelka
Dorotheergasse 6 -1er arr.- ☎ *(01) 512 82 30 - www.hawelka.at - tlj sf lun. 8h-2h, dim. et j. fériés 10h-2h.*
Ce petit café, toujours bondé en soirée à l'ambiance bohème et décontractée, est une institution. Dans les années 1950, on y rencontrait des intellectuels et des artistes avant-gardistes. Parmi les spécialités figurent les *Buchteln* (brioches fourrées à la confiture de prunes), uniquement servies à partir de 22h. Agréable terrasse ombragée en été.

Sacher
Philharmonikerstraße 4 - 1er arr. - ☎ *(01) 514 560 - www.sacher.com/en-cafe-sacher-vienna.htm - 8h-0h.*
Plutôt un salon de thé qu'un café (c'est en réalité un hôtel-café-restaurant), mais en tout cas une véritable institution. La terrasse d'été donne sur l'arrière de l'Opéra. Des journaux internationaux sont proposés aux hôtes illustres et aux touristes chanceux qui parviennent à trouver une place dans ce café. On y déguste naturellement la légendaire *Sachertorte*.

Kleinsteiermark
Schweizergarten 2 - 3e arr. - ☎ *(01) 799 58 83 - 11h-23h - plats principaux à partir de 8 €.*
Situé à proximité du musée d'Histoire militaire dans l'agréable jardin suisse (Schweizer Garten), cette gentille *Gasthaus* sert des spécialités de la région du Steiermark. Intérieur tout en boiseries très chaleureux pour l'hiver et service en terrasse l'été.

Hietzinger Heuriger
Altgasse 16 - 13e arr. - ☎ *(01) 877 25 35 - 16h-0h - plats principaux à partir de 8 €.*
Wiener Schnitzel géantes, rôti de porc, saucisses… sont servis dans un jardin de verdure l'été, sur des grandes tables en bois. Le plus ancien *Heurige* de Hietzing a conservé tout son cachet. Vins de la région.

Flâneries au **Tyrol** et au **Voralberg**

➲ *Départ de Salzbourg*
➲ *8 jours*
520 km
Carte Michelin n° 730

Cathédrale de Salzbourg

ONT Autrichien

Jours 1 et 2

Patrie de Mozart, **Salzbourg** accueille tous les ans un festival international réputé de musique classique. La ville a beau, toute l'année, être très touristique, très chère et très chic, elle n'en conserve pas moins beaucoup d'attrait. Consacrez une bonne demi-journée à visiter son beau centre-ville. Ne manquez pas la rue commerçante, la Getreidegasse et ses vieilles enseignes, le cimetière et l'abbatiale bénédictine. Grimpez l'après-midi au Hohensalzburg pour visiter le château. Le lendemain, vous pourrez apprécier l'une des excellentes expositions temporaires d'art contemporain du Museum der Moderne, puis, l'après-midi, traversez la rivière pour découvrir l'autre centre historique de la ville où se trouve un musée Mozart (Tanzmeisterhaus) et le château et les jardins de Mirabell. Si vous avez encore le temps, visitez aussi l'intéressant petit musée consacré à l'art baroque, dans les jardins du château.

Jour 3

Si ce Land est célèbre pour sa capitale, il l'est également pour le **Salzkammergut**, région de montagnes et de lacs offrant des paysages époustouflants, propices à de nombreuses randonnées, ainsi qu'à des baignades, à la pêche, et à divers sports nautiques. Le Salzkammergut, qui se partage entre Haute-Autriche, Land de Salzbourg et Styrie, se distingue par ses paysages de lacs et de montagnes extraordinaires, propices à de nombreuses activités de randonnées et de baignade, surtout en été. Direction Gmunden en faisant halte à **St. Wolfgang** sur les bords du Wolfgangsee. Villégiature du Salzkammergut appréciée des artistes et des poètes romantiques ou Biedermeier, **Gmunden** est une petite ville colorée, dotée d'une des plages de lac les mieux aménagées d'Autriche. Spécialité de la localité depuis le 15e s., la céramique d'art.

Jour 4

Piquez au sud en longeant le Traunsee pour vous diriger sur **Bad Ischl** qui fut la ville d'eaux d'Autriche la plus marquée par les fastes du règne de François-Joseph. Soixante-dix ans durant, elle fut l'un des foyers de vie mondaine les

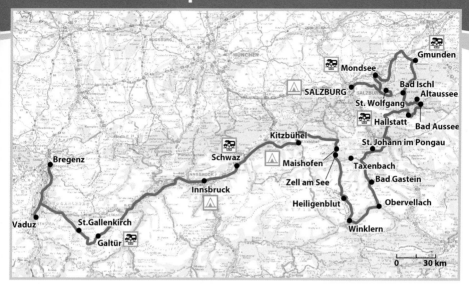

plus brillants d'Europe. De ces années glorieuses, la petite ville conserve des installations thermales, quelques superbes villas, et une atmosphère désuète pleine de charme.

Jour 5

Ne manquez pas **Bad Aussee** et **Hallstatt**, villages pittoresques et romantiques, qui peuvent aussi constituer de bons points de départ pour visiter la région.

Le conseil de Bib

▶ Sur une route de montagne, si deux véhicules ne peuvent se croiser, celui pour lequel la manœuvre est la plus difficile a la priorité.

Jour 6

Plus au sud, le Land de Salzbourg prend du relief et se prête particulièrement bien aux sports d'hiver, mettant à la disposition des skieurs quelques-unes des meilleures stations de ski d'Autriche. Enfin, via **Bad Gastein, Obervellach, Wincklen et Helligenblut**, empruntez la route du **Grossglockner**, l'une des plus anciennes routes alpines, qui permet de traverser le plus haut massif d'Autriche et le Parc national des **Hohe Tauern**. Vous êtes enfin arrivé à **Zell am See**. Prochaines étapes **Kitzbühel** et bien sur **Innsbruck** au cœur du Tyrol.

Jour 7

À taille humaine Innsbruck invite à la flânerie dans les ruelles du vieux centre auquel vous pourrez consacrer une demi-journée. Ne manquez pas le Petit Toit d'or. L'après-midi, visitez la **Hofkirche** pour découvrir le magnifique tombeau Renaissance de Maximilien Ier et le musée des Arts et Traditions populaires, qui est l'un des plus beaux d'Autriche ou empruntez le téléphérique vers le **Hungerburg**, ou bien la navette vers **Bergisel** où se trouve le tremplin moderne érigé il y a peu par l'architecte Zaha Hadid.

Jour 8

Gagnez le Voralberg par la route autour du lac de la **Silvretta**, en vous dirigeant vers Bregenz et les bords du lac de **Constance**, fin de notre périple. **Bregenz** est réputée pour son festival de musique et de théâtre durant l'été. Pensez à faire étape à **Vaduz** capitale de la petite principauté du Liechtenstein.

Autriche

 Aires de **service** & de **stationnement**

Gmunden

Jausenstation Egger
Ohlsdorfer Strasse 1 – 🅿 *5.*
Borne autre 🎿 [⚡] ⌁.
Stationnement : 7 €/j.

Hallstatt

Camping Klausner-Höl
Lahn 201 - 🖉 *06134/83224 – 15 avr.-15 oct.* – 🅿.
Borne autre. 🎿 [⚡] 🍴 ⌁.
Stationnement : 21 €/j.

Mondsee

Austria Camping
Lahn 201 - 🖉 *06134/83224 – 15 avr.-15 oct.* – 🅿.
Borne autre. 🎿 [⚡] 🍴 ⌁.
Stationnement : 21 €/j.

Schwaz

Wohnmobilstellplatz Königfeld
Königfeldweg/Swarovskistrasse – 🅿 *10.*
🎿 🍴 ⌁ Payant.
Stationnement : 4 €/j.

Zeinisjoch Galtür

Camping Zeinissee
Zeinisjoch – mi-juin à début oct. – 🅿.
Borne autre. 🎿 [⚡] 🍴 ⌁ Payant.
Stationnement : 19 €/j.

⛺ Campings

Innsbruck

⛺ **Innsbruck Kranebitten**
Kranebitter Allee 214
🖉 *0512/284180*
www.campinginnsbruck.com
Permanent 3 ha (120 empl.)
🚐 – 6 🅴
Loisirs : 🏓 🏃 🏊 aire de sports
Services : 🚿 🚽 🙂 🎿 ⌁ (ᵗ) 📶 sèche-linge ⌁
🍴 ✗ snack, pizzeria, brasserie

Maishofen

⛺ **Neunbrunnen am Waldsee**
Neunbrunnen 60
🖉 *06542/68548*
www.camping-neunbrunnen.at
🚐 – 100 🅴
Loisirs : 🏓 🏊 ᗡ
Services : 🚿 🙂 🎿 ⌁ ✗ brasserie, snack

Salzburg/Salzbourg

⛺ **Nord-Sam**
Samstrasse 22A
🖉 *0662/660494*
www.camping-nord-sam.com
Mai-sept. 1,3 ha (100 empl.)
🚐
Loisirs : 🏊 🚲 🏊 aire de sports
Services : 🚿 🙂 🎿 ⌁ 📶 sèche-linge ⌁ ✗
cafétéria, brasserie

Carnet pratique

Les bonnes **adresses** de Bib

Office de tourisme de Salzbourg
Tourismus Salzburg GmbH – *Mozartplatz 5 - 🕾 43662 88987-330 - www.salzburg.info/fr.*

Bad Ischl

Weinhaus Attwenger
Leharkai 12 - 🕾 0613223327 - www.weinhaus-attwenger.com - tlj sf lun. 11h30-14h, à partir de 18h (déc.-avr. : fermé lun. et mar.) - 16/36 €.
Ambiance rustique avec poutres et trophées de chasse aux murs. Ici, on cultive le souvenir du temps du « Kaiser ». Même chose côté cuisine, où l'on sert principalement d'excellents plats traditionnels. En été, très agréable terrasse dans le jardin.

Kaiser Therme
Voglhuberstr. 10 - 🕾 061 32 20 4 0 - www.kaisertherme.at - 9h-0h -16 €, 21 € avec le sauna.
Cet établissement d'eau, l'un des plus grands de la ville, propose de nombreux services : thermes, sauna, massages, soins esthétiques... Il fait aussi hôtel et restaurant.

Bregenz

Maurachbund
Maurachgasse 11 - 🕾 055444020 - www.maurachbund.com - fermé dim. soir et lun. - 12/20 €.
Agréable établissement situé dans la vieille ville. Plats du terroir cuisinés avec des produits régionaux.

Gmunden

Traunseeschiffahrt
Rathausplatz - 4810 - 🕾 076 12 66 700 - www.traunseeschiffahrt.at.
À la belle saison, on peut emprunter tous les jours le bateau à aubes *Gisela*, baptisé du nom de la fille de l'empereur François-Joseph Ier, qui circule sur le Traunsee depuis 1872. Celui-ci propose une excursion qui vous mènera jusqu'à Ebensee.

Hallstatt

Gasthof Zauner Seewirt
Marktplatz 51 - 🕾 061 34 82 46 - fax 061 34 82 468 - www.zauner.hallstatt.net - fermé 15 nov.-15 déc., rest. fermé lun. en hiver - rest. à partir de 8 €.
Établissement central donnant sur le lac. Spécialités de poissons à ne pas manquer !

Innsbruck

Ottoburg
Herzog-Friedrich-Str. 1 - 🕾 0512 584 338 - www.ottoburg.at - tlj sf lun. 11h-14h30, 18h-0h - 15/30 €.
Restaurant situé dans l'un des bâtiments les plus anciens d'Innsbruck. Jolies salles lambrissées et aménagées avec des meubles anciens et très belle terrasse en été. Côté cuisine, on mitonne des plats traditionnels qui constituent une très bonne introduction à la cuisine autrichienne.

Lichtblick
Maria-Theresien-Str. 18 (Rathauspassage, 7e ét., entrer dans la galerie et prendre l'ascenseur) - 🕾 0512 56 65 50 - www.restaurant-lichtblick.at - lun.-vend. 12h-15h, 18h-0h, sam. 10h-16h - fermé j. fériés - 32/44 €.
Rien que pour la vue époustouflante sur Innsbruck, ce restaurant design aux murs de verre situé au dernier étage d'une galerie marchande vaut le détour. Il propose aussi une carte inventive et raffinée variant selon les saisons.

Konditorei-Café Munding
Kiebachgasse 16 - 🕾 512 584 118 - www.munding.at - 8h-20h.
C'est l'une des meilleures pâtisseries de la ville (délicieux Sachertorte et Apfelstrudel). Terrasse accueillante en été. Vente à emporter.

Salzburg/Salzbourg

Krimpelstätter
Müllner Hauptstr. 31 - 🕾 06 62 43 22 74 - mar.-sam. 11h-0h (tlj pendant le Festival) - 8/12 €.
Une auberge très fréquentée, avec un grand Biergarten. Cuisine du terroir très correcte. La spécialité : le boudin blanc.

Zum fidelen Affen
Priesterhausgasse 8 - 🕾 06 62 87 73 61 - fermé dim. et le midi - 10/15 €.
Un bar à vins et à bières volontiers fréquenté par les salzbourgeois. Décor rustique de boiseries, ambiance chaleureuse où l'on déguste une cuisine régionale.

Tomaselli
Alter Markt 9 - 🕾 0662 8444880 - www.tomaselli.at - 7h-21h (0h pendant le Festival).
Le grand café de Salzbourg, où vous pouvez passer plusieurs heures avec un chocolat chaud, et un gâteau crémeux. Très touristique mais agréable.

Schatz
Getreidegasse 3 - 🕾 0662 842792 - lun.-vend. 8h30-18h30, sam. 8h30-17h.
Située dans Durchhaus, un petit passage entre la Getreidegasse et le Grünmarkt, cette pâtisserie est l'une des meilleures de la ville. Quelques tables permettent de déguster les gâteaux sur place.

L'Espagne depuis la France

De Toulouse à **Valence**

La petite ville d'Encamp, en Andorre.

➲ *Départ de Toulouse*
➲ *7 jours - 747 km*   Cartes Michelin n° 721 et 734

Le passage en Espagne par l'Andorre n'est pas la route de montagne la plus aisée. La beauté de ses paysages s'apprécie au prix de routes tortueuses et escarpées, bien qu'en très bon état. Rassurez-vous néanmoins : une fois entré en Espagne, les routes deviennent plus agréables à parcourir au fur et à mesure que l'on s'éloigne des Pyrénées, et le charme de ces régions en vaut sans aucun doute la chandelle.

Jour 1
146 km
Quittez **Toulouse** en empruntant la D4, la D919, la D117, la D73 puis la D618 jusqu'à **Tarascon-sur-Ariège**. Tarascon est « le » rendez-vous pyrénéen de la spéléologie scientifique, touristique et mythique, car sa région compte douze grottes préhistoriques dont la plus connue est la **grotte de Niaux**, dite de la Calbière *(réserv. conseillée)*. Vous y découvrirez des peintures rupestres particulièrement émouvantes de bisons, de chevaux, de bouquetins et d'un cerf vus de profil. Leur facture, leur finesse témoignent d'une maîtrise exceptionnelle.
Ne manquez pas non plus de visiter le **Parc de la préhistoire**, qui, dans un beau cadre de montagne, se consacre à l'art et à la vie des Magdaléniens (17 000-10 000 av. J.-C.). Prenez ensuite la N20 jusqu'à **L'Hospitalet-près-l'Andorre** pour passer la nuit.

Jour 2
147 km
Pour profiter des charmes montagnards de l'Andorre sans avoir à souffrir de ses embouteillages, prévoyez de partir de bonne heure. Entrez par le **Pas de la Casa**, et poursuivez votre chemin sur la CG2. Sur la route, profitez du magnifique panorama sur les montagnes andorranes que dispense le **port d'Envalira**. À **Encamp**, les amateurs de voitures visiteront le Musée national de l'Automobile. Après une étape à **Andorre-la-Vieille**, mettez

Peter Holmes / AGE Fotostock

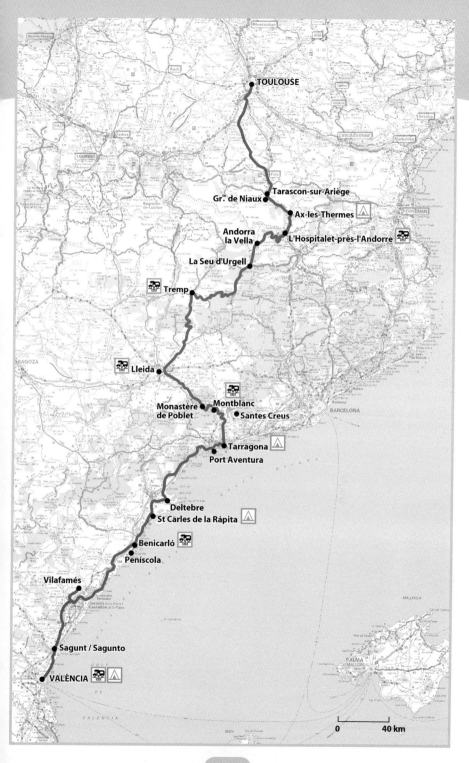

TOULOUSE

Tarascon-sur-Ariège

Gr. de Niaux

Ax-les-Thermes

Andorra la Vella

L'Hospitalet-près-l'Andorre

La Seu d'Urgell

Tremp

Lleida

Monastère de Poblet

Montblanc

Santes Creus

BARCELONA

Tarragona

Port Aventura

Deltebre

St Carles de la Rápita

Benicarló

Peníscola

Vilafamés

Sagunt / Sagunto

VALÈNCIA

MALLORCA

PALMA

0   40 km

L'Espagne depuis la France

De Toulouse à **Valence** *suite*

le cap sur l'Espagne avec la CG1. À **La Seu d'Urgell**, visitez la cathédrale Santa Maria, le plus bel exemple du roman lombard en Catalogne. La N260, la C14, la L511 et la C1412 vous mèneront enfin à **Tremp**, à proximité du lac de Talarn.

Jour 3
84 km

La C13 vous mènera à **Lérida**, ville en plein renouveau qui dispose d'une cathédrale tout à fait remarquable, La Seu Vella, érigée sur le point culminant de la ville au 13e s.

Profitez également des autres monuments de l'ancienne ville médiévale avant de vous promener dans les rues de la ville basse.

Jour 4

Empruntez la N240 et faites un détour par **Poblet**. Son magnifique monastère est l'ensemble architectural le plus important et le mieux conservé de l'art cistercien en Catalogne. Le paysage environnant est une vraie merveille, faisant de ce lieu un havre de calme et de spiritualité. Reprenez la N240

pour rejoindre **Montblanc**, ravissante ville fortifiée qui domine un paysage de terres fertiles et de collines tapissées de pinèdes, avec les montagnes en toile de fond. À chaque détour de rue, monuments et recoins pittoresques dévoilent la grandeur artistique de la ville.

Jour 5
64 km

En matinée, partez à la découverte d'un autre monastère tout proche, celui de **Santes Creus**, superbe ensemble

Le cloître de la cathédrale Sainte-Thècle, à Tarragone.

Raga Jose Fuste / Prisma / AGE Fotostock

cistercien niché au cœur d'une profonde et luxuriante vallée. Ce site serein est planté de peupliers, de vignes, d'oliviers et entouré d'épaisses forêts.

Regagnez ensuite la N240 qui vous mènera à **Tarragone**. Ville ouverte sur la mer, radieuse et toujours accueillante, la cité dispose de plages de sable fin et d'un riche patrimoine artistique et architectural. Prenez le temps de visiter la cathédrale et son cloître, et de flâner dans la « Part Alta » de la vieille ville, autour de la carrer Major et sur le passeig de les Palmeras.

Jour 6
144 km

Empruntez l'A7 puis la N340 pour atteindre le **delta de l'Èbre**, vaste zone humide où une flore et une faune uniques se sont développées. Prenez du temps pour parcourir les itinéraires du Parc naturel, en voiture ou à vélo, et ne manquez pas la **lagune de l'Encanyissada**, paradis des oiseaux migrateurs. Reprenez la N340 pour visiter, en fin d'après-midi, **Peñíscola**, la plus jolie ville de la Costa del Azahar. Son centre historique,

entouré de murailles, occupe une presqu'île rocheuse, dominée par l'austère forteresse de Benoît XIII.

Jour 7
162 km

Prenez à nouveau la N340, puis gagnez **Vilafamés**. Perché sur la montagne, ce village construit en pierre rose offre un spectacle chromatique saisissant, où vous pourrez admirer le château d'origine arabe et l'église paroissiale. La CV10 puis la N340 vous mèneront à **Sagunt**, blottie au pied d'une colline allongée que couronnent les impressionnantes ruines d'un château. À quelques kilomètres de là vous attend **Valence**. Cette grande cité méditerranéenne conjugue le charme des rues étroites bordées de magasins aux devantures désuètes à la sophistication de l'architecture contemporaine, illustrée par la remarquable Cité des Arts et des Sciences.

Aires de **service** & de **stationnement**

Benicarló

Parking "la Mersera"
Carretera vieja de Peniscola, en face de l'hôtel Peniscola-Plaza – 🅿 *150.*
🚿 🛢 🚽 💧
Services WC 🔧

L'Hospitalet-près-l'Andorre

Aire de l'Hopistalet-près-l'Andorre
Place de la Gare.
Borne Eurorelais.
🚿 🛢 🚽 💧 WC
Stationnement : gratuit

Lleida

Parking du Stade de football
Avenue du Dr-Fleming.
Possibilité de stationnement pour la nuit.

Montblanc

Concessionnaire Sam Autocaravanas
Avigunda de Lluis Companys N240a, à l'entrée Sud du village de Montblanc.
Borne Eurorelais 🚿 🛢 🚽

Tremp

Aire de service de Tremp
Calle de Lleida – 🅿 *13.*
🚿 🛢 🚽 💧

Valence/Valencia

Parking Valencia
27 Avenida Peris y Valero – 🅿 *12.*
🚿 🛢 🚽

🏕 Campings

Ax-les-Thermes

Camping Le Malazéou
N20, 1 km au nord d'Ax-les-Thermes - 📞 *05 61 64 69 14 - ouvert du 01/01 jusqu'au 4/11, du 05/12 au 31/12 -* 🅿 *193.*
24,80-33,80 € 🚐 ❄
Services : 👤 ✖ 📶 🍴 📷 sèche-linges
Loisirs : 🏖 🏊 🎣 ⛵ 🎠 🎭 🚴
Superficie : 6 ha.

Sant Carles de Ràpita

Camping Alfaques
Carretera Alcanar Platja - 📞 *977 740 561 - www.alfaques.com - ouvert du 01/04 au 30/09 -* 🅿 *155.*
32,90-41,90 € 🚐
Services : 🍴 ✖ 📶 🍴 📷
Loisirs : 🏖 🏊
Superficie : 2,5 ha.

Tarragona

Camping Las Palmeras
Carretera N340, km 1169,5 - 📞 *977 208 081 - www.las palmeras.com - ouvert du 28/03 au 12/10 -* 🅿 *700.*
44-59 € 🚐
Services : 👤 🍴 ✖ 📶 🍴 📷 sèche-linges
Loisirs : 🏖 🏊 ⛵ 🎾 🎠 🎭
Superficie : 17 ha.

Valence/Valencia

Camping Coll Vert
Carretera del Riu, nr. 486 - Pinedo/Valencia - 📞 *961 830 036 - www.collvertcamping.com - ouvert du 15/01 au 15/12 -* 🅿 *76.*
30,50-41,50 € 🚐
Services : 👤 🍴 ✖ 📶 🍴 📷 sèche-linges
Loisirs : 🏖 🏊 🏖 💧 🎠
Superficie : 2,4 ha.

Les bonnes **adresses** de Bib

Deltebre

Rull
Av. Esportiva, 155 - ℘ 977 487 729 - fermé Noël et 1ᵉʳ janv. - 12/28 €.
Le restaurant de ce petit hôtel moderne propose une cuisine typique de la région préparée avec soin.

Lleida/Lérida

L'Esmolet (Tapas)
Pl. de Ricard Vinyes, 3 - ℘ 973 221 812 - 12/20 €.
Bar à tapas chaleureux à la décoration tout en bois, où les Llerdencs se retrouvent autour de grandes tartines frottées à la tomate *(pa amb tomáquet)*.

El Celleret del Segre
General Brito, 10 - ℘ 973 231 942 - fermé dim. soir et lun. - 15/20 €.
Restaurant fréquenté à deux pas de la Rambla, où l'on déguste des poissons en provenance de la Llotja (criée) de l'Amettlà de Mar et servies avec le pa amb tomáquet de rigueur. Bonne carte de vins.

Montblanc

El Call de Montblanc
Sant Josep, 15 - ℘ 977 860 120 - fermé dim. soir - menus 11,50/20 €, carte 30/35 €.
Dans une demeure de l'ancien quartier juif, un bar au rez-de-chaussée et une salle de restaurant à l'étage. La spécialité des lieux est la *calçotada* (grillade à base d'oignons catalans).

Niaux

La Petite Auberge de Niaux
Au village - ℘ 05 61 05 79 79 - www.aubergedeniaux.com - fermé mi-nov.-mi-fév. - 🅿 - formule déj. 18 € - 23/38 €.
Vous allez aimer ce restaurant sis dans cette maison en pierre du pays. Sa salle à manger est coquette avec ses poutres, sa cheminée, ses chaises en bois et ses nappes colorées. Le charmant accueil et la cuisine soignée – valorisant les produits ariégeois – attirent les connaisseurs. Terrasse et véranda.

Peníscola

Puerto Mar
Puerto Pesquero - ℘ 964 480 363 - 5/12 €.
Dans l'enceinte du port de pêche, une guinguette où les pêcheurs se retrouvent devant des *raciones de pescaíto frito*.

El Peñón
Santos Mártires, 22 - ℘ 964 480 716 - fermé Noël, janv. - fév. et déb. mars - 15/45 €.
Dans une ruelle de la vieille ville, ce restaurant possède une petite terrasse très agréable où vous pourrez déguster une dorade au sel ou un bon ragoût de mérou. Décoration soignée.

Sagunt

El Palau del Duc
Castell, 18 - ℘ 962 651 489 - 35 €.
Voisin du Musée archéologique et de la puerta de la Judería, ce restaurant a investi un palais gothique du 13ᵉ s. Très belle salle aux arcs ogivaux, mobilier en fer forgé et cuisine valencienne contemporaine. Goûtez les *langostinos al aroma de naranja*.

La Seu d'Urgell

Cal Teo
Av. Pau Claris, 38 - ℘ 973 353 393 - fermé dim. soir, lun. - env. 25 €.
Petit restaurant au cœur de La Seu, qui vous réserve un accueil personnalisé. Décoration rustique et spécialités de viandes à la braise. L'endroit pour marquer une pause après la visite de la cathédrale.

Tarragona/Tarragone

El Tiberi
Martí d'Adenyà, 5 - ℘ 977 235 403 - fermé dim. soir, lun. - 15/35 €.
Belle sélection de spécialités catalanes salées et sucrées présentées sur un grand buff et, dans un décor champêtre. Excellent rapport qualité-prix.

Ca'l Joan
Espinach, 2 (El Serrallo) - ℘ 977 219 223 - www.caljoan.com - fermé lun, sem. sainte et 3 sem. en oct. - 16,50/35 €.
Institution du quartier des pêcheurs de Tarragone, cet établissement sert une cuisine de la mer traditionnelle (goûtez le riz à la lotte et aux clovisses).

Sol Ric
Via Augusta, 227 (1,9 km à l'est par la rte de Barcelone) - ℘ 977 232 032 - www.restaurantesolric.es - fermé dim. soir, lun., du 20 déc. au 20 janv. - menus 18/28 €, carte env. 30/35 €.
Restaurant familial aux salles spacieuses décorées dans un style rustique. L'agréable terrasse ombragée est l'endroit idéal pour savourer ses plats par une chaude journée d'été. Spécialités de riz *(arrosses)*. Bon niveau de service.

Tremp

Café Pessets (Tapas)
Av. Comtes del Pallars, 29 - ℘ 973 620 517 - tlj sf mar. 12h-0h - fermé en nov. - tapas : 3/8 €.
Installé dans un bel édifice à la façade moderniste, ce grand café propose une sélection de spécialités catalanes fraîches et savoureuses. La carte varie selon les saisons et l'humeur du chef.

Espagne

Nom local : *España* **Capitale :** *Madrid*
Population : *47,02 millions d'habitants* **Superficie :** *504 783 km²* **Monnaie :** *Euro*

Corrida, flamenco, bar à tapas… derrière les clichés qui s'imposent quand on évoque l'Espagne se cache un pays complexe qui possède quatre langues officielles et des paysages plus différenciés qu'aucun autre pays d'Europe. S'il existe un malentendu à l'égard de ce pays aux différences saisissantes, c'est sans doute parce que les Espagnols sont eux-mêmes tiraillés entre deux Espagne, traditionnelle et moderne, sobre et exubérante, à l'image des actrices du cinéaste Pedro Almodóvar. Il convient de prendre le temps de parcourir l'Espagne pour découvrir ses côtes, tourmentées sur l'Atlantique avec les falaises abruptes de Galice, chaudes et cristallines sur la Méditerranée, atteindre les sommets des Pyrénées ou de la sierra Nevada, contempler le plateau castillan ou les vastes oliveraies andalouses, s'enfoncer dans les campagnes solitaires du centre, la Meseta, ou dans les villes trépidantes.

Le pays le plus visité dans le monde, après la France est aussi un pays de contrastes architecturaux.

L'Espagne a amassé tout au long des siècles de splendides œuvres d'art : de belles églises romanes, d'impressionnantes cathédrales gothiques, des sanctuaires baroques à couper le souffle, d'étonnants monuments hispano-musulmans, de magnifiques châteaux, de somptueuses peintures et sculptures.

On pourrait résumer en trois mots son climat : lumineux, sec et tempéré mais ce serait négliger nombre de nuances propres à chaque région. Des neiges de la sierra Nevada aux printemps délicieux des Baléares en passant par l'aridité de l'Estrémadure.

Les traditions espagnoles demeurent vivaces et chacun participe intensément aux fêtes, célébrées tout au long de l'année. Renseignez-vous sur le calendrier des festivités et si le cœur vous en dit joignez-vous aux Sanfermines de Pampelune, Fallas de Valence, fêtes de Noël à Madrid, au pèlerinage à Huelva, carnaval de Cadix, à la Semaine sainte à Séville.

RECOMMANDATIONS

DOCUMENTS OBLIGATOIRES

✓ Permis de conduire rose de l'UE
✓ Permis de conduire international
(recommandé seulement)
✓ Certificat d'immatriculation du véhicule ou certificat de location
✓ Plaque d'identification nationale
✓ Justificatif d'assurance (carte verte)
✓ Passeport (recommandé seulement)
✓ Procuration en cas d'utilisation du véhicule appartenant à un tiers

VITESSES LIMITES

✓ En agglomérations urbaines : 50
✓ Sur routes : 90
✓ Sur autoroutes : 120
✓ Ces vitesses limites sont réduites par temps de pluie

PORTABLES

L'usage d'un téléphone portable (y compris l'oreillette) est interdit au volant

Pour appeler l'Espagne

Composer le 00 suivi du 34 (indicatif du pays), puis le numéro du correspondant à 9 chiffres

RÉGLEMENTATIONS

✓ Taux maximum d'alcool toléré dans le sang : 0.5 g
✓ Siège enfant, rehausseur ou système de retenue adapté et homologué obligatoire jusqu'à 12 ans et 1,50 m
✓ Âge minimum du conducteur : 18 ans
✓ Port de la ceinture de sécurité obligatoire à l'avant et à l'arrière
✓ Allumage des feux de croisement obligatoire (jour et nuit) pour les deux-roues toute l'année
✓ Pneus cloutés admis avec réglementation toute l'année, sur routes enneigées
✓ Deux triangles de présignalisation obligatoires (1 seul triangle pour les véhicules étrangers)
✓ Trousse de premier-secours recommandée
✓ Extincteur recommandé
✓ Jeu d'ampoules de rechange obligatoire
✓ Gilet de sécurité fluorescent obligatoire

URGENCES

✓ Téléphone incendie et ambulance : 112
✓ Téléphone Police : 110

Au secours ! **¡Socorro !** / *C'est une urgence* **Es una emergencia** / *Hôpital* **Hospital** / *Médecin* **Médico** / *Pharmacie* **Farmacia** / *Police* **Policía**

LEXIQUE

MOTS USUELS

Oui **Sí** / *Non* **No** / *Bonjour* **Buenos días** / *Bonsoir* **Buenas tardes** *ou* **noches** / *Salut* **Hola** / *Au revoir* **Hasta luego** / *S'il vous plaît* **Por favor** / *Merci (beaucoup)* **(muchas) Gracias** / *Excusez-moi* **Perdone** / *D'accord* **De acuerdo** / *Santé !* **¡Salud !** / *Manger* **Comer** / *Boire* **Beber** / *Toilettes* **Los servicios** / *Restaurant* **Restaurante** / *Office de tourisme* **Oficina de turismo** / *Argent* **Dinero**

DIRECTIONS & TRANSPORTS

Où se trouve…? **¿Dónde está…?** / *À droite* **A la derecha** / *À gauche* **A la izquierda** / *Tout droit* **Todo recto** / *Près de* **Cerca de** / *Entrée* **Entrada** / *Sortie* **Salida** / *Route* **Carretera** / *Rue* **Calle** / *Autoroute* **Autopista** / *Ville* **Ciudad** / *Village* **Pueblo** / *Station-service* **Gasolinera** / *Essence* **Gasolina**

PREMIERS CONTACTS

Je voudrais… **Quiero…** / *Parlez-vous français ?* **¿Habla francés?** / *Je ne comprends pas* **No entiendo** / *Pouvez-vous m'aider ?* **¿Me puede ayudar?** / *Combien ça coûte ?* **¿Cuánto cuesta?** / *L'addition, SVP ?* **La cuenta, por favor** / *Je cherche…* **Busco…** / *C'est trop cher* **Es muy caro**

Barcelone festive
et les trésors de la **Catalogne**

*Départ
de Barcelone
10 jours
840 km
Carte Michelin
n° 574*

Gaudi au parc Güell

Jours 1 et 2

Barcelone, deuxième ville d'Espagne vaut assurément à elle seule une longue visite. Il faut découvrir un à un les trésors de la ville, se laisser séduire par l'architecture attachante du modernisme et par les mille et une facettes de l'art contemporain qui s'expose généreusement partout en ville. Il faut prendre le temps de flâner sur les grandes artères commerçantes de part et d'autre du passeig de Gràcia et voir les dernières tendances de la mode dans l'incontournable El Corte Inglés. Ensuite, on appréciera certainement un repos bien mérité au parc Güell au milieu des drôles de créations de Gaudí ou vous irez paresser sur les plages de la Barceloneta. Certains, et ils

sont nombreux, ne voudront pas quitter Barcelone sans visiter la fondation Miró et le musée d'Art de la Catalogne à Montjuïc, que l'on peut atteindre depuis la Barceloneta en empruntant un curieux téléphérique. Allez aussi jeter un coup d'œil à l'impressionnante Sagrada Familia, à laquelle Gaudí consacra près de quarante ans mais sans pouvoir l'achever. Le soir et fort tard dans la nuit, Barcelone c'est aussi une incomparable atmosphère de fête, à l'image de ce qui se vit sur la célèbre Rambla et dans les bars à tapas aux alentours.

Jour 3

Le circuit se poursuit vers le nord jusqu'à **Empúries**, site archéologique gréco-romain de premier plan. **Castelló d'Empúries** sera la prochaine étape

puis vous poursuivrez votre route jusqu'au splendide site recelant les impressionnantes ruines du **monastère Sant Pere de Rodes**.

Jour 4

À **Figueres**, vous vous rendrez à l'extravagant musée Dalí et flânerez dans la vieille ville avant de rejoindre **Gérone**, chef-lieu de la province. Gérone est une ville aux multiples attraits : vous pourrez y visiter la cathédrale gothique, le musée d'Art, les bains arabes ainsi que la collégiale Sant Feliu et le monastère Sant Pere de Galligants.

Jour 5

La suite de notre itinéraire traverse l'une des plus belles régions de l'arrière-pays de la province de Gérone. Cette région possède une grande variété de paysages et une grande richesse artistique et gastronomique. Passez par **Besalú** qui est l'un des plus beaux petits villages de la Catalogne. Vous continuerez par la N 260, qui passe à côté de l'impressionnante coulée basaltique de 60 m de haut à laquelle s'accroche le village de **Castellfollit de la Roca**. Faites un crochet jusqu'à **Camprodon,** connue pour ses fameux biscuits et son pont médiéval. En poursuivant votre chemin par la C 26, vous atteindrez **Sant Joan de les Abadesses**, où vous serez fasciné par la splendide Descente de croix qui préside l'abside de l'église de son monastère roman. Non loin de là, à **Ripoll**, se trouve un autre joyau de l'art roman, le portail sculpté de la magnifique collégiale Santa Maria.

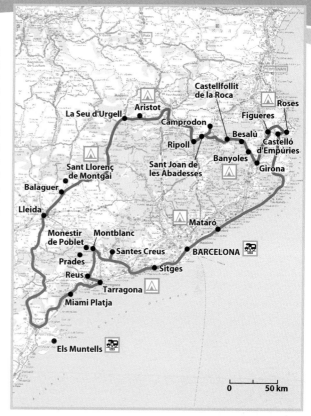

Jour 6

Prenez la N 152, puis la N 260 en parcourant la comarca pyrénéenne de la Cerdagne, encerclant l'impressionnante serra del Cadí et le parc naturel Cadí Moixeró jusqu'à **La Seu d'Urgell** et rejoignez **Lleida** en descendant la vallée du Segre.

Jour 7

De Lleida, rendez-vous dans le delta de l'Èbre pour y découvrir ses vins, ses plantations de riz et peut-être aussi faire une excursion en bateau dans le delta.

Jour 8

Tarragone conserve un des ensembles archéologiques romains les plus importants de la péninsule. Vous ne quitterez pas la ville sans vous être promené dans ses rues médiévales et sans avoir visité sa magnifique cathédrale.

Jour 9

Vins et moines sont le binôme indissociable de cette journée qui vous offrira l'occasion de déguster quelques-uns des meilleurs crus de Catalogne, tout en découvrant l'un des ensembles de monastères cisterciens les plus beaux et les plus importants de toute l'Espagne. **Reus** conserve un intéressant ensemble d'édifices modernistes, et doit également sa célébrité à ses fruits secs et à ses confiseries. **Poblet**, fondé en 1151, est à lui seul un véritable musée d'histoire architecturale qui renferme dans le cloître et l'église ses meilleurs exemples. Depuis Poblet, et après la visite de L'Espluga de Francolí, vous rencontrerez la cité médiévale de **Montblanc**, encerclée par ses intemporelles murailles, et arriverez à **Santes Creus**, l'autre grand monastère cistercien de Catalogne.

Jour 10

De retour à Barcelone, faites halte à la moderniste **Sitges**, joyeuse station touristique dont le Museu del Cau Ferrat, résidence du peintre Santiago Rusiñol, mérite une visite.

Espagne

 Aires de **service** & de **stationnement**

Barcelone

Parking Forum
Carrer del Taulat, proche du centre-ville – 🅿 *40.*
Borne autre. 🚿 ⚡ 🚽 🧹.
Stationnement : 26 €/j. (services inclus).
☺ Aire surveillée, pratique pour la visite de la ville. Réservations sur le www.bsmsa.cat/mobilitat/index.php/home

Els Muntells

Áera de els Muntells
Carrer de Canalet - matin et après 17h - 🅿.
Borne artisanale. 🚿 🚽 🧹.
Stationnement : 6 €/j. (services inclus).
☺ Agréable village du parc naturel du delta de l'Ebre.

Bon à savoir – Vous trouverez une liste des aires de service et stationnement en Espagne sur le site Internet http://www.lapaca.org/areas/areas.html.

 **Campings**

Aristot

🏕 Camping Pont d'Ardaix
Ctra N260, km 210
📞 00 34 973-384098
Permanent 3 ha (100 empl.)
🚐
Loisirs : 🏠 ☀diurne 🚴 🏊 ⛵ 🎣
Services : 📮 sèche-linge 🔌 🚿 🍸 ✕ snack

Banyoles

🏕 Camping El Llac
Ctra Circumal.lació de l'Estany
📞 00 34 972-570305
Mi-janv à mi-déc. 6 ha (360 empl.)
🚐
Loisirs : 🏇 🏊 ⛵ (plan d'eau)
Services : 📮 sèche-linge 🔌 🚿 🍸 snack
☺ Situé au bord d'un agréable plan d'eau.

Mataró

🏕 Camping Barcelona
Ctra N-II, km 650
📞 00 34 93-7904720 - www.campingbarcelona.com
Déb.-mars-nov. 7 ha (375 empl. + 13 bung.)
🚐
Loisirs : 🏠 ☀ 🎯 🏇 🏊 ⛵ (plage) 🎣 ⚓
Services : 📮 📶 📮 sèche-linge 🔌 🚿 🍸 ✕ snack, pizzeria
☺ Bus gratuit (sf juil.-août 3 €) tte la journée pour Barcelone.

Roses

🏕 Camping Salatà
Port Reig
📞 00 34 972-256086
Fermé déb.-janv. à déb.-fév. 4 ha (240 empl.)
🚐
Loisirs : 🏠 ☀diurne ✂ 🏇 🏊 ⛵ (plage) 🎣 ⚓
Services : 📮 📶 📮 sèche-linge 🔌 🚿 🍸 ✕ snack, pizzeria

Sant Llorenç de Montgai

🏕 La Noguera
📞 00 34 973420334
Permanent 2,5 ha (110 empl.)
🚐
Loisirs : 🏠 🏇 🏊 ⛵ (plage)
Services : 📮 📮 sèche-linge 🔌 🚿 🍸 ✕

Tarragone

🏕 Camping Torre de la Mora
Ctra N340 km 1171
📞 00 34 977-650277
www.torredelamora.com
Mi-mars à oct. 16 ha (450 empl.)
🚐
Loisirs : 🏠 ☀diurne 🎯 🏇 🏇 🏊 ⛵ (plage) 🎣 ⚓
Services : 📮 📶 📮 sèche-linge 🔌 🚿 🍸 ✕ snack
☺ Transports en commun pour le centre-ville.

Carnet pratique

Les bonnes **adresses** de Bib

Office de tourisme de Barcelone
Barcelona Tourisme – *Plaça de Catalunya, 17-S - ℘ 932 853 834 - www.barcelonaturisme.com - 8h30-20h30.*

Barcelone

El Portalón (Tapas)
Banys Nous 20 - ℘ 933 021 187 - www.elportalonbcn. com - tlj sf dim. 9h-0h - menu 8/10€, tapas 5/16€, carte 15€ env.
Une des rares adresses encore authentiques du Barri Gòtic. Dans une vaste salle de pierres apparentes, tapas et plats du jour sont servis sur des petites tables bistrot. Ambiance touristique en salle, mais très catalane au bar.

Els Quatre Gats
Montsió 3 bis - ℘ 933 024 140 - www 4gats.com - 10h-1h - 25/35 €.
Symbole de la Barcelone moderniste et bohème, ce café classique, réalisé par Puig i Cadafalch, fut le rendez-vous des artistes tels que Picasso, Casas et Utrillo. Formule du midi intéressante.

La Boqueria
Rambla, 91.
Marché central installé dans un bâtiment en verre et fer de la fin du 19e s. On y trouvera les denrées d'excellente qualité, les plus variées de Barcelone.

Mercat de Sant Antoni
Comte d'Urgell, 1.
Installé à l'extérieur du marché municipal du même nom, il n'ouvre que le dimanche matin. Indispensable pour les amateurs de vieux magazines, journaux d'époque, bandes dessinées, timbres-poste et toutes sortes de livres hors catalogue, à des prix très attractifs.

Blanes

Terrasans
Ample 1 - ℘ 972 330 081 - 7h-1h - tapas 1/15 €.
Taverne prestigieuse où l'on vient autant prendre son petit-déjeuner que des tapas à midi. Terrasse ombragée dans un patio paisible.

Cambrils

Macarrilla
Barques 14 - ℘ 977 36 08 14 - tlj sf lun. et dim. soir 13h-16h, 20h-0h30 - 18/22€.
Restaurant central tenu en toute simplicité par une famille. Sa salle qui jouit d'une entrée indépendante est

bien aménagée et séparée du bar. Une bonne adresse pour goûter un bon repas en se détendant.

Castello d'Empuries

Portal de la Gallada
Pere Estany, 14 - ℘ 972 250 152 - tlj 13h-16h, 19h30-23h ; fermé le mar. hors saison.
Spécialités de grillades dans une jolie bâtisse du 12e s. dotée d'une terrasse superbe embrassant une partie du parc naturel dels Aigüamolls.

Gerone

Le Bistrot
Pujada Sant Domènec, 4 - ℘ 972 218 803 - www.cafelebistrot.com - 13h-16h, 19h-1h - menu 14/20, à la carte env. 15€.
Le restaurant est doté d'une agréable terrasse à l'intersection des deux escaliers menant à l'église Sant Martí Sacosta. Savoureux plats de viande et poisson mais peu de plats froids l'été.

Lérida

L'Esmolet
Pl. de Ricard Vinyes, 3 - ℘ 973 221 812 - 20h30-1h30 - env. 10/15€.
Bar à tapas chaleureux à la déco tout en bois, où les habitants aiment se retrouver autour de grandes tartines frottées à la tomate.

Salou

Albatros
C./ De Brussel Les 60 - ℘ 977 385 070 - tlj sf dim. soir et lun. 13h-13h30, 20h30-23h - env. 30€.
Le propriétaire est aux fourneaux ! La salle du restaurant ne cesse de gagner en confort comme la cuisine qui ne cesse de s'améliorer et dont vous savourerez les recettes élaborées. Terrasse animée les nuits d'été.

Tarragone

El Tiberi
Martu d'Adenyà, 5 - ℘ 977 242 896 - www.eltiberi.com - mar.-sam. 13h-16h, 20h-23h, dim. 13h-16h - 10/20 €.
Belle sélection de spécialités catalanes salées et sucrées présentées sur un grand buffet, dans un décor champêtre. Excellent rapport qualité-prix.

Les originalités du **Pays basque** et de la **Navarre**

➥*Départ de Saint-Sébastien*
➥*8 jours*
450 km
Carte Michelin n° 573

Musée Guggenheim à Bilbao

OT Espagne

Ce parcours combine la côte du Guipúzcoa et celle de Biscaye avant de vous entraîner vers les pittoresques villages de l'intérieur, les localités du chemin de St-Jacques et de belles capitales provinciales. Ce voyage présente également de grands attraits pour les gastronomes.

Jour 1

La magnifique baie de **St-Sébastien** est considérée comme l'un des plus beaux sites d'Espagne, et ses tapas comme les meilleures du pays. Après avoir bien profité de l'une et des autres, suivez la côte basque, ponctuée d'innombrables petits ports, jusqu'à **Guernica** et son musée de la Paix, puis **Bilbao**.

Jour 2

Dirigez-vous vers la côte, à **Getxo** (16 km au nord-ouest le long de l'estuaire) pour profiter de ses belles plages et de son vieux port. Descendez en Álava par l'AP-68, non sans vous arrêter au passage au **Monte Santiago** pour voir le mirador del Nervión, et un peu plus bas, les vautours fauves du parc de **Valderejo**.

Jours 3 et 4

Jeune et dynamique, Bilbao n'en finit pas de savourer les fruits de son renouveau. Ici, cœur historique et quartiers contemporains vivent au même rythme. Plongez dans l'animation du quartier historique, encore très populaire avec des sites comme le marché couvert de Ribera.

L'après-midi, visitez le Musée diocésain ou le Musée basque puis montez à la basilique de Begoña. En redescendant par les jardins de l'Etxebarria, vous aboutirez non loin de la plaza Nueva. Quant à votre soirée, passez-la dans ce même quartier de l'Arenal : les bonnes adresses et les bars à tapas ne manquent pas. Le deuxième jour, visitez le stupéfiant musée Guggenheim, symbole du nouveau Bilbao, puis flânez le long de la berge aménagée de façon futuriste. De là, le tramway vous permettra de visualiser toute la transformation de l'ancien port de Bilbao, sans vous fatiguer.

Jour 5

Filez ensuite plein sud en passant par les salines d'**Añana**

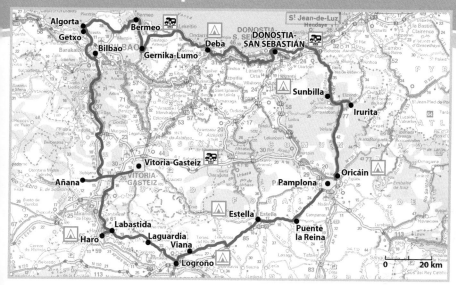

pour rejoindre **Vitoria-Gasteiz**, capitale administrative du Pays basque. Une fois visités son centre historique et ses musées, prenez la direction de la Rioja alavese, au sud. Les bodegas de **Labastida** et le splendide portail de l'église de **Sta María de los Reyes de Laguardia** satisferont tous les appétits.

Jour 6

Poursuivez vers l'est et retrouvez en Navarre le chemin de St-Jacques, à **Viana**. La N 111 vous conduira à **Pampelune** par des étapes incontournables comme **Estella** et **Puente-la-Reina**.

Jour 7

Ancienne capitale du royaume de Navarre, elle a conservé son aspect de vieille cité fortifiée. Ses ruelles étroites tournent autour de petites places à arcades comme la plaza Consistorial et la plaza de los Burgos. Flânez dans le quartier médiéval qui entoure la cathédrale et voyez le musée de Navarre. S'il est une occasion à ne pas manquer pour visiter Pampelune, ce sont bien les fêtes de la St-Firmin organisées chaque année du 6 au 14 juillet ! Vous découvrirez alors l'importance des traditions et le sens inné de la fête qui animent la capitale navarraise pendant ces quelques jours.

Jour 8

Reprenez la route en direction de la frontière française par la N 121A. Elle passe à proximité du parc de Bertiz et par la vallée de la Bidassoa, qui mène à **Fontarrabie**, agréable station balnéaire et port de pêche guipúzcoan, qui conserve un joli quartier ancien. La magnifique route du Jaizkibel vous ranènera à St-Sébastien.

Le conseil de Bib

▶ Certains stationnements nécessitent l'achat d'un ticket en vente dans les bureaux de tabac.

Espagne

 Aires de **service** & de **stationnement**

Bermeo

Área de la Pergola
*Itsasoan Galdurakoen Lamera, vers le stade de football –
ouv. tte l'année –* **P** *40.*
Borne autre. ⚱ 🚽 🔧 Gratuit.
Stationnement : autorisé.
🚶 près de la plage, à 5 mn du centre ville.

Donostia-San Sebastián

Área de San Sebastian
*Berio Pasealekua 2/Paseo de Berio 2, proche de l'université
– ouv. tte l'année –* **P** *15.*
Borne artisanale. ⚱ 🚽 🔧 Gratuit.
Stationnement : horodateur. 6 €/j.
🚶 Transports en commun pour le centre-ville.

Vitoria-Gasteiz

Área de Vitoria-Gasteiz
Portal de Foronda – **P** *.*
Borne artisanale. ⚱ 🚽 🔧 Gratuit.
Stationnement : autorisé.
🚶 Transports en commun pour le centre-ville.

⛺ Campings

Deba

⛺ **Camping Itxaspe**
CN634, km 38
📞 00 34 943-199377
www.campingitxaspe.com
Avr.-sept. 2 ha (30 empl.)
🚐
Loisirs : 🏠 🛝 🏊 ≋ (plage) 🎣
Services : 🔌 📶 🖲 🚿 🛒 🍽 ✕ snack

Estella / Lizarra

⛺ **Camping Lizarra**
Paraje de Ordoiz s/n
📞 00 34 948-551733
Permanent 5 ha (100 empl.)
🚐
Loisirs : 🌞 diurne 🧗 mur d'escalade 🛝 🐎 🏊 🎣
Services : 🔌 📶 🖲 🛒 🍽 ✕ snack

Haro

⛺ **Camping de Haro**
Av. de Miranda 1
📞 00 34 941-312737
Mi-janv. à mi-déc. 5 ha (125 empl.)
🚐
Loisirs : 🛝 🏊 🎣
Services : 🔌 📶 🖲 sèche-linge 🚿 🍽 ✕ snack

Logroño

⛺ **La Playa**
Avda. de la Playa
📞 00 34 941252253
Avr.-sept. 1 ha (105 empl.)
🚐
Loisirs : 🛝 ≋ (plage)
Services : 🔌 🖲 🚿 🛒 🍽 ✕

Oricáin

⛺ **Camping Ezcaba**
Ctra a Francia, km 2,5
Permanent 4 ha (170 empl.)
🚐 – 20 🅴
Loisirs : 🛝 🏊 pistes, de randonnées pédestres et
VTT, balisées depuis le camping
Services : 🔌 📶 🖲 🚿 🛒 🍽 ✕
🚐 20 emplacements spéciaux pour camping-cars.

Sunbilla

⛺ **Ariztigain**
Ctra N-121A, km 57, en el Caserio Zubizargana
Permanent 1,9 ha (120 empl.)
🚐
Loisirs : 🏠 🛝 ≋ (plage)
Services : 🔌 🖲 🚿 🍽 ✕

Les bonnes **adresses** de Bib

Office de tourisme de Bilbao

Bilbao Turismo – *Plaza Ensanche, 11 (autres bureaux : au musée Guggenheim, Alameda Mazarredo, 66 ; et au rez-de-chaussée du Théâtre Arriaga, Plaza Arriaga) - ☏ 944 795 760/ 795 770 - www2.bilbao.net - lun.-vend. 9h-14h, 16h-19h30.*

Bilbao

Colmado Ibérico

Alameda de Urquijo, 20 - ☏ 944 436 001 - www.colmadoiberico.com - tlj sf dim. 7h30-0h - 15/20€.
Grand espace au comptoir bien garni en brochettes et plats rapides. Il comporte une salle de restaurant où l'on sert une carte spécialisée dans les produits ibériques.

Café Iruña

Jardines de Albia - ☏ 944 237 021 - www.cafesdebilbao.net - ouvert tlj - 10/15€ - accès WiFi.
Situé sur une place agréable, ce café fondé en 1903 est devenu l'un des classiques de Bilbao. Sa décoration est surprenante (plafonds et éléments d'inspiration mudéjar). Idéal pour prendre un verre le soir.

Alacena de Victor Montes

Plaza Nueva, 12 - ☏ 944 154 385 - www.victormontes.com - tlj sf dim. 12h30-14h30, 17h30-21h.
Ce lieu propice aux plaisirs gourmands vend des spécialités du Pays basque et une belle sélection de produits ibériques tels que jambons, foie gras, charcuteries diverses, fromages, anchois, douceurs… La cave répertorie quelques 700 références de vins espagnols et étrangers.

Donostia-San Sebastián

Saski-Naski

Boulevard 24 - ☏ 943 422 891 - www.saski-naski.com - tlj sf dim. 10h-13h30, 16h30-20h.
Le lieu ressemble à une caverne d'Ali Baba. On y trouve le meilleur de l'artisanat régional dont des produits originaux comme le *Makhila*, bâton de marche richement décoré et l'*Argizaiola*, sorte de bougie réservée aux veillées.

Guernica

Gernika

Industria 12 - Gernika-Lumo - ☏ 946 250 778 - 10h-0h - 10/18 €.
D'entrée, cette petite adresse inspire la sympathie. Le décor – murs en pierre, tables bien dressées et belle collection d'horloges anciennes – est chaleureux. Les spécialités basques plaisent au palais. La musique d'ambiance et l'accueil souriant rendent le lieu encore plus agréable.

Logroño

Rioja Unico

Calle Laurel, 11 - ☏ 941 203 938 - tlj 12h-16h, 20h-0h - env. 15€.
Dans un cadre de pierres apparentes sous un beau plafond voûté, ce restaurant est précédé d'un bar à tapas, qui sert sandwichs et tartines toastées.

Vitoria-Gasteiz

Gurea

Pl. de la Constitución 10 - ☏ 945 245 933 - tlj sf lun. soir et mar. 13h-15h30, 21h-23h - fermé Sem. sainte (avr.) - 21/32 €.
Sa façade, aux détails en bois, présente la carte. Le petit hall d'entrée ouvre sur la salle de restaurant de style néo-rustique très soigné.

Faire étape en **Castille** et **León**

⮌*Départ de
Salamanque*
⮌*9 jours*
810 km
**Carte Michelin
n° 575**

*Nouvelle cathédrale
de Salamanque*

C. Labonne MICHELIN

Des villes au riche passé historique et d'imposants châteaux agrémentent ce circuit qui traverse les terres castillanes. Si vous voyagez pendant la Semaine sainte, vous aurez la chance d'assister aux processions solennelles de **Zamora** et de **Valladolid**.

Jours 1 et 2

Salamanque est une ville universitaire fort animée et riche en monuments romans, gothiques, Renaissance et baroques. Le premier jour, promenez-vous Plaza Mayor et aventurez-vous sur les artères commerçantes des rues de Toro et Zamora, empruntez la rue Prior pour mieux appréhender le quartier historique et enfin la Rúa Mayor pour rejoindre la Plaza Anaya et visiter les deux cathédrales. Le deuxième jour, visitez l'univer-

sité et le musée. Après le déjeuner, faites quelques pas sur le pont romain et découvrez la Casa Lis (musée d'Art nouveau). Profitez des illuminations nocturnes de la Plaza Mayor. Si vous avez la possibilité de restez une journée supplémentaire, consacrez la aux visites des édifices religieux : le couvent de San Esteban, le couvent de las Dueñas et, après le déjeuner, le couvent de las Ùrsulas. Terminez en prenant un café dans le collège Fonseca. Si vous êtes accompagné d'un enfant, emmenez-le au musée d'Art nouveau, dont l'architecture, les couleurs, l'ambiance musicale et l'exposition de poupées sauront l'intéresser.

Jour 3

Après la visite de Salamanque, rendez-vous à **Zamora**, où

vous pourrez admirer le dôme à écailles de la cathédrale et la belle façade du palais épiscopal. Ne manquez pas la rue la plus pittoresque de la ville : la calle Barborraz.

Jour 4

La route vers **Valladolid** traverse **Toro**, dont la collégiale possède un dôme similaire à celui de Zamora et un splendide portail gothique polychrome, et **Tordesillas**, où fut signé le célèbre traité qui consacrait le partage du Nouveau Monde entre l'Espagne et le Portugal. À Valladolid, outre de beaux exemples de l'art isabélin, vous visiterez l'exceptionnel musée national de Sculpture.

Jour 5

Traversez les vastes champs de céréales qui mènent, après

Medina de Rioseco, à **Palencia** et à sa magnifique cathédrale. Gagnez **Burgos**. Si la cathédrale est le joyau incontestable de Burgos, la rivière Arlanzón parvient à séduire de nombreux visiteurs : du pont de Santa María à la passerelle de l'Institut, ses rives aménagées en promenades offrent de beaux accès au centre historique, à ses monuments et à ses places colorées couvertes de terrasses de cafés. Pensez à visiter la Chartreuse de **Miraflores** située à quelques kilomètres de la ville.

Jour 6

Une fois dans la province de Burgos, où se succèdent de jolis villages comme **Lerma** et **Covarrubias**, ne manquez pas de découvrir le monastère de Santo Domingo de Silos, dont le cloître est une œuvre majeure de l'art roman espagnol. De là, en descendant le Duero, vous commencerez par longer une série de châteaux-forteresses qui avaient été construits pour défendre les terres reprises aux Arabes, tels ceux de **Peñaranda de Duero**, **Peñafiel** et **Coca**, qui se distingue des précédents par un style architectural mudéjar. Continuez votre périple jusqu'à **Segovia.**

Jour 7

À Ségovie, découvrez l'aqueduc romain puis entamez la promenade du cœur historique par la rue Cervantès, jusqu'à la Plaza Mayor, en passant par l'église San Martin et le musée d'Art contemporain. L'après-midi, visite de la cathédrale. Le lendemain visitez l'Alcázar puis le musée de la ville. Vous déambulerez l'après-midi du côté nord intra-muros, puis reviendrez le long de la rivière Eresma pour explorer le monastère de El Parral. Terminez par la visite de la chapelle de la Vera-Cruz.

Jour 8

Partez à **San Ildefonso La Granja** pour découvrir le Palais royal et visiter la manufacture du verre. L'après-midi, retour à Ségovie pour apprécier dans la ville basse, entre deux commerces typiques et de belles églises romanes. Avec des enfants (ou pas), visiter l'Alcázar et le domaine royal de Riofrío, qui renferme un musée animalier.

Jour 9

Notre circuit s'achève à **Ávila**, ceinte d'une impressionnante muraille et riche de nombreuses églises et couvents, cette cité entourée de remparts mérite que l'on y fasse étape. À la tombée du jour, la promenade sur les remparts dispense des vues superbes sur la ville, aux toits couverts de nids de cigognes.

Aires de **service** & de **stationnement**

Aranda de Duero

Área de Aranda de Duero
c/ Da Ruperta Baraya - 🅿 *10.*
Borne autre. 🛆 🚿 ⚓ Gratuit.
Stationnement : autorisé.

Palencia

Área de Palencia
Av. Ponce de Leon 12 - 🅿 *10.*
Borne autre. 🛆 🚿 ⚓ Gratuit.
Stationnement : autorisé.
🚌 Transports en commun pour le centre-ville.

⛺ Campings

Burgos

⛺ **Camping Fuentes Blancas**
Cartuja Miraflores
📞 00 34 947-486016
Permanent 4,6 ha (300 empl.)
🚐
Loisirs : 🏄 🏊
Services : 🔌 🔲 🧺 🍷 ✕ snack

Covarrubias

⛺ **Covarrubias**
📞 00 34 947406415
Permanent 2,3 ha (110 empl.)
🚐
Loisirs : 🏄 🏊
Services : 🔌 📞 🔲 🧺 🍷 snack
🚌 Transports en commun à 200 m.

Santa Marta de Tormes

⛺ **Camping Regio**
Ctra Salamanca-Madrid, km 4
📞 00 34 923-138888
Permanent 3 ha (130 empl.)
🚐
Loisirs : 🏄 ✂ 🏊
Services : 🔌 🔲 🧺 🍷 ✕ snack, pizzeria

Segovia

⛺ **Camping El Acueducto**
Ctra CL. 601 km 112
📞 00 34 921-425000
Avr.-sept. 3 ha (155 empl.)
🚐
Loisirs : ✂ 🏊
Services : 🔌 🔲 🧺 🍷 ✕ snack

Tordesillas

⛺ **Camping El Astral**
Camino de Pollos, 8
📞 00 34 983-770953
Avr.-sept. 3 ha (155 empl.)
🚐
Loisirs : 🛶 🎪 diurne ✂ 🏊
Services : 📶 📞 🔲 🧺 🍷 ✕ snack, pizzeria

Zamora

⛺ **Camping Ciudad de Zamora**
📞 00 34 980-537295
Avr.-mi-sept. 1 ha (40 empl.)
🚐
Loisirs : 🏄 🏊 (petite piscine)
Services : 🔌 🧺 🍷 ✕ snack

Carnet pratique

Les bonnes **adresses** de Bib

Office de tourisme de Salamanque
Oficina Municipal de Turismo de Salamanca –
*Plaza Mayor, 32 - ✆ 902 302 002/923 218 342 -
www.salamanca.es - lun.-vend. 9h-14h, 16h30-20h,
sam. 10h-20h, dim. 10h-14h.*

Avila

Siglo Doce
*Plaza de la Catedral 6 - ✆ 920 252 885 - www.siglodoce.com -
12h-16h, 20h-23h - menu à partir de 17 €.*
Ce petit restaurant à l'atmosphère rustique est situé sur
le côté gauche de la cathédrale. Abrité dans une maison
du 12ᵉ s., doté de deux salles avec poutres apparentes,
cet établissement sans prétention vous proposera
différents menus. N'hésitez pas à prendre la spécialité
de la maison : le *chuletón de ternera* de Ávila (côte de
veau), un régal !

Mesón del Rastro
*Plaza del Rastro 4 - ✆ 920 211 218 - 13h-16h, 20h-23h -
menu 15€, 10/25€.*
De nombreuses spécialités régionales et un grand
comedor à la décoration traditionnelle pleine de
charme. Excellent rapport qualité/prix, pour déjeuner
ou dîner.

Taverna de Casa Guillermo
*Calle de Lopez Nuñez 8 - ✆ 920 257 583 - www.casa-
guillermo.com - tlj sf dim. soir, lun. 11h-17h, 20h-0h - env.
20€*
La taverne, gérée par l'Hostal de San Vicente, propose
un bon choix de tapas, de *raciones* et de vins, dans un
chaleureux décor de brique et de bois.

Burgos

Ponte Vecchio
*Vitoria 111 (Passage) - ✆ 947 225 650 - tlj sf lun. 13h-16h,
21h-0h - à la carte à partir de 15€.*
Ce restaurant italien, avec ses fresques murales sur la
Rome antique, est situé dans un superbe cadre. Idéal
pour un dîner romantique.

Pastelería Alonso de Linaje
*Plaza Mayor 34 et Paseo del Espolon 20 - ✆ 947 201 065 -
10h-22h.*
Salon de thé un tantinet démodé où l'on trouve les
meilleurs « *yemas de Burgos* » et « *camelitos del Cid.*

Palencia

Casa Damian
*Calle Ignacio Martinez de Azcoitia 9 - ✆ 979 744 628 -
13h-16h, 21h30-0h30 - env. 40€.*
Véritable institution culinaire de la ville, un rendez-vous
traditionnel incontournable.

Salamanque

La Fonda del Arcediano de Medina
Reja 2 - ✆ 923 215 712 - 13h30-16h, 21h-0h - 20/30€.
Lumière tamisée, décoration originale et images collées
au plafond caractérisent ce restaurant très apprécié
des habitants de Salamanque. Bonne carte des vins en
accompagnement des plats de viande.

C. Arzobispo Fonseca
*Plaza Fonseca 4 - ✆ 923 260 270 - 11h30-16h, 21h-23h30,
env. 25/30€.*
Profitez d'une pause historique au sein du Colegio
Fonseca, lové dans un fauteuil-club à l'anglaise devant
une cheminée d'époque, sous une jolie voûte gothique.
Possibilité de tapas.

Segovia

La Fontana
*Avenida Fernandez Ladreda, 20 - ✆ 921 461 809 - 9h-0h -
15/25€.*
Situé dans la ville basse, ce bar à tapas, avec son comptoir
en zinc doré, ses boiseries et ses lustres en porcelaine, est
empreint d'une atmosphère « Belle Époque ».

Duque
*Calle Cervantès, 12 - ✆ 921 462 487 -
www.restauranteduque.es - 12h-23h30 - menu 36€.*
L'ancienne devanture de cet établissement plébiscité
par la critique culinaire est la marque d'une tradition
perpétuée avec succès. Le cochon de lait est la spécialité
du Duque.

Valladolid

Covadonga
*Zapico 1 - ✆ 983 330 798 - 13h-16h, 21h-23h30, dim.
13h-16h - env. 12€, menu à partir de 19€.*
Le service y est excellent, l'ambiance, familiale et la cuisine,
fameuse. La spécialité de la maison est l'agneau de lait.

La Abadia
*Calle Guadamacileros 5 - ✆ 983 330 299 -
www.laabadiarestaurante.com - tlj sf lun. 13h-18h,
20h-0h - menu à partir de 19€, à la carte env. 30€.*
Les spécialités de viandes (agneau de lait, queue de
bœuf au vin rouge, joues et tripes de porc) et de ragoûts
ont fait la réputation de ce charmant établissement.

Zamora

Restaurant La Posada
*Calle Benavente 2 - ✆ 980 516 474 - tlj sf dim. soir et lun.
13h30-16h, 20h30-23h30 - menu 20€, menu dégustat. 35€.*
Avec ses murs de pierres apparentes, sa cuisine de type
brasserie classique, ce restaurant propose un menu du
jour économique.

Espagne

À la découverte de la lumineuse **Madrid** et de ses environs

➲ *Départ de Madrid*
➲ *10 jours*
580 km
Carte Michelin n° 576

Plaza Mayor

Dans les environs de **Madrid** se trouvent des villes d'un grand intérêt touristique, d'importants palais royaux et des paysages superbes comme ceux des sierras de **Gredos** et de **Guadarrama**.

Jours 1 à 3

Partez du Palais royal, en prévoyant un arrêt sous les arbres des jardins de Sabatini. Ensuite visitez l'incontournable musée du Prado, flânez dans le pittoresque quartier de Las Lettras, autour de la plaza de Santa Ana, où vous pourrez déjeuner. Remontez par la plaza de la Villa et finissez l'après-midi en prenant l'apéritif autour de la Plaza Mayor. Le soir, assistez à un spectacle de flamenco. Le deuxième jour, commencez par la visite du couvent des Descalzas Reales, puis déjeunez dans

la Vieille Ville. L'après-midi, visitez le musée Thyssen-Bornemisza avant de prendre un bol d'air au parc du Buen Retiro. Terminez la journée et dînez dans les quartiers branchés de Chueca ou Malasaña. Le troisième jour, visitez dès le matin le Centro de Arte Reina Sofía. Partagez l'après-midi entre le Musée archéologique et le musée Lázaro Galdiano, en finissant par du shopping dans le quartier de Salamanca.

Jour 4

Découvrez **Alcalá de Henares**, ville natale de Cervantès, qui renferme le superbe collège de San Ildefonso (ancienne université). Ralliez ensuite **Chinchón**, qui possède une charmante Plaza Mayor, puis Aranjuez, située au cœur d'un verger au bord du Tage. Après la visite du

palais et des pavillons et une promenade dans les magnifiques jardins de la résidence royale, continuez jusqu'à **Tolède**, dont la situation dans un méandre fermé du Tage annonce les innombrables beautés qui jalonnent ses rues chargées d'histoire.

Jours 5 et 6

À Tolède, commencez par le monument majeur de la ville, la cathédrale. Puis promenez-vous dans les rues de la Vieille Ville en suivant les traces du Greco : église de Santo Tomé, Maison-musée du Greco, couvent de Santo Domingo el Antiguo. Après le déjeuner, explorez l'ancien quartier juif, qui concentre un grand nombre des monuments de la ville, dont deux anciennes synagogues et un monastère,

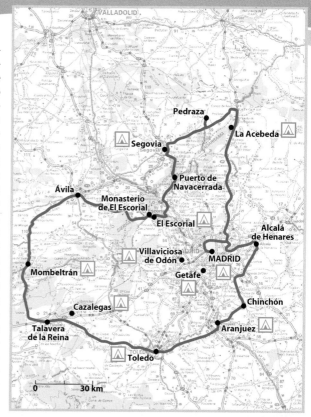

San Juan de los Reyes. Terminez par un témoin de la troisième religion historique de la ville, la mosquée del Cristo de la Luz. Le lendemain promenez-vous au musée de la Culture wisigothique et montez sur les tours de l'église de San Ildefonso, qui offrent un superbe panorama sur les toits de la Vieille Ville. Puis gagnez la plaza de Zocodover, l'épicentre de la vie tolédanne, où vous pourrez prendre un agréable déjeuner, avant de visiter le musée de Santa Cruz, remarquable pour son architecture comme pour ses tableaux du Greco. Sortez de la ville fortifiée par la porte de Bisagra et explorez l'hôpital de Tavera. N'oubliez pas, en fin de journée, de faire le tour des cigarrales qui offre de magnifiques panoramas sur la ville dans la lumière du couchant.

Jour 7

Poursuivez vers **Talavera de la Reina**, connue pour sa céramique, et empruntez une route de montagne pour traverser la sierra de Gredos qui offre de superbes paysages et abrite une grotte intéressante, la cueva del Águila.

Jour 8

Remontez vers **Ávila**, une ville d'églises et de couvents, berceau de sainte Thérèse, qui conserve intactes ses murailles du 11e s. Après la visite de la ville, poursuivez en direction du monastère de l'Escurial, édifice impressionnant dû à Philippe II. Sur le chemin de

Ségovie, vous pourrez passer par la **Valle de los Caídos** (la vallée de « Ceux qui sont tombés »), située dans un site grandiose de la sierra de **Guadarrama**. Ce monument construit dans des conditions effroyables a été érigé en faveur des Franquistes morts durant la terrible guerre civile espagnole. Franco y est aussi enterré. La mémoire des Républicains a en revanche été ignorée jusqu'aux années récentes.

Jour 9

À **Segovia**, vous pourrez visiter l'aqueduc romain, les églises romaines et l'Alcázar. Tout près

de la ville, au pied de la sierra de Guadarrama, se trouvent le palais et les splendides jardins de La Granja de San Ildefonso.

Jour 10

Puis le circuit pénètre plus avant dans la sierra et, après avoir traversé le col de **Navacerrada**, descendez vers la vallée jusqu'au monastère de El Paular. Par le col de Navafría, vous arriverez ensuite au charmant village de **Pedraza**. Avant de reprendre l'autoroute qui vous ramènera à Madrid en traversant le col de **Somosierra**, vous pourrez faire une halte à **Sepúlveda**, située en lisière du fleuve.

Espagne

 Campings

Aranjuez

Camping Internacional Aranjuez
Soto del Rebollo s/n
00 34 91-8911395
Permanent 3 ha (170 empl.)

Loisirs: (centre équestre)
Services: sèche-linge snack, pizzeria
Situé au bord d'une rivière.

Cazalegas

Camping de Cazalegas
00 34 925872503
Permanent 1,6 ha (80 empl.)

Loisirs:
Services: snack
Transports en commmun pour centre-ville à 100 m.

El Escorial

Caravaning El Escorial
M-600 km 3,5, Accès: Situé sur la M600, à 3,5 km près de El Valle de Los Caidos. De Madrid, A6 sortie 47 El Escorial-Guadarrama..
00 34 902-014900
Permanent 30 ha (820 empl.)

Loisirs: billard, jeux électroniques, squash
Services: sèche-linge

Getafe

Camping Alpha
A-4 km 12
00 34 916-958069
Permanent 48 ha (310 empl.)

Loisirs:
Services: sèche-linge
Proche de Madrid, accès au centre ville par transports en commun.

La Acebeda

Camping La Acebeda
Junto al pueblo
00 34 918699038
Juin.-sept. 2 ha (35 empl.)

Loisirs: fronton
Services: sèche-linge
Transports en commun au départ du camping.

Madrid

Camping Osuna
Avda de Logroño
00 34 917-410510
Permanent 2,3 ha (100 empl.)

Services:
La meilleure solution pour la visite de la ville, transports en commun à partir du camping.

Mombeltrán

Camping Prados Abiertos
Ctra N502, km 72
00 34 920-386061
Permanent 2 ha (100 empl.)

Loisirs: diurne (centre équestre)
Services:

Segovia

Camping El Acueducto
Ctra CL. 601 km 112
00 34 921-425000
Avr.-sept. 3 ha (155 empl.)

Loisirs: (petite piscine)
Services:
Transports en commun pour centre-ville à 100 m.

Toledo/Tolède

Camping El Greco
Ctra CM4000 km 0,7
00 34 925-220090
Permanent 2,5 ha (150 empl.)
Loisirs: jeux électroniques
Services: sèche-linge
Transports en commun pour le centre-ville.

Villaviciosa de Odón

Camping Arco Iris
M501 km 7,200, Accès: Sur la M40 périphérique Madrid, sortie 36. Le camping est entre Boadilla et Villaviciosa (M501). 00 34 916-160387
Permanent 5 ha (70 empl.)

Loisirs: jacuzzi
Services: sèche-linge snack, pizzeria
Transports en commun au départ du camping.

Les bonnes **adresses** de Bib

Office de tourisme de Madrid
Salón de Columnas de la Casa de la Panadería –
Plaza Mayor, 27 - ℰ 91 588 16 36 - www.esmadrid.
com/fr - 9h30-20h30.

Aranjuez

La Rana Verde
Plaza Santiago Rusiñol - ℰ 918 911 325 / 918 011 571 -
www.elranaverde.com - 9h-23h30, fermé dernière semaine
de déc. - menu 15/18€, à la carte env. 35€.
Sur la place, à la sortie des jardins du Palais royal, en bordure
du Tage. Spécialités d'asperges et de « grenouilles vertes »
(*rana verde*), à goûter dans un cadre bucolique et reposant.

Arenas de San Pedro

El Bodegón
Pl. Condestable Davalos, 2 - ℰ 920 371 379 - 13h-16h, 21h-23h -
menu du jour 14€, à la carte env. 25€, menu dégustation 25€.
Géré par l'Hosteria los Galayos voisin, ce vaste restaurant sert une cuisine traditionnelle dans de belles salles
en pierre et brique, couvertes de photos, de bouteilles
de vin et de jambons.

Madrid

La Taberna Miranda
Pl. del Conde de Miranda 4 - ℰ 915 413 700 - 9h-16h30,
20h-0h, dim. 12h-16h - 25/40 €.
Cuisine régionale honnête et traditionnelle, dans le cadre chaleureux d'une taverne, entre barriques vénérables et comptoir de brique. On y goûte par exemple la
friture andalouse, les calamars aux champignons ou le
boudin noir de León. La terrasse est très agréable pour
le déjeuner à la belle saison.

La Bola
C/de la Bola 5 - ℰ 915 476 930 - www.labola.es - tlj sf dim.
soir 13h-16h, 20h30-23h30 - env. 35€.
Dans une ambiance chaleureuse et animée de taverne
traditionnelle, les personnalités en tout genre côtoient
les touristes. Cet établissement, fondé en 1880, a forgé
sa réputation sur son *cocido madrileño*, probablement
le plus célèbre de Madrid.

Maceira
C/Jesús 7 - ℰ 914 291 584 - tlj sf lun. midi - plat du jour à 6 €.
Un tout petit restaurant à l'ambiance campagnarde, simplement meublé de tables en bois et décoré de jarres en
terre. La cuisine de terroir galicienne y est réputée. Le midi,
il faut goûter le délicieux *arroz marinero*, riz aux fruits de
mer, suffisamment copieux pour le partager, ou les spécialités de poulpes et de moules. Excellent rapport qualité-prix.

Chocolatería San Ginés
Pasadizo de San Ginés 5 - ℰ 913 656 546 - 18h-6h.
Cette chocolaterie à l'ancienne est une institution ma-
drilène. On y vient pour déguster le plus riche et le plus

onctueux des chocolats chauds, dans lequel on trempe
de délicieux churros.

Las Carboneras
Pl. del Conde de Miranda, 1 - ℰ 915 428 677 - lun.-jeu. à 21h
et 22h30, le w.-end à 20h30 et 23h - entrée avec une conso.
25 €, dîner-spectacle de 50/60 €.
Une simple estrade installée au milieu des tables et un
décor modeste sert d'écrin à de jeunes artistes flamenco
de talent. Mieux vaut se contenter de la consommation
plutôt que de dîner.

Casa Hernanz
C/Toledo 18 - ℰ 913 665 450.
Le spécialiste de l'espadrille de toutes les façons et de
toutes les couleurs. La palette de tons est si large que les
adeptes des harmonies en feront leurs délices. Le magasin semble inchangé depuis 50 ans et on y trouve aussi
fils et cordelettes en tout genre pour le macramé, ainsi
que d'astucieux petits filets de cuisson pour réserver un
aliment à part du ragoût.

Monastère de l'Escurial

La Cueva
C/San Antón 4 - ℰ 918 901 516 - tlj sf lun. et dim. soir,
13h-16h, 21h-23h - env. 30€.
Un restaurant à l'ancienne, qui existe depuis la fin du
18e s. On y mange les classiques tapas ou des plats traditionnels espagnols.

Pedraza

El Soportal
Plaza Mayor - ℰ 921 509 826 - www.restaurantedepedraza.com -
9h30-22h30 - menu dégustation 27€.
Bar-restaurant où il fait bon picorer quelques tapas
charcutiers en terrasse. À l'intérieur, les incontournables
cochon et agneau de lait rôtis.

Tolède

Hierbabuena
Callejón de San José, 17 - ℰ 925 223 924 - 13h30-16h,
21h-23h, en juil. fermé dim. soir, fermé en août - 40/45 €.
Les tables de ce restaurant réputé sont élégamment
dressées autour d'un petit patio intérieur. L'équipe,
jeune et dynamique, propose une cuisine traditionnelle
raffinée n'excluant pas certaines innovations.

Achats

Tolède est renommée pour ses nombreux **objets da-
masquinés** (acier bruni incrusté de fils d'or, d'argent et
de cuivre) et pour ses excellentes spécialités culinaires :
perdrix en daube et **massepain** (*mazapan*), une sorte
de pâte d'amande que l'on trouve dans de nombreuses
pâtisseries de la Vieille Ville.

Le **Levant** face à la mer

➲*Départ*
de Valence
➲*9 jours*
580 km
Carte Michelin
n° 577

*Danses traditionnelles
à Valence*

Sur ce circuit qui longe le littoral et pénètre dans les terres des provinces de Valence, d'Alicante et de Murcie, vous rencontrerez d'importantes localités touristiques, de longues plages de sable ; vous traverserez des villages pleins de charme et des villes au riche patrimoine artistique.

Jour 1

À **Valence**, les centres d'intérêt sont nombreux et parfois éloignés les uns des autres. Le premier jour, visitez à pied les quartiers historiques concentrés autour de la cathédrale et du palais du marquis de Dos Aguas. Découvrez ainsi la Lonja, ancienne Bourse de la soie, le collège royal du séminaire du Corpus Christi, et poussez jusqu'au musée des Beaux-Arts ou faites connaissance avec la Cité des Arts et des Sciences.

Jour 2

Découvrez la ville moderniste et ses monuments emblématiques du début du 20ᵉ s. : la gare du Nord, le marché central, le marché Colón, la Plaza del Ayuntamiento, la calle de la Paz, etc. Consacrez votre après-midi à la découverte du quartier maritime et portuaire, et des plages.

Jour 3

Après la visite de Valence, regagnez la côte. **El Saler** possède une plage étendue et côtoie le Parc naturel de l'Albufera, une grande lagune d'eau douce où on cultive le riz. Puis traversez une succession de stations balnéaires comme **Cullera**, **Gandía**, où se trouve le palais ducal des Borgia, et **Denia**, dominé par un château. De **Jávea** (pittoresque quartier ancien), faire une halte au **cap de la Nao** pour admirer de beaux panoramas ou bien continuer jusqu'à **Calp**, qui se situe à côté de l'impressionnant **Peñón de Ifach**.

Jour 4

Altea, la prochaine étape, avec ses ruelles étroites, est un des plus jolis villages de la région. Longer la côte jusqu'à **Benidorm**, dont les gratte-ciel à quelques mètres des plages offrent une vision surprenante ; tout près de ce Manhattan de villégiature se trouve le parc à thème de Terra Mítica. Le voyage se poursuit par une excursion à travers les terres montagneuses de l'intérieur pour aller visiter **Guadalest**, située dans un site rocheux impressionnant ; **Alcoy**, qui se trouve au confluent de trois rivières, et, après avoir traversé le col de la Carrasqueta, vous traverserez **Xixona**, village célèbre pour son turón.

Jours 5 et 6

De retour sur la côte, se rendre à **Alicante**, capitale de la Costa Blanca dominée par le château de Santa Bárbara.

Cette ville accueillante, typiquement méditerranéenne, où se mêlent avec bonheur une tranquillité toute provinciale et l'animation d'un grand centre touristique. Étroitement liés, le quartier historique, le port et la plage en font une ville à la géographie urbaine homogène, résolument tournée vers la mer. Deux jours suffisent pour visiter la ville et profiter de sa plage. Prévoyez une journée si vous désirez faire une excursion à l'île de **Tabarca**.

Jour 7

Reprendre l'itinéraire qui traverse plusieurs lieux de villégiature (**Guardamar del Segura**, **Torrevieja**) jusqu'à **Mar Menor**. Cette baie aux eaux peu profondes est fermée par un cordon littoral où se trouve la grande station balnéaire de La **Manga del Mar Menor**. Poursuivez jusqu'à **Carthagène**. Dans la rade se côtoient le port de plaisance et l'arsenal militaire. La ville, séparée des installations portuaires par sa haute enceinte, présente un relief marqué, dominé par la colline où fut

érigé le château (de sa terrasse superbe panorama sur la rade et ses environs) et au flanc de laquelle s'accroche le théâtre antique. Dans les rues piétonnes ou sur les quais, touristes et marins en uniforme se mêlent désormais aux familles de « Cartageneros ».

Jour 8

Après la visite de Carthagène, située dans une baie profonde, quitter la côte pour vous rendre à **Murcie**. Les rues piétonnes et les nombreuses petites places lui confèrent une atmosphère de sérénité, à laquelle répond un patrimoine souvent étonnant, dominé par la cathédrale.

Baignée de soleil, chaleureuse et accueillante, Murcie se laisse découvrir avec simplicité, visitez sa cathédrale ainsi que le musée Salzillo, consacré à l'illustre sculpteur.

Jour 9

De nouveau sur la route, faire une halte à **Orihuela**, un important centre historique, puis continuer jusqu'à **Elche**, la ville des palmiers. Le trajet par l'autoroute longe **Villena** et son château. La dernière étape du circuit est **Xàtiva**. La ville aux mille fontaines se situe dans une vallée fertile et conserve plusieurs édifices dignes d'intérêt.

Espagne

 Aires de **service** & de **stationnement**

Carcaixent

Área de Carcaixent
Camino de la Fuente de Carcaixent – **P** *20.*
Borne artisanale. ⚠ 🚿 💧 Gratuit.
Stationnement : 48h maxi.
🅿 Au milieu des orangers.

Alquerias - Murcia

Camper Park Huerta de Murcia
Calle de Cánovas – www.camperparkhuertademurcia.es *–*
P *32.*

Borne plateforme. ⚠ 🚿 💧 Payant.
Stationnement : 12 €/j.
🅿 Dans les plantations de citronniers et d'orangers.

L'Alfàs del Pi

Camper park Costa Blanca
Cami dels Alguers, 79 – 🕿 *00 34 966 868668 –*
www.camperparkcostablanca.com – **P** *60.*
Borne artisanale. ⚠ 🚿 💧 Payant.
Stationnement : 11 €/j.

⛺ Campings

Crevillent

⛺ Inter. Las Palmeras
N 340 km 708
🕿 00 34 966680630
Permanent 0,5 ha (45 empl.)
🚐
Loisirs : 🏠 terrain multisports ⛹ 🏊
Services : ⚷ 📷 sèche-linge ♨ 🍷 ✗

Jávea / Xàbia

⛺ Camping Jávea
Accès : à partir de la N332 sortie Jávea. Entrer dans
Jávea. Au rond-point tout droit. Suivre les panneaux
Arenel-Platges et Cap de la Nao.
🕿 00 34 9666460507
Permanent 2,8 ha (215 empl.)
🚐
Loisirs : 🕤 diurne 🏃 terrain multisports ⛹ 🏓
🏊 🏖 (plage)
Services : ⚷ 📡 📷 sèche-linge ♨ 🚿 🍷 ✗
🅿 Transports en commun à 1 km

La Manga del Mar Menor

⛺ Caravaning La Manga
Autovía de La Manga, salida 11
🕿 00 34 968-563019
Permanent 32 ha (1050 empl.)
🚐
Loisirs : 🏠 🕤 diurne 🏃 🎮 🎾 squash ⛹
🏓 🎣 🏖 (plage) 🛶 💧
Services : ⚷ 📡 📞 📷 sèche-linge ♨ 🚿 🍷 ✗
snack
🅿 Transports en commun au départ du camping.

L'Altet

⛺ Camping sombra y Sol
🕿 00 34 965588010
Permanent 1 ha (110 empl.)
🚐
Loisirs : ⛹ 🏊
Services : ⚷ 📷 ♨ ✗
🅿 Transports en commun à 1 km

Sangonera la Seca

⛺ Camping La Paz
N 340, sortie 647
🕿 00 34 968893929
Permanent 1,8 ha (90 empl.)
🚐
Loisirs : 🏠 terrain multisports ⛹ 🏓 🏊
Services : ⚷ 📷 🍷 ✗
🅿 Transports en commun à 500 m.

Valencia/Valence

⛺ Camping Devesa Gardens
Nazaret-Oliva
🕿 00 34 961611136
Permanent 1,6 ha (90 empl.)
🚐
Loisirs : 🏠 ⛹ 🎾 🏊 🐴 (centre équestre)
Services : ⚷ 📷 sèche-linge ♨ 🚿 🍷 ✗ snack
🅿 Transports en commun à 100 m, idéal pour la visite
du centre-ville.

Les bonnes **adresses** de Bib

Office de tourisme de Valence
Tourist Info Valencia - Diputacion – *Calle Poeta Querol (Bajos Teatro Principal)* - ☎ *963 514 907 - www. valenciaterraimar.org - lun.-vend. 9h30-19h, sam. 10h-14h, .dim. 11h-14h.*

Alacant/Alicante

La Taberna del Gourmet
San Fernando 10 - ☎ *965 204 233 - www.latabernadelgourmet.com - 11h-0h30 -7/24 €.*
À proximité de la promenade maritime. La carte comprend plusieurs spécialités de riz, de jambon, de fruits de mer et une grande variété de *montaditos* (petits sandwichs) alignés sur le comptoir. La salle est décorée avec des azulejos bleus et des peintures de thèmes marins.

Piripi
Oscar Esplá, 30 - ☎ *965 227 940 - www.noumanolin.com - 13h15-16h15, 20h15-0h - à la carte env. 50€, menu dégustation env. 40€.*
Bon endroit pour déguster tapas et autres en-cas typiques de la région. Variété et qualité au rendez-vous.

Bodega Las Garrafas
Major 33 - tlj sf dim. 9h-13h, 16h-2h.
Une cave authentique dirigée par un ancien picador qui connut Dalí, Picasso et Hemingway… Décoration éclectique : cloches, casseroles, photos…

Mercado Central
Av. Alfonso X El Sabio - lun.-vend. 7h30-14h30, sam. 7h30-15h30.
Grand marché couvert, avec la boucherie au premier étage et la poissonnerie au sous-sol.

Benidorm

La Cava Aragonesa
Pl. de la Constitución/Calle Santo Domingo - ☎ *965 801 206 - www.lacavaaragonesa.es - 12h-15h30, 18h30-jusque tard.*
Un endroit authentique au milieu d'une centaine de tours résidentielles. C'est un bar typique avec des jambons suspendus au plafond et un grand choix de tapas.

Elche

Marché couvert
Près de la basilique - tlj sf dim. 7h-14h.
On y trouve bien entendu des dattes, fruits emblématiques de Elche.

Jávea

Restaurant du Parador
Av. del Mediterráneo 7 - ☎ *965 790 200 - 11h-0h30 - à partir de 25 €.*

Cuisine gastronomique dans un cadre très agréable. La salle à manger donne sur le joli jardin de l'hôtel qui descend en pente vers la mer. Jolie vue depuis la terrasse. La cuisine fait la part belle aux fruits de mer et poissons, avec une excellente paella marinera.

Murcia/Murcie

Casa Perela
Calle Ruiperez 5 - ☎ *968210617/968 935 198 - www.casaperala.es - 14h-17h, 21h-0h - 35/45€.*
Dans le quartier de la plaza Santa Catalina, dégustez d'excellentes tapas au bar – mention particulière pour *el cochinillo et los huevos a la Real Murcia* – dans une bonne ambiance d'habitués.

Valencia/Valence

Las Cuevas
Samaniego, 9 - ☎ *963 917 196 - lun.-vend. 12h30-1h30, sam. 18h30-21h30 - 15/20 €.*
Une cave authentique au plafond voûté et aux murs percés de petites fenêtres. On y sert seulement des tapas, élaborées selon la meilleure tradition valencienne : moules, piments farcis, sardines, etc. Ambiance jeune et très animée le week-end.

Palacio de la Bellota
Calle Mosén Femades, 7 - ☎ *963 514 994 - www.palaciodelabellota.es - 13h-17h, 20h-1h - menu "paëlla" 39 €, menu env. 46/55 €.*
Au sud de la plaza del Ayuntamiento, dans le quartier animé du cinéma principal, le ton est donné par les jambons suspendus au plafond de la première salle. On goûte ici au fameux jamón de Bellota, le fin du fin, mais la maison est également spécialiste des paellas géantes – de 1 000 à 10 000 rations ! Bonne cuisine traditionnelle et clientèle locale variée.

Casa Chimo
Paseo Neptuno, 40 - ☎ *963 712 048 - tlj sf merc. 13h-16h30, 20h30-0h - réserv. conseillée - env. 25€.*
Une véritable institution située en bord de mer. De nombreuses familles valenciennes se retrouvent autour de la traditionnelle paella. Si vous recherchez un peu de fraîcheur, préférez le salon aux murs couverts d'azulejos.

Turrones Ramos
Sombrerería 11 (à côté de la plaza Redonda) - ☎ *963 923 398 - www.turronesramos.com - 10h-14h, 17h-20h - fermé w.-end et août.*
Ce magasin est entièrement dédié à la fabrication du *turrón* artisanal depuis 1890. Essayez également leurs massepains (spécialités à base de pâte d'amandes, de sucre et de blanc d'œuf), vous ne saurez résister devant tant de douceurs…

Espagne

Périple en **Andalousie**

➲*Départ*
de Cordoue
➲*12 jours*
725 km
Carte Michelin
n° 578

L'Alhambra

Jours 1 et 2

Cordoue, l'une des trois villes emblématiques de l'Andalousie, mérite que l'on s'y attarde un peu. Cordoue peut toutefois se visiter tranquillement en deux jours, la majorité de ses centres d'intérêt se concentrant autour de la mosquée-cathédrale. Le premier jour, commencez justement par elle, la merveille des merveilles. Baladez-vous ensuite autour et dans le quartier de la Judería. L'après-midi, découvrez l'histoire de Cordoue dans la tour de la Calahorra, puis visitez l'alcázar et ses jardins. Le deuxième jour, commencez la matinée par le Musée archéologique et le musée Torres. L'après-midi, vous visiterez le palais Viana et une ou deux églises ferdinandines (ne manquez pas celle de San Lorenzo).

Jour 3

Explorez les environs immédiats de Cordoue avec une excursion aux ruines de **Medina Azahara** puis au château d'**Almodóvar del Río**. Puis rendez vous à **Écija** signalée par ses tours baroques et apercevez ses nombreux couvents, palais et églises.

Jours 4 à 6

La prochaine étape est **Séville**. Le premier jour, visitez l'alcázar et l'hospice des Vénérables, flânez dans le pittoresque quartier de Santa Cruz le matin, puis promenez-vous dans le parc de María Luisa l'après-midi, en visitant la plaza de España et les deux musées de la plaza de América.
Le lendemain, visitez la cathédrale, l'hospice de la Charité, baladez-vous le long du Gua-dalquivir avec éventuellement une visite de La Maestranza, puis traversez le fleuve pour une flânerie dans le quartier de Triana.
Pour la dernière journée dans cette superbe ville, commencez par le haut de Séville avec la visite de l'église de San Luis de los Franceses, de l'église de la Macarena et de la Casa de Pilatos. L'après-midi, admirez la chapelle de San José, le palais Lebrija et le musée des Beaux-Arts.

Jour 7

Dirigez-vous vers la mer, mais avant d'y arriver, visiter **Jerez de la Frontera**. Célèbre pour ses vins et ses élevages de chevaux, elle possède également un important patrimoine architectural. **Cadix**, resplendissante sous un ciel limpide, est

une agréable ville maritime du 18ᵉ s., avec des édifices aux couleurs vives, de belles places et des monuments intéressants.

Jour 8

Après **Chiclana de la Frontera**, située à côté de l'interminable plage de la Barrosa, continuez jusqu'à **Medina Sidonia** qui a conservé son quartier médiéval et offre de beaux panoramas. Le village aux maisons blanches de **Arcos de la Frontera**, votre prochaine étape, bénéficie d'un site remarquable, au sommet d'un roc entaillé par le Guadalete.

Jour 9

D'Arcos commence le circuit des Villages blancs qui vous conduira jusqu'à **Ronda**, bâtie elle aussi sur un site exceptionnel. Puis, en redescendant vers la mer, vous traverserez de jolis villages de montagne jusqu'à la côte dominée par l'impressionnant rocher de **Gibraltar**. La route côtière en direction de **Malaga** passe par des stations balnéaires très connues (**Estepona, Marbella, Fuengirola, Benalmádena**...). **Malaga**, capitale de la Costa del Sol, possède un intéressant patrimoine historique qui remonte aux temps romains. À noter les vestiges de **Gibralfaro** et la forteresse, qui sont les principaux témoins du système défensif de la Malaka arabe.

Empruntez l'autoroute de l'intérieur qui mène à **Antequera**, point de départ de belles excursions dans la nature. Rejoignez **Grenade**.

Jours 10 et 11

Le premier jour, promenez-vous dans le quartier de la cathédrale (avec visite de la cathédrale et de la Chapelle royale) et réservez votre après-midi pour la visite de l'Alhambra (réservation indispensable, s'y prendre bien à l'avance) et du Generalife. Le lendemain, suivez le cours du Darro en vous arrêtant au Bañuelo pour les bains arabes, montez au Sacromonte pour voir les habitations troglodytiques et visitez l'abbatiale, puis redescendez déjeuner dans un *carmen* du quartier de l'Albayzín que vous découvrirez l'après-midi. Si le temps ne vous est pas compté, visitez l'ouest de Grenade avec les églises de San Jerónimo, de San Juan de Dios et la chartreuse.

Jour 12

Se rendre à **Jaén**, la dernière étape. La ville s'étend sur la colline Ste-Catherine, où se dresse une vieille citadelle arabe. Ne pas omettre de visiter la magnifique cathédrale Renaissance et les bains arabes du palais.

Le conseil de Bib

▶ Pour acheter à l'avance votre ticket d'entrée à l'Alhambra : ✆ 00 3493492375

Espagne

 Aires de **service** & de **stationnement**

Archidona

Área de Archidona
Área pública, à l'entrée du bourg – **P**.
Borne autre. 🛁 🚽 ♻ Gratuit.
Stationnement : autorisé.

Carmona

EE.SS Las Cumbres
Carreta de Andaloucia A4 E5
Borne autre. 🛁 🚽 ♻ Gratuit.

⛺ Campings

Almayate Bajo

⛺ Camping Almayate Costa
Ctra N340a km 267
📞 00 34 952-556289
www.campingalmayatecosta.com
Mi-mars à fin-sept. 3 ha (230 empl.)
🚐
Loisirs : 🐎 🎾 🏊 🌊 (plage) 🎣 🤿
Services : ⚷ 🖃 sèche-linge 🧺 🍷 🍴 snack

Córdoba/Cordoue

⛺ Camping M. "El Brillante"
Av. de Brillante 50
📞 00 34 957-403836
Permanent 2,6 ha (140 empl.)
🚐 – 40 🅴
Loisirs : 🐎 🏊
Services : ⚷ 🖃 sèche-linge 🧺 🍴
🚍 40 emplacements spéciaux pour camping-cars,
transports en commun pour centre-ville.

Dos Hermanas

⛺ Camping Villsom
Ctra N.IV, km 554,8
📞 00 34 95-4720828
Déb.janv. à mi-déc. 2,2 ha (370 empl.)
🚐
Loisirs : ⛲ 🏊 (petite piscine)
Services : ⚷ 📶 🖃 sèche-linge
🚍 Transports en commun pour le centre de Séville.

El Puerto de Santa María

⛺ Camping Playa Las Dunas
P.M. Playa La Puntilla
📞 00 34 956-872210
Permanent 13 ha (300 empl.)
🚐
Loisirs : 🐎 🏊 🌊 (plage) 🎣 🤿
Services : ⚷ 🖃 sèche-linge 🧺 🍷 🍴 snack

Granada/Grenade

⛺ Camping-Motel Sierra Nevada
Avd. Madrid 107
📞 00 34 958-150062
Mars-oct. 2,7 ha (150 empl.)
🚐
Loisirs : 🐎 🎾 🏊 🏊
Services : ⚷ 🖃 sèche-linge 🧺 🚿 🍷 🍴
🚍 Transports en commun pour le centre de Grenade.

Marbella

⛺ Camping Marbella Playa
N340, km 192,8
📞 00 34 95-2833998
Permanent 7 ha (350 empl.)
🚐
Loisirs : 🎏 diurne (excursions organisées) 🐎
🎾 🏊 🛖 (plage) 🎣 🤿
Services : ⚷ 📶 🖃 sèche-linge 🧺 🚿 🍷 🍴
snack, pizzeria
🚍 Transports en commun pour centre-ville.

Tarifa

⛺ Camping Rio Jara
Carretera N340, km 81
📞 00 34 956-680570
Permanent 3 ha (260 empl.)
🚐
Loisirs : 🎏 diurne (excursions organisées) 🌊 (plage)
🎣 🤿 🐎 (centre équestre)
Services : ⚷ 🖃 sèche-linge 🧺 🚿 🍷 🍴 snack,
pizzeria

Les bonnes **adresses** de Bib

Office de tourisme de Cordoue
Tourismo de Cordoba – *C/ Rey Heredia, 22 - Antiguo Colegio Julio Romero de Torres -* ✆ *902 201 774 - http:// francais.turismodecordoba.org - lun.-vend. 8h30-14h30.*

Office de tourisme de Séville
Oficina de información turística edificio Laredo – *Plaza de San Francisco 19, Edificio Laredo -* ✆ *955 471 232 - www.visitasevilla.es.*

Cadix

Aurelio
Calle Zorrilla 1 - ✆ *956 221 031 - www.restaurantesok.com - 12h30-17h, 20h30-1h - menu "Tapas et vin" 7€.*
À côté de la plaza de Mina, ce petit établissement spécialisé dans les poissons et les fruits de mer est réputé pour ses tapas. Son seul inconvénient : il est souvent plein.

Taberna la Manzanilla
Calle Feduchy 19 - ✆ *956 285 401 - www.lamanzanilladecadiz.com - lun.-vend. 10h-15h, 18h30-22h30, w.-end 10h-15h - accès Wi-Fi gratuit - la boutique du même nom jouxte la taverne.*
Cette taverne typique qui a ouvert en 1900 permet de déguster du *manzanilla* (vin blanc) à chacune des cinq étapes de son vieillissement. On peut aussi goûter tous les autres vins andalous.

Marchés
Les petits marchés de produits artisanaux sont courants à Cadix. Rendez-vous le dimanche près de l'**arc du Peuple** (Arco del Pópulo) ou tôt le lundi matin au célèbre marché d'**El Piojito**, sur l'av. de la Bahía : vous y trouverez de tout dans une ambiance populaire.

Córdoba/Cordoue

Gastronomie
Les religieuses du couvent de Santa Isabel ont la réputation d'être d'excellentes pâtissières. Laissez-vous tenter par leurs spécialités et n'hésitez pas à leur acheter des *almendrados* (pâte d'amandes), des *coquitos* (genre de palmiers), des *pasteles cordobeses* (spécialité de Cordoue), ou autres pâtisseries *(calle Almería, 5 - 957 298 403 - 9h-12h45, 17h-19h15).*

Granada/Grenade

Casa Enrique
Acera del Darro, 8 - ✆ *958 255 008 - tlj sf dim. 12h-16h, 20h-0h - à partir de 10€.*
Cette petite taverne fondée en 1870 est devenue l'un des endroits emblématiques de la ville. On y déguste des produits à base de porc ibérique, des fromages du pays et de bonnes conserves.

Chikito
Pl. del Campillo 9 - ✆ *958 223 364 - www.restaurantechikito.com - tlj sf merc. - réserv. conseillée - 20/30 €.*
Le restaurant et le bar font partie des incontournables aussi bien pour les habitants de Grenade que pour les touristes. Les artistes et les intellectuels des années 1930 (comme García Lorca) s'y retrouvaient. Il sert des spécialités locales et un excellent jambon.

Jaén

Mesón Nuyra
Pasaje Nuyra, s/n - ✆ *953 240 763 - tlj sf dim. - fermé seconde quinzaine d'août - 20/40 €.*
Ce restaurant typique est aménagé dans une grotte, tout près de la calle Nueva. Spécialités de cochon de lait et de filet de bœuf.

Sevilla/Séville

Las Teresas
Calle Santa Teresa 2 - ✆ *954 213 069 - 13h-16h, 20h-0h.*
Cette petite taverne typique, fondée en 1870 et située dans une ruelle pittoresque, est un classique du quartier qui nous transporte au début du 19e s. Grand choix de vins. Les places sont chères, mais cela en vaut la peine.

La Campana
Calle Sierpes 1 - ✆ *954 223 570 - www.confiterialacampana.com - 11h-0h.*
Un grand classique de Séville. On peut goûter des pâtisseries réputées dans toute la ville dans un cadre rococo très agréable. On y trouve autant de Sévillans purs et durs que de touristes.

Espagne

La **Galice**, au bout de la terre

⮑*Départ
de La Corogne*
⮑*9 jours
915 km
Carte Michelin
n° 571*

Plage à Portonovo

OT Espagne

Ce parcours vous donnera l'occasion de découvrir cette province qui, pour les anciens, était la *Finis Terra* : ses villes magnifiques, ses paysages verts, son littoral jalonné de rías et ses villages pittoresques.

Jour 1

Après la visite de **La Corogne**, de sa muraille antique et de son avenida da Marina bordée de hautes maisons à galeries de verre, prenez la route en direction de **St-Jacques-de-Compostelle**, l'une des plus belles villes d'Espagne, où vous ne pourrez résister à l'émotion qui vous envahira, à l'instar des pèlerins, lorsque vous découvrirez l'impressionnante cathédrale sur la praza do Obradoiro.

Jours 2 et 3

Ce haut lieu de pèlerinage s'appréhende facilement en deux jours, la majorité de ses monuments se concentrant dans la vieille ville. Le premier jour, commencez par le joyau de la ville : la cathédrale et son musée par la rue… Franco! L'après-midi, vous pouvez faire le tour du centre historique depuis la praza do Obradoiro jusqu'au collège de Fonseca. Le deuxième jour, visitez le musée des Pèlerinages et celui du Peuple galicien (éventuellement le centre galicien d'Art contemporain, en face). L'après-midi, promenez-vous dans le parc de l'Alameda puis poursuivez jusqu'à la collégiale de Santa María del Sar.

Avant de quitter St-Jacques pour ses alentours, rendez-vous tranquillement au marché, praza de Abastos. Puis filez en direction de la fin de la terre : **Fisterra**. Les pèlerins qui souhaitent achever en beauté le chemin de St-Jacques-de-Compostelle rejoignent ce village très typique d'une Espagne ancienne pour y faire brûler leurs godillots. En chemin, vous admirerez les greniers à blé, les plages désertes, le sable blanc, les falaises en à-pics et l'eau souvent glacée…

Jours 4 et 5

Dirigez-vous ensuite dans les Rías Bajas qui sont formées par celle de **Muros** (faites halte à **Castro de Baroña**) et **Noia**,

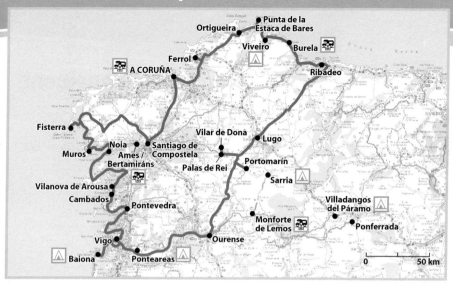

la plus petite, où débouche le Tambre ; la ría d'**Arousa**, estuaire de l'Ulla, séparée de la précédente par la péninsule de **Barbanza** et enfin la ría de **Pontevedra**, dont la spécialité sont les piments verts frits. Bien que restreint, le centre historique de Pontevedra recèle de beaux édifices, témoins de sa puissance passée. On se perd facilement dans son dédale de petites rues pavées et de places. La cité possède également d'agréables parcs et jardins, des cafés accueillants en hiver et de fraîches terrasses en été, entourée de belles plages, et enfin, la ría

de **Vigo**, protégée par les îles **Cíes**. C'est une région privilégiée à laquelle la mer offre ses ressources et où les profondes échancrures de la côte procurent aux navires maints abris sûrs. En saison, les estivants, espagnols pour la plupart, affluent sur ses plages et dans ses stations typiques et luxueuses. Prolongez jusqu'à **Baiona**, station balnéaire animée qui a su conserver un charmant quartier ancien aux maisons blasonnées et aux galeries vitrées.

Jour 6

Prenez ensuite la direction d'**Ourense** et visitez le Pazo de Oca le matin puis le monastère de Carboeiro l'après-midi.

Jour 7

Arrivé à Ourense, après avoir admiré sa belle cathédrale, offrez-vous une excursion aux impressionnantes gorges du **Sil** toutes proches. Remontez ensuite vers **Portomarin**,

pour son église sauvée des eaux, et à **Vilar de Donas** dont l'église conserve d'intéressantes fresques. Avant **Lugo**, faites une étape en chemin au monastère Santa María la Real de Oseira.

Dans Lugo, le tour des murailles s'impose, ainsi qu'un tour à la cathédrale, avant de reprendre la route vers la côte des Rías Altas et **Ribadeo**. Non loin de la station balnéaire, à l'ouest, s'étend la belle plage des Cathédrales.

Jour 9

En continuant le long du littoral, vous passerez par **Viveiro** et son cœur historique, par la pointe de l'Estaca de Bares, aux multiples points de vue, par **Ortigueira** puis par le sanctuaire de San Andrés de Teixido, connu pour son pélerinage. Vous parviendrez ainsi à **Ferrol** et à ses plages avant de regagner La Corogne.

Aires de **service** & de **stationnement**

A Coruña/La Corogne

Área de la Coruña
Puerto de San Pedro de Visma – 🅿 *12.*
Borne autre. 🛆 🚽 ⚓ Gratuit.
Stationnement : autorisé.

Ames - Bertamirans

Área de Bertamirans
Av. de la Mahia – 🅿 *20.*
Borne autre. 🛆 🚽 ⚓ Gratuit.
Stationnement : autorisé.

Burela

Área de Burela
Rua Real, parque de O Campón – Ouv. tte l'année – 🅿 *5.*
Borne autre. 🛆 🚽 ⚓ Gratuit.
Stationnement : autorisé.

Monforte de Lemos

Área de Monforte de Lemos
Edificio Multiusos – 🅿 *40.*
Borne autre. 🛆 🚽 ⚓ Gratuit.
Stationnement : autorisé.

⛺ Campings

Baiona

⛺ Camping Bayona Playa
Vigo-Bayonna, km 19 - Sabaris
☎ 00 34 986-350035
Permanent 4 ha (500 empl.)
🚐
Loisirs : 🛝 🏊 ⚓ (plage) 🏌 🎾 ♦
Services : ⛽ 🔧 sèche-linge ⚒ ☕ 🍷 🍴 snack
☺ En bord de mer, transports en commun pour le centre-ville.

Ponteareas

⛺ Camping A Freixa
Ribadetea
☎ 00 34 986-640299
Juil.-sept. 1 ha (120 empl.)
🚐
Loisirs : 🏛 🛝 ⚓
Services : ⛽ 🔧 ⚒ 🍴

Santa Uxía de Ribeira

⛺ Camping Coroso
Playa de Coroso Apart. 9
Mai-sept. 3 ha (250 empl.)
🚐
Loisirs : 🏛 diurne (excursion organisées) 🛝
⚓ (plage) 🎾 ♦
Services : ⛽ 🔧 ⚒ ☕ 🍷 🍴 pizzeria

Sarria

⛺ Camping Vila de Sarria
LU 5602 km 1
☎ 00 34 982535467
Permanent 3,5 ha (85 empl.)
🚐
Loisirs : 🏛
Services : ⛽ 🚿 📶 📱 🔧 sèche-linge ⚒ 🍷 🍴

Villadangos del Páramo

⛺ Camping Camino de Santiago
Ctra N120, km 30
☎ 00 34 987680253
Permanent 4 ha (100 empl.)
🚐
Loisirs : terrain multisports 🛝 🏊
Services : 🔧 🍷 🍴
☺ Transports en commun à 300 m.

Viveiro

⛺ Camping Vivero
Cantarrana s/n
☎ 00 34 982-560004
Juin-sept. 1,2 ha (110 empl.)
Loisirs : ⚓ (plage) 🎾 ♦
Services : 🔧 ⚒
☺ Transport en commun pour centre-ville.

Carnet pratique

Les bonnes **adresses** de Bib

Office de tourisme de La Corogne
Oficina de Turismo de A Coruña – *Dársena de la Marina* - ✆ *981 221 822* - *www.turgalicia.es* - *lun.-vend. 10h-14h, 16h-19h, sam. 11h-14h, 17h-19h, dim. 11h-14h.*

Office de tourisme de St-Jacques-de-Compostelle
Oficina de Turismo de Santiago de Compostela – *Rúa do Vilar, 30-32* - ✆ *902 332 010/981 584 081* - *www.turgalicia.es* - *lun.-vend. 10h-20h, sam. 11h-14h, 17h-19h, dim. 11h-14h.*

Adega o Bebedeiro
Ángel Rebollo 34 - ✆ *981 210 609* - *www.adegaobebedeiro.com* - *tlj sf dim. soir et lun.* - *20/25 €.*
Cet établissement est renommé pour sa carte variée et ses prix accessibles. Le décor, rustique, met la pierre et le bois à l'honneur et le service est très aimable. Il est conseillé de réserver.

Coral
Callejón de la Estacada 9 - ✆ *981 200 569* - *tlj sf dim.* - *25/44 €.*
Un restaurant familial qui s'est fait une réputation. Bien situé dans le centre-ville, il offre une excellente cuisine typique dans un joli cadre en pierre et en bois. Sérieux et qualité garantis.

Ourense

Restaurante Zarampallo
Hermanos Villar 19 - ✆ *988 230 008* - *www.zarampallo.com* - *tlj sf dim. soir 12h-16h, 21h-0h* - *30 € - menu déj. 10 € - accès Wi-Fi.*
Cet établissement est à recommander non seulement pour son emplacement au centre historique de la ville, mais aussi et surtout pour sa carte de qualité. Cuisine internationale. Il dispose également de chambres fonctionnelles et colorées.

Pontevedra

Rianxo
Praza da Leña 6 - ✆ *986 855 211* - *tlj sf dim.* - *menu 16/24 €.*
Cet établissement dispose d'un bar à tapas à l'entrée et d'une salle à manger au décor rustique au 1er étage. La cuisine est traditionnelle et assez copieuse.

St-Jacques-de-Compostelle

A Taberna do Bispo
Bar à tapas - *rua do Franco, 37B* - ✆ *981 586 045* - *lun.-jeu. 11h-0h, vend. et w.-end 11h-1h* - *env. 15 €.*
Cet établissement est situé dans la rue la plus commerçante du centre. Sur le bar à l'entrée, les tapas et *montaditos* colorés n'offrent que l'embarras du choix. Arrivez tôt si vous souhaitez une place assise.

La Bodeguilla de San Roque
San Roque 13 - ✆ *981 564 379* - *www.labodegadesanroque.com* - *13h-15h, 20h30-23h* - *4-7,50 €.*
Cette maison, spécialisée en charcuterie et omelettes, s'est fait une réputation grâce à la qualité de ses tapas et de ses *raciones*. Bonne carte des vins aussi. Le restaurant est situé à l'étage.

Vigo

La Oca
Purificación Saavedra 8 (en face du marché de Teis) - ✆ *986 371 255* - *tlj sf w.-end* - *25/33 €.*
Son emplacement un peu excentré et sa façade vieillissante ne doivent pas vous empêcher d'essayer ce petit restaurant familial qui offre une cuisine galicienne novatrice. Carte créative, avec une petite touche française.

La Cerilla
Rúa Martín Códax 10 - ✆ *986 433 907* - *tlj sf dim. 13h-16h, 21h-0h* - *15/20 €.*
Situé dans la partie moderne de la ville, cet établissement séduit avant tout par la décoration de sa salle à manger (à l'étage) : les lumières douces éclairent les murs en pierre dans un décor feutré. Il propose des tapas et *raciones* originales. La spécialité de la maison : la *cerilla* (allumette), sorte de pomme frite très fine.

Viveiro

Mesón Imperial
Rúa Pastor Díaz 66 - ✆ *982 560 117* - *8h-2h - menu déj. 8 €* - *à la carte env. 20 €.*
En plein centre, cet établissement vous accueillera dans un décor chaleureux fait de murs en pierre et de tables en bois. Très bonnes *raciones* et carte des vins intéressante.

Le Portugal depuis la France

De Bordeaux à **Porto**

Cathédrale de la Seo, à Saragosse.

➲ **Départ de Bordeaux**
➲ **10 jours - 1 452 km**

Cartes Michelin n° 721 et 734

Jour 1
257 km

Empruntez la D10, la N524, la D934 et la D834 vers **Pau** (199 km). La ville natale d'Henri IV sera une agréable première étape de votre périple transibérique : du boulevard des Pyrénées, profitez du magnifique panorama sur ce paysage de montagnes que vous allez traverser. Après le déjeuner, prenez le temps de visiter le château et de vous promener dans les rues de la vieille ville, avant de reprendre la route vers **Laruns** (N134, D934, 40 km) pour passer la nuit.

Jours 2 et 3
202 km

Reprenez la D934 pour passer en Espagne par **El Portalet** (col du Pourtalet). L'A136, la N330 puis l'A23 vous mèneront à **Huesca** (124 km). Cette jolie ville aragonaise possède une cathédrale qui mérite un détour. Avant de reprendre la route, déjeunez sur l'av. Porches de Galicia et baladez-vous dans la vieille ville.
Reprenez l'A23 pour gagner **Saragosse** (76 km). La capitale de l'Aragon, au confluent de l'Èbre et d'un canal impérial, constitue un véritable centre religieux autour de la Virgen del Pilar. Arpentez la Plaza del Pilar, qui forme, avec la Plaza de la Seo, le cœur de la ville. Visitez la magnifique cathédrale de San Salvador (la Seo), monument gothique qui rassemble des éléments d'une grande variété ornementale, allant du roman au baroque churrigueresque. Pour l'après-midi, découvrez la basilique de Nuestra Señora del Pilar, et le Palacio de la Aljafería, précieux témoignage de l'art hispano-musulman. Terminez par une soirée de tapeo dans le centre historique.

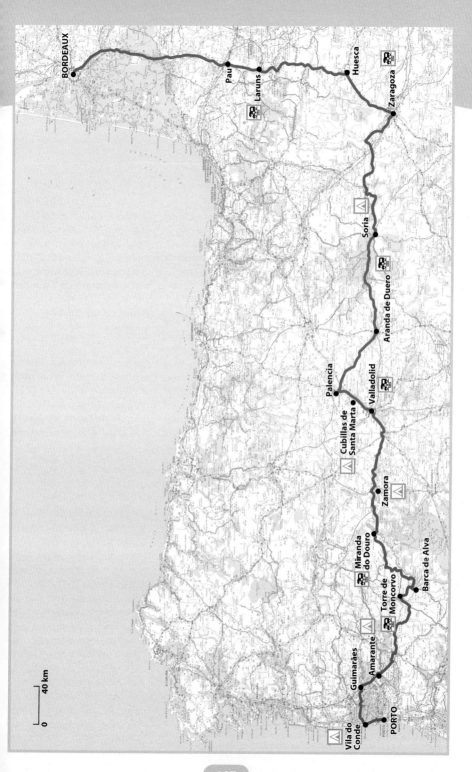

Le Portugal depuis la France

De Bordeaux à **Porto** *suite*

Jour 4
272 km

Au départ de Saragosse, empruntez la N232, l'A126, l'A127, la N122, la N113, la CL101, la Carretera de Ólvega (SO-P-2001) et enfin la N122 jusqu'à **Soria** (171 km). Dans ce bourg de Castille vous visiterez la très belle église de San Juan de Duero. Son cloître du 13ᵉ s. est unique en Espagne et se distingue par un entrelacs d'arcs d'influence islamique. Poursuivez votre chemin avec la N234 jusqu'à **San Leonardo de Yagüe**, puis la route traversant le Cañon del Rio Lobos et plusieurs villages jusqu'à rejoindre la CL111, qui vous mènera à **Aranda de Duero** pour la nuit (115 km).

Jour 5
137 km

Empruntez la CL619 pour faire un détour à **Palencia** (95 km). Il fait bon de se promener entre la calle Mayor et le puente Mayor, où vous découvrirez au détour d'une rue un portail baroque ou une façade Art nouveau. Ne manquez pas l'admirable cathédrale gothique édifiée entre le 14ᵉ et le 16ᵉ s. Prenez ensuite l'A62 pour **Valladolid** (48 km). Le puente Mayor, la plaza Zorrilla et la plaza del Pablo forment un triangle d'or où vous pourrez admirer les souvenirs de l'ancienne cour de Castille.

Jour 6
155 km

Après avoir profité des charmes espagnols, mettez le cap sur le Portugal en reprenant l'A62, l'A11, la N122, et enfin la ZA324 jusqu'à **Miranda do Douro** (155 km). Isolée au sein d'une

Le pont enjambant le Tâmega et la petite ville d'Amarante.

Jose Fuste Raga / Premium / AGE Fotostock

région austère à l'extrême nord-est du Portugal, Miranda et ses charmantes maisons blanchies à la chaux dominent en à-pic la vallée du Douro.

Jour 7
148 km

Miranda do Douro est le point de départ d'un circuit de découverte de la vallée du Haut-Douro (136 km), qui s'effectue par la N221. Cette région est l'une des plus sauvages du pays et conserve de nombreuses espèces animales rares comme la cigogne noire et divers rapaces. Vous traverserez un plateau fertile et verdoyant au printemps, sec en été, et longerez une partie des gorges du Douro. Vous arriverez à **Barca de Alva** après avoir franchi le fleuve et rejoindrez **Torre de Moncorvo** (38 km) pour la nuit.

Jour 8
147 km

Gagnez l'IP2, puis prenez la N222 et la N101 jusqu'à **Amarante** (138 km). Étagé sur les rives boisées du Tâmega, ce bourg charmant est empreint de religiosité. Outre son célèbre pont et ses églises (monastère de São Gonçalo), il compte de vieilles demeures aux balcons de bois et aux grilles de fer forgé. On y déguste de délicieuses pâtisseries, jadis confectionnées par les religieuses.

Jour 9
100 km

Dirigez-vous avec la N15 puis la N101 (36 km) vers **Guimarães**, première capitale du Portugal et berceau de la nation au 12e s. Son centre historique médiéval dominé par un fier château a été classé au Patrimoine mondial de l'Unesco en 2001. Visitez la vieille ville et prenez un verre à la terrasse d'un café du largo da Oliveira ou de la praça de São Tiago. Pour une escapade sur le littoral, empruntez la N206 jusqu'à **Vila do Conde** (49 km), sur la Costa Verde.

Jour 10
34 km

La N13 vous mènera à **Porto** (28 km), deuxième ville du Portugal. Ses églises de granit abritent l'opulence du baroque portugais. Baladez-vous sur les quais animés de la Ribeira ou de Vila Nova de Gaia. Sous le soleil, la ville apparaît radieuse et colorée, avec ses demeures accrochées aux versants du Douro, qui termine ici son long parcours, tout comme vous.

Aires de **service** & de **stationnement**

Aranda de Duero

Aire de Aranda de Duero
Av. Doña Ruperta Baraya – P *10.*
⛺ 🚐 ⚓

Laruns

Aire de Laruns
Au centre du village – ☎ *05 59 05 31 41 –* P *22 –*
de 18h à 9h.
Borne euro-relais. ⛺ 🚐 ⚓ [$]
Payant 3,50 € WC
Stationnement : gratuit.

Miranda do Douro

Aire de stationnement de Miranda do Douro
Derrière la cathédrale – illuminée et calme pour passer la nuit.

Saragosse

Aire de Marlofa la Joyosa
A-68/CV-658 sortie 22, Marlofa la Joyosa – P *21.*
⛺ 🚐 ⚓ [$]
Services WC
Stationnement : gratuit

Torre de Moncorvo

À côté de la piscine.
⛺ 🚐 ⚓
Services WC 🍴 ☕
Stationnement : gratuit.

Valladolid

Area San Lorenzo
Avda. de Ramón Pradera 6, face au parc des expositions - P *15.*
Borne artisanale. ⛺ 🚐 ⚓
Stationnement : 1,25 €/5h ; gratuit la nuit.

⛺ Campings

Amarante

Parque de Campismo Penedo da Rainha
Rua Pedro Alvellos - ☎ *255 43 76 30 - ouvert du 01/02 au 30/11 -* P *250.*
14,10-16,10 €
🚐 56 🅴
Services : ♿ 🍽 ✕ 📷
Loisirs : 🏊 terrain de sport
Superficie : 9 ha.

Cubillas de Santa Marta

Camping Cubillas
Entre Palencia et Valladolid - A62, km 102 - ☎ *983 58 50 02 - ouvert du 09/01 au 13/12 -* P *16.*
27,80-37 €
🚐 50 🅴
Superficie : 4 ha.
Services : 🍽 ✕ 📶 📷
Loisirs : 🏖 🏊 ✂

Soria

Camping Fuente de la Teja
Carretera de Madrid, km 223 - ☎ *975 22 29 67 - ouvert du 01/03 au 30/09 et du 10/10 au 30/11 -* P *70.*

20,50-27,50 € 🚐
Services : ♿ 🍽 ✕ ☕ 📶 📷
Loisirs : 🏖 🏊
Superficie : 2 ha.

Vila do Conde

Parque de Campismo Sol de Vila Chã
Rua do Sol, 150 - Vila Chã - ☎ *229 28 31 63 -* P *50.*
15,90-19,10 €
🚐 115 🅴
Services : ♿ ✕ 📶 📷 sèche-linges
Loisirs : 🏖 🏊 🎣 ✂ 🎣 terrain de sport
Superficie : 3 ha.

Zamora

Camping Ciudad de Zamora
C605 Zamora-Fuentesaúco, km 2,5 - ☎ *980 53 72 95 - ouvert du 15/04 au 15/09 -* P *40.*
25,80-34,60 €
Services : 🍽 ✕
Loisirs : 🏖 🏊
Superficie : 1 ha.
😊 La piscine est ouverte en juillet et août.

Les bonnes **adresses** de Bib

Guimarães

El Rei D. Alfonso
Praça de S. Tiago, 20 - ℘ 253 41 90 96 - fermé dim. - menu avec boissons 14,50 €.
Dès les premiers beaux jours, le restaurant dispose ses tables sur la ravissante praça de São Tiago. Dans ce décor historique, vous savourerez d'autant mieux la simplicité de la cuisine régionale : apéritif copieux (pain frotté à l'ail, charcuterie locale et melon vert, crème de thon maison), le caldo verde (la soupe au chou émincé) et les différentes recettes de morue.

Huesca

Flor de Huesca
Porches de Galicia, 4 - ℘ 974 240 402 - 16 €.
Sous les arcades de cette rue centrale, ce restaurant propose un menu complet et original pour un prix intéressant. La qualité des plats et du service sont au rendez-vous. Une bonne adresse.

Miranda do Douro

Balbina
R. Rainha Dona Catarina, 35 (près de la praça Dom João III) - ℘ 273 43 23 94 - 10-12 €.
Dans une ruelle calme du centre, la rumeur des clients attablés interpelle le passant. Signalé par une discrète pancarte en fer forgé, ce restaurant propose une cuisine régionale à base de viande. Volaille cuite dans son sang (cabidela), saucisses à l'ail mirandesa (alheiras) et tranche de veau grillée aux poivrons rouges, spécialité de la maison.

Palencia

Isabel
Valentín Calderón, 6 - ℘ 979 749 998 - fermé dim. soir, lun. et de fin fév. à mi-mars - 21/28 €.
Très bon rapport qualité-prix pour cet agréable restaurant qui propose une cuisine traditionnelle.

Pau

O'Gascon
13 r. du Château - ℘ 05 59 27 64 74 - restaurant-ogascon-pau.com - fermé mar., tous les midis sf dim. - 22/51 €.
Murs en pierres et briques, vieux meubles en bois et poutres au plafond : il règne une chaleureuse ambiance dans ce restaurant très orienté cuisine du terroir. On peut y déguster la vraie garbure, servie dans une soupière en terre cuite. Accueil très agréable et sans chichi.

Real

Quinta da Lama
D'Amarante, prendre la N 15 vers Porto, puis la N 211-1 à gauche jusqu'à Real (situé avant Vila Meã). Dans le bourg, tourner à gauche, dépasser l'église, puis descendre à droite à hauteur du stade municipal ; l'accès à la quinta est indiqué plus bas, sur un panneau en pierre. ℘ 255 73 35 48 - fermé dim. soir et lun. - 15/20 €.
Perdu au milieu des paysages vallonnés du vignoble du vinho verde, un ancien moulin à huile conservé dans son jus : les tables entourent la meule, et un four à pain apparaît au fond de la salle. Une adresse d'initiés pour une cuisine régionale délicate et savoureuse.

Saragosse

La Republicana
Espoz y Mina, 38 - raciones et plats 5/10 €.
Plats « populaires » et tapas dans un décor des années 1930 hétéroclite. Pour le cadre et l'ambiance.

Casa Colas
Martires, 10 - ℘ 976 399 216 - fermé dim. soir - plats 13/30 €.
Maison familiale qui propose des tapas, au bar, ou des plats dans le restaurant contigu. Ambiance chaleureuse.

Soria

Casa Augusto
Plaza Mayor, 5 - ℘ 975 213 041 - www.casaaugusto.com.
Dans une accueillante salle à manger en pierre, cuisine régionale élaborée avec des produits de qualité. Menu du jour.

Valladolid

Vino Tinto
Campanas, 4 - ℘ 983 342 291.
Savoureuses tapas et raciones dans un agréable cadre moderne aux murs tapissés de bouteilles de vins et aux tables en bois.

La Tasquita
Caridad, 2 - ℘ 983 351 351.
Taverne à l'ancienne au joli sol. Délicieuses tapas, montaditos, canapés et raciones.

Portugal

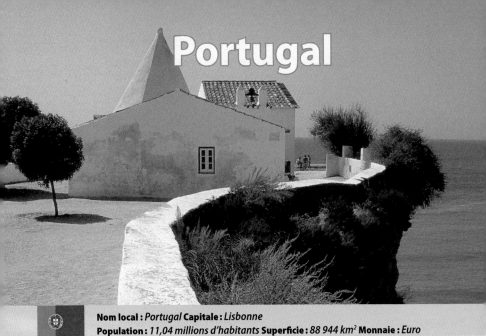

Nom local : *Portugal* **Capitale :** *Lisbonne*
Population : *11,04 millions d'habitants* **Superficie :** *88 944 km²* **Monnaie :** *Euro*

Niché dans la pointe sud-ouest de la péninsule ibérique, le Portugal offre un tableau bigarré de paysages. Des vallées verdoyantes du nord aux vastes plaines dorées du sud, du charme rustique de ses vieux villages à l'enchantement de la capitale, vivante et moderne, c'est un pays accueillant et très agréable à visiter.

Avec plus de 800 km de plages ouvertes sur l'Atlantique, on ne s'étonne pas que les Portugais aient été les premiers Européens à se lancer à la conquête du nouveau monde. L'immense empire portugais comprenait des colonies aux quatre coins de la planète, de l'Amérique du sud à l'Asie. Le riche patrimoine architectural du pays témoigne de ce passé glorieux.

Le Portugal vous séduira par la vivacité de ses traditions, dont la généreuse gastronomie de terroir, l'artisanat varié et les nombreuses manifestations folkloriques tout au long de l'année. C'est au nord du pays que les coutumes sont les plus préservées.

Dans cette région à la végétation luxuriante, les vignes grimpantes de la vallée du Douro forment un paysage unique – tout comme son célèbre vin... de Porto.

Les montagnes de la région centrale des Beiras font la transition entre le nord humide et le sud sec, tandis que la zone proche de Lisbonne concentre les monuments les plus extraordinaires du pays. Au-delà des rives du Tage, de vastes étendues et des villages éclatants de blanc couvre près d'un tiers de la superficie du pays. À l'extrémité sud du Portugal, l'Algarve recèle quelques-unes des plus belles plages de l'Europe : le contraste entre les magnifiques falaises et la mer turquoise créent un panorama d'une extraordinaire beauté.

Si le Portugal dispose d'un climat relativement doux, il y a de grandes différences entre les régions. Il pleut beaucoup au nord même en été, et l'hiver peut être très rigoureux dans cette partie du territoire. L'automne et le printemps sont les meilleures saisons pour visiter le pays.

RECOMMANDATIONS

DOCUMENTS OBLIGATOIRES

✓ Permis de conduire rose de l'UE
✓ Permis de conduire international (recommandé seulement)
✓ Certificat d'immatriculation ou certificat de location
✓ Plaque d'identification nationale
✓ Justificatif d'assurance (carte verte)
✓ Passeport (recommandé seulement)
✓ Procuration en cas d'utilisation du véhicule appartenant à un tiers (recommandée seulement)

VITESSES LIMITES

✓ En agglomérations urbaines : 50 km/h
✓ Sur routes : 90 km/h
✓ Sur autoroutes : 120 km/h
✓ Ces vitesses limites sont réduites par temps de pluie

FANGIO !

Une grande prudence est recommandée car les Portugais roulent à vive allure. Attention aux enfants qui gambadent dans les rues et aux habitants dans les rues le soir qui rendent la circulation difficile.

Pour téléphoner au Portugal

00 351 + indicatif régional sans le 0 + numéro de l'abonné. Il faut composer l'intégralité du numéro, avec l'indicatif régional, soit 9 chiffres où que vous soyez.

RÉGLEMENTATIONS

✓ Taux maximum d'alcool toléré dans le sang : 0,49 g
✓ Siège enfant, rehausseur ou système de retenue adapté et homologué obligatoire jusqu'à 12 ans ou 1,50 m
✓ Âge minimum du conducteur : 18 ans
✓ Port de la ceinture de sécurité obligatoire à l'avant et à l'arrière
✓ Allumage des feux de croisement obligatoire (jour et nuit) pour les deux-roues toute l'année
✓ Pneus cloutés interdits
✓ Triangle de présignalisation obligatoire
✓ Trousse de premiers secours recommandée
✓ Extincteur recommandé
✓ Gilet de sécurité fluorescent obligatoire

URGENCES

✓ Téléphone incendie et ambulance : 112
✓ Téléphone Police : 110

Au secours ! **Socorro !** / *C'est une urgence* **É uma emergência** / *Hôpital* **Hospital** / *Médecin* **Médico** / *Pharmacie* **Farmácia** / *Police* **Polícia**

LEXIQUE

MOTS USUELS

Oui **Sim** / *Non* **Não** / *Bonjour* **Bom dia** / *Bonsoir* **Boa noite** / *Salut* **Olá** / *Au revoir* **Adeus** / *S'il vous plaît* **Por favor** / *Merci (beaucoup)* **(muito) Obrigado/a (h/f)** / *Excusez-moi* **Desculpe** / *D'accord* **Tudo bem** / *Santé !* **Saúde !** / *Manger* **Comer** / *Boire* **Beber** / *Toilettes* **Casa de banho** / *Restaurant* **Restaurante** / *Office de tourisme* **Posto de turismo** / *Argent* **Dinheiro**

DIRECTIONS & TRANSPORTS

Où se trouve… ? **Onde fica… ?** / *À droite* **À direita** / *À gauche* **À esquerda** / *Tout droit* **Em frente** / *Près de* **Perto de** / *Entrée* **Entrada** / *Sortie* **Saída** / *Route* **Estrada** / *Rue* **Rua** / *Autoroute* **Auto-estrada** / *Ville* **Cidade** / *Village* **Aldeia** / *Station-service* **Posto de gasolina** / *Essence* **Gasolina** / *GPL* **Gás** / *Diesel* **Gasóleo**

PREMIERS CONTACTS

Je voudrais… **Eu queria…** / *Parlez-vous français ?* **Você fala francês ?** / *Je ne comprends pas* **Eu não entendo** / *Pouvez-vous m'aider ?* **Você poderia me ajudar ?** / *Combien ça coûte ?* **Quanto custa ?** / *L'addition, SVP ?* **A conta, por favor** / *Je cherche…* **Eu procuro…** / *C'est trop cher* **É muito caro** /

Portugal

Admirer le Minho, le Trás-os-Montes et la **vallée du Douro**

➲ *Départ de Porto*
➲ *7 jours*
790 km
Carte Michelin n° 733

La Ribeira et les quais

Jour 1

Malgré des apparences de ville austère et industrieuse, **Porto** se révèle une cité attachante avec son vieux quartier médiéval pittoresque, ses quais agréables le long du Douro. Le quartier de la cathédrale et de la praça de Batalha sont très animés. C'est surtout à pied et durant l'intersaison que la cité révèle le mieux ses charmes, à travers ses ruelles labyrinthiques et ses parcs à l'atmosphère romantique. Mais loin de se reposer sur les acquis du passé, Porto multiplie aujourd'hui les succès. Son centre historique, rénové avec goût, a été inscrit au patrimoine mondial de l'Unesco. La ville s'est enrichie d'un beau musée d'Art contemporain et d'un audacieux complexe dédié à la musique.

Jour 2

Direction le nord en longeant la côte, vous rejoignerez la nature exubérante du Minho et ses vignes omniprésentes qui en font une zone de tourisme rural fort appréciée. Faites un détour par le berceau historique du pays, dont le principal centre religieux, **Braga**, surnommée la « Rome » du Portugal, couverte d'églises et de couvents; les clochers y tintent en permanence. Dans les environs, ne manquez pas le sanctuaire de **Bom Jesus do Monte**. Puis regagnez **Guimarães**, première capitale du Portugal. Son centre historique médiéval, ensemble architectural homogène réhabilité dans les règles de l'art, a été classé au patrimoine mondial de l'Unesco en 2001. En regagnant la côte, passez par **Barcelos**,

chaque jeudi matin s'y tient un marché agricole et artisanal, un des plus importants du Portugal.

Jours 3 et 4

La suite de notre circuit vous fait découvrir **Viana do Castelo**, où la rivière Lima rencontre l'Océan. Sa vieille ville foisonne de belles demeures manuélines ou Renaissance; ses rues piétonnes et commerçantes convergent sur une grande place entourée de monuments du 16e s. N'oubliez pas de vous rendre au belvédère de Santa Luzia. Une échappée jusqu'à la frontière espagnole vous permet de longer la côte Atlantique puis le Parque Nacional de Peneda-Gerês avant de rejoindre les villes de **Ponte da Barca** et **Ponte de Lima**, actif centre viticole.

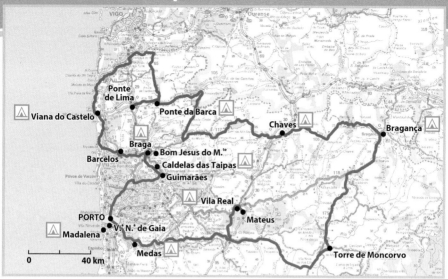

Jour 5

Un autre crochet en Espagne au bord du **barrage de Lindoso** puis par la OU 312 et N 308-1 rejoignez la haute vallée du Cávado et la ville fortifiée de **Chaves**. Ville fraîche et discrète, Chaves garde un cachet ancien avec son donjon autour duquel se pressent de pittoresques maisons blanches. Elle forme une agréable station thermale, connue pour son pont romain qui enjambe le Tâmega et son délicieux jambon fumé « presunto ». Poursuivez jusqu'à **Bragança** dont la superbe cité médiévale domine la ville nouvelle.

Le conseil de Bib

▶ Au Portugal, la majeure partie des autoroutes sont payantes, mais quelques tronçons sont libres de péage.

Il se dégage de la vieille ville aux ruelles pavées, tranquilles et fleuries, une atmosphère presque désuète. C'est un excellent point de départ pour la découverte du tout proche parc naturel de Montesinho.

Jours 6 et 7

Direction la vallée du Douro. Vous verrez de nombreux barrages sur le fleuve, dans des paysages à consonance désertique. À partir de **Torre de Moncorvo**, les vignobles du porto prennent place tout le long de la vallée. Stoppez à **Vila Real**, qui est sans grand relief malgré les nombreuses demeures praticiennes des 16e et 18e s. qui l'agrémentent afin de visiter le magnifique manoir de **Mateus**, bijou de l'architecture baroque. Vous pouvez organiser une excursion dans le parc naturel d'Alvão. De Vila Real à Porto s'étend la basse vallée, celle où est conçu le vinho verde.

Bom Jesus de Monte

Portugal

 **Campings**

Braga

⛺ Parque da Ponte
Parque São João da Ponte (EN101, km 1)
℘ 0253/273355
Permanent 2 ha
Loisirs : 🏠 🛝 🍴
Services : 🚿 😊 brasserie, snack

Bragança

⛺ Parque de campismo do Sabor
Estrada de Rabal (EN103-7, km 6)
℘ 0273/322633
Mai-sept. 11 ha (550 empl.)
Loisirs : 🏠 🛝
Services : 🚿 😊 🎿 ⛺ 🧺 🍷 ✗ cafétéria

Caldelas das Taipas

⛺ Parque de campismo de Caldas das Taipas
Avenida Rosas Guimarães
℘ 0253/576274
Juin-sept. 1,5 ha (52 empl.)
Loisirs : 🏠 🛝 ⛷ ≅ (plan d'eau) 🐟 aire de sports
Services : 🚿 😊 🎿 ⛺ 🧺 🍷 ✗ brasserie

Chaves

⛺ Quinta do Rebentão
EN2, km 5.5 - Vila Nova de Veiga
℘ 0276/322733
Janv.-nov. 3,5 ha (100 empl.)
Loisirs : 🏠 🛝 🚲 ⛷ barbecue
Services : ♿ 🔑 🍴 🚿 😊 🎿 ⛺ 🔊 📶
sèche-linge 🧺 🍷 ✗ brasserie, snack

Madalena

⛺ Orbitur Madalena
Rua de Cerro 608 - Praia da Madalena
℘ 0227/122520
Permanent 24 ha (1000 empl.)
Loisirs : 🏠 🎭 diurne discothèque 🛝 🍴 🎾 ♂
⛷ ≅ (plage) aire de sports
Services : 🔑 ⛽ 🚿 😊 🎿 ⛺ 📶 🧺 🍷 ✗ brasserie, snack

Medas

⛺ Parque das Medas
Lugar do Gavinho - Gondomar (EN108, km 25)
℘ 0224/760162
Permanent 6 ha
Loisirs : 🏠 🎭 diurne discothèque, jeux pour adultes 🍴 ⛷ ≅ (plan d'eau) 🐟 aire de sports
Services : 🔑 🚿 😊 🎿 ⛺ ✈ 📶 🧺 🍷 ✗ brasserie, snack

Ponte da Barca

⛺ Entre Ambos Os Rios
Dans le Parque Nacional do Peneda-Gerês (EN203)
℘ 0258/588361
De mi-mai à sept. 5 ha (115 empl.)
Loisirs : 🏠 🛝 ≅ (plan d'eau) 🐟 barbecue
Services : 🔑 🚿 😊 🎿 📶 🍷 ✗ snack

Viana do Castelo

⛺ Orbitur Viana do Castelo
Rua Diogo Álvares - Darque
℘ 0258/322167
Permanent 3 ha (225 empl.)
Loisirs : 🏠 🎭 diurne 🛝 ⛷ ≅ (plage) 🐟
Services : 🔑 🚿 😊 📶 🧺 🍷 ✗ brasserie, snack

Vila Real

⛺ Parque de campismo de Vila Real
Rua Dr. Manuel Cardona - Quinta da Carreira (IP4, km 98)
℘ 0259/324724
Mars-nov. 2 ha (200 empl.)
Loisirs : 🏠 🛝 🍴 ⛷ ≅ (plan d'eau) 🐟 aire de sports, barbecue
Services : 🚿 😊 ⛺ 📶 🧺 🍷 ✗ brasserie, snack

Les bonnes **adresses** de Bib

Office de tourisme de Porto
Posto de Turismo - Centro – *Rua Clube dos Fenianos, 25 -* 𝄞 *223 393 472 - www.visitporto.travel - 9h-20h (hiver 19h).*

Marché
Le **marché** de Barcelos, le jeudi matin, est l'un des plus grands et des plus anciens du Portugal. Il se tient sur le **campo da República**, vaste esplanade située au centre de la ville. Très animé, il présente deux parties distinctes : d'un côté, les paysans vendant leurs produits (poules et coqs vivants, montagnes de choux et autres légumes, fleurs…), de l'autre, tout l'artisanat qui déborde largement des frontières régionales : céramique, vannerie, linge de maison en lin brodé à la main, articles en cuir, harnais et, évidemment, d'innombrables coqs peints, de toutes tailles. Façonné en terre cuite par les potiers de Barcelos, le coq, longtemps symbole de la région, est devenu l'emblème touristique du Portugal.

Braga

Inácio
Campo das Hortas, 4 - 𝄞 *253 61 32 35 - tlj sf mar. 12h-15h, 19h-22h - fermé à Noël, Pâques, 2 sem. en sept. - 16/34 €.*
Savoir-faire et tradition font la réputation et le prestige de ce restaurant typique. Spécialités régionales. Service soigné.

Guimaraes

El Rei D. Alfonso
Praça de S. Tiago, 20 - 𝄞 *253 41 90 96 - tlj sf dim. 12h-15h, 19h-23h - 13/20 €.*
Dès les premiers beaux jours, le restaurant dispose ses tables sur la ravissante praça de São Tiago. Dans ce décor historique, vous savourerez d'autant mieux la simplicité de la cuisine régionale : apéritif copieux (pain frotté à l'ail, charcuterie locale et melon vert, crème de thon maison), le *caldo verde* (la soupe au chou émincé) et les différentes recettes de morue.

Oliveira do Douro

Estalagem Porto Antigo
Porto Antigo - Cinfães (juste après le pont sur le Douro, entre Ribadouro et Oliveira do Douro) - 𝄞 *255 560 150 - 12h30-15h, 18h-22h30 - 5/25 €.*
Installé au bord de l'eau, cet hôtel de charme, qui héberge aussi un centre d'entraînement nautique, propose dans une belle salle à la décoration claire et au parquet de bois une cuisine soignée et goûteuse. On y dîne face au fleuve, dans un cadre enchanteur.

Porto

Filha da Mãe Preta
Cais de Ribeira, 40 - 𝄞 *222 05 55 15 - tlj sf dim. 12h-2h - 15/20 €.*
Parmi tous les restaurants à touristes qui fleurissent sur le quai de la Ribeira, celui-ci se distingue par une cuisine simple, mais de caractère : morue, calamars farcis (spécialité de la maison), tripes à la mode de Porto ou rognons à la mode du Minho. Vous ne trouverez pas plus pittoresque dans toute la ville.

Arroz de Forno
R. Mouzinho da Silveira, 203 - 𝄞 *222 00 74 65 - arrozdefornoclix.pt - tlj sf dim. 12h-15h, 19h-23h - 15/20 €.*
Sur la très grise artère menant au fleuve, ce vaste restaurant sur deux étages affiche une décoration contemporaine en pierre et bois brut qui contraste avec sa carte spécialisée dans les plats traditionnels du Douro. Ceux-ci sont servis dans des cocottes en terre cuite brune, accompagnés de riz. Demi-doses conseillées, c'est très copieux !

D. Tonho
Cais da Ribeira, 13-15 - 𝄞 *222 00 43 07 - www.dtonho.com.*
Installé à l'étage d'une maison ancienne restaurée avec une certaine classe, ce restaurant qui appartient au chanteur Rui Veloso sert de bons petits plats traditionnels : *posta mirandesa* (pièce de bœuf), chevreau au four, morue grillée, tripes à la mode de Porto. Belle vue sur le Douro.

Confeitaria Império
R. Santa Catarina, 149-151 - 𝄞 *222 00 55 95 - lun.-vend. 7h30-20h30, sam. 7h30-19h.*
Cette confiserie située dans la partie piétonne de la rua Santa Catarina, axe commerçant incontournable, reste un classique du genre avec son salon de thé où l'on peut déguster la spécialité locale : le *pão de Ló* (sorte de génoise).

A Pérola do Bolhão
R. Formosa, 279 - 𝄞 *222 00 40 09 - lun.-vend. 10h-19h, sam. 9h-13h.*
Une épicerie fine qui mérite un détour, ne serait-ce que pour sa façade délicieusement rétro. Ses étalages à l'ancienne vous transporteront au temps des colonies avec leurs produits exotiques, leurs épices, le café du Brésil et les fruits secs. Une enseigne intemporelle.

Casa Oriental
Campo dos Mártires da Patria - 𝄞 *222 002 530 - lun.-vend. 9h-19h30, sam. 9h-13h.*
Ici, on ne vend que de la morue : séchée et salée, elle pend en devanture d'une enseigne rendue mythique par une célèbre carte postale en noir et blanc. Une adresse 100 % portugaise.

Vinologia
R. S. João, 46 - 𝄞 *936 05 73 40 - été : 14h-0h, dim. 18h-22h ; hiver : lun.-jeu. 16h-22h, vend.-sam. 16h-0h, dim. 18h-22h.*
S'il est un lieu idéal pour s'initier aux portos, c'est bien dans ce bar à vins-vinothèque. Plus de 200 variétés (30 à 40 marques et des petits producteurs), à emporter ou à déguster sur place. Conseils et explications très amicales de Jean-Philippe Duhard, amateur français éclairé et passionné. Vins exceptionnels et dégustations thématiques hebdomadaires.

Contrastes des **Beiras**

⮑*Départ*
de Coimbra
⮑*7 jours*
610 km
Carte Michelin
n° 733

Plage de Nazaré

Jour 1

Dominée par la tour de sa vieille université, **Coimbra**, ancienne capitale du Portugal, s'accroche au versant verdoyant d'une colline baignée par le large Mondego. Elle a souvent inspiré les poètes, qui la consacrèrent « cité des arts et des lettres du pays ». Bien que Coimbra se soit considérablement étendue ces dernières décennies, on distingue bien, dans le centre, la ville haute (a Alta), quartier universitaire et épiscopal, de la ville basse (a Baixa), où abondent les commerces et les espaces verts. Il vous faudra presque trois heures pour parcourir la vieille ville et l'université. De cette cité attachante, où il fait bon vivre, plusieurs échappées vers la mer ou la forêt sont possibles. À 19 km au nord, découvrez la station thermale de **Luso**. Ses eaux sont utilisées dans le traitement des affections rénales. L'eau minérale est l'une des plus consommées au Portugal.

Jour 2

Les Beiras présentent de forts contrastes. La partie littorale est bordée de vastes plages et de villages de pêcheurs. **Figueira da Foz,** outre son port de pêche (sardine et morue) et ses chantiers navals, est l'une des stations balnéaires les plus fréquentées du Portugal. **Aveiro** est connu pour sa lagune et ses bateaux très colorés, les *moliceiros*, qui voguent sur les canaux de la ville.

Jours 3 et 4

Plus au centre, **Viseu** est à la fois une vieille ville au cachet ancien et un centre artisanal et agricole encore important. La ville, au centre historique bien conservé, abrite le beau musée Grão Vasco, est renommée pour son école de peinture de la Renaissance. Elle peut aussi constituer une sympathique étape gastronomique. Des spécialités régionales comme le chevreau grillé (*cabrito assado*) ou les délicieuses sucreries locales à base d'œuf (*bolos de amor, papos de anjo, travesseiros de ovos moles, castanhas de ovos*) raviront les gourmets. Plus on s'éloigne de l'Atlantique, plus la densité de la population diminue. À l'extrême orient, une ligne de forteresses datant du 12e s. part de **Guarda** (« la gardienne »), ville la plus haute du pays (1 000 m) et se poursuit jusqu'à Castelo Branco.

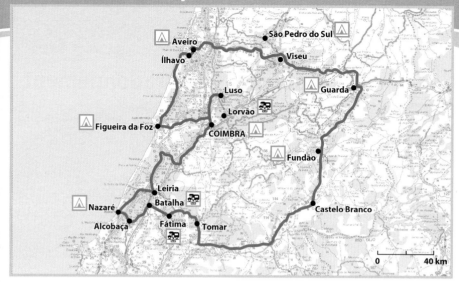

Elle révèle l'importance stratégique et la splendeur médiévale de ces villes frontalières avec l'Espagne. Au cœur de la région, la serra da Estrela (ou « montagne de l'étoile ») est la plus haute chaîne du Portugal continental. Randonneurs et skieurs y trouveront leur bonheur.

Jour 5

Castelo Branco, ancienne place forte dominée par les ruines d'un château des templiers, le « Château blanc », a subi maintes invasions, dont celle des troupes napoléoniennes en 1807. La capitale de la Beira, Baixa règne sur une large plaine peuplée de

Le conseil de Bib

▶ Au Portugal, le stationnement des campingcars est autorisé voire toléré sur de nombreux sites en bord de mer.

« quintas » où sont produits le fromage, le miel, l'huile d'olive et le liège dont elle tire sa prospérité. Par la A 23, projetez-vous vers **Tomar** et **Fátima**. La ville de **Tomar** s'étend au pied d'une colline boisée que coiffe un château fort du 12e s. construit par l'ordre des Templiers. Le château abrite le couvent du Christ, un joyau classé au patrimoine mondial de l'Unesco. Il figure parmi les plus grands monuments manuélins du pays avec le monastère des Jerónimos de Lisbonne et celui de Batalha. 30 km plus loin vous arrivez à **Fátima,** devenu le plus grand sanctuaire catholique du pays et l'un des plus importants au monde. Des milliers de pèlerins s'y rassemblent.

Jour 6

Dans une ville ne présentant guère d'intérêt, se dresse le monastère de **Batalha**. La gerbe rose doré de son architecture, qui figure parmi les chefs-d'œuvre de l'art gothique et de l'art manuélin,

apparaît dans un jaillissement de gâbles, de pinacles, de contreforts, de clochetons et de colonnettes. Au même titre que le monastère d'**Alcobaça** tout proche, il est inscrit au patrimoine mondial de l'Unesco. La petite ville d'Alcobaça mérite elle aussi une visite. Entouré par une campagne fertile, ce petit centre de commerce agricole (fruits et cultures maraîchères) produit du vin et une liqueur de cerise griotte réputée : la « ginginha ».

Jour 7

Retour en bord de mer à **Nazaré** qui bénéficie d'un site exceptionnel : une belle plage de sable dessinant une courbe ample, dominée sur sa droite par une falaise abrupte qui offre une longue perspective sur la côte d'Estremadura. Exceptionnel aussi, le monde qui afflue dans cette station balnéaire. Regagnez Coimbra via **Leiria** ou si vous avez encore du temps rendez-vous à Lisbonne.

Portugal

Aires de **service** & de **stationnement**

Batalha

Aire de Batalha
Rua da Cepca Conventual – ouv. tte l'année – P
Borne eurorelais. ⛺ 🚿 🔧 Gratuit.
Stationnement : autorisé sf lun. 5h-15h (marché).

Fátima

Aire de Fátima
Rua de Sao Vicente de Paulo (près du Sanctuaire) – P .
Borne autre. ⛺ 🚿 🔧 Gratuit.

Stationnement : autorisé.
🚽 Vidange des eaux grises dans les vidoirs sous les robinets et non dans les grilles au sol.

Lorvão

Aire de Lorvão
Rua do Malhão – ✆ *0239/474430 –* P .
Borne artisanale. ⛺ 🚿 🔧 Gratuit.
Stationnement : autorisé.
🚽 Petit village de montagne à une trentaine de kilomètres de Coimbra.

⛺ Campings

Aveiro

⛺ Orbitur São Jacinto
EN327, km 20 - São Jacinto
✆ 0234/838284
Fév.-oct. 2,5 ha (250 empl.)
🚐
Loisirs : 🏠 🕐 diurne 🏃 🏊 🎣 ⛵
Services : ♿ ⛽ 🚰 🔥 😊 ⛺ 📷 🚿 ♨ 🍷
✗ brasserie, snack

Coimbra

⛺ Coimbra
Rua da Escola, Alto do Areeiro - Santo António dos Olivais
✆ 0239/086902
Permanent 7 ha (700 empl.)
🚐
Loisirs : 🏠 🕐 🎿 🚡 jeux pour adultes 🏃
🚲 ⛏ 🎣 ⛵
Services : ⛽ ⛅ 🚰 😊 🚿 🌐 📷 ♨ 🍷 ✗

Figueira da Foz

⛺ Orbitur Gala
EN109, km 4 - Gala
✆ 0233/431492
Permanent 6,4 ha (488 empl.)
🚐
Loisirs : 🏠 jeux pour adultes 🏃 ✂ 🎣 🏊
(plage) 🎣 ⛵
Services : ♿ ⛽ 🚰 😊 ⛺ 🚿 📷 ♨ ♨
🍷 ✗ snack, brasserie

Fundão

⛺ Fundatur
Quinta do Convento

✆ 0275/753118
Permanent 2,5 ha (150 empl.)
🚐
Loisirs : 🏠 j 🏃 🚲 🌳 barbecue
Services : ♿ ⛽ 🚰 🌐 😊 ⛺ 📡 📷 ♨ 🍷
✗ snack, brasserie

Guarda

⛺ Parque de Campismo Municipal da Guarda
Avenida Estádio Municipal
✆ 0271/221200
Permanent 2,5 ha (135 empl.)
🚐
Loisirs : 🏠 🏃 barbecue
Services : ⛽ 🌳 😊 ⛺ 🌐 🍷 ✗

Nazaré

Vale Paraíso
EN242
✆ 0262/561800
Permanent 8,3 ha (500 empl.)
🚐
Loisirs : 🏠 🕐 🏃‍♂ 🏃 🚲 🌳 aire de sports
Services : ♿ ⛽ 🚰 🌳 😊 ⛺ 🌐 📡
sèche-linge ♨ 🍷 ✗ snack, brasserie

São Pedro do Sul

⛺ Parque de Campismo Natural da Fraguinha
Coelheira - Candal
✆ 0232/790576
Permanent 4,8 ha (30 empl.)
Loisirs : 🏠 🕐 diurne () 🏃 🚲 🏊 🐬
Services : ♨ ⛅ 🌳 😊 📡 📷 ♨ ♨ 🍷 ✗
snack, brasserie

Les bonnes **adresses** de Bib

Office de tourisme de Coimbra
Posto de Turismo – *Praça da Porta Férrea (dans le bâtiment de la bibliothèque de l'université) - ☎ 239 85 98 84.*

Aveiro

Centenário
Largo do Mercado, 9-10 - ☎ 234 42 27 98 - www.restaurantecentenario.com - 12h-23h - 12/20 €.
Face à la halle du marché aux poissons entièrement réhabilitée, le « Centenaire » arbore à l'intérieur une décoration très design, derrière une façade assez banale. Sa cuisine raffinée surprend avec des plats qui échappent aux traditionnels poncifs de la table portugaise. Excellent rapport qualité-prix.

Batalha

Dom Duarte
Praça D. João 1º, 5 - ☎ 244 76 63 26 - 11h-23h - env. 15 €.
Donnant sur la vaste place du monastère, cet établissement, aménagé au 1er étage d'une boulangerie, est idéal pour apprécier un tournedos aux champignons et à la crème onctueuse *(tornedo a chefe)* ou un faux-filet grillé.

Castelo Branco

Retiro do Caçador
R. Ruivo Godinho, 15-17 - ☎ 272 34 30 50 - http://restauranteretirocacador.pai.pt - 12-15h, 19-23h - 10/15 €.
Accrochées aux murs, les têtes empaillées de sangliers plantent le décor : une adresse populaire et toujours animée, où les spécialités de gibiers sont servies dans des plats en terre cuite. Excellent rapport qualité-prix et accueil très aimable.

Coimbra

Snack-bar Daniel Sun
R. da Louça, 50-52 - ☎ 934 83 09 76 - fermé dim.
Ce petit bar niché dans une ruelle tout près de la praça 8 de Maio ne « paie pas de mine » mais demeure très authentique. Comme les habitués, vous vous installerez au comptoir ou à l'étage, et choisirez les plats en vitrine entre salade de poulpe, moules, morue frites et charcuterie.

Café Santa Cruz
Praça 8 de Maio - ☎ 239 83 36 17 - été : 8h-2h ; hiver : 8h-0h - fermé dim.
On se doit de faire une halte dans ce café magnifique, véritable institution de Coimbra. Il fait littéralement partie de l'église Santa Cruz puisqu'il occupe une ancienne chapelle. On prend ainsi son café sous de superbes voûtes nervurées, installé dans des sièges en cuir patiné et clouté, tandis qu'un vieux ventilateur brasse tranquillement l'air.

Guarda

Casas do Bragal
João Bragal de Baixo (à 5 km du centre, direction Pinhel) - ☎ 271 96 38 96 - fermé mar. et merc. midi, du 1er au 15 janv. et du 1er au 15 août - 20/30 €.

Une adresse gastronomique dans la campagne environnant Guarda, au bout d'un chemin de terre. La salle, décorée de tableaux contemporains et percée d'une immense baie, ouvre sur un beau paysage de champs délimités par des murets en pierre et parsemés de chênes. Vaste choix de poissons et de viandes, dont le savel, pêché dans le Haut-Douro, et le veau certifié « Mirandesa ».

Luso

Lourenços
R. Emídio Navarro, 3-7 (Edifício Oasis) - ☎ 231 93 94 74 - fermé merc. - 13/22 €.
Une grande salle traditionnelle installée en surplomb de la rue principale, d'où l'on appréciera la plaisante langueur qui habite la station. Le restaurant propose un large éventail de spécialités du pays : poulpe au vinaigre, riz aux fruits de mer, poulet au vin rouge et l'inévitable *bacalhau*.

Nazaré

A Tasquinha
R. Adrião Batalha, 54 - ☎ 262 55 19 45 - fermé lun. - 10/15 €.
Touristes de passage intrigués et inconditionnels attendent patiemment dans la rue : ce petit restaurant qui ne désemplit jamais sert une bonne cuisine familiale sur de grandes tables rustiques.

Tomar

Restaurante Beira-Rio
R. Alexandre Herculano, 1-3 - ☎ 249 31 28 06 - fermé lun. - 8/13 €.
Une vieille adresse fréquentée par les habitants. Cuisine traditionnelle à déguster face à l'îlot verdoyant et à sa roue de moulin tournant sans fin. Soupe de haricots verts, morue à la crème, agneau rôti, poulet au porto et brochette de lotte.

Viseu

Muralha da Sé
Adro da Sé, 24 - ☎ 232 43 77 77 - fermé dim. soir et lun. - 20/32 €.
Au pied de l'église da Misericórdia, dans une salle rustique avec poutres apparentes, ou bien sur la terrasse donnant sur un angle de l'adro da Sé, vous dégusterez une cuisine savoureuse et fruitée : *picanha* (viande rouge grillée) à l'ananas, *pargo* (pagre, poisson voisin de la daurade) au beurre, chevreau braisé, assiette de fromages aux fruits.

Pastelaria Capuchinha
Praça da República, 18 - ☎ 232 43 57 10 - 7h30-20h30.
Il y a souvent foule dans cette appétissante pâtisserie qui croule sous les énormes gâteaux.

Portugal

De Lisbonne à l'Alentejo, au-delà du **Tage**

➲ *Départ de Lisbonne*
➲ *7 jours*
775 km
Carte Michelin n° 733

Dans le quartier de l'Alfama à Lisbonne

B. Brillion / MICHELIN

Jours 1 et 2

Ville dynamique, créative, méditerranéenne, où se mêlent affaires et culture ; lieu fascinant où il fait bon se perdre… deux jours à **Lisbonne** (« Lijboa » prononcé à la portugaise) vous permettront de découvrir les quartiers de la Baixa, de l'Alfama, de Belém, du Chiado et du Barrio Alto. L'Alfama se découvre, en flânant à travers le dédale de ruelles, et de préférence le matin, pendant les marchés de la rua de São Pedro et de la rua dos Remédios. Vous pourrez également visiter le musée de l'Azulejo, la fondation Calouste-Gulbenkian ou les jardins du palais des marquis de Fronteira. La ville du fado et de la « saudade » (état d'âme mélancolique) conserve une intéressante vie de quartier et vous incitera à la flânerie et à la rêverie. Lisbonne est une ville faite pour le promeneur. N'hésitez pas à affronter les escaliers biscornus, à sillonner les rues pentues ou transversales, ni à entrer dans les courettes. Une multitude de terrasses de cafés ou de restaurants offrent autant de haltes possibles où vous dégusterez *pastel de nata* et *vinho verde*.

Avant le plat choisi, on vous apportera très souvent des petits hors-d'œuvre *(acepipes)*. Attention, ils ne sont pas offerts en guise de bienvenue, mais sont inclus dans l'addition lorsqu'ils sont consommés. Si vous n'en voulez pas, dites-le simplement quand le serveur les disposera.

Jour 3

Atmosphère tout autre lors d'une étape à **Sintra**, véritable havre de paix entre parcs romantiques et exubérants palais perdus dans la serra. Remontez encore au nord en longeant la côte, vous traverserez des villages de pêcheurs comme **Ericeira**. Puis poursuivez jusqu'à **Peniche**. Second port de pêche du Portugal, c'est aussi un centre de construction navale et de conserveries de poisson. Vous y dégusterez des poissons et des crustacés d'une

> **Le conseil de Bib**
>
> ▶ Faites halte au camping de Lisbonne. Transports en commun à partir du camping pour le centre-ville.

grande fraîcheur, et si le temps ne vous est pas compté c'est de là que vous embarquerez pour l'île de **Berlenga**, archipel granitique classé réserve naturelle.

Jour 4

Avant de vous diriger sur l'Alentejo, faites halte à **Óbidos** qui a su conserver son cachet et son charme de ville médiévale, malgré l'afflux des touristes. Le tour des remparts à pied constitue une promenade très agréable, qui offre de belles perspectives sur cette cité compacte et bien restaurée. De **Santarem**, centre taurin et équestre réputé, capitale de la tauromachie portugaise, avec Vila Franca de Xira, la ville s'anime lors des grandes « feiras » et des « touradas ».

Jour 5

Joignez le Haut-Alentejo en suivant la vallée du Tage d'ouest en est. D'abord, les rives du Tage, domaine des taureaux et des petits villages ensoleillés, bordées de localités intéressantes : **Alpiarça, Chamusca** et **Golegal**. Le petit château d'**Almourol**, à l'ouest de Constância, est un château de conte de fées, hérissé de tours et de créneaux qui se dresse au milieu du Tage sur un îlot rocheux couvert d'arbres et de cactus. Vous vous arrêterez à **Abrantes** pour admirer cette belle ville blanche aux maisons soulignées de jaune. On y déguste la « palha de abrantes », une délicieuse pâtisserie aux œufs dont les filaments rappellent des cheveux dorés.

Puis, en s'éloignant du bord du fleuve, vers l'est, le paysage devient plus vallonné : on est dans l'Alentejo, « au-delà du Tage ». En s'approchant de la frontière castillane, les cités **Castelo de Vide, Marvão, Portalegre**, vous inciteront à faire étape. Ses villages médiévaux fortifiés surveillant naguère l'Espagne toute proche offrent des panoramas exceptionnels sur la plaine ou la montagne.

Jour 6

Continuez votre périple par **Elvas, Vila Viçosa** et **Estremoz**. Et, pour finir en beauté, l'une des plus belles cités du Portugal, **Évora**, précieux témoignage du mélange des influences médiévale, Renaissance, mauresque. La capitale de l'Alentejo a été déclarée patrimoine mondial par l'Unesco. Sa voisine fortifiée et de blanche vêtue **Monsaraz** est aussi d'une rare beauté. De ce nid perché, vous pourrez assister au coucher et au lever du soleil sur la campagne environnante.

Jour 7

De ces confins, redescendez vers **Beja**, perchée sur une colline. De là, ralliez la côte Atlantique, de **Comporta** à **Setúbal**, pour découvrir la côte Alentejane et l'estuaire du Sado, aujourd'hui une réserve naturelle. À Setúbal, arpentez l'agréable quartier ancien dont les ruelles étroites et en partie piétonnes contrastent avec les larges avenues de la ville moderne.

Portugal

 Aires de **service** & de **stationnement**

Óbidos

Aire d'Óbidos
À l'entrée de la ville – 🅿.
🚿 🚮 ⚡ Payant 2 €.
Stationnement : 6 €/j.

🏕 Campings

Abrantes

🏕 Parque de campismo de Castelo do Bode
Martinchel
📞 0241/849262
Permanent 5 ha
Loisirs : 🏠 🤽 🛶 aire de sports, barbecue
Services : 🌲 😊 ❌ snack

Beja

🏕 Parque de campismo municipal de Beja
Av. Vasco da Gama
📞 0284/311911
Permanent 1 ha (180 empl.)
🚐
Loisirs : 🏠 🤽 🎾
Services : 🌲 😊 ⚡ 🚰 ❌ snack

Ericeira

🏕 Parque de campismo de Mil Regos
EN247, km 49,4
📞 0261/862706
Permanent 18 ha
🚐
Loisirs : 🏠 ☀️ diurne 🤽 🚴 🛶 🏖 (plage)
🚿 aire de sports
Services : 🌲 😊 ⚡ 🚰 📶 📷 🗑 ❌
brasserie, snack

Évora

🏕 Orbitur Évora
Estrada de Alcáçovas (EN380) - Herdade Esparragosa
📞 0266/705190
Permanent 3,3 ha
🚐
Loisirs : 🏠 🤽 🎾 🛶 aire de sports
Services : 🔑 🌲 😊 🚰 🚰 📷 🗑 ❌ snack
😊 Proche du centre-ville.

Lisboa/Lisbonne

🏕 Parque municipal de campismo de Monsanto
Estrada da Circunvalação
📞 0217/628200
Permanent 36 ha (180 empl.)
🚐
Loisirs : 🏠 🤽 🚴 🎾 🏸 🛶 aire de sports,
barbecue
Services : 🗄 🌲 😊 🚰 🚰 📷 🗑 ❌ self
service, brasserie
😊 Transports en commun pour le centre-ville (forfait).

Peniche

🏕 Peniche Praia
Estrada Marginal Norte - EN114
📞 0262/783460
Permanent 1,5 ha
🚐
Loisirs : 🏠 ☀️ diurne 🤽 🏊 🛶 (petite piscine)
🏖 (plage) 🎣 🍺 barbecue
Services : 🚿 🌲 😊 🚰 🚰 📶 📷 sèche-linge ❌
brasserie, snack

Porto Covo

Parque de Porto Covo Oliveira Alves
EN554
📞 0269/905136
Permanent 3,3 ha (270 empl.)
🚐
Loisirs : 🏠 jeux pour adultes 🤽 🚴 🎾 🛶
🏖 (plage) 🎣 🍺
Services : 🔑 🌲 😊 🚰 📶 📷 🗑 🚰 ❌
brasserie, snack

Setúbal

🏕 Parque de campismo do Outão
Estrada da Figueirinha (EN10-4)
📞 0265/238318
Permanent 3,6 ha
Loisirs : 🏠 🤽 🏖 (plage) 🎣 🍺 aire de
sports, barbecue
Services : 🌲 😊 🚰 🚰 🗑 ❌ brasserie, snack

Les bonnes **adresses** de Bib

Office de tourisme de Lisbonne
Turismo de Lisboa – *Rua do Arsenal, 23* - 𝒫 *210 312 700 - www.visitlisboa.com.*

Beja

A Pipa
R. da Moeda, 8 - 𝒫 284 32 70 43 - fermé dim. et j. fériés en août - 12/20 €.
Non loin de la praça da República, une taverne typique de la région avec ses murs passés à la chaux et son décor rustique. Sous de larges voûtes en brique, vous dégusterez des grillades qui mettent le porc de l'Alentejo à l'honneur. Atmosphère chaleureuse.

Évora

São Luís
R. do Segeiro, 30-32 - 𝒫 266 74 15 85 - tlj sf dim. 7h-22h - 18 €.
Une jolie adresse cachée non loin de la praça 1° de Maio, dans une maison ancienne. Parti pris de simplicité et d'authenticité avec nappes drapant les tables, rideaux en gros tissu, assiettes en grès brun, photos de *touradas* et objets paysans aux murs, musique alentejane en fond sonore… Dans l'assiette, des recettes d'hier à base d'herbes sauvages (soupe aux épinards) et d'excellentes viandes. Portions raisonnables et accueil prévenant.

Lisboa/Lisbonne

Casa do Alentejo
R. das Portas de Santo Antão, 58 - 𝒫 213 40 51 40 - 12h-15h, 19h-22h - env. 18 €.
Dans ce lieu atypique, un escalier dessert les salons, le fumoir et le restaurant, dont les murs sont tapissés d'azulejos évoquant les travaux des champs dans l'Alentejo. La cuisine, copieuse et rustique, comprend des plats du jour et des classiques tels que le porc aux palourdes ou les *migas* (beignets de pain au saindoux). Le dimanche après-midi, bal et concert.

Mesa de Frades
R. dos Remédios, 139 A - 𝒫 917 02 94 36 - tlj sf lun. 20h-2h30 - menu bc 35 €.
Cette ancienne chapelle vous accueille dans ses murs ornés d'azulejos anciens pour savourer une cuisine brésilienne ou typiquement portugaise. Sa terrasse idéalement située vous permettra d'observer la vie du quartier. Fado les mar., merc. et vend.

Via Graça
R. Damasceno Monteiro, 9 B - 𝒫 218 87 08 30 - lun.-vend. 12h30-15h, 19h30-23h, w.-end 19h30-23h.
Situé en contrebas du belvédère de Nossa Senhora do Monte, ce restaurant raffiné au décor contemporain offre de magnifiques vues sur le château São Jorge et le centre-ville. Cuisine traditionnelle portugaise. Une bonne adresse pour une soirée intime.

Antiga Confeitaria de Belém - Fábrica dos Pastéis de Belém
R. de Belém, 84/8 - 𝒫 213 63 74 23 - 8h-0h (hiver 23h).
Les petits gâteaux de Belém, appelés *pastéis de nata*, attirent en masse les Lisboètes et les touristes gourmands. C'est ici que ces petits flans sont fabriqués (la recette originale est jalousement gardée) dans les anciens fours qui leur donnent ce goût tant apprécié. Vous pouvez en emporter par boîtes de six ou bien les déguster chauds sur place dans une des salles décorées d'azulejos. Une institution à Lisbonne.

Pavilhão Chinês
R. Dom Pedro V, 89 - 𝒫 213 42 47 29 - 15h-2h.
Ancienne épicerie transformée depuis 1986 en bar, dont les murs sont couverts de vitrines exposant une abondante collection d'objets en tout genre : soldats de plomb, gravures contemporaines, céramiques humoristiques, maquettes d'avions de guerre. Vous pourrez également faire une partie de billard dans la salle du fond.

Adega do Machado
R. do Norte, 91 - 𝒫 213 22 46 40 - mar.-dim. 20h-3h - 35 €.
Bon spectacle folklorique en début de soirée, suivi de fado de Lisbonne ou de Coimbra, dans cette maison fondée en 1937.

Óbidos

A Ilustre Casa de Ramiro
R. Porta do Vale - 𝒫 262 95 91 94 - tlj sf jeu. et vend. midi 12h30-15h, 19h30-22h - env. 30 €.
Cuisine traditionnelle soignée dans une ancienne maison rustique située à l'extérieur des remparts.

Setúbal

Tróia Cruze
R. das Barrocas, 34 - 𝒫 265 22 84 82/962 40 59 33 - www.troiacruze.com - excursions de 3 à 5h, de 25 à 45 €.
Embarquez à la rencontre des dauphins à bord d'un *galeão do sal*, bateau à voile en bois qui transportait jadis le sel jusqu'à Lisbonne.

Sintra

Cantinho de São Pedro
Praça Dom Fernando II, 18 - 𝒫 219 23 02 67 - www.cantinhosaopedro.com - 11h-0h - 15/20 €.
Cachée dans une venelle pavée de São Pedro, une bonne table à prix doux. Carte alléchante : porc à l'alentejane, truite à la mode de Sintra, tournedos aux morilles…

Les douceurs de **l'Algarve**

➲*Départ de Faro*
➲*7 jours*
460 km
Carte Michelin n° 733

Paysage de l'Algarve

Son nom vient de l'arabe *El Gharb* qui signifie « ouest » ; c'était en effet la contrée la plus occidentale des territoires conquis par les Arabes. Cette région, séparée de l'Alentejo par des collines schisteuses, ressemble à un jardin : les fleurs se mêlent aux cultures et aux vergers. Les villages rassemblent des maisons éblouissantes de blancheur.

Jour 1

Porte de la région sud de l'Algarve, **Faro** occupe le point le plus méridional du Portugal. Séparé de l'Océan par une lagune, Faro semble trop loin des plages pour retenir les touristes qui à peine arrivés, se pressent vers d'autres stations balnéaires. La capitale de l'Algarve, cité étonnamment tranquille, constitue pourtant une halte agréable. Sa vieille ville devient la nuit un véritable décor de théâtre où il fait bon flâner. Dans la journée vous pourrez choisir entre les plages du cordon littoral, accessibles en bateau ou avec votre véhicule ou les collines de la serra do Caldeirão. L'arrière-pays de Faro ne manque pas de charme avec des paysages plantés de figuiers, d'amandiers et d'orangers : vous pourrez faire plusieurs haltes pour découvrir les jardins du palais d'Estói, les ruines de Milreu ou la magnifique église de Sao Lourenço.

Jour 2

Après la visite de Faro, un itinéraire jusqu'au cap **St-Vincent** vous offre des vues splendides sur la côte Atlantique, tour à tour escarpée et bordée de belles plages. Passez à **Albu-feira**, la station balnéaire la plus courue de l'Algarve. Pourtant le vieux village est loin d'avoir rendu l'âme. Prenez les chemins de traverse : non seulement vous éviterez la foule de touristes qui se pressent dans les restaurants et les bars du centre, mais vous découvrirez les charmantes ruelles, intactes et désertes, de l'ancien village de pêcheurs.

Jour 3

Continuez sur **Portimão**. Tapi au fond de sa baie naturelle, ce port de pêche et de commerce animé est également une cité industrielle, spécialisée dans la construction navale et la conserverie de thons et de sardines. Victime du succès de sa très belle plage, praia da Rocha, la ville a été défigurée par les constructions modernes.

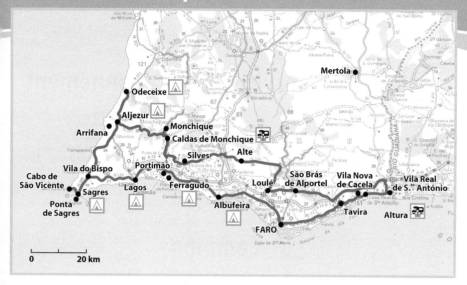

Jour 4

Faites ensuite étape à **Lagos**, une cité tranquille bordée de superbes criques. Poursuivez jusqu'au cap de Saint-vincent, pointe sud-ouest de l'Europe qui domine l'océan de 75 m. Vues impressionnantes sur les falaises qui s'étirent au nord et sur la **pointe de Sagres.** Vous pouvez la parcourir en camping-car mais il est plus agréable de s'y promener à pied. La pointe est occupée par la forteresse qui, érigée au 16e s., fut très endommagée par le tremblement de terre de 1755. Elle a été récemment restaurée.

Jour 5

Hasardez-vous sur les chemins vicinaux qui embaument le ciste : pour rejoindre les falaises du littoral, vous traverserez des paysages sauvages et déserts alternant entre pâturages irlandais et garrigue. Du cap, la côte ouest est restée plus sauvage, avec de belles plages et des villages ou petits ports

de pêche qui ont gardé un certain cachet : **Vila do Bispo, Arrifana, Aljezur**. Prenez garde aux courants parfois violents sur l'océan atlantique.

Jour 6

Du beau village blanc d'**Odeceixe**, prenez vers l'est, à travers l'arrière-pays. La **serra de Monchique** est un havre de fraîcheur, avec de jolis points de vue sur la région. À côté, la **serra do Caldeirão** est parsemée de cités à la physionomie traditionnelle. **Silves**, du fait de sa situation à l'intérieur des terres, sur les contreforts de la serra de Monchique, a conservé son authenticité avec ses rues pavées et pentues. **Alte** avec ses maisons blanches aux ruelles étroites et sinueuses s'accrochent aux versants d'une hauteur de la serra. **Loulé** conserve quelques pans de la muraille de son château maure. Vous y trouverez un bel artisanat. **Saõ Brás de Alportel** est une petite ville tranquille, située sur une hauteur et peuplée de

maisons blanches surmontées de leurs cheminées typiques. Enfin, de **Mértola** à **Vila Real de Santo António**, le long de la vallée du Guadiana, c'est un parcours bucolique, entre sérénité et tradition.

Jour 7

La petite ville de **Tavira**, dont le patrimoine a été préservé, ravira les touristes à la recherche d'un peu de calme et de beauté. La ville est une invitation à ralentir le pas pour découvrir çà et là les maisons blanches aux portes ornées de moucharabiehs, héritage des Maures, les typiques cheminées de l'Algarve et, surtout, les gracieuses toitures à quatre pans retroussés, dites « de tesouro ». Le parc naturel de la ria Formosa prend fin à **Manta Rota**, près de Cacela Velha. La région de Tavira offre donc, comme celle de Faro, le paysage d'une lagune séparée de l'océan par un cordon littoral, où s'étirent de belles plages accessibles en bateau.

Portugal

 Aires de **service** & de **stationnement**

Altura

Aire d'Altura
Rua de Alagoa - parking de la plage – ouv. tte l'année – 🅿
Borne artisanale. ⚏ 🚽 ⚊ Gratuit.
Stationnement : toléré hors saison.

Caldas de Monchique

Parque Rural Vale da Carrasqueira
Barracão 190 (EN266 entre Portimão et Monchique) –
📞 *0282/911502 - www.valedacarrasqueira.com -* 🅿 *14.*
Borne aure. ⚏ 🔋 🚽 ⚊.
Stationnement : 12,50 €.
😊 Au cœur de la nature, dans les montagnes de Monchique.

 **Campings**

Albufeira

⛺ Albufeira
Estrada de Ferreiras (EN395)
📞 *0289/587629*
Permanent 19 ha (980 empl.)
🚐
Loisirs : 🎣 🌞 diurne discothèque, jeux pour adultes
⚡ 🚴 🎾 🏛 ⚓ ≈ (plage) aire de sports
Services : ♿ ⚊ 🗓 ⚏ 🔋 ☺ ⚒ ⚓ 🔌 🖥
sèche-linge ⚏ ⚊ ▼ ✗ brasserie, self-service,
cafétéria, pizzeria

Aljezur

⛺ Parque de campismo do Serrão
Herdade do Serrão (EN120)
📞 *0282/990220*
Permanent 10 ha (800 empl.)
🚐
Loisirs : 🎣 🌞 diurne jeux pour adultes ⚡
⚓ barbecue, aire de sports
Services : ♿ ⚊ ⚏ 🔋 ☺ ⚓ 🔌 🖥 ⚏
⚊ ▼ ✗ brasserie, self-service, snack

Ferragudo

⛺ Ferragudo
EN125, direction Ferragudo
📞 *0282/461121*
Permanent 14 ha (1400 empl.)
🚐
Loisirs : 🎣 ⚡ ⚓ ≈ (plage)
Services : ⚊ 🔋 ☺ 🖥 ⚏ ▼ ✗ brasserie

Lagos

⛺ Turiscampo
EN125 - Espiche/ Praia da Luz
📞 *0282/789265*
Permanent 7,2 ha (300 empl.)
🚐
Loisirs : 🌞 ⚡ 🤸 ⚡ 🚴 ⚓ ⚓ aire de sports
Services : ♿ ⚊ 🅜 🗓 ⚏ 🔋 ☺ ⚓ 🔌 🖥
sèche-linge ⚏ ⚊ ▼ ✗ brasserie, snack

Odeceixe

⛺ São Miguel
EN120
📞 *0282/947145*
Permanent 7,5 ha (400 empl.)
🚐
Loisirs : 🎣 jeux pour adultes ⚡ 🎾 ⚓ aire de
sports, barbecue
Services : ⚊ ⚏ 🔋 ☺ ⚓ 🔌 🖥 ⚏ ⚊
▼ ✗

Sagres

⛺ Orbitur Sagres
Cerro das Moitas (EN268)
📞 *0282/624371*
Permanent 6,7 ha (546 empl.)
🚐
Loisirs : 🎣 🌞 diurne ⚡ 🚴
Services : ⚊ 🗓 ⚏ 🔋 ☺ ⚓ 🖥 ⚏ ⚊
▼ ✗ snack, brasserie

Carnet pratique

Les bonnes **adresses** de Bib

Office de tourisme de Faro
Posto de Turismo – *R. da Misericórdia, 8-12 -* 📞 *289 80 36 04.*

Albufeira

O Zuca
Travessa do Malpique, 6 - 📞 *289 58 87 68 - fermé merc. - 15/20 €.*
Un des rares restaurants d'Albufeira qui ne soit pas touristique, juste derrière le largo Eng. Duarte Pacheco. Très apprécié des habitants. Le week-end : plat du jour à emporter. Un lieu authentique aux prix tout à fait raisonnables et à l'atmosphère familiale. Cuisine simple.

A Tralha
R. João de Deus, 1 - 📞 *289 58 78 41 - été : 10h-13h, 15h-23h ; hiver : 10h-13h, 15h-19h.*
En face de l'office du tourisme, la plus belle boutique de décoration d'Albufeira. Dans de très beaux volumes anciens, elle cultive raffinement et belles matières : artisanat de qualité, mobilier, vaisselle, luminaire, linge de maison (très beaux tissages en lin), bijoux, vêtements et accessoires de mode.

Faro

Chalavar
R. Infante Dom Enrique, 120 - 📞 *289 82 24 45 - tlj sf dim. 12h-0h - 8/14 €.*
Ce restaurant convivial, tenu par un pêcheur, offre des plats simples et copieux à déguster près de la grande cheminée. Les amateurs de sardines et de maquereaux grillés seront comblés.

V.I.V.M.A.R.
R. Comandante Francisco Manuel, 8 - 📞 *919 18 40 00 - fermé dim. - env. 10 €.*
Sur le bord de mer, au pied des remparts de la vieille ville, le restaurant populaire de l'Associação dos Viveiristas e Mariscadores da Ria Formosa (l'Association des marins pêcheurs de Ria Formosa). Les produits passent directement du pêcheur au consommateur. Carte qui varie selon la pêche du jour.

Pontinha
R. Pé da Cruz, 5 - 📞 *289 82 06 49 - tlj sf dim. 11h-23h - 9/16 €.*
Derrière la zone piétonne, sur la praça da Liberdade, un restaurant simple proposant un large choix de plats et de spécialités locales comme la *cataplana*, le riz aux fruits de mer et les différentes recettes de morue. Plutôt réservée aux groupes, la salle du premier étage avec son plafond typique en roseaux et poutres apparentes est la plus agréable. Accueil chaleureux.

Loja da Agricultura Associada
R. Comandante Francisco Manuel, 39 - 📞 *289 81 66 63 - fermé w.-end.*
Une halte gourmande pour découvrir les spécialités de l'Algarve : gâteaux aux figues et aux amandes, eau-de-vie de Monchique, vins de la région de Lagos, etc.

Lagos

Adega Marina
Av. dos Descobrimento, 35 - 📞 *282 76 42 84 - 12h-2h - 8/14 €.*
En face de la marina, une vaste salle aux faux airs de taverne munichoise où l'on déguste sur de longues tables en bois des spécialités portugaises à prix très raisonnables. Service affairé.

Restaurante O Pescador
R. Gil Eanes, 6 - 📞 *282 76 70 28 - www.restaurantepescador.com - 12h-15h, 18h30-23h - fermé dim. de sept. à mars - 12/18 €.*
Dans une petite rue tranquille, une adresse plébiscitée par les habitants de Lagos pour sa cuisine simple mais pleine de fraîcheur. Excellente *cataplana* de poisson à savourer sur la terrasse ensoleillée.

Olhão

Casa de Pasto Algarve
Praça Patrão Joaquim Lopes, 18-20 - 📞 *289 70 24 70 - fermé dim. en été - env. 15 €.*
Un restaurant populaire sur une placette précédant le front de mer. On y déguste en toute simplicité des filets d'espadon, de la raie ou du riz à la marinière. Préférez la terrasse à la salle, plutôt quelconque.

Portimão

Dona Barca
Largo da Barca - 📞 *282 48 41 89 - 11h-0h - fermé dim. en hiver.*
Sous une tonnelle fleurie, on déguste sur de grandes tablées des plats de poissons grillés dans la cour, notamment des petites sardines à la fraîcheur irréprochable. Accueil chaleureux.

Casa dos Arcos
Estrada Velha - 📞 *282 91 10 71 - 9h-19h ; visite de l'usine - r. Calouste Gulbenkian - lun.-vend. 9h-12h, 14h-17h.*
Dans cette petite boutique à l'entrée du village on fabrique depuis cinq générations de jolies chaises romaines de toutes tailles en bois d'aulne.

Tavira

Bica
R. Alm. Cândido dos Reis, 22 - 📞 *281 32 38 43 - 12h-1h - fermé sam. sf été - 16 €.*
Si vous recherchez une cuisine locale à petits prix, attablez-vous dans ce restaurant simple mais bon et typique. Sa carte ne vous décevra pas : poulet frit d'Algarve, poulpe frit, anguille grillée. Posté dans une rue parallèle aux quais, il dispose ses tables de plein air dans la petite ruelle attenante.

L'Italie depuis la France

De Marseille à **Florence**

Riomaggiore (Cinque Terre).

➲ *Départ de Marseille*
➲ *12 jours - 746 km*

Cartes Michelin n° 721 et 735

Jour 1
160 km

Quittez Marseille en prenant successivement la D4, la D96, la D560, la D280 vers Nans-les-Pins et enfin la D80 jusqu'au **Saint-Pilon** (53 km), où vous pourrez profiter d'une vue magnifique allant jusqu'au mont Ventoux. Sur le retour, prenez la D560 pour **Saint-Maximin-la-Sainte-Baume** (34 km). Profitez de la fraîcheur et de la beauté de la basilique du village.

Prenez la DN7 pour Le Luc, puis la D558, qui, après une traversée de la forêt de la Garde-Freinet, vous portera à **Grimaud** (73 km). Ce village perché, fleuri et ensoleillé, est parsemé de maisons provençales, de charmantes placettes, de fontaines et de micocouliers.

Jour 2
106 km

Empruntez la D14 puis la N98 pour vous rendre à **Sainte-Maxime** (12 km), dont les plages de sable fin méritent un détour. Un peu plus loin, faites une autre halte baignade à **Saint-Raphaël** (22 km). Ensuite, au choix : le **massif de l'Esterel** avec la DN7, ou le bord de mer avec la D1098 et la D6098 pour passer par le **pic du Cap Roux** et la **pointe de l'Esquillon**. À Mandelieu-la-Napoule (30 ou 34 km), prenez la D109 puis la D9 pour **Grasse** (19 km), capitale mondiale du parfum. Ne manquez pas de visiter le **Musée international de la Parfumerie** et d'acquérir quelque parfum fait sur mesure.

Jour 3
37 km

La D2085 vous mènera à **Nice** (37 km), où vous pourrez, en matinée, profiter du front de mer en vous baladant le long de la **promenade des Anglais** et sillonner les ruelles du **vieux Nice**. L'après-midi, visitez le site archéologique de **Cimiez**, à moins que vous ne préfériez découvrir un des beaux musées de la ville : **musée des Beaux Arts Jules-Chéret**, **musée Matisse** (à

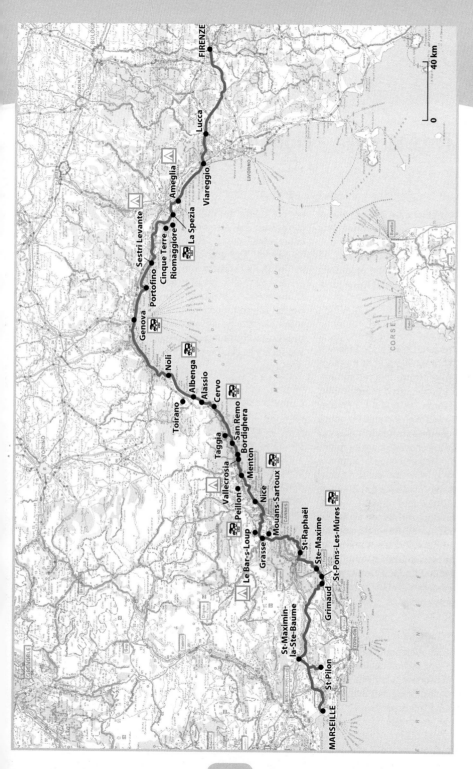

FIRENZE

Lucca

Viareggio

Améglia

Sestri Levante

La Spezia
Cinque Terre
Riomaggiore
Portofino

Genova

Noli

Albenga
Alassio
Cervo

Toirano

San Remo
Taggia
Bordighera
Vallecrosia
Menton
Peillon
Nice
Mouans-Sartoux
Le Bar-s-Loup
Grasse
St-Raphaël
Ste-Maxime
St-Pons-Les-Mûres
Grimaud

St-Maximin-
la-Ste-Baume

St-Pilon

MARSEILLE

40 km

0

MARE LIGURE

CORSE

BOLOGNA

MODENA

LIVORNO

TORINO

GRENOBLE

TOULON

CANNES

L'Italie depuis la France

De Marseille à **Florence** *suite*

combiner avec Cimiez car il se trouve en son sein), **musée Marc Chagall**. S'il vous reste du temps, faites le tour du **Cap Ferrat**, où de luxueuses résidences sont installées au cœur d'une luxuriante végétation.

Jour 4
45 km

Prenez la D6007 jusqu'à **Menton** (31 km), ville du citron, ensoleillée toute l'année durant. Serpentez dans la **vieille ville**, lézardez le long de la **Promenade du Soleil** et attablez-vous à l'une des terrasses de la ville pour déguster une savoureuse cuisine méditerranéenne. De l'autre côté de la frontière, le site de **Balzi Rossi**, falaise rouge percée de grottes, vous offre une vue pittoresque sur Menton, ainsi qu'un très beau **Musée archéologique** où vous pourrez observer des traces humaines datant d'il y a 240 000 ans. La SP1 vous mènera à Vallecrosia (14 km) pour la nuit.

Jour 5
17 km

En longeant la côte ligure (SP1 et SP80), arrêtez-vous à **Bordighera** (5 km), station balnéaire toute en fleurs dont la vieille ville aux ruelles tortueuses a gardé ses portes d'enceinte du 13e s. Plus loin, vous rejoindrez **San Remo** (12 km), célèbre en Italie pour son festival de variété, son luxe et

son commerce de fleurs. Après avoir parcouru l'élégant **Corso Imperatrice**, faites un détour par la ville haute (**La Pigna**). D'aspect médiéval, elle est parcourue par un lacis de ruelles bordées de hautes et étroites maisons. De la piazza Castello, montez au sanctuaire baroque de la Madonna della Costa : vous aurez une jolie **vue** sur la ville et la baie.

Jour 6
56 km

La Riviera de Ponant se parcourt par l'antique voie romaine Aurelia, avec de nombreux points de vue remarquables. Sur la route de Gênes, de nombreux petits bourgs méritent une visite. **Taggia** dispose d'un pont médiéval à 16 arches ainsi que d'un bel **ensemble de peintures** de Louis Brea dans l'église San Domenico.
Une escapade à Triora permet de visiter le **musée de la Sorcellerie** avant de rejoindre le magnifique village de **Cervo**, étagé sur un promontoire s'avançant dans la mer, dont les jolies ruelles piétonnes ont été préservées. Plus loin, vous rejoindrez **Alassio**, avec son fameux *muretto* orné d'autographes de personnalités des années 1960. Cette tradition avait été initiée par Ernest Hemingway. Ne manquez pas, enfin, de visiter **Albenga** (56 km

depuis San Remo), qui possède une **vieille ville** médiévale dont les charmes valent le détour.

Jour 7
91 km

Les **Grotte di Toirano** présentent un ensemble remarquable, dont les premières parties furent habitées dès l'époque néolithique (on y voit encore des empreintes humaines). Elles se développent ensuite en une belle série de cavernes renfermant des stalactites et des stalagmites qui ne manqueront pas d'impressionner les plus jeunes. En reprenant la SP1 vous arriverez à **Noli** (28 km), très beau village de pêcheurs qui a conservé des maisons anciennes, des tours du 13e s., et une église romane abritant un Christ en bois. Poursuivez sur la SP1 pour arriver à Gênes (63 km).

Jour 8

L'ancienne république maritime de **Gênes** mérite bien une journée pour l'apprécier. Le **port** est un lieu fort de la cité mère de Christophe Colomb. Le reste de la ville est également saisissant de contrastes colorés entre splendides demeures et édifices plus modestes. Dans vos visites, faites la part belle tant à la **Genova du siècle d'or** qu'à la **vieille ville**. Pour la première, ne manquez pas de vous rendre **via Garibaldi**, où les familles les plus illustres de la cité décidèrent de s'établir vers la moitié du 16ᵉ s., bâtissant ainsi de somptueux palais dont trois ont été transformés en musées. Pour la seconde, sillonnez les étroites ruelles médiévales appelées *carruggi*, au charme indéniable.

Près du port, l'**Aquarium** reproduit une série de milieux marins différents, de la mer Rouge à la barrière de corail.

Le conseil de Bib

▶ Une fois arrivé dans des villages des **Cinque Terre** avec le train régional , procurez-vous la **Cinque Terre Card**. Elle vous donnera accès aux sentiers du Parc national reliant les villages. La **Cinque Terre Card Treno** vous donne un accès illimité aux trains entre Levanto et La Spezia. Ces cartes s'achètent dans les gares et les offices du tourisme des villages, valables 24 ou 48h.

Rens. : www.cinqueterre. com/ita/information/ card - Cinque Terre Card : 5 € (j. fériés 7 €), -18 ans 3,50 € ; Cinque Terre Card Treno : 10 €, -12 ans 6 €, carte famille (4 pers.) 26 €.

Jour 9
63 km

Reprenez la SP1 pour rejoindre le Promontorio di **Portofino** (35 km), l'un des paysages les plus séduisants de la Riviera ligure. Ce promontoire baigné de lumière tamisée où se blottissent de petits ports a été en partie institué parc naturel, et se laisse découvrir par quelques routes en corniche et de nombreux itinéraires pédestres. Ne manquez pas de visiter le **village de Portofino**, auquel vous accéderez depuis **Santa Margherita Ligure** par une **route de corniche** aux belles vues sur la côte rocheuse de la péninsule. Une fois revigoré par ce havre de paix découpé sur le littoral, reprenez la SP1 vers Sestri Levante (28 km).

Jour 10
58 km

Pour ceux qui auraient le cœur à abandonner leur camping-car à La Spezia (58 km), il vous sera possible de découvrir l'un des sites les plus beaux et étonnants d'Italie, les **Cinque Terre**. L'accès étant très difficile en voiture, un train vous mènera à ces cinq bourgs posés le long d'une bande de terre étroite surplombant la mer. Profitez du sentier qui relie les villages et offre une vue panoramique magnifique. À ne pas manquer : **Vernazza**, **Manarola** et **Riomaggiore**.

Si vous préférez continuer directement vers la Toscane, empruntez la SP432 après La Spezia et passez à l'itinéraire du jour 11.

Jour 11
76 km

Entrez en terre toscane avec la SP432 jusqu'à **Viareggio** (49 km), ancien petit village de pêcheurs et de charpentiers de marine, métamorphosé au début du 19ᵉ s. en station balnéaire par Marie-Louise de Bourbon, qui y lança la mode des bains de mer. Cette belle ville balnéaire vous surprendra par ses pinèdes, oasis de silence qui contraste avec la mondanité de son architecture Art nouveau (voyez le splendide **Gran Caffè Margherita** – *Viale Margherita 30 - ✆ 0584 58 11 43 - www.ristorantemargherita.info*) et Art déco. Ne manquez pas de parcourir le front de mer, un *gelato* à la main. Rejoignez ensuite Lucca avec la SS439 (27 km).

Jour 12
81 km

Repartez dès le matin à la découverte de **Lucca**, que la plupart des touristes prendront d'assaut en fin de matinée. Visitez notamment la **via Fillungo**, la **Piazza dell'Anfiteatro** et le **Duomo di San Martino**. Ne manquez pas non plus de vous promener sur les anciens remparts de la ville. Une fois après avoir apprivoisé cette cité toscane où il fait bon vivre, empruntez dans l'ordre la SP23, la SP3, la SP15, la SP11, la SP10 et la Strada Grande (Firenze-Pisa-Livorno) jusqu'à **Florence** (81 km). Son impressionnant patrimoine artistique et architectural finira de vous charmer.

Aires de **service** & de **stationnement**

Albenga

Capo Lena Camping & Camper Park
Via Don Lasagna 45 - ☎ 0182 54 29 31 - www.capolena.it - réserv. conseillée.
Payant : 10-18 €
⚖ 🚰 [⚡](6A)
Loisirs : 🏊, espaces verts, pétanque, tables de pique-nique, barbecue
Services : WC 🚿 🏧
♿ À 200 m de la plage et 500 m du centre

Genova

Area camper Agip di Genova
Via Molassana 169 rouge - ☎ 010 836 43 06 - ▣ *12-15.*
Payant [⚡]

Grasse

Aire de Mouans Sartoux
Allée des Magnans, Domaine de la Grande Pièce, 06370 Mouans Sartoux - ☎ 06 23 30 07 53 - ▣ *6.*
⚖ 🚰 🚿
Services : WC ⚓ [⚡] 2 €
Stationnement avec services : 12-14 €

Grimaud

Aire de service lieu-dit Saint Pons Les Mûres
▣ *10 -* ⚖ 🚰 🚿 ⊞
Stationnement : gratuit 1h puis 6,50 €/12h
Eau : 2,50 €/100l

Nice

Aire de Peillon (dans le Camping de la Laune)
Bd de la Vallée, Quartier le Moulin, 06440 Peillon.
14 fév.-12 mars et 07 avr.-05 nov.
⚖ 🚰 🚿 [⚡]
Stationnement avec services : 10 €

San Remo

Area camper località Pian di Poma
SS1 direction Ventimiglia, à 3,3 km du centre - max. 72h.
Services payants : ⚖ 🚰 🚿 WC bus pour le centre

La Spezia

Area camper località Pagliari (Scalo Portuale)
Viale San Bartolomeo 805a - ☎ 3317 23 39 10 - areacamper.sp@libero.it - 8h à 20h - donation bienvenue.
⚖ 🚰 🚿 🗑 ⚓

 **Campings**

Grasse

Camping Les Gorges du Loup
965 chemin des Vergers, 06620 Le Bar-sur-Loup - ☎ 04 93 42 45 06 - www.lesgorgesduloup.com.
9 avr.-24 sept.
🚰 70 ▣
Prix indicatif : 27-36,60 €
Loisirs : terrain et cours de golf
Services : 📷 📶
Superficie : 1,6 ha

Sestri Levante

Camping Trigoso
Via Aurelia 251, 16039 Sestri Levante - ☎ 0185 41 04 7 - ▣ *40.*
08 janv.-05 nov.
🚰 20 ▣
Prix indicatif : 25-35 €
Loisirs : 🏊 terrain de sport
Services : 🍴🗙 📷
Superficie : 7 ha

La Spezia

Camping River
Località Armezzone, 19031 Ameglia (16 km au sud-est de La Spezia) - ☎ 0187 65 920 - www.campingriver.com.
1 avr.-30 sept.
🚰 15 ▣
Prix indicatif : 49-56 €
Loisirs : 🏊 🏊 🎮 terrain de sport
Services : ♿🍴🗙 📷 sèche-linge
Superficie : 4 ha

Vallecrosia

Camping Vallecrosia
Lungomare Marconi 149, 18019 Vallecrosia - ☎ 0184 295 591 - www.campingvallecrosia.com.
10 avr.-30 sept.
🚰 50 ▣
Prix indicatif : 38-50 €
Loisirs : 🏊 🏊
Services : ♿ 📶
Superficie : 0,4 ha

Carnet pratique

Les bonnes **adresses** de Bib

Albenga

Puppo
Via Torlaro 20 - ℘ 0182 518 53 - www.dapuppo.it - tlj sf lun. et dim. midi (hiver), midi (été) - 12-15 €.
On savoure ici la fameuse *farinata* mais aussi d'autres spécialités locales (tartes salées, légumes farcis, viande et poisson).

Genova

Antica Osteria di Vico Palla
Vico Palla 15 - ℘ 0102 466 575 - www.vicopalla.it - fermé lun. et 10-20 août - 35 €.
Un restaurant rustique, près de l'aquarium et du Vieux Port, qui propose de délicieuses spécialités liguriennes.

Sà Pesta
Via Giustiniani 16 - ℘ 0102 468 336 - tlj sf lun. soir et dim. - 25 € env.
Ambiance authentique : carreaux de faïence blancs et verts, tables en bois et en marbre, service informel et clientèle locale, pour savourer les grands classiques de la cuisine ligurienne, à commencer par la *farinata*.

Grimaud

Auberge La Cousteline
À 2,5 km au sud-est de Grimaud sur la D14 - ℘ 04 94 43 29 47 - www.aubergelacousteline.fr - fermé en déc.-janv., mar. et merc. midi de sept. à juin et midi en juil.-août - 22-50 €.
Cette ancienne ferme isolée est délicieusement enfouie sous la verdure. À l'intérieur, vous apprécierez le style « campagne et Provence » et, à la belle saison, la jolie terrasse saura vous séduire. Les préparations sont concoctées en fonction du marché.

La Spezia

Il ristorantino di Bayon
Via Felice Cavallotti 23 - ℘ 0187 732 209 - fermé dim., 10 j. en mars et 10 j. en sept. - 26 € env.
Dans le centre historique, près du théâtre, élégant restaurant dans lequel on déguste des spécialités de la mer.

Lucca

Trattoria da Leo
Via Tegrini 1 - ℘ 0583 49 22 36 - www.trattoriadaleo.it - tlj sf dim. - 18-20 €.
À deux pas de l'église San Michele in Foro, dans une ambiance très animée, une cuisine simple et copieuse. Quelques tables à l'extérieur.

Menton

La Cantinella
8 r. Trenca - ℘ 04 93 41 34 20 - la.cantinella@free.fr - fermé janv., merc. midi et mar. sf juil.-août - 20 €.
Le patron, sicilien, aime faire plaisir à ses clients et leur mitonne de savoureux plats du Sud (entre Nice et Italie) valorisant les produits du marché. Convivialité garantie.

Nice

La Table Alziari
4 r. François-Zanin - ℘ 04 93 80 34 03 - fermé dim.-lun., 12-23 janv., 1er-5 juin, 5-16 oct. et 7-18 déc. - 15-30 €.
Le charme d'une petite adresse familiale dans une ruelle de la vieille ville : spécialités niçoises et provençales suggérées sur l'ardoise du jour et servies dans un cadre sans chichi. La poche de veau (poitrine de veau farcie) compte parmi les classiques de la maison. Menue terrasse.

Saint-Maximin-la-Sainte-Baume

L'Imprévu
R. Gabriel-Péri - ℘ 04 94 59 82 36 - resto.limprevu@wanadoo.fr - fermé pdt les vac. de Noël - 13-30 € - réserv. conseillée.
Aménagée dans une grange rustique et chaleureuse, cette pizzeria – « chez Marie » pour les fidèles – possède une grande terrasse, à l'ombre des platanes. Marie vous propose ses spécialités à base de pâtes.

San Remo

Maggiorino
Via Roma 183 - ℘ 0184 50 43 38 - fermé sam. apr.-midi et dim., 20 juin et sept.-sept. - 10 € env.
L'endroit idéal pour déguster une *farinata*, une tarte de légumes ou une *foccacia*.

San Rocco

La Cucina di Nonna Nina
Via Molfino 126, à 6 km au sud de Camogli - ℘ 0185 77 38 35 - fermé merc., 10 j. en janv. et 2 sem. en nov. - 35 € env.
Dans un joli hameau avec une vue spectaculaire depuis l'église. Accueillante trattoria familiale proposant des plats de la mer et de la terre.

Viareggio

Il Puntodivino
Via Mazzini 229 - ℘ 0584 310 46 - niste2@libero.it - fermé lun. et le midi en juil.-août - 35-40 €.
Ambiance jeune et sympathique pour un repas sur le pouce avec plats du jour inscrits sur l'ardoise placée à l'entrée. Le soir, en revanche, vous aurez droit à un plus grand choix avec des menus gastronomiques intéressants. Bonne carte des vins, plats aussi à emporter.

Italie

Nom local : *Italia* **Capitale :** *Rome*
Population : *60,60 millions d'habitants* **Superficie :** *301 263 km²* **Monnaie :** *Euro*

Italie : 6 lettres qui évoquent art, soleil, ciel bleu, exubérance latine, la « pasta », les « trattorias », la bonne chère, le « farniente »… L'Italie est un pays magnifique (ça on le sait !), et quand on se lance à sa découverte, on va vraiment de surprises en surprises. D'abord, les Italiens. Il faut dire LES italiens car chaque région constitue un petit État en soi, avec ses particularismes, sa gastronomie et sa mentalité. Les us et coutumes varient sensiblement du nord au sud de la botte. Caractéristique commune : les Latins sont de grands voyageurs, chez eux comme à l'étranger. Ouverts à la nouveauté, ils ont découvert très tôt la qualité des séjours itinérants. Qui ne voit pas en août sur les routes d'Europe des files de « camper » (terme qui désigne le camping-car en italien), de la Bretagne à l'Espagne et même à jusqu'à la Scandinavie ?

Pays dense et très urbain, l'Italie offre des séjours multiples et variés en camping-car, et partout vous trouverez de nombreuses aires de stationnement, dans des endroits pittoresques, et en toute saison. De la Vallée d'Aoste (Cogne et le parc national du Gran Paradiso) à Syracuse en Sicile, le paysage change et enchante. Les montagnes et collines sont omniprésentes, et seule la plaine du Pô offre un cortège de champs et peupliers d'une douceur quasi insolite, avec en toile de fond des hauts sommets toujours présents.

La grande bleue (la Méditerranée) n'est jamais très loin, mais elle se mérite. Petites routes escarpées, tourmentées, impressions vertigineuses… ça y est ! Vous y êtes. Le « Bel paese » se visite en toute saison, mais en août les villes sont assez désertes et les côtes surchargées.

Après votre séjour, vous comprendrez mieux ces grands voyageurs du 19e siècle qui effectuaient LE voyage en Italie comme un véritable parcours initiatique. Le poids de l'histoire, des Étrusques à la Renaissance florentine, du baroque de Rome aux gratte-ciel de Milan et la *dolce vita* ne laissent pas indifférent.

RECOMMANDATIONS

DOCUMENTS OBLIGATOIRES

✓ Permis de conduire rose de l'UE
✓ Permis de conduire international (recommandé seulement)
✓ Certificat d'immatriculation du véhicule ou certificat de location
✓ Plaque d'identification nationale
✓ Justificatif d'assurance (carte verte)
✓ Passeport (recommandé seulement)
✓ Procuration en cas d'utilisation du véhicule appartenant à un tiers

VITESSES LIMITES

✓ En agglomérations urbaines : 50
✓ Sur routes : 90
✓ Sur autoroutes : 130
✓ Ces vitesses limites sont réduites par temps de pluie

CIRCULATION

Des zones à circulation limitée (ZTL) existent. Prêtez attention aux heures autorisées, sous peine d'amendes.

Pour téléphoner en Italie

Composer 00 + 39 + n° du correspondant (avec le 0 pour les téléphones fixes, sans le 0 pour les portables)

RÉGLEMENTATIONS

✓ Taux maximum d'alcool toléré dans le sang : 0,5 g
✓ Âge minimum des enfants admis à l'avant : 12 ans
✓ Siège enfant, rehausseur ou système de retenue adapté et homologué obligatoire jusqu'à 12 ans et 1,50 m
✓ Âge minimum du conducteur : 18 ans
✓ Port de la ceinture de sécurité obligatoire à l'avant et à l'arrière
✓ Allumage des feux de croisement obligatoire (jour et nuit) hors agglomération toute l'année
✓ Pneus cloutés admis avec réglementation du 15 novembre au 15 mars
✓ Vitesse limite pour un véhicule équipé de pneus cloutés : 90 km/h
✓ Triangle de présignalisation obligatoire
✓ Trousse de premiers secours recommandée
✓ Extincteur recommandé
✓ Gilet de sécurité fluorescent obligatoire

URGENCES

✓ Téléphone incendie et ambulance : 112
✓ Téléphone Police : 110

Au secours ! **Aiuto !** / *C'est une urgence* **È un'emergenza** / *Hôpital* **Ospedale** / *Médecin* **Medico** / *Pharmacie* **Farmacia** / *Police* **Polizia**

LEXIQUE

MOTS USUELS

Oui **Sì** / *Non* **No** / *Bonjour* **Buongiorno** / *Bonsoir* **Buonasera** / *Salut* **Ciao** / *Au revoir* **Arrivederci** / *S'il vous plaît* **Per favore** / *Merci (beaucoup)* **(molte) Grazie** / *Excusez-moi* **Scusi** / *D'accord* **Va bene** / *Santé !* **Cin-cin !** // *Manger* **Mangiare** / *Boire* **Bere** / *Toilettes* **Il bagno** / *Restaurant* **Ristorante** / *Office de tourisme* **Ufficio di turismo** / *Argent* **Denaro**

DIRECTIONS & TRANSPORTS

Où se trouve… ? **Dove si trova… ?** / *À droite* **A destra** / *À gauche* **A sinistra** / *Tout droit* **Dritto** / *Près de* **Vicino a** / *Entrée* **Entrata** / *Sortie* **Uscita** / *Route* **Strada** / *Rue* **Via** / *Autoroute* **Autostrada** / *Ville* **Città** / *Village* **Paese** / *Station-service* **Stazione di servizio** / *Essence* **Benzina**

PREMIERS CONTACTS

Je voudrais… **Io vorrei…** / *Parlez-vous français ?* **Parla francese ?** / *Je ne comprends pas* **Non capisco** / *Pouvez-vous m'aider ?* **Potrebbe aiutarmi ?** / *Combien ça coûte ?* **Quanto costa ?** / *L'addition, SVP ?* **Il conto per favore** / *Je cherche…* **Io cerco…** / *C'est trop cher* **È troppo caro**

Virée (gastronomique) au nord de l'Italie

➲ *Départ de Courmayeur*
➲ *11 jours*
795 km
Carte Michelin n° 561

Vue de la terrasse du Duomo à Milan

Jour 1

Notre découverte de l'Italie du Nord commence par **Courmayeur** et le Val d'Aoste. Courmayeur est une station très connue des alpinistes et des skieurs. Par la S 26, prenez la direction de la ville d'**Aoste**, en passant par St-Pierre, point de départ pour la découverte du **Parc national du Grand Paradis**. À la sortie de St-Pierre apparaissent à gauche le **château de Sarre** et la **forteresse d'Aymavilles**. De passage à Aoste, visitez les monuments romains, tous regroupés au centre de la ville. Pour finir la journée, rendez-vous à **Pila** (par la télécabine) où une vue incomparable de 360° sur le mont Blanc et le mont Rose s'offre à vous.

Jours 2 et 3

En suivant la S 26, joignez **Turin**. Pour accueillir les Jeux olympiques d'hiver 2006, Turin a fait de considérables réaménagements qui l'enrichissent de nouveaux atouts et améliorent la vie du visiteur. Ancienne capitale de la maison de Savoie, la ville aux rues bordées d'arcades et à l'architecture baroque est élégante. Elle collectionne les belles boutiques et les cafés de charme aux décors 19e s., où l'on sert sous toutes ses formes l'exquis chocolat turinois. Son patrimoine artistique est impressionnant : le musée égyptien, les collections d'art ancien du palais Madama, l'étonnant musée du Cinéma ou encore la pinacothèque Agnelli dans le Lingotto, l'ancienne usine Fiat transformée par Renzo Piano…

Jours 4 et 5

Avant de vous rendre à **Milan** faites un détour par le Montserrat et faites halte à **Chieri**, pour sa gastronomie et à **Asti** pour ses vins pétillants (spumante). La capitale lombarde offre un large éventail d'activités qui comblera tous les goûts : visites culturelles, shopping, balades dans la ville, spectacles… à la Scala bien sûr. Il est incontournable d'aller y découvrir le Duomo et la Galleria Vittorio Emanuele II adjacente, mais aussi le château des Sforza, les basiliques Sant' Ambrogio et Sant' Eustorgio, les prestigieuses collections des pinacothèques Brera et Ambrosiana. Vous pourrez aussi vous extasier devant les vitrines du Carré de la Mode et flâner, dans le quartier des

Europe méridionale

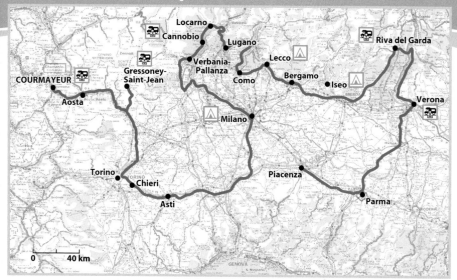

Navigli (les canaux). Reprenez la route (S 33) en direction du nord-ouest pour rejoindre le **lac d'Orta**, un des plus petits lacs de Lombardie où vous apprécierez le Sacro Monte de Varallo. Ensuite vous vous dirigerez vers **le lac Majeur** et ce sera l'occasion de faire halte à **Pallanza** et **Stresa** ou d'entreprendre une excursion sur les **îles Borromées**.

Jour 6

En suivant les rives du lac, vous traverserez de nombreux petits villages typiques de la région. Les croisements sont souvent délicats mais pas impossibles… Après une courte incursion en Suisse par **Locarno** et **Lugano** regagnez le **lac de Côme** que vous aborderez à **Menaggio** en suivant la rive par la S 340. Rendez-vous à **Côme** puis à **Lecco**.

Jour 7

Votre circuit vous entraîne encore plus à l'est, sur les bords du **lac de Garde**, le plus vaste d'Italie, via **Bergame**.

Vous arpenterez la ville haute dans son ensemble et en particulier la piazza Vecchia, la chapelle Colleoni et Santa Maria Maggiore ; dans la ville basse, l'Accademia Carrara ou Brescia, ville élégante où il est agréable de se promener, de s'asseoir à une terrasse de café et même de se laisser tenter par quelques achats dans ses jolies et nombreuses boutiques.

Jour 8

En longeant le lac, vous traverserez d'agréables villages comme **Gardone Riviera**, **Gargnano**, **Limone sul Garda**, **Riva del Garda** et **Torbole**.

Jour 9

Direction le sud et la ville de **Vérone**. Le long des places et des rues se fondent des siècles d'histoire où alternent vestiges romains, églises médiévales et palais de style Renaissance. La piazza Bra, reliée au noyau ancien par la pittoresque via Mazzini, en constitue le centre élégant. Si la ville attire en

nombre les mélomanes et les amoureux en quête de romantisme, les gourmets seront aussi à la fête car la gastronomie fait ici véritablement partie de l'art de vivre et chaque petit plat s'accompagne d'un des excellents vins produits dans la région.

Jour 10

Avant d'atteindre **Piacenza** (Plaisance) fin de notre escapade, faites étape à **Parme**. Ville de musique, comme en témoigne le joli théâtre Regio, ce fut la patrie de nombreux artistes (parmi lesquels le célèbre chef d'orchestre Arturo Toscanini). Parme possède également une riche tradition gastronomique avec des produits mondialement connus tels que le parmesan ou le jambon… de Parme.

Jour 11

À Piacenza, sur la rive droite du Pô, vous consacrerez vos visites à la piazza dei Cavalli, au Duomo et à la Galerie d'Art moderne Ricci-Oddi.

Italie

Aires de **service** & de **stationnement**

Cannobio

Area Camper – *Via San Rocco* - 🅿.
Borne autre. ⚡ 🚽 .
Stationnement : 12 €/j.

Courmayeur

Parcheggio Funivia Val Veny – *Piazzale funive Val Veny - borne de services inaccessible en hiver* - 🅿.
Borne artisanale. ⚡ 🚽 Gratuit.
Stationnement : autorisé
🚌 Centre-ville à 3 km.

Gressoney-La-Trinité

Parcheggio P1 – *Tschaval* – *ouv. tte l'année - area_camper_tschaval@libero.it* - 🅿 *36.*
Borne artisanale. ⚡ 🚽 Payant.
Stationnement : 12 €/j.
🚌 Navettes pour le village ; remontées mécaniques de la station à 200 m.

Riva del Garda

Area dei Riva del Garda – *Via Brione, À 50 m du port de plaisance* - 🅿 *40.*
Borne artisanale. ⚡ 🚽 Gratuit.
Stationnement : 0,50 €/h (horodateur).
🚌 Centre ville à 1 km.

Verona/Vérone

Area Porta Palio – *Via Gianattilio Dalla Bona* – *ouv. tte l'année* – 🅿 *37.*
Borne autre. ⚡ 🚽 .
Stationnement : 10 €/j. (services compris).
🚌 Transports en commun pour centre-ville.

⛺ **Campings**

Iseo

⛺ **Campeggio Quai**
Via Ipp. Antonioli 73
📞 00 39 030-9821610
Avr.-sept. 1,3 ha (83 empl.)
🚐
Loisirs : 🎣 ⚲
Services : 🔑 🅾 🛁 🚿 🍴 snack

Lecco

⛺ **Campeggio Rivabella**
Via alla Spiaggia 35
📞 00 39 0341-421143

Fin-avr.-sept. 2,3 ha (60 empl.)
🚐
Loisirs : 🛖 🕯 diurne 🎣 ⚲
Services : 🔑 🅾 🍴 sandwicherie

Milano/Milan

⛺ **Campeggio Città di Milano**
Via G. Airaghi 61
📞 00 39 0248-207017
Févr.-nov. 50 ha (244 empl.)
🚐
Loisirs : 🏊
Services : 🔑 📶 🅾 sèche-linge🍴 ✕ pizzeria
🚌 Transports en commun pour le centre-ville

Carnet pratique

Les bonnes **adresses** de Bib

Office de tourisme de Milan
Spazio di Piazza Castello – *Piazza Castello, 1 ang. Via Beltrami -* 📞 *02 7740 4343 - www.visitamilano.it - lun.-sam. 9h-18h, dim. 9h-17h.*

Bergame

Albergo Il Sole
Via Bartolomeo Colleoni, 1 - 📞 *035 218 238 - www.ilsolebergamo.com -12h-14h, 18h-22h - fermé jeu. en hiver - 20/25 €.*
Cette pizzeria, bien située au cœur de la ville haute, possède une salle au décor hétéroclite et un petit jardin. Pizzas et différents plats.

Angelo Mangili
Via Gombito, 8, ville haute - 📞 *035 24 87 74 - mar.-dim. 8h-13h30, 15h30-20h.*
Cette épicerie où l'on rentre pour le plaisir des yeux, donne très vite envie de tout acheter : charcuteries, vins, conserves…

Brescia

La Campagnola
Via Val Daone, 25 - 📞 *030 30 06 78 - fermé 10-25 août, lun. soir-mar. - env. 20 €.*
Une authentique trattoria aux saveurs paysannes.

Courmayeur

La Bottega degli Antichi Sapori
Via Porta Praetoria, 63 - 📞 *0165 23 96 66 - lun.-sam. 8h-13h, 15h-19h30.*
Fromages, jambons, vins… ce ne sont pas les spécialités qui manquent dans la région d'Aoste. Cette appétissante épicerie vous offre l'embarras du choix et vous pourrez y trouver différents types de pâtes et de sauces.

Milano/Milan

Bottiglieria da Pino
Via Cerva, 14 - 📞 *02 76 00 05 32 - tlj sf dim. 12h-15h - fermé août, dernière sem. déc. et 1re sem. janv. - 15 €.*
Malgré son emplacement dans un quartier commercial et financier, cette trattoria classique, d'un autre temps, a su conserver intact son caractère populaire avec une cuisine maternelle et généreuse et des prix corrects. Ouvert uniquement pour le déjeuner.

La Vecchia Latteria
Via dell'Unione, 46 - 📞 *02 48 44 01.*
Tout près du Duomo, un restaurant minuscule où, au déjeuner seulement, il est possible de déguster une cuisine savoureuse, essentiellement végétarienne. L'endroit idéal pour goûter une authentique cuisine milanaise.

Parma/Parme

Antica Osteria Fontana
Via Farini, 24 - 📞 *0521 28 60 37 - 9h-15h, 17h-21h30 - fermé en août - env. 25 €.*
Une œnothèque-restaurant, pour savourer fromages, charcuteries, ou un plat avec du bon vin.

Gastronomie
Le *Prosciutto di Parma* et le *Parmigiano-Reggiano* sont les deux fleurons de la gastronomie parmesane. Le premier, un jambon de 9 kg, salé à la main, ne demande pas moins de 10 mois de maturation ; le second est un fromage de lait de vaches exclusivement nourries de fourrages locaux. On l'obtient par la cuisson du lait caillé, suivie d'un salage et d'un affinage qui peut aller jusqu'à 24 mois.

Torino/Turin

Porto di Savona
Piazza Vittorio Veneto, 2 - 📞 *011 81 73 500 - www. foodandcompany.com - 12h30-14h30, 19h30-22h30 - env. 25 €.*
Voici une trattoria typique comme on n'en trouve plus, avec ses murs ornés de vieilles photos de la ville et de célébrités. L'endroit idéal pour s'immerger dans la tradition gastronomique de la région.

Baratti & Milano
Piazza Castello, 29 - 📞 *011 44 07 138 - 12h30-14h30, 19h30-22h30 - 30 €.*
Inauguré en 1875 comme confiserie, ce café, avec ses élégantes salles Liberty, était l'endroit préféré des dames de la haute société turinoise. Pour le déjeuner, plat unique ou menu léger à déguster dans la très jolie salle.

Marchés
Tous les matins, sauf le dimanche, s'installe sur la **piazza della Repubblica** le plus grand marché à ciel ouvert d'Europe. À deux pas, **Porta Palazzo**, se tient un rendez-vous à ne pas manquer le samedi matin et le deuxième dimanche du mois : le **Balòn**, traditionnel marché aux puces de Turin depuis 1856.

Verona/Vérone

Al Bersagliere
Via Dietro Pallone, 1 - 📞 *045 80 04 824 - www.trattoriaalbersagliere.it - tlj sf dim. et j. fériés, 20 j. en janv., 10 j. en août.*
Ce petit restaurant typique vous donne le choix entre la salle dans la cave ou l'une des tables installées dehors.

Italie

Venise, Trieste, les Dolomites et le delta du **Pô**

➲*Départ de Venise*
➲*12 jours*
930 km
Carte Michelin n° 562

Jours 1 et 2

Il est presque superflu de présenter les attraits de **Venise**, tant se promener au hasard de ses pas est déjà une merveilleuse façon de découvrir la ville, même si l'on s'y perd facilement. Le Grand Canal, pour commencer, offre un premier choc et un vrai dépaysement. Par la suite, la place et la basilique Saint-Marc, le palais des Doges, sans oublier le pont des Soupirs suscitent bien d'autres enchantements. Pour découvrir les trésors artistiques de la ville et sa prestigieuse école de peinture, rendez-vous à la Galleria dell'Accademia et au musée Correr. Le beau musée Guggenheim expose des collections d'art moderne. Rentrez aussi dans Santa Maria della Salute, promenez-vous dans les rues tranquilles de l'ancien ghetto… et pour savourer les plaisirs de la plage, passez quelques heures au Lido, à moins que vous ne préfériez une expédition dans les îles de la lagune (Burano, Murano et Torcello).

Jour 3

Détachez-vous de Venise pour découvrir une terre aux charmes mêlés, appartenant à la fois à l'Italie et à l'Europe

Le conseil de Bib

▶ À partir du camping de Fusina, prenez les navettes fluviales pour vous rendre au cœur de Venise (ponton à 200 m).

centrale. À **Trieste**, nous vous conseillons de faire une petite pause dans le célèbre café San Marco, où vous pourrez respirer une atmosphère littéraire et irrédentiste (théorie nationaliste datant de l'unification de l'Italie).

Jours 4 et 5

Poursuivez votre itinéraire en direction des Dolomites en passant par **Udine** et **Belluno**, arrêtez-vous à **Cortina d'Ampezzo**, élégante station d'hiver et d'été remarquablement équipée. Vous pourrez, à partir de là, programmer des excursions vous permettant d'apprécier le somptueux décor montagneux qui l'entoure.

Jour 6

Par la R 48, gagnez **Canazei** au pied des chaînes de la

Marmolada, massif le plus élevé des Dolomites. Depuis **Malga Ciapela**, un téléphérique permet d'atteindre 3265 m. Grand angle sur les Dolomites et les Alpes autrichiennes.

Jour 7

Reprenez la route et engagez-vous dans la **Val Gardena/Grödnertal**. C'est une vallée aussi belle que bondée de touristes. On y parle encore une langue née sous l'occupation romaine, le rhéto-roman, ou ladin, dont les sons ne résonnent plus désormais que dans certaines vallées des Dolomites, dans les Grigioni ou les Alpes Carniques. Les artisans de la vallée se consacrent surtout à la sculpture sur bois, comme en témoignent les nombreux jolis magasins des villages les plus célèbres, **Selva**, **Santa Cristina** et **Ortisei**.

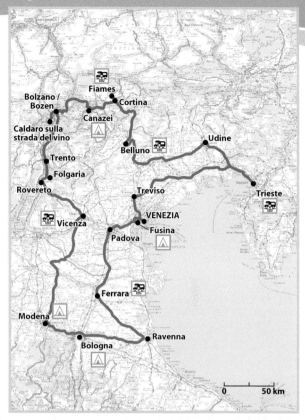

Jour 8

Sortant de la vallée, repiquez au sud, direction **Bolzano** pour une halte-découverte de la ville avec le nouveau Musée archéologique où vous pourrez contempler les restes d'un homme du début de l'âge du cuivre découvert en 1991. Vous vous arrêterez ensuite pour détailler les étranges cheminées des fées du Renon, facilement accessibles en véhicule depuis le nord de Bolzano ou en téléphérique de Bolzano à Soprabolzano.

Jour 9

Descendez ensuite à **Trente**, que domine le château du Buon Consiglio décoré des fresques des Mois, et poursuivez votre voyage par **Vicence**, patrie de Palladio où vous dégusterez la spécialité : la « baccalà alla Vicentina » morue en sauce accompagnée de tranches de polenta, on la sert avec des vins venant des monts Brerici.

Jour 10

Si le temps ne vous est pas compté, séjournez à **Modène**, ville pleine d'atouts qui séduira aussi bien les amateurs d'art que les passionnés de mécanique (Ferrari, Maserati, Bugatti et Lamborghini), sans oublier les gourmets avec sa cuisine succulente. Puis gagnez les riches cités de la plaine jusqu'aux lagunes de l'Adriatique.

Jour 11

Ensuite vous apprécierez, dans une atmosphère toute byzantine, le delta du Pô, **Bologne** la rouge, **Ravenne** et ses mosaïques, **Ferrare**. Dans cette dernière cité, vous contemplerez le Duomo, flânerez dans les rues médiévales, le salon des Mois au Palazzo Schifanoia, le corso Ercole et le Palazzo dei Diamanti.

Jour 12

Avant de retourner vers la lagune vénitienne, faites étape à **Padoue**, ville d'art et de pèlerinage. La chapelle des Scrovegni récemment restaurée, la basilique St-Antoine entre autres, vous laisseront de beaux souvenirs.

Aires de **service** & de **stationnement**

Belluno

Parcheggio Lambioi – *Via dei Dendrofori* - 🅿 16.
Borne plateforme. ⚘.🗄 ⚲ Gratuit.
Stationnement : 0,80 €/h 8h-19h (horodateur), gratuit la nuit.
🚌 À 2mn du centre-ville par les escalators.

Ferrara/Ferrare

Area Rampari di San Paolo – *Via Darsena* – *ouv. tte l'année* – 🅿 20.
Borne autre. ⚘ 🗄 ⚲ Payant.
Stationnement : 6 €/j.
🚌 Centre-ville à 500 m.

Fiames

Area Le Tofane – *Ancien aérodrome* – 🅿.
Borne autre. ⚘ 🗄 ⚲ Payant.

Stationnement : 12 €/j. en été, gratuit reste de l'année.
🚌 Navette pour le centre de Cortina d'Ampezzo

Trieste

Area dei Trieste – *Via Von Bruck* – 🅿 50.
Borne autre. ⚘ 🗄 ⚲ Gratuit.
Stationnement : 72h maxi.
🚌 Navette pour le centre-ville.

Vicenza/Vicence

Parcheggio Bassano – *via Bassano* – 📞 0444/928311-
🅿.
Borne artisanale. ⚘ 🗄 ⚲ Payant.
Stationnement : 7,80 €/j.
🚌 Transports en commun pour centre-ville.

⛺ Campings

Bologna/Bologne

⛺ Campeggio Città di Bologna
Via Romita 12/4a
📞 00 39 0513-25016
Mi-janv.-mi-déc. 6,3 ha (120 empl.)
🚐
Loisirs : 🎾 ⚲
Services : ⚲ 🛜 🎮 sèche-linge 🍽,🍷 snack
🚌 Transports en commun pour le centre-ville

Canazei

⛺ Campeggio Marmolada
Via Pareda
📞 39 0462-601660
Permanent 3 ha (250 empl.)
🚐
Loisirs : 🎾
Services : ⚲ 🎮 sèche-linge 🍷 snack

Fusina

⛺ Campeggio Fusina
Via Moranzani 79
📞 00 39 041-5470055
Permanent 5,5 ha (275 empl.)
🚐
Loisirs : 🏠 ⚲ diurne 🎣 ⚲ ⚲
Services : ⚲ 🛜 🎮 🎾🍷 ✗ snack, pizzeria
🚌 Navette fluviale pour centre de Venise

Modena/Modène

⛺ Campeggio International
Via Cave di Ramo 111
📞 00 39 39 0593-32252
Permanent 2,6 ha (40 empl.)
🚐
Loisirs : 🎾 ✗ ⚲
Services : ⚲ 🎮 sèche-linge 🍽,🍷

Les bonnes **adresses** de Bib

Office de tourisme de Venise
APT – *Calle Ascensione, San Marco 71/f, 30124 - ☏ 041 52 98 711 - www.turismovenezia.it.*

Bologna/Bologne

Bottega del Vino Olindo Faccioli
Via Altabella, 15/b - ☏ 051 22 31 71 - été : lun.-vend. 18h-1h ; reste de l'année : lun.-sam. 18h-1h - fermé août.
Transmise de père en fils depuis 1924, cette œnothèque propose un choix de 500 vins provenant de toute l'Italie. Installé à une table ou au bar, c'est l'endroit parfait pour découvrir les différents vignobles de la péninsule.

Paolo Atti & Figli
Via Caprarie, 7 - ☏ 051 22 04 25 - lun.-merc., vend. 8h30-13h, 16h30-19h15, sam. et jeu. 8h30-13h.
Une pâtisserie légendaire, fondée en 1880, qui a accueilli dans son décor Liberty Giosuè Carducci et le peintre Morandi. On y trouve aussi une excellente rôtisserie, spécialisée dans les tortellinis.

Ferrara/Ferrare

Antica Trattoria Volano
Viale Volano, 20 - ☏ 0532 76 14 21 - fermé vend.
Cette trattoria chargée d'histoire (elle existe depuis le 18e s. !) concocte aujourd'hui une cuisine typique, traditionnelle de Ferrare. Le décor est simple, mais confortable et authentique, et le service est convivial.

Modena/Modène

Aldina
Via Albinelli, 40 - ☏ 059 23 61 06 - 12h-14h30 - fermé le soir, le dim. et j. fériés ; 10 juil.-31 août - 25 €.
Très bonne adresse pour faire une pause à midi. On y goûte une cuisine maison dans une atmosphère authentique. Plats copieux.

Achats
Le vinaigre balsamique — Seules, **Modène et Reggio Emilia** fabriquent l'authentique vinaigre balsamique qui doit être certifié « **balsamique traditionnel** ». À l'origine de ce nectar, un long et complexe processus de fabrication explique son prix élevé. Le vinaigre est mis à vieillir dans des tonneaux de bois successifs, chacun d'un bois différent pour lui donner des arômes variés. On estime qu'à partir de 12 ans d'âge, il commence à être un bon cru. Le contenant se réduit au fil du temps, car le vinaigre en s'évaporant devient peu à peu un liquide épais et velouté, dont quelques gouttes à peine suffisent à donner un goût et un parfum inimitables.

Ravenna/Ravenne

Ca' de' Vén
Via C. Ricci, 24 - ☏ 0544 30 163 - www.cadeven.it - fermé lun. - réserv. conseillée - env. 24 €.
L'épicerie la plus élégante de Ravenne (1876) est devenue une trattoria-œnothèque renommée. Sur de longues tables en bois, on y sert des plats froids et quelques plats cuisinés, mais surtout des sandwichs et les typiques *piadine romagnole* (sorte de galettes de pain azyme garnies). Très bon choix de vins italiens.

Padova/Padoue

Osteria dal Capo
Via degli Obizzi, 2 - ☏ 049 66 31 05 - fermé dim. et lun. midi - 30/35 €.
À deux pas de la cathédrale, cette trattoria traditionnelle propose d'authentiques spécialités de Padoue et de la Vénétie.

Trieste

Ai Fiori
Piazza Hortis, 7 - ☏ 040 30 06 33 - www.aifiori.com - fermé dim., lun. midi - 20/60 €.
Géré avec professionnalisme et compétence par toute une famille, ce restaurant sert une cuisine du terroir pleine d'imagination, à prix modérés. Spécialités de poisson.

Venezia/Venise

Vini da Gigio
Fondamenta San Felice, Cannaregio 3628/a - ☏ 041 528 5140 - www.vinidagigio.com - fermé lun.-mar. et trois semaines en août.
Ambiance rustique et service informel dans cette *osteria* appréciée des Vénitiens, où vous dégusterez poissons marinés, grillés ou accommodés, ou viandes. Belle carte de vins.

Alla Campana
Calle dei Fabbri, San Marco 4720 - ☏ 041 52 85 170 - tlj sf dim. 7h-22h.
Bistrot typiquement vénitien qui, malgré sa localisation entre le pont Rialto et la place St-Marc, réussit à maintenir une cuisine authentique très appréciable.

Caffè Florian
Piazza San Marco, 55 - ☏ 041 52 05 641 - 10h-24h - env. 40 €.
Le Florian est une étape obligée (mais onéreuse) sur la place St-Marc pour ses petits salons du 18e s., ses serveurs d'un autre temps, sa magnifique terrasse, très animée durant la belle saison, et ses concerts de musique classique très appréciés.

Vicenza/Vicence

Al Pestello
Contrà Santo Stefano, 3 - ☏ 0444 32 37 21 - www.ristorantealpestello.it - 19h30-22h - fermé 2 sem. en mai et 2 sem. en oct. - 40 € - réserv. conseillée.
Dans la salle décorée d'une grande fresque ou sur l'agréable terrasse, vous pourrez choisir parmi les délicieux plats traditionnels proposés sur la carte écrite en dialecte local.

Art, nature et spiritualité en **Toscane** et en **Ombrie**

➲*Départ
de Florence*
➲*11 jours*
530 km
**Carte Michelin
n° 562 et 563**

*Cathédrale de Florence et
campanile de Giotto*

O. Forir / MICHELIN

Jours 1 à 3

Pas moins de trois jours sont nécessaires à la visite de la ville. Prestigieuse cité d'art et vivier de génies, patrie de la langue italienne et berceau de la civilisation humaniste, **Florence** est un tourbillon d'émotions et de sensations. Certes, il faut patienter de longues heures avant de pouvoir contempler la Vénus de Botticelli, la Bataille de San Romano d'Uccello ou le David de Michel-Ange. Certes, il faut encore s'habituer aux rues étroites qui supportent mal une circulation trépidante. Il n'empêche. Le charme florentin opère sans cesse sur les visiteurs. Un charme rehaussé par l'Arno, spectaculaire miroir où se contemple chaque matin la cité des Médicis, gorgée de chefs-d'œuvre propices aux coups de foudre toujours renouvelés. Si le temps vous est compté ne manquez pas quelques incontournables : la piazza del Duomo ; la Galleria degli Uffizi ; le Palazzo vecchio ; les œuvres de Michel-Ange dans la galleria dell'Accademia ; le Museo del Bargello ; S. Lorenzo et les tombeaux des Médicis ; la Galleria Palatina au palazzo Pitti ; les œuvres de Fra Angelico au musée de S. Marco ; les fresques de Ghirlandaio à S. Maria Novella ; les fresques de Masolino, Masaccio et Filippino Lippi dans la chapelle Brancacci, à S. Maria del Carmine ; les fresques de Benozzo Gozzoli au palazzo Medici-Riccardi.

Jour 4

Quittez Florence par le sud-est et la R 69 pour vous rendre à **Arrezo**, votre prochaine étape. Pour tous ceux qui connaissent maintenant Florence, ce séjour à Arezzo permettra de se faire une idée des richesses que cette ville recèle. Les fresques de Piero della Francesca, dans l'église de S. Francesco, valent à elles seules le voyage. Vous pourrez ensuite vous promener sur la piazza Grande, cette « place inclinée » qui rappellera des souvenirs à ceux qui ont vu *La Vie est belle* de Roberto Benigni. Non loin, les villages médiévaux de **Monte San Savino** et Lucignano attendent également votre visite.

Jour 5

En route pour **Perugia** (**Pérouse**) n'oubliez pas de faire une halte à **Cortona**. Plantés d'oliviers et de cyprès, Cortona domine le Val di Chiana et le lac de Trasimène, offrant un panorama

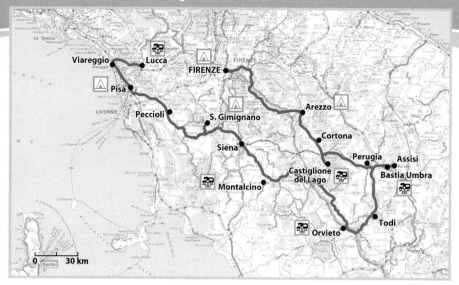

inoubliable. Flânez au cœur de la cité médiévale et dégustez une « gelato » en regardant le spectacle de la piazza Repubblica ou de la piazza Signorelli. Après avoir longé **le lac de Trasimeno** vous arrivez à **Perugia**. Capitale de l'Ombrie, centre industriel et commercial, elle a conservé de nombreux édifices retraçant son riche passé tels sa vieille ville, et de beaux musées.

Jour 6

Avant de poursuivre votre périple vers le sud, faites un crochet par **Assisi**, ville entourée par des remparts qui n'a guère changé depuis le Moyen Âge. Empruntez l'autoroute E 45 et rendez-vous à **Todi**. Perchée dans un joli site cette ville ancienne ne manque pas d'intérêt. Avant de remonter sur **Siena (Sienne)** faites étape à **Orvieto**, riche en monuments.

Jour 7

Sienne, cité d'art mystique et douce, passionnée et généreuse, accueille quelque 300 000 touristes chaque année, avec sa devise « Cor magis tibi Sena pandit » – Sienne t'ouvre encore plus grand son cœur – inscrite sur sa porte Camollia. Ville ocre (couleur terre de Sienne) au relief capricieux, où il est facile de se perdre en voiture, Sienne désoriente avant de fasciner. Accrochées à trois collines d'argile rougeâtre, ses rues serpentent à l'intérieur de remparts d'une ampleur surprenante avant d'aboutir à une merveille : la piazza del Campo. Coup de foudre assuré !

Jour 8

En route pour **Pise** et sa fameuse tour. Vous vous arrêterez à **San Gimignano** avec ses quinze tours féodales, ses places sa basilique et son panorama de la Torre Grossa.

Jour 9

Aujourd'hui, visite de Pise. Vous vous promènerez dans ses ruelles pittoresques et tenterez l'ascension de la célèbre tour.

Jour 10

Poursuivez votre voyage jusqu'à **Lucca (Lucques)** en faisant un petit détour par **Viareggio** pour ses villas Art déco et sa promenade du front de mer.

Jour 11

Lucques signe la fin de votre découverte de la Toscane et de l'Ombrie. La cité est un petit bijou à ne négliger sous aucun prétexte. Au-delà des puissants remparts, témoins de son passé glorieux, vous découvrirez une petite ville médiévale pleine de charme, riche d'un patrimoine architectural exceptionnel, où il fait bon vivre. Les ruelles animées par le va-et-vient incessant des bicyclettes et des passants, les façades d'églises à l'allure de dentelle, les deux tours anciennes rescapées de la centaine qui se dressaient jadis vers le ciel, la jolie place ovale de l'Amphithéâtre aux terrasses accueillantes, donnent envie de s'attarder dans cette ville si sympathique.

Aires de **service** & de **stationnement**

Bastia Umbra

Parcheggio del centro – *Via Strada Riverasca-*
📞 075/8011493 – 🅿 *50.*
Borne autre. Gratuit.
Stationnement : autorisé.

Castiglione del Lago

Area del Lago – *Viale divisione Partigiani Garibaldi – ouv.*
tte l'année – 🅿.
Stationnement : autorisé.
Centre historique à 1 km ; pour les services aller au
camping Listro.

Lucca/Lucques

Area per camper Il Serchio – *Via del Tiro a Segno, 704 -*
📞 0583/317385 - www.camperilserchio.it - fermé fev. –
🅿 *70.*
Borne autre. Payant.
Stationnement : 20 €/j. (sevices compris).
Centre-ville à 800 m.

Area sosta per Autocaravan – *Via Gaetano Luporini –*
ouv. tte l'année – 🅿 *60.*
Borne plateforme.
Stationnement : 10 €/j. (12 € dim. et j. feriés).
Pratique pour visiter le centre-ville.

Montalcino

Montalcino – *Via Osticcio -* 🅿 *30.*
Borne autre. Gratuit.
Stationnement : 5 €/j.

Orvieto

Parcheggio Funicolare – *Via della Direttissima -*
📞 0338/6843153 - 🅿 *55.*
Borne artisanale. Payant.
Stationnement : 18 €/j. (services compris).

Campings

Arezzo

🏕 Villaggio Le Ginestre
Loc. Ruscello 100
📞 00 39 05-75363566
Mi-fév.-déc. 2,2 ha (40 empl.)
🚐 – 4 📧
Loisirs :
Services : sèche-linge snack, pizzeria
Emplacements spécifiques pour camping-cars.

Firenze/Florence

🏕 Campeggio Michelangelo
V. Michelangiolo 80
📞 00 39 055-6811977
Permanent 4,4 ha (240 empl.)
🚐 – 100 📧
Loisirs :
Services : sèche-linge
100 emplacements spécifiques pour camping-cars,
transports en commun pour centre-ville

Pisa/Pise

🏕 Campeggio Torre Pendente
Viale delle Cascine 86
📞 00 39 050-561704
Avr.-mi-oct. 2,5 ha (220 empl.)
🚐
Loisirs : diurne
Services : sèche-linge
snack, pizzeria

San Gimignano

🏕 Campeggio Il Boschetto di Piemma
Loc. Santa Lucia 38C
📞 00 39 0577-940352
Avr.-deb.-nov. 6,5 ha (95 empl.)
Loisirs :
Services : sèche-linge snack, pizzeria
7 emplacements spécifiques pour camping-cars.

Carnet pratique

Les bonnes **adresses** de Bib

Office de tourisme de Florence
Punti Informazione Turistica - Provincia – *Via Cavour 1rosso - ℘ 055 290 832/833 - www.firenze turismo.it - lun.-sam. 8h30-18h30.*

Arezzo

Antica Osteria l'Agania
V. Mazzini 10 - ℘ 0575 29 53 81 - 12h-15h, 19h-23h - fermé lun. (sf juin-sept.) - 20/25 €.
Dans une atmosphère simple et familiale, goûtez des plats typiques accompagnés de vins toscans.

Al Canto de'Bacci
Corso Italia 65 - ℘ 0575 35 58 04 - tlj sf lun. et dim. 8h-14h, 16h-20h.
Épicerie fine avec un grand choix de spécialités toscanes : pâtes, fromages, charcuteries, vins. La succursale, piazza Grande, propose vins de qualité et fruits de mer.

Firenze/Florence

Cantinetta dei Verrazzano
V. dei Tavolini 18-20r - ℘ 0552 68 590 - tlj sf dim. 8h-21h.
Quatre atouts pour ce petit établissement raffiné : son four, ses vins, sa pâtisserie et son service continu. On peut y déguster : charcuterie, *panini, bruschette*, fromages et gâteaux, accompagnés de vins de la Fattoria di Verrazzano, servis au verre.

Trattoria Anita
V. del Parlascio 2r - ℘ 0552 18 698 - tlj sf dim. 12h-14h30 - fermé 15 j. en août - réserv. conseillée.
Tout ce qu'il y a de plus simple et familial, voilà comment se présente cette trattoria fréquentée lors du repas de midi par de nombreux ouvriers et employés des alentours, alors que le soir prennent place les touristes et les familles florentines. Les prix restent toujours très modérés.

Trattoria Sostanza-Troia
V. del Porcellana 25r - ℘ 0552 12 691 - tlj sf w.-end 12h-14h30, 19h30-21h15 - fermé août, 10 j. déc. - réserv. conseillée - 20 €.
Cette trattoria, fondée au milieu du 19e s., occupe son emplacement actuel depuis 1932. Quant au propriétaire, très aimable, il y travaille depuis une cinquantaine d'années : bref, cet endroit est une véritable institution. Cadre simple et cuisine toscane.

Mercato Centrale
Tlj sf dim. 7h-14h.
Marché principal de Florence, abrité par d'imposantes structures en verre et en fer imaginées par Mengoni en 1874. Dans le dédale des produits frais, vous trouverez fruits et légumes, poissons, viandes et volaille, quelques fromagers, charcutiers et boulangers pour d'excellents panini à déguster sur place.

Caffè Ricchi e Ristorante
P.za Santo Spirito 8-9r - ℘ 0552 15 864 - lun.-sam. 19h30-23h - fermé dim., 15 août.

Un des artisans glaciers les plus renommés de Florence. Très animé les jours de marché, il dispose d'une terrasse idéale aux beaux jours.

Pisa/Pise

Hostaria Pizzeria Le Repubbliche Marinare
Vicolo Del Ricciardi 8 - ℘ 0502 20 506 - 12h30-20h - fermé lun. et 7 janv.-7 fév. - réserv. conseillée le soir - env. 35 €.
Ce restaurant, où l'on se régale, est un petit havre de paix dans le quartier Sant'Antonio. Jolie terrasse sur une placette. Spécialités de poisson. Goûtez le poisson à la croûte de sel.

Gelateria de'Coltelli
Lungarno Pacinotti 23 - ℘ 345 48 11 903 - www.decoltelli.it - 12h-0h, vend.-sam. 12h-1h.
La boutique ne paye pas de mine, mais au dire des Pisans, c'est LE glacier de la ville !

Perugia/Pérouse

Dal Mi'Cocco
Corso Garibaldi 12 - ℘ 075 57 32 511 - tlj sf lun. 11h-23h - fermé du 15 juil. au 15 août - réserv. conseillée - 15 €.
« Comme chez des amis », c'est la devise de cet établissement original abrité dans une ancienne étable. Accueilli par un petit verre de vin rouge et salué par un verre de vino santo, vous y dégusterez un menu unique composé de spécialités de la région. Pain et pâtes faits maison.

San Gimignano

Osteria del Carcere
V. del Castello 13 - ℘ 038 23 01 443 - www.osteriaallecarceri.it - tlj sf merc. et jeu. midi 12-15h, 20h-0h30 - fermé janv.-mars - 23 €.
Près de la piazza della Cisterna, ce restaurant au cadre rustique et accueillant vous propose des plats du jour. La viande, particulièrement exquise, provient de la célèbre boucherie de Panzano in Chianti. Vous pourrez l'accompagner en choisissant parmi une bonne sélection de vins et de fromages.

Siena/Sienne

Medio Evo
V. dei Rossi 40 - ℘ 0577 28 03 15 - www.medioevosiena.it - tlj sf jeu. 12h30-14h, 19h30-21h30 - fermé janv. et 15-31 juil. - 25/30 €.
Proche de la piazza del Campo, voyage dans le temps dans ce palais du 13e s. à fenêtres géminées, orné de colonnes et de frises médiévales, avec les antiques saveurs de la cuisine siennoise.

Al Palazzo dela Chigiana
V. di Citta 93-95 - ℘ 0577 28 91 64 - tlj sf mar. 8h-20h.
Difficile de résister aux fromages, *porcini* (cèpes), saucissons, mortadelles et autres victuailles, présentes dans la vitrine de cette alléchante boutique.

Périple **romain**

➲*Départ de Rome*
➲*10 jours*
745 km
Carte Michelin n° 563

Place Ste-Marie de Trastevere

Jour 1

Qui pourrait prétendre avoir été à **Rome** sans avoir vu le Colisée ? C'est donc de ce célèbre monument que vous partirez à la découverte de Rome, pour poursuivre avec les Forums impériaux, et en fond le (trop) visible Vittoriano, qui doit son nom au roi en l'honneur duquel il fut construit : Victor Emmanuel II, premier roi d'Italie. Après avoir grimpé le grand escalier qui mène à la piazza del Campidoglio, marchez jusqu'au quartier du Panthéon avec la délicieuse piazza della Rotonda, et encore un dernier effort pour rejoindre la piazza Navona. Vous avez bien mérité une petite pause… L'Antico Caffè della Pace n'est pas loin, derrière la place. Un conseil : au coucher du soleil, si vous êtes encore dans le coin, retournez admirer les fontaines illuminées, dont celle de Trevi.

Jour 2

Le choix est difficile… et il est impossible de tout voir en deux jours. Si vous êtes passionné par les églises et les musées, optez pour St-Pierre et le Vatican (une visite superficielle nécessite une bonne demi-journée quand même), et si vous préférez le monde antique, partez plutôt à la découverte du Forum romain. Si vous préférez les ambiances encore authentiques, flânez le matin sur le marché de la place Campo di Fiori. L'après-midi, partez de la piazza di Spagna et offrez-vous une promenade le long de l'élégante via dei Condotti suivie de la commerçante via del Corso. Le soir, une promenade dans le Trastevere vous permettra de découvrir un autre quartier de la vieille Rome.

Jour 3

Après ce petit séjour en ville, partez à la découverte du nord de la capitale. Vous longerez la mer par **Civitaveccia** et ses thermes puis **Tarquinia** et sa nécropole étrusque. En vous éloignant de la côte, dirigez-vous vers **Viterbo**, son quartier médiéval vous enchantera.

Jour 4

En direction de **Tivoli**, vous atteindrez le lac de Vico et celui de **Bracciano**, havre de paix où de nombreux Romains viennent le week-end. Prenez le temps de gagner le bourg médiéval d'**Anguillara-Sabiaza**.

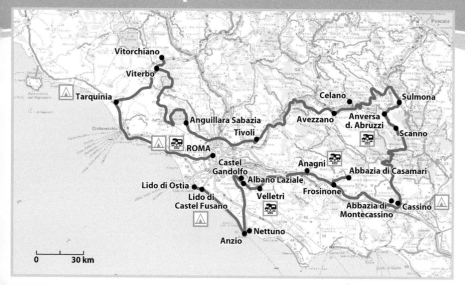

Jour 5

Après avoir visité la Ville éternelle (la Capitale du monde pour d'autres amoureux indéfectibles de Rome), votre soif de découverte sera rassasiée et vous penserez être arrivé au bout de vos surprises… Détrompez-vous ! Comment ne pas s'émerveiller à **Tivoli** devant la Villa Adriana, l'un des plus riches ensembles monumentaux de l'Antiquité, qui n'a rien perdu de sa beauté au fil des siècles malgré d'importants pillages ? N'oubliez pas de visiter la Villa d'Este, splendide résidence construite par l'un des princes de l'Église, et dont les somptueux jardins sauront, une fois encore, vous surprendre. Le soir, ne repartez pas sans avoir pris le temps d'admirer la lumière dorée du coucher de soleil sur la campagne romaine.

Jour 6

Via Avezzano, gagnez les Abruzzes et Sulmona qui sera votre point de départ d'une visite au cœur du Parc national

le plus ancien d'Italie. **Sulmona**, patrie du poète latin Ovide, est réputée pour ses ateliers d'orfèvrerie. Prenez la S 479, à partir d'Anversa degli Abruzzi, la route s'engage dans les profondes et sinueuses gorges du Sagittarion, puis vous longerez le **lac de Scanno** dominé par la ville du même nom.

Jour 7

Après avoir traversé le parc, dirigez-vous vers **Montecassino** et plus particulièrement à l'abbaye érigée sur le mont Cassin. À partir de là vous amorcez votre retour vers Rome. En chemin vous faites un crochet par l'**abbaye de Casamari** puis vous regagnerez **Anagni**, petite ville d'aspect médiéval qui mérite une visite.

Jour 8

Toujours en remontant sur le nord arrêtez-vous à **Velletri**. Située sur le versant méridional du cratère des monts Albains, au cœur d'une région de vignobles, elle a conservé un agréable

centre médiéval. Depuis la place Cairoli où se dresse l'imposante tour du Trivio, s'ouvre un splendide et vaste panorama.

Jour 9

Faites un détour par **Castel Gandolfo** situé sur le rebord du cratère dont le fond est occupé par le lac d'Albano. Le site est connu dans le monde entier comme étant la résidence d'été du souverain pontife. Direction le sud et plus précisément **Anzio** qui forme avec **Nettuno** une agréable station balnéaire.

Jour 10

Pour clore en beauté votre périple romain, longez la côte jusqu'à **Ostia Antica**. Appréciez la richesse des ruines d'Ostia Antica, avec leur splendide cortège de pins maritimes. Perdez-vous dans ces rues et découvrez les thermes ou encore le piazzale delle Corporazioni. Au Lido d'Ostia, la vaste plage grise est très fréquentée par les Romains.

Italie

 Aires de **service** & de **stationnement**

Albano Laziale

Area dei Albano Laziale – *Piazza Guerucci – ouv. tte l'année –* 🅿
Borne autre. Gratuit.
Stationnement : autorisé.
À côté de la poste et des terrains de sports.

Anversa degli Abruzzi

La Porta dei Parchi – *Piazza Roma, 1 - www. laportadeiparchi.it/index_fr.htm - ouv. tte l'année –* 🅿 .
Borne artisanale.
Stationnement : 10€/j.
Acccueil dans une ferme, centre-ville à 1 km.

Roma/Rome

Area Attrezzata LGP Roma – *Via Casilina 700, sortie 18 du périphérique (GRA) suivre Rome centre. – ouv. tte l'année –* 🅿 .
Borne artisanale.
Stationnement : 15 €/j. (sevices compris).
Transports en commun pour le centre-ville.

Viterbo

Località Belcolle – *Via Maresciallo Mariano Romiti.*

 **Campings**

Cassino

Campeggio Terme Varroniane
Via delle Terme 5
📞 00 39 333-9512974
Permanent 10 ha (200 empl.)
Loisirs :
Services :
Transport en commun à 500 m.

Lido di Castel Fusano

Camping Internazionale di Castelfusano
Via Litoranea, Lido di Ostia
📞 00 39 06 56223304
www. romacamingcastelfusano.it
Permanent 4,5 ha (150 empl.)
Loisirs :
Services : pizzeria
Transport en commun proche du camping

Roma/Rome

Campeggio Roma
Via Aurelia 831
📞 00 39 06-6623018
www.ecvacanze.it
Permanent 7 ha (230 empl.)
Loisirs : jacuzzi
Services : sèche-linge snack, pizzeria

Tarquinia

Campeggio Tuscia Tirrenica
Via delle Nereidi
📞 00 39 0766-864294
www.campingtuscia.it
Avr.-sept. 10 ha (480 empl.)
Loisirs :
Services : pizzeria

Carnet pratique

Les bonnes **adresses** de Bib

Offices de tourisme de Rome

Punti Informativi Turistici – *À Navona, Piazza delle Cinque Lune ; à Castel Sant'Angelo, Piazza Pia ; à Santa Maria Maggiore, Via dell'Olmata ; à la gare de Termini, Via Giovanni Giolitti, 34 ; à l'aéroport, Leonardo Da Vinci, Terminaux B et C -* ℘ *060 608 - www.turismoroma.it - 9h30-19h.*

Castel Gandolfo

Antico Ristorante Pagnanelli

Via Gramsci 4, ℘ *06 93 60 004 - www.pagnanelli.it - tlj sf mar. 7h30-1h - 22 €.*
Cuisine traditionnelle et inventive, préparée à base de produits frais de saison provenant de la ferme familiale. Depuis la salle principale du restaurant, belle vue sur le lac d'Albano.

Roma/Rome

Forno di Campo de' Fiori di Bartocci e Roscioli

Piazza Campo dei Fiori, 22 - ℘ *06 68 80 66 62.*
Une adresse presque légendaire pour ses en-cas qui ont séduit les palais les plus exigeants. Un lieu idéal pour discuter avec les habitués du coin.

Vecchia Locanda

Vicolo Simibaldi, 2 - ℘ *06 68 80 28 31 - www.vecchialocanda. eu - 10h30-14h30, 17h30-0h - fermé sam. midi, dim., 22 déc.- 22 janv. - 25 €.*
Établissement sis et soigné, dans une ruelle caractéristique entre le largo Argentina et le Panthéon. Menu varié proposant notamment des pâtes fraîches maison et des *straccetti* de bœuf. Atmosphère typique de la vieille Rome. Tables à l'extérieur en été.

L'Orso 80

Via dell'Orso, 33 - Au nord-ouest de la piazza Navona en direction du Ponte Umberto - ℘ *06 686 49 04 - www.orso80.it - fermé lun.*
Ce restaurant sis dans cette très belle rue qui fourmille d'artisans traditionnels, prépare depuis bientôt 30 ans une cuisine généreuse à base de produits régionaux exigeants. Une très bonne adresse, tenue par un patron d'une grande courtoisie, pour savourer des spécialités italiennes à des prix abordables.

Pizzeria Dar Poeta

Vicolo del Bologna, 45 - ℘ *065880516 - www.darpoeta.com - 12h-1h - 10 €.*
Une adresse animée, à l'atmosphère rustique, où sont servies des pizzas faites à partir d'une pâte spéciale. Et puis une infinité de *bruschette* et, pour les plus gourmands ou les plus affamés, des pizzas en chausson fourrées de *ricotta* et de Nutella.

Caffè Sant'Eustachio

Piazza Sant'Eustachio, 82 - ℘ *06 68 80 20 48 - 8h30-1h (2h sam.).*

On vient ici pour déguster le *gran caffè speciale*, crémeux et parfumé dont le créateur garde précieusement le secret. Comme le breuvage est servi sucré par avance, il est préférable que les amateurs de café amer préviennent les serveurs en déclamant : « amaro ! ».

Mercato di Testaccio

Piazza Testaccio - tlf sf dim. 7h30-14h.
Grand choix de produits de qualité et chaussures de marques dégriffées.

Marché aux puces de Porta Portese

Trastevere - dim. du petit matin jusqu'à 14h.
Il rassemble un peu de tout, ce qui lui a valu le surnom de marché aux puces. Il existe depuis la fin de la Seconde Guerre mondiale après avoir regroupé plusieurs marchés de quartier. Il se développe le long de la via Portuense. On y trouve notamment des vêtements neufs et d'occasion, ainsi que de la brocante, du matériel photographique, des livres et des disques.

Sulmona

Gino

Piazza Plebiscito, 12 - ℘ *086452289 - www.lalocandadigino.it - tlj sf dim. 12h-14h30, 17h-11h - 28 €.*
Cuisine familiale reposant sur une copieuse gastronomie régionale.

Confetti Pelino

À la sortie de Sulmona en direction de Scanno - Via Stazione Introdacqua, 55 - ℘ *0864 21 00 47 - www.pelino.it.*
L'endroit rêvé pour qui se marie, célèbre un baptême, un diplôme ou un anniversaire de mariage. Gage de sérieux, la maison existe depuis le 18ᵉ s.

Tarquinia

Arcadia

Via Mazzini, 6 - ℘ *0766855501 - www.arcadia-ristorante.it - tlj sf lun. 12h30-15h, 19h-22h30 - 35 €.*
Ce restaurant d'une centaine de couverts situé près du centre historique propose d'excellentes spécialités à base de poissons frais.

Viterbo/Viterbe

Antico Caffè Schenardi

Corso Italia, 11-13 - Viterbo - ℘ *0761 34 58 60 - lun.-vend. 7h30-0h, w.-end 7h30-2h - midi 10 €, dîner env. 20 €.*
Situé à deux pas de la piazza delle Erbe, ce café historique est l'un des plus beaux cafés d'Italie. Tour à tour restaurant au 16ᵉ s., hôtel royal, ce café restructuré au 19ᵉ s. affiche une belle élégance d'un grand classicisme avec ses miroirs aux cadres dorés.

Italie

Les trésors de la côte
napolitaine et des **Pouilles**

➲ *Départ*
de Naples
➲ *10 jours*
790 km
Carte Michelin
n° 564

Port de Naples

Y. Duhamel / MICHELIN

Jours 1 et 2

Pour votre première journée à **Naples**, immergez-vous dans l'ambiance inimitable de la cité parthénopéenne en parcourant les rues de Spaccanapoli. Le lendemain, après la visite du Musée archéologique national, prenez le funiculaire pour admirer la ville depuis la chartreuse San Martino. Et partez à la découverte du Lungomare, autrefois tranquille village de pêcheurs, est aujourd'hui un des quartiers les plus vivants de la ville, avec une agréable promenade en bord de mer.

Jour 3

Des fumerolles de **Solfarata** aux thermes de **Castellammare di Stabia**, vous aurez l'occasion de sillonner le golfe de Naples, sans manquer l'incontournable ascension du Vésuve !

Jour 4

Sachant l'étendue et la richesse du site, commencez la visite dès le matin et prévoyez une journée. **Pompéi**, ville somptueuse ensevelie en 79 apr. J.-C. par une énorme éruption du Vésuve, constitue un document capital sur l'Antiquité. Par leur ampleur et leur variété, par la beauté du paysage environnant, les ruines de Pompéi procurent une vision grandiose et émouvante de ce que pouvait être une cité romaine de l'époque impériale. Pompéi a été inscrite sur la liste du Patrimoine mondial de l'Unesco en 1997.

Jour 5

Reprenez la route et allez à **Sorrente** sans oublier de faire la visite de **Castellammare di Stabia**, l'antique ville romaine des eaux minérales et de **Vico**

Equense, petite station climatique et balnéaire. **Sorrente**, importante villégiature du Sud de l'Italie, dont les hôtels et les villas se dissimulent au milieu de jardins merveilleusement fleuris, domine une vaste baie. D'exubérantes plantations d'orangers et de citronniers envahissent la ville et la campagne.

L'après-midi n'hésitez pas à faire une excursion sur l'**île de Capri**. Un funiculaire relie le port à Capri (piazza Umberto), d'où partent les bus pour Anacarpi, joli petit bourg où un funiculaire gagne le haut du Monte Solaro, point culminant de l'île à 589 m. Ceux qui préfèrent la marche seront récompensés en cheminant sur la Via Krupp ou le sentier des Fortins. Les vues sont sublimes. Mer turquoise, côtes

déchiquetées, au loin Amalfi et en contre-bas l'ancienne maison de Malaparte (celle du film de Godard, *Le Mépris*).

Jour 6

Poursuivez votre périple sur la côte en longeant le **golfe de Salerno**. Attention, durant la période estivale, les camping-cars ne sont pas autorisés à circuler sur la route de la côte. Découvrez **Amalfi** et son merveilleux site, **Salerno** et son quartier médiéval et enfin **Paestum** dont les temples sont un des plus beaux témoignages de la présence grecque en Italie du Sud. Poursuivez jusqu'au

Le conseil de Bib

▶ Le trafic napolitain est dense dû à l'étroitesse des rues et à une conception particulière du code de la route.

golfe de Policastro. Des falaises à pic dans la mer, des jardins en terrasses où s'épanouissent bougainvillées, citronniers, hibiscus, vignes et oliviers. Mais si la mer est omniprésente, les plages n'en demeurent pas moins rares : les plus aventureux gagneront quelques criques isolées par des sentiers escarpés ; les autres se contenteront de plages exiguës (de galets notamment).

Jour 7

Il est temps de faire une pause à **Maratea**, station balnéaire de 5 500 habitants aux nombreuses plages et criques, qui dissimule villas et hôtels dans une végétation luxuriante. De la gigantesque statue blanche (22 m de haut) du Rédempteur on bénéficie d'un superbe panorama sur le **golfe de Policastro** et la côte calabraise. Prenez la S 653 et dirigez-vous vers l'intérieur des terres, direction les Pouilles et la côte adriatique.

Jour 8

Avant d'arriver à **Taranto** faites un petit crochet par **Matera** pour découvrir ses habitations troglodytiques, les Sassi, et ses églises rupestres. Passez à Taranto pour son musée national d'Archéologie. Regagnez l'extraordinaire ville de **Lecce**, surnommée « la Florence baroque ». Ne manquez pas la visite du centre historique dont la fameuse place du Duomo et la façade de la basilique Santa Croce.

Jour 9

Longez la côte adriatique en faisant des petites haltes à **Monopoli** et **Polignano a Mare**, deux petits bourgs maritimes d'un très grand charme. À **Bari** seule la vieille ville est digne d'une visite. Pour les amateurs d'art roman, **Bitonto, Trani** et **Barletta** sont quelques-unes des étapes architecturales incontournables.

Jour 10

Regagnez **Naples** et son golfe par la S 90b.

Aires de **service** & de **stationnement**

Lecce

Camper Park Fuori le Mura – *Via Sant'Oronzo Fuori le Mura 20 -* ✆ *0883/656378 - ouv. tte l'année -* 🅿 *20.*
Borne autre. ⚁ 🛁 🚽 🚿.
Stationnement : 15 €/j. (services compris).
☺ Sonner au 22 pour se faire ouvrir le portail. Bus pour le centre-ville.

Margherita di Savoia

Lido Moby Dick – *Strada Provinciale M. Ponte di Barletta -* ✆ *0883/656378 - ouv. tte l'année -* 🅿 *33.*
Borne plateforme. ⚁ 🛁 🚽 🚿.
Stationnement : 20 €/j.
☺ À 200 m de la mer.

Paestum

Mandette Camper Park – *Via Torre di Mare 30 -* ✆ *0828/811118 - www.mandetta.it - ouv. tte l'année -* 🅿 *20.*
Borne autre. ⚁ 🛁 🚽 🚿 Payant.
Stationnement : 10 €/j.
☺ Centre ville à 500 m.

Pompei

Area di sosta di famiglia Ametrano – *Via Antonio Segni 23 -* ✆ *0818/634160 - ouv. tte l'année -* 🅿 *12.*
Borne plateforme. ⚁ 🛁 🚽 🚿.
Stationnement : 18 €/j.
☺ S'adresser à la propriétaire qui habite au 21.

⛺ Campings

Giovinazzo

⛺ **Campeggio Campofreddo**
Loc. Ponte
✆ 00 39 080 3942112
De mi-mai à mi-sept. 4 ha (250 empl.)
🚐
Loisirs : 🎐 nocturne 🏃 🚣 🏊 (plage)
Services : 🔌 🚿

Matera

⛺ **Campeggio Azienda Agritur. Masseria del Pantaleone**
C.da Chiancalata 27
✆ 00 39 0835-335239
Permanent1,5 ha (30 empl.)
🚐 – 15 🔲
Loisirs : 🐎 poneys
Services : 🚿 ✗ pizzeria
☺ Camping à la ferme avec 15 emplacements spécifiques pour camping-cars.

Porto Cesareo

⛺ **Torre Castiglione Camping**
Lit. per Taranto, Torre Lapillo
✆ 00 39 0833-565462

De mi-juin à mi-sept. 3,5 ha (320 empl.)
🚐
Loisirs : 🎐 🏃 🚣 🎾 🏊 (plage) 🚤 💧
Services : 🔥 🚿 🍽 ✗
☺ Transports en commun à partir du camping.

Pozzuoli

⛺ **Campeggio Int. Vulcano Solfatara**
Via Solfatara 161
✆ 00 39 081-5267413
Fermé mi-janv.-fin-mars 3 ha (120 empl.)
🚐
Loisirs : 🛁s 🏊
Services : 🔌 🔥 sèche-linge 🚿 🍽 snack
☺ Transports en commun au départ du camping

Villammare

⛺ **Compl.Tur.Bungalow Res. e Parco Pisacane**
Casella Postale 20
✆ 00 39 0973-391541
De mi-juin à mi-sept. 6 ha (92 empl.)
🚐
Loisirs : 🎐 🏃 jeux électroniques 🚣 🏊 (plage) 🚤 💧
Services : 🔌 📞 🔥 sèche-linge 🚿 🍽 ✗ snack

Carnet pratique

Les bonnes **adresses** de Bib

Office de tourisme de Naples
Azienda Autonoma di Soggiorno Cura e Turismo di Napoli – *Via San Carlo, 9 - ℰ 081 402 394 ; Piazza del Gesù - ℰ 081 55 12 701 - www.inaples.it.*

Capri

Pulalli Wine Bar
Piazza Umberto I - Capri - ℰ 081 83 74 108 - tlj sf mar. 12h-15h, 19h-jusque tard - fermé déc.-fév.
En descendant les escaliers qui longent l'office du tourisme, vous découvrirez les petites tables posées sur la terrasse panoramique de ce joli bar à vins. L'intérieur, moderne et raffiné, est également très agréable. Vous pourrez y consommer d'excellents vins et un large choix de plats, ou simplement un casse-croûte.

Napoli/Naples

Antica pizzeria Da Michele
Via Cesare Sersale, 1/3 - ℰ 081 55 39 204 - www.damichele. net - tlj sf dim. 10h-23h, ouvert tlj de mai à déc. - env. 15€.
Une adresse populaire et authentique, où les amateurs de pizza se donnent rendez-vous pour savourer, à toute heure, la Margherita ou la Marinara. Queue pratiquement inévitable !

Pizzeria Di Matteo
Via Tribunali, 94 - ℰ 081 45 52 62 - www.pizzeriadimatteo.it - tlj sf dim. 10h-22h - env. 10€.
Il y a quelques années, elle a accueilli Bill Clinton ! Mais d'autres célébrités, parmi lesquelles le grand Mastroianni, avaient déjà auparavant goûté aux délicieuses pizzas préparées dans cet endroit tout simple.

Des prix imbattables et un service très rapide. Attention à la tête en montant au 1er étage !

Scaturchio
Piazza S. Domenico Maggiore, 19 - ℰ 081 55 16 944 - 7h20-20h40 - fermé une semaine en août.
Pour déguster une *sfogliatella riccia* (feuilleté fourré de ricotta, fruits confits et parfumé à la fleur d'oranger) tout juste sortie du four, ou un baba, pâtisserie d'origine étrangère mais très répandue et appréciée dans le « Royaume de Naples ».

Gran Caffè Gambrinus
Via Chiaia, 1/2 - ℰ 081 41 75 82 - lun.-jeu. 7h-1h, vend.-sam. 7h-2h30.
Le plus célèbre café napolitain. On croirait presque y entendre résonner les frous-frous des robes à crinoline d'autrefois. Depuis plus de 150 ans, ces salles décorées avec faste sont témoins des principaux événements de l'histoire de Naples.

Raffaele Russo
Via S. Biagio dei Librai, 116 - ℰ 081 5517090 - www.russoraffaele.it - tlj sf dim. 9h-13h30, 15h-19h30, sam. 9h-13h.
Une boutique datant des années 30, où l'on achète les fameuses madones servant à décorer la crèche traditionnelle napolitaine.

Pompéi

Snack wine's Todisco
Piazza Schettini, 19 - ℰ 081 85 05 051 - www.todiscopompei.it - tlj sf lun. 12h30-16h, 19h30-0h - 10/25€.
Une adresse très simple, fréquentée par les riverains, qui propose de bons plats à des prix modestes.

Fascinante et sauvage
Sardaigne

➲ *Départ
d'Olbia*
➲ *12 jours
790 km*
**Carte Michelin
n° 366**

La côte est de Cagliari

M. Lazareti / MICHELIN

Région âpre et rude entre toutes, la Sardaigne est une île façonnée par le vent qui porte les parfums des fleurs sauvages. En faire le tour est un voyage au cœur d'une nature préservée où les arides maquis et les paysages tourmentés des monts de l'intérieur contrastent avec la douceur des côtes ourlées de plages.

Jour 1

Après une traversée de quelques heures (Livourne-Olbia : 6h), vous débarquez à **Olbia** ou dans le **golfe d'Aranci**. Vous consacrerez une petite visite à Olbia et à son église romane San Simplicio avant de prendre la direction du nord vers **Arzachena** et ses « tombes de géants ». Il s'agit d'un monument funéraire collectif datant de 1800-500

av. J.-C. L'île recèle des centaines de vestiges de ce genre. Après cette leçon d'histoire, pourquoi ne pas faire une courte escapade sur l'archipel de la **Maddalena** (sans camping-car) dont la beauté est préservée grâce à un parc naturel ?

Jours 2 et 3

Modelée par le vent, la Côte d'Émeraude revêt un aspect sauvage. Les collines, où le maquis recouvre le granit, descendent vers la mer aux couleurs et aux transparences d'émeraude. Cette partie orientale de la **Gallura** est aujourd'hui un endroit de rêve pour les amateurs de voile, planche à voile, golf et tennis. Les principaux centres sont **Porto Cervo**, **Cala di Volpe** et **Baia Sardinia**.

Jour 4

En longeant la côte par la S 200, regagnez **Sassari**. Deuxième ville de Sardaigne, Sassari est parfois boudée par les voyageurs car elle n'ouvre pas d'accès à la mer. Elle mérite pourtant que l'on s'y arrête, offrant au visiteur le contraste de ses quartiers modernes, aérés, avec son noyau médiéval, serré autour de la cathédrale. La piazza d'Italia et le corso Vittorio Emanuele II en sont les lieux les plus animés. En fin de journée, dirigez-vous vers **Porto Torres** et faites étape dans les environs.

Jour 5

En vous rendant à **Alghero**, visitez la Necropoli d'Anghelu Ruju qui est composée de 38 hypogées, tombes souterraines, de l'âge du cuivre (3000 avant J.-C.).

et à la **Grotta di Nettuno** et son **lac Lamarmora.** Long de 100 m, il est l'un des plus grands lacs salés d'Europe. Un site à ne pas manquer. Charmant petit port, **Alghero** est ceinturé par les oliviers, les eucalyptus et les pins parasols. On y pratique comme autrefois la pêche au corail. Ancienne colonie espagnole, on y parle encore le catalan. Une plage de 5 km de long s'étend au nord de la localité.

Jour 6

Direction plein sud vers **Cagliari** sans oublier de faire halte à **Bosa** (visitez son quartier médiéval), **Oristano** et la cité punico-romaine de **Tharros**.

Jour 7

À mi-chemin de Cagliari, faites un crochet par **Barumini** où l'on trouve les vestiges nuragiques (de la période des âges du bronze et du fer) les plus intéressants de Sardaigne. Ce fabuleux site préhistorique est classé au Patrimoine mondial de l'Unesco.

Jour 8

Capitale de l'île, Cagliari est une ville d'aspect moderne, dotée d'un port actif, ayant conservé un cœur ancien à l'intérieur de fortifications élevées au 13e s. par les Pisans. De la Terrazza Umberto I, on jouit d'une vue admirable sur la ville, le port et le golfe. La fête de Sant'Efisio, saint patron de la Sardaigne, est l'une des plus fabuleuses qu'il soit donné de voir en Italie.

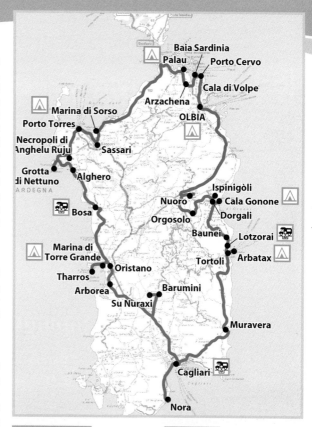

Jours 9 et 10

Ces deux jours seront consacrés à la remontée vers le nord afin de rejoindre la terre sauvage de **La Barbagia** qui fait partie intégrante des monts du Gennargentu et englobe le Supramonte, haut plateau calcaire. Le patrimoine archéologique y est très présent (Tiscali, Mottorra), les paysages sont âpres : forêts denses, cascades, lacs naturels, grandes étendues de vignes. En route, découvrez les villages pleins de charme comme **Arbatax, Tortoli, Lotzorai** et **Baunei.** Les routes sont en lacet…

Jour 11

Dorgali est la principale localité touristique de La Barbagia. Vous découvrirez la grotte d'Ispinigoli, qui est la 2e du monde par sa hauteur. Vous traverserez de nombreux villages typiques des traditions sardes : **Su Gologone, Orgosolo, Nuoro** et son musée.

Jour 12

Retour sur Olbia sans oublier de vous arrêtez pour profiter des bienfaits d'un bain dans les eaux si limpide du littoral sarde.

Aires de **service** & de **stationnement**

Bosa

S'Abba Druche Spiagge – *SP49 Alghero-Bosa* -
📞 *0785/70110* - 🅿.
Borne artisanale. ⚏ 🚽 🚿 ⚓ Payant.
Stationnement : 20 €/j.
☺ Au bord de la plage.

Cagliari

Camper Cagliari Park – *Via Stanislao Caboni 13* -
📞 *070/303147 – ouv. tte l'année* – 🅿 *150.*
Borne autre. ⚏ 🚽 🚿 ⚓ Payant.
Stationnement : 16 €/j.
☺ La meilleure solution pour la visite de la ville.

Lotzorai - Santa Maria Navarrese

Area Costa Orientale – *Via del Mare - Santa Maria Navarrese* - 📞 *0782/669696* - 🅿 *15.*
Borne autre. ⚏ 🚽 🚿 ⚓ Payant.
Stationnement : 20 €/j.
☺ Proche de la plage.

⛺ Campings

Arbatax

⛺ **Campeggio Telis**
Porto Frailis
📞 *00 39 0782-667140*
Permanent 3 ha (164 empl.)
Loisirs 🏠 🎵 nocturne (discothèque) 🏃 🎣
🚲 🏊 (plage) 🎣 💧
Services : 🚿 🍹 ✗ snack
☺ Location canoës.

Cala Gonone

⛺ **Campeggio Cala Gonone**
Via Collodi 1
📞 *00 39 0784-93165*
Avr.-oct. 5 ha (300 empl.)
🚐 – 50 🅴
Loisirs : 🏃 ✗ 🏊 🏊 (plage)
Services : ☺ ⚏ 🖥 sèche-linge 🔌 🚿 🍹
☺ Emplacements spéciaux pour camping-cars.

Sorso

⛺ **Campeggio Golfo Dell' Asinara Cristina**
Loc. Platamona, 35
📞 *00 39 079-310230*
www.campingasinara.it
Avr.-mi-oct. 10 ha (350 empl.)
🚐 – 40 🅴
Loisirs : 🎣 ⚓ ✗ 🏊 🏊 🎣 💧 🍹 ✗
Services : 🔑 🖥 sèche-linge 🔌 🚿 🍹 ✗
pizzeria

Marina di Torre Grande

⛺ **Campeggio Torregrande**
Via Stella Maris 8
📞 *00 39 0783-22228*
Mai-sept. 3 ha (400 empl.)
🚐
Loisirs : 🎵 nocturne (discothèque) 🎣 🏊 (plage)
🎣 💧
Services : 🔑 🖥 sèche-linge 🔌 🍹 ✗ snack,
pizzeria

Olbia

⛺ **Villaggio Camping Cugnana**
Cugnana
📞 *00 39 0789-33184* – *www.campingcugnana.it*
Mai-sept. 5,5 ha (180 empl.)
🚐
Loisirs : 🎵 diurne (excursions organisées)
🏃 🏊 🎣 💧
Services : 🔑 🖥 sèche-linge lave-vaisselle 🔌 ✗
snack, pizzeria

Palau

⛺ **Campeggio Isola dei Gabbiani**
Porto Pollo
📞 *00 39 0789-704024*
Avr-oct. 18 ha (750 empl.)
🚐
Loisirs : 🎵 diurne nocturne (discothèque) 🏊 (plage)
🎣 💧 ponton, location planches à voile et canoës
Services : 🔑 🖥 sèche-linge 🔌 🚿 🍹 ✗
snack, pizzeria

Carnet pratique

Les bonnes **adresses** de Bib

Office de tourisme d'Olbia
Ufficio informazioni turistiche Provincia di Olbia-Tempio – *Via A. Nanni 17/19 - ☎ 078 955 77 32 - www.olbiaturismo.it - été : 8h-20h ; hiver : lun.-vend. 8h-14h, 15h-18h.*

Alghero

Rafel
Via Lido, 20 - ☎ 079 950 385 - www.ristoranterafel.com - fermé 23 déc.-31 janv. et jeu. hors sais. - 28/40 €.
Agréable restaurant sur la plage, où les produits de la mer sont naturellement à l'honneur.

Arzachena

La Vecchia Costa
Località La Punga - ☎ 078 998 688 - www.lavecchiacosta.it - 25 €.
Cuisine traditionnelle de la Gallura. Produits de la mer, grand choix d'entrées, ou encore d'excellentes pizzas, le tout à des prix raisonnables pour la région. Cave bien fournie (on peut la visiter) et belle sélection de bières.

Cagliari

Antico Caffè
Piazza Costituzione, 10/11 - ☎ 070 658 206 - www.anticocaffe1855.it.
Un incontournable café historique, fréquenté par le passé par de célèbres écrivains (Sibilla Aleramo, Grazia Deledda, D. H. Lawrence, Gabriele D'Annunzio, Salvatore Quasimodo, Elio Vittorini, Beniamino Gigli). Géré aujourd'hui par le ministère de la Culture, c'est un lieu très accueillant. À peine aurez-vous passé la porte que vous serez sous le charme de ce café à l'atmosphère élégante et vivante, que vous soyez de Cagliari, touriste, simple passant, intellectuel, ou homme d'affaires.

Dorgali

Sant'Elene
Località Sant'Elene - ☎ 078 494 572/347 246 98 45 - www.hotelsantelene.it - tlj sf lun. (sf l'été) - 25/30 €.
Délicieuse cuisine de la mer et du terroir. Les salamis, les fromages, les desserts et les vins sont un régal. Au sommet d'une colline avec vue sur Dorgali et ses environs.

Maddalena

La Grotta
Via Principe di Napoli 3 - ☎ 078 973 72 28 - fermé nov.-fév. - 50 €.
Le patron, un ancien pêcheur napolitain arrivé sur l'île il y a un demi-siècle, est surnommé Sette Oro, comme la langouste qu'il propose. En dessert, les classiques de Naples, *babà* (au rhum) et *pastiera* (gâteau de Pâques délicieusement aromatisé).

Porto Cervo

Panino Giusto
Via della Marina Nuova - ☎ 0789 91 259 - fermé nov.-mars.
À l'entrée de Porto Cervo Marina, cette adresse est située face au port de plaisance. À toute heure, plats, salades et panini à déguster à l'extérieur, en contemplant les bateaux amarrés, ou dans la petite salle intérieure, dans le style des pubs anglais.

I Frati Rossi
Località Pantogia - ☎ 078 994 395/392 869 60 11 - www.fratirossi.com - janv. oct. - 40/50 €.
Simple et rustique, ce restaurant doté d'une véranda panoramique sélectionne des ingrédients de qualité et s'inspire de la gastronomie toscane : poissons et crustacés d'une extrême fraîcheur, huile d'olive extravierge spécialement pressée pour cet établissement et porc élevé en liberté, mais aussi des pois chiches de la région du Chianti, des haricots du Pratomagno ou de savoureuses côtes de bœuf (cuisinées *alla fiorentina*).

La Vecchia Costa
Localité La Punga (5 km au sud-ouest de Porto Cervo direction Arzachena) - ☎ 0789 98 688 - 12h-15h, 19h30-23h - env. 10 €.
Si vous avez envie d'une bonne pizza, l'endroit est fait pour vous. Et dans l'île du *carasau*, le pain ne peut être que fin et croquant, et d'une taille… respectable ! Étant donné la situation, les prix, plus qu'honnêtes, sont en revanche presque incroyables.

Sassari

Liberty
Piazza Nazario Sauro 3 - ☎ 079 236 361 - tlj sf dim. et 10 j. en août - 12h30-14h30, 20h-0h - 40/50 €.
Une demeure de style Liberty au cœur de la vieille ville et une ambiance raffinée où déguster du poisson fraîchement pêché et cuisiné avec passion. Essayez l'*aragosta regina della tavola* (la langouste), un plaisir pour les sens, qui valut un prix à l'établissement. Desserts remarquables, belle carte de vins et service aussi efficace qu'aimable.

Le conseil de Bib

▶ Lors de votre voyage sur les routes de la partie orientale, il vaut mieux ne pas attendre de tomber en panne pour prendre de l'essence car les stations-service n'abondent guère.

Le grand tour de la **Sicile**

➲*Départ*
de Messine
➲*12 jours*
895 km
Carte Michelin
n° 365

Les cratères Silvestri

Jour 1

Vos premiers pas en Sicile se feront à **Messine** où vous apprécierez la piazza Duomo, le Duomo et le Musée régional avec ses œuvres du Caravage. Longez la côte et regagnez **Cefalù**. Charmante petite ville de pêcheurs qui a su développer son activité touristique en tirant parti de son site incomparable et de sa splendide cathédrale. Vous pourrez ensuite vous reposer sur l'une des belles plages à proximité.

Jours 2 et 3

Palerme vous séduira par son parfum oriental et sa beauté éclectique. Après des décennies d'abandon, de spéculations immobilières et de gestion frauduleuse, la ville renaît de ses cendres avec orgueil. Le magnifique centre historique reprend vie, les monuments sont patiemment restaurés, les habitants profitent à nouveau pleinement de leur ville. Consacrez votre première journée à la visite de la chapelle Palatine, l'église de la Martorana, le palais Abatellis et le théâtre Massimo. Le deuxième jour, à quelques kilomètres de Palerme, allez admirer les magnifiques mosaïques du Duomo, la cathédrale de **Monreale**.

Jour 4

Vous longerez le **golfe de Carini** pour atteindre **Ségeste**, avec son superbe temple dorique, et **Erice**, spectaculaire nid d'aigle médiéval. Regagnez **Trapani** et, après avoir visité la ville et plus particulièrement son pittoresque marché aux poissons, dirigez-vous vers le sud en suivant la nationale bordée par les marais salants qui relie Trapani à **Marsala**. En chemin, les ruines de l'ancienne colonie phénicienne de **Mozia** valent la peine que l'on y consacre une demi-journée. Reprenez la route pour arriver à Marsala, où est produit le célèbre vin du même nom. Ne manquez pas l'épave du navire carthaginois conservé dans le Musée archéologique Baglio Anselmi.

Jour 5

Continuez vers le sud-est pour atteindre **Mazara del Vallo**, petit bout de Maghreb avec son port-chenal grouillant de bateaux et de monde. Après une halte dans la charmante ville de **Castelvetrano**, poursuivez vers l'ancienne cité grecque de **Sélinonte**. Prenez ensuite la SS 115 qui, en suivant la côte,

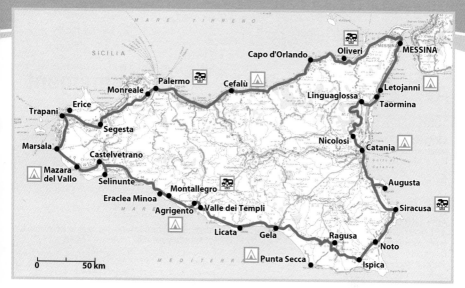

vous conduit aux ruines d'**Eraclea Minoa** avec sa très belle plage.

Jours 6 et 7

Vous êtes arrivés à **Agrigente** et la célèbre vallée des Temples s'offre à vous. Une demi-journée est nécessaire pour parcourir le site archéologique regroupé en deux noyaux distincts. Profitez également du centre historique d'Agrigente et des localités alentour.

Jour 8

Poursuivez le long de la côte sur la SS 115 en faisant une halte à **Gela** pour visiter le Musée archéologique, puis arrêtez-vous à **Raguse**, qui

Le conseil de Bib

▶ La circulation peut être interdite lors de pics de pollution à Palerme (ou limitée aux véhicules avec pots catalytiques).

depuis le séisme de 1963 comprend deux centres urbains distincts. La nationale continue jusqu'à **Ispica**, près de laquelle se trouve la falaise du même nom, une faille de plus de 10 km de long parsemée d'habitations troglodytiques et de nécropoles.

Jour 9

En poursuivant sur la SS 115, vous arriverez dans le **Val di Noto**, ensemble de huit villes baroques inscrites au Patrimoine mondial de l'Unesco en 2002. **Noto** en est le petit joyau baroque accroché à un haut plateau. La cathédrale après un effondrement spectaculaire en 1996 a fait l'objet d'une rénovation longue de sept ans. Reprenez la route de la côte pour voir ou revoir (comme le dit la chanson…) **Syracuse**.

Jour 10

Là, en plus de l'**île d'Ortygie** et du site archéologique, de nombreux palais et lieux dignes d'intérêt, vous pourrez

visiter les différents musées de la ville et effectuer une excursion en bateau sur le fleuve Cyane. Ensuite direction **Catane**, ville de l'Etna par excellence.

Jour 11

Après avoir visité Catane qui conserve de précieux témoignages de son passé, tentez l'ascension de l'Etna (si les conditions du volcan vous le permettent), où les Géants forgent, selon la mythologie, des armes pour Héphaïstos, dieu du Feu. Longez ensuite le versant oriental du volcan jusqu'à **Linguaglossa**, le village dont le nom signifie deux fois le mot « langue » et qui évoque la chaleur de son site sur les pentes de l'Etna.

Jour 12

Achevez votre grand tour sicilien par **Taormine**, très prisée depuis toujours. Le centre ne peut se visiter qu'à pied. Suivez la côte nord-ouest jusqu'à **Messine** pour regagner le continent.

Italie

 Aires de **service** & de **stationnement**

Montallegro

Camper stop Torre Salsa – *Siciliana* - ☏ 0922/847074 - *www.torresalsa.it* - **P**.
Borne autre. ⌁ 🚽 💧 🚿.
Stationnement : 22 €/j.
☻ Au bord de plage.

Oliveri

Area attrzzata Azimut – *Lungomare Marinello* - ☏ 0941/313019 – ouv. tte l'année (sur reserv. en dehors de la période estivale) – **P** 10.
Borne autre. ⌁ 🚽 💧 🚿.
Stationnement : 22 €/j.
☻ À 100 m de la mer.

Palermo/Palerme

Freesbee Parking, Idea Vacanze – *Via Imperator Federico 116, Guiseppe di Piazza* – ☏ 091/542555 – ouv. tte l'année – **P** 25.
Borne artisanale. ⌁ 🚽 💧 🚿.
Stationnement : 15 €/j.
☻ Centre-ville à 3 km, station métro à 400 m.

Siracusa/Syracuse

Parcheggio Von Platen – *Via Augusto Von Platen 38* - ☏ 0334/3092000 - ouv. tte l'année – **P** 60.
Borne artisanale. ⌁ 🚽 💧 🚿.
Stationnement : 18 €/j.
☻ Proche de l'ensemble des curiosités de la ville.

⛺ Campings

Agrigento/Agrigente

⛺ **Campeggio Valle dei Templi**
Viale Emporium 192
☏ 00 39 0922-411115
Permanent 2 ha (180 empl.)
🚐
Loisirs : 🏊 🏖 🎣
Services : ⚡ 🔋 🚿 ✕ pizzeria

Catania/Catane

⛺ **Campeggio Jonio**
Via Villini a Mare 2, Ognina, Accès : SS114 au nord de Catania, sortie Ognina.
☏ 00 39 095-491139
Permanent 1,2 ha (80 empl.)
🚐
Loisirs : 🏓 diurne (excursions organisées) nocturne (discothèque) 🏖 🏊 🎣 💧
Services : ⚡ 📻 🔋 sèche-linge 🚿 ✕ snack, pizzeria

Cefalù

⛺ **Campeggio Sanfilippo**
☏ 00 39 0921 420184
De mi-avr. à mi-nov. 1 ha (110 empl.)
🚐
Loisirs : 🏖 (plage)
Services : 🚿
☻ Transports en commun pour le centre-ville.

Letojanni

⛺ **Campeggio Paradise**
Via Nazionale 2
☏ 00 39 0942-36306
D'avr. à fin-oct. 1,5 ha (350 empl.)
🚐
Loisirs : diurne pétanque, beach-volley 🏇 🎾 🏖 (plage) 🎣 💧
Services : ⚡ 🔋 🚿 ✕ snack, pizzeria
☻ Transports en commun à 200 m.

Mazara del Vallo

⛺ **Campeggio Sporting Club Village & Camping**
C. da Bocca Arena.
☏ 00 39 0923-947230
De fin-mars à oct. 60 ha (300 empl.)
🚐
Loisirs : 🏓 🏖 🚲 🎾 🏊 🏖 (plage) 🎣 💧
Services : ⚡ 📻 🔋 🚿 ✕ snack, pizzeria

Punta Secca

⛺ **Campeggio Capo Scalambri**
Via Torre di Mezzo
☏ 00 39 0932 915600
Permanent 5 ha (250 empl.)
🚐
Loisirs : 🚲 🏖 (plage) 🎣 💧
Services : 🔋

Les bonnes **adresses** de Bib

Office de tourisme de Sicile à Palerme
Via Notarbartolo, 9 - 📞 *0917 07 81 00 - www.regione. sicilia.it/turismo.*

Stoai
Via Cavaleri Magazzeni 1, Valle dei Templi - 📞 *0922 60 66 23 - représentations merc., sam. soir sur réserv. uniquement.*
L'atmosphère de cet ancien marché couvert, avec ses boutiques et ses arcades, est ressuscitée dans cet espace multimédia qui accueille désormais une foire de l'artisanat d'art ainsi qu'une animation théâtrale.

Ambasciata del mare
Piazza Duomo 6 - 📞 *095 34 10 03 - www.ambasciatadelmare.it - tlj sf lun., mar.-vend. 12h45-14h45, 19h45-23h45, w.-end 12h45-14h45, 19h45-23h30 - env. 45€.*
C'est « le » restaurant de poisson de la ville situé juste à côté du marché. On y vient en famille pour un repas savoureux dans un cadre raffiné.

La Botte
Via Veterani 6 - 📞 *0921 42 43 15 - www.ristorantelabottedal1987.it - tlj sf lun. 12h30-15h, 19h30-23h - env. 40€.*
Si vous êtes à la recherche d'une cuisine sicilienne authentique, faite de plats généreux à base de produits frais, cette *trattoria* située en plein centre historique est faite pour vous. Vous y trouverez une gestion de longue tradition familiale et une atmosphère simple et rustique.

Le Petit Tonneau
Via V. Emanuele 49 - 📞 *0921 42 14 47 - www.lepetittonneau.it - 9h-13h, 14h30-20h.*
En plein centre du quartier médiéval de Cefalù, une superbe œnothèque au style rustique, où vous pouvez aussi bien acheter que déguster des liqueurs et des vins siciliens notamment. Un conseil : prenez le temps de siroter un verre sur le balcon qui domine la marina.

Maria Grammatico
Via Vittorio Emanuele, 14 - 📞 *0923 86 93 90 - www.mariagrammatico.it.*
Quinze années passées au couvent ont enseigné à la *signora* Maria les secrets et les raffinements de la pâtisserie « religieuse » : gâteaux aux amandes et au massepain, *buccellati* (gâteaux fourrés à la figue, aux amandes, aux noix, aux raisins de Corinthe, et bien d'autres), génoises, bouchées à l'orange et au chocolat…

Le Due Sorelle
Piazza Municipio 4 - 📞 *090 44 720 - lun.-vend. 13h-15h, 20h-0h, w.-end 20h-0h - fermé en août - 15/30€ - réserv. conseillée.*
Située en plein centre historique, cette ancienne auberge interprète avec imagination la cuisine traditionnelle. En soirée, le poisson est roi, mais les autres grands classiques de la cuisine locale sont également présents.

Il Mirto e la rosa
Via Principe di Granatelli 30 - 📞 *091 32 43 53 - www.ilmirtoelarosa.com - tlj sf dim., 12h-15h, 19h-23, fermé fin août - menu à partir de 13€*
Installé dans les vastes salles claires ou en terrasse sur la rue, vous dégusterez ici une cuisine copieuse et originale. Essentiellement végétarienne (*caponatina di melanzane* – ratatouille d'aubergines – servie avec un couscous aux pistaches). Les pizzas sont une réussite.

Ai Vecchietti di Minchiapititto
Piazza Santa Oliva 10 - 📞 *091 58 56 06 - www.aivecchiettidiminchiapitto.com - 12h-15h, 13h30-23h - 25/30€.*
On sert dans cette institution située sur une très agréable place arborée une honnête cuisine sicilienne particulièrement orientée sur les plats de viande.

Teatro Ippogrifo
Vicolo Ragusi 6 (près des Quattro Canti) - 📞 *091 32 91 94 - spectacles à 18h (minimum 20 pers.).*
C'est le théâtre de la compagnie de Pina et Nino Cuticchio, membres de la célèbre famille de marionnettistes. Dans la via Bara all'Olivella au n° 38 se trouve leur atelier.

Slovénie

Nom local : *Slovenija* **Capitale :** *Ljubljana* **Population :** *2,04 millions d'habitants*
Superficie : *20 273 km²* **Monnaie :** *Euro*

Depuis plus d'un millénaire, la Slovénie est au contact de quatre cultures : le Nord germanique, les Balkans, la Hongrie et l'Italie. Si ce petit pays rappelle beaucoup l'Autriche, c'est sur son littoral que se discernent les influences italiennes, en particulier vénitiennes. Tous les styles de l'architecture européenne semblent avoir été attirés par les séduisants décors naturels slovènes.

De nombreux villages pittoresques sont encore imprégnés de l'atmosphère des temps anciens. Cette même fascination se dégage des villes historiques comme Celje, Skofja Loka, Kranj, Ptuj et Novo Mesto qui s'offrent au regard dans un décor de montagnes et de forêts.

Car la Slovénie recèle nombre de trésors naturels. Il y a d'abord, au fond du golfe de Trieste, la mer Adriatique qui égrène plages et vieux ports. Vient ensuite le Karst, plateau calcaire où l'eau et le temps ont creusé gouffres et rivières souterraines. Plus au nord, s'étend la Haute-Carniole. On y vient tout particulièrement pour ses lacs glaciaires et pour le manteau neigeux du Triglav qui fait partie d'un parc national englobant la quasi-totalité des Alpes juliennes. À l'est enfin, les collines densément boisées réservent de très agréables surprises au voyageur. Y voisinent des sources thermales, des sanctuaires baroques, des vignes et, à l'orée de la Hongrie, une vaste plaine aux parfums de paprika.

Longtemps absorbées par de grands empires, carolingien puis habsbourgeois, les terres slovènes intègrent le royaume des Serbes et des Croates en 1918. Leur histoire reste ensuite liée à celle de la Yougoslavie, jusqu'au 25 juin 1991, date de l'indépendance de la Slovénie.

Celle-ci relève alors avec succès le défi de la transition vers l'économie de marché, notamment grâce aux secteurs du bois, des communications, de l'automobile et des produits pharmaceutiques. En 2004, le pays entre dans l'Union européenne, puis, le 1ᵉʳ janvier 2007, il adopte l'euro comme monnaie.

RECOMMANDATIONS

DOCUMENTS OBLIGATOIRES

✓ Permis de conduire rose de l'UE
✓ Permis de conduire international (recommandé seulement)
✓ Certificat d'immatriculation du véhicule ou certificat de location
✓ Plaque d'identification nationale
✓ Justificatif d'assurance (carte verte)
✓ Passeport (recommandé seulement)
✓ Procuration en cas d'utilisation du véhicule appartenant à un tiers

VITESSES LIMITES

✓ En agglomérations urbaines : 50
✓ Sur routes : 90
✓ Sur routes à chaussées séparées : 100
✓ Sur autoroutes : 130
Ces vitesses limites sont réduites par temps de pluie

URGENCES

✓ Téléphone police 113
✓ Téléphone pompiers et services de secours 112
Police **Policija** / *Hôpital* **Bolnica** / *Au secours !* **Na pomoč !**

RÉGLEMENTATIONS

✓ Vignette autoroutière en vente auprès des bureaux de poste, des services des automobiles, des bureaux de douane, ainsi que des garages et stations d'essence. Montant annuel : 55 €
✓ Taux maximum d'alcool toléré dans le sang : 0,5 g
✓ Âge minimum des enfants admis à l'avant : 12 ans
✓ Siège enfant, rehausseur ou système de retenue adapté et homologué obligatoire jusqu'à 12 ans
✓ Âge minimum du conducteur : 18 ans
✓ Port de la ceinture de sécurité obligatoire à l'avant et à l'arrière
✓ Allumage des feux de croisement obligatoire (jour et nuit) toute l'année
✓ Pneus cloutés interdits
✓ Triangle de présignalisation obligatoire
✓ Trousse de premiers secours obligatoire
✓ Extincteur recommandé
✓ Gilet de sécurité fluorescent recommandé

Pour téléphoner en Slovénie

Depuis la France et l'étranger : ☎ 00 386, puis le numéro de votre correspondant, sans le 0 initial.

LEXIQUE

MOTS USUELS

Oui **Da** / *Non* **Ne** / *Bonjour (dans la journée)* **Dobro jutro** / *Bonsoir* **Dober večer** / *Salut !* **Živijo !** / *Au revoir* **Nasvidenje** / *S'il vous plaît* **Prosim** / *Merci* **Hvala** / *Excusez-moi* **Oprostite** / *Santé !* **Na zdravje !** / *Manger* **Jesti** / *Boire* **Piti**

DIRECTIONS & TRANSPORTS

À droite **Na desni** / *À gauche* **Na levi** / *Tout droit* **Naravnost** / *Entrée* **Vhod** / *Sortie* **Izhod** / *Autoroute* **Avtocesta** / *Route* **Cesta** / *Ville* **Mesto** / *Essence* **Bencin**

PREMIERS CONTACTS

Je voudrais… **Rad bi…** / *Où se trouve…?* **Kje je… ?** / *Parlez-vous français ?* **Ali govorite francosko ?** / *Je ne comprends pas* **Ne razumem** / *Pouvez-vous m'aider ?* **Mi lahko pomagate?** / *Combien ça coûte ?* **Koliko je to ?**

Slovénie

« Que d'eau ! »

➲ *Départ de Piran*
➲ *9 jours*
320 km
Carte Michelin n° 757

Grottes de Postojna

M. Soppelsa/fotolia.com

Jours 1 et 2

Rendez-vous près de la frontière croate afin de visiter trois villes côtières à l'architecture médiévale. La première, **Piran**, conserve un riche patrimoine culturel. La deuxième, **Izola**, entretient une ancienne tradition de pêche. Quant à la dernière, **Koper**, elle offre à la vue des touristes un des centres historiques les plus pittoresques de la presqu'île d'Istrie.

Jour 3

Votre périple vous conduit ensuite vers la région du Karst. Les **grottes de Skocjan** ont été reconnues patrimoine mondial par l'Unesco. Les ruisseaux souterrains de la Reka ont creusé une galerie, créant un décor dentelé. Après avoir, en cataractes, franchi d'étroites gorges, les eaux écumantes de la rivière finissent par disparaître dans un gouffre.

Jour 4

Poursuivez jusqu'à **Lipica**, anciennement Lipizza, près de Trieste. Le petit village doit sa notoriété à son haras vieux de quatre siècles d'où est issue la prestigieuse race des lipizzans. Ces chevaux de selle et de parade se caractérisent par leur intelligence, leur grâce et leur robustesse. Ils sont considérés comme les meilleurs au monde et bénéficient de soins particuliers. Avant de gagner la capitale, faites une halte aux **grottes de Postojna** qui comptent parmi les formations géologiques les plus passionnantes d'Europe. Leurs cavités ont été creusées par la rivière Pivka qui poursuit aujourd'hui son cours à travers une troisième gorge souterraine. La salle de 120 m de long, dite du Grand Dôme, est envahie par des stalagmites et des stalactites dont les formes fantastiques représentent tantôt de massives colonnes, tantôt de fines dentelles calcaires. À **Predjamski grad**, profondément ancré dans le rocher face à l'entrée de la grotte, se dresse un château médiéval qui abrite aujourd'hui une collection d'objets préhistoriques.

Jours 5 et 6

L'élégance de ses bâtiments de style baroque, son atmosphère aristocratique et ses rues bien dessinées donnent à **Ljubljana**, capitale de la Slovénie, toutes les caractéristiques d'une métropole d'Europe centrale. La courbe de la rivière Ljubljancica a déterminé la configuration

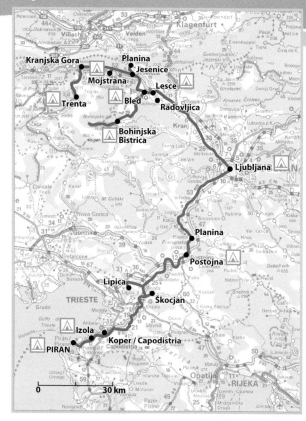

de la ville médiévale. Sur l'éperon rocheux qui domine le cours d'eau se dresse le château des comtes de Carniola, ancienne place forte construite au 12ᵉ s. Souvent rebâti au fil du temps, il offre un beau panorama sur la ville. À ses pieds, s'élève l'**église St-Jacob**. D'abord église paroissiale du plus vieux quartier de la ville, elle devient plus tard possession des jésuites. L'intérieur est richement décoré : autel en marbre, stucages et un intéressant trompe-l'œil. Bordée d'hôtels particuliers baroques et néoclassiques, la place **Mestni Trg** constitue le centre de Ljubljana. On y trouve plusieurs édifices ou monuments remarquables. La Fontaine des rivières de Carniola compte parmi les œuvres du sculpteur italien Francesco Robba que l'on peut admirer en Slovénie et en Croatie. La cathédrale de St-Nicolas a été érigée en 1701 dans le style baroque, d'après les plans du célèbre peintre et architecte Andrea Pozzo. Des peintures murales signées Giulio Giulio décorent son riche intérieur qui abrite de très beaux orgues. Non loin, se trouvent le **palais de l'Archevêché** et le **Seminarium**, doté d'un portail baroque, dont la bibliothèque est somptueusement décorée. De l'autre coté de la rivière, le musée National abrite d'importantes collections d'archéologie, d'anthropologie et d'histoire naturelle.

Jour 7

Quittez **Ljubljana** pour la région des Alpes juliennes et le parc national du Triglav. Première étape à **Bled** et son lac d'origine glaciaire. Celui-ci est dominé par un château, érigé sur un rocher au 11ᵉ s. et plusieurs fois reconstruit. Il est aujourd'hui ouvert au public. Sur une île, se dresse l'église baroque **Sveta Marija na Jezeru** (Notre-Dame-du-Lac) et une nécropole slave qui date du 11ᵉ s. Au-delà des profondes forêts qui entourent l'étendue d'eau, l'horizon s'ouvre sur les pics neigeux des Alpes surgissant des nuages.

Jour 8

Rendez-vous au cœur du parc (qui s'étend sur près de 900 km²) pour découvrir le lac de **Bohinj** qui a fait son lit dans une dépression. En certains endroits, les flancs de la montagne semblent se précipiter dans l'eau. La petite rivière Savica s'y jette à l'ouest, le traverse, et continue son cours de l'autre côté sous un nom différent, la Sava Bohinjka.

Jour 9

Il vous faut laisser ce véritable paradis, pour découvrir la vallée de la Soča et ses stations de ski comme **Planina** et **Kranjska Gora.** En été, vous y pratiquerez des activités de plein air.

Slovénie

⛺ Campings

Bled

⛺ Sava Hoteli Bled, d.d
Kidriceva 10 C
📞 386 (0)4 675 20 00
info@camping-bled.com
www.camping-bled.com
Avr. à mi-oct. 6,5 ha (280 empl.)
Loisirs : 🎭 🚣 🏊 🚲 ⛵
Services : ⚷ 🗃 ♨ ☺ 🚿 🛒 📶 📞 🧺
sèche-linge 🍽

Bohinjska Bistrica

⛺ Danica
Triglavska 60
📞 386 (0)4 572 17 02
info@camp-danica.si
www.camp-danica.si
De mai à fin-sept. 4,5 ha (170 empl.)
Loisirs : 🏠 🎭 🚣 🏖 🚣 🚲 ✂ 🖼 🏊
(plage) 🎣 ⚓
Services : ⚷ 🗃 ♨ 🧺 🛒 🍽 🍴

Isola / Izola

⛺ Belvedere
Dobrava 1a
📞 386 (0)5 660 51 71
belvedere@belvedere.siJ
Avr. à fin-sept. 2 ha (200 empl.)
Loisirs : 🚲 ✂ 🛏 🏊 🏖 (plage) 🎣 ⚓
Services : 🗃 🧺 🍽 🍴 pizzeria
🚌 Transports en commun proche du camping.

Lesce

⛺ Sobec
Sobceva cesta 25
📞 386 (0)4 535 37 00
sobec@siol.net
www.sobec.si
De mi-avr. à fin-sept. 16 ha (450 empl.)
Loisirs : 🏠 🎭 diurne 🚣 🛷 🚲 ✂ 🛏 🏊
(plan d'eau) 🎣 mur d'escalade
Services : ⚷ 🗃 ♨ ☺ 🚿 🛒 📶 📞 📱 sèche-
linge 🧺 🛒 snack

Ljubljana

⛺ Ljubljana Resort Hotel & Camping
Dunajska 270
📞 386 (0)1 568 39 13
ljubljana.resort@gpl.si
www.ljubljanaresort.si
Permanent 3 ha (140 empl.)
Loisirs : 🎭 🚣 🏊 🚣 🚲 🖼 🏊 ⚓
Services : ⚷ 🗃 ♨ 🏊 ☺ 🚿 🛒 📞 📱 🧺 🍽
🍴
🚌 Transports en commun pour le centre historique.

Mojstrana

⛺ Kamne
Dovje 9
📞 386 (0)4 589 11 05
campingkamne@telemach.net
http://campingkamne.com
Permanent 1,2 ha (50 empl.)
Loisirs : 🎭 🚣 🚲 ✂ 🏊
Services : ⚷ 🚿 🗃 ♨ 📱 sèche-linge 🍽

Piran / Pirano

⛺ Fiesa
Fiesa 57 B
📞 386 (0)5 674 62 30
kamp.fiesa@gmail.com
www.kamp.fiesa.com
Mai à fin-sept. 1 ha (140 empl.)
Loisirs : 🏠 🚣 🏊 (plage) 🎣 ⚓
Services : ☺ 🚿 🛒 🛒

Postojna

⛺ Pivka jama
Véliki otok 50
📞 386 (0)5 720 39 93
avtokamp.pivka.jama@siol.net
De mi-avr. à fin-oct. 7 ha (250 empl.)
Loisirs : 🚲 🚣
Services : ⚷ 🗃 ♨ ☺ 🚿 🛒 📞 📱 🛒 🍽
🍴

Trenta

⛺ Kamp Triglav
Trenta 18
📞 386 (0)5 388 93 62
marija.kravanja@siol.net
Mai à fin-sept. 1,5 ha (40 empl.)
Loisirs : 🚣
Services : ⚷

Les bonnes **adresses** de Bib

Office de tourisme de Ljubljana
Ljubljana Tourism – *Krekov trg 10 - ☎ 386 (0)1 306 45 83 - www.visitljubljana.si.*

Bled

Vila Bled
26, Cesta Svobode - ☎ 386 4 575 37 10 - www.vila-bled.com - 30/60 €.
Ce splendide restaurant avec terrasse se trouve dans l'ancienne résidence du maréchal Tito, dans les Alpes slovènes face à un lac. Le chef Igor Jagodic créé une cuisine gastronomique mêlant influences françaises et slovènes. C'est l'endroit idéal pour un dîner romantique.

Isola / Izola

Gostlina Gušt
Marja Černe s.p. Drevored 1, maja 5 - ☎ 386 (0)51 383 666 - lun.-sam. 11h-23h, dim. et j. fériés 11h-22h - env. 20 €.
Cette petite pizzeria est très conviviale et l'ambiance y est détendue. Les pizzas sont à l'honneur avec une trentaine de variétés et vous pourrez aussi y déguster de solides assiettes de pâtes.

Ljubljana

Gostilna Kovač
Pot k Savi 9 - ☎ 386 (0)1 537 12 44 - www.gostilnakovac.eu - lun.-vend. 12h-22h.
Cette auberge mélange plats traditionnels slovènes et plats internationaux. Joli jardin. Sélection de vins slovènes haut de gamme

Gostlina Šestica
Slovenska cesta 40 - ☎ 386 (0)1 242 08 55 - http://en.sestica.si - lun.-vend. 10h-23h, sam. 12h-23h, dim. 12h-17h - 15/35 €.
Ce restaurant, ouvert en 1670, se situe sur l'une des artères principales de Ljubljana. Il s'attache à perpétuer les saveurs slovènes typiques, avec notamment un menu dégustation qui satisfera les plus curieux. Certains soirs, vous pourrez assister à des concerts de musique traditionnelle ou vous essayer à des danses folkloriques.

Croatie

Nom local : *Hrvatska* **Capitale :** *Zagreb* **Population :** *4,48 millions d'habitants*
Superficie : *56 537 km²* **Monnaie :** *Kuna (1 € = 7.47 HRK)*

L'eau est omniprésente en Croatie.

Pour le voyageur en camping-car, la mer est à la fois un enchantement et un supplice : des paysages somptueux, illuminés par des flots qui jouent de toute la palette des bleus ; et la tentation est forte de plonger pour d'interminables bains dans cette fabuleuse transparence. Pourtant l'Adriatique croate ne se laisse pas facilement amadouer car elle a peu de plages à vous offrir et lorsqu'elles existent, elles sont le plus souvent constituées de galets. Le littoral se caractérise aussi par ses 698 îles, 389 îlots et 78 récifs qui s'étirent parallèlement au relief montagneux ! L'un des autres aspects séduisants du pays est sa richesse en espaces naturels protégés, offrant un large éventail de tous ses paysages et permettant à des espèces menacées de proliférer (loups gris, ours, lynx…). Plus du tiers du pays est couvert de forêts.

La Croatie s'est construite comme un trait d'union entre de nombreuses civilisations et cultures : Empire romain d'Orient et d'Occident, Francs et Byzantins, islam et chrétienté. Ajoutons-y Venise, Vienne et la Hongrie qui s'assurèrent, au cours des siècles, la domination sur tout ou partie du pays et vous obtenez la recette, parfois explosive, de l'étonnante diversité de ce carrefour historique et culturel. La Croatie n'a retrouvé la pleine souveraineté sur son territoire qu'en 1998, au terme d'une guerre atroce.

La richesse du patrimoine culturel croate n'a rien à envier à celui de l'Autriche, de la France ou de l'Italie. Qu'il s'agisse de monuments, de peinture, de sculpture, la Croatie ne compte plus ses chefs-d'œuvre romans, baroques, réalistes… Dubrovnik n'est-elle pas la « perle de l'Adriatique » ?

Deux climats cohabitent en Croatie. Le climat méditerranéen du littoral s'oppose au climat continental de l'intérieur du pays. L'originalité du climat croate vient du vent. En hiver, le sirocco et la bora s'invitent en Croatie. L'été est le cœur de la saison touristique et l'affluence risque de rendre moins agréable certaines visites.

RECOMMANDATIONS

DOCUMENTS OBLIGATOIRES

✓ Permis de conduire rose de l'UE (recommandé seulement)
✓ Permis de conduire international
✓ Certificat d'immatriculation du véhicule ou certificat de location
✓ Plaque d'identification nationale
✓ Justificatif d'assurance (carte verte)
✓ Carte d'identité ou passeport
✓ Procuration en cas d'utilisation du véhicule appartenant à un tiers
✓ Il est conseillé de se renseigner auprès des Automobile Clubs pour les détails sur les réglementations locales

VITESSES LIMITES

✓ En agglomérations urbaines : 50
✓ Sur routes : 90
✓ Sur routes à chaussées séparées : 110
✓ Sur autoroutes : 130
✓ Ces vitesses limites sont réduites par temps de pluie

INTERDIT

Le camping « sauvage » est interdit. Les camping-cars doivent obligatoirement séjourner chaque nuit sur un terrain de camping. La police croate fait formellement respecter cette règle (les amendes peuvent varier de 1 000 à 7500 kunas).

RÉGLEMENTATIONS

✓ Taux maximum d'alcool toléré dans le sang : 0 g (loi remise en cause en juin 2008).
✓ Âge minimum des enfants admis à l'avant : 12 ans
✓ Siège enfant, rehausseur ou système de retenue adapté et homologué obligatoire jusqu'à 5 ans
✓ Port de la ceinture de sécurité obligatoire à l'avant et à l'arrière
✓ Allumage des feux de croisement obligatoire (jour et nuit) toute l'année
✓ Pneus cloutés interdits
✓ Triangle de présignalisation obligatoire
✓ Trousse de premiers secours obligatoire
✓ Extincteur recommandé
✓ Jeu d'ampoules de rechange obligatoire
✓ Gilet de sécurité fluorescent obligatoire

URGENCES

✓ SAMU 94
✓ Téléphone Police : 92 Pompiers : 93
✓ Pour un dépannage : 987
Au secours ! **U pomoć !** / *Hôpital* **Bolnica** / *Police* **Policija**

Pour téléphoner de France en Croatie

Composez le 00 puis le 385, indicatif de la Croatie, puis l'indicatif régional sans le 0 initial, enfin le numéro de votre correspondant. Par exemple : Dubrovnik *020* - Pula/Istrie *052* - Split *021* - Vukovar *032* - Zagreb *01*…

LEXIQUE

MOTS USUELS

Oui **Da** / *Non* **Ne** / *Bonjour* **Dobar dan** *ou* **Dobro jutro** / *Bonsoir* **Dobra večer** / *Salut* **Bog** / *Au revoir* **Do viđenja** / *S'il vous plaît* **Molim** / *Merci (beaucoup)* **Hvala (lijepo)** / *Excusez-moi* **Oprostite** *ou* **Ispričavam se** / *Santé !* **Živjeli !** *ou* **Na zdravlje !**/*Manger* **Jesti** / *Boire* **Piti** / *Toilettes* **Nužnik** *ou* **Zahod**

DIRECTIONS & TRANSPORTS

À droite **Desno** / *À gauche* **Lijevo** / *Entrée* **Ulaz** / *Sortie* **Izlaz** / *Autoroute* **Autocesta** / *Route* **Cesta** / *Ville* **Grad** / *Station-service* **Benzinska stanica** / *Essence* **Benzin**

PREMIERS CONTACTS

Je voudrais… **Htio/Htjela** (h/f) **bih…** / *Où se trouve… ?* **Gdje se nalazi?** / *Parlez-vous français ?* **Govorite li francuski ?** / *Je ne comprends pas* **Ne razumijem** / *Pouvez-vous m'aider ?* **Možete li pomoć mene?** / *Combien ça coûte ?* **Koliko košta?**

Croatie

Istrie, **Kvarner** et arrière-pays montagneux

➲ *Départ de Rijeka*
➲ *10 jours*
750 km
Carte Michelin n° 757

Parc de Plitvice

Jour 1

Rijeka est le plus grand port de Croatie. Plaque tournante du tourisme adriatique, la ville semble peu attrayante mais il serait dommage de ne pas partir à la découverte de cette cité dynamique qui a conservé quelques vestiges de son passé lorsqu'elle dépendait directement de l'Empire austro-hongrois. À peine est-on sorti de Rijeka que l'on suit un littoral d'autant plus spectaculaire qu'il est doté d'une végétation luxuriante et ponctué de petites cités colorées où l'on doit résister à l'envie de se poser : c'est le cas de **Volosko**, d'**Opatija**, la « Nice de l'Adriatique » avec ses villas fin de siècle, ou encore de Lovran, coincée entre la mer et la haute barrière du mont Učka. Plus au sud, la découverte de la ville perchée de **Labin** (avec son étonnante galerie de mine creusée sous un palais baroque) précédera une baignade bien méritée à **Rabac**.

Jour 2

Vous rejoindrez alors la cité antique de **Pula** dont l'amphithéâtre est un des plus impressionnants du monde romain. Après déjeuner, rejoignez **Fažana**, d'où vous pourrez embarquer pour l'archipel des **Brijuni** ou profiter de la plage.

Jour 3

Nul doute ensuite, que, remontant vers le nord, vous ne tombiez sous le charme de **Rovinj** ! Après une découverte en bateau du beau fjord de **Lim**, vous flânerez dans la vieille cité vénitienne de **Poreč**, et ne manquerez pas de visiter la fabuleuse basilique euphrasienne.

Jour 4

Un petit tour sur la côte slovène vous offrira l'occasion d'une flânerie dans **Piran** et au centre de **Koper/Capodistria** : vous aurez sans doute l'impression d'être alors en Italie ! De retour en Istrie croate, vous visiterez de beaux villages perchés tels que **Grožnjan** et **Motovun**. Vous admirerez les fresques de **Beram**, de **Hum** qui s'enorgueillit d'être la plus petite ville du monde, et dégusterez le célèbre malvoisie, l'huile d'olive et quelques spécialités aux truffes.

Jour 5

Vous rejoindrez alors à nouveau la riviera liburnienne et,

Europe méridionale

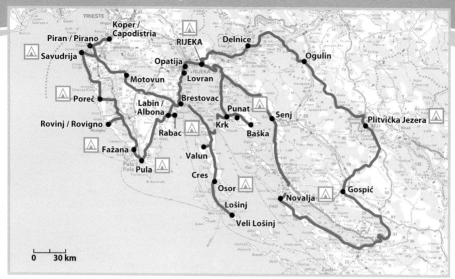

à **Brestova**, embarquement pour **Cres**, petit port plein de charme, puis une baignade à **Valun**, et un arrêt au village-musée d'**Osor** vous conduiront jusqu'à **Veli Lošinj**. Difficile de ne pas tomber amoureux de ce port aussi minuscule que biscornu.

Jour 6

Pourquoi alors ne pas passer sur **Krk** ? Il vous suffit d'aller prendre le ferry à Merag : vous aimerez flâner dans les rues de Krk, comme dans celles de **Baška**. Des balades dans les villages perchés surplombant la mer (comme **Vrbnik**) n'empêcheront ni la dégustation du vin local (žlahtina), ni quelques baignades avant un retour à **Rijeka**, d'autant plus aisé qu'un pont permet de regagner la terre ferme.

Jours 7 et 8

Depuis Rijeka, vous quitterez le littoral pour découvrir les majestueux paysages montagneux du **Gorski Kotar**, avec les sapinières couvrant les massifs du parc national de **Risnjak** : peut-être aurez-vous la chance d'y apercevoir un lynx ou un ours, plus sûrement de superbes points de vue. Descendant **la vallée de la Dobra**, vous atteindrez la petite ville d'**Ogulin** où les eaux disparaissent dans un gouffre impressionnant. Trop chaud ? Les eaux du **lac Sabljaki** vous attendent. Profitez-en car, au terme d'une route agréable, vous atteindrez le parc national des **lacs de Plitvice** où toute baignade est bannie ! La journée suivante sera juste suffisante pour admirer les eaux bleues, vertes ou turquoise de ces seize lacs superposés reliés par des cascades et posés dans un paysage de montagnes boisées… inoubliable !

Jour 9

Un plateau quelque peu aride vous conduira vers **Gospić** : là viendra la récompense avec cette route qui franchissant le massif du **Velebit** découvre soudain, au détour d'un lacet, un somptueux panorama sur la mer ponctuée de ces îles qui font la renommée de l'Adriatique : **Pag** est devant vous et bientôt **Rab** que vous rejoindrez d'un coup de ferry, ne serait-ce que pour admirer la belle ville du même nom, et piquer enfin une tête dans la grande bleue du côté de **Suha Punta**.

Jour 10

De retour sur la terre ferme, après une petite pause à **Senj,** vous découvrirez les riviera de **Novi Vinodolski** et de **Crlkvenica** avec, toujours, au large, des vues à couper le souffle sur ces chapelets d'îles posées sur une mer d'un bleu azur.

Le conseil de Bib

▶ Les véhicules doivent être assurés pour la Croatie (mention HR sur la carte verte). Un complément peut être souscrit à la frontière.

⛺ Campings

Fažana

⛺ Pineta
Perojska cesta b.b.
📞 052/521884
www.club-adriatic.hr
Mai-sept.
Loisirs : 🏠 🛶 🚲 ♨ ≋ (plage) volley-ball de plage
Services : ⛰ 🔲 ✗ brasserie

Novalja

⛺ Straško
Trg Lože 1
📞 053/661226
www.turno.hr
Avr.-sept. 57 ha (400 empl.)
Loisirs : ☺ diurne 🎠 🛶 🚲 🎾 ♨ ≋ (plage) 🤿 aire de sports
Services : 🔲 ♨ ⛰ ☺ ⚓ ⚡ 📶 📱 🔲 sèche-linge 🔲 ✗

Osor

⛺ Bijar
Osor b.b.
📞 051/237147
www.camps-cres-losinj.com
Mars-sept. 3,5 ha (49 empl.)
Loisirs : 🛶 ≋ (plage) 🤿 aire de sports
Services : 🔑 🔲 ♨ ⛰ ☺ ⚓ ⚡ 📶 📱
sèche-linge 🔲 ✗ brasserie

Plitvička Jezera

⛺ Korana
Drežnik Grad, Čatrnja b.b.
📞 053/751015
Avr.-oct. 35 ha (550 empl.) 🚐
Services : ⛰ ☺ ⚓ 📶 📱 sèche-linge 🔲 ✗
brasserie

Poreč

⛺ Zelena Laguna
📞 052/410700
Avr.-sept. 18 ha (688 empl.)
Loisirs : 🏠 ☺ 🎪 🎠 discothèque 🛶 🚲 🎾 ♨ 🔲 (plage) 🤿 aire de sports,beach-volley
Services : 🔲 ♨ ⛰ ☺ ⚓ 📶 📱 🔲 ✗
brasserie, snack

Pula

⛺ Stoja
Stoja 37
📞 052/387144
Mars-oct. 16,7 ha (719 empl.)
Loisirs : 🏠 ☺ 🎠 🛶 🚲 ♨ ≋ (plage) 🤿
aire de sports, beach-volley
Services : ⛰ 🔲 🍷 ✗

Punat

Camp Pila
Šetalište Ivana Brusića 2
📞 051/854020
Déb. avr.-mi-oct. 7 ha (250 empl.)
Loisirs : 🏠 ☺ diurne (juin-juil.) nocturne 🎪 🎠 jeux pour adultes, bowling 🛶 🚲 ♨ (plage) 🤿 trampoline, leçons de voile, plongée sous-marine
Services : 🔑 🔲 ♨ ⛰ ⚓ 📱 📱 🔲 🔲 🍷 ✗
brasserie, snack, cafétéria

Rabac

⛺ Oliva
Rabac b.b.
📞 052/872258
Avr.-sept. 4 ha (465 empl.)
Loisirs : 🏠 ☺ diurne 🛶 🎾 ♨ ≋ (plage) 🤿
Services : 🔲 ♨ ⛰ 🔲 🍷 ✗ pizzeria, brasserie

Rijeka

⛺ Preluk
Preluk 1
📞 051/621913
Avr.-oct. 23 ha (95 empl.)
Loisirs : 🏠 🛶 ≋ (plage) 🤿 🤿
Services : ⛰ 🔲 ✗

Savudrija

⛺ Pineta
Istarska b.b.
📞 052/709550
Avr.-sept. 17 ha (460 empl.)
Loisirs : 🏠 ☺ 🛶 🎾 ♨ ≋ (plage) 🤿 🤿
beachvolley
Services : ♿ 🔲 ♨ ⛰ ☺ ⚓ 📶 📱 🔲
sèche-linge 🔲 🍷 ✗ brasserie, cafétéria, pizzeria

Carnet pratique

Les bonnes **adresses** de Bib

Office de tourisme de Rijeka
Tourist Information Centre – *Korzo 14 - ℘ 385 51 335 882 - www.tz-rijeka.hr - lun.-vend. 8h-19h30, sam. 8h-13h30.*

Cres

Gostionica Adria
Zazid 7 - ℘ 052 431 164 - 9h-23h - plats 40/70 kn.
Cachée par un mur couvert de bougainvillées et de lauriers-rose, une courette où l'on dégustera un risotto aux fruits de mer ou une grillade de poissons. Avis aux moins polyglottes : le patron est fier de montrer ses connaissances en français.

Josipdol

Restaurant Gradina
Senjska cesta (route de Senj) 32 - ℘ 047 581 515 - 7h-23h - plats 50/60 kn - poisson 100 kn/kg.
Charcuteries, gibier et grillades sont les spécialités de ce restaurant qui s'enorgueillit de figurer sur la liste des cent meilleurs de Croatie.

Krk

Konoba Šime
A. Mahnića 1 - ℘ 051 220 042 - 30/70 kn.
Une atmosphère médiévale dans la salle et une belle terrasse donnant sur le port, à Mala Vrata. Cuisine simple (calmars et pâtes).

Lovran

Marché (Tržnica)
Côté centre, en face du Kavana Lovran et de la Riječka Banka. Petit marché de charcuteries et de primeurs (et, en saison, de colifichets divers).

Bellavista
Stari Grad 22 - ℘ 091 532 67 65 - 40/70 kn.
Il n'a pas usurpé son nom, ce modeste restaurant qui domine la route et le petit port de pêche de Lovran ! Salades, poissons, pâtes et risotto permettent d'y déjeuner légèrement.

Opatija

Bevanda
Zert 8 - ℘ 051 712 772 - 12h30-0h - poisson 340 kn/kg, agneau 230 kn/kg, plats 60/110 kn.
Sur le port, c'est le restaurant le plus réputé de la ville. Si le décor est assez clinquant, on vient ici d'abord pour la qualité de la cuisine et la fraîcheur des poissons. Belle carte de vins. Pianiste d'ambiance le soir et une grande terrasse en saison.

Plitvice

Lika Kuća
À l'entrée n° 1 - ℘ 751 382/024 - avr.-oct. : 11h-23h - spécialités 100/110 kn, truite 65 kn, grill 70/140 kn.
Dans un décor imitant une maison traditionnelle de la Lika, ce restaurant sert des spécialités régionales aux visiteurs. Goûtez à l'agneau cuit sous cloche *(pod pekom)*, au jarret de veau (excellent) ou encore au *scripavac*, fromage de la Lika.

Poreč

Konoba Ulixes
Dekumanus 2 - ℘ 052 451 132 - 12h-0h - 12 kn.
Que ce soit dans la belle salle aux pierres apparentes ou dans la très agréable cour à l'ombre d'un olivier, vous y dégusterez des spécialités servies avec amabilité, telles que carpaccio aux truffes ou thon à la sauce aux truffes. Bon choix de vins du pays.

Pula

Omir
Dobricheva 6 - ℘ 522 139 44 - www.hotel-omir.com - 30/60 kn.
Le restaurant de l'hôtel du même nom propose une cuisine familiale à petit prix. Une bonne adresse pour se rassasier sans se ruiner.

Punat

Ribice
Travnja 95 - ℘ 051 854 123 - http://konoba-ribice.com - 18h-0h - 120kr.
Quelques tables dans une petite cour ombragée et une minuscule salle voûtée installée dans un ancien cellier : poissons grillés et salades.

Rijeka

Zlatna Školja
Kružna 12a (petite rue en retrait du Korzo) - ℘ 051 213 782 - 11h-22h - plats 60/90 kn.
Petite salle décorée façon grotte sous-marine. Spécialités vénitiennes : délicieuses sardines en *saor* (sauce genre escabèche) et spaghettis à l'encre de seiche. Deux tables au centre de la pièce, sont réservées aux non-fumeurs…

Mala galerija
Užarska 25 - ℘ 051 335 403 - 8h30-14h, 16h-20h, sam. 8h30-14h.
Vous y trouverez des objets en céramique, des bijoux et les fameux *Morčići*, souvenirs en forme de tête de Maure coiffée d'un turban.

Croatie

La Dalmatie : de **Zadar** à **Dubrovnik**

➲*Départ de Zadar*
➲*12 jours*
770km
Carte Michelin n° 757

Vue générale de Dubrovnik

M. Осрис / MICHELIN

Jour 1

Zadar est une escale incontournable pour les amoureux d'art sacré, mais c'est aussi une ville jeune et vibrante où il fait bon lézarder aux terrasses des cafés. Rejoindre la côte du **Velebit**, dominée par la lourde masse de quelques-uns des plus hauts sommets de Croatie. Gagnez **Paklenica**, en retrait de Starigrad Paklenica. C'est l'un des plus beaux sanctuaires naturels de Croatie : la haute montagne, la randonnée et l'escalade, avec la mer encore toute proche. Reprenez ensuite la route côtière vers Zadar. Rejoignez ensuite **Gospić** dans les terres. Bifurquez en direction d'**Obrovac**, à travers un paysage de collines arides, pour atteindre la vallée de la Zrmanja. Suivez ensuite la direction de **Knin**.

Depuis sa majestueuse forteresse, on aperçoit le plus haut sommet de Croatie, le mont Dinara aux confins de la Bosnie-Herzégovine.

Jour 2

Dirigez-vous vers **Krka** : une escale rafraîchissante dans les eaux bouillonnantes du parc national vous attend. La rivière et la montagne s'y marient pour former un paysage exceptionnel. Enfin, rendez-vous à **Šibenik** et visitez sa cathédrale, chef-d'œuvre de Georges le Dalmate.

Jour 3

Si vous êtes passionné de géologie et de paysages originaux, poussez ensuite une pointe jusqu'à l'île de **Murter** où vous embarquerez pour l'archipel des **Kornati**, un autre parc

national extraordinaire. Rejoignez **Split** par la route côtière sans oubliez de faire halte à **Trogir**, une ravissante petite ville, posée sur un îlot et riche d'une inestimable cathédrale romane.

Jour 4

Après avoir visité Split, faites le détour par les vestiges de la cité romaine de **Salona**, puis par la citadelle de **Klis**.

Jour 5

Longez la côte jusqu'à Makarska, station balnéaire très prisée, vous pourrez explorer les petits ports alentour et partir à l'assaut du massif du Biokovo : là, si vous êtes sujet au vertige vous ressentirez quelques émotions fortes, mais les panoramas époustouflants vous en récompenseront !

Europe méridionale

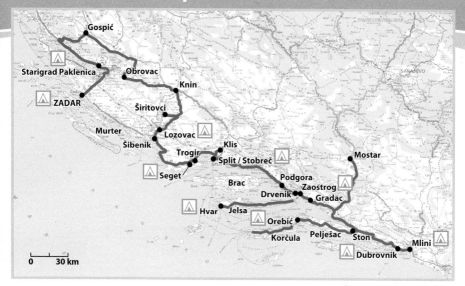

Redescendez ensuite vers **Podgora** et longez la côte vers le sud pour prendre le ferry vers l'île de **Hvar**.

Jours 6 et 7

Vous filerez vers les îles de **Jelsa** et **Vrboska**. Vous adorerez les ruelles de **Hvar** escaladant la montagne à l'assaut de la forteresse, ses quais bordés de cafés, son monastère et l'archipel des **Pakleni**, juste en face, qui vous offre ses criques limpides. Les amateurs de bons vins pousseront la curiosité jusqu'à parcourir la côte sud de l'île, au cœur de vignobles perchés à flanc de montagne.

Jour 8

Retour ensuite vers **Drvenik**, d'où vous reprendrez le bateau pour le continent et continuer vers le sud jusqu'à la petite station de **Gradac** qui déroule une agréable plage de galets pour un bain bien mérité. Vous arrivez dans l'étonnant delta de la **Neretva**, où les amateurs de produits du terroir

achèteront les fruits et goûteront les anguilles et cuisses de grenouilles grillées. Le temps est venu ensuite de faire une brève escapade en Bosnie-Herzégovine à **Mostar**, dont le pont médiéval vient d'être reconstruit par l'Unesco. Vous flânerez dans la vieille ville turque, savourerez quelques pâtisseries au miel et achèterez des tissages ou objets en cuivre.

Jours 9 et 10

Avant de joindre **Dubrovnik**, vous traversez l'enclave bosniaque de **Neum**, occasion de faire provision de denrées à bon prix (tabac, notamment…). Si le temps ne vous est pas compté filer vers la presqu'île de **Pelješac**. À **Mali Ston** et **Ston**, vous flânerez au pied de la forteresse, découvrirez les secrets des salines, avant de déguster les fruits de mer les plus réputés du pays. Puis vous atteindrez **Orebić**, ancien fief des valeureux marins et port d'embarquement pour **Korčula**.

Du bateau, vous apercevrez les orgueilleux remparts de la ville de Korčula, un Dubrovnik en miniature.

Jour 11

Direction Dubrovnik. En chemin, faites étape au paisible jardin botanique de **Trsteno**. Bien que la forme étroite du sud de la Dalmatie se prête mal aux circuits, n'hésitez pas à remonter l'histoire sur le territoire de la république de **Raguse**. Commencez par le sud, avec son littoral ponctué de plages et les villages du Konavle, autour de **Cavtat**, avant de faire une escapade au Monténégro pour découvrir les bouches de **Kotor**, fjord impressionnant encadrant une splendide ville médiévale.

Jour 12

Revenez ensuite sur vos pas pour finir votre périple dalmate avec la ville fortifiée de **Dubrovnik**, l'un des joyaux du patrimoine architectural mondial.

Croatie

⛺ Campings

Dubrovnik

⛺ Solitudo
Vatroslava Lisinskog 17
📞 020/448686
Avr.-oct. 5 ha (250 empl.)
🚐
Loisirs : ☀ diurne 🛝 🎠 ⛵ 🏊 (plage) 🚿
beach-volleyl
Services : ♿ 🍴 ♨ 🏧 ⊙ �'? 📻 🔌
Sèche-linge 🔲 🚰 🍷 ✗ brasserie

Hvar

⛺ Vira
Dolac b.b.
📞 021/741803
www.suncanihvar.com
Mai-oct. 11,6 ha (70 empl.)
🚐
Loisirs : 🏛 ☀ diurne jeux pour adultes 🛝
⚙ ⛵ 🏊 (plage) 🚿 beach-volley
Services : ♿ ⚷ 🍴 ♨ 🏧 ⊙ 🚰 ⚙ 🔌
sèche-linge 🔲 🍷 ✗ brasserie, snack

Lozovac

⛺ Krka
Skočići 21
📞 022/778495
Avr.-oct. 0,7 ha
🚐
Services : 🏧 🔲 🚰 ✗

Mlini

⛺ Kate
Tupina 1
📞 020/487006
www.campingkate.com
Avr.-oct. 0,7 ha (40 empl.)
🚐
Loisirs : 🏊 (plage)
Services : Ⓜ 🏧 ⊙ 🚰 ⚙ 📻 sèche-linge 🔲
brasserie
⊛ navettes maritimes pour le port de Dubrovnik

Orebić

⛺ Nevio
Dubravica b.b.
📞 020/713100
www.nevio-camping.com
Permanent3 ha (50 empl.)
🚐
Loisirs : 🛝 🏊 (plage)
Services : ♿ 🍴 ♨ 🏧 ⊙ 🚰 ⚙ ⚙'? 📻 🔲 🍷
✗ self service

Seget

⛺ Seget
Hrvatskih žrtava 121
📞 021/880394
www.kamp-seget.hr
Avr.-oct. 1,6 ha (60 empl.)
🚐
Loisirs : 🏊 (plage)
Services : 🏧 🔲 ✗ brasserie, cafétéria

Starigrad Paklenica

⛺ Plantaža
Put Plantaže 2
📞 023/369188
Permanent 1,2 ha (120 empl.)
🚐
Loisirs : 🏛 🛝 🏊 (plage) 🎾 🚿
Services : 🏧 ⊙ 🚰 ⚙'? 🔲 🍷 ✗ brasserie

Stobreč

⛺ Stobreč - Split
Sv. Lovre 6
📞 021/325426
Avr.-oct. 5 ha (400 empl.)
🚐
Loisirs : 🏛 ☀ discothèque 🛝 ⚙ 🎾 🏊
(plage) 🚿 aire de sports, beach-volley, excursions
organisées
Services : ♿ 🍴 ♨ 🏧 ⊙ 🚰 ⚙'? 📻 🔌
sèche-linge 🔲 🚰 🍷 ✗ brasserie, cafétéria,
pizzeria, snack

Zadar

⛺ Borik
Majstora Radovana 7
📞 023/332074
www.camping.hr/borik
Mai-sept. 9,6 ha (87 empl.)
🚐
Loisirs : 🛝 ⚙ 🎾 🏊 (plage) 🚿 volleyball de
plage
Services : 🏧 ⊙ 🚰 ⚙'? 🔲 🍷 ✗ brasserie

Zaostrog

⛺ Uvala Borova
📞 021/629033
uvala.borova@gmail.com
Mai-sept. 1,7 ha
🚐
Loisirs : 🏊 (plage)
Services : 🏧 ⊙ 🚰 ⚙'? 🔲 ✗

Les bonnes **adresses** de Bib

Office de tourisme de Dubrovnik
Turistička zajednica grada Dubrovnika – *Brsalje 5, Pile -* 🖉 *020 312 011 - www.tzdubrovnik.hr - 8h-20h.*

Dubrovnik

Delfin
Lučarica 2 - 🖉 *020 426 769 ou 091 52 34 744 - à partir de 9h.*
Une adresse sympathique où vous pourrez acheter de bons sandwichs confectionnés avec des produits locaux à partir de 20 kn. Si vous le souhaitez, ils préparent des pique-niques à l'avance. Il suffit d'appeler.

Konoba Penatur
Lučarica 2 - 🖉 *020 323 700 - 11h-23h - plats 50/95 kn.*
Cette taverne populaire entasse quelques tables dans une petite salle donnant à la fois sur l'église St-Blaise et sur la ruelle à l'arrière. La carte propose des produits dalmates de la mer. L'un des restaurants les moins chers de la vieille ville.

Dubrovačka
Sv. Dominika 3 vers la porte Ploče - été : 9h-22h ; hiver : tlj sf dim. 9h-20h.
Ambiance chaleureuse dans cette boutique où vous trouverez une sélection de vins dalmates, les produits *Aromatica* à base d'herbes et d'huiles essentielles, des œuvres d'art et des souvenirs de qualité.

Hvar

Bounty
🖉 *021 742 565 - poisson 240 kn/kg, 130 kn pour une gregada, plats 40/90 kn.*
Un petit restaurant sympathique et pas trop cher, bien placé sur le port de Hvar. Bon accueil.

Korčula

Morski Konjić
Šetaliste Petra Kanavelića - 🖉 *020 711 811 - plats 60/90 kn, poissons 120/160 kn le plat, vins locaux 90/130 kn.*
Bien situé sur la rive ouest, entre murailles et mer, sous les arbres, c'est un lieu agréable pour goûter à une bonne cuisine de la mer.

Orebić

Restaurant Amfora
Kneza Domagoja 6 - 🖉 *020 713 779 - poissons 300 kn/kg, plats 60/100 kn, vins 70/260 kn.*
Une terrasse au-dessus de la promenade, pour une cuisine sans surprise. Certains poissons peuvent être chers.

Split

Šperun
Šperun 3 - 🖉 *021 346 999 - 12h-22h30.*
Salle intime et bien décorée : planchers, tissages et murs de pierre. Carte simple de produits frais. Sardines grillées, plats de poissons (45/360 kn) et vins locaux (70 kn), excellent café (7/10 kn).

Diocletian
Dosud 9 - 🖉 *0212 346 683 - plats 30/60 kn.*
Ambiance locale garantie dans ce restaurant populaire : salle minuscule et terrasse installée dans le mur sud du palais, dont les fenêtres ménagent une vue sur le port. Carte restreinte, mais plats bon marché et une spécialité : le jambon fumé dalmate.

Šibenik

Ristoran Tinel
Trg Pučkih Kapetana - 🖉 *022 331 815 - 10h-23h - 120 kn.*
Une terrasse ombragée au-dessus d'une chapelle, une très belle maison ancienne au décor raffiné mettent en valeur une cuisine variée : goûtez au steak tartare à la dalmate, au poisson à la Tinel ou au bar aux palourdes, le tout accompagné d'un *babić* de Primošten.

Gradska Vijećnica
Trg Republike Hrvatske 3 - 🖉 *022 213 605 - plats 65/120 kn.*
Face à la cathédrale c'est la plus belle terrasse de la ville ! L'excellente cuisine propose, dans une salle au décor élégant, des fruits de mer et des poissons, pâtes et grillades.

Trogir

Monika
Budislavićeva 12 - crustacés 160 kn/kg, poissons 350/480 kn/kg, plats et grillades 70/100 kn.
Belle carte de spécialités et délicieuses grillades. Service attentif. Terrasse fraîche et fleurie.

Zadar

Restaurant Foša
Foša 2 - 🖉 *023 314 421 - fermé vacances de Noël - poissons 340 kn/kg, plats de 38/80 kn.*
À gauche de la porte de Terre-Ferme, entre murailles et port de pêche, ce restaurant à la terrasse proche d'une poterne propose une bonne cuisine de poissons et de fruits de mer.

Maraska
Mate Karamana 5 - tlj sf dim. 8h-20h.
Il s'agit de la boutique de la maison mère dont vous pouvez apercevoir les usines de l'autre côté de la Luka. C'est ici que vous trouverez la célèbre liqueur de cerise *maraschino*, qui a fait la réputation de Zadar auprès des cours européennes. Elle est vendue dans une petite bouteille en rafia (*105/135 kn selon la taille*) et accompagne délicieusement les desserts.

Grèce

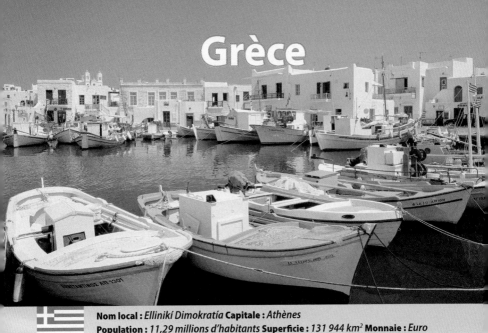

Nom local : *Ellinikí Dimokratía* **Capitale :** *Athènes*
Population : *11,29 millions d'habitants* **Superficie :** *131 944 km²* **Monnaie :** *Euro*

Vacances grecques riment a priori avec sites antiques, soleil, plage et parfois croisière… Mais c'est oublier que la Grèce est un pays montagneux, connaissant les rigueurs de l'hiver. Située à proximité du carrefour de l'Europe et de l'Asie, la Grèce est l'extrémité de la péninsule balkanique, dans le sud-est de l'Europe. Son territoire comprend plus de 2 000 îles dans les mers Égée et Ionienne, dont seulement 170 sont habitées. Culminant à 2 917 m au mont Olympe, le pays présente un relief marqué.

La neige est ainsi fréquente en altitude de novembre à avril. Les différences de température peuvent être spectaculaires à mesure que l'on s'élève ou d'un moment à l'autre de la journée. L'été est brûlant et l'hiver est doux sauf en montagne. C'est en septembre que la température de l'eau, chauffée par les mois d'été, est la plus élevée. Ce climat est propice aux vignes et aux emblématiques oliviers. 6 000 espèces végétales s'épanouissent en Grèce, protégées dans 10 parcs nationaux pratiquement inhabités où camping, cueillette et circulation à moteur sont interdits.

La présence conjuguée de la mer et de la montagne, l'importance des presqu'îles et la profondeur de certaines baies donnent à la Grèce une physionomie originale. Ici aucun rivage n'est très loin d'une montagne et la mer semble omniprésente, y compris dans les lieux les plus inattendus. Cette alliance mer et montagne contribue à l'attirance qu'exerce sur le voyageur cette terre aux fabuleux monuments antiques.

Le patrimoine historique et culturel de la Grèce trouve encore tout son écho dans le monde moderne de la littérature, des arts, de la philosophie et de la politique. Il n'est que de citer Alexandre, Aristophane, Aristote, Euclide, Hérodote, Hippocrate, Homère, Périclès, Platon, Socrate pour s'en persuader. Quant à la mythologie grecque, elle imprègne encore beaucoup nos discours.

Heureux qui, comme Ulysse, fera un beau voyage… en camping-car !

RECOMMANDATIONS

DOCUMENTS OBLIGATOIRES

✓ Permis de conduire rose de l'UE
✓ Permis de conduire international (recommandé seulement)
✓ Certificat d'immatriculation du véhicule ou certificat de location
✓ Plaque d'identification nationale
✓ Justificatif d'assurance (carte verte)
✓ Passeport (recommandé seulement)
✓ Procuration en cas d'utilisation du véhicule appartenant à un tiers
✓ Il est conseillé de se renseigner auprès des Automobile Clubs pour les détails sur les réglementations locales

VITESSES LIMITES

✓ En agglomérations urbaines : 50
✓ Sur routes : 90
✓ Sur autoroutes : 120
✓ Ces vitesses limites sont réduites par temps de pluie

URGENCES

✓ Téléphones incendie : 199 et ambulance : 166
✓ Téléphone Police : 100

Police **Astinomia/** *Pharmacie* **To farmakeío /** *Hôpital* **To nosokomeío /** *Médecin* **O giatrós**

RÉGLEMENTATIONS

✓ Taux maximum d'alcool toléré dans le sang : 0.5 g/l
✓ Âge minimum des enfants admis à l'avant : 12 ans
✓ Âge minimum du conducteur : 18 ans
✓ Port de la ceinture de sécurité obligatoire à l'avant et à l'arrière
✓ Pneus cloutés admis sans réglementation
✓ Triangle de présignalisation obligatoire
✓ Trousse de premiers secours obligatoire
✓ Extincteur obligatoire
✓ Gilet de sécurité fluorescent recommandé

À DROITE

Méfiez-vous, il est commun en Grèce d'être doublé par la droite !

Pour téléphoner en Grèce

Composez le 00 30 suivi du numéro de votre correspondant.

LEXIQUE

MOTS USUELS

Oui **Nai /** *Non* **Ohi /** *Bonjour* **Kalimera /** *Bonsoir* **Kalispera /** *Salut* **Yamass /** *Au revoir* **Antio** ou **Geia sas /** *S'il vous plaît* **Parakalo /** *Merci* **Efkaristo /** *Excusez-moi* **Signomi /** *D'accord* **Entáxei /** *Où* **Poú**

DIRECTIONS & TRANSPORTS

À droite **Dexiá/** *À gauche* **Aristerá /** *Entrée* **Issodos /** *Sortie* **Exodos /** *Route* **Dromo /** *Ville* **Horio /** *Station-service* **Venzinadiko /** *Essence* **Venziní**

PREMIERS CONTACTS

Où se trouve… ? **Pou inai… ? /** *Parlez-vous français ?* **Milate gallika ? /** *Je ne comprends pas* **Den katalavéno /** *Combien ça coûte ?* **Posso kani? /** *Combien de temps* **Pósi óra**

Au cœur de la spiritualité **grecque**

➲ *Départ d'Athènes*
➲ *8 jours*
1230 km
Carte Michelin n° 737

Caryatides de l'Erechthéion

Durant l'Antiquité, le panthéon grec a inspiré la religion romaine, tandis qu'à l'époque chrétienne l'apôtre Jean rédigea ses œuvres sur l'île de Pátmos et saint Paul a évangélisé le pays. Par la suite, la tradition byzantine, avec ses belles icônes, s'est fortement enracinée dans la Grèce moderne et la spiritualité reste une facette importante du pays.

Jours 1 et 2

Si vous séjournez deux jours à **Athènes**, consacrez le premier à la découverte de l'Acropole suivie d'une longue flânerie dans le quartier de Pláka. Le lendemain, visitez l'extraordinaire Musée archéologique national, puis arpentez l'ancienne Agora et la colline du Céramique. Une troisième journée ? Ne manquez pas alors le remarquable musée Benaki et, tout à côté, le musée d'Art cycladique, où vous attendent d'étonnantes statues d'idoles représentatives de cette civilisation mal connue.

Jour 3

Vous avez largement le temps d'aller à la pointe de l'Attique admirer un coucher de soleil sur le fabuleux temple de Poséidon au cap **Sounion**. Attention le parking est rapidement engorgé en saison. Ensuite vous consacrerez cette journée à la visite de l'antique sanctuaire d'Apollon à **Delphes** (à 186 km). Son cadre naturel dominant une mer d'oliviers est à la hauteur de ses vestiges antiques et de son riche musée.

Jour 4

Vous êtes en partance pour le monastère d'**Ósios Loukás** (à 36 km), l'un des plus beaux de Grèce. Dans un cirque montagneux, ce lieu harmonieux est décoré de mosaïques splendides. Mettez-vous ensuite en route en direction de **Lamía** puis de **Tríkala** pour rejoindre l'extraordinaire site des **Météores** (à 276 km).

Jour 5

Vous visiterez quelques-uns des sublimes monastères cénobitiques, juchés sur des rochers aux parois vertigineuses, défiant la pesanteur et le temps… Ce haut lieu du tourisme a été déserté par les moines qui sont allés trouver un refuge plus tranquille au **mont Áthos**. Cinq monastères et un couvent seulement sont encore occupés. Une tenue décente est exigée. Après les splendides vues sur la vallée

du **Pineiós**, empruntez la route pour **Thessalonique**. Vous atteindrez **Lárisa**, capitale de la Thessalie. Vous longerez la côte, en vous arrêtant à **Dio** (Dion), ville sacrée de la Macédoine antique qui doit son nom à celui de Zeus (Dios). La ville antique vous fera remonter le temps. L'urbanisme est de l'époque romaine, des sanctuaires sont consacrés aux divinités égyptiennes, une mosaïque construite vers 200 apr. J.-C. représente Dionysos, des théâtres et un stade témoignent des manifestations culturelles qui avaient lieu à Dion. Les plages sur la route de Thessalonique vous inciteront à la pause.

Jour 6

Thessalonique, deuxième ville et premier port de Grèce allie modernité aux vestiges épars de plus de 2000 ans d'histoire. Au pied des remparts, dans les ruelles escarpées, vous découvrirez un bel art de vivre. Le musée archéologique est un des plus riches de Grèce, rassemblant des œuvres de Macédoine et de Thrace. La suite de ce circuit vous conduit à travers les plaines et les vallées fertiles de Macédoine, berceau de la famille

Le conseil de Bib

▶ Pour la visite d'Athènes, stationnez au camping de la ville et empruntez les transports en commun.

d'Alexandre et point de départ de son empire. La presqu'île de **Sithonía** comporte d'admirables sites naturels : bois de pins maritimes ou parasols, plages de sable fin avec au loin les monastères du mont Áthos…

Jour 7

Au nord de **Kavála**, animée et colorée, se trouvent les imposants vestiges de Philippes (**Filippoi**), citée fondée par Philippe II de Macédoine, père d'Alexandre, puis agrandie par les Romains. Enfin, vous embarquerez pour la belle île de **Thássos**, qui conserve également des ruines antiques. Retour vers Thessalonique afin de découvrir la Grèce du Nord

et son aspect très sauvage, près de la frontière albanaise.

Jour 8

Vous visiterez les tombes macédoniennes de **Lafkádia**, érigées aux 3e s. et 2e s. av. J.-C., puis vous atteindrez les **lacs Préspa** (parc national) où vous pourrez découvrir une faune préservée. Vous séjournerez aux alentours de **Kastoriá**, ville très attachante, construite sur une presqu'île. Regagnez **Pátra** pour la visite du Péloponèse. Le pont suspendu qui relie la ville à la Grèce continentale est le plus long du monde. Le passage entre les deux rives, payant, prend désormais 5 mn, au lieu des 45 mn de ferry.

⛺ Campings

Athènes/Αθηνα/Athína

🏛 Athens
198 Leofor. Athinon
☎ 210/5814114
www.campingathens.com.gr
Permanent 1,4 ha (66 empl.)
🚐
Loisirs : 🏠
Services : 🔑 🖨 ☺ 📶 📷 sèche-linge 🚿 🍷
✗ brasserie, snack
☺ Proche du centre ville.

Delphes/Δελφοί / Delfoí

🏛 Delphi
Delphi-Itea Road
☎ 22650/82209
www.delphicamping.com
Avr.-oct. 2,2 ha (100 empl.)
🚐
Loisirs : 🏠 🛝 ☺ 🏊 barbecue
Services : 🔑 🖨 ☺ 📶 📷 🚿
brasserie
☺ Belle vue sur le golfe de Corinthe.

Gerakiní

🏛 Kouyoni
Gerakini (Macedonia)
☎ 23710/52226
www.kouyoni.gr
Mai-sept. 20 ha (70 empl.)
Loisirs : 🏠 🎆 nocturne 🛝 🏊 ≅ (plage)
🐟 🚿 barbecue, beachvolley
Services : 🖨 ☺ 📶 📷 lave-vaisselle 🚿 🍷
✗ brasserie, snack

Καβάλα / Kavála

🏛 Batis Multiplex « Camping Terra »
Old National Road Kavala-Thessaloniki (km 4)
☎ 2510/245918
www.batis-sa.gr
Permanent 3,3 ha (125 empl.)
🚐
Loisirs : 🏠 🎆 nocturne discothèque, jeux pour
adultes 🛝 🏊 ≅ (plage) 🚿 aire de sports,
trampoline, bateaux à pédales, plongée sous-marine
Services : 🔑 🖨 ☺ 📶 📞 🚿 🍷 ✗
brasserie, snack

Litóchoro/Λιτόχωρο

🏛 Olympios Zeus
Pláka Litochórou (Macedonia)
☎ 23520/22115
olympios@galaxynet.gr . www.olympios-zeus.gr
De mi-avr. à mi-oct. 1,5 ha (100 empl.)
Loisirs : 🏠 🛝 ✗ ≅ (plage) 🐟 🚿 aire
de sports
Services : 🔑 🖨 ☺ 📶 🚿 🍷 ✗ self-
service, pizzeria

Methóni/Μεθώνη

🏛 Agiannis
☎ 23530/41386
Mai-mi-oct. 20 ha (90 empl.)
Loisirs : 🏠 🛝 🏊 ≅ (plage) 🐟 🚿
Services : 🔑 🖨 ☺ 🚿 🍷 ✗ brasserie, snack

Ouranópoli

⛺ Ouranoupoli
Ouranoupolis (Athos)
☎ 23770/71171
Fin mai-oct. 1,1 ha (80 empl.)
Loisirs : 🏠 🛝 ≅ (plage) 🐟 🚿 aire de
sports
Services : 🔑 🖨 ☺ 📷 🚿 ✗

Soúnio

🏛 Bacchus
☎ 22920/39572
campingbacchus@hotmail.com
Permanent 1,5 ha (60 empl.)
Loisirs : 🏠 🛝 ≅ (plage) 🚿 barbecue,
plongée sous-marine
Services : 🖨 ☺ 🚿 📷 🚿 🍷 ✗ brasserie,
snack

Carnet pratique

Les bonnes **adresses** de Bib

Office de tourisme d'Athènes
Athens Info-Point kiosk – *Amalias Ave & Dionissiou Areopagitou St. (Centre)-* ☎ *302103217116 - www.breath takingathens.com - 9h-21h.*

Athènes

Sholarhio to Gerani
14 odos Tripodon (au bas des marches d'odos Epicharmou) - ouvert à midi - 14 €.
Une treille ombragée, plusieurs salles improbables, des tables sur les balcons (et même s'il le faut de l'autre côté de la place, la maison ne reculant devant rien !) : dans cette maisonnette typique du quartier, vous pourrez déguster de délicieux assortiments de *mezes*.

Palia Athina
46 r. Nikis - ☎ *21032 457 77 - ts les soirs sf dim. - 20 €.*
Une cuisine traditionnelle de belle qualité servie dans trois petites salles ornées de gravures anciennes. Les tables et les chaises sont regroupées au grés du rassemblement des bandes d'amis. Si l'endroit est déconseillé pour les dîners en tête à tête, il conviendra aux palais les plus délicats. Goûtez à l'agneau aux épices et à la tomate *(arnaki kapama)*.

Kafe Avissinia
Place Avissinias - ☎ *21032 170 47 - ouvert tlj jusqu'a 1h du matin sf lun. et dim. soir - 24 €.*
En lisière du marché aux puces de Monastiraki, en rdc ou au 1er étage dans une jolie salle avec vue sur l'Acropole, cet estiatorio rappelle un bistrot parisien. Pourtant, c'est une cuisine typiquement grecque et particulièrement raffinée qui est servie. Goûtez au délicieux tarama blanc et à la moussaka maison. Une bonne adresse où, hors saison, se produisent des chanteurs de *rebetiko*, le vend. soir et le sam. après-midi.

Dionysos
43 r. Robertou Gali - ☎ *21092 331 82 - 50 €.*
Terrasse et salle climatisée avec vue sur l'Acropole. À côté d'un menu international, ce luxueux restaurant jouit d'une solide réputation en matière de gastronomie grecque. Vrais *dolmades*, *pites* (feuilletés) aériens et *baklava* délicieusement oriental. Il est possible de ne prendre qu'un verre à l'agréable terrasse du rez-de-chaussée.

Kalambaka

Panellinion
Pl. Dimarheiou - ☎ *24320 247 35.*
L'un des trois restaurants de la place. Pour boire un verre ou manger une cuisine simple mais bonne.

Kastraki

Galaxias
Place principale, dans l'hôtel du même nom - 10/15 €.
Goûtez le poisson et les pâtes traditionnelles. Idéal aussi pour un petit-déj.

Kastoriá

Omonia
97 r. Mitropoleos, près de la place Omonia - www.omonia-restaurant.com - 12 € env.
Un petit restaurant simple et bon marché où se rassasier après avoir visité les églises du quartier.

Nostalgia
2 r. Nikis, en face du débarcadère - ☎ *24670 226 30 - www.tavernanostalgia.gr - 15/20 €.*
Viandes grillées et poissons servis dans un cadre calme et agréable, juste en face du lac.

Kavála

Apiko
2 r. Er. Stavrou - ☎ *25102 271 73 - 15 € env.*
Une adresse bon marché et sympathique, où l'on sert de bonnes grillades de poisson.

Larisa

Adamos
9 odos Panos.
Cette taverne du centre-ville existe depuis 1929. On mange à l'intérieur dans une jolie salle, décorée de vieilles photos, ou sur une agréable terrasse installée dans la rue. Spécialités de viandes à la broche.

Ouranópoli

Karidas
Sur le port.
Vaste choix de poissons à des prix raisonnables. On y parle français.

Thessalonique

Ouzeri Agora
5 odos Kapodistriou.
Dans une petite ruelle en retrait de Odos Ionos Dragoumi, vous dégusterez d'excellentes préparations de poissons, la spécialité du lieu.

Icônes
Odos Egnatia.
Entre l'arc de Galère et Saint-Athanase, vous trouverez de nombreuses boutiques spécialisées. Pour tous les prix, de l'ancien au moderne.

Merveilles du **Péloponnèse**

➲ *Départ
de Pátra*
➲ *7 jours*
**810 km
Carte Michelin
n° 737**

*Fresque de
l'époque minoenne*

Jour 1

Notre circuit commence par la découverte de **Pátra**, principal port de la côte ionienne, centre industriel, commercial et universitaire dynamique, choisi comme « capitale européenne de la Culture » en 2006. Elle se découvrira à travers ses rues à arcades, ses places ombragées, sa vieille ville, son môle portuaire et ses nombreux cafés qui s'animent en fin de journée.

Jour 2

Gagnez l'isthme de Corinthe puis direction le Sud et la presqu'île de **Méthana**. Peu avant d'arriver à Méthana, beau point de vue sur la ville et le port. Cette station balnéaire est surtout une station thermale dont les eaux chaudes et sulfureuses sont prescrites pour le traitement des rhumatismes et des maladies de la peau. Joignez **Vathi**. Sur la côte ouest de la presqu'île, ce village de pêcheurs et ses tavernes de poissons occupent le fond d'une petite crique. En poursuivant vers le sud par la route qui longe la mer, on parvient à un sentier à travers la végétation (300 m de la route) menant jusqu'aux restes de l'enceinte de l'**acropole de Méthana**.

Jour 3

En suivant le bord de mer, vous arrivez à **Galatàs**, où vous découvrirez de superbes vues sur la rade et l'**île de Póros** séparée de la cité par un étroit bras de mer. Les pins, les oliviers, les citronniers, son doux climat, les côtes bien protégées en font un lieu enchanteur. Poursuivre sur la route côtière en direc-tion d'**Ermióni**. Le chemin qui conduit à Ermióni traverse un paysage assez austère, planté de vénérables oliviers aux troncs torturés, mais offre de fréquentes perspectives sur les îles d'**Hydra** et de **Dokos**. Direction **Lemonodasos** où face à l'île de Póros s'étend une forêt de citronniers, qui donnent fleurs et fruits toute l'année. 30 000 pieds environ couvrent la pente au-dessus de la plage de sable d'Aliki. **Porto-chéli** (Porto Heli), bourgade de pêcheurs devenue une importante station balnéaire est un point d'embarquement pour l'île de **Spétses**.

Jour 4

Pour joindre **Nauplie**, n'oubliez pas de faire une petite halte aux cratères de Didyma (Spileia Didymis). Arrivé à **Nauplie**,

Europe méridionale

comment ne pas tomber sous le charme de cette charmante petite cité posée en bordure du golfe de l'Argolide.

Poursuivez votre itinéraire en suivant la côte par Astros, petit centre agricole puis dirigez-vous vers **Leonidio**. Un crochet par l'intérieur des terres et direction **Monenvasia**, dont l'ancienne citadelle domine la charmante ville basse.

Jour 5

Retour sur nos pas pour rejoindre **Sparte**. Capitale de la Laconie, la cité n'a pourtant rien de commun avec l'austère et belliqueuse Lacédémone qui triompha d'Athènes à l'issue de la guerre du Péloponèse. Paisible et nonchalante, elle offre le visage d'une ville moderne, reconstruite après 1834 sous le règne du roi Otton, avec des artères rectilignes bordées d'orangers et de palmiers. C'est une étape touristique agréable, au pied du mont Taygète (2

407 m) et au voisinage des ruines de **Mystrás** et du village de **Geráki.** Traversez la Messénie en passant par **Kalamáta**, deuxième ville du Péloponèse, puis **Pýlos**, connue des Français sous le nom de Navarin. Direction plein nord pour Olympie. En route marquez une halte au Palais de **Nestor** et à **Kyparissia** qui offre une belle vue sur la mer Ionienne.

Jour 6

À **Olympie** vous apprécierez à leur juste valeur les ruines antiques, le musée archéologique et le temple de Vassés. D'après la légende, Héraklès, fils de Zeus, aurait fait bâtir l'enceinte sacrée de l'Altis. En fait, il semble que l'institution des jeux remonte au 8e s. av. J.-C. lorsque le roi de Pisa et le législateur de Sparte décidèrent d'organiser des concours sportifs entre les peuples grecs. Les épreuves athlétiques ne duraient que 5 jours, drainaient

jusqu'à 200 000 personnes et permettaient une trêve sacrée d'un mois. C'est au Français Pierre Fredy, baron de Coubertin, que l'on doit la renaissance des Jeux dont la dernière manifestation antique eut lieu en l'an 393 et les premiers Jeux Olympiques internationaux furent inaugurés le 5 avril 1896 par le roi de Grèce.

Jour 7

Retour pour Pátra sans oubliez de faire halte à **Chlemoutsi** pour sa forteresse et son panorama.

Le conseil de Bib

Hors saison, le stationnement des camping-cars est toléré sur les parkings dont certains sont à proximité des plages.

Grèce

⛺ Campings

Ástros

⛺ Astros Camping
Plage de Ástros
📞 27550/51500
De mi-mai à mi-oct. 8 ha (70 empl.)
🚐
Loisirs 🏠 ≈ (plage) 🌊 🏐 beachvolley
Services : 🔑 📶 ☺ 🔲 🚿 🚰 : ✕

Giálova

⛺ Navarino Beach
📞 27230/22761
www.navarino-beach.gr
Permanent 1,9 ha (140 empl.)
🚐
Loisirs : 🏠 🏖️ ≈ (plage) 🌊 🏐 beachvolley
Services : 📶 ☺ 📶 🔲 🚿 🍷 ✕ brasserie, snack
♿ Emplacements spéciaux pour camping-cars.

Γύθειο / Gýtheio

⛺ Gythion Bay
Gythio, Lakonia
📞 27330/22522
www.gythiocamping.gr
Permanent 4 ha (300 empl.)
🚐
Loisirs : 🏠 🌙 nocturne jeux pour adultes 🏖️
≈ (plage) 🌊 🏐 aire de sports, beachvolley, windsurf
Services : 🔑 📶 ☺ 🔲 🚿 🚰 🍷 ✕
brasserie, snack

Corinthe/Κόρινθος / Kórinthos

⛺ Blue Dolphin
📞 27410/25766
www.camping-blue-dolphin.gr
Avr.-oct. (100 empl.)
Loisirs : 🏠 jeux pour adultes ≈ (plage) 🏐
barbecue, beachvolley
Services : 🔑 📶 ☺ 🚰 🔲 🚿 ✕ brasserie

Κυπαρισσία / Kyparissía

⛺ Campsite Kyparissia
📞 27610/23491
www.campingkyparissia.com
Avr.-fin oct. 1,8 ha (108 empl.)
🚐
Loisirs : 🏠 🏖️ 🏊 ≈ (plage) 🌊 🏐 aire de
sports, planche à voile
Services : 🔑 📶 ☺ 🔲 🚿 🍷 ✕ snack, self
service

Μυστράς / Mystrás

⛺ Castle View
Route nationale, entre Mystras et Sparte
📞 27310/83303
www.castleview.gr
De fin mars à fin oct. 1,2 ha (150 empl.)
Loisirs : 🍷 ✕ 🏠 🏖️ 🏊 randonnées
pédestres
Services : 🔑 📶 ☺ 📶 🔲 🚿 🚰

Olympie/Ολυμπία / Olympía

⛺ Olympia
📞 26240/22745
Permanent 1,5 ha (240 empl.)
Loisirs : 🏠 🏊
Services : 📶 ☺ 🍷 ✕ snack

Petalídi

⛺ Petalidi Beach
📞 27220/31154
www.campingpetalidi.gr
Avr.-sept. 1,5 ha (68 empl.)
Loisirs : 🏠 🏖️ ≈ (plage) 🌊 🏐
Services : 🔑 📶 ☺ 🔲 sèche-linge 🚰 🚿 🍷
✕ brasserie, snack

Rion

⛺ Campsite Rion
Odos Poseidonos 11
📞 2610/991585
De mi-janv. à mi-déc. 4,8 ha (45 empl.)
🚐
Loisirs : 🏠 ≈ (plage) 🏐
Services : 🔑 📶 ☺ 🔲 🚿 🚰 🍷 ✕
brasserie, snack
♿ Emplacements spéciaux pour camping-cars.

Thermisía

⛺ Hydra's Waves
Thermisía/Ermioni
📞 27540/41095
www.camping.gr/hydras-wave
Permanent 3,9 ha (120 empl.)
🚐
Loisirs : 🏠 🏖️ ≈ (plage) 🌊 🏐 windsurf
Services : 🔑 📶 ☺ 🚰 🔲 🚿 🍷 ✕
brasserie, snack

Carnet pratique

Les bonnes **adresses** de Bib

Office de tourisme de Nauplie
Rue 25-Martiou, au croisement avec la rue Anapafseos -
℘ 30 27520 24 444 - 9h-13h, 16h-20h.

Corinthe

Tassos
Au centre du village sur la rue conduisant au site.
Taverne typique dont chaque détail vous met dans
l'ambiance : *souvlakia* à la braise, bonne humeur des
patrons, musique locale.

Paolo
Promenade Poséidon au coin d'odos Kanari.
Restaurant de poissons à la salle largement ouverte sur
le golfe et le cap Héraïon.

Epidavros

Tavernes sur la plage à **Néa Epídavros** et sur le port à
Palaia Epídavros : c'est le cas notamment des restaurants des hôtels **Mike** et **Poséidon** dont les tables sont
installées directement sur le quai.

Géfyra

Limanaki
Sur le petit port - ℘ 27320 616 19 - 6/12 €.
Une taverne traditionnelle où l'on choisit ses plats en
cuisine. Les tables sont dressées sous une tonnelle.

Pâtisserie traditionnelle
Au pied de l'hôtel Minoa, sur la rue principale.
Sablés aux amandes, beignets, etc., que l'on peut em-
porter ou déguster sur place.

Mirakas

Bacchus
À 2 km d'Olympie, dépassez le site historique et prenez la
première route à gauche.
Cette taverne de village propose une cuisine locale
agréable. Essayez les beignets d'aubergines, la saucisse
(loukaniko) ou les brochettes cuites à point. L'endroit est
cependant devenu très touristique.

Monemvasia

Matoula
En contrebas de la rue principale - ℘ 27320 616 60 - 15/25 €.

Les tables sont dressées à l'ombre d'un grand figuier,
face à la mer. On vous sert d'excellents plats cuisinés,
dont un fromage cuit en cassolette *(saganaki)* et un délicieux agneau *(arni lemonato)* à la sauce citronnée ou
des rougets *(barbounia)*.

Nauplie

O Noulis
22 odos Moutsouridou, dans une ruelle à gauche au bout de
la rue Papanikolaou - ℘ 27520 255 41.
Taverne tranquille et bien connue des Naupliotes où le
plateau de dix *mezes* peut constituer à lui seul un vrai
repas. Une adresse sympathique, même si la qualité est
parfois fluctuante.

Ta Fanaria
Au coin d'odos Stoïkopoulou et de la petite odos Soutsou -
℘ 275 202 7141.
Cette taverne s'enorgueillit d'avoir le même cuisinier
depuis vingt-cinq ans. Si le résultat est convenable, ce
sont surtout les tables disposées sous une treille dans la
ruelle qui attirent dans ces lieux.

Omorfi Poli
75 quai Bouboulinas - ℘ 27520 294 52 - fermé à midi -
6/15 €.
L'un des restaurants les plus corrects si vous tenez à
manger en terrasse, en bord de mer, parmi la foule
qui envahit les lieux en soirée. Cuisine sortant un peu
de l'ordinaire grec avec un bon choix de pâtes et de
viandes.

Olympie

Boutique du Musée archéologique
À l'extérieur du musée - tlj sf lun. 10h-16h30.
Elle propose des copies de qualité inspirées de l'art grec
ancien et byzantin. Belles pièces en bronze, argent…

Pátra

Mithos
181 Riga Ferreou & Trion Navaron - ℘ 2610 329984 - 19h30-2h -
fermé 3-20 août - 15 € env.
Fleurs fraîchement coupées, musique et photos composent le décor de ce restaurant logé dans une maison du
19e s. Les plats sont cuisinés avec talent par Eleptheria
et son personnel. Accueil chaleureux.

Grande-Bretagne

Nom local : *Great Britain* **Superficie :** *244 159 km²* **Capitale :** *Londres*
Population : *62 millions d'habitants* **Monnaie :** *livre sterling (1 € = 0,85 £)*

La Grande-Bretagne est la plus vaste des îles Britanniques. Elle comprend l'Angleterre, le pays de Galles et l'Écosse et forme avec l'Irlande du Nord, le Royaume-Uni. Parmi les destinations touristiques, la Grande-Bretagne est sans conteste celle dont l'évocation appelle le plus grand nombre d'images insolites et controversées venues du continent européen. Pêle-mêle le climat, la conduite à gauche, la cuisine sont décriés ou au contraire loués selon le goût de chacun. Mais un voyage outre-Manche bien préparé dépassera les idées reçues et laissera des souvenirs inoubliables à qui saura prendre le temps de découvrir un patrimoine naturel et culturel aussi varié qu'exceptionnel. Vous serez séduit par l'accueil, la décontraction, l'humour « so british » et sensibles à un véritable art de vivre.

Au charme des campagnes où se côtoient châteaux, jardins, demeures princières et villages paisibles, il faut ajouter les cathédrales et les musées, témoins d'une histoire prestigieuse.

En Angleterre et au pays de Galles, la présence humaine n'a pas eu pour effet de remodeler la nature, mais semble au contraire s'être adaptée à un environnement perçu comme prioritaire, jusqu'à aboutir au paysage actuel composé de champs et de landes, de bois et de parcs, de villages et de fermes. Célébré par l'art et la littérature, ce paysage domestiqué dans l'ensemble mais parfois encore sauvage, est une richesse particulièrement chérie par ses habitants. Pour simplifier à l'extrême, on peut opposer une Grande-Bretagne des massifs et des plateaux, dite *Upland Britain*, à une Grande-Bretagne des plaines et basses terres dites *Lowland Britain*.

Se plaindre du temps est une tradition anglaise ; pourtant le climat océanique, frais et humide, offre de nombreux avantages. La grisaille semble prévaloir sur l'ensoleillement mais les changements sont fréquents et la pluie est le plus souvent accompagnée d'éclaircies. Le grand froid ou la canicule y sont rares, ce qui permet de toujours pratiquer une activité extérieure.

RECOMMANDATIONS

DOCUMENTS OBLIGATOIRES

✓ Permis de conduire rose de l'UE
✓ Permis de conduire international (recommandé seulement)
✓ Certificat d'immatriculation du véhicule ou certificat de location
✓ Plaque d'identification nationale
✓ Justificatif d'assurance (carte verte)
✓ Passeport (recommandé seulement)
✓ Procuration en cas d'utilisation du véhicule appartenant à un tiers

VITESSES LIMITES

✓ En agglomérations urbaines : 30 miles (48 km/h)
✓ Sur routes : 60 miles (97 km/h)
✓ Sur routes à chaussées séparées : 70 miles (112 km/h)
✓ Sur autoroutes : 70 miles (112 km/h)
✓ Ces vitesses limites sont réduites par temps de pluie

À GAUCHE

Les réflexes ont tendance à reprendre le dessus. Aussi faites attention lorsque vous abordez et sortez d'un rond-point. Vous le prendrez dans le sens des aiguilles d'une montre, par la gauche et vous resterez plutôt sur la voie extérieure.

RÉGLEMENTATIONS

✓ Conduite à gauche
✓ Taux maximum d'alcool toléré dans le sang : 0,8 g
✓ Siège enfant, réhausseur ou système de retenue adapté et homologué obligatoire jusqu'à 12 ans ou 1,35 m
✓ Âge minimum du conducteur : 17 ans
✓ Port de la ceinture de sécurité obligatoire à l'avant et à l'arrière
✓ Pneus cloutés admis avec réglementation toute l'année sur routes enneigées
✓ Triangle de présignalisation recommandé
✓ Trousse de premiers secours recommandée
✓ Extincteur recommandé
✓ Gilet de sécurité fluorescent recommandé

URGENCES

✓ Téléphone incendie et ambulance : 112
✓ Téléphone Police : 110

Au secours ! **Help !** / *C'est une urgence* **It's an emergency** / *Hôpital* **Hospital** / *Médecin* **Doctor** / *Pharmacie* **Chemist** / *Police* **Police**

Pour téléphoner

De l'étranger **vers la Grande-Bretagne** : ✆ 00 44 + indicatif de la localité (sans le premier zéro) + numéro.

LEXIQUE

MOTS USUELS

Oui **Yes** / *Non* **No** / *Bonjour* **Good day** / *Bonsoir* **Good evening** / *Salut* **Hi** / *Au revoir* **Goodbye** / *S'il vous plaît* **Please** / *Merci (beaucoup)* **Thank you (very much)** / *Excusez-moi* **Excuse me** / *D'accord* **Ok** ou **Fine** / *Santé !* **Cheers !** / *Manger* **To eat** / *Boire* **To drink** / *Toilettes* **Toilets** / *Restaurant* **Restaurant** / *Office de tourisme* **Tourist office** / *Argent* **Money**

DIRECTIONS & TRANSPORTS

Où se trouve…? **Where is… ?** / *À droite* **To the right** / *À gauche* **To the left** / *Tout droit* **Straight ahead** / *Près de* **Close to** ou **Near** / *Entrée* **Entrance** / *Sortie* **Exit** / *Route* **Road** / *Rue* **Street** / *Autoroute* **Motorway** / *Ville* **City** ou **Town** / *Village* **Village** / *Station-service* **Petrol station** / *Essence* **Petrol** / *GPL* **LPG** / *Diesel* **Diesel**

PREMIERS CONTACTS

Je voudrais… **I would like…** / *Parlez-vous français ?* **Do you speak french ?** / *Je ne comprends pas* **I don't understand** / *Pouvez-vous m'aider ?* **Could you help me ?** / *Combien ça coûte ?* **How much does it cost ?** / *L'addition, SVP ?* **Can I have the bill, please ?** / *Je cherche…* **I'm looking for…** / *C'est trop cher* **That's too expensive**

À travers le pays breton, la **Cornouailles**

➲ *Départ de*
Bournemouth
➲ *7 jours*
765 km
Carte Michelin
n° 503

L'un des plus vieux pubs de Bristol

Jour 1

Bournemouth, lieu de séjour estival et hivernal renommé, séduit à la fois par son atmosphère et par le cadre spectaculaire de ses hautes falaises. Poursuivez le long des côtes du sud-ouest de l'Angleterre. Cet itinéraire ouvre sur de superbes paysages côtiers : c'est le cas de la côte jurassique, de **Swanage** à **Exmouth**, à qui ses falaises, d'une extraordinaire richesse géologique, valent d'être inscrites sur la liste du patrimoine mondial de l'Unesco.

Jour 2

Faites une pause dans l'agréable cité d'**Exeter**. Cette cité médiévale possède une des plus belles cathédrales d'Angleterre. Bien que la vieille ville ait beaucoup souffert des bombardements incessants de 1942, la ville, moderne et animée conserve du charme notamment dans le quartier des docks. Cheminez ensuite, à partir de **Torquay** (la ville d'Agatha Christie), sur une côte à qui sa végétation quasiment méditerranéenne a valu le surnom de « Riviera anglaise ». Vous apercevrez ensuite **Dartmouth**, posée dans un site extraordinaire à l'embouchure de la Dart, avant de gagner Plymouth, porte d'entrée de la Cornouailles.

Jour 3

De passage à **Plymouth**, ne passez pas à côté du quartier Barbican sillonné de ruelles pavées que bordent des maisons médiévales et des porches de l'époque de Jacques II. Peut-être aurez-vous envie de visiter le plus grand aquarium britannique qui offre une belle vue sur la marina et héberge plus de 200 espèces marines ? Cette terre imprégnée des légendes du roi Arthur et des chevaliers de la Table ronde vous réservera de belles surprises, avec les petits ports de pêche de **Polperro** et de **Fowey**, terre d'une autre reine du suspense, Daphné du Maurier. Plus loin, ce seront les paysages qui vous couperont le souffle, avec ces landes dominant l'horizon infini et ces rochers battus par les gerbes d'écume comme à **Land's End**, ce bout du monde exposé à tous les vents.

Jour 4

Peut-être en profiterez-vous pour effectuer un saut de puce sur les proches **îles Scilly** ? La vue sur les cinq îlots habités, les quarante qui ne le sont pas

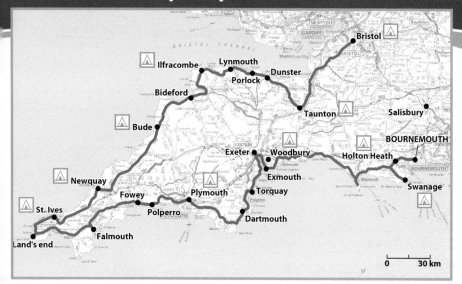

et le chapelet de quelque 150 rochers regroupés dans les eaux bleu-vert clair de l'océan, est absolument superbe. Retrouvant le continent, vous rallierez **St Ives**, dont le petit port saura vous charmer comme ce fut le cas pour tant d'artistes exposés aujourd'hui à la Tate locale. Vous devrez bien sûr laisser votre camping-car au parking situé en haut du village de St Ives… ce qui suppose une montée assez sévère pour le récupérer.

Jour 5

Poursuivez le long de la côte, en faisant quelques haltes dans d'agréables petites villes côtières comme **Newquay**, **Bude** et **Bideford.**

Jour 6

Vous rejoindrez après **Ilfracombe**, célèbre pour sa « plage à tunnel », la côte du Bristol Channel : vous entrez alors dans la terre mystérieuse d'Exmoor. Des forêts giboyeuses,

superbes en toute saison, et plus encore au printemps lorsque les massifs de rhododendrons sauvages viennent les illuminer de mauve ; des landes désolées et des pâtures d'un vert tendre que peuplent moutons, bœufs et poneys en liberté ; et enfin la mer, venant interrompre de manière aussi soudaine qu'abrupte ce paysage enchanteur… ainsi se présente le **Parc national Exmoor**. Vous découvrirez de nouveaux paysages époustouflants entre **Lynmouth** et **Porlock** avant de vous enfoncer dans les terres vers Tauton, non sans vous être arrêté dans le beau village de **Dunster**. Vous ne vous lasserez pas de parcourir les ruelles que bordent des maisons colorées au toit de chaume. Le château en grès domine la ville.

Jour 7

Taunton, centre agricole, situé à la limite orientale de la belle vallée de Taunton, région de la pomme à cidre. À voir le châ-

teau et musée du Somerset. De là, dirigez-vous vers **Bristol** fin de votre périple. Ville portuaire et industrielle, dévastée par les bombardements de la Seconde Guerre mondiale, la ville dégage pourtant un vrai charme grâce à ce port omniprésent et aux entrepôts rénovés.

Côte entre Plymouth et Polperro

⛺ Campings

Bristol

⛺ Baltic Wharf Caravan Club Site
Cumberland Road
☎ 01179/268030
Permanent (55 empl.)
Loisirs : 🏠 ⊙ diurne 🛝
Services : ♿ 🗑 🔥 ⊙ 🚿 🔌 🖨 sèche-linge ♟ ✕
brasserie, snack

Bude

⛺ Wooda Farm Park
Poughill
☎ 01288/352069
Avr.-oct. 6 ha (200 empl.)
🚐 – 65 🔲
Loisirs : 🏠 🎯 jeux pour adultes 🛝 🎾 ⛳
🐎 poneys terrain de golf, aire de sports
Services : ♿ Ⓜ 🗑 🔥 ⊙ 🚿 🔌 📶 🖨
sèche-linge 🚰 ☕ ♟ ✕ brasserie, snack

Holton Heath

⛺ Sandford Park
☎ 01202/622513
De fin mars à déb. nov., fin déc. 24 ha (446 empl.)
🚐
Loisirs : 🏠 ⊙ séances de cinéma, jeux pour adultes
🛝 🚲 ⛳ 🎿 🐎 poneys aire de sports,
trampoline
Services : ☎ 🗑 🔥 ⊙ 🚿 🔌 📶 🖨 sèche-linge
🚰 ☕ ♟ ✕ brasserie, pizzeria, self service, snack

Ilfracombe

⛺ Napps Camping and Caravan Park
Old Coast Road, Berrynarbor
☎ 01271/882557
Mars-oct. 10 ha (100 empl.)
🚐 48 🔲
Loisirs : 🏠 ⊙ diurne (juin-août) jeux pour adultes
🛝 🎾 ≈ (plage) 🎣
Services : 🔥 ⊙ 🖨 sèche-linge 🚰 ☕ ♟ ✕
brasserie, snack

Newquay

⛺ Trekenning Tourist Park
St. Columb Major
☎ 01637/880462
Permanent 2,7 ha (75 empl.)
🚐 2 🔲
Loisirs : 🏠 ⊙ nocturne jeux pour adultes 🛝 🎿
Services : 🗑 🔥 ⊙ 🚿 📶 🖨 🚰 ☕ ♟ ✕
brasserie, snack

Plymouth

⛺ Riverside Caravan Park
Longbridge Road, Marsh Mills
☎ 01752/344122
www.riversidecaravanpark.com
Permanent 4,4 ha (290 empl.)
Loisirs : 🏠 ⊙ nocturne jeux pour adultes 🛝 🎿
≈ (plan d'eau)
Services : 🔑 🔥 ⊙ 🖨 sèche-linge 🚰 ☕ ♟ ✕
brasserie

St Ives

⛺ Trevalgan Touring Park
Trevalgan
☎ 01736/792048
recept@trevalgantouringpark.co.uk . www.
trevalgantouringpark.co.uk
Mai-sept. 2 ha (132 empl.)
Loisirs : 🏠 jeux pour adultes 🛝 ⛳ ≈ (plage)
aire de sports
Services : ♿ 🗑 🔥 ⊙ 🚿 🖨 sèche-linge 🚰
☕

Swanage

⛺ Ulwell Cottage
Studland Road
☎ 01929/422823
Mars-déc. 5,2 ha (77 empl.)
🚐 8 🔲
Loisirs : 🏠 ⊙ diurne 🛝 🎿 ≈ (plage) aire de
sports
Services : ♿ 🗑 🔥 ⊙ 🚿 🖨 sèche-linge 🚰 ☕
✕

Taunton

⛺ Lowtrow Cross Caravan Site
Upton, Wiveliscombe
☎ 01398/371199
Pâques-oct. 1,7 ha (20 empl.)
Loisirs : 🐎 poneys randonnées pédestres
Services : 🗑 🔥 ⊙ 📶 🖨 sèche-linge 🚰 ✕

Woodbury

⛺ Webbers Park
Castle Lane
☎ 01395/232276
De mi-mars à fin oct. 3 ha (135 empl.)
Loisirs : 🏠 🛝
Services : ♿ 🗑 🔥 ⊙ 🚿 🖨 sèche-linge 🚰

Carnet pratique

Les bonnes **adresses** de Bib

Office de tourisme de Bristol
Bristol Visitor Information Centre – *E Shed, 1 Canons Road, Harbourside -* ℘ *0906 711 2191 - www.visitbristol.co.uk - 10h-17h.*

Bournemouth

Beau Monde
Exeter Road ou Lower Central Gardens (accès par des marches) - ℘ (01202) 311 181 - www.beaumondebistro.co.uk - 10h-22h - 25-30 £.
Un café-restaurant dont la terrasse domine le parc. Cadre enchanteur, spécialités de poissons et service impeccable. Une bonne adresse.

Wimborne Market
Ce marché qui comprend environ 400 boutiques, est ouvert le vendredi, le samedi et le dimanche.

Bristol

Bistro
Dans l'Hôtel du Vin - ℘ (0117) 925 5577 - 30 £.
Aménagé dans un moulin à sucre du 18e s., c'est l'incarnation même du bistrot français au décor inspiré par le vin.

Bordeaux Quay
First Floor, V Shed, Canons Way - ℘ (0117) 943 1200 - www.bordeaux-quay.co.uk - fermé lun. et dim. en août - menu 28 £.
Au bord de l'eau, ce vaste lieu accueille sous le même toit une épicerie fine, une boulangerie, une brasserie à l'atmosphère informelle (15 £), et à l'étage un bar à vin et un restaurant élégant avec vue sur le port, utilisant tous des produits bio et éthiques.

Dartmouth

Anzac Street Bistro
Anzac St. - ℘ (01803) 835 515 - www.anzacstreetbistro.co.uk - 30 £.
Dans une maison georgienne de 1750, un restaurant de poissons et fruits de mer, aménagé de façon moderne. Cuisine capable d'inventivité et accueil chaleureux. Il peut être prudent de réserver.

Exeter

The Shipp Inn
16 Martin's Lane - ℘ (01392) 272 040 - 10h-23h - 5/15 £.
Pub historique avec brasserie à l'étage.

Tea on the green
Cathedral Yard - tlj sf lun. 9h-18h (21h et 21h30 vend. et sam.) - www.teaonthegreen.com - 10 £.
Un restaurant de cuisine anglaise .

Balades en bateau
Exeter Cruises – Historic Quayside - ℘ 368 442 - www.exetercruyises.com - de Pâques à fin oct. : w.-end (juil.-août : tlj) dép. 11h30 - 4 £/AR.
Croisières sur l'estuaire.

Ilfracombe

Randonnées
Vers l'est, le sentier côtier *(Coast Path)* surplombe Hillsborough jusqu'à Hele Bay et, vers l'ouest *(Torrs Walk)*, domine les falaises jusqu'à Lee Bay. L'ancienne voie ferrée constitue une promenade intéressante entre la réserve naturelle de Cairn et Mortehoe.

Penzance

Harris's
46 New Street - ℘ (01736) 364 408 - www.harrissrestaurant.co.uk - 35/40 £.
Cet élégant établissement, une institution locale, installé de longue date, se dissimule dans le centre-ville. Table traditionnelle à base de cuisine locale où figurent quelques plats de poissons.

Plymouth

The Tudor Rose
36 New St. - ℘ (01752) 255 502 - www.tudorrosetearoom.co.uk - été : 9h-21h ; reste de l'année : 10h-18h.
Doté d'un petit jardin fleuri, ce lieu sympathique et accueillant sert des repas légers à midi... mais c'est surtout un salon de thé réputé pour ses chutney et marmelades faites maison.

Barbican Kitchen
2-60 Southside St. (dans la distillerie de gin) - ℘ (01752) 604 448 - www.barbicankitchen.com - 18/31 £.
Une brasserie à la mode, annexe de l'établissement des frères Tanners de Prysten House.

Tanners
The Prysten House, Finewell St. - ℘ (01752) 252 001 - www.tannersrestaurant.com - mar.-sam. - 23/39 £.
La plus vieille maison de la ville abrite ce restaurant à la cuisine inventive aux influences contemporaines, concoctée par un chef que ses apparitions à la télévision ont rendu célèbre en Grande-Bretagne.

St Ives

Blue Fish
Norway Lane - ℘ (01736) 794 204 - www.thelostrestaurantandterrace.co.uk - 11h-14h30 - 10/17 £.
Aménagé dans d'anciens greniers à filets. Restaurant de poissons simple et rustique bénéficiant d'une adorable terrasse ensoleillée et d'une véritable atmosphère méditerranéenne.

Swanage

Cauldron Bistro
High Street - ℘ (01929) 422 671 - tlj sf lun. à partir de 18h30.
Un petit restaurant où l'on vous proposera la pêche du jour dans un cadre intime.

Cathédrales, abbayes et art du **Sud-Ouest de l'Angleterre**

⮞ *Départ de- Southampton*
⮞ *7 jours*
570 km
Carte Michelin n° 504

Vue sur la ville depuis la coupole de Sheldonian Theatre

Jour 1

Ce premier jour sera consacré à la découverte de **Southampton**, de son port avec ses beaux voiliers (à la Marina), ses cargos et ses magnifiques paquebots « Queen Mary » et « Queen Elisabeth » qui viennent le temps d'une escale faire la fierté du port. Après la visite du musée de la Marine, allez flâner dans la vieille ville.

Jour 2

Une halte dans la proche **Winchester** vous conduira à une cathédrale, en partie romane, avec une superbe nef de style Perpendicular (la dernière des phases de l'architecture gothique en Grande-Bretagne). Vous remonterez ensuite sur la célèbre cité universitaire d'**Oxford**. Située sur la Tamise, Oxford est l'une des cités du savoir les plus connues dans le monde. Elle symbolise avec sa rivale de toujours, Cambridge, l'excellence de l'éducation anglaise. Arpenter les rues, les allées, les cours et les jardins de la ville mène le promeneur dans des lieux peuplés la majeure partie de l'année par des élèves en toge noire. Pénétrez dans quelques-uns des collèges fameux qui ont fait la réputation de cette cité. Ils sont pour la plupart ouverts uniquement l'après-midi et certains sont fermés au mois de juin durant la période des examens.

Jour 3

Poursuivant vers le nord-est, vous tomberez sous le charme de **Stratford-upon-Avon** et rendrez hommage à William Shakespeare dans les différentes demeures qui sont liées à sa famille, tant dans la ville que dans ses environs. Après un détour par **Worcester** et sa cathédrale de grès rouge dominant la Severn, et un arrêt devant l'abbaye de Tewkesbury, vous apprécierez la cité thermale Regency de Cheltenham, avant sa voisine **Gloucester**. Encore une cathédrale, certes, mais aussi, dans les docks rénovés, un remarquable musée consacré à l'histoire des voies navigables d'Angleterre.

Jour 4

La ville sera le point de départ d'une balade dans les campagnes riantes et vallonnées des Cotswolds que parsèment de merveilleux villages tels que **Bourton-on-the-Water** doté d'un village modèle, « Birdland », et d'un musée de l'Automobile et du Jouet. Faites une halte à **Burford** autrefois centre du commerce de la laine et importante étape pour diligences, ses demeures en calcaire et son charme intemporel en font aujourd'hui un lieu très fréquenté. Passez par **Bibury** qualifié de « plus beau village d'Angleterre » avec son accueillante rivière Coln (réputée pour ses truites), ses ponts en pierre, les chaumières de tisserands. Après un arrêt à **Cirencester**, vous rejoindrez enfin la superbe cité de **Bath**.

Jour 5

C'est au 18e s. que Bath est devenue une station thermale à la mode où l'on se rendait autant pour se soigner que pour goûter aux plaisirs de la vie mondaine ! Aujourd'hui, on vient dans ce qui est peut-être la plus belle ville d'Angleterre, non pour y faire une cure, mais pour y retrouver l'atmosphère de cette époque-là, admirer les élégantes demeures, les « terraces » et les « crescents » georgiens construits dans la pierre locale couleur de miel et qui s'étagent sur les sept collines qui dominent l'Avon, ou bien encore pour mettre ses pas dans ceux de Jane Austen et de quelques-unes de ses héroïnes… Regagnez Bristol.

Jour 6

Ville portuaire et industrielle, il émane de **Bristol** un certain charme, avec ce port omniprésent qui incite à une rêverie à propos des traversées de jadis à la recherche d'épices et de bois précieux. Rénovés aujourd'hui, comme dans bon nombre

d'autres cités britanniques, les entrepôts se sont reconvertis en restaurants, salles de spectacles ou galeries d'art, constituant ainsi un nouveau centre d'animation au cœur de cette cité dont le dynamisme ne s'est jamais démenti. Consacrez un peu de votre temps à la cathédrale et au quartier du port.

Jour 7

De Bristol dirigez-vous à **Wells** dont la magnifique cathédrale se dresse dans l'écrin médiéval de son Enclos. **Glastonbury** mérite bien un arrêt avec les ruines romantiques de son abbaye, jadis une des plus riches du pays. Poursuivez vers **Sherborne** (encore une remarquable abbatiale, outre

le château du célèbre courtisan Walter Raleigh), et **Shaftesbury** avec ses vieilles maisons, vous atteindrez **Salisbury** ; là, vous flânerez longuement dans les rues médiévales avant de découvrir la cathédrale, superbe morceau d'architecture, bâtie d'un seul jet entre 1220 et 1258, caractéristique du style Early English (style « primitif anglais »).

Le conseil de Bib

▶ Le panneau *Give Way* signifie « Cédez le passage ».

Campings

Bath

🏕 Newton Mill Park
Newton Road
📞 01225/333909
Permanent 16 ha (195 empl.)
🚐
Loisirs : 🏠 centre de bien-être 🚣 🎣
Services : 👤 Ⓜ 🛒 ⚲ ☺ 🛁 🔲 sèche-linge 🚿 🍷 ✕

Cheltenham

🏕 Folly Farm Cotswold
Bourton-on-the-Water
📞 01451/820285
www.cotswoldcamping.net
Mars-oct. (17 empl.)
Loisirs : 🎭 nocturne randonnées pédestres
Services : 🛒 ⚲ ☺ 🔲 ✕ pub

Cirencester

🏕 Mayfield Touring Park
Cheltenham Road, Perrotts Brook
📞 01285/831301
www.mayfieldpark.co.uk
Permanent 4 ha (72 empl.)
🚐 – 4 🈁
Loisirs : 🚣 🚲 aire de sports, terrain de golf
Services : Ⓜ 🛒 ⚲ ☺ 🛁 🔲 sèche-linge 🚿 🚰

Oxford

🏕 Diamond Farm
Islip Road, Bletchingdon
📞 01869/350909
warden@diamondpark.co.uk . www.diamondpark.co.uk
Permanent 1,4 ha (40 empl.)
🚐
Loisirs : 🏠 🎭 nocturne jeux pour adultes 🚣 🏊 🎣 terrain de golf, aire de sports
Services : Ⓜ 🛒 ⚲ ☺ 🔲 sèche-linge 🚿

Salisbury

🏕 Coombe Touring Caravan Park
The Race Plain
📞 01722/328451
Permanent 1 ha (50 empl.)
Loisirs : 🏠 🚣 terrain de golf, aire de sports
Services : Ⓜ 🛒 ⚲ ☺ 🛁 🔲 sèche-linge 🚿

Stratford-upon-Avon

🏕 Stratford-upon-Avon Racecourse Touring Park
Luddington Road
📞 01789/201063
www.stratfordtouringpark.com
Déb. mars-oct. 3 ha (200 empl.)
Loisirs : 🏠 🎭 nocturne 🚣 🎣
Services : 🛒 ⚲ ☺ 🛁 🔲 sèche-linge brasserie, cafétéria

Southampton

🏕 Ashurst Caravan and Camping Site
Lyndhurst Road
📞 02380/292097
Avr.-sept. 10 ha (280 empl.)
Loisirs : 🚣
Services : 👤 🔑 🛒 ⚲ ☺ 🗣 🔲 sèche-linge 🚿

Wells

🏕 Haybridge Caravan and Camping Park
Wells Road
📞 01749/676869
www.haybridgepark.co.uk
Permanent
🚐
Loisirs : 🚣
Services : 🛒 ⚲ ☺ 🛁 🔲 🚿

Worcester

🏕 Bromyard Downs Caravan Club Site
Brockhampton, Bringsty
📞 01885/482607
Mi-mars-sept. (40 empl.)
Loisirs : 🎣 aire de sports
Services : ☺ 🚿
☺ Le camping ne dispose pas de sanitaires ni de douches.

Yeovil

🏕 The Halfway Caravan & Camping Park
Ilchester Road
📞 01935/840342
www.halfwaycaravanpark.com
Permanent 0,8 ha (20 empl.)
Loisirs : 🍷 ✕ 🏠 🎭 nocturne 🚣 🎣
Services : 🛒 ⚲ ☺ 🔲

Carnet pratique

Les bonnes **adresses** de Bib

Office de tourisme d'Oxford
Oxford Tourism Information Centre – 15-16 Broad St. - 𝒫 01865 252200 - www.visitoxfordandoxfordshire.com - 9h30-17h, dim. 10h-15h.

Bath

The Olive Tree
Russel St. - 𝒫 (01225) 447 928 - tlj sf lun. midi 12h-14h, 19h-22h - formule déj. 18 £ - 45 £.
Un restaurant populaire et sans prétention. Cuisine moderne, déjeuner à bon rapport qualité/prix.

The Hole in the Wall
16 George St. - 𝒫 (01225) 425 242 - 25/30 £ (menu déj. 14 £).
À noter pour son emplacement en sous-sol, insolite et plein de charme. Cuisine britannique traditionnelle, carte variée, atmosphère détendue ; bon rapport qualité/prix.

Sally Lunn's
4 North Parade Passage - 𝒫 (01225) 461634 - www.sallylunns.co.uk - 20 £ (menu déj. 11/17 £) - réserver pour le dîner.
Établi dans une maison bâtie en 1482 sur les fondations d'une maison romaine (ce qui en fait un des rares exemples de la Bath pré-georgienne), ce restaurant porte le nom d'une jeune française huguenote réfugiée sur les lieux et qui se rendit fameuse par la qualité de son pain, connu aujourd'hui sous le nom de Sally Lunn Bun. Dans les salles exiguës, le menu historique perpétue la *trencher tradition*, les plats étant servis dans un pain faisant autrefois office d'assiette.

Thermae Bath Spa
Hot Bath St. - 𝒫 0844 888 0844 - www.thermaebathspa.com - 9h-22h (dernière entrée 2h av. fermeture) - réserv. pour le spa et les traitements.
Ce centre de remise en forme inauguré en 2006 propose toute l'année ses bassins d'eau thermale (piscine découverte, deux bassins reliés par une cascade, bains à remous, saunas, bains de vapeur) ainsi qu'un éventail complet de soins (salles de gymnastique, de relaxation et de traitement) et un café.

Cheltenham

Lumière
Clarence Parade, parallèle à The Promenade, accessible par Crescent Terrace - 𝒫 (01242) 222 200 - fermé mar. midi, dim., lun., 2 sem. en janv. et 2 sem. en sept. - menu 21/39 £.
Atmosphère raffinée dans ce restaurant très central dont la cuisine se teinte volontiers de touches exotiques.

Chiltern Hills

The Bell Public House and Hotel
41 Frogmoor - High Wycombe (situé sur la A 404, M 40, A 4020) - 𝒫 (01494) 525 588 - 12h-0h - 20 £.
Dans ce douillet et traditionnel pub anglais, vous pourrez goûter des plats thaïlandais et anglais.

Gloucester

Café René
31 Southgate St. - 𝒫 (01452) 309 340 - www.caferene.co.uk - 12h-21h30 - 20/25 £.
Plats du jour servis dans une ambiance sympathique et, pour les romantiques, dîner aux chandelles. Le lieu s'enorgueillit de ses desserts parmi lesquels un excellent soufflé glacé aux amandes et à la pêche blanche.

Oxford

The Vaults & Garden
University Church, High Street - 𝒫 (01865) 279 112 - www.thevaultsandgarden.com - 8h30-18h-30 - 12 £.
Sous des voûtes à l'arrière de l'église Ste-Mary, ce lieu fait l'unanimité des habitants d'Oxford. On se régale de quiches, soupes, salades et gâteaux, préparés avec des produits frais locaux. Un très bon rapport qualité/prix.

Quod
92-94 High St. - 𝒫 (01865) 202 505 - www.quod.co.uk - 7h-23h - 30 £.
Très populaire et convivial, cet établissement propose une gamme de plats italiens : des pizzas aux pâtes en passant par des grillades et des poissons.

Salisbury

The Lemon Tree
92 Crane St. - 𝒫 (01206) 767 337 - www.thelemontree.co.uk - lun.-sam. 10h-15h, 17h30-22h - 20 £.
Décor moderne, très axé sur la nature pour ce restaurant doté d'un jardin. Cuisine pratiquant volontiers le sucré-salé.

Southampton

Platform Tavern
Town Quay - 𝒫 (02380) 337 232 - www.platformtavern.com - 15 £.
Le propriétaire a décoré la salle avec des souvenirs du monde entier. Les spécialités du jour sont tout aussi internationales : thaïes, espagnoles... Le dimanche, on vous propose le *Soul roast*, un brunch dans une ambiance musicale.

Londres, Sussex et Kent

➲ *Départ de*
Portsmouth
➲ *7 jours*
440 km
Carte Michelin
n° 504

Big Ben à Londres

Jour 1

Portsmouth est la première destination balnéaire de Grande-Bretagne. Cette ville possède dans son port bien des trésors. Ce sont huit siècles d'histoires passionnantes qui attendent le voyageur sur les remparts et dans les eaux où dorment de magnifiques vaisseaux du 19e s. Mais la modernité n'est pas pour autant bannie de la cité. La tour Spinnaker, avec son architecture digne du 21e s., domine une ville où fourmillent les attractions, les musées, les restaurants et les bars

Jour 2

Rejoignez **Brighton**, ville cosmopolite, dotée d'une célèbre jetée, de vieux quartiers de pêcheurs, de marchés insolites et d'une élégante architecture victorienne. Quant au Pavillon royal, avec ses dômes bulbeux, il est bien sûr immanquable. Vous longerez la côte sud en direction d'Eastbourne. Empruntez le chemin qui mène à Beachy Head, parcourant des vallées de verts pâturages à perte de vue pour offrir un magnifique panorama de la baie.

Jour 3

Continuez sur **Hastings**, le temps d'y monter à bord du West Hill Cliff Railway. Ce funiculaire, le plus raide qui soit, vous emmène en haut de la falaise surmontée des ruines du château de Guillaume le Conquérant. La route côtière se poursuit jusqu'à **Rye**. Égarez-vous dans ses ruelles bordées de maisons à colombage, et pour une pause gourmande, le Mermaid Inn, cet ancien refuge de brigands, fera l'affaire. Les amoureux d'antiquités sauront apprécier les boutiques de meubles anciens. Après la côte, vous entrez dans le **Sussex**. Le meilleur moyen d'en apprécier la beauté est de monter à bord du petit train à vapeur parcourant un paysage pittoresque. Vous le trouverez à Tenterden. Descendez à son terminus, pour vous rendre à Bodiam Castle. Revenu à Tenterden, sillonnez les routes de campagne jusqu'à **Sissinghurst**. Cette demeure figure parmi les plus somptueuses propriétés du Sussex, au cœur d'un magnifique jardin.

Jour 4

À quelques kilomètres à l'ouest, dans le petit village de **Lamberhurst**, le jardin de Scotney Castle Garden séduit avec ses

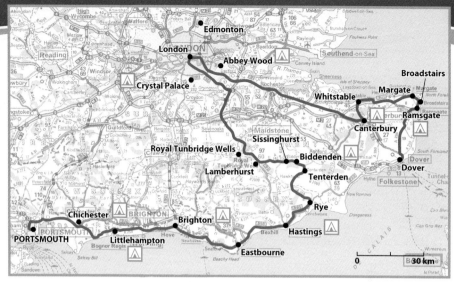

arbres luxuriants. Votre parcours s'achève à **Royal Tunbridge Wells**, où vous flânerez au cœur du célèbre quartier du Pantiles puis ralliez **Londres**.

Jours 5 et 6

Tout comme la Seine à Paris, la Tamise est un excellent guide pour découvrir la capitale. Vous embarquerez pour une croisière bucolique en direction de Richmond. Vous visiterez ensuite les incontournables, Buckingham Palace et la Tate Britain. Non loin se trouvent l'abbaye et le palais de Westminster dominé

Le conseil de Bib

▶ Pour la visite de Londres, stationnez dans un des campings situés en proche banlieue et utilisez les transports en commun. L'accès au cœur de Londres est assujetti à un péage de (8 £/j).

par l'emblématique Big Ben. En passant devant le célèbre 10 Downing Street, vous déboucherez sur Trafalgar Square, puis terminerez votre périple à Picadilly Circus. Le deuxième jour découvrez la City le matin, en rayonnant autour de la monumentale St Paul's Cathedral. Vous emprunterez Millenium Bridge et monterez à l'étage panoramique de la Tate Modern. À l'est, Tower Bridge n'attend plus que vous pour la photo souvenir ! Pourquoi ne pas déjeuner à Hyde Park ? Au nord-ouest du parc, laissez-vous happer par l'ambiance de Notting Hill. La brocante de Portobello Road le samedi est un « must » !

Jour 7

Direction le sud-est. **Canterbury** est dominée par une magnifique cathédrale. Cette capitale ecclésiastique a conservé tout le charme de l'époque médiévale avec ses maisons de tisserands, ses vieux pubs et ses ruelles pavées qui s'entremêlent au

sein de ses remparts. Musées, boutiques, salons de thé, tous les ingrédients sont réunis pour une agréable promenade. Après avoir sillonné la ville, embarquez à bord d'un « punt » (barque à fond plat) et laissez-vous porter par les flots le long de la rivière traversant la ville. Non loin de Canterbury, l'Isle of Thanet concentre de petites stations balnéaires comme **Whistable**, **Margate**, **Broadstairs**, lieu de villégiature de Charles Dickens, et **Ramsgate**. Joignez **Dover** d'où vous pourrez embarquer pour rejoindre le continent.

D. Chapuis / MICHELIN

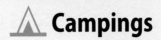

Campings

Biddenden

⛺ Woodlands Park
Tenterden Road
📞 01580/291216
woodlandsp@aol.com
Mars-oct. 3,6 ha (100 empl.)
Loisirs : 🏌 terrain de golf, barbecue
Services : ♿ 🚿 ☺ 📷 sèche-linge ⚡

Brighton

⛺ Sheepcote Valley Caravan Club Site
East Brighton Park
📞 01273/626546
Permanent 19 ha (252 empl.)
🚐 – 110 🔌
Loisirs : 🏠 ♨ ≈ (plage) 🏌 🎵 leçons de voile,
ski nautique
Services : ♿ 🚻 🏊 🚿 ☺ ⚡ 🔧 📷 sèche-linge ⚡

Canterbury

⛺ Canterbury C. & C. Club Site
Bekesbourne Lane
📞 01227/463216
canterbury@campingandcaravanningclub.co.uk
Permanent 8 ha (200 empl.)
🚐
Loisirs : ♨ terrain de golf
Services : 🚻 🏊 🚿 ☺ ⚡ 📷 sèche-linge

Chichester

⛺ Red House Farm Camping Site
Bookers Lane
📞 01243/512959
www.rhfcamping.co.uk
De Pâques à oct. (75 empl.)
Loisirs : 🎠 jeux pour adultes ♨ ≈ (plage) 🏌
🎵 🐎 aire de sports
Services : 🚻 🏊 ☺ 🚿

Hastings

⛺ ShearBarn Holiday Park
Barley Lane
📞 01424/423583
shearbarn@haulfryn.co.uk
Avr.-oct. 13,6 ha (130 empl.)
Loisirs : 🎮 🎰 🎮 jeux pour adultes ♨ 🏌 aire
de sports
Services : ♿ 🔑 🚻 🏊 🚿 ☺ ⚡ 📶 📷 sèche-linge
⚡ 🔧 🍷 🍴 snack, pizzeria, brasserie

Littlehampton

⛺ White Rose Touring Park
Mill Lane, Wick
📞 01903/716176
Mi-mars à mi-sept. 2,8 ha (135 empl.)
🚐
Loisirs : ♨ aire de sports
Services : ♿ 🚻 🏊 ☺ 🚿 🔧 📷 sèche-linge ⚡

London/Londres

⛺ Abbey Wood
Federation Road
📞 020/83117708
Permanent 3,6 ha (220 empl.)
🚐 – 110 🔌
Loisirs : ♨ terrain de golf
Services : ♿ 🔑 🚻 🏊 🚿 ☺ ⚡ 🔧 📷 sèche-
linge
🚂 Trains fréquents pour le centre de Londres.

⛺ Caravan Club Crystal Palace
Crystal Palace Parade
📞 020/87787155
Permanent 6 ha (126 empl.)
🚐
Loisirs : ♨
Services : ♿ 🚻 🏊 ☺ 🚿 📷 sèche-linge
🚌 Bus fréquents pour Londres

Ramsgate

⛺ Manston Caravan & Camping Park
Manston Court Road
📞 01843/823442
Avr.-oct. 4 ha (100 empl.)
🚐
Loisirs : 🏠 ♨ aire de sports, barbecue
Services : 🔑 🚻 🏊 ☺ 🚿 📷 sèche-linge ⚡ 🔧

Les bonnes **adresses** de Bib

Office de tourisme de Londres
Britain and London Visitor Centre – *1 Regent St. -* ✆ *0870 1566366 - www.visitlondon.com - 9h-18h.*

Brighton

The Gingerman
21A Norfolk Sq. - ✆ *(01273) 326 688 - www.gingermanrestaurants.com - fermé lun. - 18/32 £.*
Petit établissement moderne de style méditerranéen à proximité de l'embarcadère.

Bill's
100 North Road - ✆ *(01273) 692 894 - www.billsproducestore.co.uk - 15/30 £.*
Proposant de grandes tables au cœur d'un marché de primeurs, ce restaurant mise sur la fraîcheur de ses produits. Chaque plat est ici une œuvre d'art qui se prépare sous vos yeux. Pour un petit-déjeuner ou une spécialité du jour, n'hésitez pas à vous rendre dans ce lieu incontournable, ne serait-ce que pour le plaisir des yeux.

Canterbury

The Pirate
3-9 Church Lane - ✆ *(01227) 762 355 - www.thepiratecanterbury.co.uk - 12h-0h - 10/21 £.*
C'est l'occasion de manger dans l'un des plus vieux pubs de Canterbury. La cuisine traditionnelle *(jacket potatoes)* ou l'une des délicieuses tourtes faites maison accompagnent parfaitement le grand choix de bières. Certains soirs, le dîner devient musical au son du jazz, du folk ou du blues.

Achats
Les boutiques sont concentrées sur Palace Street, Northgate et Castle Street et les grands magasins sur Marlowe Arcade. Le marché en plein air se tient le mercredi et le vendredi sur High Street.

Chichester

Trents Wine Bar
50 South St. - ✆ *(01243) 773 714 - www.trentschichester.co.uk - 7h30-23h30 - 25 £.*
Ce bar-restaurant de style contemporain propose des grillades et des salades.

Eastbourne

Brewers Fayre
Beachy Head - ✆ *(01323) 728 060 - 11h-23h - 15 £.*
Ce pub, isolé sur les hauteurs de Beachy Head, jouit, en terrasse, d'une vue très agréable. Au menu : grillades, *jacket potatoes...*

London/Londres

Shepherd's
Marsham Court - Marsham St. - M° Pimlico - ✆ *(020) 7834 9552 - www.langansrestaurants.co.uk - tlj sf w-end et j. fériés 12h-15h, 18h-23h - 15 £.*
Un vrai restaurant anglais, apprécié pour son gibier et ses plats traditionnels.

Rules
35 Maiden Lane - Covent Garden - M° Leicester Square - ✆ *(020) 7836 5314 - www.rules.co.uk - lun.-vend. 12h-15h, 18h-23h - 60 £.*
Le plus ancien restaurant de Londres (1798), spécialisé dans le gibier et la cuisine traditionnelle : goûtez au bœuf du Yorkshire ou aux *gouses* d'Écosse. La décoration abonde en associations littéraires, dessins anciens, caricatures et tableaux. Réservation souhaitée.

Dickens Inn
St. Katharine's Dock - M° Tower Bridge - ✆ *(020) 7488 2208 - www.dickensinn.co.uk - lun.-sam. 12h-22h, dim. 13h-22h30 - 15/25 £.*
Un ancien entrepôt à épices du 18e s., restauré et doté de deux étages de balcons, accueille depuis 1976 ce restaurant. Taverne au rez-de-chaussée, restauration légère au premier étage (Copperfield Snack Bar), restaurants au second, dont Grill on the Dock.

Anchor et Hope
36 The Cut - M° Southwark - ✆ *(020) 7928 9898 - mar.-sam. 12h-14h30, lun.-sam. 18h-22h - 30 £.*
« Gastro-pub » reconnu au décor très simple. Cuisine ne manquant pas parfois d'originalité.

Harrods
87-135 Brompton Road - M° Knightsbridge - www.harrods.com - lun.-sam. 10h-21h, dim. 11h30-18h.
Pourquoi ne pas profiter de quelques emplettes dans ce grand magasin renommé pour déguster huîtres ou fruits de mer, voire de la charcuterie, dans les vastes salles du rayon alimentation décorées de carreaux de céramique.

Marchés
Le marché de **Portobello Road** *(antiquités, brocante, bric-à-brac, le samedi)* est particulièrement sympathique. Tout aussi coloré, la **Columbia Road Flower Market** *(le dim. de 9h à 12h)*, est un endroit idéal pour brunch ! **Greenwich Market** *(sam.-dim. 9h-17h)* et **Camden Market** présentent antiquités, livres anciens, vêtements et brocante. Dans l'East End, le marché de **Brick Lane** *(dim. matin)* est particulièrement animé. Signalons enfin le marché alimentaire de **Borough Market** à Southwark *(vend. 12h-18, sam. 9h-16h)*.

Portsmouth

Brasserie Blanc
1 Gunwharf Quay - ✆ *(02392) 891 320 - www.brasserieblanc.com - 25 £ (menu 15/18 £).*
Cette brasserie animée sert, comme son nom l'indique, des classiques de la cuisine française pleins de saveur. Grande terrasse. Bon rapport qualité-prix.

L'**Écosse** en capitale

➲*Départ*
d'Édimbourg
➲*8 jours*
370 km
Carte Michelin
n° 501

*Vue sur Édimbourg
depuis le château*

Jours 1 et 2

La romantique capitale écossaise, considérée comme la plus belle ville de Grande-Bretagne (devant ou juste après Londres ?), attire de plus en plus de touristes. Vous ne serez donc pas les seuls à débuter votre visite d'**Édimbourg** par le célèbre château fort qui domine la cité (panorama impressionnant). Redescendez « sur terre » et entamez votre promenade le long de High Street (ou Royal Mile) et sa perspective vedette des cartes postales. Premier arrêt à la cathédrale St Giles et ses belles voûtes de pierre. Elle est entourée par les imposants bâtiments du Parliament House. Marchez plus à l'est pour atteindre Huntly House et ses salles ornées de boiserie, qui vous en apprendra bien plus sur l'histoire de la ville. Quel contraste avec le très moderne et controversé Scottish Parliament imaginé par Miralles ! Au bout de Royal Mile, vous atteignez le vaste Palace of Holyroodhouse. Par beau temps, grimpez le Arthur's Seat pour admirer la ville à 360°, château compris. Le lendemain débutez la journée au Grassmarket. Cette belle place est entourée de petites rues anciennes et de boutiques de luxe. Le Museum of Scotland n'est pas loin. Traversez le Royal Mile puis rejoignez la National Gallery et ses toiles de maîtres. Parcourez ensuite le quartier georgien si bien dessiné de New Town. Vous pourrez terminer la journée à **Leith**. Dans ce port où mouille le yacht royal « Britannia », les entrepôts rénovés sont devenus d'agréables restaurants.

Jour 3

Prenez la M 9 vers **Stirling** sans oublier de faire un petit détour pour admirer la Falkirk Wheel, un incroyable ascenseur rotatif pour bateaux. Visitez Stirling, son château perché chargé d'histoire et son monument au héros national Wallace. Un aller-retour vers **Dunblane** vous permettra d'admirer une splendide cathédrale.

Jour 4

Par la A 91, rejoignez **Dollar** et le sombre Castle Campbell perdu au milieu des fougères. Belles vues et belles balades, s'il fait beau. Cette même route permet d'atteindre ensuite **Loch Leven** et ses ruines photogéniques qui se dressent sur

Europe septentrionale

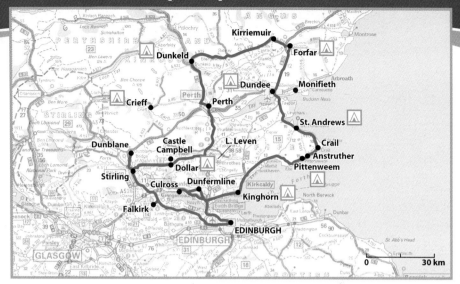

une île. La M 90 vous conduit vers **Perth**, capitale écossaise durant trois siècles. Visitez le Scone Palace, site historique majeur, à l'extérieur de la ville.

Jour 5

Prenez la A 9 vers la charmante bourgade de **Dunkeld**, autrefois capitale ecclésiastique. Rejoignez ensuite **Kirriemuir**, la ville du créateur de Peter Pan. Puis **Forfar**, jadis capitale des Pictes, pour visiter le beau château – hanté – de Glamis.

Jour 6

Dundee, capitale de la toile de jute et de la confiture (on trouve des recettes de marmelade dès le 16e s.), compte deux intéressants musées : Discovery Point (sur l'expédition antarctique de Scott) et le DCA (art contemporain). Amusez-vous aussi en découvrant les innombrables statues du centre-ville.

En route vers **St Andrews**, siège de la plus ancienne et prestigieuse université du pays, capitale religieuse devenue capitale mondiale du golf. Mer, gazon et vieilles pierres y font très bon ménage. Ambiance reposante.

Jour 7

Longez la côte par la A 917 en vous arrêtant dans les charmants ports de **Crail** et **Anstruther**. Peu à peu, Édimbourg apparaîtra à l'horizon. Prenez la direction de **Kirkcaldy**, capitale du linoléum (!) puis **Dunfermline**, organisée autour d'une superbe abbaye. Après un détour par **Culross**, traversez le Firth of Forth par l'immense pont de Forth Bridge. Si vous avez du temps avant de rejoindre Édimbourg, arrêtez-vous soit dans la jolie ville de **South Queensferry**, soit à **Linlithgow**.

Jour 8

La région dite des West Lothians est un « carrefour » entre Édimbourg, Glasgow et Stirling, une situation stratégique qui lui a offert un rôle historique et économique majeur. Les rois et seigneurs y ont construit des forts et palais pour mieux la contrôler. Puis les ingénieurs ont imaginé d'audacieuses infrastructures de transports pour la maîtriser. Toutes ces réalisations font aujourd'hui le bonheur des touristes. Vous apprécierez sans aucun doute le palais de Lilingthow, South Queensferry, Hopetoun House et la Falkirk Wheel.

Le conseil de Bib

▶ Les autoroutes sont gratuites, à l'exception de la M 6 Toll.

⛺ Campings

Crieff

⛺ Braidhaugh Holiday Park
South Bridgend
📞 01764/652951
www.braidhaugh.co.uk
Permanent (30 empl.)
🚐
Loisirs : 🎮 jeux pour adultes 🛝 🚲 🎣 🐎
terrain de golf, aire de sports
Services : M 🍴 🔥 ☺ 🚿 🚻 🔥 sèche-linge 🧺

Dollar

⛺ Riverside Caravan Park
Dollarfield
📞 01259/742896
www.riverside-caravanpark.co.uk
Avr.-sept. 2,8 ha (30 empl.)
🚐
Loisirs : 🛝 🎣
Services : 🔥 ☺ 🧺

Dundee

⛺ Tayview Caravan & Camping Park
Marine Drive, Monifieth
📞 01382/532837
www.tayview.info
Mi-mars à nov. (110 empl.)
🚐
Loisirs : 🎮 🎭 nocturne bowling 🛝 🚲 🎾 🏐
🏊 🏖 (plage) 🎣 🐟
Services : 🍴 🔥 ☺ 🚿 🔥 sèche-linge 🧺 🚰 🍴 🍽

Dunkeld

⛺ Inver Mill Farm Caravan Park
Inver
📞 01350/727477
invermill@talk21.com
Fin mars à oct. (65 empl.)
🚐
Loisirs : 🎮 🚲 🎾 🎣 terrain de golf
Services : M 🍴 🔥 ☺ 🚿 🚻 🔥 sèche-linge

Forfar

⛺ Drumshademuir Caravan Park
Roundyhill, près de Glamis
📞 01575/573284
www.drumshademuir.com
Permanent (80 empl.)
Loisirs : 🎮 🛝 🚲 terrain de golf
Services : 🍴 🔥 ☺ 🔥 sèche-linge 🧺 🚰 🍴 🍽

Kinghorn

⛺ Pettycur Bay Caravan Park
Burntisland Road
📞 01592/892200
www.pettycur.co.uk
Mars-oct. (50 empl.)
🚐
Loisirs : 🎮 🎭 🎧 🎵 hammam, jacuzzi,jeux pour
adultes, night-club 🛝 🚲 🎾 🏐 🏖 (plage)
Services : 🔌 M 🍴 🔥 ☺ 🚿 🔥 sèche-linge 🧺
🍽 brasserie, snack

Pittenweem

⛺ Grangemuir Camping Site
📞 01333/450314
Mars-oct. 6,5 ha (45 empl.)
🚐
Loisirs : 🎮 🛝 🎾 🎣 💧 terrain de golf
Services : M 🍴 🔥 ☺ 🔥 sèche-linge

St Andrews

⛺ Cairnsmill Caravan Park
Largo Road
📞 01334/473604
www.ukparks.co.uk/cairnsmill
Avr.-oct. (80 empl.)
🚐
Loisirs : 🎮 jeux pour adultes, squash, bowling 🛝
🚲 🎾 🏐 🏖 (plage) 🎣 💧 🐎 terrain de golf
Services : M 🍴 🔥 ☺ 🚿 🚻 🔥 sèche-linge 🧺
🍴 🍽 cafétéria

Carnet pratique

Les bonnes **adresses** de Bib

Office de tourisme d'Édimbourg
Edinburgh and Scotland Information Centre –
3 Princes St. - ℘ 0845 22 55 121 - www.edinburgh.org -
9h-17h, dim. 10h-17h (19h en été).

Dundee

Bon Appetit
22-26 ExchangeSt.- ℘ (01382)809000-www.bonappetitdundee.com-
tlj sf dim. 12h-14h30, 18h-22h30 - 20 £.
Tenu par un couple originaire de Dundee, parti travailler
20 ans en France, ce petit restaurant sans prétention est
une des meilleures tables de la ville.

Rama Thai
32-34 Dock St. - ℘ (01382) 223 366 - www.rama-thai.co.uk -
12h-14h, 17h-22h - 20/27 £.
Autre bonne table de Dundee proposant des saveurs plus
lointaines. Malheureusement, le restaurant est en bordure
du futur chantier, avec vue sur le parking et la voie rapide.

The Italian
36 Commercial St. - ℘ (01382) 206 444 - www.theitalian.co.uk -
12h-14h, 17h30-0h (dernier service 21h30) - 20-35 £.
Récompensé peu après son ouverture, ce restaurant figure déjà sur la liste des bonnes adresses de Dundee.

The Tasting Room
5 South Ward Road - ℘ (01382) 224 188 - 11h-0h - 15 £.
Ancien entrepôt de toile de jute récemment reconverti
en espace moderne et branché. Les petits-déjeuners et
les snacks se prennent sur la mezzanine tandis que le
rez-de-chaussée est réservé à la cave à vin.

Edinburgh/Édimbourg

The Pizza Express
1 Deanhaugh St. - ℘ (0131) 332 7229 - www.pizzaexpress.com -
11h30-22h30 - 10-17 £.
Ancienne maison de la tour de l'horloge, construite en 1900,
et agrandie d'une large salle vitrée accueillant le restaurant.
On appréciera particulièrement sa situation, au bord de la
Leith, avec une large terrasse très agréable aux beaux jours.

Tower Restaurant
Museum of Scotland, Chambers St. - ℘ (0131) 225 3003 -
www.tower-restaurant.com - 12h-23h (le bar ouvre à 11h) - 30-36 £.
Salle à l'architecture contemporaine au 5ᵉ étage du musée, avec vue sur le jeu des toitures du quartier. Cuisine
écossaise avec une touche Tuscan, d'excellentes viandes
et des produits de la mer d'une grande fraîcheur.

The Elephant House
21 George IV Bridge - ℘ (0131) 220 5355 - 8h-22h - 5-15 £.
Salon de thé, bons cafés, snacks, quelques plats et Internet à l'entrée de ce lieu prisé par les étudiants. On appréciera particulièrement l'atmosphère et la vue depuis
l'arrière-salle sur le parc et le château.

The Royal Edinburgh Repository and Self Aid Society
23a Castle St. - ℘ (0131) 220 1187 - www.selfaidsociety.co.uk -
9h30-17h (16h30 vend.-sam.).

Boutique dont les bénéfices sont redistribués par cette
société caritative créée en 1882. Les marchandises sont
fabriquées à la main et le produit de la vente est intégralement restitué aux ouvriers. Vous trouverez lainages, jouets et cadeaux évoquant souvent l'époque de
l'ancien empire britannique.

Tiso - The Outdoor Specialist
123-125 Rose St. Precinct - ℘ (0131) 225 9486 - www.tiso.com -
9h30-17h30, merc. 10h-17h30, jeu. 9h30-19h30, dim. 11h-17h.
La nature en Écosse est une invitation à de multiples
activités en plein air : randonnées, sports nautiques,
camping… Vous trouverez tout le matériel nécessaire
dans ces vastes boutiques spécialisées. Cette chaîne
de magasins possède d'autres adresses en Écosse mais
c'est à Édimbourg et à Glasgow que vous trouverez le
plus grand choix d'équipements pour un plus grand
panel d'activités.

Leith

Fisher Bistro
1 Shore, Leith - ℘ (0131) 554 5666 - www.fishersbistros.co.uk -
12h-22h30 (le bar ferme à 1h) - 21-32 £.
Restaurant installé dans un ancien moulin, sur les bords
du canal de Leith, à proximité des docks. Vous trouverez
ici principalement poissons et fruits de mer. Le menu
change tous les jours, mis à part quelques classiques
comme la soupe de poisson et les plateaux de fruits de
mer. Le midi, quand il fait beau, les tables sont dressées
dehors le long du canal.

Perth

Deans@Lets Eat Restaurant
77 Kinnoull St. - ℘ (01738) 643 377 - www.letseatperth.co.uk - tlj
sf dim.-lun. 12h-14h, 18h30-21h30 - 17/38 £.
Restaurant convivial jouissant d'une excellente réputation depuis plus de 10 ans. Repris récemment par de
nouveaux propriétaires, la cuisine reste de qualité, utilisant toujours principalement des produits locaux.

Stirling

The River House
Castle Business Park, Caigforth - ℘ (01786) 465 577 -
www.riverhouserestaurant.co.uk - 9h-12h (café), 12h-16h30,
17h-21h30 - 15/25 £.
Dans la zone d'activité moderne de Stirling, restaurant
dont la réputation dépasse largement les employés des
entreprises à proximité. Il est d'ailleurs recommandé de
réserver le soir et le week-end.

The Portcullis
Castle Wind - ℘ (01786) 472 290 - www.theportcullishotel.com -
12h-14h30, 17h30-21h - 13/25 £.
Steacks Sirloin et poulets des Highlands sont les plats
les plus populaires de ce restaurant convivial à proximité du château. Très bon rapport qualité-prix.

Clichés **écossais**

➲ *Départ de Glasgow*
➲ *8 jours*
770 km
Carte Michelin n° 501

Paysage des Highlands

O. Forr / MICHELIN

Jours 1 et 2

Débutez votre première matinée dans cette ville de culture et de shopping par une visite de l'imposante cathédrale du 13e s., la seule qui ait survécu à la Réforme. Ne loupez surtout pas le cimetière contigu. Aménagé sur une colline verdoyante, il offre une vue superbe sur **Glasgow**. Rejoignez George Square, le cœur de la cité, dominé par le très victorien City Chambers. Quelques pas sur Queen Street mènent les amateurs d'art vers la Gallery of Modern Art et les consommateurs effrénés à Princes Square, le plus beau centre commercial (décor Arts déco) de la ville. L'heure est venue de vous offrir une pause pittoresque au Horseshoe, un célèbre pub centenaire situé à deux pas de là. Les innombrables pubs du quartier branché et élégant

(belles demeures du 18e s.) de Merchant City offrent une alternative. Vous pouvez consacrer votre après-midi à découvrir les étonnants bâtiments de Charles Rennie Mackintosh. Commencez par The Lighthouse, musée de design et d'architecture, où le dynamisme de Glasgow dans ce domaine vous est exposé. Les rues piétonnes et perpétuellement animées de Buchanan et Sauchiehall vous guident vers la Willow Tearoom. Vous y prendrez une « cup of tea » bien méritée avant de visiter le chef-d'œuvre de Mackintosh : la Glasgow School of Art. Plusieurs alternatives s'offent à vous le lendemain. La Burrell Collection, un des plus beaux musées d'art du pays, vous attend au sud de la ville. Le West End, charmant quartier étudiant et résidentiel, compte

plusieurs musées (dont le très varié Kelvingrove Art Gallery & Museum) répartis autour d'un parc. Vous pouvez encore voguer sur la rivière Clyde et découvrir le quartier futuriste autour du Science Centre (idéal pour les enfants).

Jour 3

Prenez la route A 82 pour longer le célèbre **Loch Lomond**. Arrêts panoramiques au parcours de golf du Scottish Open et à **Luss**, une petite bourgade très agréable. Rejoignez **Fort William** en traversant le formidable et verdoyant Glen Coe. Le site est tristement célèbre pour le massacre qui y eut lieu le 13 février 1692 au cours duquel 38 membres du clan des McDonald furent tués pour avoir refusé de prêter allégeance à Guillaume III d'Angleterre.

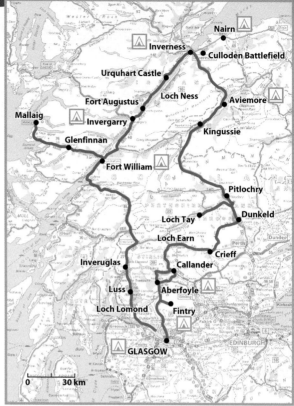

Nairn

Inverness

Culloden Battlefield

Urquhart Castle

Fort Augustus Loch Ness Aviemore

Mallaig Invergarry

Kingussie

Glenfinnan

Fort William

Pitlochry

Loch Tay Dunkeld

Loch Earn

Inveruglas Callander Crieff

Luss Aberfoyle

Loch Lomond Fintry

GLASGOW EDINBURGH

0 30 km

Jour 4

À **Fort William,** deux choix sont possibles. Grimper le Ben Nevis, un des fameux munros. Tous les monts écossais supérieurs à 914 m sont connus comme tels ; Sir Hugh Munro ayant été le premier à les répertorier. Ou alors effectuer l'aller-retour en train à vapeur vers **Mallaig,** dans des paysages époustouflants, maintes fois filmés. Le même trajet en camping-car vous permettra des arrêts multiples : **Glenfinnan,** plages de sables blancs de **Morar.**

Jour 5

Reprenez la A 82 vers **Fort Augustus,** dont les écluses sont la porte d'entrée du Loch Ness (possibilité de croisière). De là, continuez par la A 82 en vous arrêtant à **Urquhart Castle** et **Drumnadrochit** (expo très – trop – touristique sur le monstre). Ou prenez la B 852, plus sauvage et moins fréquentée. Arrivée le soir à **Inverness.**

Jour 6

Capitale des Highlands, Inverness est une charmante petite cité au bord de la Ness qui collectionne les surnoms. Elle est à la fois pivot, carrefour, porte et capitale des Highlands. Tous ces termes traduisent une situation enviable, au cœur de cette vaste région prisée des touristes. À la population locale se mêle en été une foule de randonneurs qui donne à la ville des allures de camp de base. Personne ne vient vraiment pour les rues calmes du centre-ville mais pour se lancer à la découverte des innombrables curiosités des environs : les longues plages de **Nairn** ou **Dornoch,** les sentiers du Glen Affric ou de Ben Wyvis, ou les charmants villages de la Black Isle. Si vous êtes fortuné, faites-vous tailler un kilt au Kiltmaker Centre. Rendez-vous à **Culloden,** un site de bataille visité par des fantômes. Puis prenez la pittoresque A 9 vers **Kingussie,** capitale du shinty (sport gaélique). Le musée folklorique des Highlands ou de celui des Macpherson, vous transportent au pays des clans. Randonnées superbes aux alentours.

Route A 9 vers la région de **Pitlochry.** Dégustez le whisky Blair Atholl (à Pitlochry même). Flânez dans le château de Blair et ses magnifiques jardins. Prenez la A 827 pour taquiner les saumons du Loch Tay. Puis faites halte à **Crieff** et à la distillerie Famous Grouse, la plus connue du pays.

Jour 8

Partez à la découverte des **Trossachs** depuis **Callander** ou **Aberfoyle.** Voguez sur le Loch Katrine et visitez le musée de Rob Roy, héros populaire écossais et hors-la-loi du début du 18e siècle.

Grande-Bretagne

⛺ Campings

Aberfoyle

⛺ Trossachs Holiday Park
📞 01877/382614
www.trossachsholidays.co.uk
Mars-oct. 4 ha (45 empl.)
🚐 45 🅴
Loisirs : 🏛 jeux pour adultes 🎿 🚲 🎣 terrain de golf, cours de golf
Services : 🔲 🗻 ☺ ⛺ ⚡ 🔳 sèche-linge ♨

Aviemore

⛰ High Range
Grampian Road
📞 01479/810636
www.highrange.co.uk
Déc.-oct. (45 empl.)
Loisirs : 🏛 squash 🎿 🚲 🎾 🎣 🚣 terrain de golf, bateaux, planche à voile
Services : ♿ 🔑 🔲 🗻 ☺ ⛺ 🔳 sèche-linge ♨ 🍷 ✕ pizzeria

Fintry

⛰ Balgair Castle Park
Kippen Road
📞 01360/860283
www.balgaircastlepark.com
Mars-oct. 18 ha (63 empl.)
🚐
Loisirs : 🏛 🎮 jeux pour adultes 🎿 🚲 ♘ 🚣 🎣 aire de sports
Services : 🗻 ☺ ⛺ ⚡ 🔳 sèche-linge ♨ 🍷 ✕ brasserie, snack
☻ Idéal pour les familles.

Fort William

⛰ Glen Nevis
Glen Nevis
📞 01397/702191
Mi-mars à oct. 1,8 ha (380 empl.)
🚐
Loisirs : 🏛 🎮 diurne 🎿 🚣 🎣 poneys aire de sports, barbecue
Services : ♿ 🔑 🔲 🗻 ☺ ⛺ ⚡ 🔳 sèche-linge ♨ ♨ 🍷 ✕ brasserie, snack

Glasgow

⛺ Craigendmuir Park
Stepps
📞 0141/7794159
www.craigendmuir.co.uk
Permanent (30 empl.)
Loisirs : 🏛 🎿 🚲 poneys terrain de golf
Services : Ⓜ 🔲 🗻 ☺ 🔳 sèche-linge ♨ ♨

Invergarry

⛺ Faichemard Farm
Faichemard
📞 01809/501314
www.faichemard-caravancamping.co.uk
Avr.-oct. 4 ha (35 empl.)
Loisirs : 🏛 barbecue
Services : 🔲 🗻 ☺ 🔳 sèche-linge
☻ Camping réservé aux adultes.

Inverness

⛺ Culloden Moor Caravan Club Site
Newlands, Culloden Moor
📞 01463/790625
www.caravanclub.co.uk
Mi-mars à déc (97 empl.)
Loisirs : 🏛 🎿 🔳
Services : 🔑 🔲 🗻 ☺ ⛺ 🔳 sèche-linge ♨

Nairn

⛰ Nairn Lochloy Holiday Park
East Beach
📞 01667/453764
Mi-mars à oct. (13 empl.)
🚐
Loisirs : 🏛 🎮 ♿ ≋ jacuzzi spa, solarium, jeux pour adultes 🎿 🔳 🏊 (plage) 🎣 🚣
Services : ♿ 🔑 🔲 🗻 ☺ ⛺ 🔳 sèche-linge ♨ ♨ 🍷 ✕ brasserie

Carnet pratique

Les bonnes **adresses** de Bib

Office de tourisme de Glasgow
Tourist Information Centre – *11 George Square - ☎ 0141 204 4400 - www.seeglasgow.com.*

Fort William

Crannog Restaurant
Sur les quais, au niveau de Gordon Sq. - ☎ (01397) 705 589 - www.crannog.net - 12h-14h30, 18h-21h30 - 20/35 £.
Restaurant spécialisé dans les produits de la mer, tenu par un ancien pêcheur. Face à la demande, la carte propose depuis peu quelques plats de viande. Très bonne adresse, peut-être un peu chère. Belle vue sur le loch.

Glasgow

City Merchant
97-99 Candleriggs - ☎ (0141) 553 1577 - lun.-sam. 12h-22h30 - 15/35 £.
Un des premiers restaurants à s'établir, en 1988, dans ce quartier en passe de devenir le plus branché de la ville. D'ores et déjà une institution. Venez déguster une des nombreuses spécialités de la mer, mais aussi des viandes des Highlands. L'occasion d'avoir un T-bone de 454 g dans votre assiette !

Amber Regent
50 West Regent St. - ☎ (0141) 331 1655 - lun.-vend. 12h-14h15, 17h30-23h, sam. 12h-0h - 18/30 £.
Restaurant chinois spécialisé dans une cuisine de Canton et du Sechwan combinée avec des produits frais écossais. Pendant l'été et en semaine, les plats sont à moitié prix avant 19h.

Two Fat Ladies at the Buttery
652-654 Argyle St. - ☎ (0141) 221 8188 - http://twofatladiesrestaurant.com/buttery - lun.-sam. 12h-15h, 17h30-22h30, dim. 12h30-21h - 30/40 £.
Ce restaurant, le plus vieux de Glasgow, est une véritable institution fondée en 1856. Si les portions ne sont pas très copieuses, les plats sont raffinés et le service irréprochable.

Corinthian
191 Ingram St. - ☎ (0141) 552 1101 - www.thecorinthianclub.co.uk.
Un des établissements les plus chics de Glasgow. Le bâtiment fut édifié en 1842 pour la maison mère d'une banque dédiée au commerce maritime alors très lucratif. Depuis 1999, après restauration de cet immeuble classé, le groupe d'architectes G1 a ouvert un restaurant réputé, un piano bar intimiste et le sublime Lite Bar, éclairé par une coupole en verre de 7 m.

Invergarry

Glengarry Castle Hotel
À 40 km de Fort William - ☎ (01809) 501 254 - www.glengarry.net - 28 £.
Atmosphère chaleureuse dans ce château sur les rives du loch Oich. La carte change tous les jours et présente un choix de plats écossais avec produits du terroir.

Le conseil de Bib

▶ **Le Loch Ness sur l'eau** – Géré par le British Waterways Board, le canal est surtout utilisé par des bateaux de plaisance. De belles croisières sont organisées de Fort William à Inverness. De nombreuses sociétés organisent aussi des excursions sur le Loch Ness au départ d'Inverness et de Fort Augustus. Les trajets sont très variés en longueur et durée. La compagnie la plus connue est Jacobite Cruises –*Tomnahurich Bridge* .

Inverness

Nico's Grill & Seafood Restaurant
The Glen Mhor Hotel, Ness Bank - ☎ (01463) 234 308 - 18h-21h15 (12h30-14h le w.-end) - 20/30 £.
Restaurant aux allures d'auberge victorienne. La carte change régulièrement, mis à part les classiques de la cuisine écossaise.

Contrast
20 Ness Bank - ☎ (01463) 223 777 - www.glenmoristontownhouse.com - 12h-22h - 20/60 £.
Décor zen, tables et chaises recouvertes de fausse peau de serpent pour ce restaurant résolument moderne, ouvert en 2006. Spécialités de poisson et brassage des cuisines du monde.

Pitlochry

The Old Mill Inn
Mill Lane - ☎ (01796) 474 020 - www.old-mill-inn.co.uk - 10h-22h - 15/30 £.
Ancien moulin avec jardin et petit canal alimentant une roue à aubes. Côté cuisine, la carte des assiettes de bœuf écossais est particulièrement impressionnante, ainsi que celle des vins (nombreux bordeaux) et des whiskys.

Macnaughtons of Pitlochry
Station Rd - ☎ (01796) 472 722 - www.macnaughtongroup.com - 9h30-17h, dim. 11h-16h.
Tartans et vêtements des Highlands dans cette boutique établie au milieu du 19e s.

Douceurs du **sud**

➲ **Départ d'Édimbourg**
➲ **7 jours**
660 km
Carte Michelin n° 501

Entre Anstruther et Crail

Jour 1

Après avoir visité la ville (décrite dans le circuit n°30 sur l'Écosse), sortez d'**Édimbourg** et longez la côte par la jolie route A 198. Dépassez le charmant port de **North Berwick** pour atteindre Tantallon Castle, impressionnante forteresse de grès rouge suspendue aux falaises. Continuez vers Dunbar et son port tout en pierre. Prenez la A 1, puis l'agréable route A 1107. Depuis la bourgade de pêcheur de St Abbs, promenez-vous dans la réserve naturelle connue pour ses falaises, ses plages, ses innombrables oiseaux et ses panoramas enchanteurs.

Jour 2

Par les pittoresques petites routes A 6105 et A 6089, rejoignez la demeure classique de **Mellerstain**. Puis à **Kelso**, visitez

le vaste Floors Castle, qui servit de décor au film *Greystoke*. La A 699 vous mène aux vestiges de **Dryburgh Abbey**, puis à **Melrose**. Groupée autour des belles ruines de son abbaye, au milieu des étendues de la Tweed, Melrose est ombragée par les triples pics des Eildons. Sur un des escaliers de l'édifice fondé en 1136 par des moines cisterciens est gravée l'inscription suivante : « Be Halde to ye hende », « Garde à l'esprit, la fin, ton salut ». Cette phrase est devenue la devise de la ville. Cette charmante ville, bien que grouillant de visiteurs en été, constitue un centre idéal pour explorer la campagne environnante.

Jour 3

Depuis Melrose, roulez sur la A 68 pour rejoindre **Jedburgh**,

dominé par son abbaye du 12e s. et quelques autres édifices d'intérêt. Longez la « frontière » anglaise par les typiques routes du Liddesdale. Et suivez les panneaux pour atteindre **Hermitage Castle**, un petit fort médiéval très photogénique, perdu dans la lande. Rejoignez **Langholm** puis **Lockerbie**, qui reste de sinistre mémoire suite à l'attentat du 21 décembre 1988, où un Boeing 747 explosa au-dessus de la ville. Vous pouvez bifurquer vers **Eskaldemuir** et son inattendu temple tibétain. Rejoignez **Dumfries** et faites un aller-retour vers la forteresse de Caerlaverock Castle.

Jour 4

Située sur les bords du Nith, non loin de l'embouchure du fleuve, Dumfries est une ville affairée

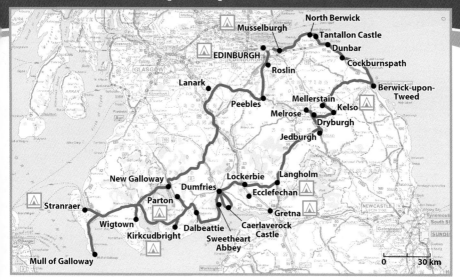

qui a longtemps été l'agglo-mération la plus importante du sud-ouest. Aujourd'hui, ce centre de tourisme actif est un bon point de chute pour qui veut explorer les environs. L'agriculture reste la principale activité de la ville, malgré un effort de diversification dans l'industrie et les activités administratives de certains sièges régionaux. La ville a des liens historiques importants avec le poète national Robert Burns qui y occupa le poste d'officier de douane durant les cinq dernières années de sa vie. Ne pas négliger la visite de Midsteeple, Burns House et Dumfries Museum d'où l'on a une belle vue sur la ville.

Jour 5

Quittez Dumfries par la A 710 pour atteindre **Sweetheart Abbey**, de belles ruines en pierre rose. La route continue vers **Dalbeattie** d'où vous rejoindrez les Threave

Gardens (fleurs, forêt) si vous aimez la nature, ou le château Douglas si vous préférez les vieilles pierres. Arrêtez-vous ensuite dans le petit bourg de **Kirkcudbright**. Niché au fond d'un estuaire, il accueille de nombreux artistes attirés par la douceur de la riviera écossaise. Filez vers **Wigtown**, petite ville connue pour son grand nombre de librairies et surnommée « la cité des livres ».

Jour 6

Selon votre calendrier, deux possibilités (complémentaires) s'offrent à vous. Allez au bout des Rhinns of Galloway pour atteindre les beaux paysages de la pointe de **Mull of Galloway**. Ou partez vers Newton Stuart, porte d'entrée du plus grand parc forestier de Grande-Bretagne : le **Galloway Forest Park**. Situé dans l'un des plus beaux sites des Uplands méridionales, où les montagnes et les collines boisées sont parsemées de lacs

et de rivières. Le parc propose un large éventail d'activités (escalade, pêche, camping et baignade). Le parc contient une variété prodigieuse d'animaux sauvages que l'on croise sur les chemins de randonnée et autres pistes cyclables qui sillonnent la région.

Jour 7

De **New Galloway**, rejoignez le château forestier de **Drumlanrig** par la A 702. La silhouette spectaculaire de Drumlanrig Castle se profile au centre d'un site splendide. Cette même belle route vous mène à New Lanark, un harmonieux village classé par l'Unesco. Avant de rejoindre Édimbourg, vous pouvez vous arrêter à **Peebles**, célèbre pour ses environs enchanteurs et la demeure seigneuriale de Traquair House. Et faites un arrêt à la chapelle **Rosslyn**, chef-d'œuvre ciselé du 15e s. rendu célèbre par le Code Da Vinci.

Campings

Ecclefechan

Hoddom Castle Caravan Park
Hoddom, Nr Lockerbie
01576/300251
www.hoddomcastle.co.uk
Avr.-fin oct. 11 ha (150 empl.)

Loisirs : diurne nocturne (en été) jeux pour adultes terrain de golf, barbecue
Services : sèche-linge

Edinburgh/Édimbourg

Mortonhall Caravan & Camping Park
38 Mortonhall Gate, Frogston Road
0131/6641533
www.meadowhead.co.uk
Mi-mars à oct. 9 ha (250 empl.)
– 17
Loisirs : jeux pour adultes terrain de golf, aire de sports
Services : sèche-linge brasserie, snack

Gretna

The Braids Caravan Park
Annan Road
01461/337409
www.thebraidscaravanpark.co.uk
Permanent 4,5 ha (88 empl.)

Loisirs : (plage) barbecue
Services : sèche-linge
Bien situé proche du centre-ville.

Kelso

Springwood Caravan Park
Springwood Estate
01573/224596
www.springwood.biz
Fin mars-mi-oct. 4,5 ha (60 empl.)
Loisirs :
Services : sèche-linge

Kirkcudbright

Campsite Silvercraigs
Silvercraigs Road
01557/330123
scottg2@dumgal.gov.uk
Avr.-fin oct. 3 ha (100 empl.)
Loisirs : terrain de golf, cours de golf, aire de sports
Services : sèche-linge

Musselburgh

Drum Mohr
Levenhall
0131/6656867
www.drummohr.org
Mars-oct. 4 ha (120 empl.)

Loisirs : (plage) terrain de golf
Services : sèche-linge

Parton

Loch Ken Holiday Park
Castle Douglas
01644/470282
www.lochkenholidaypark.co.uk
Permanent 4 ha (45 empl.)
Loisirs : (plan d'eau) canoë, bateaux, ski nautique, planche à voile
Services : sèche-linge

Stranraer

Aird Donald Caravan Park
London Road
01776/702025
www.aird-donald.co.uk
Permanent 5 ha (100 empl.)
Loisirs : squash (plage)
Services : sèche-linge

Les bonnes **adresses** de Bib

Office de tourisme de North Berwick
North Berwick VisitScotland Information Centre –
Quality St. - ℰ 0845 22 55 121 - www.edinburgh.org.

Dumfries

Bruno's Restaurant
3 Balmoral Road - ℰ (01387) 255 757 - tlj sf mar. de 17h30 jusque tard dans la soirée - 20 £.
Ce restaurant italien a une carte très fournie et propose des menus de deux ou trois plats à des prix intéressants.

Dunbar

Food Hamper
124 High St. - ℰ (01368) 865 152 - www.thefoodhamper.co.uk - tlj sf dim. 9h-17h - 10 £.
Épicerie fine servant soupes, salades, quiches et sandwiches.

The Creel Restaurant
The Harbour, 25 Lamer St. - ℰ (01368) 863 279 - tlj sf dim. soir, lun. et mar. 12h-14h, 18h-21h - 20 £.
Bistrot du Vieux Port ; spécialité de poisson.

Edinburgh/Édimbourg

Grain Store Restaurant
30 Victoria St. - ℰ (0131) 225 7635 - 12h-14h, 18h-22h, w.-end 12h-15h, 18h-23h - 20/40 £.
Ambiance rustique avec une succession de salles sous des voûtes de pierres noircies par le temps. Cuisine typiquement écossaise proposant des classiques tels le bœuf Angus d'Aberdeen et des entrées plus particulièrement tournées vers la mer.

Royal Mile Whiskies
379 High St., Royal Mile - ℰ (0131) 225 3383 - www.royalmilewhiskies.com.
Si vous n'avez pas le temps au cours de ce voyage de visiter les terres légendaires du whisky, autour de Dufftown, cette boutique spécialisée vous permettra un rapide tour d'horizon.

Kelso

Caroline's Coffee Shop
45 Horsemarket - ℰ (01573) 226 996 - tlj 8h (13h dim.)-17h - 5/10 £.
Café/salon de thé en centre-ville servant des snacks.

Under the Sun
Roxburgh St. - ℰ (01573) 225 177 - lun.-vend. 9h30 au dernier client (dernière commande 21h30), sam. de 9h30 à 17h - 10 £.
Boutique de produits bio avec salon/librairie attenant, proposant des soupes, des salades composées, des plats du jour (certains végétariens), préparés à partir de produits de la région.

Kirkcudbright

Harbour Lights
32 St Cuthbert St. - ℰ (101557) 332 332 - 10h-16h, vend.-sam. 19h-21h - 10 £.
Coffee House/bistrot en plein centre-ville.

Lanark

Crown Tavern
17 Hope St. - ℰ (0155) 664 639 - www.crown-tavern.com - lun.-jeu. 11h30-15h, 17h-23h, vend. 17h-1h, sam. 11h30-0h, dim. 12h30-0h - 10/15 £.
Plus que pour l'originalité des plats, on vient ici pour le cadre (bois verni et moquettes omniprésents), une auberge typique des petits bourgs écossais, située dans la plus belle rue de la ville.

Melrose

Marmions Brasserie
Buccleuch St. - ℰ (01896) 822 245 - www.marmionsbrasserie.co.uk - 9h-22h - 20/25 £.
Le chef de ce restaurant a obtenu en 2005 le 2ᵉ prix au concours du Chef de l'année.

The Hoebridge Inn
Gattonside, Melrose - ℰ (01896) 823 082 - merc.-sam. 12h-14h30, dim. à partir de 12h30, mar. à dim. de 18h à 22h - 25/30 £.
Primée en 2004 et 2005, cette entreprise familiale propose une cuisine traditionnelle avec l'accent sur les fruits de mer, ainsi que sur le bœuf et l'agneau écossais.

Peebles

Sunflower Restaurant
4 Bridgegate - ℰ (01721) 722 420 - www.thesunflower.net - lun.-sam. 12h-15h, jeu.-sam. 18h-21h30 - 25/30 £.
Ce bistrot élégant, situé en plein centre-ville, offre un excellent rapport qualité/prix.

Halcyon Restaurant
39 Eastgate - ℰ (01721) 725 100 - mar.-sam. 12h-14h, 18h-22h - 30 £.
Lauréat du concours de la Meilleure Table de la région des Borders en 2005.

Stranraer

L'Apéritif
London Road - ℰ (01776) 702 991 - tlj sf dim. 12h-21h - 15/20 £.
Restaurant italien renommé dans une élégante maison georgienne.

À la découverte du Pays de Galles

⮩*Départ
de Cardiff*
⮩*6 jours
700 km*
**Carte Michelin
n° 503**

Le château de Cardiff

Jour 1

La réputation industrielle de la terre galloise n'est pas un vain mot. Cet itinéraire vous propose d'en découvrir les vestiges, tout d'abord au cœur de la capitale galloise, **Cardiff**, avec le port charbonnier, jadis le principal au monde, aujourd'hui devenu sous le nom de Cardiff Bay un endroit à la mode, à l'architecture audacieuse. Pour autant ne négligez pas le centre de la cité avec son musée national qui possède une des plus importantes collections de tableaux impressionnistes hors de Paris. Vous pourrez notamment admirer gratuitement (sauf le lundi) des œuvres de Monet, Renoir, Cézanne. En quittant la capitale, arrêtez-vous au musée de la Vie galloise, évoquant l'habitat rural traditionnel du pays,

ainsi que la vie quotidienne des paysans à l'aide de costumes et d'outils. Plus à l'est, Swansea a elle aussi reconverti son quartier maritime en y créant notamment un fabuleux National Waterfront Museum.

Jour 2

Vous aborderez ensuite le **Pembrokeshire**, le pays de Galles des marins, que ce soit à **Tenby**, cité maritime fortifiée dominant un port aux maisons colorées, **Pembroke** ou **St David's**, fière de sa cathédrale. Sur la route, croix celtiques (Nevern), monuments mégalithiques (Pentre Ifan) et fières forteresses (Carew, Pembroke, Cilgerran) rappellent une histoire millénaire. Après avoir poussé jusqu'à **Cardigan**, vous rentrerez à l'intérieur des terres en suivant la vallée de la Teifi.

À **Drefach-Felindre**, le musée national de l'Industrie lainière fait revivre cette activité vitale pour les habitants des régions rurales.

Jour 3

Regagnez la côte au niveau d'**Aberaeron**. Une belle route côtière conduit alors à **Aberystwyth**, siège de l'université galloise. Plus au nord, le château de **Harlech**, dominant le littoral,

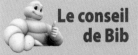

Le conseil de Bib

▶ Tous les Gallois parlent anglais mais nombre d'entre eux s'expriment dans la vie courante en gallois. Tous les panneaux sont bilingues.

conserve la mémoire de la lutte d'Owain Dŵr, ce prince qui un temps réalisa l'union des Gallois contre l'occupant anglais. Puis vous rejoindrez la côte. Le changement de décor est complet avec le village coloré de **Portmeirion**, un véritable rêve d'architecte.

Jour 4

Vous vous enfoncerez alors au cœur du massif de Snowdonia, dans des paysages montagneux où alternent landes désolées et lacs d'altitude. **Llanberis**, avec son ancienne usine d'ardoise, vous donnera une idée de la dure condition des ouvriers gallois à l'époque victorienne, à moins que vous ne préfériez partir à l'assaut du pic Snowdon à bord du train à vapeur… puis, revenant en arrière, vous vous poserez dans l'ancienne bastide de **Caernarfon**, qui, située en bordure du détroit, a conservé un superbe château, théâtre de l'intronisation officielle des princes de Galles.

Jour 5

En suivant la côte, vous franchirez le détroit de la Menai afin d'admirer le château et la ville de **Beaumaris**. Revenez sur vos pas pour découvrir le château et la ville fortifiée de **Conwy**. Arrêtez-vous ensuite dans la station victorienne, remarquablement préservée de **Llandudno**.

Jour 6

Avant de rejoindre **Liverpool**, terme de votre périple vous vous arrêterez dans la belle cité médiévale de **Chester**,

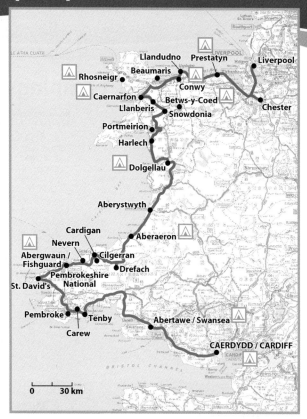

la seule ville anglaise ayant conservé intacte une bonne partie de ses murailles. Liverpool, capitale européenne de la culture 2008 vous étonnera, bien loin des clichés d'un passé industriel difficile. La musique des Beatles, omniprésente, côtoie les concerts prestigieux du Royal Philarmonic Orchestra. La Walker Gallery et son exceptionnelle collection des 19e et 20e s. introduit l'Art moderne de la Tate Liverpool, située sur les docks. Le dernier-né des centres de divertissement, le FACT, est le temple interactif du cinéma et des nouvelles technologies. Un patrimoine éclectique et ambitieux, comme la cathédrale du Christ Roi, comblera vos promenades et visites. Enfin, vous prendrez bien un verre à la terrasse animée d'un café branché d'Albert Dock.

Albert Dock à Liverpool

 Campings

Aberaeron

⚏ Aeron Coast Caravan Park
North Road
📞 01545/570349
Mars-oct. 5,7 ha (100 empl.)
Loisirs : 🏠 🌀 🏃 discothèque, séances de cinéma, jeux pour adultes 🚴 ⛳ 🏊 ≌ (plage) 🎣 🚿 aire de sports
Services : 🚻 ⚡ 🛁 🔧 😊 🚐 🔥 sèche-linge 🧺 🛒 🍴 ✕ snack, brasserie

Abergwaun / Fishguard

⚏ Fishguard Bay Caravan & Camping Park
Garn Gelli
📞 01348/811415
De mars à déb. janv. 2,4 ha (50 empl.)
🚐
Loisirs : 🏠 jeux pour adultes 🚴 randonnées pédestres
Services : ⚡ 🛁 🔧 😊 🚐 🔥 sèche-linge 🧺
😊 Beau panorama sur la mer.

Abertawe / Swansea

⚏ Riverside Caravan Park
Ynysforgan Farm, Morriston
📞 01792/775587
Permanent (120 empl.)
🚐
Loisirs : 🏠 🌀 jacuzzi jeux pour adultes 🚴 🏊
🎣 🐎 terrain de golf
Services : 🔧 🔧 😊 📞 🔥 sèche-linge 🧺 🛒 🍴

Betws-y-Coed

⚏ Hafod Farm
Betws Road
📞 01690/710988 – Permanent (30 empl.)
Loisirs : 🚴 🚲
Services : 🚻 🔧 🔧 😊 🔥 sèche-linge 🧺 ✕

Caerdydd/Cardiff

⚏ Cardiff Caravan Park
Sophiaclose Pontcanna Fields
📞 02920/398362 – Permanent 1,5 ha (93 empl.)
🚐
Loisirs : 🚴 🚲 🏊
Services : 🚻 ⚡ 🔧 😊 🚐 🔥 sèche-linge
😊 Proche du centre-ville.

Caernarfon

⚏ Bryn Gloch
Betws Garmon
📞 01286/650216
Permanent 6 ha (160 empl.)
🚐 – 4 ▣
Loisirs : 🍺 pub 🏠 jeux pour adultes 🚴 🏇 🏊 (plan d'eau) 🎣 aire de sports, randonnées, barbecue
Services : ⚡ 🔧 🔧 🛁 🔧 😊 🚐 🔧 🔥 sèche-linge 🧺 🛒
😊 Beau panorama sur le mont Snowdon

Conwy

⚏ Conwy Touring Park
Trefriw Road
📞 01492/592856
Pâques-oct. 32 ha (130 empl.)
🚐
Loisirs : 🏠 🌀 diurne 🚴 🏊 (plage) 🎣 🚿 aire de sports
Services : 🔧 🔧 😊 🔥 sèche-linge 🧺
😊 Le camping dispose d'un service de maintenance pour les camping-cars.

Dolgellau

⚏ Dolgamedd
Bontnewydd
📞 01341/422624
Avr.-oct. 4,5 ha (70 empl.)
Loisirs : 🚣 🏊 (plan d'eau) 🎣 observation d'oiseaux, barbecue
Services : 🛁 🔧 😊 🚐 🔧 🔥 sèche-linge 🧺

Prestatyn

⚏ Presthaven Sands Holiday Park
Gronant
📞 01745/856471
Mars-nov. (500 empl.)
🚐
Loisirs : 🏠 🌀 🏃 ≋ bowling 🚴 🚲 🏊 🏊 ≌ (plage) ⛳ terrain de golf, aire de sports, piste de karting
Services : 🚻 ⚡ 🔧 🔧 🛁 🔧 😊 🚐 📞 🔥 sèche-linge 🧺 🍴 ✕

Rhosneigr

⚏ Ty Hen Holiday Park
Station Road
📞 01407/810331
Avr.-oct. (38 empl.)
Loisirs : 🎣 ≋ jeux pour adultes 🚴 ⛳ 🏊 🏊 (plage) 🎣 🚿 poneys
Services : ⚡ 🔧 🔧 😊 🔥 sèche-linge 🧺 ✕

Carnet pratique

Les bonnes **adresses** de Bib

Office de tourisme de Cardiff
Cardiff Tourist Information Centre – *The Old Library, The Hayes -* 📞 *029 2087 3573 - www.visitcardiff.com - 9h30-17h30, dim. 10h-16h.*

Betws-y-Coed

Buffet Coach
Dans la gare.
Un vieux wagon aménagé en café : *breakfast (jusqu'à 11h30)* et restauration légère (*jacket potatoes*, snacks et plat du jour).

Caernarfon

Oriel Pendeitsh
Castle Ditch, face au château de Caernarfon - 📞 *(01286) 679 564 - 10h-16h (15h30 en hiver).*
Plaids, artisanat, spécialités gourmandes…

Caerdydd/Cardiff

Woods Brasserie
The Pilotage Building - Stuart Road - 📞 *(029) 2049 2400 - www.woods-brasserie.com - fermé dim. soir nov.-mars - 17/38 £.*
Établissement moderne et animé ; excellente qualité à prix modérés. Spécialités de poissons.

Achats
Cardiff est dotée de trois centres commerciaux : **Capitol Shopping Centre**, **St David's Centre** et **Queen's Arcade**. D'élégantes galeries marchandes édouardiennes ou georgiennes accueillent des boutiques. Les artisans membres de la Makers Guild of Wales vendent leurs réalisations (poterie, verrerie, textile, joaillerie, laine et vannerie) dans la boutique **Craft in the Bay** *(Bute St. à Cardiff Bay).*

Conwy

Bwyty Ti-Dre
High St.
Modeste restaurant spécialisé dans les succulentes viandes galloises.

Harlech

Castle Cottage
Pen Llech (à côté du château) - 📞 *(01766) 780 479 - www.castlecottageharlech.co.uk - 12h-15h - fermé 3 sem. en nov. - menu 36 £.*
Dans une salle à manger très cosy, la roborative cuisine galloise est ici mâtinée d'influences continentales. Vous pourrez y déguster la croustade au fromage de chèvre et aux poires ou les brochettes de lotte.

Llandudno

Bengali Dynasty
South Parade - 📞 *(01492) 875 928 - www.thebengaldynasty.com - 12h-15h, 18h-23h - 18 £.*
Ce restaurant s'enorgueillit d'avoir été inauguré le jour de l'indépendance du Bengladesh et d'avoir accueilli nombre de personnalités parmi lesquelles Anthony Hopkins.

Osborne's Café Grill
17 North Parade - 📞 *(01492) 860 330 - lun.-sam. 10h30-22h, dim. 10h30-21h - 30 £.*
Dans une demeure abritant un des hôtels les plus luxueux de la station, une superbe salle à manger néoclassique avec colonnades, statues, tableaux d'ancêtres au mur et lumière zénithale. Cuisine subtile, belle carte de vin et service soigné. La grande classe.

Portmeirion

Castle Deudraeth
📞 *(01766) 772400 - www.portmeirion-village.com - 12h-21h30 - 30 £.*
Une étrange forteresse normande qui se trouve à côté du parking, à l'entrée du village, œuvre de William-Ellis qui se sentait l'âme gothique lorsqu'il l'acheta en 1931. À défaut d'y séjourner (le prix est exorbitant), vous pouvez y déjeuner (fort bien) en admirant la vue sur la baie.

St David's

The Refectory
Dans l'ancien réfectoire du monastère - 10h-19h - 8 £.
Dotée d'une mezzanine, cette structure moderne de bois clair, enchâssée dans un cadre médiéval, ne manque pas d'allure. Voici un lieu propre à satisfaire une petite faim (plats chauds et tartes), sans perdre trop de temps.

Swansea

Hanson at The Chelsea Restaurant
17 St. Mary's St. - 📞 *(01792) 464068 - http://hansonatthechelsea.co.uk - 12h-14h15, 19h-21h30, dim. 12h-14h15 - 15/25 £.*
Là où la marina débouche sur la Tawe, un restaurant de poissons très couru.

Tenby

Carringtons
The Esplanade, au sous-sol de l'hôtel Atlantic - 📞 *(01834) 844 005 - 12h-15h, 18h-23h - 20/30 £.*
Belle salle aux tables dressées, menu de poissons (truite du Pembrokeshire, haddock, saumon) et viandes (agneau gallois, suprême de canard aux cerises). Le week-end, il est prudent de réserver…

Irlande

Nom local : *Ireland* **Capitales :** *Dublin (Eire), London (Irlande du Nord).* **Population :** *4,23 millions d'habitants* **Superficie :** *70 284 km^2* **Monnaies :** *Euro (Eire), Livre (Irlande du Nord).*

Les raisons qui poussent à traverser la mer pour visiter l'Irlande sont multiples : accueil amical et chaleureux de ses habitants ; sensation de se trouver aux extrêmes confins ouest du continent européen ; riche héritage celtique ; musique irlandaise en tous lieux. C'est toutefois la richesse extraordinaire des paysages qui compose le plus bel attrait du pays. Méritant mille fois l'appellation d'île d'Émeraude, l'Irlande brille d'une infinité de nuances de vert. Car c'est une terre de montagnes abruptes et d'étranges formations rocheuses, de falaises vertigineuses, de superbes plages de sable, de tourbières envahies par les fleurs, de lacs calmes, de parcs forestiers et de jardins luxuriants. L'intérieur des terres est composé de plaines agricoles, avec ici et là des collines et de grandes régions de marais et de lacs. L'ouest est bordé par un massif montagneux côtier dont certains sommets dépassent mille mètres. Près d'un tiers de la population vit à Dublin.

Depuis 1921, l'île est divisée en deux entités : la République d'Irlande ou Eire (dont l'emblème est le trèfle), majoritairement catholique et l'Irlande du Nord ou Ulster (protestante) qui fait partie du Royaume-Uni. Même si l'histoire de l'Irlande a connu conflits et chaos, l'amour de la musique et du conte est toujours resté indissociable de ses habitants. Membre de l'Union européenne depuis 1972, le «tigre celte» a bénéficié d'un taux de croissance exceptionnel ces vingt dernières années. Mais, touché par la crise économique dès 2008, il a été le premier pays de la zone euro à entrer en récession. Certains observateurs y voient une cause de son récent ralliement au traité de Lisbonne, alors qu'un an auparavant, un premier référendum avait donné le «non» gagnant.

Terre des saints et des hommes de lettres, l'Irlande a vu naître bon nombre d'écrivains anglophones célèbres, dont Yeats, Joyce, Beckett, Wilde ou Shaw. Elle a également donné au monde du rock U2 et The Corrs ou la chanteuse Sinead O'Connor.

RECOMMANDATIONS

DOCUMENTS OBLIGATOIRES

✓ Permis de conduire rose de l'UE
✓ Permis de conduire international (recommandé seulement)
✓ Certificat d'immatriculation du véhicule ou certificat de location
✓ Plaque d'identification nationale
✓ Justificatif d'assurance (carte verte)
✓ Passeport (recommandé seulement)
✓ Procuration en cas d'utilisation du véhicule appartenant à un tiers

VITESSES LIMITES

✓ En agglomérations urbaines : 50
✓ Sur routes : 80
✓ Sur autoroutes : 120
Ces vitesses limites sont réduites par temps de pluie

URGENCES

✓ Téléphone incendie et ambulance : 112
✓ Téléphone Police : 110
Au secours ! **Help !** / *C'est une urgence* **It's an emergency** / *Hôpital* **Hospital** / *Médecin* **Doctor** / *Pharmacie* **Chemist** / *Police* **Police** /

Pour téléphoner en Irlande

Depuis la France, composer le 00 (ou +) 353

RÉGLEMENTATIONS

✓ Conduite à gauche
✓ Taux maximum d'alcool toléré dans le sang : 0,8 g
✓ Siège enfant, réhausseur ou système de retenue adapté et homologué obligatoire jusqu'à 1,50 m et 36 kg
✓ Âge minimum du conducteur : 17 ans
✓ Port de la ceinture de sécurité obligatoire à l'avant et à l'arrière
✓ Pneus cloutés admis sans réglementation
✓ Triangle de présignalisation recommandé
✓ Trousse de premier secours recommandée
✓ Extincteur recommandé
✓ Gilet de sécurité fluorescent recommandé

OUI : NO CAMPING !

Le camping « sauvage » est encore possible. Ne tenez pas compte des panneaux « No Camping » car ils indiquent une interdiction de stationner deux nuits d'affilée. « No Overnight Parking » eux interdisent effectivement de faire étape, même pour une nuit.

À GAUCHE !

Les réflexes ont tendance à reprendre le dessus. Aussi faites attention lorsque vous abordez et sortez d'un rond-point. Vous le prendrez dans le sens des aiguilles d'une montre, par la gauche et vous resterez plutôt sur la voie extérieure

LEXIQUE

MOTS USUELS

Oui **Yes** / *Non* **No** / *Bonjour* **Good day** / *Bonsoir* **Good evening** / *Salut* **Hi** / *Au revoir* **Goodbye** / *S'il vous plaît* **Please** / *Merci (beaucoup)* **Thank you (very much)** / *Excusez-moi* **Excuse me** / *D'accord* **Ok** ou **Fine** / *Santé !* **Cheers !** / *Manger* **To eat** / *Boire* **To drink** / *Toilettes* **Toilets** / *Restaurant* **Restaurant** / *Office de tourisme* **Tourist office** / *Argent* **Money** /

DIRECTIONS & TRANSPORTS

Où se trouve…? **Where is… ?** / *À droite* **To the right** / *À gauche* **To the left** / *Tout droit* **Straight ahead** / *Près de* **Close to** ou **Near** / *Entrée* **Entrance** / *Sortie* **Exit** / *Route* **Road** / *Rue* **Street** / *Autoroute* **Motorway** / *Ville* **City** ou **Town** / *Village* **Village** / *Station-service* **Petrol station** / *Essence* **Petrol** / *GPL* **LPG** / *Diesel* **Diesel**

PREMIERS CONTACTS

Je voudrais… **I would like…** / *Parlez-vous français ?* **Do you speak french ?** / *Je ne comprends pas* **I don't understand** / *Pouvez-vous m'aider ?* **Could you help me ?** / *Combien ça coûte ?* **How much does it cost ?** / *L'addition, SVP ?* **Can I have the bill, please ?** / *Je cherche…* **I'm looking for…** / *C'est trop cher* **That's too expensive**

Grand tour de l'**Irlande**

➲ **Départ
de Dublin**
➲ **10 jours
1 200 km
Carte Michelin
n° 712**

Du côté de Leenane

Nous vous proposons une mise en appétit qui ne pourra que vous donner l'envie de revenir explorer l'Irlande en détail.

Jours 1 et 2

À **Dublin**, commencez par ce joyau de l'art irlandais, le *Livre de Kells*, au Trinity College. Puis remontez Grafton Street et ses rues latérales pour profiter des musiciens de rue et de certaines des boutiques les plus élégantes de Dublin. Promenez-vous dans les jardins de St Stephen's Green avant de revenir dans les rues proches de la rive nord pour déjeuner. L'après-midi, visitez le National Museum ou la National Gallery, baladez-vous dans Merrion Square et goûtez un aperçu de la vie à l'époque georgienne au n° 29,

Number Twenty Nine. Passez la soirée à explorer le quartier de Temple Bar. Le deuxième jour, rendez-vous dans la vieille ville pour admirer les œuvres d'art conservées à la Chester Beatty Library. Vous pouvez suivre la visite guidée du château de Dublin ou entrer dans Christ Church Cathedral ou St Patrick's Cathedral. Après le déjeuner, prenez le bus pour Kilmainham Gaol, et une leçon d'histoire irlandaise récente ; ensuite, vous goûterez le contraste des styles entre les expositions du Irish Museum of Modern Art et de son bâtiment, le Royal Kilmainham Hospital.

Jour 3

Au départ de Dublin, l'itinéraire commence par la visite d'un des plus beaux manoirs

irlandais, **Russborough**, et s'engage dans les monts Wicklow pour rejoindre, dans une profonde vallée boisée, les vestiges du monastère de **Glendalough** ; il se poursuit jusqu'à la cité historique de **Kilkenny.**

Jour 4

Visitez le château de Kilkenny et son parc, puis allez faire du shopping au Kilkenny Design Centre. Après le déjeuner, descendez dans les profondeurs de la grotte de **Dunmore**. Suivez vers le sud la vallée de la Nore, pour admirer les superbes ruines de l'abbaye de **Jerpoint** ; poursuivre jusqu'au charmant village d'Inistioge, pour ensuite gravir et redescendre Brandon Hill jusqu'à **Graiguenamanagh**, sur la Barrow.

Europe septentrionale

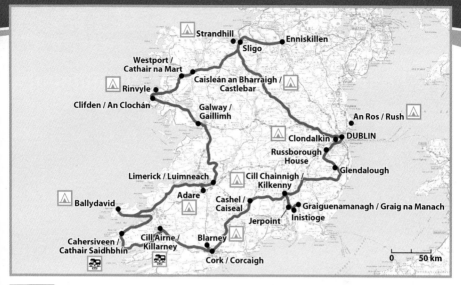

Jour 5

Une journée entière est nécessaire pour s'imprégner de l'atmosphère de « l'acropole irlandaise », le rocher de **Cashel**. Ce piton rocheux, qui s'élève à 60 mètres, accueille de somptueux vestiges médiévaux. C'est un des hauts lieux du tourisme en Irlande et le trafic dans la ville de Cashel est à la limite du supportable.

Jour 6

Vous voici à **Cork**, deuxième ville de la République d'Irlande. Explorez English Market et les rues principales, Grand Parade et St Patrick's Street. Admirez l'architecture exubérante de St Fin Barre's Cathedral, œuvre de William Burges. Après le déjeuner, traversez la rivière pour actionner le carillon Shandon Bells et voir comment on traitait les prisonniers de la Cork City Gaol.

Jour 7

Le circuit prend vers l'ouest la direction de **Killarney**, dans son incomparable cadre de lacs et de montagnes. Il ne faut manquer ni l'Anneau du Kerry, circuit traditionnel autour de la péninsule d'Iveragh, ni la péninsule de Dingle, avec ses cabanes anciennes en pierre, ses prés enclos de murets et ses vues sur les rochers des îles Blasket.

Jour 8

Au nord des Burren, **Galway**, une des villes les plus séduisantes d'Irlande, domine sa vaste baie. Galway est une ville dynamique et vibrante offrant de nombreuses activités : magasins, musique, pubs, restaurants, marché typique le samedi matin, de nombreux

Le conseil de Bib

▶ En milieu rural, il est habituel de saluer les véhicules et les piétons qui passent… Répondez aussi !

festivals tous plus originaux et fameux… La ville a fortement été influencée par les Espagnols. Des constructions telles que le « Spanish Arches » témoignent de cette influence. La route de **Clifden** traverse ce que beaucoup disent être le plus irlandais des paysages : tourbières, lacs miroitants et monts arrondis du Connemara.

Jour 9

On découvre encore cette merveilleuse région sur la route de Westport, près de **Croagh Patrick**, la montagne de saint Patrick. Après Castlebar et le remarquable et tout nouveau musée de la vie rurale de Turlough, le circuit rejoint la ville la plus active du nord-ouest, **Sligo**.

Jour 10

Continuez votre circuit en rejoignant **Enniskillen** (Inis Ceithleann en irlandais) pour découvrir l'Irlande du Nord ou rejoignez Dublin par la N 4.

Aires de **service** & de **stationnement**

Cahersiveen / Cathair Saidhbhín

Mannix Point – *Ring of Kerry Coast* – ✆ *066/9472806* – *www.campinginkerry.com/fr* - 🅿.
🚿 💧 🛒 Payant.
Stationnement : 23 €/j.
😊 Réservation conseillée en été.

Cill Airne / Killarney

Donoghues White Villa Farm – *Killarney-Cork Road N22* – ✆ *064/20671* – *www.killarneycaravanpark.com* – *mai-sept.* – 🅿.
🚿 💧 🛒 Payant.
Stationnement : 19 €/j.

 # Campings

Adare

△ **Adare Camping and Caravan Park**
County Limerick
✆ *061/395376*
De mi-mars à sept. 2 ha (28 empl.)
🚐
Loisirs : 🏠 jacuzzi 🛝 🚲
Services : 🚻 🦽 😊 🚿 🛒 🌀 sèche-linge

An Ros / Rush

△ **North Beach Caravan & Camping Park**
North Beach
✆ *01/8437131*
Avr.-sept. 1,8 ha (64 empl.)
🚐
Loisirs : 🏠 🛝 ≈ (plage) 🎣 ⛵
Services : 🦽 😊 🚿 🛒 🌀 sèche-linge 🍽
🚰 🍷 ✗ brasserie

Ballydavid

🏔 **Campail Teach an Aragail**
Gallarus, Baile na n'Gall
✆ *066/9155143*
Déb. avr. à mi-sept. 1,2 ha (42 empl.)
Loisirs : 🏠 🛝 ≈ (plage)
Services : 🦽 😊 🚿 🛒 🌀 sèche-linge 🍽 🍷
✗ brasserie

Blarney

🏔 **Blarney Caravan and Camping Park**
Stone View
✆ *021/4516519*
Avr.-oct. 1,6 ha (40 empl.)
🚐
Loisirs : 🏠 pitch and putt
Services : 🦽 🔑 Ⓜ 🦽 😊 🚿 🍽

Caisleán an Bharraigh / Castlebar

△ **Carra Caravan and Camping Park**
Belcarra

✆ *094/9032054*
Mai-sept. 0,7 ha (20 empl.)
🚐 – 8 🖥
Loisirs : 🏠 🛝 🐎 🛝
Services : 🚜 😊 🚿 🛒 🌀 sèche-linge 🍽 ✗

Cill Chainnigh / Kilkenny

△ **Tree Grove**
Danville House
✆ *056/7770302*
Mars-mi-nov. 1,75 ha (30 empl.)
🚐
Loisirs : 🏠 jeux pour adultes 🛝 🚲
Services : 🦽 😊 🚿 🛒 🌀 sèche-linge 🍽

Clondalkin

△ **Camac Valley**
Naas Road
✆ *01464/0644*
Permanent 6 ha (163 empl.)
🚐
Loisirs : 🏠 🛝 🌀 🦽 📶 🌀 🍽
Services : 🦽 🔑 Ⓜ 🛝 🌀 🔌 📶 🌀 🍽

Rinvyle

🏔 **Renvyle Beach Caravan and Camping Park**
Tullycross, North Connemara
✆ *095/43462*
De mi-mars à sept. 2,5 ha (36 empl.)
🚐
Loisirs : 🏠 🌞 diurne 🛝 🦽 ≈ (plage) 🦽
Services : 🦽 🦽 🛝 😊 🚿 🛒 🌀 🍽

Strandhill

△ **Strandhill Caravan & Camping Park**
✆ *071/9168111*
sxl@iol.ie
Déb. avr. à fin sept. 6 ha (100 empl.)
🚐
Loisirs : 🏠 🦽 ✗ ≈ (plage) 🎣 🦽
Services : 🔑 🛝 😊 🚿 🌀 🍽 🍷 ✗

Les bonnes **adresses** de Bib

Office de tourisme de Dublin
Dublin Tourism Centre – *Suffolk St. - 00353 669 79 20 83 - www.visitdublin.com - 9h-17h30 (19h en été), dim. 10h30-15h.*

Clifden

The Central
Main Street - 095 21430 - 25 €.
Ce pub au cœur de bourg propose des plats locaux généreux et préparés avec soin. Encore ignoré des touristes, il rassemble les habitués qui poussent la chansonnette à la moindre occasion.

Cork

Farm Gate Café
English Market - 021 427 8134 - tlj sf dim. 8h30-17h - 20 €.
Adresse favorite des populations des bureaux du centre-ville à l'heure du déjeuner, ce petit restaurant niché dans le vieux marché et qui le surplombe sert de délicieux repas légers.

Dublin

MacGowans
16 Phibsborough Road - 01 830 6606 - 16h-2h30 - 20 €.
Très animé, ce pub marie l'exubérance irlandaise et la cuisine américaine, peut-être à déconseiller à ceux qui comptent les calories. Le pub est connu pour son comptoir de bar d'une longueur exceptionnelle.

The Cellar Bar
Upper Merrion St. (à l'hôtel Merrion) - 01 603 0630 - tlj sf sam. midi 12h-23h - formule déj. 25 € - 31/58 €.
Il vaut mieux réserver pour le déjeuner, les tables sont très recherchées dans cette cave georgienne restaurée, avec voûte et murs de briques apparentes. La carte propose des plats irlandais traditionnels. Le soir, l'endroit devient un bar très fréquenté, avec orchestre le mardi.

Balzac
35-36 Dawson St. (à l'hôtel La Stampa) - 01 677 4444 - fermé sam. et dim. midi - menu 22 €, carte 40/50 €.
N'allez pas plus loin si vous recherchez une authentique ambiance de restaurant dublinois. L'atmosphère est vibrante d'animation autour de cette salle de bal du 19e s. reconvertie, ornée de grands miroirs, d'objets d'art authentiques et d'un plafond sophistiqué en mosaïque. La cuisine est aussi moderne que l'ambiance.

Abbey Tavern
Howth - 01 832 2006 - à partir de 10h30 - 10 €.
Ce pub au nord de Dublin existe depuis 1879. Il a du charme, une vraie authenticité et une atmosphère très conviviale. Il est connu pour ses concerts de musique traditionnelle irlandaise, tous les soirs à partir de 20h30, avec les « Abbey Singers et Musicians ».

Blarney Woollen Mills
21-23 Nassau St. - 01 671 00 68 - tlj sf dim. 9h-19h, sam. 9h-18h.
Très grand choix de lainages, tricots traditionnels en laine d'Aran, articles aux motifs créatifs. On y trouve aussi un vaste éventail d'objets en cristal de Waterford, Galway et Tipperary.

Galway

Ard Bia & Nimmo's
Spanish Arch - 091 539897/091 561114 - 9h-15h, 18h-22h - fermé Noël et 1er janv. - 10/45 € - réserv. obligatoire.
Formidable adresse sous la Spanish Arch. Atmosphère bohème (livres d'art et magazines à feuilleter), pour une cuisine inspirée, aux accents italo-irlandais. Le soir, on dîne rustique-chic à l'étage.

Kilkenny

Kilkenny Design Centre
9h-18h, dim. 10h-18h. Rest. : avr.-déc. : 9h-17h, dim. 10h-17h ; janv.-mars : tlj sf dim. 9h-17h - 0577 22118.
Logé dans les écuries monumentales du château (*Castle Stables* - 18e s.), c'est un grand centre de souvenirs de qualité et qui abrite les échoppes de plusieurs artisans. Il a été créé dans les années 60 pour mettre en avant la création en céramique, textiles, mobilier et bijoux.

Killarney

The Laurels
Main Sreet - 064 31149 - 12h-23h - 25/40 €.
L'un des meilleurs innombrables pubs de la ville : musiciens, ambiance animée et sens vivant de la tradition. La carte propose tout un choix de spécialités, du ragoût irlandais (*Irish stew*) au hamburger maison.

Quills Woollen Market
High Street - Market Cross - 064 32 277 - 9h-18h, dim. 11h-17h.
Entreprise familiale fondée en 1939 qui propose un vaste assortiment d'articles irlandais : tweeds du Donegal, pull en laine d'Aran, linge de maison…

Mullingar

Mullingar Bronze and Pewter
8 km à l'est par la N 4 ; au bout de 6 km, prendre à gauche vers Killucan et The Downs - 044 934 8791 - 9h30-18h, sam. 10h-17h30 (dernière visite vend. 12h30).
Dans les ateliers, vous pouvez observer les artisans au travail, en train de modeler, souder, tourner, polir et noircir leurs créations en étain et en bronze ; ils peuvent ensuite admirer et acheter les articles créés dans la boutique.

Odyssée en **Ulster**

➲*Départ
de Belfast*
➲*9 jours*
**845 km
Carte Michelin
n° 712**

Château de Carrickfergus

O. Forir / MICHELIN

Un circuit presque complet de la vieille province, qui passe en revue les attraits des six comtés situés en Irlande du Nord, et aussi les trois comtés de l'Ulster faisant partie de la République d'Irlande : la campagne paisible du Cavan et du Monaghan et, contraste saisissant, les paysages sauvages de la côte et des monts du Donegal.

Jour 1

Belfast (Béal Feirste en irlandais, qui signifie « l'embouchure de la Farset », la rivière sur laquelle est bâtie la ville). Promenez-vous au centre-ville et le long du front de mer. La ville possède la plus importante cale sèche et c'est ici que fut construit le Titanic… Essayez de visiter St Malachy's Church et Oval Church avant de déjeuner au Crown Liquor

Saloon. L'après-midi, découvrez l'Ulster Museum et faites une balade dans les Botanic Gardens, sans oublier les deux serres. Le centre historique de Belfast connaît un grand programme de rénovation. Le processus de paix rend le centre-ville à nouveau animé, bars, restaurants et clubs de musique se multiplient. Afin d'expliquer leurs luttes, loyalistes et républicains ouvrent leurs musées, organisent des « taxi-tours » et des visites guidées des quartiers populaires. Sortez de la ville vers l'est pour visiter l'Ulster Folk and Transport Museum.

Jour 2

De Belfast, la route qui rejoint la côte se dirige vers la ville ancienne et la station balnéaire de **Bangor**. Après des étapes

dans les majestueux domaines et manoirs de Mountstewart et Castle Ward, l'itinéraire emprunte le ferry qui traverse l'estuaire du Strangford Lough vers la ville de St Patrick, **Downpatrick**, d'où il rejoint en bord de mer **Newcastle**.

Jour 3

Le circuit serpente autour des beaux monts Mourne avant d'atteindre **Armagh**, autre ville sainte, siège des deux archevêchés d'Irlande.

Jour 4

D'Armagh, notre voyage se poursuit au sud-ouest, passe en République d'Irlande et traverse les comtés de Monaghan et de Cavan, avant de bifurquer vers le nord-ouest en direction de la région des **lacs du Fermanagh** et sa petite capitale,

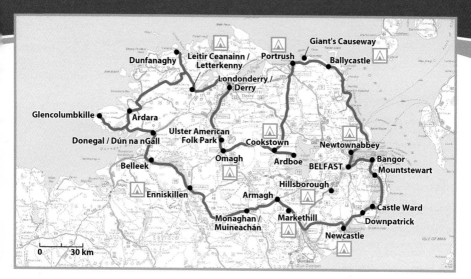

Enniskillen. Connu pour ses lacs peu encombrés – Lower et Upper Lough Erne – le Fermanagh est idéal pour faire du bateau ou pratiquer des sports nautiques. De plus, les lacs qui couvrent un tiers du comté abondent en poissons, ce qui en fait un lieu de prédilection pour la pêche.

Jour 5

Après **Belleek** et sa fameuse fabrique de céramique, on entre dans le comté du Donegal. Après la ville de Donegal, l'itinéraire mène vers l'ouest

Le conseil de Bib

▶ Il y a deux zones de monnaie en Irlande. L'Eire fait partie de la zone euro et l'Ulster (l'Irlande du Nord) a la livre sterling.

aux spectaculaires falaises du **Slieve League** et au village de **Glencolumbkille**, où souffle toujours l'esprit de saint Columba. Le circuit s'oriente vers l'intérieur des terres jusqu'à la ville du tweed, **Ardara**, puis au nord à travers le parc national de Glenveagh, jusqu'à la petite station tranquille de **Dunfanaghy**, à l'abri du promontoire de Horn Head.

Jour 6

Le circuit repart en passant devant le Grianan of Aileach, une très ancienne forteresse, pour rejoindre la célèbre cité fortifiée de **Londonderry**, en Irlande du Nord. Une querelle historique règne concernant le nom de la ville. La plupart des habitants nationalistes (catholiques) l'appellent **Derry**, nom que la ville a toujours porté. La plupart des habitants unionistes (en général protestants) l'appellent Londonderry. Regagnez une des nombreuses attractions des **monts Sperrin**

qu'est l'Ulster American Folk Park.

Jour 7

À l'est des montagnes, on découvre **Cookstown**, bourg typique de la Plantation ; la célèbre croix celtique d'**Ardboe**, sur le rivage du plus grand lac du pays, le Lough Neagh ; et la résidence du 17e s. d'un colon à Springhill.

Jour 8

Remontez au nord par la A29 pour rejoindre la **Chaussée des Géants** et sa côte (Causeway Coast) avec ses stations balnéaires les plus fréquentées du nord que sont **Portrush** et **Portstewart**.

Jour 9

L'itinéraire retourne à Belfast en suivant la route côtière de l'Antrim, traversant les paysages spectaculaires des vallées (glens) de l'Antrim, avec une dernière étape au grand château anglo-normand de Carrickfergus.

Irlande

⛺ Campings

Ballycastle

⛺ Silvercliffs Holiday Village
21 Clare Road, Causeway Coast
☏ 028/20762550
Mars-oct. 28 ha (60 empl.)
🚐
Loisirs : 🏛 🕯nocturne ≋ jacuzzi jeux pour adultes 🛝 ≋ (plage)
Services : ♿ 🚽 🗑 � ☺ ⚒ ⚡ 🔲 sèche-linge 🚮 🍷 ✗ brasserie

Cookstown

⛺ Drum Manor Forest Park
Drum Road
☏ 028/86762774
www.cookstown.gov.uk
Pâques-sept. (32 empl.)
🚐
Loisirs : 🏛
Services : ♿ 🗑 🚽 ⌘ ☺ ⚒ ⚡ 🔲 sèche-linge ✗ cafétéria

Enniskillen

⛺ Blaney Caravan Park & Camp Site
Cosbytown
☏ 028/68641634
www.blaneycaravanpark.com
Mars-oct. (22 empl.)
🚐 17 🇪
Loisirs : 🏛 🛝 🏓
Services : 🗑 ⌘ ☺ ⚒ ⚡ 🔲 sèche-linge ✗

Hillsborough

⛺ Lakesideview Caravan & Camp Park
71 Magheraconluce Road
☏ 028/92682098
www.lakeside-view.8m.com
De Pâques à mi-oct. (40 empl.)
🚐
Loisirs : 🏛 jeux pour adultes 🛝 🐟 💧 aire de sports
Services : ♿ 🔑 Ⓜ 🗑 ⌘ ☺ ⚒ ⚡ 🔲 sèche-linge

Leitir Ceanainn / Letterkenny

⛺ Caseys Caravan Site
Carrigart
☏ 074/9155376
Avr.-sept. 8 ha (78 empl.)
Loisirs : 🏛 ≋ (plage) 💧
Services : 🗑 ⌘ 🔲 sèche-linge 🚮 🍷 ✗ brasserie, cafétéria

Markethill

⛺ Gosford Forest Park
7 Gosford Demesne
☏ 028/37551277
www.gosford.co.uk
Fin mars-fin oct. 1,5 ha (80 empl.)
🚐
Loisirs : 🏛
Services : ⌘ ☺ ⚒ ⚡ 🔲 sèche-linge ✗ cafétéria

Newcastle

⛺ Woodcroft Park
104 Dundrum Road
☏ 028/43722284
Mi-mars-mi-oct. (36 empl.)
🚐 –
Loisirs : 🏛 🤸
Services : ⌘ ☺ ⚒ ⚡ 🚮 ✗

Newtownabbey

⛺ Jordanstown Loughshore Caravan Park
Shore Road
☏ 028/90863133
Permanent
🚐 6 🇪
Loisirs : 🏛 🕯nocturne (pdt l'été) 🛝 ≋ (plage) 💧 aire de sports
Services : ⌘ ☺ ⚒ ⚡ 🚮 ✗ brasserie, snack

Omagh

⛺ Sperrin Cottages
1 Lisnaharney Road
☏ 028/81662288
Mars-oct. (24 empl.)
🚐 –24 🇪
Loisirs : 🏛 🛝
Services : ♿ ⌘ ☺ ⚒ ⚡ 🔲 sèche-linge ✗

Portrush

⛺ Bellemont Caravan Park
10 Islandtasserty Road
☏ 028/70823872
Mars-sept. (30 empl.)
🚐 –25 🇪
Loisirs : 🏛 jeux pour adultes 🛝 🏓 poneys, aire de sports
Services : ♿ 🗑 ⌘ ☺ ⚒ ⚡ 🔲 sèche-linge 🚮 🍷 ✗ brasserie

Les bonnes **adresses** de Bib

Office de tourisme de Belfast
Belfast Welcome Centre – *47 Donegall Place -* 📞 *(0) 28 9024 6609 - www.gotobelfast.com - 9h-17h30 (19h en été), dim. 11h-16h.*

Armagh

Shambles
9 English St. Lower - 📞 *028 3752 4107 - autour de 10£.*
Cuisine de pub classique dans une grande salle du rez-de-chaussée ou dans une petite salle plus tranquille à l'étage.

Belfast

Bittle's Bar
103 Victoria St. - 📞 *028 9031 1088 - à partir de 11h30 - 10 £.*
Cela vaut la peine de venir boire un verre ici, pour la bizarrerie de l'architecture du pub : il occupe un étrange bâtiment de forme triangulaire, qui date de 1861, et s'appelait autrefois The Shakespeare. La décoration rend hommage au grand dramaturge.

Whites Tavern
2-4 Winecellar Entry - 📞 *028 9024 3080 - à partir de 11h30.*
Voici une taverne qui serait la plus ancienne de Belfast. On trinquerait ici depuis 400 ans… Une peinture murale rappelle que l'ambiance était bien animée au 17e s. Des musiciens traditionnels s'y produisent, et on y sert une honnête cuisine de pub.

National Trust Gift Shop
57 Fountain St. - 📞 *028 9032 0645 – tlj sf dim. 9h-17h30 (jeu. 19h).*
Ceux qui souhaitent rapporter un objet d'artisanat irlandais de grande qualité trouvent ici tout un choix de cadeaux et de souvenirs : broderies, cristal, céramiques, objets originaux ornés de motifs celtiques. Et quel souvenir plus approprié que la marmelade au whisky ?

St George's Market
12-20 East Bridge St. - vend.-sam. 8h-14h.
Vieux de plus d'un siècle, ce marché couvert a été récemment rénové. Le vendredi, jour de marché, l'ambiance y est haute en couleurs et la foule innombrable. Le samedi matin, la halle accueille un petit marché fermier.

Bangor

Coyles's
44 Hight St. - 📞 *02891270362 - mar.-jeu. 12h-15h, vend.-sam. 12h-21h - fermé 25 déc.*
Sur la façade noire sont annoncés vraie musique et bons alcools ! À l'étage, de bons plats sont aussi servis dans un décor Art déco : des steaks à la hauteur de l'ambition et d'autres surprises brillamment exécutées.

Downpatrick

Denvir's
English St. - 📞 *028 4461 2012 - lun.-jeu. et dim. 12h-14h30, 18h-20h, vend.-sam. 17h30-21h - 13 €.*
Bonne cuisine de pub dans un cadre historique. Cette ancienne auberge a jadis accueilli Jonathan Swift et servait au 18e s. de lieu de réunion aux patriotes des United Irishmen. La famille Denvir a émigré aux États-Unis et a donné son nom à la ville de Denver.

Londonderry

Badgers
16/18 Orchard St. - 📞 *028 7136 0763 - 11h30-0h45.*
À l'est des remparts, un endroit très agréable au confortable décor de pub. Copieuse cuisine de brasserie d'un très bon rapport qualité-prix.

Portrush

The Harbour Bar
The Harbour - 📞 *028 7082 2430 - fermé 25 déc. - 10 £.*
Pub rustique en bord de quai aux nombreux amateurs pour le déjeuner. Il faut passer commande au bar, mais les plats sont apportés à votre table.

Dunluce Centre
10 Sandhill Drive - 📞 *028 7082 4444 - juil.-août : 10h-20h ; juin : 10h- 17h, w.-end 12h-19h ; sept.-mai : w.-end 12h-17h (avr.-mai 19h) - 7£.*
Installé dans le même pavillon que le Dunluce Centre, il regroupe de nombreuses attractions : écran 4D géant avec simulateur de mouvements.

Sligo

Montmartre
Market Yard - 📞 *071 69901 - tlj sf dim.-lun. 11h30-23h - fermé 23-27 déc., 5-21 janv. - 30 £.*
La carte propose toutes sortes de plats, mais l'ambiance et la salle ont une tonalité bien française, avec sur les murs des reproductions de monuments français et le service attentif de jeunes demoiselles prévenantes.

Sligo Crystal
16 km au nord par la N 15, à Grange - 📞 *07191 43440 - juin-sept. : tlj sf w.-end 9h-18h.*
Un guide accompagne la visite des salles d'exposition et de la fabrique, où les artisans produisent le cristal selon les méthodes ancestrales avant de le tailler à la main.

Danemark

Nom local : *Danemark* **Capitale :** *Copenhague* **Population :** *5,53 millions d'habitants*
Superficie : *43 069 km²* **Monnaie :** *Couronne danoise (1 € = 7,44 DKK)*

Le plus méridional mais aussi le plus petit des pays scandinaves, le Danemark comprend la presqu'île du Jutland et 406 îles dont 97 seulement sont habitées, les deux plus importantes étant la Sjælland et la Fionie. Il n'y a pas de montagnes et peu de collines, ce qui est idéal pour les balades en vélo. Mis à part l'ouest et le nord du Jutland, la nature fertile et apprivoisée offre le charme de ses paysages verdoyants et de ses villages idylliques qui expriment la douceur de vivre à la danoise.

Vous constaterez que les distances sont courtes et profiterez autant de l'animation citadine que du calme de la belle campagne danoise. Des plages immaculées et des forêts verdoyantes se trouvent rarement à plus d'une demi-heure en camping-car.

Un quart de la population habite la capitale, Copenhague, où vous vous sentirez très vite à l'aise. Cet attrait immédiat est dû à la combinaison subtile de contrastes architecturaux et à son atmosphère unique à la fois détendue et fiévreuse.

Les Danois ont d'ailleurs pour devise « Comme nous n'avons pas de richesses naturelles, ou très peu, nous comptons sur le design ». Arne Jacobsen est reconnu mondialement pour ses réalisations architecturales et pour ses prototypes de tissus, d'argenterie et bien sûr de meubles – sa fameuse chaise Ant (fourmi) s'est vendue à plus de cinq millions d'exemplaires. Le Danois le plus célèbre est sans aucun doute Andersen, conteur de génie ; viennent ensuite le philosophe Kierkegaard, les peintres de l'école de Skagen, la romancière Karen Blixen, dont la renommée fut assurée par le film *Out of Africa*, le compositeur Carl Nielsen, le peintre Asger Jorn, fondateur du groupe Cobra, le cinéaste Lars von Trier… la liste est longue.

Le pays situé à la même latitude que l'Alaska jouit d'un climat bien plus tempéré mais qui peut être extrêmement variable. Et même s'il peut faire très chaud en été dans la journée, munissez-vous toujours d'une « petite laine » et d'un K-way.

RECOMMANDATIONS

DOCUMENTS OBLIGATOIRES

✓ Permis de conduire rose de l'UE
✓ Permis de conduire international (recommandé seulement)
✓ Certificat d'immatriculation du véhicule ou certificat de location
✓ Plaque d'identification nationale
✓ Justificatif d'assurance (carte verte)
✓ Passeport (recommandé seulement)
✓ Procuration en cas d'utilisation du véhicule appartenant à un tiers

VITESSES LIMITES

✓ En agglomérations urbaines : 50
✓ Sur routes : 80
✓ Sur autoroutes : 130
✓ Ces vitesses limites sont réduites par temps de pluie

URGENCES

✓ Téléphone incendie et ambulance : 112
✓ Téléphone Police : 110

Au secours ! **Hjælp !** / *Hôpital* **Sygehus** / *Police* **Politi**

RÉGLEMENTATIONS

✓ Taux maximum d'alcool toléré dans le sang : 0,5 g
✓ Siège enfant, rehausseur ou système de retenue adapté et homologué obligatoire jusqu'à 3 ans et 1,35 m
✓ Âge minimum du conducteur : 18 ans
✓ Port de la ceinture de sécurité obligatoire à l'avant et à l'arrière
✓ Deux-roues : port du casque obligatoire pour le conducteur et le passager
✓ Allumage des feux de croisement obligatoire (jour et nuit) toute l'année
✓ Pneus cloutés admis avec réglementation du 1er novembre au 15 avril
✓ Triangle de présignalisation obligatoire
✓ Trousse de premiers secours recommandée
✓ Extincteur recommandé
✓ Gilet de sécurité fluorescent recommandé

VÉLO!

Une attention toute particulière doit être portée aux nombreux cyclistes en agglomération. Ils sont prioritaires aux intersections.

Pour téléphoner au Danemark

Composer le 00 45 + indicatif régional + numéro de l'abonné.

LEXIQUE

MOTS USUELS

Oui **Ja** / *Non* **Nej** / *Bonjour* **Goddag** / *Bonsoir* **Godaften** / *Salut* **Hej** / *Au revoir* **Farvel** / *S'il vous plaît* **Vær så god** / *Merci (beaucoup)* **(mange) Tak** / *Excusez-moi* **Undskyld** / *Santé !* **Skål !** / *Manger* **Spise** / *Boire* **Drikke** / *Toilettes* **Toalett**

DIRECTIONS & TRANSPORTS

À droite **Til højre** / *À gauche* **Til venstre** / *Entrée* **Indgang** / *Sortie* **Udgang** / *Autoroute* **Motorvej** / *Route* **Vej** / *Ville* **By** / *Station-service* **Tankstation** / *Essence* **Benzin**

PREMIERS CONTACTS

Je voudrais… **Jeg ville ønske…** / *Je ne comprends pas* **Jeg forstår ikke** / *Combien ça coûte ?* **Hvor meget koster det ?**

Le **Danemark** d'île en île

➲ *Départ de Copenhague*
➲ *7 jours*
890 km
Carte Michelin n° 711

Quai de Nyhavn reconstitué à Legoland Park

I. Klipper/ MICHELIN

Jours 1 et 2

Votre visite de **Copenhague** commencera par une longue flânerie qui vous conduira de la place de l'Hôtel-de-Ville à la Nouvelle Place Royale par Strøget, la légendaire artère piétonne et commerçante, épine dorsale de la vieille ville. Perdez-vous dans le Nouveau port, élaboré au 17ᵉ s. où les bars à matelots sont devenus de petits restaurants chaleureux tandis que sur le canal, les navires de commerce d'autrefois ont cédé la place à de superbes voiliers. Un rafraîchissement bien mérité sur le quai de Nyhavn précédera la découverte du quartier d'Amalienburg et des quais jusqu'à la Petite Sirène, véritable symbole de la ville. Œuvre d'Edvard Eriksen, la statue de bronze qui honore à la fois

Andersen et l'attachement des Danois à la mer fut offerte à la ville de Copenhague en 1913 par Carl Jacobsen, fils du fondateur des brasseries Carlsberg. Encore des fourmis dans les jambes ? Empruntez un vélo municipal et partez à la découverte de l'étonnant quartier « hippie » de Christiana. Bien entendu, la partie culturelle ne sera pas absente : entre la Ny Carlsberg Gkyptotek, le Musée national, le musée des Beaux-Arts et le château de Rosenborg, le choix est large ! Mais il serait dommage de limiter votre découverte à la seule capitale.

Jour 3

Depuis Copenhague, vous explorerez en premier lieu la plus grande île danoise, le **Sjælland**. Une balade le long de la Riviera danoise précédera la

découverte des châteaux d'**Helsingør** et d'**Hillerød**, ainsi que la cathédrale de **Roskilde**.

Jour 4

Le pont routier vous conduira en Fionie : vous vous arrêterez à **Odense** tout imprégnée de l'influence d'Hans Christian Andersen, dont ce fut la ville natale. Dans le quartier Andersen justement, vous arpenterez la Brands Klaedefabrik. Vous visiterez également d'agréables petits ports, tels que **Kerteminde**, **Nyborg** ou **Fåborg**. Depuis **Svendborg**, un pont vous donnera accès à l'île de **Tåsinge**, célèbre pour son château de Valdemar. De style baroque, il se dresse dans un site boisé au bord d'un étang. Vous serez sans nul doute impressionné par la grande salle avec son sol en damier et par son musée des trophées de chasse.

Europe septentrionale

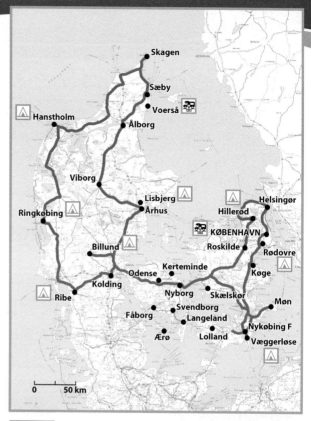

Jour 5

Les belles plages de **Langeland** et son atmosphère paisible attirent de plus en plus de touristes. Peut-être préférerez-vous emprunter un ferry pour rallier **Ærø**, que les Danois surnomment l'« authentique ».

Kolding puis **Billund** qui recèle une des plus célèbres attractions touristiques du Danemark : **Legoland Park**. Plusieurs millions de cubes ont servi à la création de fidèles reproductions en miniature de monuments célèbres ou de quartiers d'Amsterdam, Bruxelles. Un espace est réservé aux tout-petits. Legoland possède aussi une fantastique collection de jouets.

Puis direction le nord du Jutland en passant par **Århus** et son musée des Beaux-Arts ARoS. Puis **Viborg**, l'une des plus anciennes cités danoises, remarquable pour son charmant centre-ville aux ruelles pavées et sa cathédrale. Visitez **Ålborg**, principal pôle économique et culturel du Jutland du Nord. Vous arrivez enfin à **Skagen**, la ville des peintres fameux, à la pointe du Jutland.

Le conseil de Bib

▶ Les autoroutes sont gratuites. Mais les ponts reliant les îles sont payants.

Jour 6

Revenant à **Sjælland**, vous longerez la côte occidentale du Jutland puis passé Odense vous obliquerez en direction du sud et gagnerez l'île de **Lolland** avant de découvrir les charmes encore sauvages de Møn, et ses églises recouvertes des fresques du maître d'Elmelunde.

Jour 7

De retour sur Sjælland, vous rentrerez à Copenhague par **Køge**, au terme d'un périple qui vous aura fait découvrir six îles sans que vous ayez à prendre le bateau...

La fameuse « petite sirène »

S. Olivier / Michelin

Danemark

 Aires de **service** & de **stationnement**

Copenhagen City Camp – *Tommergravsgade 2 -* 🖉 *021/425384 - www.asved.com/citycamp - 8h-22h - juin-sept.* - 🅿️.
Borne plateforme. 🚐 🚽 💤 🔧.
Stationnement : 225 DKK/j.

Voerså Lysthådehavn – *Havstokken* – 🅿️ *8.*
Borne autre. 🚐 🚽.
Stationnement : 100 DKK/j.

⛺ Campings

Billund

🏕 Billund-Camping-FDM
Ellehammersalle 2
🖉 075/331521
Permanent 14 ha (659 empl.)
🚐
Loisirs : 🏠 ⛱ 🎣 m 🏊
Services : ⚡ 🛜 🎰 sèche-linge 🚿 🔧❌
😊 Emplacements spéciaux pour camping-cars.

Hanstholm

🏕 Hanstholm Camping
Hamborgvej 95
🖉 097/965198
Permanent 22 ha (400 empl.)
🚐
Loisirs : 🏠 🎣🏃 ⛱ 🎣 🚴 🏓 m 🏊 🚣
(plage) 🏖 ⛵🐎 🚲 ⛺ 🛜 🎰 🚿 🔧❌
😊 Quick stop pour camping-cars.

Hillerød

🏕 Hillerød Camping
Blytækkervej 18
🖉 048/264854
Avr.-oct. 2,2 ha (95 empl.)
🚐
Loisirs : 🏠) ⛱ jacuzzi 🎣 🚲 🏊 🏖
Services : ⚡ 🛜 🎰 🚿 🔧

Lisbjerg

🏕 Aarhus Camping
Randersvej 400
🖉 086/231133
Permanent 6,9 ha (200 empl.)
🚐
Loisirs : 🏠 jeux pour adultes 🎣 🏊 barbecue, trampoline
Services : 🚿 🔧 😊 🚐 🛜 🎰 🚿 🔧❌
😊 Quick stop pour camping-cars.

Ribe

🏕 Ribe Camping
Farupvej 2
🖉 075/410777
De mi-mars à mi-oct. 9 ha (220 empl.)
🚐
Loisirs :
Services : 🔧 ⚡ 🎰 🚿 🏊 😊 🛜 🎰 🚿
🚿 ❌ snack
😊 Quick stop pour camping-cars.

Ringkøbing

🏕 Æblehavens
Herningvej 105
🖉 097/320420
De fin mars à fin sept. 9,5 ha (100 empl.)
🚐
Loisirs : 🏠 diurne 🎣 m 🐬
Services : ⚡ 🎰 🚿 🏊 😊 🛜 🎰 🚿 ❌
😊 Quick stop pour camping-cars.

Rødovre

🏕 DCU-Camping Absalon
Korsdalsvej 132
🖉 036/410600
Permanent 12,5 ha (580 empl.)
🚐
Loisirs : 🏠 🎣
Services : 🔧 🚿 😊 🚿
😊 Transports en commun pour le centre-ville.

Væggerløse

Marielyst Camping
Marielyst Strandvej 36
🖉 054/135307
Avr. à déb. sept. 3 ha (80 empl.)
🚐
Loisirs : 🏠 🎣 🚲 m 🚣 (plage) 🐬 💧
Services : 🔧 ⚡ 🎰 🚿 🏊 😊 🚿 🎰 🚿
😊 Quick stop pour camping-cars.

Carnet pratique

Les bonnes **adresses** de Bib

Office de tourisme de Copenhague
Copenhagen Visitor Centre – *Vesterbrogade 4A - ℘ 45 7022 2442 - www.visitcopenhagen.com.*

Ålborg

Paprika
Sankelmarksgade 9, dans le centre - ℘ 98 10 20 35 - www.paprikaaalborg.dk - tlj sf w.-end 15h-24h - 60 €.
Un restaurant viennois qui propose toute une variété de *schnitzels* (escalopes panées). Les assiettes sont très copieuses et, mieux, un seul plat suffira à vous rassasier. Un peu d'attente que vous pourrez passer en contemplant les journaux anciens qui décorent la pièce.

Århus

Raadhus Kafeen
Sønder Allé 3, près de l'hôtel de ville - ℘ 86 12 37 74 - www.seafoodaarhus.dk - 11h-23h - 26 €.
Dans cette taverne, on vous sert une cuisine locale composée des incontournables tartines, des poissons, des soupes, salades et viandes en sauce. Attention, les plats sont plutôt copieux !

Copenhague

Le Pavé
Gråbrødretorv 14, dans le centre historique - ℘ 33 13 47 45 - 14h-0h - 40/60 €.
L'un des meilleurs restaurants de cette place fameuse qui abonde en bars et restaurants. L'intérieur simple est bien tenu, et le chef prépare une cuisine française savoureuse. Bon rapport qualité/prix. La terrasse permet de contempler les maisons colorées qui bordent la place.

Kransekagehuset
N.Y. Østergade 9, rentrer dans la cour, puis à gauche - ℘ 33 13 19 02 - lun.-vend. 9h-18h, sam. 9h-16h.
Ce salon de thé appartient au même propriétaire que l'excellente boulangerie située à l'entrée du passage. Une multitude de pâtisseries danoises alléchantes sont proposées, dont la spécialité de la maison *(Huset Specilitet)*, un gâteau crémeux au chocolat.

Helsingør/Elseneur

Madame Sprunck
Stengade 48 - ℘ 264849 - www.madamsprunck.dk - 11h-21h30 - 40 €.
Deux salles superposées dans une petite maison du 18e s. située au fond d'une cour. Tables sous tonnelle de mai à mi-octobre. Une cuisine recherche gastronomique, un service et un cadre soignés et une belle carte des vins. Comptez 100 DKK pour les entrées, 200 DKK pour le plat principal.

Kolding

A Hereford Beefstouw
Helligkorsgade 20, dans le centre - ℘ 75520087 - www.a-h-b.dk - lun.-vend. 11h30-14h, 17h30-23h, w.-end 17h30-23h - fermé à Pâques - 27 €.
L'un des restaurants de cette fameuse chaîne danoise spécialisée dans les grillades.

Odense

Jensen's Bøfhus
Kongensgade 10, dans le centre - ℘ 66 14 59 59 - lun.-jeu. 11h-22h, vend.-sam. 11h-23h, dim. 12h-22h - 17 €.
Une chaîne de restaurants présente sur l'ensemble du territoire danois où vous pourrez apprécier de savoureuses grillades, accompagnées de salades et pommes de terre au four. Une valeur sûre !

Ribe

Saelhunden
Skibbroen 13, le long de la rivière - ℘ 75 42 09 46 - tlj jusqu'à 21h30 - 20 €.
Sur des quais paisibles, le long du canal, cette taverne traditionnelle propose une cuisine locale sans chichis. Les plats de viande ou de poisson sont copieux et à des prix plutôt modérés.

Roskilde

Raadhuskælderen
Domkirkepladsen 3 - ℘ 46360100 - www.raadhuskaelderen.dk - tlj sf dim. 11h-23h - 40 €.
Spécialités danoises et grillades dans une belle salle voûtée proche de la cathédrale. Comptez 250 à 300 DKK, hors boissons.

Skagen

Pakhuset
Rødspættevej 6, sur le port - ℘ 98 44 20 00 - www.pakhuset-skagen.dk/cgi-bin/hovedmenu.pl - 10h-4h (22h pour les cuisines) - 30 €.
Ce restaurant spécialisé dans les produits de la mer dispose d'un café au rez-de-chaussée, pour les petits budgets, et d'un restaurant élégant à l'étage. La cuisine, raffinée et joliment présentée, est essentiellement composée de la pêche du jour. Une des meilleures adresses de la ville !

Viborg

Morville
Hjultorvet 4 - dans le centre piéton - ℘ 86 60 22 11 - lun.-jeu. 11h-0h, sam. 10h-1h, dim. 12h-23h - 10/15 €.
Un café moderne idéalement situé sur une place piétonne où le samedi se tient le marché. L'intérieur sans charme particulier est envahi par la population locale qui vient se délecter d'un brunch copieux. Soirées animées en week-end.

Suède

Nom local : *Sverige* **Capitale :** *Stockholm* **Population :** *9,41 millions d'habitants*
Superficie : *449 964 km²* **Monnaie :** *Couronne suédoise (1 € = 9,08 Kr)*

La Suède est séparée de la Norvège, à l'ouest, par une chaîne de montagnes, et elle partage avec la Finlande le golfe de Botnie, au nord de la mer Baltique. Le sud du pays est essentiellement agricole, tandis que les forêts couvrent une part croissante des terres à mesure que l'on progresse vers le nord. Les paysages se composent de multiples variations entre forêts de sapins et de bouleaux, lacs et petites maisons de bois peintes à l'ocre rouge de Falun, extrait des anciennes mines de cuivre.

Lors de votre arrivée à Stockholm, grande sera votre surprise, après avoir traversé des forêts sans fin, de vous retrouver en plein cœur de la capitale, sans ces cortèges de banlieues tristes. La densité de population est plus élevée dans le sud, surtout dans la vallée du lac Mälaren et dans la région de l'Öresund. Le pays compte près de 17 000 Sames indigènes (plus connus sous le nom de Lapons, qu'ils récusent). Ce dernier peuple nomade d'Europe tente tant bien que mal de préserver son identité.

La Laponie est splendide avec ses lumières rasantes et dorées durant les interminables nuits d'été. L'art suédois, longtemps méconnu, est d'une grande vitalité et joue un rôle majeur dans la culture mondiale. Pour le 7e art, des Suédois se sont distingués dès les débuts avec Mauritz Stiller et Victor Sjöström. Plus tard, le réalisateur Ingmar Bergman acquit une réputation mondiale. Plusieurs actrices figurent parmi les plus grandes. Greta Garbo « la Divine », Ingrid Bergman et Anita Ekberg ont laissé des traces dans l'imaginaire des cinéphiles. La musique suédoise se confond pour beaucoup avec le groupe ABBA, pour lequel on annonce l'ouverture prochaine d'un musée dans la capitale. La littérature n'est pas en reste avec Strindberg, Lagerlöf, Dagerman et les enquêtes de Mankell dans les rues d'Ystad. Le design – devenu symbole d'un art de vivre – a aussi le vent en poupe en Suède. Pour vous en convaincre, il vous suffira d'entrer dans les halls d'hôtels, les boutiques et les restaurants de Stockolm.

RECOMMANDATIONS

DOCUMENTS OBLIGATOIRES

✓ ✓ Permis de conduire rose de l'UE
✓ Permis de conduire international (recommandé seulement)
✓ Certificat d'immatriculation du véhicule ou certificat de location
✓ Plaque d'identification nationale
✓ Justificatif d'assurance (carte verte)
✓ Passeport (recommandé seulement)
✓ Procuration en cas d'utilisation du véhicule appartenant à un tiers

VITESSES LIMITES

✓ En agglomérations urbaines : 50
✓ Sur routes : 70
✓ Sur autoroutes : 110
✓ Ces vitesses limites sont réduites par temps de pluie

FERRIES

Directement via l'Allemagne, ou en deux temps en passant par le Danemark, la Suède profite de très nombreuses lignes. Le pont est payant entre Copenhague et Malmö (environ 68 € pour les camping-cars de plus de 6 mètres).
Kiel (Allemagne) à Göteborg (13h30) : 544/711 € Stana Line (avec cabine 2 pers. incluse A/R)
Travemünde (Allemagne) à Trelleborg (7h) : 200/310 € TTLine
Se renseigner et réserver longtemps à l'avance :
www.scanditours.fr
www.ttline.de

RÉGLEMENTATIONS

✓ Taux maximum d'alcool toléré dans le sang : 0,2 g
✓ Siège enfant, rehausseur ou système de retenue adapté et homologué obligatoire jusqu'à 1,35 m
✓ Âge minimum du conducteur : 18 ans
✓ Port de la ceinture de sécurité obligatoire à l'avant et à l'arrière
✓ Allumage des feux de croisement obligatoire (jour et nuit toute l'année)
✓ Pneus cloutés admis avec réglementation du 1er octobre au 30 avril
✓ Triangle de présignalisation obligatoire
✓ Trousse de premiers secours recommandée
✓ Extincteur recommandé
✓ Gilet de sécurité fluorescent recommandé

URGENCES

✓ Téléphone incendie et ambulance : 112
✓ Téléphone Police : 110

Au secours ! **Hjälp !** */ Hôpital* **Sjukhus** */ Police* **Polis**

Pour téléphoner en Suède

Composer le 00 46 + indicatif régional + numéro de l'abonné. En Suède, les indicatifs régionaux comportent toujours de deux à quatre chiffres, et débutent systématiquement par 0 : cet indicatif doit être utilisé intégralement pour passer une communication d'une région à une autre.

LEXIQUE

MOTS USUELS

Oui **Ja** */ Non* **Nej** */ Bonjour* **Goddag** */ Bonsoir* **God afton** */ Salut* **Hej** */ Au revoir* **Adjö** *ou* **Hej då** */ S'il vous plaît* **Var så god** */ Merci (beaucoup)* **Tack (så mycket)** */ Excusez-moi* **Ursäkta mig** */ Santé !* **Skål !** */ Manger* **Äta** */ Boire* **Dricka** */ Toilettes* **Toalett**

DIRECTIONS & TRANSPORTS

À droite **Till höger** */ À gauche* **Till vänster** */ Entrée* **Ingång** */ Sortie* **Utgång** */ Autoroute* **Motorväg** */ Route* **Väg** */ Ville* **Stad** */ Station-service* **Bensinstation** */ Essence* **Bensin**

PREMIERS CONTACTS

Je voudrais… **Jag vill…** */ Je ne comprends pas* **Jag förstår inte** */ Pouvez-vous m'aider ?* **Skulle ni kunna hjälpa mig ?** */ Combien ça coûte ?* **Hur mycket kostar det ?**

Découverte de la **Suède**

➲ *Départ*
de Malmö
➲ *12 jours*
1790 km
Carte Michelin
n° 711

Lac Mälaren

E. Morris / MICHELIN

Jour 1

Le Danemark et la Suède se disputèrent pendant des siècles le contrôle du détroit de l'Öresund qui donne accès à la mer Baltique. Depuis la construction du pont/tunnel reliant Copenhague à Malmö, ce lieu chargé d'histoire est devenu une région dynamique fière de son patrimoine culturel et naturel – la Scanie. Vous serez saisi par la pureté des lignes de ce pont qui s'enfuit vers l'horizon et les côtes suédoises souvent enveloppées de brume. La traversée ne durant que 10 minutes, vous aurez le temps de découvrir **Malmö**. Avant de reprendre la route pour Stockholm en longeant la côte, arrêtez-vous au village viking de **Foteviken** et au musée de l'ambre.

Jours 2 et 3

Vous quitterez la ville vers **Ystad** en vous arrêtant à Kulturens Östarp, annexe du musée de **Lund**. Lund, deuxième ville universitaire de Suède, est une cité charmante dont les rues étroites sont bordées d'édifices de différentes époques. Vous prendrez le temps d'admirer la cathédrale qui est le plus bel exemple d'architecture romane du pays. Ystad, avec ses 300 maisons de bois, vous ravira avec son centre médiéval. Ystad est le port d'accès à l'île de **Bornholm**. Direction **Kalmar** et son château autrefois surnommé la « clé de la Suède ». En route vous découvrirez d'agréables cités comme **Morrum** et sa maison du saumon, **Karlsham** et son port, **Ronneby** et ses eaux thermales, **Karlskrona** et ses chantiers navals.

Jours 4 et 5

Le séjour à **Stockholm** commencera par une longue flânerie dans le centre historique de la ville, à commencer par l'île de **Stadsholmen** et ses ruelles aux pavés irréguliers où se nichent toutes sortes de boutiques et de cafés plongés dans une sympathique pénombre : vous vous rendrez au Palais royal (Kungliga slottet) et vous pousserez jusqu'à la cathédrale, appelée ici Grande Église (Storkyrkan). Vous poursuivrez votre promenade dans les îles voisines : celle des Chevaliers (Riddarholmen) où le temps semble s'être figé au cours du 17e s., celle du Saint-Esprit (Helgeandsholmen) ou encore celle du Roi (Kungsholmen). Mais le centre

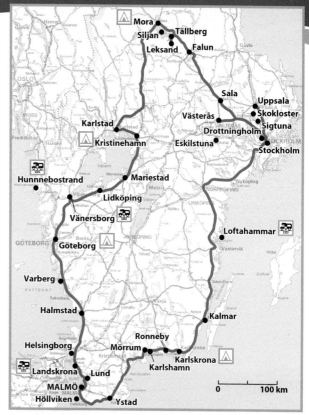

moderne (Norrmalm), dynamique et animé, ne manque pas non plus d'intérêt… Bien entendu, vous ne manquerez sous aucun prétexte la visite du musée en plein air de Skansen, ni celle de l'épave du Vasa, ce superbe vaisseau de guerre coulé en 1628 et qui nous est parvenu presque intact… Une balade en bateau dans l'archipel de Stockholm sur le **lac de Mälaren** peut précéder la visite de quelques-uns des châteaux de la région : **Ulriksdal**, mais surtout la superbe résidence royale de **Drottningholm**.

Jour 6

À **Birka**, vous prendrez l'autoroute E 4 vers le nord puis la route 263 vers l'ouest. **Sigtuna** était il y a mille ans la ville la plus importante de Suède ; on y battait monnaie et le roi Erik Segersäll (le Victorieux) la choisit et y fit construire une résidence royale à l'emplacement de l'actuel musée de la Ville. Après un détour vers le château de Skokloster, vous poursuivrez vers le nord jusqu'à **Uppsala** qui supplanta Sigtuna dès le Moyen Âge comme capitale pour devenir plus tard la première ville universitaire de Suède.

Jour 7

Vous visiterez **Västerås** et sa cathédrale avant de longer le lac par la rive sud. Ce circuit vous permettra de voir les châteaux de **Strömsholm** et **Gripsholm**, de vous promener dans les charmantes petites villes d'**Eskilstuna**, **Strängnäs** et **Mariefred** et de flâner au bord du lac, sur le site romantique de **Sundbyholm**.

Jours 8 et 9

Vous gagnerez **Sala** et sa mine d'argent, aujourd'hui désaffectée. Gagnez ensuite la Dalécarlie et ses fameuses traditions folkloriques. Ne passez pas à côté de la mine de cuivre et des peintures dalécarliennes à **Falun**, un spectacle à l'amphithéâtre naturel de **Dalhalla**, les bords du lac **Siljan** et ses villages traditionnels et le parc aux ours de **Grönklitt** et les ateliers de fabrication de petits chevaux dans la région nord de **Leksand**.

Jour 10

Une étape un peu longue vous amène au lac **Varnen** que vous longerez par la rive est en découvrant la ville de **Karlstad**, puis **Mariestad**, le château de **Läckö** et **Lidköping**.

Jours 11 et 12

Une pause à **Göteborg**, à **Varberg** ou **Halmstad** précédera votre entrée dans Malmö sans oubliez un arrêt à **Landskrona** qui vous permettra de visiter l'île de **Ven** où vécut l'astronome Tycho Brahe. Vous rejoindrez Malmö fin de votre périple suédois. De nombreuses rues sont piétonnes aussi est-il vivement recommandé de laisser son véhicule dans un des parkings des services municipaux, Gatukontoret (stationnement gratuit avec la carte Malmö).

Suède

 Aires de **service** & de **stationnement**

Hunnebostrand

Aire d'Hunnebostrand – *Småbotshamn* – **P**.
Borne autre. ⚠ 🚰 🚽 🚿 Payant.
Stationnement : 150 SEK/j.

Landskrona

Borstahusens Camping – *Campingvägen* -
🕿 *0418/10837 - fin avr. à mi-sept.* - **P**.
Borne autre. ⚠ 🚰 🚽 🚿 Payant.
Stationnement : 225 SEK/j.

Loftahammar

Tättö Havsbad – *Tättovägen 50* - 🕿 *0493/61330 - ouv. tte l'année* - **P**.
Borne autre. ⚠ 🚰 🚽 🚿 Payant.
Stationnement : 185 SEK/j.

Vänersborg

Ursands Camping – *Ursandsvägen* - 🕿 *0521/18666 - fin avr. à mi-sept.* - **P**.
Borne autre. ⚠ 🚰 🚽 🚿 Payant.
Stationnement : 210 SEK/j.

⛺ Campings

Göteborg

⛺ Campsite Lisebergbyn Kärralund
Olbersgatan
🕿 031/840200
Permanent 40 ha (152 empl.)
🚐
Loisirs : 🏠 ⛲ séances de cinéma 🏖 🏇 🚣
barbecue
Services : 🚿 🚰 ♨ ⚡ ☺ 📶 📷 sèche-linge
lave-vaisselle 🧺 🚰 ✗ pizzeria
☺ Emplacements spéciaux pour camping-cars.

Karlskrona

⛺ First Camp Dragsö-Karlskrona
Dragsövägen
🕿 0455/15354
Mi-avr.-mi-oct. 6 ha (285 empl.)
🚐
Loisirs : 🏠 ⛲ diurne (en été) nocturne ⛲ 🏖
🚴 🏇 (plage) 🚣 🛶 canoës
Services : 🚿 🚰 Ⓜ 🚰 ♨ ⚡ ☺ 📶 📷
sèche-linge lave-vaisselle 🧺 🚰 🍽 ✗ brasserie,
snack, self-service

Kristinehamn

⛺ Kvarndammens Camping
Bartilsbro Vägen
🕿 0550/88195
Mars-août 5 ha (65 empl.)
🚐
Loisirs : 🏠 ⛲ 🏖 🏇 ♨ (plan d'eau)
🚣 🛶
Services : ♨ ⚡ 📷 sèche-linge 🧺

Mora

⛺ Mora Park & Camping
Parkvägen 1
🕿 0250/27600
Permanent 20 ha (800 empl.)
🚐
Loisirs : 🏠 ⛲ diurne ⛲ 🏖 ♨ 🚴 -⚽ ✗ 🏇
🔲 ♨ (plan d'eau) 🏇 🚣 🎿 ski de fond
Services : 🚰 Ⓜ 🚰 ♨ ⚡ ☺ 📶 📷 sèche-linge
🧺 🍽 ✗ brasserie, snack, self-service
☺ Emplacements spéciaux pour camping-cars.

Les bonnes **adresses** de Bib

Office de tourisme de Stockholm
Stockholm Visitors Board – *Vasagatan 14 - ☎ 46 (0)8 508 28 508 - www.visitstockholm.com/fr.*

Göteborg

Kronhuset & Kronhus Bodarna
Postgatan, dans le centre - ☎ 031 711 08 32 - www.cafekronhuset.se - 10h-19h - 15 €.
Cette grande demeure en briques rouges est la plus ancienne demeure de la ville. Elle abrite aujourd'hui un centre d'artisanat où se regroupent entre autres un fabricant de montres, une manufacture de chocolats ou encore un fabricant d'instruments de musique. Le bâtiment est également bordé d'une charmante terrasse ombragée où vous pourrez prendre un verre.

Helsingborg

Lagmark
Sundstorget 3, dans le centre - ☎ 14 88 30 - www.lagmark.se - tlj sf dim. 11h-18h - 50 €.
Cette adresse très populaire est à la fois un restaurant et un traiteur. Sur place ou à emporter, vous y trouverez de nombreux plats et tartines typiquement scandinaves. Une terrasse est dressée sur une place piétonne.

Kalmar

Calmar Hamnkrog
Skeppsbrogatan 30, dans le centre - ☎ 41 10 20 - www.calmarhamnkrog.se - lun.-vend. 11h30-14h, 18h-22h, sam. 18h-22h - 20 €.
Probablement le meilleur restaurant de poissons de la ville ! Dans un cadre élégant, vous pourrez apprécier une cuisine raffinée soigneusement servie. Quelques bonnes bouteilles de vin accompagneront ce repas gourmet.

Lund

Mikai
Stora Södergatan 20, dans le centre - ☎ 15 60 80 - lun.-vend. 9h-19h, sam. 10h-19h, dim. 11h-17h - 12 €.
Un charmant restaurant traiteur asiatique bon marché, où l'on sert une cuisine de qualité. Vous pourrez manger de fameuses nouilles sautées sur les quelques tables dressées dans le fond du magasin.

Malmö

Arstiderna
Stortorget - ☎ 23 09 10 - lun.-vend. 11h30-0h, sam. 17h-0h - 50 €.
Une véritable institution ! Cette demeure historique abrite un restaurant traditionnel de grande qualité. L'ensemble est bâti dans un sous-bassement en briques où respire le passé.

Marché
La place Möllevångstorget où se tient chaque jour le marché aux fruits et aux légumes mérite une visite, comme Banérs-

kajen bordé d'anciennes cabanes de pêcheurs (à l'ouest du musée des Techniques), où l'on vend du poisson frais.

Nyköping

Forsen
Forsgränd 14, en entrant dans la cité - ☎ 21 56 00 - www.restaurangforsen.se - lun.-vend. 18h-23h, sam. 13h-23h, dim. 13h-18h - 26 €.
Cette charmante maison jaune est située sur le canal à moins de 10mn à pied du centre piéton. Vous pourrez apprécier une cuisine locale savoureuse depuis la terrasse aménagée directement sur l'eau.

Stockholm

Östermalms Saluhall (marché couvert)
Situé à l'angle de Nybrogatan et d'Humlegårdsgatan, où l'on trouve un assortiment de poissons, de viande, de légumes et de fromages ainsi qu'une sélection de *Smørgasbord* (sandwich scandinave), de salades et de snacks ; les clients pressés se font servir au comptoir, les autres à une des tables disposées à l'intérieur du marché couvert.

Vete Katten
Kungsgatan 55, dans le centre - ☎ 20 84 05 - www.vetekatten.se - tlj sf dim. 7h30-20h, sam. 9h30-17h - 10 €.
Ce vaste établissement accueille une boulangerie, un salon de thé et un restaurant où l'on sert une cuisine rapide. L'ensemble est très visité par les Suédois, surtout pour les pâtisseries qui sont très réputées. À emporter ou déguster dans la petite cour intérieure.

Ulla Winbladh
Rosendalsvägen 8, à 15mn à pied du centre-ville - ☎ 663 05 71 - www.ullawinbladh.se - 11h30-23h - 30 €.
Cette petite maison charmante bâtie au cœur d'un parc accueille un restaurant populaire très fréquenté par les habitants de la capitale. Cuisine typiquement suédoise que vous pourrez savourer en été sur la grande terrasse fleurie.

Kaknästornet
Mörkakroken 28-38, à 30mn à pied du centre-ville - ☎ 667 21 80 - 10h30-22h - 10 €.
Au sommet de cette célèbre tour de 155 m de haut, vous trouverez un café et un restaurant bon marché où vous pourrez déjeuner le midi pour moins de 100 SEK. Les prix sont plus élevés le soir « à la carte ». Spectacle assuré grâce à une vue exceptionnelle sur la ville et la région environnante.

Uppsala

Saluhallen
St Eriks Torg 8, à 5mn à pied du centre - www.saluhalleniuppsala.se - lun.-jeu. 10h-18h, vend. 10h-19h, sam. 10h-16h.
Les halles qui longent le canal dans le quartier de la cathédrale abritent plusieurs traiteurs et commerçants ainsi que 4 restaurants appartenant à la même famille. Chacun y trouvera son plaisir, du restaurant gourmet au café bon marché en passant par la grande terrasse sur le canal.

Norvège

Nom local : *Norge* **Capitale :** *Oslo* **Population :** *4,92 millions d'habitants*
Superficie : *323 878 km²* **Monnaie :** *Couronne norvégienne (1 € = 7,74 NOK)*

Pays de montagnes et de fjords s'étirant du nord au sud sur près de 2 000 km, la Norvège est peu peuplée, et de nombreuses régions sont presque totalement isolées, tout au moins durant les mois d'hiver. Le relief est très accidenté. Terre et eau sont imbriquées car près de 165 000 lacs ornent ce fascinant pays. Les paysages sont grandioses et la nature, le plus souvent à l'état sauvage, crée des impressions inoubliables, que ce soit en été lorsque le soleil de minuit accélère le rythme de la vie, ou au contraire, en hiver lorsqu'un manteau de silence semble recouvrir les vastes étendues enneigées. La Norvège est parfois surnommée « pays du soleil de minuit » en raison de sa situation septentrionale : une partie du pays se trouve en effet au nord du cercle polaire arctique, où le soleil ne se couche jamais en été (de mai à fin juillet) et ne se lève jamais en hiver (de fin novembre à fin janvier). Originaire du comté de Telemark, le ski est pour les Norvégiens ce que le vélo est pour les Danois.

Plus réservés que les Danois, les Norvégiens ont su maîtriser leur environnement en construisant une multitude de tunnels et de ponts audacieux et en établissant un réseau performant de ferries.

De grands explorateurs tels que Nansen, Amundsen et Heyerdahl sont les héritiers directs des Vikings téméraires qui se lancèrent à travers l'océan pour découvrir des terres nouvelles. Dans le domaine des arts, le Norvégien Edvard Munch est sans aucun doute le plus grand peintre scandinave de tous les temps. Outre son fameux *Cri* (dont il existe quatre versions), d'autant plus universellement connu à l'occasion du vol de la toile à Oslo en août 2004, Munch est l'auteur d'une œuvre très variée, passant du symbolisme à l'expressionnisme dont il est considéré comme le créateur. En tête des éminents représentants de la littérature norvégienne, on placera le dramaturge Henrik Ibsen et le romancier Knut Hamsun.

RECOMMANDATIONS

DOCUMENTS OBLIGATOIRES

- ✓ Permis de conduire rose de l'UE
- ✓ Permis de conduire international (recommandé seulement)
- ✓ Certificat d'immatriculation du véhicule ou certificat de location
- ✓ Plaque d'identification nationale
- ✓ Justificatif d'assurance (carte verte)
- ✓ Passeport (recommandé seulement)
- ✓ Procuration en cas d'utilisation du véhicule appartenant à un tiers

VITESSES LIMITES

- ✓ En agglomérations urbaines : 50 km/h
- ✓ Sur routes : 80 km/h
- ✓ Sur autoroutes : 90 km/h
- ✓ Ces vitesses limites sont réduites par temps de pluie

4 PATTES

Vous avez l'obligation de faire établir un passeport européen pour vos animaux de compagnie. Les vaccins, notamment antirabiques, doivent être à jour ; deux jours avant le départ, un certificat sanitaire devra être établi.

RÉGLEMENTATIONS

- ✓ Taux maximum d'alcool toléré dans le sang : 0,2 g
- ✓ Siège enfant, rehausseur ou système de retenue adapté et homologué obligatoire jusqu'à 1,35 m ou 36 kg
- ✓ Âge minimum du conducteur : 18 ans
- ✓ Port de la ceinture de sécurité obligatoire à l'avant et à l'arrière
- ✓ Allumage des feux de croisement obligatoire (jour et nuit toute l'année
- ✓ Pneus cloutés admis avec réglementation du 1er novembre au lundi après le lundi de Pâques
- ✓ Triangle de présignalisation obligatoire
- ✓ Trousse de premiers secours recommandée
- ✓ Extincteur recommandé
- ✓ Gilet de sécurité fluorescent obligatoire

URGENCES

- ✓ Téléphone incendie et ambulance : 112
- ✓ Téléphone Police : 110

Au secours ! **Hjelp !** / Hôpital **Sykehus** / Police **Politi**

Pour téléphoner en Norvège

Composer le 00 47 + indicatif régional + numéro de l'abonné.

LEXIQUE

MOTS USUELS

Oui **Ja** / *Non* **Nei** / *Bonjour* **God dag** / *Bonsoir* **God kveld** / *Salut* **Hei** / *Au revoir* **Ha det bra** / *S'il vous plaît* **Vær så god** / *Merci (beaucoup)* **(mange) Takk** / *Excusez-moi* **Unnskyld** / *Santé !* **Skål !** / *Manger* **Spise** / *Boire* **Drink** / *Toilettes* **Toalett**

DIRECTIONS & TRANSPORTS

À droite **Til høyre** / *À gauche* **Til venstre** / *Entrée* **Inngang** / *Sortie* **Utgang** / *Autoroute* **Motorvei** / *Route* **Vei** / *Ville* **By** / *Station-service* **Bensin-stasjon** / *Essence* **Bensin**

PREMIERS CONTACTS

Je voudrais… **Jeg ønsker…** / *Où se trouve… ?* **Hvor er… ?** / *Parlez-vous français ?* **Snakke du fransk?** / *Je ne comprends pas* **Jeg forstår ikke** / *Pouvez-vous m'aider ?* **Kan du hjelpe meg?** / *Combien ça coûte ?* **Hvor mye koster det ?** /

La **Norvège** entre fjords et glaciers

➲ *Départ d'Oslo*
➲ *10 jours*
2040 km
Carte Michelin n° 711

Près de Kirkenes

P. Plantier / MICHELIN

Jours 1 et 2

Moins connue que ses homologues nordiques, la capitale norvégienne ne manque pas d'atouts pour un séjour agréable : les amateurs d'art se doivent de rendre visite à Edvard Munch dans son musée, mais aussi à la belle collection de peintures de la Galerie nationale. Si vous vous intéressez au design, explorez le musée des Arts appliqués, quant à l'art médiéval, il est représenté au Musée historique. Une balade (en bateau ou en bus) à Bigdøy sera un des points forts de votre séjour, ne serait-ce que pour le musée du Folklore, un concentré d'architecture et d'ethnologie norvégiennes ! Enfin, si vous vous sentez une âme d'aventurier, le musée de la Marine, celui des Bateaux vikings et ceux consacrés aux prouesses de Roald Admunssen, Fridjof Nansen et Thor Heyerdahl, ne vous laisseront pas indifférent. Mais **Oslo**, c'est aussi une ambiance : vous vous en pénétrerez en flânant sur Karl Johans Gate, en arpentant les quais ou en prenant un verre à Aker Brygge ou dans le quartier branché de Grünner Lokka.

Jour 3

Quittant Oslo en direction de Trondheim, vous longerez le lac **Mjøsa** jusqu'à **Hamar** où les ruines de l'ancienne cathédrale, recouvertes d'une structure de verre, constituent un spectacle étonnant. Vous poursuivrez jusqu'à **Lillehammer**, bien connue pour avoir organisé les J.O. d'hiver de 1994 : la cité propose à ses visiteurs un musée des Beaux-Arts et, sur les hauteurs, un extraordinaire musée de plein air, Maihaugen.

Jour 4

Poursuivant résolument vers le nord, vous découvrirez l'église en bois debout de **Ringebu** avant d'emprunter la vallée Peer Gynt, qui doit son nom au personnage d'Ibsen. Vous poursuivrez à travers la région montagneuse de l'Oppland jusqu'à **Otta** avant d'obliquer sur Vågamo (là aussi une « stavkirker » vous attend... c'est-à-dire une église en bois debout).

Jour 5

En vous dirigeant vers **Ålesund**, amoureux de paysages, voici sans doute une des plus belles balades que vous pourrez faire

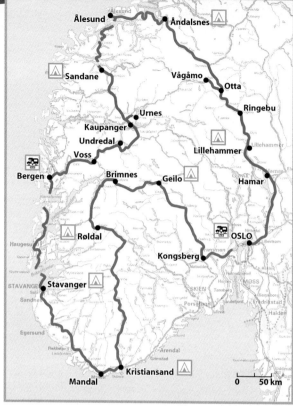

en Norvège, sur les rives du **Sognefjord** et du **Nordfjord** ! Tour à tour grandioses, austères ou riants, ils vous feront aller de découverte en découverte, au rythme des ferries qui assurent les traversées (quand ce ne sont pas d'interminables tunnels qui vous permettront de franchir les montagnes). Chemin faisant, vous explorerez d'agréables cités, comme **Ålesund** et son remarquable ensemble Art nouveau.

Jours 6 et 7

Les villages posés sur les rives ne manquent pas non plus d'attraits : **Urnes** et son église en bois debout, **Kaupanger**, **Voss** ou **Undredal** pour n'en citer que quelques-uns. Et, pour terminer, un agréable séjour à **Bergen**, dont les charmes ne se limitent pas au seul quai de Bryggen, vous permettra d'approfondir votre connaissance de cette Norvège où la mer est partout…

Jour 8

Ce sont de superbes paysages de fjords qui vous attendent au sud de Bergen avec le fjord d'**Hardanger** que vous apercevrez après une route ponctuée de traversées en ferry.

Jour 9

Après un arrêt à **Stavanger** (le vieux port et la cathédrale vous charmeront), vous aborderez la côte sud de la Norvège, très ensoleillée, avec ses villes blanches appréciées des estivants, comme **Mandal** ou **Kristiansand**. Ce dernier port de ferries assure un service régulier avec Hirtshals

au Danemark, Göteborg en Suède et Newcastle en Grande-Bretagne. C'est de là que vous obliquerez à nouveau vers le nord en empruntant l'étroite **Setesdal** : région authentique, connue pour la transhumance des moutons à laquelle de nombreuses fêtes sont liées. Vous retrouverez alors un bras du fjord d'Hardanger (le Serfjorden) que vous longerez jusqu'à **Brimnes**, tandis que, sur votre droite, s'étend le vaste plateau sauvage du **Hardangervidda**, royaume des rennes et des randonneurs émérites. Cet immense plateau parsemé de lacs n'est traversé que par la route 7, entre Geilo et Eidfjord.

Jour 10

Regagnez l'intérieur des terres jusqu'à la station de sports d'hiver de **Geilo**. De là, vous emprunterez la Numedal : dans un paysage riant, chalets, églises en bois debout, et greniers de bois vous mèneront jusqu'à **Kongsberg** avant votre retour sur Oslo.

Le conseil de Bib

▶ Le coût de la vie étant élevé, nous vous conseillons de faire des réserves en conséquence.

Aires de **service** & de **stationnement**

Bergen

Aire de Bergen – *Damsgardsveien 99* – ☏ *093256788* -
www.helgheim-auksjon.no/bobil_uk.html - ouv. tte l'année –
P.
Borne autre. ⚐ [⚐] 🚿 🚮 Payant.
Stationnement : 200 NOK/j.
⊕ À 2 km du centre-ville.

Oslo

Sjølyst Marina – *Drammensveien 164* -
www.bobilparkering.no - **P** *250*.
Borne aute. ⚐ [⚐] 🚿 🚮.
Stationnement : 150 NOK/j.

Le conseil de Bib

▶ Les aires de stationnement sont
nombreuses et gratuites. Vous aurez
accès à de nombreux équipements.

⛺ Campings

Åndalsnes

⛺ Åndalsnes Camping og Motell AS
E136 (RV9)
☏ *071221629*
De mai à mi-sept. 6 ha (792 empl.)
🚐
Loisirs : 🏠 🕐 diurne 🛶 🚲 ≊ (plan d'eau)
🐟 🛆 🐎 Services : 🚰 🔥 🔥 🐟 ⊕ 🔥 🚰
sèche-linge 🔥 🔥 🍷 🗙 brasserie, pizzeria

Geilo

⛺ Geilo Camping og Hytter
RV40
☏ *032090733*
Permanent 3,5 ha (40 empl.)
🚐
Loisirs : 🛶 🚲 ≊ (plan d'eau) 🐟 🛆
Services : 🔑 🔥 🐟 ⊕ 🔥 sèche-linge 🔥

Kristiansand

⛺ Dvergsnestangen
Dvergsnesveien 571
☏ *038041980*
Permanent 10 ha (250 empl.)
🚐
Loisirs : 🏠 🕐 diurne (mai-sept.) 🏃 🛶 🚩
🔥 ≊ (plage) 🐟 🐟 🛆 Services : 🔑 📅 🔥
🔥 🐟 ⊕ 🔥 🚰 🔥 sèche-linge 🔥 🔥 🍷 🗙
brasserie, snack

Lillehammer

⛺ Lillehammer Camping NAF
Dampsagvn. 47
☏ *061253333*

Permanent 2 ha (290 empl.)
Loisirs : 🏠 🛶 ≊ (plan d'eau) 🐟 🛆
Services : 📅 🔥 🔥 🐟 ⊕ 🚰 🔥 sèche-linge

Røldal

⛺ Skysstasjonen AS
Kyrkjevegen 24
☏ *053647385*
Permanent 1,4 ha (40 empl.)
🚐
Loisirs : 🏠 🕐 diurne ≊ 🛶 🚲
Services : 🐟 ⊕ 🛆 🚰 🔥 sèche-linge 🔥
🔥 🗙 pizzeria, snack, self service

Sandane

⛺ Gloppen Cp. og Fritidssenter
E39 / RV615
☏ *057866214*
Permanent 3,2 ha (92 empl.)
🚐
Loisirs : 🏠 🕐 diurne 🛶 🗙 🔥 🛶
(plage) 🐟 🛆 🐎 🐟 ⊕ 🛆 🚰 🔥
Services : ♿ 🔑 🗙 🔥 🔥 🐟 ⊕ 🛆 🚰 🔥
sèche-linge 🔥 🗙

Stavanger

⛺ Stavanger Camping Mosvangen
Tjensvoll 1B
☏ *051532971*
Mai-oct. 2,5 ha (200 empl.)
🚐
Loisirs : 🏠 🛶 🚲 🐟
Services : 🔑 🔥 🔥 🐟 ⊕ 🛆 🚰
🔥 sèche-linge 🔥 🗙 snack

Carnet pratique

Les bonnes **adresses** de Bib

Office de tourisme d'Oslo
Tourist Information Centre – *Jernbanetorget 1 (près de la gare centrale)* - ✆ *47 815 30 555 - www.visitoslo. com - lun.-vend. 7h-20h, sam. 8h-18h.*

Ålensud

Sjøbua fiskerestaurant
Brunholmgata 1A (au bout d'Apotekergata) - ✆ *70 12 7 100 - www.sjoebua.no - tlj sf w.-end et j. fériés 16h-1h - 23 €.*
Pour déguster près du port les spécialités de la mer.

Bergen

Ned's
Place du marché aux poissons, sur le port - tlj sf dim.
Un des marchés les mieux fournis de Scandinavie. Vous pourrez choisir votre poisson vivant dans un aquarium ou vous régaler des innombrables tartines qui sont vendues à moins de 25 NOK (saumon fumé ou cru, harengs, crevettes, crabes…).

Blonder & Stas
Jacobsfjorden (Bryggen) - ✆ *47 553 18 381 - 9h30-18h30.*
Au fond de ce passage étroit, cette boutique installée dans une maison de bois perpétue la tradition des dentelles de Bergen qui n'ont rien à envier à celles d'une autre cité hanséatique, Bruges.

Kristiansand

Vaertshuset Pieder Ro
Gravane 10, près de la halle aux poissons - ✆ *381 00 788 - www.pieder-ro.no - 11h-23h - 70 €.*
Un restaurant de poissons d'une qualité irréprochable. La marchandise est livrée tous les jours depuis la halle adjacente. Le midi est proposé un buffet alors que le soir est servi une cuisine plus élaborée. Très fréquenté !

Bølgen & Moi
Sjølystveien 1A, 4610 - ✆ *381 78 300 - www.bolgenomoi.no - tlj sf dim. 17h-22h - 50 €.*
Cet établissement en bois peint en rouge est bâti au bord de l'eau, en face de la halle aux poissons. On y sert une cuisine savoureuse essentiellement composée de poissons. Une très bonne adresse, mais on s'en sort difficilement à moins de 400 NOK par personne.

Lillehammer

Sensations fortes
Le tremplin olympique, comme la piste de bobsleigh sont ouverts aux visiteurs intrépides qui disposent même d'un simulateur de saut.
*Renseignements et réservations au **parc olympique** - Håkonshall* - ✆ *61 05 42 02.*

Mandal

Hr Redaktør
Store Elvegate 23a, dans le centre - ✆ *38 27 15 30 - www.red.no - 12h-0h, vend. 12h-2h30, sam. 11h-2h30 (cuisine 22h); été: dim. également - 20 €.*
Ce restaurant partage l'immeuble du journal local. Les murs sont décorés des photos de personnalités du lieu. Le midi, on y sert une cuisine copieuse, simple et bon marché à base de salades, sandwiches et grillades. Le soir, une carte plus élaborée propose plats en sauce et poissons savoureusement préparés.

Oslo

Kaffistova
Rosenkrantzgate 8 - ✆ *23 21 42 10 - lun.-vend. 10h-21h, w.-end 11h-19h - 12 €.*
Le restaurant de l'hôtel Bondeheimen sert une authentique cuisine norvégienne de qualité : vous apprécierez les boulettes de viande, comme les poissons frais ou fumés, agrémentés d'un appétissant buffet de salades. Cuisine copieuse et bon marché.

Sorgenfri
Bryggetorget 4, tout près du port - ✆ *21 02 36 59 - lun.-sam. 11h-23h, dim. 11h-22h - 50 €.*
Cette grande brasserie moderne est richement décorée d'objets de brocantes en tout genre. Le plafond est totalement dissimulé sous des instruments de musique, bouées, jouets, etc. Sur la grande terrasse vous pourrez apprécier une cuisine de brasserie très correcte (moules, frites, spécialités danoises, etc.). Les prix sont plutôt bon marché par rapport au quartier.

Bagel & Juice
Thorvald Meyers Gate 40, dans le quartier de Grüner Løkka - ✆ *22 37 05 80 - www.bagelandjuice.no - lun.-jeu. 8h-21h, w.-end 9h-19h - 15 €.*
Un salon de thé moderne et coloré, situé en face d'un parc dans un quartier branché. On y passe pour une petite pause sucrée ou pour se composer un Bägel à petit prix.

Stavanger

NB Sørensens
Skagen 26, dans le centre - ✆ *51 84 38 20 - tlj 11h-0h30, dim. 14h-0h30.*
Une brasserie ancienne, décorée à la manière d'un bateau, où l'on sert une cuisine de type international très correcte. Elle est composée entre autres d'entrecôtes, saumons grillés et hamburgers. Une valeur sûre.

Skagen
Skagenkaien 16, dans le centre - ✆ *51 89 51 80 - 11h30-23h, dim. 14h-22h - 27 €.*
Le restaurant traditionnel par excellence ! Situé sur les quais, cet établissement est probablement le meilleur de tous les restaurants qui se font concurrence sur cet espace très fréquenté. On y sert une cuisine scandinave avec quelques plats de poisson remarquables.

Norvège

Au pays du soleil de **minuit**

➲ *Départ*
de Trondheim
➲ *10 jours*
1 750 km
Carte Michelin
n° 711

Maisons de pêcheurs

Jours 1 et 2

Une ligne imaginaire ? Sans doute, mais avant tout, une ligne qui parle à notre imaginaire, tel est le cercle polaire que ce circuit vous propose de franchir à deux reprises. Auparavant, vous vous serez attardé dans la belle cité de **Trondheim**, capitale spirituelle de la Norvège où vous visiterez la cathédrale et le quartier de Bakklandet. Mais place aux grands espaces, avec la fameuse Route 17 : ici terre et mer ne font qu'une et les paysages grandioses ne cessent de se renouveler. Vous passerez le cercle polaire au nord de **Mo i Rana**.

Jour 3

Regagnez **Bodø** où vous embarquerez pour les **îles Lofoten**.

Depuis des générations, ces îles excitent l'imagination des voyageurs qui rêvent d'admirer leurs paysages sauvages et aspirent à retrouver un mode de vie simple et naturel. Soyez certain que vous ne serez pas déçu, surtout si vous faites le voyage depuis **Bodø**, par ferry. Tandis que le bateau traverse le Vestfjord, la masse sombre du Lofotveggen, ou « mur des Lofoten », se profile au loin puis barre littéralement l'horizon. Austère et déchiquetée, cette merveille de la nature semble surgir de la mer et puis l'on distingue peu à peu les minuscules villages entourés de carrés d'herbe et blottis au pied des cimes. C'est à **Stamsund** que vous prendrez pied sur l'archipel des Lofoten. Le port de ce long village bâti en amphithéâtre

au-dessus de la mer s'anime chaque soir lorsque l'Express côtier vient y aborder. Puis la route conduit à **Svolvær** que l'on atteint après avoir longé un port de plaisance.

Jour 4

Principale ville des Lofoten, Svolvær s'inscrit dans un paysage tourmenté d'îles et de presqu'îles dominées par des à-pics rocheux. Son port est le principal attrait de cette ville commerçante, dont une partie récemment construite sur pilotis constitue une île artificielle vouée à l'hôtellerie et à la restauration. Pour le reste, mis à part quelques galeries d'art, c'est surtout la vocation commerciale de la cité qui attire les visiteurs. En route faites une halte à **Kabelvåg**.

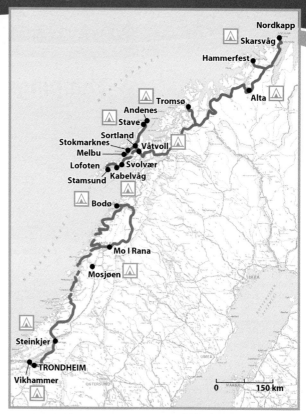

Ce village représentait, au 19ᵉ s., le premier port de pêche des Lofoten. Les principaux points d'intérêt sont regroupés à **Storvågen**, à la sortie du village, où vous prendrez le temps d'arpenter les salles du musée des Lofoten et d'admirer les bassins de l'Aquarium du même nom. En plein air, vous vous amuserez du spectacle des phoques.

Jour 5

Regagnez **Fiskebol** pour emprunter le ferry pour **Melbu**. Plus perceptible en été lors du festival, l'animation de cette cité se concentre sur le port ; en retrait de celui-ci, Frederiksens Allé est bordé d'agréables maisons de bois entourées de jardins et vous entraînera jusqu'au musée local aménagé dans plusieurs bâtiments. Ne manquez pas la visite du Musée des Vesterålen ainsi que le musée norvégien de la Pêche.

Jours 6 et 7

Poursuivez jusqu'à **Stokmarknes** et son musée de l'Express côtier. De là regagnez **Sortland** puis dirigez-vous à **Andenes** centre important de pêche situé à l'extrême nord des îles. Vous y découvrirez le centre des aurores boréales, le centre baleinier et le Musée polaire. De Andenes ou de **Bleik** possibilité de safaris aux baleines, aux phoques et aux oiseaux marins. Faites demi-tour et gagnez **Trondenes** et son ferry pour le continent.

Jour 8

Antichambre des régions polaires, **Tromsø** incite à la flânerie le long de son détroit qui peut se poursuivre dans l'île voisine de **Kvaløya**. Le cadre dans lequel se situe la ville est unique et on lui doit l'attrait que la cité arctique exerce sur ses visiteurs. Prenez le temps de visiter le Musée polaire et la cathédrale des Glaces.

Jour 9

C'est la fameuse route E 6 qui vous conduira au cœur des immenses étendues lapones : à **Alta**, partez à la découverte des gravures rupestres, avant de partir à l'assaut d'un lieu mythique, le **Cap Nord**. En route faites un crochet par **Hammerfest**.

Jour 10

Pour gagner l'île de Magerøya où se trouve le Cap Nord, vous devez emprunter un tunnel d'une longueur de 6,8 km creusé à une profondeur de 212 m au-dessous du niveau de la mer. Il vous faudra acquitter un péage tenant compte de la catégorie du véhicule auquel il faut ajouter un droit pour chaque passager.

Vous voilà enfin arrivé au point le plus septentrional du continent européen. Le plateau est souvent enveloppé dans le brouillard mais celui-ci peut soudain se lever et dévoiler l'immensité de l'océan, vaste étendue qui s'étire sur 2 000 km entre le Cap et le pôle Nord.

Norvège

⛺ Campings

Alta

⛺ Alta River
Steinfossveien 5
📞 078434353
Permanent 1,5 ha (100 empl.)
🚐
Loisirs : 🏕 ⛱ 🐎 🎠 barbecue, randonnées
Services : 🚻 🔌 ☺ 🚰 📶 🔲 sèche-linge 🚮

Bodø

⛺ Bodøsjøen Camping
Båtstøveien 1
📞 075563680
bodocamp@yahoo.no
Permanent 2,9 ha (120 empl.)
Loisirs : 🐎 🎠 (plage) 🎣
Services : 🚻 🔌 ☺ 🚰 🔲 sèche-linge

Kabelvåg

⛺ Sandvika Fjord & Sjøhuscamping
Ørsvågveien 45
📞 076078145
post@sandvika-camping.no . www.sandvika-camping.no
Permanent 12 ha (150 empl.)
🚐
Loisirs : 🏕 🐎 🚴 🎠 (plage) 🎣 ⛵ 🛶
barbecue, canots à rames, cours de kayak
Services : 🚻 🔌 ☺ 🚰 📶 🔲 sèche-linge 🚮

Mosjøen

⛺ Mosjøen Camping
E6
📞 075177900
m-hot@online.no
Permanent 7 ha (190 empl.)
🚐
Loisirs : 🏕 🎳 squash, bowling, jeux pour adultes
🐎 🚴 🎠 aire de sports, barbecue
Services : 🚻 🔌 ☺ 🚰 📶 🔲 sèche-linge
🚮 ✖ snack

Skarsvåg

⛺ Nordkapp Caravan Camp
Værrefjellet 4
📞 045221942
bj.pettersen@c2i.net . www.nordkappcaravancamp.no
Fin mai-août 1,6 ha (40 empl.)
Loisirs : 🏕 🎣 randonnées
Services : 🚰 ☺ 🚰
☺ Vue panoramique sur le cap Nord

Stave

⛺ Stave Camping
📞 076146562
Avr.-sept. 2 ha (200 empl.)
🚐
Loisirs : 🏕 🎢 diurne 🐎 🎠 (plage) 🎣 🛵
trampoline, cours de ski nautique et de planche à voile
Services : 🔑 🚻 🔌 ☺ 🚰 🔲 sèche-linge
🚮 🎣 ✖ self-service, brasserie

Steinkjer

⛺ Guldbergaunet
Elvenget 34
📞 074162045
Permanent 25 ha (100 empl.)
Loisirs : 🏕 aire de sports, terrain de golf, barbecue
Services : 🚻 🔌 🚰 ☺ 🚰 📶 🔲 sèche-linge
🚮 🎣 ✖ snack

Tromsø

⛺ Tromsø Camping
Tromsdalen
📞 077638037
Permanent 1,6 ha (60 empl.)
🚐
Loisirs : 🏕 🐎 🚴 🎠 (plage) 🎣 🛵 aire de
sports, barbecue, randonnées
Services : 🔑 🚻 🔌 ☺ 🚰 🔲 sèche-linge 🚮
🎣 🍽 ✖ snack, self service

Våtvoll

⛺ Gullesfjordbotn Camping
E10
📞 077091110
Permanent 2,3 ha (80 empl.)
🚐
Loisirs : 🏕 ⛱ 🐎 🎠 (plage) 🎣 🛵 bateaux
à pédales
Services : ♿ 🚻 🔌 ☺ 🚰 🔲 sèche-linge
🚮 🎣 ô ✖ self service, cafétéria

Vikhammer

⛺ Vikhammer Camping
Gamle E6
📞 073976164
Permanent 8,4 ha (100 empl.)
🚐
Loisirs : 🏕 🐎 🎠 (plage) 🎣 🛵 barbecue
Services : 🚰 ☺ 🚰 sèche-linge
☺ Emplacements spéciaux pour camping-cars.

Carnet pratique

Les bonnes **adresses** de Bib

Office de tourisme de Trondheim
Visit Trondheim AS – *Market Square (centre-ville)* - ☎ 47 73 80 76 60 - www.trondheim.com.

Andenes

Restaurant Lysthuset
Storgata - ☎ 761 41 499 - 11h-15h, 18h-21h - 25/30 €.
Taverne fréquentée par une clientèle locale : cusine du pays où vous pourrez déguster une soupe de poissons ou une truite arctique (*ishavsrøye*) à moins que vous n'essayiez le *boknafisk*. Si vous êtes plutôt viande, vous aurez le choix entre un civet de renne (*finnebiff*) et un steak de baleine (*hvalbiff*).

Buknesfjord (Risøyhamn)

Andøy Friluftssenter
Sur la route 82 - ☎ /fax 76 14 88 04 - 11h-18h - ouvert à la belle saison (mai-sept.) ainsi qu'à Noël sur réserv.
« Un repas arctique dans un environnement arctique » : telle est la devise de la maison. Menus traditionnels à base de produits du terroir : saumons du fjord en contrebas, baies polaires cueillies dans la montagne...

Svolvær

Lofoten
Restaurant du Royal Hotel Lofoten, de la chaîne Norlandia. Près du centre-ville, à proximité des centres commerciaux - tlj sf dim. 17h-22h - 37 €.
Menu à 295 NOK proposant notamment un assortiment de viandes présentées avec une pointe d'inventivité. Belle carte de vins et service appliqué.

Tromsø

Sjømatrestaurant Arctandria
Strandtorget, près de la gare de l'Express côtier - ☎ 776 00 720 - www.skarven.no - tlj sf dim. 16h-0h - 30 €.
Un restaurant fréquenté par les amateurs de cuisine arctique : baleine et phoque au menu.

Trondheim

Grenaderen
Konsgårdsgade 1, au pied de la Cathédrale - ☎ 73 51 66 80 - 12h-24h - 15/30 €.
Cette vieille demeure a gardé tout son charme d'antan. Située près de la cathédrale, elle est décorée dans le style rustique et chauffée en hiver par une grande cheminée. Buffet le midi à bon marché et restaurant élégant le soir qui propose une cuisine européenne avec quelques plats scandinaves.

Havfruen
Kjøpmannsgata 7, dans le centre - ☎ 73 87 40 70 - www.havfruen.no - tlj à partir de 15h - 20 €.
Ce bâtiment ancien abrite un restaurant charmant et élégant spécialisé dans les produits de la mer. L'endroit idéal pour un dîner romantique avec vue sur la mer.

Mormors Stue As
Nedre Enkeltskillingsveita 2, dans le quartier piéton - ☎ 73 52 20 22 - www.mormor.no - 10h-23h30, dim. 13h-23h30 - 15/25 €.
Cette charmante vieille demeure abrite sur deux étages un café-restaurant très fréquenté et populaire. Restauration rapide à base de sandwichs, salades, pâtes et quelques pâtisseries crémeuses. Un lieu incontournable et excellent rapport qualité/prix.

Julehuset Gåsa
Øvre Baklandet 48.
L'occasion ou jamais de découvrir des décorations originales (ou plus traditionnelles) pour votre arbre de Noël.

Le conseil de Bib

▶ **Découvrez absolument les spécialités insulaires des îles Lofoten et Vesteralen** – Parmi les spécialités locales, il faut goûter le *fiskemølje*, foie et œufs de morue sur des toasts très fins, la soupe de hareng et d'orge, le *boknafisk*, ragoût de poisson en partie séché ; les steaks de phoque et le *finnbiff*, viande de renne accompagnée d'une sauce aux airelles.

Estonie

Nom local : *Eesti Vabariik* **Capitale :** *Tallinn* **Population :** *1,34 million d'habitants*
Superficie : *45 216 km²* **Monnaie :** *Euro*

Le plus septentrional des trois États baltes est aussi le plus petit avec une superficie légèrement supérieure à celle des Pays-Bas pour une population dix fois moindre. Le pays est largement ouvert, à l'ouest sur la mer Baltique, au nord sur le golfe de Finlande avec 3 794 km de côtes et bordé à l'est par la Russie et au sud par la Lettonie. L'Estonie est aussi le seul à posséder des îles (plus de 1 500 !) habitées ou non constituant à peu près 10 % de la surface de son territoire. Les plus importantes sont Saaremaa, Muhu, Hiiumaa et Vormsi, à quelques encablures de la côte ouest. Dotées de peu de reliefs, ces îles, territoires des genévriers, sont bordées par de belles plages de sable. Près de la moitié du pays est toutefois constituée de bois et de forêts — la fameuse taïga.

Le lac Peïpous, quatrième plus grand lac d'Europe, ressemble à une véritable mer intérieure. Il est gelé en hiver pendant quatre mois et est navigable pendant les autres mois de l'année. De nombreux campings gratuits, mode d'hébergement favori dans les pays nordiques, bordent ses rives. Le camping sauvage est d'ailleurs autorisé partout hors des villes et des endroits qui mentionnent une interdiction spécifique. Le climat est caractérisé par un hiver plutôt froid, un printemps doux et un peu pluvieux, un été relativement chaud et un long et doux automne. Les premières neiges apparaissent vers novembre. La température peut descendre en dessous de − 20 °C l'hiver. Comme dans les autres pays nordiques, la latitude élevée de l'Estonie engendre une importante différence de lumière de jour entre l'hiver et l'été. Tallin au solstice d'hiver reçoit seulement près de 6 heures de jour. À l'inverse, au solstice d'été près de 19 heures de jour.

Depuis l'indépendance du pays en 1991, des Estoniens sont désireux d'être identifiés comme citoyens d'un pays nordique pour se démarquer des voisins baltes et de la minorité russe qui représente un quart de la population. La page soviétique est tournée et le pays veut honorer son appartenance à l'Union européenne.

RECOMMANDATIONS

DOCUMENTS OBLIGATOIRES

✓ Permis de conduire rose de l'UE
✓ Permis de conduire international (recommandé seulement)
✓ Certificat d'immatriculation du véhicule ou certificat de location
✓ Plaque d'identification nationale
✓ Justificatif d'assurance (carte verte)
✓ Passeport (recommandé seulement)
✓ Procuration en cas d'utilisation du véhicule appartenant à un tiers

VITESSES LIMITES

✓ En agglomérations urbaines : 50
✓ Sur routes : 90
✓ Sur autoroutes : 110
✓ Ces vitesses limites sont réduites par temps de pluie

ARGENT

On trouve de nombreux distributeurs de billets en ville mais il vaut mieux se munir d'argent liquide quand on se déplace à la campagne

VOYAGES

Un voyage par route prend deux à trois jours en passant par la Suède (avec traversée de nuit par bateau entre Stockholm et Tallinn) et près de trois jours via la Lituanie et la Pologne

RÉGLEMENTATIONS

✓ Taux maximum d'alcool toléré dans le sang : 0 g
✓ Siège enfant, rehausseur ou système de retenue adapté et homologué obligatoire jusqu'à 12 ans
✓ Âge minimum du conducteur : 18 ans
✓ Port de la ceinture de sécurité obligatoire à l'avant et à l'arrière
✓ Allumage des feux de croisement obligatoire (jour et nuit toute l'année
✓ Pneus cloutés admis avec réglementation du 16 octobre au 15 avril
✓ Vitesse limite pour un véhicule équipé de pneus cloutés : 90 km/h
✓ Triangle de présignalisation obligatoire
✓ Trousse de premier secours obligatoire
✓ Extincteur obligatoire
✓ Gilet de sécurité fluorescent recommandé

URGENCES

✓ Téléphone incendie et ambulance : 112
✓ Téléphone Police : 110
Au secours ! **Appi !** / *Hôpital* **Haigla** / *Police* **Politsei**

Pour téléphoner en Estonie

Composer le 00 et 372 et le numéro de votre correspondant.

LEXIQUE

MOTS USUELS

Oui **Jah** / *Non* **Ei** / *Bonjour* **Tere päevast** / *Bonsoir* **Tere õhtust** / *Salut* **Tere** / *Au revoir* **Head aega** / *S'il vous plaît* **Palun** / *Merci (beaucoup)* **(väga) Tänan** / *Excusez-moi* **Vabandust** / *Santé !* **Terviseks !** / *Manger* **Sööma** / *Boire* **Jooma** / *Toilettes* **Peldik**

DIRECTIONS & TRANSPORTS

À droite **Paremal** / *À gauche* **Vasakul** / *Entrée* **Esik** / *Sortie* **Väljapääs** / *Autoroute* **Maantee** / *Route* **Tee** / *Ville* **Linn** / *Station-service* **Bensiinijaam** / *Essence* **Benslin**

PREMIERS CONTACTS

Je voudrais… **Ma võtan…** / *Où se trouve… ?* **Kus on ?** / *Parlez-vous français ?* **Kas te räägite prantsuse keelt ?** / *Je ne comprends pas* **Ma ei saa aru** / *Pouvez-vous m'aider ?* **Kas te saaksite mind aidata ?** / *Combien ça coûte ?* **Palju see maksab ?**

Classiques **estoniens**

⮎*Départ
de Tallinn*
⮎*10 jours
950 km*
**Carte Michelin
n° 781**

*Place de l'hôtel de ville
à Tallinn*

Jours 1 et 2

À **Tallinn**, vos pas résonnent sur les pavés de la vieille ville. Pour découvrir ses trésors architecturaux protégés par des remparts aux tours pointues, Raekoja plats est un point de départ idéal. Pénétrez dans les belles églises de St-Nicolas ou Pühavaimu, recensez les couleurs et ornements des demeures caractéristiques du style hanséatique. En haut de la rue Pikk jalg qui relie le port à la colline Toompea, commence la ville haute : château, immense église russe et celle du Dôme. Dans la soirée, passez derrière les façades anciennes, où se cachent des cafés aux décors futuristes ou des restaurants volontairement rustiques, voire médiévaux. La vieille ville s'éveille. Le marché aux laines

s'anime le long des remparts et les galeries d'art ouvrent une à une. Visitez le musée historique ou celui de la ville. Dans l'après-midi, flânez dans le parc de Kadriorg qui entoure le palais du même nom. Vous y découvrirez deux musées d'art, l'un logé dans un superbe palais baroque (art étranger), l'autre dans une structure futuriste (art d'Estonie). Au pied de l'amphithéâtre en plein air, imaginez comment peuvent se réunir 150 000 chanteurs et spectateurs lors des grands festivals quinquennaux. Profitez-en pour flâner dans le quartier de Pirita, sur la plage et le port olympique. Un bus vous emmène au Musée ethnographique en plein air longeant la mer à Rocca al Mare : maisons paysannes et moulins vous

feront découvrir le paysage traditionnel de l'Estonie rurale.

Jour 3

Partez à la découverte du **parc national de Lahemaa** (80 km à l'est). Ses sentiers sillonnent de superbes paysages forestiers et maritimes. Au-delà du parc, la route 1 vous convie à un voyage dans l'ex-URSS. Les squelettes industriels, les villes-dortoirs, la cité modèle de **Sillamäe** sont peuplés de russophones écartelés entre deux nations. Vous irez jusqu'à **Narva** dont la fière citadelle défie sa voisine russe.

Jour 4

La route 3 longe les rives du vaste lac **Peïpous**. À **Mustvee**, **Raja**, **Kasepää** et **Kallaste**, découvrez la communauté des vieux-croyants. Puis bifurquez

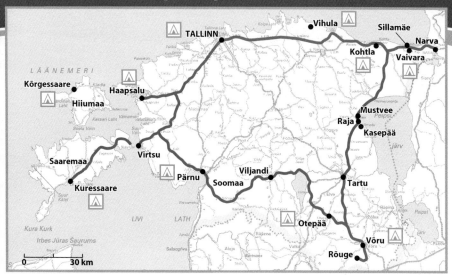

vers **Tartu**, cité universitaire où naquit l'idée même de l'Estonie. C'est en 1870 que la Société des étudiants estoniens dessine ce qui deviendra le drapeau national. Une promenade loin du centre jusqu'à Supilinn dans un faubourg de maisons en bois dont les rues portent des noms de légumes vous dépaysera et vous ramènera au début du siècle dernier.

Jour 5

Poursuivez jusqu'à **Võru**, posée sur la rive du lac Tamula. Au sud de la cité où un médecin créa de toutes pièces l'épopée nationale des Estoniens

Le conseil de Bib

▶ Le stationnement des camping-cars est toléré dans de nombreux sites. Pour la visite des grandes villes, je vous conseille les campings.

(Kalevipoeg). Lacs et forêts giboyeuses abondent autour de **Rõuge** et du **Suur-Munnä-magi**. La vue sur les futaies s'étalant à l'infini, depuis le sommet du château d'eau panoramique, est sublime. Explorez les sentiers ou partez à la découverte du pays des Sètes autour de **Värska**.

Jour 6

Remontez vers le nord-ouest et, si le temps s'y prête, vous pourrez aller skier à **Otepää**. Sinon, poursuivez par le lac **Võrtsjärv** vers le site spectaculaire de **Viljandi** (lac et château teutonique). Poursuivez par la route 92 et découvrez (si vous ne craignez pas les mauvaises routes) les marais du **Soomaa** ou rejoignez **Pärnu**, cité balnéaire élégante et animée, qui vous attend avec ses bains de boue réputés. Des parcs ombragés, une jolie plage de sable, théâtres, musées, concerts permettent de varier les plaisirs et de se détendre.

Jours 7 et 8

L'heure est venue d'embarquer. Le ferry vous attend à **Virtsu** et vous dépose sur **Muhu** reliée à **Saaremaa** par une digue. Profitez de la plus grande île du pays, de sa capitale (**Kuressaare**) et de ses plages. Explorez ses chemins : moulins à vent, phares au bout du monde et cratère de météorite de **Kaali**.

Jour 9

De **Triigi**, un ferry vogue vers l'île voisine de **Hiiumaa**, encore plus sauvage et fière de son folklore.

Jour 10

En passant par **Haapsalu** la mélancolique, où à l'ombre de la forteresse-cathédrale flânent les fantômes de l'aristocratie russe, appréciez l'émouvant petit musée créé par la minorité suédoise, présente jusqu'en 1944. Enfin, vous regagnerez **Tallinn** pour une dernière soirée dans un restaurant médiéval de la vieille ville.

🏕 Campings

Haapsalu

🏕 Camping Pikseke
Männiku tee 34
☎ 047/55779
Permanent (40 empl.)
🚐
Loisirs : ⛲ 🚲 ⛵
Services : 🔥 😊 🚿 ⛲ 🅿 sèche-linge 🚮

Kohtla

🏨 Saka Cliff Hotel & Spa
Saka mõis
☎ 033/64900
Avr.-sept. (30 empl.)
🚐 – 30 🖹
Loisirs : 🏛 ⛲ jacuzzi 🚲 ⚙ ✗ ⚓ (plage) aire de sports
Services : 🔑 Ⓜ 🍽 🔥 😊 🚿 ⛲ 🅿 sèche-linge 🍷 ✗ brasserie

Kõrgessaare

🏕 Randmäe Puhketalu
Mangu küla
☎ 056/913883
www.hot.ee/puhketalu
Permanent (30 empl.)
Loisirs : ⛲ ⚓ (plage) ⛵ ⚙ aire de sports
Services : 🔥 😊 🚿 ⛲ 🍴

Kuressaare

🏨 Saaremaa Spa Hotels
Pargi 16
☎ 045/27140
Permanent (15 empl.)
🚐
Loisirs : 🏛 ⛵ ⛲ hammam jacuzzi spa et centre de bien-être 🚲 ⚓ (plage)
Services : 🔥 😊 🚿 ⛲ 🅿 sèche-linge 🚮 🍷 ✗ brasserie, cafétéria

Otepää

🏨 Pühajärve Spa Hotell
Pühajärve
☎ 076/65500
Permanent (12 empl.)
🚐
Loisirs : 🏛 ⛵ ⛲ jacuzzi spa, bowling 🐎 🚲 ✗ 🏊 ⚓ (plage) aire de sports
Services : ♿ 🔑 Ⓜ 🍽 🔥 😊 🚿 ⛲ 🅿 sèche-linge 🚮 🍷 ✗ brasserie, cafétéria, snack

Pärnu

🏕 Konse Motell & Karavan Kämping
Suur-Jõe 44a
☎ 053/435092
Permanent (59 empl.)
🚐
Loisirs : ⛲ 🚲 ⚓
Services : 🔥 😊 🚿 ⛲ 🅿 🍵 🅿 sèche-linge 🚮 🍷

Tallinn

🏕 Tallinn city camping
Pirita tee 28
☎ 061/37322
Mai-sept.
🚐
Loisirs : ⛲ 🚲
Services : 🔑 🔥 😊 🚿 ⛲ 🅿 sèche-linge 🍷 ✗ brasserie, cafétéria
😊 Transports en commun pour le centre-ville

Vaivara

🏨 Laagna camping-hotel
Laagna Küla
☎ 039/25900
Mai-oct. (60 empl.)
🚐 – 60 🖹
Loisirs : 🏛 ⛲ jacuzzi spa 🚲 🏊 ⚓ (plage)
🐎
Services : 🔑 Ⓜ 🍽 🔥 😊 🚿 ⛲ 🅿 🅿 sèche-linge 🍷 ✗ brasserie, cafétéria

Vihula

🏕 Eesti karavan
Lepispea küla
☎ 050/52053
Mai-sept. (200 empl.)
🚐
Loisirs : ⛲ 🐎 ⚓ (plage) volleyball de plage
Services : 🔑 🔥 😊 🚿 ⛲ 🅿 sèche-linge

Võru

🏨 Hotell Kubija
Männiku 43a
☎ 078/66000
www.pintmann.ee
Avr.-oct. (20 empl.)
🚐
Loisirs : 🏛 ⛵ ⛲ centre de bien-être 🚲 🏃 🏊 ⚓ (plage) aire de sports
Services : 🔑 🍽 🔥 🚿 ⛲ 🅿 🅿 sèche-linge 🍷 ✗ brasserie, cafétéria

Les bonnes **adresses** de Bib

Office de tourisme de Tallinn
Tourist Information Centre – *Niguliste 2 / Kullassepa 4 (dans la vieille ville)* - ✆ *372 645 7777 - www.tourism.tallinn.ee.*

Narva

Aleksandr
Puškini 13 - ✆ *357 3150 - 11h-23h.*
Spécialités russes dans un pub à la mode qui abrite également un magasin d'antiquités.

Bien-être et thermalisme
Le **Toila Spa Hotell** propose différents soins relaxants : massages au miel, aux pierres, enveloppements au chocolat (!), « bains de Cléopâtre » (au lait aromatisé à la cannelle), vinothérapie (usage externe seulement !). À cela s'ajoutent divers types de saunas…

Tallinn

Troika
Raekoja plats 5 - ✆ *627 6245 - www.troika.ee - 10h-23h - 18 €.*
C'est en sous-sol que ce restaurant, au décor évoquant les splendeurs de la vieille Russie, vous accueille. Rien ne manque, ni le personnel en costume traditionnel, ni la balalaïka, ni bien sûr les plats traditionnels de la gastronomie russe.

Kuldse Notsu Kõrts
Dunkri 8 - ✆ *628 6567 - www.notsu.ee - 12h-0h - 21 €.*
Ce restaurant de cuisine estonienne occupe en demi sous-sol une longue salle rustique décorée de peintures murales. Ce sera une des occasions de déguster une authentique cuisine locale : harengs marinés aux oignons, viande en gelée à la mode de Saaremaa, saucisses de sanglier, boudin à la confiture de baies sauvages ou les délicieux sprats servis sur toast avec des œufs mimosas, des cornichons et des herbes… En dessert, essayez le *tuuliku kama*, mélange de céréales (seigle, orge, avoine) au lait caillé et aux baies.

Maiasmokk
Pikk 16 - ✆ *646 4079 - www.kalev.ee - lun.-sam. 8h-19h, dim. 9h30-17h.*
Ouvert en 1864, cet établissement aux boiseries sombres est une institution où les amateurs de massepain et de chocolat se donnent rendez-vous.

Marché
Marché aux lainage (pulls, chaussettes, bonnets) tricotés main et présentés sur des étals dans Müürivahe.

Eesti Käsitöö
✆ *6604772-www.folkart.ee-4magasins:Pikk22(EestiKäsi-tööMaja)-* ✆ *631 4076 - lun.-sam. 10h-18h30, dim. 10h-17h/Pikk 15 (Platsiveere Meistrid) -* ✆ *631 3393 - lun.-vend. 9h30-18h30, dim. 10h-17h / Lühike jalk 6 (Allikamaja) - lun.-sam. 9h-18h, dim. 10h-17h /centre commercial Viru Keskus.*
Le nom signifie tout simplement « artisanat estonien » : articles en lin de qualité.

Tartu

Gruusia Saatkond
Rüütli 8, 1er étage - ✆ *744 1386 - tlj sf dim. 12h-0h.*
Restaurant géorgien très simple. L'escalier qui y mène est décoré de peintures murales évoquant cet État du Caucase. Vous y dégusterez une cuisine parfois assez épicée où vous aurez le choix entre *tschanahi* (cassolette de bœuf aux aubergines), *kharcho* (bœuf à la sauce aux noisettes) ou *chakapuli* (agneau au vin). Bon choix de vins géorgiens (Alazani, Superavi ou Pirosmani).

Viljandi

Centre d'artisanat de Viljandi (Viljandi Käsitöö koda)
Lossi, danslacourdumuséedeViljandi-mar.-vend. 10h-17h30, sam. 10h-15h.
Vous y trouverez essentiellement des textiles (dont certains sont tissés sur place) et des lainages.

Võru

Pub Hundijalg
Jüri 17B - ✆ *522 7062 - lun.-sam. 11h-23h, dim. 12h-22h.*
Dans une petite salle décorée d'objets anciens (le fer à repasser et une paire de skis rustiques voisinent avec un portrait ovale qui pourrait être celui de votre aïeule). Vous pourrez vous restaurer de quelques *snäkid* accompagnant une bière, d'une soupe (choix entre la *seljanka* russe et une mystérieuse « soupe française ») ou, de façon plus consistante, avec les *karbonaad*, quelques *šašlikk* ou une grillade de viande *(grill-liha)*, le tout accompagné des inévitables pommes de terre *(kartulid)* et d'une sauce *(kastmed)* au choix.

Lettonie

Nom local : *Latvijas Republika* **Capitale :** *Rīga* **Population :** *2,25 millions d'habitants* **Superficie :** *64 589 km²* **Monnaie :** *Lats (1 € = 0,69 LVL)*

Un peu moins grande que l'Irlande, la Lettonie est bordée au nord par l'Estonie, à l'est par la Russie, au sud-est par la Biélorussie et au sud par la Lituanie. Son littoral avec de belles plages de sable, d'une longueur de 500 km, s'organise autour du golfe de Rīga puis, au-delà du cap Kolka, vers le sud, par la côte de l'Ambre. Ramasser des larmes d'ambre sur les plages sera d'ailleurs une agréable distraction. Même si elle est la plus urbanisée des trois pays, la Lettonie reste très forestière (44 % du territoire). Faune et flore sont abondantes et on y trouve des espèces presque disparues ailleurs. La Lettonie ne compte pas moins de 2 256 lacs de plus de 1 hectare, couvrant au total 1 000 km². Son altitude est basse et culmine à 311 m au Gaiziņkalns. Afin de rivaliser avec le point culminant de son voisin estonien, le Suur Munamägi qui culmine à 318 m, une tour surplombe Gaiziņkalns qui doit être prochainement démontée pour des raisons de sécurité.

Son climat est continental malgré une forte influence maritime de la mer Baltique qui en borde la partie ouest. La saison estivale est courte avec des intersaisons aussi très réduites ; l'hiver dure donc près de 8 mois. Rīga connaît des températures de − 10 °C à − 4 °C en janvier pour des températures allant de 11 °C à 22 °C au mois de juillet. La partie côtière est cependant plus tempérée et plus humide (que les régions proches de la Russie ou de la Biélorussie). Les ports lettons, en particulier Liepaja et Ventspils, connaissent un trafic important car, à la différence des ports russes ou estoniens, ils sont pratiquement toujours libres de glace.

Le maître de la peinture expressionniste abstraite, Mark Rothko, inspiré par Matisse, compte parmi les Lettons les plus célèbres. Vous admirerez certaines de ses grandes toiles, aux couleurs mouvantes, à Daugavpils, sa ville natale et seconde ville du pays injustement négligée par les touristes.

RECOMMANDATIONS

DOCUMENTS OBLIGATOIRES

✓ Permis de conduire rose de l'UE
✓ Permis de conduire international (recommandé seulement)
✓ Certificat d'immatriculation du véhicule ou certificat de location
✓ Plaque d'identification nationale
✓ Justificatif d'assurance (carte verte)
✓ Passeport (recommandé seulement)
✓ Procuration en cas d'utilisation du véhicule appartenant à un tiers

VITESSES LIMITES

✓ En agglomérations urbaines : 50 km/h
✓ Sur routes : 90 km/h
✓ Sur autoroutes : 110 km/h
✓ Ces vitesses limites sont réduites par temps de pluie

CODE DE LA ROUTE

La « loi du plus fort » est souvent celle qui prévaut. Les gros 4x4 aux plaques customisées et les transports en commun s'imposent souvent franchement. Attention aux tramways et trolleys auxquels nous sommes peu habitués. Ainsi lorsqu'un tramway circule au milieu d'une avenue, vous devez marquer l'arrêt en même temps que lui, pour permettre aux passagers qui descendent de rejoindre le trottoir.

RÉGLEMENTATIONS

✓ Taux maximum d'alcool toléré dans le sang : 0,5 g
✓ Siège enfant, rehausseur ou système de retenue adapté et homologué obligatoire jusqu'à 12 ans ou 1,5 m
✓ Âge minimum du conducteur : 18 ans
✓ Port de la ceinture de sécurité obligatoire à l'avant et à l'arrière
✓ Allumage des feux de croisement obligatoire (jour et nuit) toute l'année
✓ Pneus cloutés admis avec réglementation du 1er octobre au 30 avril
✓ Triangle de présignalisation obligatoire
✓ Trousse de premiers secours obligatoire
✓ Extincteur obligatoire
✓ Gilet de sécurité fluorescent recommandé

URGENCES

✓ Téléphone incendie et ambulance : 112
✓ Téléphone Police : 110

Au secours ! **Palīgā !** / *Hôpital* **Slimnīca** / *Police* **Policijas**

Pour téléphoner en Lettonie

Composer le 00 et 371 et le numéro de votre correspondant

LEXIQUE

MOTS USUELS

Oui **Jā** / *Non* **Nē** / *Bonjour* **Labdien** / *Bonsoir* **Labvakar** / *Salut* **Sveiki** / *Au revoir* **Uz redzēšanos** / *S'il vous plaît* **Lūdzu** / *Merci (beaucoup)* **(liels) Paldies** / *Excusez-moi* **Atvainojiet** / *Santé !* **Prieka!** / *Manger* **Ēst** / *Boire* **Dzert** / *Toilettes* **Tualete**

DIRECTIONS & TRANSPORTS

À droite **Pa labi** / *À gauche* **Pa kreisi** / *Entrée* **Ienākšana** / *Sortie* **Iznākšana** / *Autoroute* **Autoceļš** / *Route* **Ceļš** / *Ville* **Pilsēta** / *Station-service* **Benzīnstacija** / *Essence* **Benzīns**

PREMIERS CONTACTS

Je voudrais… **Es gribētu …** / *Où se trouve… ?* **Kur ir…?** / *Parlez-vous français ?* **Vai jūs runājat franciski ?** / *Je ne comprends pas* **Es nesaprotu** / *Combien ça coûte ?* **Cik tās maksā ?**

Lettonie

Lettonie plurielle

⮕*Départ
de Rīga*
⮕*10 jours
1120 km*
**Carte Michelin
n°781**

*Sur la place de l'hôtel de ville,
la maison des Têtes à Riga*

Jours 1 et 2

Votre première journée à **Rīga** commence dans l'ascenseur du clocher de l'église St-Pierre (fermé le lundi). De là-haut apparaît la morphologie de cette ville aux dizaines de clochers. Parcourez ensuite, plus ou moins au hasard, le dédale des rues pavées de la vieille ville, bordées d'édifices élevés par les riches marchands de la Hanse. Détaillez les façades de la place Doma laukums, levez la tête vers l'immense orgue de la cathédrale, cherchez la maison des Chats, celle des Têtes Noires (un vrai sapin de Noël). Pour admirer les intérieurs, un musée fera l'affaire : ceux d'Art et d'histoire dans le château et dans la maison Mentzendorff, celui des Arts décoratifs installé dans une ancienne église, ceux

de l'Occupation, de la Photographie. La journée peut se terminer en hésitant entre une échoppe à l'ancienne, une cave à bière, un restaurant sous les voûtes.

Toujours dans la ville de Rīga, assistez à l'ouverture du marché central, immense et abrité dans d'anciens hangars à zeppelins : un lieu idéal pour découvrir l'odeur et la couleur des produits locaux. Suivez les parcs de la rivière Pilsetas qui font le tour de la vieille ville. Au-delà du monument de la Liberté s'alignent de belles demeures Art nouveau, style architectural dont Rīga est la plus grande vitrine européenne. Le soir, du bar au dernier étage de l'hôtel Reval, vous regarderez les lumières de la ville s'allumer une à une.

Jour 3

Le bus n° 1 relie le Musée ethnographique en plein air où, au bord d'un lac, s'alignent de typiques maisons villageoises lettones, de diverses régions et époques. Suivez l'A 2 vers l'agréable cité de **Sigulda**. À pied, en vélo, en canoë, découvrez le parc national de la **Gauja**, sa flore variée, la citadelle de **Cēsis** et l'agréable **Valmiera**.

Jour 4

Prenez la direction des hautes terres de la **Vidzeme** : collines, lacs, forêts, champs et villages pittoresques. De **Madona**, profitez des deux réserves naturelles ou des petites bourgades alentour.

Jour 5

Via **Viļāni** et **Preiļi**, vous atteignez **Aglonas**, cité religieuse

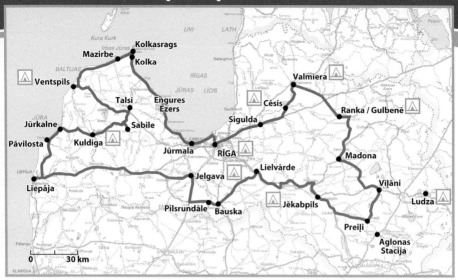

entre deux lacs, typique du Latgale. Les alentours (au sud, à l'est) enchanteront les amateurs de campagne de contes de fées. L'A 6, qui suit la Daugava, traverse quelques intéressantes cités : **Jēkabpils** (château), **Lielvārde** (ruines).

Jour 6

Évitez Rīga, roulez vers Bauska et **Pilsrundāle**, avec son palais baroque digne de St-Pétersbourg. De Jelgava, l'A 9 file droit vers **Liepāja** et la côte.

Jour 7

Passez la journée dans la ville dynamique de **Liepāja** : plage, cafés, musées.

Le conseil de Bib

▶ À Rīga, conduire dans la vieille ville est taxé. Se garer est également compliqué. Optez pour les bus (Rīga Card).

Jour 8

Longez la côte vers le nord et **Pāvilosta**. Visitez le Musée ethnographique et cherchez des larmes d'ambre sur le rivage. À **Jūrkaine**, tournez vers **Kuldiga**, petite cité aux charmes multiples : cascades, vieille ville qui semble surgie d'un passé révolu. Partez à la découverte des villages du duché de Courlande : **Sabile** et sa vigne, **Talsi** au cœur des collines.

Jour 9

Vous gagnerez **Ventspils**, port industriel riche en surprises aussi inattendues qu'agréables. Difficile de gagner le cap Kolka car après 24 km, la route se transforme en piste impraticable en hiver et très poussiéreuse aux beaux jours. Nous avons tenté de limiter autant que possible les secteurs non asphaltés mais vous êtes prévenus le chemin est rude (par la P 124), mais le cap **Kolka** sera une belle récompense.

Par **Dundaga** et son château romantique, la route emprunte le territoire de la minorité des Lives au sein du parc naturel de Slītere. Au début du 20e s. 182 membres descendaient de l'une des sept tribus finno-ougriennes établies dans les Pays baltes, ce qui en fait les frères des Hongrois… Peuple de pêcheurs, leur capitale est d'une certaine manière **Mazirbe** que vous traverserez avant d'atteindre enfin ce bout de terre solitaire et envoûtant qu'est le cap Kolka. Ce lieu était interdit à l'époque soviétique. Le seul interdit de nos jours est la baignade car les courants y sont violents.

Jour 10

Suivez la route côtière qui mène à Riga passe par le lac d'**Engures**, formidable réserve ornithologique, puis à **Jūrmala**, l'élégante station balnéaire de la capitale qui attire les amateurs de thermalisme et de bains de mer depuis plus d'un siècle.

Campings

Cēsis

⛺ Zagarkalns
Mûrlejas iela 12
📞 26266266
Mai-oct.
Loisirs : 🏠 🤸 ⛳ 🛷 🚲 ≈ (plan d'eau)
〜 💧 aire de sports, barbecue
Services : ⚡ 〜 😊 🚿 🍷

Jēkabpils

⛺ Radži
Zīriņu iela 5
📞 29471447
Permanent
Loisirs : 🏠 ⛳ 🛷 🚲 ≈ (plan d'eau) 〜
💧 barbercue, aire de sports
Services : ⚡ 〜 😊

Jelgava

⛰ Holiday complex Zemgale
Rīgas iela 11
📞 3007707
Permanent
Loisirs : 🏠 🏌 ⛳ bowling 🛷 🎾 🏊 aire
de sports
Services : ⚡ 〜 😊 🚿 🍴 sèche-linge 🏊 🍷
🍴 brasserie, cafétéria

Kuldīga

⛰ Nabīte
Padures pagasts
📞 29458904
Mai-sept. 11 ha
🏕 −25 🅿
Loisirs : 🏠 ⛳ jacuzzi 🛷 ≈ (plan d'eau) 〜
💧 aire de sports
Services : ⚡ 〜 😊 🚿 🍴 sèche-linge 🍷 🍴
brasserie, snack

Ludza

⛰ Dzerkali
Cirmas pagasts
📞 26324735
Mai-sept.
Loisirs 🏠 🎭 diurne jacuzzi jeux pour adultes 🛷
🚲 🎾 ≈ (plan d'eau) 〜 💧 🐴
Services : ⚡ 〜 😊 🍴 sèche-linge 🏊 : 🍴
brasserie, cafétéria

Ranka

⛰ Lācītes
Rankas pagasts
📞 26599997
Permanent
🏕
Loisirs : 🏠 🎭 diurne ⛳ jacuzzi 🛷 🚲 ≈
(plan d'eau) 💧 🐴
Services : ⚡ 〜 😊 🚿 🍴 🍴 sèche-linge 🍷
🍴 cafétéria, brasserie

Rīga

⛺ Rīga City
Kīpsalas iela 8
📞 7067519
Mi-mai-mi-sept. 2 ha
🏕 40 🅿
Loisirs : 🏠 🎭 diurne ⛳ 🛷 🚲 🎾
Services : ⚡ 〜 🚿 🍴 📶 📞 🍴 🏊 🍷 🍴
😊 Proche de la vieille ville

Valmiera

⛰ Holiday complex Avoti
Valmieras pagasts
📞 29499342
Permanent 4 ha (55 empl.)
🏕 5 🅿
Loisirs : 🏠 🎭 ⛳ 🛷 🎾 🏊
Services : ⚡ 〜 😊 🍴 🍷 🍴

Ventspils

⛰ Piejūras
Vasarnīcu ielā 56
📞 63627925
Permanent
🏕 −70 🅿
Loisirs : 🏠 🎭 diurne ⛳ jacuzzi 🛷 aire de sports
Services : ♿ ⚡ 🍴 〜 😊 🚿 🍴 📷 sèche-
linge 🏊 🍷 🍴 brasserie, cafétéria

Les bonnes **adresses** de Bib

Office de tourisme de Rīga
Riga Tourism Information Centre – *Rātslaukums 6 (sur la place de l'hôtel de ville) - ℰ 371 67037900 - www.liveriga.com - 9h-18h (mai-sept. 9h-19h).*

Bauska

Aveņi
Route de Mežotne, face au hangar abritant un petit musée des Machines agricoles, 200 m environ après le pont sur la Mēmele.
Dans cette grande taverne rustique proposant (entre autres) des grillades et, bien entendu, les sempiternelles *karbonād*, les amoureux peuvent se sentir seuls au monde en se nichant au creux d'une des petites alcôves en bois, tandis que les jeunes enfants disposent d'un espace de jeu garni de peluches. Le service, attentif et souriant, est appréciable.

Cēsis

Sarunas
Rigas iela 4, au coin de Vienības laukums - ℰ 410 7173 - env. 10 Ls.
Décor contemporain dans ce café à la mode qui présente aux beaux jours une terrasse dans la rue piétonne. La carte propose une cuisine « fusion » d'inspiration méditerranéenne. Salades et snacks pour les petites faims. Le service est parfois un peu lent au démarrage…

Daugavpils

Gubernator
Lāčplēša iela 10 - ℰ 542 2455 - 11h-0h.
Pub dans une cave et longue carte (en français) russobalte alléchante. Les préparations plus ou moins satisfaisantes accompagnent des bières tchèques et russes.

Jelgava

Pilsētas Pasāža
Entre Pasta iela et Akadēmijas iela - 8h-0h.
Le grand centre commercial de la ville : cafés, supermarché, boutiques diverses et curieux décor de façades anciennes aux teintes pastel.

Liepāja

Vecais Kapteinis
Dubelšteina iela 14, donnant sur Jūras iela, depuis Rožu laukums par Graudu iela puis à droite Diķa iela.
C'est une vieille demeure datant de 1773 qui accueille ce remarquable restaurant, incontestablement le meilleur de la ville. Menu du jour *(biznesa pusdienas)* à prix doux, servi de 12h à 14h, et carte (très riche) le soir.

Amatnieku nams (maison des Artisans)
Bariņu iela 33.
Artisans au travail et galerie de vente.

Rīga

1739
Skarņu iela 6 - ℰ 721 1398 - env. 18 Ls.
Cuisine lettonne ou russe dans le cadre cossu d'une demeure affichant fièrement son année de construction. La formule déjeuner, plus légère que le « grand menu », peut être une bonne alternative.

Skonto Zivju restorāns
Riharda Vagneras iela 4.
Quatre salles à manger décorées chacune dans un style différent accueillent ce restaurant de poissons réputé, doté d'un aquarium où la truite frétille jusqu'à votre commande…

Amber Line
Pour tous les objets et bijoux à base du fameux or de la Baltique. Plusieurs boutiques à Rīga dans la vieille ville *(Torņu iela 4 et dans la galerija Centrs, Audēju 16)* ainsi qu'à la gare ferroviaire *(Stacijas laukums).*

Ventspils

Metropol
Baznīcas iela - 10h-23h - 20 Ls.
Ce grand restaurant de province propose une belle carte sortant un peu de l'ordinaire, en particulier au niveau des poissons : esturgeon et carpe sont au programme en compagnie de la truite. Service charmant et diligent.

Avēnija
Baznīcas iela 2-4, face à l'office de tourisme - lun.-vend. 9h-18h, sam. 9h-15h.
Ce commerce propose de la laine, du lin et des souvenirs divers dont l'omniprésent ambre.

Lituanie

Nom local : *Lietuva* **Capitale :** *Vilnius* **Population :** *3,24 millions d'habitants*
Superficie : *65 200 km²* **Monnaie :** *Litas (1 € = 3,45 LTL)*

La Lituanie est (de justesse) le plus grand et le plus peuplé des trois États baltes. C'est aussi celui qui bénéficie de la côte la moins longue (99 km entre la frontière lettone et le sud de la péninsule de Courlande). Les parcs régionaux et nationaux représentent 13 % du territoire. Le paysage lituanien est majoritairement plat mais il présente des collines sur les plateaux occidentaux et les hautes terres de l'est. Juozapinès, à 294 mètres d'altitude, est le point culminant. Quelque 6 000 lacs et marais parsèment le territoire, dont une dizaine seulement excède 10 km². Ces étendues d'eau sont très appréciées des baigneurs en été, et les pêcheurs en profitent en toute saison, tout du moins ceux qui osent s'aventurer sur la glace aux premiers frimas pour lancer leurs lignes dans les trous qu'ils ont pratiqués.

La population se compose de 80 % environ de Lituaniens, de 11 % de Polonais et de 7 % de Russes.

La capitale, Vilnius, est une cité pittoresque située au bord de la Vilnia. Fondée en 1579, son université est une véritable ville dans la ville, avec ses bâtiments de style Renaissance s'articulant autour d'une multitude de cours intérieures.

En 1989, un géographe de l'Institut géographique national français a établi que le centre géographique de l'Europe se trouvait en Lituanie, dans le village de Purnuškès à 26 kilomètres au nord de Vilnius.

La haute saison touristique court de juin à fin août. Les Lituaniens, sevrés de soleil durant le long hiver, fêtent joyeusement l'arrivée de l'été lors de la nuit de la St-Jean. Les journées s'allongent au point de manger presque totalement la nuit qui ne dure que 5 heures, fin juin. Cette lumière abondante est exploitée au mieux : festivals multiples, sports en tous genres, campings près des lacs, ou dans des forêts odorantes et colorées. Les liens forts entre les locaux et la nature se resserrent alors un peu plus. Car pour les passionnées de tourisme écologique, la Lituanie est une destination de choix.

RECOMMANDATIONS

DOCUMENTS OBLIGATOIRES

✓ Permis de conduire rose de l'UE
✓ Permis de conduire international (recommandé seulement)
✓ Certificat d'immatriculation du véhicule ou certificat de location
✓ Plaque d'identification nationale
✓ Justificatif d'assurance (carte verte)
✓ Passeport (recommandé seulement)
✓ Procuration en cas d'utilisation du véhicule appartenant à un tiers (recommandée seulement)

VITESSES LIMITES

✓ En agglomérations urbaines : 50
✓ Sur routes : 90
✓ Sur routes à chaussées séparées : 100 / 110
✓ Sur autoroutes : 110 / 130
✓ Ces vitesses limites sont réduites par temps de pluie

BESTIOLES !

Les **moustiques** sont omniprésents en été, surtout autour des lacs. Utilisez des répulsifs efficaces.
Les zones rurales et les forêts sont infestées de **tiques** d'avril à octobre. Promenez-vous jambes et bras couverts. Attention car les tiques peuvent provoquer des encéphalites.

RÉGLEMENTATIONS

✓ Taux maximum d'alcool toléré dans le sang : 0,4 g
✓ Âge minimum des enfants admis à l'avant : 12 ans
✓ Taille minimum des enfants admis à l'avant : 1,50 m
✓ Siège enfant, rehausseur ou système de retenue adapté et homologué obligatoire jusqu'à 3 ans
✓ Âge minimum du conducteur : 16 ans
✓ Port de la ceinture de sécurité obligatoire à l'avant et à l'arrière
✓ Allumage des feux de croisement obligatoire (jour et nuit) toute l'année
✓ Pneus cloutés admis avec réglementation du 1er novembre au 1er avril
✓ Signe « pneus cloutés » obligatoire sur la vitre arrière
✓ Triangle de présignalisation obligatoire
✓ Trousse de premiers secours obligatoire
✓ Extincteur obligatoire
✓ Gilet de sécurité fluorescent obligatoire

URGENCES

✓ Téléphone incendie et ambulance : 112
✓ Téléphone Police : 110

Au secours ! **Pagalbą !** */ Hôpital* **Ligoninė** */ Police* **Policija**

Pour téléphoner en Lituanie

Composer le 00 et 370 et le numéro de votre correspondant

LEXIQUE

MOTS USUELS

Oui **Taip** */ Non* **Ne** */ Bonjour* **Laba diena** */ Bonsoir* **Labas vakaras** */ Salut* **Sveika (h), Sveikas (f)** */ Au revoir* **Viso gero** */ S'il vous plaît* **Prašau** */ Merci* **Ačiū** */ Excusez-moi* **Atsiprašau** */ Santé* **! Į sveikatą !** */ Manger* **Valgyti** */ Boire* **Gerti** */ Toilettes* **Tualetas**

DIRECTIONS & TRANSPORTS

À droite **Į dešinę** */ À gauche* **Į kairę** */ Entrée* **Įėjimas** */ Sortie* **Išeiga** */ Autoroute* **Greitkelis** */ Route* **Trasa** */ Ville* **Miestas** */ Station-service* **Degalinė** */ Essence* **Benzinas**

PREMIERS CONTACTS

Je voudrais… **Aš norėčiau…** */ Où se trouve…* **? Kur yra…?** */ Parlez-vous français ?* **Ar jūs kalbat prancūziškai ?** */ Je ne comprends pas* **Aš nesuprantu** */ Pouvez-vous m'aider ?* **Prašau man padeti ?** */ Combien ça coûte ?* **Kiek kainuoja ?**

Boucle **lituanienne**

➲*Départ*
de Vilnius
➲*11 jours*
965 km
Carte Michelin
n° 781

Le clocher de Vilnius

W. Buss / MICHELIN

Jours 1 et 2

Votre grand tour de Lituanie commence logiquement par une découverte de la capitale : **Vilnius**, ville de parcs, de collines et de rues pavées bordées de superbes bâtiments baroques. Moins visitée que ses cousines baltes, elle est pourtant riche de sa diversité, chaleureuse et tout aussi belle. La place de la cathédrale, avec son beffroi, son palais royal, son animation, s'impose comme point de départ. Quelques dizaines de mètres plus haut, la colline de Gédymin offre un beau panorama sur le hérisson de clochers qu'est Vilnius. Revenu sur terre, explorez la vieille ville en zigzaguant entre les ruelles et les cours intérieures de l'axe d'or Pilies-Didžioji-

Aušros Vartų. L'ambre exposé dans les vitrines éclaire votre chemin. Perdez-vous dans les passages de l'université, souvenez-vous de Napoléon dans le palais présidentiel, baissez le ton dans les innombrables églises baroques ou gothiques, catholiques ou orthodoxes. Le deuxième jour, pour ajouter un pays à votre collection, passez la frontière de la république utopique d'Užupis, le quartier des artistes. Le long de Stiklių et Vilniaus, les boutiques artisanales et les restaurants s'activent sous les voûtes ; quant aux grands vides, ils rappellent les ghettos juifs. Partez à la recherche des plaques qui rappellent le passé juif de la ville. Vilnius à partir du 15e s. et jusqu'à la Seconde Guerre mondiale a été un grand foyer de la

culture yiddish. Surnommée alors la « Jérusalem du Nord », la population juive a représenté jusqu'à 40 % de la population alors qu'aujourd'hui il n'en reste que moins de 5 000 tant la répression fut terrible sous le nazisme. En remontant l'avenue moderne de Gedimino, visitez le musée des Victimes du génocide.

Jour 3

Quittez la ville par l'A 16 pour **Trakai**. Ce parc national aux paysages variés préserve un village pittoresque et un château de contes de fées. Nature et culture se découvrent à pied, en vélo, ou... à table, en goûtant aux spécialités karaïtes.

Jour 4

L'A 4 mène au sud du pays et à la bucolique cité thermale de

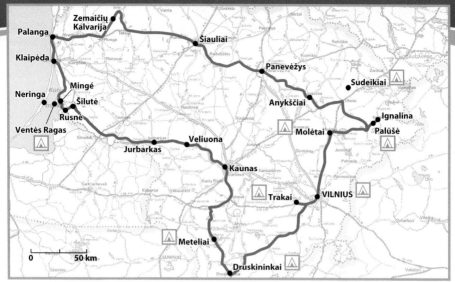

Druskininkai. Au programme : promenade en vélo, relaxation dans un bain de boue et massage au miel. Les environs de Druskininkai ne manquent pas d'intérêt. Partez à vélo vers le **Grûto Parkas** et sa collection de statues staliniennes. Ou gagnez **Merkinė**, porte d'entrée du parc **Dzûkija** pour une journée dans les forêts de pins et les marais.

Jour 5

Quelques heures suffisent pour rejoindre **Kaunas**, au milieu de la Lituanie des plaines. La deuxième ville du pays, qui fut un temps capitale, compte un grand nombre de musées dont un consacré… aux diables.

Jour 6

La route 141 longe le fleuve Niémen en direction de **Jurbarkas**, et permet d'intéressantes haltes au village de **Veliuona** et au château de **Panemunės**. Après **Šilutė**, faites votre nid dans un des villages du delta, avant de regarder les oiseaux construire les leurs.

Jour 7

Le delta du **Niémen** se découvre en vélo ou en barque : Mingé et sa rue-canal, le village de pêcheurs de **Rusnė**, la presqu'île sauvage de **Ventės Ragas**. En soirée, rejoignez **Klaipėda**, port dynamique qui entame une mue prometteuse.

Jour 8

Le ferry ne met que 5 minutes pour atteindre l'isthme de **Courlande** (Neringa), paradis naturel protégé par l'Unesco : dunes de sable blanc, plages, forêts de pins, villages pittoresques. Retour à **Klaipėda**, puis trajet (E 272) vers la station balnéaire aérée et boisée de **Palanga**, célèbre pour son parc et son musée de l'Ambre.

Jour 9

L'A 11 vous mène au parc national de **Žemaitija**. Balade entre les sapins, au bord du lac et dans les îles de **Plateliai**. Souvenez-vous de la guerre froide dans l'ancienne base soviétique de **Plokštinė**, située non loin de la ville de pèlerinage de **Žemaičių Kalvarija**.

Jours 10 et 11

L'A 11 continue vers **Šiauliai**, ville voisine de la colline des Croix. Puis, par l'A 9, passez à Panevėžys, capitale du lin. L'une des plus grandes réserves de bisons d'Europe se situe non loin de là. Rejoignez Anykščiai, puis Ignalina et Palûšė. Marchez, pédalez, ou ramez à travers le superbe parc national d'**Aukštaitija**. Aux beautés des forêts et des lacs s'ajoute l'intérêt de villages aux maisons et églises anciennes. Dormez au bord d'un des lacs.

Le conseil de Bib

▶ Une petite flèche verte (non lumineuse) en haut des feux vous permet de tourner à droite mais vous n'avez pas la priorité…

⛺ Campings

Druskininkai

⛺ Druskininkų kempingas
Gardino str. 3
☎ 0313/60800
http://info.druskininkai.lt
Mai-août 3,4 ha (40 empl.)
🚐 – 40 🔲
Loisirs : 🏠 🛶 🚲 🏐 beach-volley
Services : ♿ 🔑 Ⓜ 🚿 ⛱ 🔥 ☺ 🛗 〽 🔌
sèche-linge

Meteliai

⛺ Poilsiavietė Vitrūna
Meteliai vil.
☎ 0687/70748
www.vitruna.lt
Mai-août 2 ha (15 empl.)
🚐 – 15 🔲
Loisirs : 🏠 ⛵ 🛶 🚲 🏊 (plan d'eau) 🐟
🔱 aire de sports
Services : ♿ 🔑 🚿 🔥 ☺

Molėtai

⛺ Mindūnų kempingas
Kamužė vil., Mindūnai ward
☎ 606/11317 – *www.ignaturas.lt*
Permanent 5 ha
🚐
Loisirs : 🏠 ⛵ jacuzzi 🛶 🚲 🏊 (plan
d'eau) 🐟 🔱 aire de sports
Services : ♿ 🔑 🔥 ☺ 📶 🛗 sèche-linge 〽
cafétéria

Palūšė

⛺ Palūšės kempingas
Palūšė vil.
☎ 0386/52891
www.paluse.lt
Mai-sept. 1 ha (14 empl.)
🚐 – 14 🔲
Loisirs : 🚲 🏐 🏊 (plan d'eau) 🐟 🔱
Services : ♿ 🔑 🚿 🔥 ☺ 🦮 〽 cafétéria

Sudeikiai

⛺ Holiday camp Sudeikiai
Sudeikiai
☎ 0615/15324
www.utenainfo.lt
Mai-sept. 5 ha
🚐 – 12 🔲
Loisirs : 🏠 🛶 🚲 🏐 🏊 (plan d'eau) 🐟
🔱 aire de sports
Services : ♿ 🔑 🚿 🔥 ☺ 📶 🛗 sèche-linge

Trakai

⛰ Kempingas slényje
Slénio str. 1
☎ 05/2853880
www.camptrakai.lt
Permanent 5,6 ha (100 empl.)
🚐 – 100 🔲
Loisirs : 🏠 🎭 nocturne ⛵ hammam 🛶 🚲
🏊 (plan d'eau) 🔱 🐴
Services : 🔑 Ⓜ 🔥 ☺ 📶 🛗 sèche-linge 〽
brasserie, snack, cafétéria

Ventė

⛰ Ventainė
Ventė vil., Kintai ward
☎ 0441/68525
www.ventaine.lt
Permanent 4 ha (130 empl.)
🚐 – 30 🔲
Loisirs : 🏠 ⛵ jacuzzi 🛶 🚲 🏐 🏊
(plage) 🐟 🔱 aire de sports
Services : ♿ 🔑 🔥 ☺ ⛱ 🔥 📶 〽 sèche-
linge 〽 brasserie

Vilnius

⛰ Vilnius city
Laisvés av. 5
☎ 0680/32452
www.camping.lt/vilniuscity
Juin-sept. 1,2 ha (100 empl.)
🚐
Loisirs : 🚲 ⛹
Services : 🔑 🔥 ☺ 📶 🛗 sèche-linge 〽
☺ Transports en commun pour le centre-ville à 2 km.

Carnet pratique

Les bonnes **adresses** de Bib

Office de tourisme de Vilnius
Vilnius Tourist Information Centre – *Vilniaus g. 22 -*
℘ 370 5 262 9660 - www.vilnius-tourism.lt.

Kaunas

Berneliu Uzeigu
Donelaičio g. 11 - ℘ 207 700 - 10h-0h - 50 Ltl.
Cette maison de bois aménagée « chasse pêche et traditions » est une adresse prisée. Les soupes, les spécialités régionales et les desserts aux fruits rouges *(varškės
kremas)* sont bien préparés et généreusement servis.

Medžiotojų Užeiga
Rotušės ai. 10 - ℘ 320 956 - 11h-0h - 40 Ltl.
Dans le cadre cossu d'une ancienne auberge de chasseurs,
vous dégustez « tout ce qui bouge » dans les forêts baltes :
sanglier, élan, gibier d'eau, tous bien accompagnés.

Klaipėda

Čili Kaimas
H. Manto g. 11 - ℘ 310 953 - 10h-0h - 45 Ltl.
L'intérieur tout en bois de ce cube soviétique est in-
soupçonnable de l'extérieur. On y sert une bonne cuisine populaire lituanienne.

Smėlio Krantas
Žvejų g. 4 - ℘ 315110 - 14h-19h.
Lin, ambre, verres, livres. La manufacture vend de belles
pièces d'ambre.

Nida

Kuršis
Naglio g. 29 - Nida - ℘ 542 2455- 9h-22h - 30 Ltl.
Un café-restaurant ouvert toute l'année. Plats copieux,
servis avec le sourire.

Pastogė
Kuverto g. 2 - Nida -℘ 51149 - 12h-22h - 27 Ltl.
Au bord de l'eau est servie une copieuse et typique cui-
sine côtière.

Panevėžys

Nendrė Vėjyte
*Respublikos g. 6 - dim.-jeu. 9h-23h30, vend.-sam. 9h-0h -
50 Ltl.*
Dans cette belle maison, on s'installe confortablement
dans des chaises-canapés autour des tables, en atten-
dant des plats locaux copieux et bien faits.

Šiauliai

Kapitonas Morganas
Vilniaus g. 183 - ℘ 526 477 - 40 Ltl.
Ce restaurant affiche souvent complet avec sa carte in-
ternationale et sa vue sur Vilniaus g.

Trakai

Senoji Kibininė
Karaimų g. 65 - ℘ 55865 - 10h-22h - 40 Ltl.
Les *kibinai*, chaussons karaïtes farcis de viandes et sé-
rieuses réponses aux *cepelinai*, sont servis dans cette
belle maison de bois et son jardin.

Kybynlar
Karaimų g. 29 - ℘ 285 5179 - 11h-22/23h.
Ce beau restaurant offre un menu karaïte complet où
les plats d'agneau ravissent les Lituaniens.

Vilnius

Ponių Laimė
*Stiklių g. 14 - ℘ 264 9581 - 9h-20h, sam. 10h-20h, dim.
11h-18h - env. 15 Ltl.*
Agréable et bien situé, ce salon de thé aux volets peints
propose de très bonnes pâtisseries, mais aussi des salades, des tartes salées ou de quoi faire un repas plus
copieux. Service très aimable.

Skonis ir Knapas
Traky g. 8 - ℘ 212 2803 - 9h30-23h.
Dans un passage, un salon de thé et de café très couru.
Les chaises et canapés confortables sont répartis sous
des voûtes, au milieu d'un décor « historique » chaleureux. Large éventail (au sens propre comme au figuré)
de thés et de cafés, à déguster avec des pâtisseries et
des salades.

Skonis ir Kvapas
Traky g. 8 - ℘ 5 212 2803 - 10h-22h - env. 22 Ltl.
Le décor rustico-moderne ravit les locaux comme les
touristes. La salle principale organisée autour d'un arbre est la plus agréable. Tous les classiques lituaniens
sont proposés : viandes en sauce, préparations de pommes de terre, *šaltibarščiai* (soupe de betterave froide)
bien rose, salades, *cepelinai* et « plateau à bières » variés
et fournis.

Žemaičiai
*Vokiečiu g. 24 - ℘ 261 6573 - www.zemaiciai.lt - 11h-0h -
env. 72 Ltl.*
Le labyrinthe de pièces de cette maison du 16e s. assure
une certaine intimité. Aux classiques locaux s'ajoutent
quelques recettes plus élaborées (gibiers, poissons),
plus ou moins réussies selon le choix. Attention aux escaliers très verticaux.

Marché : kalvarijų turgus
*Kalvarijų g. 61 - merc.-dim. 6h30-16h30 - accès : trolley 5 et 6
depuis la cathédrale.*
Un grand bazar qui comblera les amateurs « d'authentique » et de réalité quotidienne. On y trouve des
produits typiques : miel, baies (fraîches, en confiture),
biscuits.

Pologne

Nom local : *Polska* **Capitale :** *Varsovie* **Population :** *38,18 millions d'habitants*
Superficie : *312 677 km^2* **Monnaie :** *złoty (1 € = 4,37 PLN)*

Malgré une idée reçue, la Pologne n'est pas qu'une immense plaine avec quelques petites zones boisées. Une nature riche et variée est au contraire son apanage. Des montagnes à caractère alpin et des rochers granitiques aux formes surprenantes, des forêts à l'état primitif, des lacs innombrables, des marais protégés peuplés d'une flore et d'une faune exceptionnelles, d'immenses dunes mouvantes de sable… inestimables pour leur valeur environnementale unique en Europe. Le climat est de type océanique au nord et à l'ouest et devient graduellement plus continental en allant vers le sud et l'est. Les étés sont tièdes, avec des températures moyennes de 20° C. Les hivers sont rigoureux, avec des températures moyennes autour de 3° C au nord-ouest et - 8° C au nord-est. Bien que les précipitations restent régulières tout au long de l'année, l'hiver est plus sec que l'été, surtout à l'est.

« Des génies vécurent sur notre terre » écrivait en 1818 un des journaux de Varsovie à propos d'un enfant de 8 ans qui donnait son premier concert. Il s'agissait bien sûr de Frédéric Chopin. Ce journal avait raison car on compte beaucoup de célébrités parmi les Polonais. Copernic, Jean-Paul II, plusieurs Prix Nobel (Marie Curie, Czesław Miłosz, Lech Walesa), des artistes et des écrivains d'envergure tels Joseph Conrad, Witold Gombrowicz, Martin Gray, Andrzej Wajda, Krzysztof Kieślowski, Roman Polanski… L'histoire de la Pologne s'inscrit pleinement dans les grandes heures du continent.

Alors qu'au Moyen Âge, la Pologne faisait partie des grands États européens, elle disparaît entre 1795 et 1918 absorbée par ses puissants voisins. La Seconde Guerre mondiale sera un épisode douloureux. Ensuite ce sera la résistance à l'URSS, grâce à Solidarność. Depuis 1989 la Pologne passe non sans mal parfois d'un système économique étatisé et d'un pouvoir autoritaire à l'économie de marché et à la démocratie politique.

RECOMMANDATIONS

DOCUMENTS OBLIGATOIRES

✓ Permis de conduire rose de l'UE
✓ Permis de conduire international (recommandé seulement)
✓ Certificat d'immatriculation du véhicule ou certificat de location
✓ Plaque d'identification nationale
✓ Justificatif d'assurance (carte verte)
✓ Passeport (recommandé seulement)
✓ Procuration en cas d'utilisation du véhicule appartenant à un tiers (recommandée seulement)

VITESSES LIMITES

✓ En agglomérations urbaines : 50
✓ Sur routes : 90
✓ Sur routes à chaussées séparées : 110
✓ Sur autoroutes : 130
✓ Ces vitesses limites sont réduites par temps de pluie

NOS AMIS LES BÊTES

L'animal tatoué ou porteur d'un système d'identification sous forme de puce doit être muni d'un passeport avec un certificat de vaccination antirabique établi par un vétérinaire.

RÉGLEMENTATIONS

✓ Taux maximum d'alcool toléré dans le sang : 0,2 g.
✓ Siège enfant, réhausseur ou système de retenue adapté et homologué obligatoire jusqu'à 12 ans ou 1,5 m
✓ Age minimum du conducteur : 18 ans
✓ Port de la ceinture de sécurité obligatoire à l'avant et à l'arrière
✓ Allumage des feux de croisement obligatoire (jour et nuit) toute l'année
✓ Pneus cloutés interdits
✓ Triangle de présignalisation obligatoire
✓ Trousse de premier secours recommandée
✓ Extincteur obligatoire
✓ Gilet de sécurité fluorescent recommandé

URGENCES

✓ Téléphone incendie et ambulance : 112
✓ Téléphone Police : 110
Au secours ! **Pomocy !** / *Hôpital* **Szpital** / *Police* **Policja**

Pour téléphoner en Pologne

00 48 + indicatif régional + numéro de l'abonné.

LEXIQUE

MOTS USUELS

Oui **Tak** / *Non* **Nie** / *Bonjour* **Dzień dobry** / *Bonsoir* **Dobry wieczór** / *Salut* **Cześć** / *Au revoir* **Do widzenia** / *S'il vous plaît* **Proszę** / *Merci (beaucoup)* **Dziękuję (bardz)** / *Excusez-moi* **Przepraszam** / *Santé !* **Na zdrowie!** / *Manger* **Jeść** / *Boire* **Pić** / *Toilettes* **Toalety**

DIRECTIONS & TRANSPORTS

À droite **W Prawo** / *À gauche* **W Lewo** / *Entrée* **Wejście** / *Sortie* **Wyjście** / *Autoroute* **Autostrada** / *Route* **Droga** / *Ville* **Dzielnica** / *Station-service* **Stacja benzynowa** / *Essence* **Benzyna**

PREMIERS CONTACTS

Je voudrais... **Poproszę...** / *Où se trouve... ?* **Gdzie jest... ?** / *Parlez-vous français ?* **Czy pan mówi po francusku?** / *Je ne comprends pas* **Nie rozumiem** / *Pouvez-vous m'aider ?* **Potrzebuję pomocy ?** / *Combien ça coûte ?* **Wiele kosztuje?**

Pologne

De **Gdańsk** à la **Baltique**

*Départ
de Gdańsk
8 jours
740 km
Carte Michelin
n° 720*

Le port de Gizycko

A. Stachurski / ONT Pologne

Jours 1 et 2

Découvrez la Triville (Trój-miasto) qui comprend **Gdańsk**, **Sopot** et **Gdynia**. Sur plus de 35 km, cette agglomération est fort bien desservie par les transports en commun. Prenez le temps de flâner dans les rues de **Gdańsk**, l'ancienne Danzig, vénérable cité hanséatique rasée pendant la guerre et magnifiquement reconstruite à l'identique. Son architecture vous rappellera les villes des Flandres. Berceau du mouvement Solidarność enfanté au sein de son chantier naval Gdańsk est loin d'être une ville sans âme.

Jour 3

Tenté par une atmosphère plus festive ? Échappez-vous le temps d'une journée à **Sopot**, la cité balnéaire aux airs de Deauville-sur-Baltique où les casinos contribuent à rendre l'atmosphère bien plus frivole. Non loin de là, **Gdynia**, ville portuaire construite pour donner un débouché maritime à la Pologne quand le port de Danzig était allemand, affiche son architecture des années 1920-1930.

Jour 4

Pénétrez un peu plus vers le littoral en explorant la péninsule de **Hel**, longue bande de terre large de quelques centaines de mètres où les pinèdes croissent sur un sol sablonneux. Les amateurs de baignade trouveront là-bas leur compte ainsi qu'à Sopot ou encore plus au sud le long des plages qui bordent le delta de la **Vistule**. Plus au nord, la côte continue en direction de la frontière allemande. Là, vous pourrez découvrir à bicyclette et à pied le Parc naturel de **Słowiński** célèbre pour ses dunes mouvantes qui rongent d'année en année les forêts de pins. À **Łeba,** considérée par beaucoup comme la station balnéaire où il faut être vu, de belles plages vous attendent. Il peut être amusant d'y passer la nuit afin de découvrir l'ambiance très jet-set du lieu.

Jour 5

Dans l'arrière-pays de Gdańsk s'étend la Suisse cachoube ou Suisse de Petite Poméra-nie. Autour de la ville de **Kartuzy**, l'influence cachoube, empreinte de traditions, est palpable. Enfin, réservez une bonne journée de visite au célèbre et gigantesque château de **Malbork** (au Sud-Est

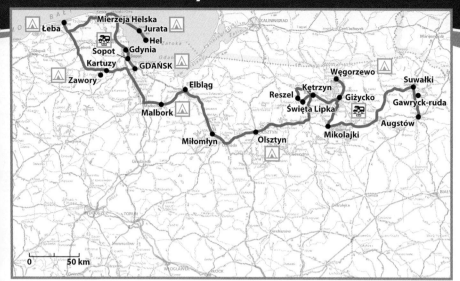

de Gdańsk), fleuron de l'architecture des chevaliers teutoniques.

Jour 6

En route pour la Mazurie, via **Elbag, Ostróda** et **Olsztyn**. Un peu en retrait de la mer Baltique, Elbląg est une belle ville hanséatique qui a été reconstruite à l'ancienne sans toutefois se fermer à l'architecture moderne. On pourra visiter sa galerie d'art contemporain réputée. C'est d'ici que partent les excursions sur le canal d'Elbląg dont l'une des curiosités est de voir, sur une portion de son parcours, les bateaux tractés sur la terre ferme et hissés sur des rails. La traversée jusqu'à la ville d'**Ostróda**, dotée d'un beau château teutonique, ne dure pas moins de 11 heures qui peuvent s'avérer à la longue fastidieuses. C'est pourquoi il est recommandé de se concentrer sur la partie du parcours qui traverse les cinq écluses les plus spectaculaires. Ralliez **Olsztyn** entouré de

vastes forêts, qui rendent le séjour dans la capitale de la région Warmie-Mazurie très agréable. Elle est traversée par les pittoresques gorges de la rivière Łyna que domine la silhouette de sa forteresse médiévale.

Jour 7

Si vous poursuivez votre route plus à l'est, à l'exception de **Reszel**, petit bourg gothique où il fait bon séjourner, les villes ne présentent guère d'intérêt. Quelques kilomètres plus loin, le sanctuaire baroque de **Święta Lipka** est le lieu de l'un des pèlerinages les plus populaires de Pologne. 20 km à l'est, **Kętrzyn** abrite un autre château des chevaliers teutoniques et constitue une base pour la découverte du Repaire du Loup, le quartier général d'Hitler d'où il supervisait les opérations militaires sur le front est. Le site n'est plus qu'une ville fortifiée fantôme à la lisière des lacs de Mazurie qui s'étendent à l'Est.

Les ports de **Giżycko**, **Węgorzewo** et **Mikołajki** attirent l'été la foule des plaisanciers venus naviguer sur les lacs dont certains sont devenus des réserves naturelles. Les forêts alentour dissimulent aussi des sentiers de randonnée réputés.

Jour 8

70 km plus à l'est vous fait rentrer dans les territoires les plus extrêmes de la Pologne. Encore peu explorés des touristes, ils recèlent lacs et forêts profondes autour des villes de **Suwałki** et de **Augstów**. Le canal du même nom offre d'extraordinaires circuits de découverte en canoë.

Le conseil de Bib

▶ Pour la visite de **Gdańsk,** faites halte au camping Orlinek et prenez les transports en commun qui passent à proximité.

Aires de **service** & de **stationnement**

Sopot

Hôtel-Restaurant Bachus – *Ul. Zamkowa Gora 25 -*
058/5500445 - mai-sept. - 🅿 .
Borne artisanale. 🌊 [$] 🚐 🛒 Payant.
Stationnement : 41 PLN/j.

Giżycko

Camping Borowo – *Obwodowa - 087/4293659 - ouv.*
tte l'année - 🅿 .
Borne artisanale. 🌊 [$] 🚐 🛒 Payant.
Stationnement : 48 PLN/j.

⛺ Campings

Gdańsk

⛺ Orlinek
Sobieszewo Orle - ul. Lazurowa 5
058/3080739
Juin-sept. 3,2 ha
Loisirs : 🏠 ⛵ 🏊 (plage) 🐟 🕭 aire de sports
Services : 🔌 📶 😊 🚰 🚽 🎙 📱 sèche-linge 🚿
😊 Transports en commun pour centre-ville.

Jurata

⛺ WZW Jantar
ul. Wojska Polskiego
058/6754285
De mi-mai à fin sept. 1,5 ha
Loisirs : 🏠 🏓 ⛸ discothèque ⛵ 🚲 🏊
🏊 (plage) 🐟 🛶 canoë/kayak, aire de sports
Services : 🔌 📶 😊 🚰 🚽 🎙 📱 🚿 🍷 ✖
cafétéria

Łeba

⛺ Ambre
ul. Nadmorska 9A
059/8662472
Mai-sept. 2,8 ha
Loisirs : 🏠 ⛵ 🏊 (plage) 🐟 🛶 aire de sports
Services : 🔌 📶 😊 🚰 🚽 🎙 📱 🚿 🍷 ✖
cafétéria

Malbork

⛺ Nogat
ul. Parkowa 3
055/2722413
Avr.-oct. 1 ha

Loisirs : 🏠 ⛵ 🏊 🏊 (plan d'eau) 🐟 🛶
aire de sports
Services : 🔌 📶 😊 🚰 🚽 🎙 📱 📱 ✖
cafétéria

Olsztyn

⛺ Ukiel
ul. Poranna 6
089/5222766
De mi-avr.à mi-oct. 4 ha
Loisirs : 🏠 ⛵ 🏊 (plan d'eau) 🐟 🛶 aire
de sports
Services : 🔌 📶 😊 🚰 🚽 🎙 📱

Węgorzewo

⛺ Rusalka
ul. Leśna 2
087/4272191
Mai-sept. 1 ha
Loisirs : 🏠 ⛵ 🏊 (plan d'eau) 🐟 🛶 aire
de sports
Services : 🔌 📶 😊 🚰 🚽 🎙 📱 🚿 ✖

Zawory

⛺ Tamowa
Zawory 47A
058/6842535
Mai-sept. 1 ha
Loisirs : 🍷 ✖ 🏠 ⛵ 🚲 🏊 (plan d'eau) 🐟
🛶 aire de sports, canoë
Services : 🔌 📶 😊 🚰 🚽 🎙 📱 📱 🚿

Carnet pratique

Les bonnes **adresses** de Bib

Office de tourisme de Gdańsk
Gdańska Informacja Turystyczna – *Ul. Długi Targ 28/29 - 🕾 58 301 43 55 - www: www.gdansk4u.pl - lun.-sam. 9h-17h, dim. 9h-16h.*

Augustów

Albatros
Ul. Mostowa 3 - 🕾 087 643 21 23 - 15 PLN.
Cuisine polonaise classique avec des portions copieuses dans un cadre cependant un peu vieillot.

Gdańsk

Turystyczny » Bar Mleczny Wiesława Zwierzycka
Ul. Szeroka 8/10 - lun.-vend. 8h-18h, w.-end 9h-16h - 15 PLN.
Les Polonais se pressent nombreux dans cet établissement providentiel où manger sans trop bourse délier est possible. Ambiance jaune canari-vert perruche pour cet authentique « bar à lait », reliquat de l'ancien régime communiste, à honorer désormais tel un monument historique.

Restauracja Kresowa
Ul. Ogarna 12 - 🕾 058 301 66 53 - 12h-23h - 65 PLN.
Ce « restaurant des confins » est l'endroit à ne pas manquer si vous souhaitez découvrir les plats typiques de Lituanie et d'Ukraine et la gastronomie traditionnelle arménienne, juive et caucasienne. Vous serez accueilli à bras ouverts par la propriétaire russe Tatiana, qui saura vous conseiller et vous faire apprécier ses plats. Réservez en saison.

Restauracja Kubicki
Ul. Wartka 5 - 🕾 058 301 00 50 - 12h-22h (0h en été) - 60 PLN.
Sur le quai, de fait, le plus vieux restaurant de la ville à l'activité ininterrompue depuis 1918. Ambiance feutrée et temps suspendu dans cette grande salle à dominantes pourpre et or flanquée latéralement de deux plus petites salles de couleur vert pomme. Cuisine traditionnelle sommaire mais aussi moins onéreuse que le cadre raffiné ne le laisserait supposer. Ne vous y présentez pas trop tard (hors saison à 21h30).

Grycan
Ul. Długa 73 - 🕾 58 305 43 97 - 1www.grycan.pl - 10h-20h.
Les amateurs de délices glacés fondront de plaisir dans l'antre du Häagen Dazs polonais.

Gdynia

Restauracja w Ogrodach
Ul.WładysławaIV49- 🕾 0587815377-www.wogrodach.pl-lun.-vend. 11h-22h, w.-end 13h-22h - 40 PLN.
On sera libre d'apprécier la décoration de cette adresse, un tantinet trop sophistiquée, mais pas question de rester insensible à la simple mais excellente cuisine élaborée avec soin à partir de produits frais et pour des prix fort raisonnables.

Cafe Strych
Plac Kaszubski 7b - 🕾 058 620 30 38 - www.cafestrych.pl - 14h-1h.
Un café hors du commun, sis dans une ancienne maison de marin au toit escarpé (d'où son nom qui signifie « grenier »). La décoration est faite de mobilier ancien en bois et métal. Des concerts sont organisés régulièrement. En été, une terrasse se déploie dans le jardin.

Giżycko

Karczma Pod Złotą Rybką
Ul. Olsztyńska 15 - 🕾 087 428 55 10 - www.mazury.info.pl/zlota - 35 PLN.
Ce petit restaurant qui ne paie pas de mine s'est fait une spécialité du poisson de lac. Et la carte en français permet de donner libre cours à ses fantasmes gastronomiques. Soupe de poisson, poisson au poids, frit ou en sauce, et une grosse assiette de 5 poissons de lac avec sandre et anguille.

Malbork

Pizzeria D.M. Patrzałkowie
Ul. Kościuszki 25 - 🕾 055 272 39 91 -10h-21h (22h vend-sam.) - 25 PLN.
Au tout début de la rue, une salle lumineuse décorée de vieilles photos du Marienburg d'autrefois où se rassasier de moelleuses pizzas.

Olsztyn

Świeże Zupy
Ul. Św. Barbary 1 - 🕾 89 523 51 47 - dim.-jeu. 11h-22h (0h vend.-sam.).
Une adresse très prisée des locaux qui viennent à toute heure de la journée pour se délecter d'une savoureuse soupe maison.

Sopot

Bar Przystań
Al.WojskaPolskiego11- 🕾 0585550661-www.barprzystan.pl-11h-23h - 25 PLN.
Au sud de la promenade littorale, ce resto-plage constitue une véritable institution sopotienne. Un long vaisseau échoué dans le sable où l'on vient passer la commande et éventuellement s'installer, doublé d'une large terrasse d'où l'on peut contempler la mer et les bateaux de pêche. Au menu (en anglais), des spécialités de poisson pour ce « fast-food » de la mer.

Pologne

Au cœur de la grande **Pologne**

➲ *Départ*
de Varsovie
➲ *6 jours*
500 km
Carte Michelin
n° 720

Palais de la Culture et des
Sciences de Varsovie

Jours 1 et 2

La capitale de la Pologne est en mutation permanente depuis quelques années. Les gratte-ciel côtoient aujourd'hui les immeubles communistes. Tout semble ici aller très vite. Des traces de l'ancien régime survivent toujours dans les atmosphères, les comportements et dans l'architecture, mais le mode de vie occidental prend peu à peu le dessus. La ville recèle aussi des accents d'Orient. L'ensemble donne un mélange des plus… exotiques. Parcourez la Vieille Ville, admirez sa superbe reconstruction effectuée à l'issue de la dernière guerre. Flânez dans les rues entre les maisons des 17e et 18e s. L'endroit, certes touristique, prend un autre visage à la nuit tombée. Visitez le Musée historique et, depuis le château, dirigez-vous vers la Nouvelle Ville par la Voie Royale qui ralliait jadis la résidence d'été des souverains dans le parc Łazienki au sud de la ville. Dans le centre, le palais de la Culture est le symbole de **Varsovie**. Arpentez la place Konstytuczi ornée d'immenses lampadaires et faites un crochet par le Musée national et le musée de l'Armée. Au nord de la ville, on découvre les traces du quartier juif décimé par les nazis. Visitez la synagogue Nożyk, recueillez-vous devant les vestiges du mur du ghetto. Une visite à l'institut historique et au cimetière juif, l'un des plus grands d'Europe, vous relateront l'histoire tragique de cette communauté qui était l'une des plus importantes d'Europe en 1939.

La présence de vastes et paisibles parcs est sans conteste l'un des principaux agréments de Varsovie. Un peu à l'écart, à la sortie ouest de Varsovie, le parc naturel de Kampinos (38 000 ha) est le lieu idéal où fuir l'agitation de la ville et où les habitants aiment à se reposer les jours de congé. Le parc a développé avec succès une politique de réintroduction et de protection d'espèces menacées : castors, lynx, élans… que vous pourrez admirer dans les environs du village de Dziekanów-Lesny.

Jour 3

Toruń est peut-être l'une des villes les plus agréables de Pologne. Petite, préservée, on s'y promène entre des constructions gothiques où domine la brique rouge.

Europe orientale

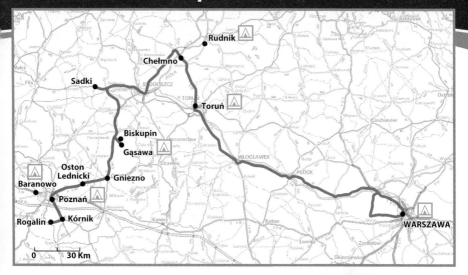

Flânez autour du Rynek et de son imposant hôtel de ville, sur les rives de la Vistule. La cité hanséatique se parcourt à pied et si une journée suffit à en faire le tour, vous y passerez une nuit paisible à l'abri de ses remparts.

Jour 4

Consacrez une demi-journée à la visite de **Chełmno**, petite cité prospère au temps de la Hanse et aux fortifications intactes, située à une trentaine de kilomètres sur la route de Gdańsk.

Dirigez-vous ensuite vers le site archéologique de **Biskupin**, surnommée la Pompéi polonaise. Vous apprendrez les rudiments de la vie au Néolithique. Un peu plus loin, **Gniezno** abrite un sanctuaire consacré à saint Adalbert dont la vie est racontée par les bas-reliefs d'une immense porte de bronze. Entre Gniezno et Poznań, la réserve archéologique d'**Ostrów Lednicki** permet de voir les vestiges du palais lacustre du premier souverain polonais. Dirigez-vous ensuite vers **Poznań**.

Jours 5 et 6

Berceau de l'État polonais au 10e s., Poznań est aujourd'hui une ville jeune et animée, célèbres pour ses foires commerciales héritées du Moyen Âge. Ne loupez pas la cérémonie des douze coups de midi au pied de l'hôtel de ville. Promenez-vous dans les ruelles étroites du Rynek. Autour de son imposant hôtel de ville, les façades des maisons baroques et classiques ont été restaurées après la dernière guerre. Prenez le temps de découvrir ses rues étroites et ses nombreuses églises. Deux jours suffisent pour l'apprécier pleinement. Consacrez une journée à la découverte des châteaux de **Kórnik** et de **Rogalin** tout proches. S'il vous reste un peu de temps, poussez jusqu'à **Kalisz**, certainement la plus vieille ville de Pologne et rendez une visite au château de **Gołuchów** blotti au milieu de son parc, et au palais de chasse d'**Antonin**, situés à proximité.

Le conseil de Bib

▶ **Le pain d'épice de Toruń :** La recette du Piernik Toruński, attestée dès le 14e s. et longtemps restée secrète, n'a été dévoilée qu'en 1725. Miel et épices en sont les principaux ingrédients. De formes variées ouvragées avec soin (personnages, bâtiments), les pains tirent leur goût et leur craquant d'une longue maturation en cave. C'est un cadeau de choix que l'on retrouvait jadis aussi bien dans les dots des jeunes filles que dans les présents offerts aux rois.

 **Campings**

Baranowo

⚠ Turist-Camp
Przeźmierowo, ul. Nad jeziorem
☎ 061/8142812
www.camping30.webon.pl
Avr.-oct. 4,5 ha
Loisirs : 🏕 ⛹ 🏖 (plage) 🎣 💧 aire de sports
Services : ⚡ 🚿 😊 🚻 ☕ 📺 ✖ cafétéria

Gąsawa

🔺 LTL Camping
Drewno 23
☎ 060/8231278
Permanent 2 ha
Loisirs 🏕 jeux pour adultes ⛹ 🏇 🏖 (plan d'eau) 🎣 💧
Services : 🚿 😊 🚻 ☕ 📺 ✖ cafétéria, pizzeria, brasserie

Poznań

⚠ Malta
ul. Krańcowa 98
☎ 061/8766155
www.posir.poznan.pl
Permanent 3 ha
Loisirs : 🏕 🛒 ⛹ 🏇 🏖 🎣 💧 aire de sports
Services : ⚡ 🚿 😊 🚻 ☕ 📺 📺 ✖ cafétéria
😊 Transports en commun pour le centre-ville.

⚠ Strzeszynek
ul. Koszalińska 15
☎ 061/8483129
camping111.strzeszynek@op.pl
Mai-sept. 3 ha
Loisirs : ⛹ 🏖 (plan d'eau) 🎣 💧 aire de sports
Services : ⚡ 🚿 😊 🚻 ☕ 📺
😊 Transports en commun pour le centre-ville.

Rudnik

🔺 Rudnik-Grudziądz
ul. Zalesna 1
☎ 056/4622581
Mai-sept. 2 ha
Loisirs : 🏕 jeux pour adultes, discothèque ⛹
🚲 🏇 🏖 (plan d'eau) 🎣 💧 aire de sports
Services : ⚡ 🚿 😊 🚻 ☕ 📺 📺 ✖
brasserie, cafétéria

Toruń

⚠ Tramp
ul. Kujawska 14
☎ 056/6547187
tramp@mosir.torun.pl . www.tramp.mosir.torun.pl
Mai-sept. 2,6 ha
Services : ⚡ 🚿 😊 🚻 ☕ 📺 📺 ✖
cafétéria

Warszawa/Varsovie

⚠ WOK
ul. Odrębna 16
☎ 022/6127951
www.campingwok.warszawa.pl
De mi-avr.à mi-sept. 0,5 ha
Loisirs : 🏕 ⛹
Services : ⚡ 🚿 😊 🚻 ☕ 📺 sèche-linge
📺 🍴 ✖ cafétéria
😊 Transports en commun pour le centre-ville.

⚠ Astur
ul. Bitwy Warszawskiej 1920 r.15/17
☎ 022/8233748
Avr.-sept. 0,7 ha
Services : ⚡ 🚿 😊 🚻 ☕ ✖ cafétéria
😊 Transports en commun pour le centre-ville.

Carnet pratique

Les bonnes **adresses** de Bib

Office de tourisme de Varsovie
Informacja Turystyczna – ☎ 22 194 31 - www.
warsawtour.pl - bureaux : aéroport, Gare centrale, gare routière, palais de la Culture et des Sciences, Rynek de la Vieille Ville 19/21, Krakowskie Przedmieście 15/17 - horaires variables selon les lieux mais au moins 11h-18h.

Warszawa/Varsovie

Bazyliszek
RSM 1/3 - ☎ *022 831 18 41 - 11h-0h - 70 PLN.*
Ce restaurant de tradition familiale séculaire propose un large choix de spécialités polonaises dans des salles décorées par thème. Réservez plutôt une table avec vue sur la place et faites-vous expliquer la légende du dragon qui figure en enseigne.

Piwna Kompania
Podwale 25 - ☎ *022 635 63 14 - www.podwale25.pl - lun.-vend. 11h-1h, w.-end 12h-1h - 50 PLN.*
Cette immense taverne populaire affiche de loin le meilleur rapport quantité-prix de la Vieille Ville. Cuisine traditionnelle familiale servie dans de très généreuses proportions. Le soir, éviter la salle du fond, extrêmement bruyante.

U Fukiera
RSM 27 - ☎ *022 831 10 13 - www.ufukiera.pl - 12h-0h - 100 PLN.*
Ce restaurant très renommé, récemment rénové, est installé dans l'hôtel particulier où les Fugger, célèbres banquiers bavarois, faisaient commerce de vin. Il se compose de trois majestueuses salles éclairées aux chandeliers et d'une superbe cour intérieure. Carte sophistiquée et service impeccable.

Chłopskie Jadło
Plac Konstytucji 1 - ☎ *022 339 17 17 - www.chlopskiejadlo. pl - 12h-0h - 50 PLN.*
Cette « cuisine paysanne » est sans conteste LE restaurant à ne pas manquer. La nourriture est excellentissime et les portions, énormes, sont servies avec de larges miches de pain frais posées à même les grandes tables en bois. Tous les plats sont succulents, les *placki* (galettes de pommes de terre) et le *smalec* (lard, spécialité de la maison) en tête. Le service est rapide et l'atmosphère extrêmement conviviale. Réservation indispensable.

U Hopfera Pierogi Świata
Ul. Krakowskie Przedmieście 53 - ☎ *022 828 73 52 - www. przystanekmuranow.pl - 11h-dernier client - 35 PLN.*
Un charmant petit restaurant dédié exclusivement et avec savoir-faire à la spécialité nationale des *pierogi* (raviolis fourrés). La carte est en français.

Wedel
Ul. Szpitalna 8 - ☎ *22 827 29 16 - http://wedelpijalnie.pl - lun.-sam. 8h-22h, dim. 11h-20h.*
Le temple du célèbre chocolatier varsovien sert les meilleurs chocolats chauds de la ville et des petits-déjeuners copieux et succulents, à des prix raisonnables.

Cepelia
Ul. Marszałkowska 99/101 - au coin de Al. Jerozolimskie - lun.-vend. 10h-19h, sam. 10h-14h.
Les boutiques Cepelia proposent une large sélection d'objets artisanaux en bois, de céramiques, linge de maison et costumes folkloriques, ainsi que les fameux œufs et petites boîtes en bois peint multicolores.

Poznań

Cymes
Ul. Woźna 2/3 - ☎ *061 851 66 38 - www.cymespoznan.pl - mar.-dim. 13h-0h, lun. 16h-0h - 30 PLN.*
Minuscule restaurant de spécialités juives, simple, généreux et joliment décoré. On sert, sur des tables de bois, hareng, *gefilte fisch* ou encore un délicieux steak hongrois au lard.

Ptasie Radio
Ul. Kościuszki 74/3 - ☎ *061 853 64 51 - 8h-2h - 20 PLN.*
Sous le signe des oiseaux, l'endroit évoque une cabane dans les arbres aux couleurs pastel. On y savoure salades et tartes salées ou sucrées et il n'est pas rare qu'on y oublie le temps jusqu'à l'heure du thé.

Toruń

Czarna Oberża
Ul. Rabiańska 9 - ☎ *056 621 09 63 - 11h-0h - 20 PLN.*
Dans une ambiance rustique au mobilier et à la déco de bois, ce self propose une solide cuisine polonaise à des prix défiant toute concurrence. Accueil plus que sympathique et, si la carte est en polonais, on peut toujours choisir ses plats de visu.

Manekin
Stary Rynek 16 - ☎ *056 621 05 04 - lun.-jeu. 10h-23h, w.-end 10h-0h - 30 PLN.*
Un restaurant populaire au succès mérité où les crêpes sont reines. Pas moins de 40 recettes salées et sucrées. Aux beaux jours, une terrasse dressée sur le Rynek permet de manger au cœur de l'animation de la ville. Carte en polonais.

Emporium
Ul. Piekary 28 - ☎ *056 657 61 08 - www.emporium.torun. com.pl - juil.-août : lun.-vend. 10h-18h, sam. 10h-16h, dim. 10h-16h.*
Pain d'épice et t-shirts à l'effigie de Copernic et de ses théories.

La **Pologne du Sud**

**Départ
de Wroclaw
7 jours
610 km
Carte Michelin
n° 720**

Maisons de bois à Chocholow

R. Mattes / MICHELIN

Jours 1 et 2

Wrocław réserve de belles surprises. La capitale de la Basse Silésie vous retiendra bien au moins deux jours. Ils ne seront pas de trop pour arpenter son Rynek bordé de maisons superbement restaurées, pour flâner dans ses rues animées tout au long de l'année par les nombreux étudiants qui peuplent la ville. Promenez-vous le long des quais de l'Oder, explorez **Ostrów Tumski**, cette ancienne île où se dressent encore aujourd'hui cathédrale et églises. Parcs et espaces verts vous permettront de souffler un peu tandis que les enfants seront charmés par son zoo rendu célèbre à travers le pays par une émission de télévision.

Jour 3

Découvrez la région des Karkonosze et arpentez la ville de **Jelenia Góra** et la station de ski de **Karpacz**. Randonnées et découverte de la nature sont au programme à moins de 100 km de Wrocław. Arrêtez-vous en chemin pour visiter les églises en bois classées par l'Unesco de **Jawor** et de **Świdnica**. Le pays de Kłodzko vous réserve des balades au cœur des monts Tabulaires et de leurs paysages découpés. La grotte de l'Ours et les souterrains de la forteresse de **Kłodzko** vous emmèneront dans les profondeurs de la terre. Continuez votre itinéraire par la ville de **Paczków** que certains considèrent comme le Carcassonne polonais. Avant de vous rendre à Cracovie faites un crochet par la paisible ville d'**Opole** dans les environs de laquelle se répartissent une dizaine d'églises en bois aux fresques du 14e s.

remises au jour. Afin de vous rendre au plus vite à Cracovie empruntez l'autoroute E40.

Jours 4 et 5

Cracovie est une ville médiévale paisible, l'une des rares en Pologne à être sortie intacte de la guerre. Si vous avez peu de temps, concentrez-vous sur le centre ancien autour du Rynek et de la halle aux Draps, sur les bâtiments de la fameuse université Jagellonne et la visite du château de Wawel et de sa cathédrale, panthéon des rois polonais. Passez au moins une soirée dans le quartier juif de Kazimierz. Si vous pouvez y séjourner plus longtemps ou si un premier séjour bref vous a donné envie d'en découvrir plus, vous pouvez consacrer plus de temps à l'exploration de ses musées, ses monuments

Europe orientale

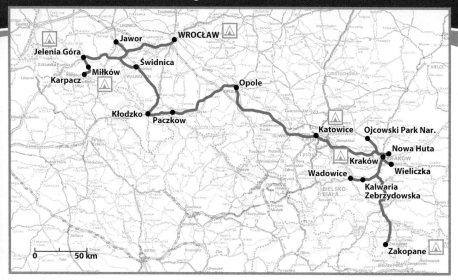

et savourer pleinement l'ambiance de ses rues. Cracovie se découvre à pied, surtout la Vieille Ville entourée par les Planty et Kazimierz.

Jour 6

Rendez-vous au sud dans la tentaculaire mine de sel de **Wieliczka**. Son origine remonte au 13e s. Il en reste un vaste réseau de galeries d'une

Le conseil de Bib

▶ La règle de la priorité à droite ne s'applique pas toujours ! Elle est indiquée sur les panneaux routiers.

longueur de 300 km et dont certaines s'enfoncent jusqu'à 327 m de profondeur.
Puis poussez à l'ouest jusqu'au tristement célèbre camp d'**Auschwitz**, premier camp d'extermination. Plus d'un million d'êtres humains de 28 nationalités, pour la plupart juifs, y ont péri.
Dans la proche banlieue, le site de **Zwierzyniec** vous réserve de belles balades dans un cadre champêtre parsemé de tertres anciens et à 10 km à l'est de Cracovie, vous pourrez visiter Nowa Huta, ville socialiste créée de toutes pièces autour d'un village qui possède toujours son monastère cistercien ainsi qu'une église moderne, l'Arche. À 15 km au nord-ouest, parcourez l'impressionnant **Parc**

naturel d'Ojców où les roches calcaires créent des paysages tourmentés et encaissés.

Jour 7

Partez pour le sud à la découverte des régions alpestres comme les Tatras autour de **Zakopane**, sans oublier de faire un détour par **Kalwaria Zebrzydowska**, haut lieu de pèlerinage et par **Wadowice**, ville natale de Karol Wojtyla plus connu sous le nom de Jean-Paul II. Cette région a conservé des traditions fortes qui se déclinent en architecture, folklore et artisanat. Les randonnées, souvent au cœur de Parcs naturels, sont bien balisées et accessibles à tous les niveaux.

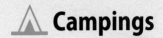

Campings

Jelenia Góra

⚠ Auto Camping Park
ul. Sudecka 42
☎ 075/7524525
www.camping.karkonosz.pl
Permanent 1,3 ha
Loisirs : 🏠 ⚓ 🏓 🏊 aire de sports
Services : ⛽ 🚿 ☺ ⚰ 🚻 🎙 📷 🚮

Katowice

⚠ Camping de Katowice
ul.Murckowska 6
☎ 032/2555388
Mai-sept. 1,5 ha
🚐
Loisirs : 🏠 🛶 ⚓ 🏓 ≅ (plan d'eau) 🏇
🐾 aire de sports
Services : ⛽ 🚿 ☺ ⚰ 🚻 📷 ✗ cafétéria

Kraków/Cracovie

⚠ Krakowianka
ul. Żywiecka-Boczna 2
☎ 012/2681135
www.krakowianka.com.pl
Mai-sept. 6 ha
🚐
Loisirs : 🏠 ⚓ 🏓 🏊 aire de sports
Services : ⛽ 🚿 ☺ ⚰ 🚻 🚮 ✗ cafétéria
🚌 Transports en commun pour le centre-ville

⚠ Clepardia
ul. Pachońskiego 28A
☎ 012/4159672
www.clepardia.pl
De mi-avr.à mi-oct. 1,3 ha
Loisirs : 🏠 ⚓ 🏓 🏊
Services : ⛽ 🚿 ☺ ⚰ 🚻 📷 🚮✗
brasserie
🚌 Transports en commun pour le centre-ville

Miłków

⚠ Wiśniowa Polana
☎ 069/2430135
www.camping-milkow.karkonosz.pl
Mai-sept. 1,1 ha (80 empl.)
Loisirs : 🏠 ⚓ 🏓 ≅ (plan d'eau) 🏇 🐾
aire de sports
Services : ⛽ 🚿 ☺ ⚰ 🚻 🎙 📷 🚮 🚿:
✗ brasserie, cafétéria

Wrocław

⚠ Stadion
ul. Paderewskiego 35
☎ 071/3484651
Déb. mai à mi-oct. 2,5 ha
🚐
Loisirs : ⚓ 🏓 🏊 aire de sports
Services : ⛽ 🚿 ☺ ⚰ 🚻 📷 🚮 🚿 ✗
cafétéria

Zakopane

⚠ Harenda
os. Harenda 51B
☎ 018/2014700
www.harenda.tatrynet.pl
Mai-oct. 1,5 ha
🚐
Loisirs : 🏠 ≅ ⚓ aire de sports
Services : ⛽ 🚿 ☺ ⚰ 🚻 📷 🚮✗
cafétéria

⚠ Ustup
ul. Ustup k/5
☎ 018/2063667
www.camping.ustup.com
Mai-sept. 0,8 ha
🚐
Loisirs : 🏠 ⚓
Services : ⛽ 🚿 ☺ ⚰ 🚻 📷

Carnet pratique

Les bonnes **adresses** de Bib

Office de tourisme de Wrocław
Rynek 14 - ℘ 71 344 31 11 - www.wroclaw-info.pl -
9h-21h.

Jelenia Góra

Kaligrafia
Plac Ratuszowy 58, dans les caves de l'hôtel de ville –
℘ 075 645 00 55 - 12h-0h - 25 PLN.
Dans de superbes caves voûtées, une cuisine créative qui fait la part belle aux viandes et aux poissons. Le soir c'est plutôt l'ambiance d'un pub.

Kurna Chata
Pl. Ratuszowy 23/24 - ℘ 075 642 58 50 - 15 PLN.
Excellente cuisine polonaise très bon marché sous les arcades du Rynek.

Quirino
Pl. Piastowski 23 à Cieplice - ℘ 075 755 02 50 - 13h-23h -50 PLN.
En plein centre, un restaurant aux airs de bar à vin. Cuisine polonaise fine.

Kłodzko

Pan Tadeusz
Ul. Grottgera 7 - ℘ 074 867 02 16 - 40 PLN.
Sans aucun doute le meilleur restaurant de la ville. Dans un cadre très cosy, une excellente cuisine, où se côtoient les influences italienne et hongroise, servie avec le plus grande prévenance. Les portions sont gargantuesques et les desserts succulents.

W Ratuszu
Pl. B. Chrobrego 3 - ℘ 074 865 81 45 - www.wratuszu.pl -
40 PLN.
Dans le bâtiment de l'hôtel de ville, une grande salle aux boiseries sombres et aux chaises tendues de velours bleu. La cuisine, raffinée, joue la carte de l'inventivité : porc sauce raisin ou bœuf à la portugaise (brochettes au fromage). C'est délicieux et fort bien servi.

Opole

Maska
Rynek 4 - ℘ 077 453 92 67 - 25 PLN.
Une excellente cuisine polonaise inventive servie en terrasse ou dans une adorable salle voûtée dont les murs artistiquement écaillés laissent apparaître des fresques.

Starka
Ul. Ostrówek 19 - ℘ 077 453 12 14 - 35 PLN.
Perché au-dessus de l'Oder, ce restaurant, bien fourni en bières et cocktails, propose une cuisine polonaise raffinée. Quelques spécialités à la demande dont le jambonneau et l'oie à la polonaise.

Wrocław

Bistrot Parisien
Ul. Nożownicza 7 - ℘ 71 34105 65 -www.lebistrotparisien.pl-
lun.-sam. 10h-1h, dim. 11h-23h - 70 PLN.
Des bouquins de Balzac, Boris Vian et Malraux s'entassent derrière les vitrines et donnent le ton du lieu. Ce repaire francophone et francophile sert de copieux plats hexagonaux (salades, crêpes).

Kurna Chata
Ul. Odrzańska 7 -℘ 071 341 06 68 - lun.-vend. 10h-0h,
w.-end 12h-0h - 20 PLN.
Dans un décor rustique aux airs de ferme, on sert une solide cuisine traditionnelle des plus abordables. La clientèle est variée et de tous âges.

Gospoda Wrocławska
Ul. Sukiennice 7 - ℘ 071 342 74 56 - 12h-0h - 50 PLN.
Dans une ruelle du Rynek. Une déco sans doute un peu trop médiévalisante mais avec tous les classiques de la cuisine polonaise (cochon rôti et spécialité de soupe au sang…). Dans une autre salle, on sert poissons frais et produits de la mer avec le même soin.

Marché couvert
Ul. Piaskowa 6 - 16h-1h.
Cette halle marchande majoritairement alimentaire donne un aperçu des marchés de l'époque communiste dans une ambiance très authentique.

Stare Jatki
Ul. Stare Jatki.
20 boutiques d'artistes et de créateurs occupent les maisons de la rue des Anciennes-Boucheries et proposent des articles de qualité : papiers, fournitures d'artistes, vêtements en lin, verrerie, peinture, poterie, sculpture ou bijouterie fantaisie.

Zakopane

Gazdowo Kuźnia
Ul. Krupówki 1 - ℘ 018 201 72 01 -www.gazdowokuznia.pl-
11h-dernier client - 40 PLN.
La salle ressemble à un magasin d'antiquités ou à un Skansen ! Côté gastronomie, pas de surprise, mais de traditionnels plats montagnards des plus parfumés et goûteux.

Karcma Zapiecek
Ul. Krupówki 43 - ℘ 18 201 56 99 - http://zapiecek.pl -
11h-23h - 35 PLN.
Pour ceux qui veulent se plonger dans l'atmosphère d'une « koliba ». Le palais et les oreilles sont alimentés de saveurs et de notes folkloriques.

République Tchèque

Nom local : *Česká Republika* **Capitale :** *Prague* **Population :** *10,52 millions d'habitants*
Superficie : *78 859 km²* **Monnaie :** *Koruna Česká (1 € = 25,56 CZK)*

La République tchèque est née en 1993 de la partition de la Tchécoslovaquie. Cependant, son histoire remonte bien plus loin dans le temps car elle comprend deux anciennes provinces du Saint-Empire romain germanique, puis de l'empire des Habsbourg : la Moravie et la Bohême.

Cette dernière a toujours été un carrefour culturel et économique entre les mondes slave et allemand. Foyer industriel de l'Empire austro-hongrois à la fin du 19ᵉ siècle, la Bohême n'a aujourd'hui rien perdu de son potentiel économique.

La capitale, Prague (Praha), est incontestablement l'une des plus belles villes du monde. Elle concentre à elle seule presque tout l'attrait de la région. La cité séduit en toute saison, et plus encore lors du très réputé festival du Printemps de Prague, au mois de mai. Elle ravit alors les mélomanes, tout comme elle inspira les plus grands compositeurs : Mozart, Mahler, Dvořák… Le pays ne se résume pas à cette seule ville merveilleuse.

Il offre un éventail extraordinaire d'attraits touristiques : châteaux et manoirs côtoient monastères, églises et chapelles. Et, bien que ces terres tirent leurs racines de l'époque médiévale, leur architecture et leurs paysages urbains restent marqués par l'art baroque, expression de la Contre-Réforme qui ramena de force la Bohême protestante au catholicisme.

La République tchèque vous plaira aussi pour ses trésors naturels, dont des frontières montagneuses très caractéristiques. Les hauteurs boisées atteignent leur point culminant au Snezka (1603 m) dans le massif des Krkonose à la frontière polonaise. Les champs et les bois onduleux de l'intérieur sont interrompus par de magnifiques vallées fluviales comme celle de la Vltava et de ses affluents.

Un réseau très dense de chemins et de sentiers rend la campagne très accessible et de nombreux lacs artificiels viennent l'agrémenter. Privilégiez un séjour au printemps ou à l'automne, les deux saisons les plus douces.

RECOMMANDATIONS

DOCUMENTS OBLIGATOIRES

✓ Permis de conduire rose de l'UE
✓ Permis de conduire international (recommandé seulement)
✓ Certificat d'immatriculation du véhicule ou certificat de location
✓ Plaque d'identification nationale
✓ Justificatif d'assurance (carte verte)
✓ Passeport (recommandé seulement)
✓ Procuration en cas d'utilisation du véhicule appartenant à un tiers

VITESSES LIMITES

✓ En agglomérations urbaines : 50
✓ Sur routes : 90
✓ Sur autoroutes : 130
Ces vitesses limites sont réduites par temps de pluie

URGENCES

✓ Téléphone police nationale : 158
✓ Téléphone pompiers : 150 et ambulance : 155
Au secours ! **Pomoc !** / *Hôpital* **Nemocnice** / *Police* **Policie**

RÉGLEMENTATIONS

✓ Vignette autoroutière en vente auprès des bureaux de poste, des services des automobiles, des bureaux de douane, ainsi que des garages et stations d'essence. Montant annuel : 1000 CZK
✓ Taux maximum d'alcool toléré dans le sang : 0 g
✓ Siège enfant, réhausseur ou système de retenue adapté et homologué obligatoire jusqu'à 1,50 m
✓ Âge minimum du conducteur : 18 ans
✓ Port de la ceinture de sécurité obligatoire à l'avant et à l'arrière
✓ Allumage des feux de croisement obligatoire (jour et nuit) toute l'année
✓ Pneus cloutés interdits
✓ Triangle de présignalisation obligatoire
✓ Trousse de premiers secours obligatoire
✓ Extincteur recommandé
✓ Jeu d'ampoules de rechange obligatoire
✓ Gilet de sécurité fluorescent obligatoire

Pour téléphoner

De la France et l'étranger vers la République tchèque :
✆ 00 420, puis le numéro à neuf chiffres de votre correspondant

LEXIQUE

MOTS USUELS

Oui **Ano** / *Non* **Ne** / *Bonjour* **Dobrý den** / *Bonsoir* **Dobrý večer** / *Salut* **Ahoj** / *Au revoir* **Na shledanou** / *S'il vous plaît* **Prosím** / *Merci* **Děkuji (Díky)** / *Excusez-moi* **Pardon** / *Santé !* **Na zdraví !** / *Manger* **Jíst** / *Boire* **Napít se** / *Toilettes* **Toalety**

DIRECTIONS & TRANSPORTS

À droite **Vpravo** / *À gauche* **Vlevo** / *Entrée* **Vchod** / *Sortie* **Východ** / *Autoroute* **Dalnice** / *Route* **Silnice** / *Ville* **Město** / *Station-service* **Benzínová pumpa** / *Essence* **Benzin**

PREMIERS CONTACTS

Je voudrais… **Chtěl bych…** / *Où est* **Kde je ?** / *Parlez-vous français ?* **Mluvíte francouzsky ?** / *Je ne comprends pas* **Nerozumím** / *Combien ça coûte ?* **Kolik to stojí ?**

Prague et la Bohême du sud

➲ **Départ
de Cheb**
➲ **11 jours
585 km
Carte Michelin
n° 755**

*Vue du centre
de Karlovy Vary*

Jour 1

Votre entrée dans le pays se fera par la ville médiévale de **Cheb** qui garde encore un caractère germanique avec ses maisons aux toitures de bois sculpté. Gagnez **Františkovy Lázně**, la plus petite des trois grandes stations thermales de Bohême et ses quelque 24 sources d'eau fraîche.

Jour 2

Par la route 21, rejoignez **Mariánské Lázně**. Une superbe galerie y recouvre des sources thermales. Sur la route pour vous rendre à Karlovy Vary, faites une halte pour découvrir la petite ville-forteresse de **Loket**, autrefois considérée comme la « clé du royaume de Bohême ». **Karlovy Vary** sera votre étape du soir.

Jour 3

Karlovy Vary ne tient pas seulement sa réputation de ses sources d'eau chaude et sulfureuse, mais aussi de son cadre exceptionnel. Dans cette profonde vallée boisée où scintillent les méandres de la rivière Teplá, le panorama splendide de la ville respire encore l'atmosphère du début du siècle. La vie de la station est centrée autour de l'imposante colonnade classique de la fin du 19e s., la Mlýnská kólonadá, où l'on prend une eau puisée à quatre sources.

Jour 4

Avant de vous rendre à Prague, faites un crochet par **Plzeň** (Pilsen), point central de la Bohême occidentale. Aujourd'hui ville industrielle, elle a conservé la disposition en damier que lui imprimèrent ses fondateurs de l'époque médiévale. Sur la spacieuse place Námostí Republiky se dresse le plus grand clocher (103 m) de tout le pays, de même qu'un splendide hôtel de ville de style Renaissance décoré de sgraffites. Il faut voir la Měštanský pivovar, la plus grande brasserie de Plzeň, et le musée de la Bière, boisson à laquelle la ville doit sa renommée. Quelques kilomètres avant d'arriver à Prague, visitez le château **Karištejn** situé dans la vallée sinueuse de la Berounka.

Jours 5 à 8

Miraculeusement épargnée par la guerre et le développement industriel, **Prague** possède un héritage architectural d'une

Europe orientale

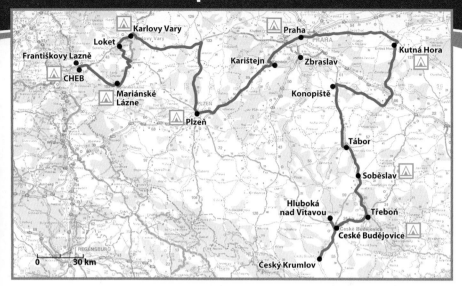

extraordinaire richesse couvrant toutes les périodes de sa longue histoire et s'harmonisant parfaitement avec un décor naturel de toute beauté, large fleuve et hauteurs boisées protégeant la ville. Prague fut d'abord la forteresse slave de Hradčany dominant un méandre de la rivière Vltava. À ce premier noyau de la cité, s'ajouteront ensuite trois quartiers historiques : la Malá Strana (Ville basse) située au pied du château sur la rive gauche de la rivière, reliée à la Staré Město (Vieille Ville) par le magnifique pont Charles de style gothique et au 14ᵉ s. à la Nové Město (Nouvelle Ville) installée plus loin sur la rive droite de la rivière. La Prague médiévale fut largement reconstruite aux 17ᵉ et 18ᵉ s., mais derrière des façades de style baroque ou rococo, on en distingue encore les vieilles structures. Caractéristiques de Prague, de superbes monuments d'architecture témoignent de l'apparition de nouvelles écoles

artistiques liées à l'Art nouveau. On y trouve également des édifices très austères uniques dans le pays, signature du cubisme tchèque. Le cœur historique de la ville peut être visité à pied, mais les transports publics sont modernes et parfaitement intégrés.

Jour 9

À l'apogée de sa gloire, **Kutná Hora**, ville minière où l'on frappait la monnaie à la fin du Moyen Âge, était plus grande que Londres. Juchée sur une colline, elle recèle bien des curiosités : la cathédrale Ste-Barbara, le musée minier du Hrádek, la fontaine de pierre de l'époque médiévale et de magnifiques résidences. Continuez votre route en vous rendant à **Konopiště**, originellement forteresse gothique du début du 14ᵉ s., le château doit son aspect actuel à son tout dernier propriétaire, l'archiduc François-Ferdinand de Habsbourg. Poursuivez jusqu'à **Tábor**, sa vieille ville avec son

labyrinthe de rues et de ruelles très bien préservées. Une petite heure de route et vous ferez étape à **Třeboň** cité médiévale miniature.

Jour 10

České Budějovice, capitale de la Bohême du sud, fut l'une des villes les plus élaborées de la Bohême médiévale. Son cœur historique ressemble toujours à un damier de rues entourant une spacieuse place centrale. La grande Tour noire, de la fin du 16ᵉ s., donne un aperçu de la ville et de ses environs. À 10 km au nord, visitez le château de **Hluboká**.

Jour 11

Cesky Krumlov marque la fin de cette escapade en République tchèque. Enserrée dans un méandre de la Vltava, cette exquise ville médiévale est dominée par le château des Schwarzenberg, deuxième en taille après le Hradčany de Prague. Visitez les pittoresques rues et ruelles pavées.

Campings

České Budějovice

⚠ Autocamp Dlouha Louka
Stromovka 8
✆ 420 387203601
motel@dlouhalouka.cz
Permanent 4 ha (80 empl.)
Services : ⚬━ 🖵 🔲 sèche-linge✗

Cheb

⚠ Vaclav
Podhrad, à 5 km au sud-est, proche du lac de Jesenice.
✆ 420 354435653
info@kempvaclav.cz
www.kempvaclav.cz
De fin-avr. à fin-sept. 5 ha (150 empl.)
🖳
Loisirs : 🏠 🚣 🛝 🏊 (plan d'eau) 🐟 🦆
pédalos, canots
Services : ⚬━ 🖵 ☺ 🚿 🔧 🔲 🔲 🛒 🍷
snack

Karlovy Vary

⚠ Sasanka
Sadov 7
✆ 420 353590130
campsadov@seznom.cz
D'avr. à oct. 3,1 ha (150 empl.)
Loisirs : 🚣
Services : ⚬━ 🖵 ☺ 🚿 🔧 🔲 🔲 ✗ self-
service

Kutná Hora

⚠ Transit
Malin 35
✆ 420 327523785
De mai à mi-sept 0,5 ha (40 empl.)
Services : ⚬━ ☺ 🚿 🔧

Mariánské Lázně

⚠ Luxor
Plzeňská ulice, 354 71 Velká Hleďsebe
✆ 420 354623504
autocamping.luxor@seznam.cz
De mi-avr. à mi-oct. 4 ha (120 empl.)
Loisirs : 🏠
Services : ⚬━ 🖵 ☺ 🔧 🔲 ✗

Plzeň

⚠ Ostende
Maly Bolevec
✆ 420 377520194
atc-ostende@cbox.cz
De mai à sept. 3 ha (160 empl.)
Loisirs : 🚣 🏊 (plan d'eau) 🐟 🦆
Services : 🖵 🔲 🔲 🔲 ✗
🚌 Transports en commun pour le centre-ville.

Praha/ Prague

⚠ Sokol Praha
Narodnich hrdinu 290 - Praha 9
✆ 420 777553543
info@campingsokol.cz
De fin-mars à fin-oct. 2,5 ha (70 empl.)
🖳
Loisirs : 🏠 🚣 🚴 🏊 m
Services : ⚬━ 🖵 🔲 ☺ 🚿 🔧 🔧 🍵 🔲 sèche-
linge 🔲 🍷 ✗
🚌 Transports en commun pour le centre-ville.

⚠ Fremunt
Troska 159 - Praha 7
✆ 420 283850476
campfremunt@email.cz
Permanent 0,6 ha (16 empl.)
🖳
Services : ⚬━ 🖵 🔲 ☺ 🚿 🔧 🔲 sèche-linge
🔲
🚌 Transports en commun pour le centre-ville.

⚠ Camping-caravaning Praha
Cisarska louka 162 - Praha 5 - Smichov
✆ 420 257318763
info@caravancamping.cz
Permanent1,2 ha (80 empl.)
Services : ☺ 🔧 🔲 🔲 ✗

Soběslav

⚠ Karvanky
Na Švadlačkách 460/II
✆ 420 381524136
karvanky@post.cz
De mi-mai à fin-sept. 10 ha (100 empl.)
Loisirs : 🏠 🚣 🏊 (plage) 🐟
Services : 🖵 🔧 🔲 🔲 ✗
🚌 Transports en commun à 200 m du camping.

Les bonnes **adresses** de Bib

Office de tourisme de Prague
Pražská informační služba – *Rytířská 31, Praha 1, Staré Město - ℰ 420 221 714 444 - www.prague welcome.cz/fr - tlj sf dim. 9h-19h.*

Konopiště

Stará Myslivna
Konopiště 2 - ℰ 317 700 280 - wwww. staramyslivna.com - avr.-déc. : 11h-22h - 150/300 czk.
Niché dans une petite allée boisée entre le château et le parking, ce restaurant met à l'honneur le gibier et la venaison : salade de faisan, terrine de gibier aux airelles, steak de daim et même une « brochette de Ferdinand », en l'honneur de František Ferdinand d'Este, célèbre occupant du château et grand amateur de chasse.

Kutná Hora

Restaurant Kometa
Barbórska 29 - ℰ 327 515 515 - www.restaurantkometa.cz - 10h-22h - 300/400 Kč.
Ce restaurant propose de bonnes spécialités tchèques, servies sur une agréable terrasse face au collège des Jésuites.

Praha/Prague

Kavárna Obecní dům – Maison municipale
Náměstí Republiky 5 - ℰ 222 002 763 - www.kavarnaod.cz - 7h30-23h.
Le cadre à lui seul mérite le détour : c'est l'une des superbes salles Art nouveau de la Maison municipale. Le lieu est presque exclusivement fréquenté par les touristes, qui apprécient également la grande terrasse quand il fait beau. Beau choix de gâteaux et possibilité de manger sur le pouce ou de prendre le petit-déjeuner.

Havelská koruna
Havelská 23 - ℰ 224 228 769 - 10h-20h - 70 czk.
Idéal pour déjeuner vite, bien, pour pas cher. Entre la place Venceslas et la place de la Vieille-Ville, en face du petit marché aux fruits et légumes *Havelská*, un buffet-restaurant praguois où l'on peut commander des plats typiques et bien préparés, mais aussi salades et pâtisseries. Il faut absolument goûter aux *ovocné knedlíky* (délicieuses boulettes chaudes fourrées à la crème et aux fruits).

Pivovarský dům
Ječná/Lípová 15 - ℰ 296 216 666 - www.gastroinfo.cz/ pivodum - 11h-23h - 155/300 czk, menu à partir de 380 czk.
Une brasserie typique à deux pas de la place Charles où l'on vous servira quelques-uns des grands classiques de la cuisine tchèque. La cuisine est tout à fait honnête, les portions sont très généreuses, et le service est agréable (demandez le menu en anglais). Le tout est à accompagner d'une délicieuse bière brassée maison.

U Fleků
Křemencova 9/11 - ℰ 224 915 118 - www.ufleku.cz -9h-23h - 180/300 czk - soirée cabaret, sur réserv. 20h, 100czk/pers.
Brasserie célèbre de Prague, ouverte depuis 1459 ! Véritable monument en soi, elle est très fréquentée par les touristes qui aiment venir dans son petit jardin pour y déguster sa bière maison.

Manufaktura
Melantrichova 17 - ℰ 221 632 480 - www.manufaktura.cz - 10h-20h - plusieurs autres adresses à Prague, liste disponible en magasin.
L'une des plus grandes boutiques à Prague de cette enseigne qui propose artisanat et souvenirs de qualité. Sur plusieurs étages, de nombreux objets de l'artisanat tchèque : marionnettes en bois, céramiques, papier artisanal ou encore cosmétiques et savons. Autre adresse dans la Vieille Ville : Karlova 26.

Granát Turnov
Dlouhá 28 - ℰ 222 315 612 - www.granat.eu - lun.-vend. 10h-18h, sam.10h-13h.
Pendentifs, bagues, bracelets et colliers en grenat de Bohême, en provenance directe de la coopérative artisanale de Turnov.

Hongrie

Nom local : *Magyar Köztársaság*	**Capitale :** *Budapest*	**Superficie :** *93 032 km²*
Population : *9,98 millions d'habitants*	**Monnaie :** *Forint hongrois (1 € = 312,53 HUF)*	

Nichée au cœur de l'Europe centrale, la Hongrie se trouve à égale distance de l'océan Atlantique, de l'Oural, de la Méditerranée et de la mer Baltique. Elle partage 2 266 km de frontière avec sept pays. Cette situation géographique centrale explique pour partie les particularités si attachantes de cette contrée métissée.

Longue de 530 km, large de 270 km, la Hongrie se parcourt aisément d'un bout à l'autre. Vous aurez alors une impression d'exotisme et de déjà vu. Car elle est un pays riche d'inspirations diverses. Vous y retrouverez parfois pêle-mêle des vestiges romains (visibles au Musée national de Budapest), des édifices de style roman (l'abbaye cistercienne de Bélapátfalva près du massif de Bükk), style renaissance (au musée du château de Buda), de l'art gothique (à Eger), du baroque très présent dans les villes et quelques restes de la période turque comme l'église-mosquée à Pécs. Cette fructueuse diversité de l'âme hongroise s'incarne tout aussi bien dans la gastronomie épicée et généreuse que dans les arts (citons juste le prix Nobel de littérature Imre Kertész, les compositeurs de musique Liszt, Bartók et Kodály) sans oublier le folklore tsigane et le thermalisme, véritable rituel.

Les reliefs magyars sont verdoyants et doux. Seuls 2 % du territoire sont à plus de 400 m d'altitude. C'est au nord et au nord-est que s'élèvent des montagnes dont le plus haut sommet – le mont Kékes dépasse à peine 1000 m. La Hongrie n'a pas de frontières naturelles autres que quatre cours d'eau dont le magnifique Danube, l'Ipoly au nord, la Drave et la Mura au sud. À l'ouest du Danube, s'étend la basse Transdanubie, couverte de forêts et de pâturages. C'est dans cette région que se trouve le lac Balaton, lieu de villégiature très prisé, qui est le plus grand d'Europe centrale. À l'est du Danube, la Grande Plaine ou « puszta » est une prairie dédiée à l'agriculture et à l'élevage. Elle réunit deux parcs nationaux issus de l'ancienne steppe : l'Hortobágy (80 000 ha) et Bugac (16 000 ha).

RECOMMANDATIONS

DOCUMENTS OBLIGATOIRES

✓ Permis de conduire rose de l'UE
✓ Permis de conduire international (recommandé seulement)
✓ Certificat d'immatriculation du véhicule ou certificat de location
✓ Plaque d'identification nationale
✓ Justificatif d'assurance (carte verte)
✓ Passeport (recommandé seulement)
✓ Procuration en cas d'utilisation du véhicule appartenant à un tiers

VITESSES LIMITES

✓ En agglomérations urbaines : 50
✓ Sur routes : 90
✓ Sur routes à chaussées séparées : 110
✓ Sur autoroutes : 130
✓ Ces vitesses limites sont réduites par temps de pluie

CONTRÔLES

Les limitations de vitesse sont fréquemment contrôlées. Tout comme le taux d'alcool qui doit impérativement être de 0. Les sanctions vont de l'amende (à payer sur-le-champ) à la confiscation du permis de conduire.

RÉGLEMENTATIONS

✓ Vignette autoroutière, en vente auprès des bureaux de poste, des bureaux de douane, ainsi que des garages et stations-service. Montant annuel : 37200 HUF
✓ Taux maximum d'alcool toléré dans le sang : 0 g
✓ Âge minimum des enfants admis à l'avant : 12 ans
✓ Siège enfant, réhausseur ou système de retenue adapté et homologué obligatoire jusqu'à 12 ans ou 1,50 m
✓ Âge minimum du conducteur : 17 ans
✓ Port de la ceinture de sécurité obligatoire à l'avant et à l'arrière
✓ Allumage des feux de croisement obligatoire (jour et nuit) hors agglomération toute l'année
✓ Pneus cloutés interdits
✓ Triangle de présignalisation obligatoire
✓ Trousse de premiers secours obligatoire
✓ Extincteur recommandé
✓ Jeu d'ampoules de rechange obligatoire
✓ Gilet de sécurité fluorescent recommandé

URGENCES

✓ Téléphone incendie et ambulance : 112
✓ Téléphone Police : 110
Au secours ! *Segítség !* / **Hôpital** *Kórház* / **Police** *Rendőrség*

Pour téléphoner en Hongrie

Composer le 00 + 36 (code du pays) + code de la ville + numéro du correspondant

LEXIQUE

MOTS USUELS

Oui **Igen** / *Non* **Nem** / *Bonjour* **Jó napot** / *Bonsoir* **Jó estét** / *Salut* **Szia** / *Au revoir* **Viszlát** / *S'il vous plaît* **Kérem** / *Merci (beaucoup)* **Köszönöm (szépen)** / *Excusez-moi* **Bocsánat** / *Santé !* **Egészségére !** / *Manger* **Enni** / *Boire* **Iszik** / *Toilettes* **Klozett** /

DIRECTIONS & TRANSPORTS

À droite **Jobbra** / *À gauche* **Balra** / *Entrée* **Bejárat** / *Sortie* **Kijárat** / *Autoroute* **Autópálya** / *Route* **Út** / *Ville* **Város** / *Station-service* **Benzinkút** / *Essence* **Benzin** /

PREMIERS CONTACTS

Je voudrais… **Kérek egy…** / *Où se trouve… ?* **Tudja merre van a… ?** / *Parlez-vous français ?* **Beszél franciául ?** / *Je ne comprends pas* **Nem értem** / *Pouvez-vous m'aider ?* **Tudna segíteni, kérem ?** / *Combien ça coûte ?* **Mennyibe kerül ?**

Budapest, entre l'orient et la « puzza »

⊃*Départ de Budapest*
⊃*7 jours*
805 km
Carte Michelin N° 732

M. Chaput / MICHELIN

Jours 1 et 2

Budapest est un creuset dans lequel se fondent des cultures différentes et dont les empreintes toujours vivantes font partie du patrimoine national. C'est une ville originale où se mêlent les parfums de l'Orient et de l'Occident. Car c'est bien sûr la ville des bains, réminiscences de l'époque romaine et de l'occupation turque. Budapest représente aussi une des vitrines de l'Art nouveau ou du style Sécession qui connut son âge d'or au tournant du 19e s. À Budapest, la danse et la musique sont reines, que ce soit la musique classique avec Liszt, Kodály, Bartók, l'opérette avec Lehár ou la musique tzigane, sans oublier le jazz et le rock. Il faut savourer l'atmosphère des légendaires pâtisseries-salons de thé (à **Pest** : Gerbeaud, Múvész, à **Buda** : Ruszwurm, Angelika) ou des anciens cafés littéraires. Consacrez le premier jour à la visite de Buda : Budavári palota (le Palais royal) et le Magyar Nemzeti Galéria, musée dédié à l'art hongrois. La visite du vieux quartier autour du château (Várnegyed) vous ravira. Arrêtez-vous devant l'église Mathias (Mátyás templom) et n'oubliez pas de déambuler dans les rues aux façades colorées (Táncsis Mihály utca, Fortuna utca, Úri utca). Le lendemain, rendez vous à Pest pour faire un tour au Musée national hongrois (Magyar Nemzeti Múzeumaa) puis vous perdre dans les ruelles animées de ce quartier. La promenade est très agréable entre le pont Margit Hid et le pont Ersébet Hid.

Jour 3

Direction **Eger** en passant par le massif des **Mátra**, un des lieux d'excursion les plus prisés de Hongrie : cures thermales, tourisme et chasse sont les activités dominantes de la région. Belle ville, séduisante, installée au creux des très beaux massifs montagneux qui la protègent des vents du nord et lui offrent un climat qui plaît à la vigne, telle se présente Eger. La réputation du vin qui rend fort, l'egri bikavér ou « sang de taureau », n'est plus à faire. Le 18e s. sera le siècle de la renaissance d'Eger qui prendra alors son visage actuel de ville baroque. Un visage qui charme tout visiteur.

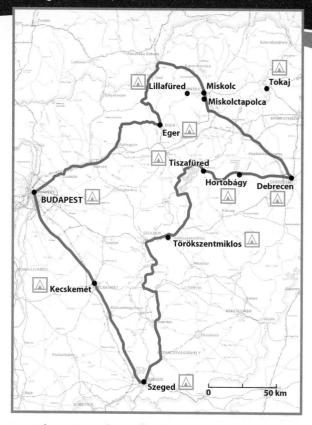

Jour 4

Partez pour **Miskolc** en contournant le massif des Mátra par **Ózd** et la frontière slovaque, région sauvage et un peu hors du temps. De Miskolc, un petit train conduit à **Lillafüred**. Il traverse l'ouest de la ville et serpente dans la forêt. Vous découvrirez les charbonniers qui fabriquent le charbon de bois. Lillafüred est un endroit curieux situé au confluent de deux vallées, la Szinva et la Garadna. Pensez à vous rendre à **Miskolctapolca**, une des seules stations thermales où les thermes sont aménagés dans une grotte.

Jour 5

Encore plus à l'est, rejoignez **Tokaj**, petit bourg modeste dont le vin doit sa réputation à sa qualité exceptionnelle. Le plus connu des vins est aujourd'hui le *tokaji aszú* auquel une préparation spéciale confère un goût particulier. Poursuivez votre périple en rejoignant **Debrecen** et la « puzzta » ou se situe le parc national d'**Hortobágy**, plus vaste steppe d'Europe

Le conseil de Bib

▶ Privilégiez le stationnement en camping et prenez les transports en commun car la circulation est difficile à Budapest.

centrale, puis rendez vous à **Tiszafüred** pour ses eaux thermales.

Jour 6

En empruntant la vallée de la **Tisza**, regagnez au sud **Szeged**, ville frontière où se rejoignent trois pays, la Hongrie, la Roumanie et la Serbie. Szeged est une belle et agréable ville, un petit Paris, déroulant boulevards et avenues, étalant places, squares, parcs et jardins, arrosée par la Tisza.

Jour 7

Sur le chemin de retour à Budapest, entre Danube et Tisza, au cœur de l'immense « puszta », faite halte à **Kecskemét**, la ville qui chante ! « La plus jolie cité du monde » pour Brahms et la pàtrie bien-aimée de Zoltán Kodály. L'été, les champs de paprika colorent et animent la campagne environnante. Réputée pour son foie gras, elle est aussi connue pour ses alcools, dont l'eau-de-vie d'abricot ou *barackpálinka*. La visite des distilleries Zwack est recommandée, la consommation modérée et surtout sans reprendre la route ensuite.

 Campings

Budapest

⛺ Zugligeti «Niche» Camping
Zugligeti ut 101 - Pest
✆ 06/1-2008346
camping.niche@t-online.hu . www.campingniche.hu
Permanent 2 ha (200 empl.)
🚐
Loisirs 🏠 🏳 diurne mur d'escalade
Services : 📋 🔥 ☺ 🏊 ⛳ 📞 📱 🔋 ♨ : 🍴 ✗
brasserie, self service, snack
♿ Accès difficile pour les grands camping-cars.

Debrecen

⛺ Dorcas
Erdöspuszta
✆ 06/52-541028
dorcascenter@debrecen.com
Mai-sept. 5,4 ha (80 empl.)
🚐
Loisirs 🚴 🎣 🐎 poneys aire de sports, bateaux à pédales, barbecue
Services : 🔥 ☺ 🔋 ♨ : 🍴 ✗ brasserie

Eger

⛺ Tulipan Camping
Szépasszonyvölgy
✆ 06/36-410580
info@hotelrubinia.hu
Mi-avr.-oct. (40 empl.)
🚐
Loisirs : 🎣
Services : 🔥 🔥 ☺🍴 ✗

Hortobágy

⛺ Puszta
✆ 06/52-369300
baranyais@freemail.hu
Mai-sept. 1,8 ha (80 empl.)
🚐
Loisirs : 🐎 aire de sports
Services : 🔥 🔥 ☺

Kecskemét

⛺ Auto's Kemping
Csabai Géza, 5
✆ 06/76-329398
De mi-avr. à mi-oct. 3 ha (300 empl.)
Loisirs : 🏠 🎣 ⛲ parc aquatique
Services : 🔥 ☺ 🔋

Lillafüred

⛺ Lillafüred Camping
Erzsébet Sétàny 39
✆ 06/46-333146
kovatt@lillacamp.hu
Mai-sept. 2 ha (40 empl.)
Loisirs : 🏠
Services : 🔥 🔥 ☺

Szeged

⛺ Sziksósfürdö
Széksósi
✆ 06/62-463029
sziksos@tvnetwork.hu
Mai-sept. 3 ha (250 empl.)
Loisirs : 🏠 🎣 jeux pour adultes 🚴 🎣 🐎
💧 aire de sports, barbecue, bateaux à pédales, canoës, trampoline
Services : 🔥 🔥 🔥 ☺ ♨ 🍴 ✗ brasserie, snack

Tiszafüred

⛺ Thermal-Strand-Camping
Weg 33
✆ 06/59-352911
thermalcamping@vipmail.hu
Avr.-oct. 1,5 ha (140 empl.)
🚐
Loisirs : 🏠 🚴 ⚾ 🎣 🎣 🐎 aire de sports, beachvolley, barbecue
Services : 🔥 🔥 ☺ 🔋 ♨ ✗ brasserie, snack

Tokaj

⛺ Tiszavirág
PF 27
✆ 06/47-352626
tiszavir@freemail.hu
Avr.-mi-oct. 1,4 ha (60 empl.)
Loisirs : 🏠 🚴 🎣 🎣
Services : 🔥 🔥 ☺ ♨ ✗ brasserie, snack

Törökszentmiklós

⛺ Strandfürdö Camping
Wesselény ut. 49
✆ 06/56-394350
Mai-sept. 1 ha (30 empl.)
Loisirs : 🏠 🐎 barbecue
Services : 🔥 ☺ 🔋 🍴

Carnet pratique

Les bonnes **adresses** de Bib

Office de tourisme de Budapest
Budapest Info Point – *Deák Ferenc tér, 1052 Budapest, Sütő u. 2 -* 🖋 *36 1 438-8080 - www.budapestinfo.hu - 8h-20h.*

Budapest

Fatâl
Pest V., Váci utca, 67 - 🖋 *266 2607 - www.fatalrestaurant. com - 12h-0h -3 000 Huf.*
On y fait la queue sans doute pour son cadre et son originalité. Pour le décor : une cave voûtée en longueur, grandes tablées communes, ambiance rustique et conviviale. Pour la cuisine : les plats (copieux et consistants) sont servis sur des planches en bois (*fatál* en hongrois) ou directement dans des poêles. Une adresse qui joue la carte de portions gargantuesques.

Bagolyvár
Allatkertíut, 2- 🖋 *(01)4683110-www.bagolyvar.com -12h-23h- fermé 25 déc. - 2 800 Huf.*
Une annexe du Gundel voisin, mais à des prix nettement plus abordables. Belle salle au plafond en bois. Cuisine traditionnelle avec une recherche certaine dans l'élaboration des plats. Exclusivement tenu par des femmes, en salle comme aux fourneaux. Le soir, un joueur de cymbalum bercera votre dîner.

Gellért
Kelenhegyi u., 4-6 - Autobus n° 7 et 86, tramways n° 18, 19, 47 et 49 - 🖋 *466 6166 - 6h-20h - lun.-sam. bains thermaux separes hommes/femmes, mixtes dim. - pour les familles avec maillot de bain : accès à tout l'établissement le dim. - 2 960/4 050 Hut.*
Le plus somptueux entre tous, avec sa merveilleuse décoration Art déco. Classé monument historique, il fait partie de l'hôtel Gellért. Ses eaux chaudes (37°c), légèrement acides et radioactives, conviennent parfaitement aux rhumatismes. La piscine intérieure, avec ses colonnes de marbre et ses têtes de lion d'où l'eau jaillit, vaut à elle seule le déplacement. Le grand bassin extérieur, construit en 1918 est la première piscine à vague d'Europe centrale.

Vásárcsarnok (Marché central)
Vámházkrt. 1-3 - 🖋 *2176067 - lun. 6h-17h, mar.-vend. 6h-18h, sam. 6h-14h.*
Célèbre marché couvert dans ces halles inaugurées en 1897 et magnifiquement rénovées. Le rez-de-chaussée est occupé par des magasins d'alimentation (boucheries-charcuteries, fruits et légumes avec leurs

guirlandes de paprika, d'ail et d'oignons, foie gras et salamis, vins et alcools). À l'étage, la galerie rassemble de nombreux stands d'artisanat local. En plus de la broderie (grand choix de nappes et serviettes), quelques-uns sont à citer : Játék (K 10) pour ses jouets en bois ; Fajka Erzsébet (K 15), objets en verre et jeux d'échecs en bois ; Forrayné Ancsa (K 16/A), magnifiques compositions de fleurs séchées, vins à déguster au verre (K 23).

Gerbeaud
Pest V., Vörösmarty tér 7 - 🖋 *429 9000 - www.gerbeaud.hu - 9h-21h.*
Le plus célèbre salon de thé, acheté en 1884 par Émile Gerbeaud, confiseur suisse renommé. Son portrait décore l'une des salles. Très fréquenté par les touristes du monde entier. Une institution. Terrasse en été.

Debrecen

Flaska Sörözö
Miklós u., 4 - 🖋 *52/414 582 - 11h30-0h.*
Dans une cave voûtée, un petit restaurant de quartier, fréquenté principalement par les « locaux ». Très bon marché. Peut-être la meilleure adresse.

Eger

Ködmön Csárda
Szépasszony-völgy - 🖋 *36/413 172 - 10h-23h - 4 000 Hut.*
Dans la « vallée de la Belle Femme », qui regroupe de nombreux restaurants et caves à vins, grande auberge traditionnelle proposant de nombreux plats et vins hongrois. Musique et danses folkloriques. Très touristique l'été.

Szeged

Botond Restaurant
Széchenyi tér, 13 - 🖋 *62/420 435 - 8h-23h -3 000 Hut.*
Accueil chaleureux. Bonne cuisine, spécialités hongroises.

Miskolc

Krupla József
Széchenyi u. 78.
L'un des plus vieux restaurants de la ville. Plusieurs salles : une à l'étage au décor médiéval (lances, lustres en fer et cheminée centrale), et au sous-sol, de longues caves plus populaires avec tables et bancs en bois. Un coup de cœur !

Hongrie occidentale
et le lac Balaton

⮂ *Départ*
de Budapest
⮂ *8 jours*
835 km
Carte Michelin
N° 732

Les bains à Héviz

Jours 1 et 2

Départ comme le circuit 36 de **Budapest**, la « perle du Danube » mais cap au sud pour Pécs, via **Kalocsa** capitale du paprika doux dont la culture s'étend sur plus de 3 000 ha autour de la ville. Faut-il y voir l'origine du goût des femmes de Kalocsa pour l'ornementation florale qui s'exprime dans les peintures murales et les broderies que vous aurez plaisir à contempler et peut-être à acheter ? Vous aurez l'occasion d'apprécier la qualité et la finesse de leur travail notamment à la Maison d'art populaire régional. Poursuivez jusqu'à **Baja** qui réunit dans une parfaite harmonie différentes ethnies. Populations d'origine serbe, croate, allemande, tzigane, et hongroise bien sûr cohabitent sans problème.

Jour 3

Vous voila arrivé à Pécs. Comme un parfum d'Orient, la ville vous offre une ambiance méditerranéenne. Ancienne cité turque, la mosquée devenue basilique en est le fleuron. Les fondations datent du 11e s. et son aspect actuel du 19e. Un peu plus loin, dans la rue du Chanoine, vous pourrez apprécier deux peintres natifs de la ville auxquels les musées rendent hommage : Vasarely, l'inventeur du « op'art » (pour optical art) et Mihály Tivadar Kosztka, dont Picasso aurait dit en découvrant son œuvre « je ne savais pas qu'avec moi, il y avait un autre grand peintre dans ce siècle ».

Les coteaux qui bordent la ville ont favorisé la culture de la vigne et la production de vins réputés. C'est dans les caves qui se superposent sur cinq niveaux sous le centre-ville que s'affine le vin pétillant de la région. À partir du début du mois de septembre, Pécs est en fête en hommage à Bacchus.

Jours 4 et 5

Deux jours ne seront pas de trop pour découvrir le **lac Balaton**, le plus grand lac d'Europe. Il s'étire sur une longueur de 77 km. Sa largeur varie de 1,5 km à hauteur de la presqu'île de Tihany à 14 km dans sa partie la plus ouverte. La surface exposée au soleil explique en partie la température relativement élevée de l'eau proche de 25 °C). La rive nord et la rive sud

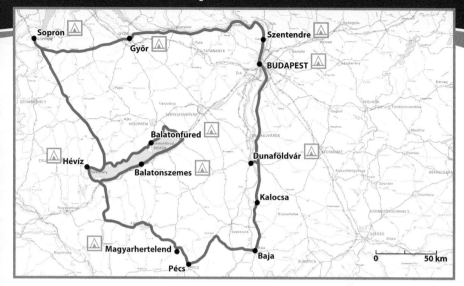

sont très différentes. La région du Balaton, qui a joué un rôle essentiel dans le développement du tourisme en Hongrie, en est toujours un des moteurs essentiels. Après Budapest, c'est la zone la plus visitée du pays. Durant le régime communiste, le lac Balaton permettait aux familles allemandes de l'Ouest et de l'Est de se retrouver facilement. Aujourd'hui les vacanciers qui souhaitent se reposer, se relaxer, faire du sport, etc., c'est-à-dire tout simplement profiter de leur temps libre, trouvent autour du lac quelque 130 plages et des services de toute nature à des prix variés. De plus, le lac n'est pas le seul centre d'intérêt de la région, l'arrière-pays est agréable et pittoresque.

Jour 6

Entre Budapest et le lac Balaton, le **lac de Velence** et à l'extrémité ouest de la mer intérieure le **Kis-Balaton** (Petit Balaton) sont deux paradis pour les écologistes et les amis de la nature. Ne quittez pas la région sans faire une halte à **Hévíz** et profitez du bien être de ces eaux thermales (à découvrir impérativement).

Jour 7

Direction le nord et la ville de **Sopron** appelée aussi la petite Prague dont presque toutes les curiosités sont situées au centre, à l'intérieur de la partie appelée « vieille ville ». Elle a gardé presque tous les bâtiments de son histoire. Ceux qui ont été endommagés pendant la Seconde Guerre mondiale ont été restaurés grâce à un homme, Endre Gatsk, qui travailla un demi-siècle à la remise en état du patrimoine architectural de Sopron et à sa conservation. À Sopron, l'architecture médiévale se mêle au baroque, et des dimensions que l'on dirait réduites lui confèrent un charme particulier. N'oubliez pas de déguster un des vins produits dans la région de Sopron. Pour vous faire une idée, goûtez un soproni cabernet sauvignon.

Jour 8

Retour sur Budapest en longeant le Danube que vous rejoindrez à **Győr**, la ville des trois rivières, située au confluent d'un bras du Danube, le Mosoni-Duna, et des rivières Rába et Rábca. Ces eaux vivantes ne sont pas étrangères à son charme, d'autant qu'elles baignent les parties basses de la vieille ville, le véritable centre d'intérêt. Juste avant Budapest, arrêtez-vous à **Szentendre** à l'allure de village romantique, véritable Barbizon hongrois. Szentendre, c'est aussi un lieu de détente et de loisirs, où l'on vient pour se reposer au bord du Danube, s'adonner à la pratique du canoë ou profiter de la plage aménagée.

Hongrie

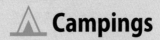 **Campings**

Balatonfüred

▲▲ Füred
Széchenyi u.24
📞 06/87-580241
De mi-avr. à mi-oct. 24 ha (944 empl.)
🚐
Loisirs : 🏠 🍴 diurne (en été) 🤸 ⛵ jeux pour adultes 🚴 ⚔ 🔪 m 🏊 ≃ (plan d'eau)
🏄 🛶 💧 aire de sports, bateaux, canoës, cours de planche à voile et de ski nautique
Services : 🔌 📋 ♨ 🔥 😊 ⛲ 🔧 📶 📠 sèche-linge 🔲 🛒🍸 ❌ pizzeria, brasserie, snack

Balatonszemes

▲ Balatontourist Campsite Lido
Ady E. u. 8
📞 06/84-360112
lido@balatontourist.hu
De mi-mai à déb. sept. 2 ha (180 empl.)
🚐
Loisirs : 🍴 diurne jeux pour adultes 🚴 🚲 ≃ (plan d'eau) 💧 barbecue
Services : 🔌 📋 ♨ 😊 ⛲ 📠 ❌

Budapest

▲ Római
Szentendrei ut 189
📞 06/1-3887167
romaicamping@message.hu
Permanent 7,2 ha (250 empl.)
Loisirs : 🏠 🚴 🔪 ⛲ beach-volley, barbecue
Services : 🔌 ♨ 😊 📶 📠 sèche-linge 🔲 🛒 ❌

▲ Haller
Haller 27
📞 06/20-3674274
info@hallercamping.hu . www.hallercamping.hu
Déb. mai-sept. 0,6 ha (40 empl.)
🚐
Loisirs : 🏠
Services : 🔌 ♨ 😊 📠 🔲 🍸 ❌
😊 Dans le centre-ville

Dunaföldvár

▲ Kék-Duna
Hösök Tere 23
📞 06/75-541107
postmaster@camping-gyogyfurdo.axelero.net
Permanent 0,2 ha (30 empl.)
Loisirs : 🏠 ⚔ 🔲 🔪 🛶 💧
Services : 🔌 ♨ 😊 📠

Győr

▲ Pihenö
Dunasor 1
📞 06/96-523008
www.piheno.hu
Permanent 1,2 ha (40 empl.)
🚐
Loisirs : 🏠 ≃ jacuzzi jeux pour adultes 🚴 🛶 🔪 aire de sports, beach-volley, barbecue, séances de cinéma
Services : 📋 ♨ 😊 ⛲ 📠 🔲🍸 ❌ cafétéria, brasserie

Hévíz

▲ Castrum
📞 06/83-343198
camping@hevizcastrum.axelero.hu
Permanent 3 ha (243 empl.)
🚐
Loisirs : 🏠 🍴 diurne 🚴 🚲
Services : 🔌 📋 ♨ 😊 ⛲ 🔧 📠 🔲 ❌

Magyarhertelend

▲ Forrás
Bokreta u. 105
📞 06/72-521110
bojtheforras@freemail.hu
Mai-sept. 2 ha (80 empl.)
🚐
Loisirs : 🏠 🚴 🔪 🛶 beach-volley, barbecue
Services : 🔌 ♨ 😊 📠 🔲

Sopron

▲ Castrum Kemping Pension
Fürdó Sor 59-61
📞 06/99-339124
castrum.sopron-balf@t-online.hu
Permanent 0,8 ha (68 empl.)
Loisirs : 🏠 ≃ 🚴 🔪 🔲 🔪 aire de sports
Services : 📋 ♨ 😊 📠 ❌ snack

Szentendre

▲ Papsziget
Papsziget 1
📞 06/26-310697
De mi-avr.à sept. 3,5 ha (122 empl.)
🚐
Loisirs : 🍴 diurne jeux pour adultes 🚴 🚲 🔪 🛶 💧 aire de sports, mur d'escalade, barbecue
Services : 🔌 📋 ♨ 😊 📠 ❌ snack, brasserie, pizzeria

Carnet pratique

Les bonnes **adresses** de Bib

Budapest

Fészek Klub
Kertész utca, 36 - ☎ 342 6548 - www.feszek-muveszklub.hu - 20h-6h.
Oie, foie gras, grattons d'oie, poissons du lac Balaton et plats italiens sont servis dans un patio à l'italienne frais et ombragé. La salle à manger est plus austère.

Paris-Texas Kávéház
Ráday u., 22 - ☎ 36-1/218 0570 - www.paristexaskavehaz.hu - 12h-3h.
Une adresse sympathique pour déjeuner ou dîner à petits prix et copieusement. Plats végétariens et italiens (pizzas, etc.) sont servis dans un décor « rétro » de bistrot parisien 1900. En été installez-vous en terrasse sur la rue, l'une des plus vivantes de la ville.

Széchenyi
Allatkerti Körut, 11 - ☎ 363 3210 - bains thermaux : lun.-sam. 6h-19h. Piscine : dim. 6h-17h - 2 950/3 650 Huf.
Décoration rococo. En plein hiver, alors que les bassins sont entourés de glaces ou de neige, on peut s'y baigner tout en disputant une partie d'échecs dans les bassins extérieurs à 38°c, ambiance d'un autre temps dû à la vapeur qui se dégage. Atmosphère populaire.

Folkart Centrum
Váci utca, 58 - ☎ 36-1/318 5840 - www.folkartcentrum.hun - 10h-19h.
Une boutique d'artisanat qui ne sacrifie pas à la facilité commerciale en respectant une vraie démarche de qualité. Sa très belle sélection de créations textiles en témoigne : linge de maison en lin, blouses brodées et vêtements pour enfants, dont de ravissants manteaux en flanelle.

Herend Porcelain Manufactory
József Nádor tér, 11 - ☎ 317 2622 - lun.-vend. 10h-18h, sam. 10h-13h.
Cette boutique est la vitrine budapestoise de la fameuse manufacture de porcelaine de Herend : les pièces que vous y découvrirez sont autant d'idées de cadeau dont la qualité honore le savoir-faire hongrois.

Muvész Kávéház
Buda VI., Andrássy út, 29 - ☎ 352 1337 - -www.kavehazak.hu - lun.-sam. 9h-22h, dim. et j. fériés 10h-22h.
Ce café 1900 est situé face à l'Opéra, sur les « Champs-Élysées budapestois ». Colonnes en marbre, miroirs, lustres… Vous dégusterez de goûteuses pâtisseries typiques dans un charmant décor « rétro ».

Ruszwurm Cukrászda
Szentharomsag utca 7 - Varbusz, bus 16 - Szentharomsag ter - ☎ 375 5284 - www.ruszwurm.hu - 10h-19h.
Avec sa décoration Biedermayer et ses spécialités de *kremes*, c'est l'un des plus anciens salons de thé hongrois. C'est aussi l'un des plus fréquentés : Budapestois et touristes attendent patiemment qu'une table se libère dans la charmante petite salle dont le décor – inchangé depuis 1827 ! – évoque un boudoir. Entre nostalgie et gourmandise…

Győr

Várkapu Vendéglő
Bécsi Kapu tér, 7 - ☎ 95-326-900 - www.varkapu.hu - 7h30-0h.
Dans le centre-ville, restaurant avec terrasse sur une petite place piétonne. Décor simple et un peu vieillot (photos et lithographies d'animaux). Spécialités hongroises.

Hévíz

Magyar Csárda
Tavirózsa u. 1 - ☎ 83/343 271 - www.magyarcsarda.hu - 11h-23h.
Dans une petite rue où se succèdent une demi-douzaine de restaurants (vous avez donc le choix), auberge à la réputation établie. La cuisine est cependant moyenne. Spécialités hongroises.

Pécs

Cellarium Étterem
Hunyadi u., 2 - ☎ 72/314 453 - www.etterem.hu - 11h-22h.
Situé à côté de la mosquée, ce restaurant est installé dans une grande cave joliment décorée datant de la période turque. Spécialités hongroises et belle carte des vins.

Szentendre

Aranysárkány Vendéglo
Alkotmány u., 1 - ☎ 26/301 479 - www.aranysarkany.hu - 12h-22h - fermé 20 déc.-15 janv. - 3 800 Huf.
Dans une ruelle montante. Les plats sont délicieux, les prix raisonnables. Le cerf aux myrtilles, le foie gras grillé, l'agneau à l'estragon sont un régal !

Zamárdi

Kocsi Csárda
Siófoki u. - ☎ 84/349 010 - www.kocsicsarda.hu.
Sur la route 7, grande auberge traditionnelle avec plats hongrois et musique folklorique.

Roumanie

Nom local : *Romậnia* **Capitale :** *Bucarest* **Population :** *21,49 millions d'habitants*
Superficie : *238 340 km²* **Monnaie :** *Leu, pl. Lei (1 € = 4,35 RON)*

À égale distance entre l'Atlantique et l'Oural, la Roumanie est un pays riverain de la mer Noire, traversé par le Danube et la chaîne des Carpates. En raison du contraste marqué des saisons, le voyage prendra des aspects différents selon la période choisie. Le printemps et l'automne passent en coup de vent, tandis que l'hiver et l'été, souvent extrêmes, jouent les prolongations. C'est donc à priori d'avril à novembre que vous profiterez le mieux du pays.

Le mot « transition » résume à lui seul la Roumanie d'aujourd'hui et s'applique à tous les secteurs de la société, à l'économie comme aux mentalités. Un séjour, aussi bref soit-il, suffit pour ressentir la métamorphose en cours. Le pays conserve un attachement profond à la religion et aux riches traditions d'un monde rural archaïque, mais ô combien vivant, tout en déployant une formidable énergie pour atteindre un mode de vie occidental parfois fantasmé.

Ce peuple aguerri et hospitalier, cette terre de contrastes et de contradictions vous passionneront. Prise en tenaille entre plusieurs puissances aux intérêts antagonistes, ce territoire fut à maintes reprises utilisé comme champ de bataille par le royaume de Hongrie, les empires autrichien, ottoman, puis russe. Difficile dans ces conditions de se forger un destin. Cramponnés à leurs origines dace et latine, les Roumains ont ainsi dû attendre la seconde moitié du 19ᵉ s. pour être enfin reconnus comme une nation à part entière.

Bien des édifices témoignent encore de ce croisement des cultures qui fécondèrent la Roumanie. Les amateurs d'histoire et de belles pierres admireront la variété de l'architecture villageoise, les citadelles daces, les ruines grecques, les églises fortifiées saxonnes, les monastères peints, l'influence colorée de l'Empire austro-hongrois, le style Brâncoveanu, la Sécession transylvaine ou les édifices communistes. Le pays vous réserve bien d'autres surprises.

RECOMMANDATIONS

DOCUMENTS OBLIGATOIRES

✓ Permis de conduire rose de l'UE
✓ Permis de conduire international (recommandé seulement)
✓ Certificat d'immatriculation du véhicule ou certificat de location
✓ Plaque d'identification nationale
✓ Justificatif d'assurance (carte verte)
✓ Passeport
✓ Procuration en cas d'utilisation du véhicule appartenant à un tiers

VITESSES LIMITES

✓ En agglomérations urbaines : 50
✓ Sur routes : 90
✓ Sur autoroutes : 130
Ces vitesses limites sont réduites par temps de pluie

URGENCES

✓ Téléphone police : 955
✓ Téléphone pompiers : 981
✓ Téléphone médecin d'urgence : 975
✓ Le numéro d'urgence européen 112 est valable en Roumanie
Hôpital **Spital** / *Police* **Poliţie**

RÉGLEMENTATIONS

✓ Vignette autoroutière. En vente auprès des bureaux de poste, des services des automobiles, des bureaux de douane, ainsi que des garages et stations d'essence. Montant annuel : 28 €
✓ Taux maximum d'alcool toléré dans le sang : 0 g
✓ Âge minimum des enfants admis à l'avant : 12 ans
✓ Âge minimum du conducteur : 18 ans
✓ Port de la ceinture de sécurité obligatoire à l'avant et à l'arrière
✓ Pneus cloutés interdits
✓ Triangle de présignalisation obligatoire
✓ Trousse de premiers secours obligatoire
✓ Extincteur recommandé
✓ Gilet de sécurité fluorescent recommandé

Pour téléphoner en Roumanie

Depuis la France et l'étranger : ☏ 00 40, puis l'indicatif du département sans le 0 initial, puis le numéro de votre correspondant

LEXIQUE

MOTS USUELS

Oui **Da** / *Non* **Nu** / *Bonjour (dans la journée)* **Bună ziua** / *Bonjour (le matin)* **Bună dimineaţa** / *Bonsoir* **Bună seara** / *Au revoir* **La revedere** / *S'il vous plaît* **Vă rog** / *Merci* **Mulţumesc** / *Excusez-moi* **Scuzaţi-mă** / *Santé !* **Noroc !** / *Manger* **Mânca** / *Boire* **Bea** / *Toilettes* **Toalete**

DIRECTIONS & TRANSPORTS

La droite **Dreapta** / *La gauche* **Stânga** / *Tout droit* **Drept înainte** / *Entrée* **Intrare** / *Sortie* **Ieşire** / *Autoroute* **Autostradă** / *Route* **Drum** / *Ville* **Oraş** / *Station-service* **Benzinărie** / *Essence* **Benzina**

PREMIERS CONTACTS

Je voudrais… **Aş vrea să…** / *Où se trouve…?* **Unde este…?** / *Parlez-vous français ?* **Vorbiţi francez ?** / *Je ne comprends pas* **Nu înţeleg** / *Pouvez-vous m'aider ?* **M-aţi putea ajuta ?** / *Combien ça coûte ?* **Cât costă ?**

Roumanie

7 jours - **7 ambiances**

➲ *Départ
de Bucarest*
➲ *7 jours
740 km*
**Carte Michelin
n° 738**

Grand-Place de Sibiu

Jour 1

À **Bucarest**, commencez par la visite de l'immense palais du Parlement, symbole gênant, devenu attraction. Pour apprécier la démesure des dimensions de l'ex-Maison du Peuple, restée inachevée, il faut en faire le tour à pied. Élevée sur un promontoire entre 1984 et 1989, elle a nécessité le travail de 400 architectes, de 20 000 ouvriers et a entraîné la ruine du pays. En dépit des commentaires blasés des guides et de l'aspect lacunaire de la visite, car seule une infime partie est accessible au public, la découverte des lieux s'avère intéressante. Du balcon, évaluez les dégâts causés sur le quartier par cette construction et glissez-vous derrière le décor en visitant le monastère Antim.

Un tour par la cour princière, au Hanul lui Manuc (caravansérail du 19e s.) et au musée d'Histoire vous fera remonter le temps. Puis, dans le quartier Lipscani, flânez sans craindre les voitures. Les façades délabrées ou rénovées cachent quelques trésors comme l'église Stavropoleos.

Jour 2

Après une promenade dans le parc Cişmigiu, entamez la remontée de la **Calea Victoriei** bordée de belles bâtisses. Puis, les collections roumaines du musée d'Art vous occuperont un bon moment, avant de poursuivre plus au nord. Au-delà du palais Cantacuzino, l'avenue débouche sur une place disproportionnée. De l'autre côté, ne manquez surtout pas le passionnant musée du Paysan roumain. Enfin, prenez le frais sous les arbres des rues chic autour de la strada Paris, ou au bord de l'eau, au musée du Village.

Jour 3

Prenez la E 60 en direction de la **vallée de la Prahova** qui serpente entre les monts Bucegi, à l'ouest, et Baiului, à l'est. Elle pourrait être nommée « vallée royale », car le roi Carol Ier y résida, dans le formidable château de Peleş à **Sinaia**, tout de pierre, de bois et de matériaux précieux. Le souverain entraîna à sa suite la haute société locale. Désormais vous rencontrerez surtout des randonneurs et des skieurs. Ils affluent tout au long de l'année pour profiter des spectaculaires reliefs et des forêts. Ne vous hasardez pas au plus profond de celles-ci car vous pourriez croiser ours, loups ou lynx. Ainsi, à **Buşteni** le téléphérique fait prendre de la hauteur et transporte ses voyageurs jusqu'à la cabane Babele, point de départ d'un long circuit pédestre. Profitez de votre fin de journée et de votre nuit à Braşov et ses environs.

Jour 4

À **Braşov**, le vieux quartier coloré autour de la Piaţa Sfatului et de l'église Noire mérite bien quelques heures. Zigzaguez ensuite entre la citadelle de Prejmer, l'église fortifiée de **Viscri** et Odorheiu Secuiesc, la magyarophone. Faites votre halte au camping de la cité médiévale de **Sighişoara**. La citadelle historique de cette dernière, d'allure très allemande, est sans conteste l'un des joyaux de la Transylvanie. L'unité architecturale à taille humaine et l'atmosphère paisible conjuguent leurs atouts pour vous retenir. Vous prendrez plaisir à flâner dans ces ruelles calmes.

Jour 5

La jolie route 14 qui traverse les collines de Sighişoara à Sibiu invite à de multiples étapes et détours. Ainsi le superbe village de **Biertan** est largement ouvert au tourisme. Juchée sur une colline et entourée d'une double enceinte, l'église-halle (1493-1522) fut la dernière de ce type construite en Roumanie, avec ses trois nefs de hauteurs identiques. À l'intérieur, vous remarquerez la chaire en pierre sculptée, les fines nervures des voûtes et, surtout, le retable

peint (1524). Vous pouvez ensuite vous arrêter aux citadelles de **Moşna**, **Băgaciu** et **Boian**, à la belle cité de **Mediaş** et à l'église de **Slimnic**.

Jour 6

Une journée permet de découvrir tranquillement **Sibiu** la Saxonne, ses places charmantes, ses musées Brukenthal et Dumbrava.

La cité a la réputation d'être la plus belle du pays, un titre qui n'est certes pas usurpé. Une ville haute et une ville basse enchevêtrées avec bonheur, des ruelles bordées de vieilles

façades aux teintes pastel, des toits de tuiles rouges percés de lucarnes délicatement ourlées, une atmosphère particulière... Tout contribue à la séduction qu'exerce Sibiu sur le visiteur.

Jour 7

Prenez la E 81 vers **Râmnicu Vâlcea** en vous arrêtant dans les monastères de la vallée de l'Olt. De là, revenez vers Bucarest via les anciennes capitales. **Curtea de Argeş** aligne ses beaux trésors orthodoxes et valaques. Passé Câmpulung, vient **Târgovişte** et sa cour princière bien conservée.

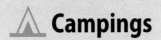

Campings

Blăjel

⚠ Camping de Blăjel
Str. Tudorvladimirescu 87/89
📞 40 (0)269 851079
jo_stijnen2@hotmail.com
D'avr. à fin-sept. 0,5 ha (15 empl.)
Loisirs : 🎿 (petite piscine)
Services : 🛉 ☺ 🏕 ⏚ 🍴
☺ Transports en commun à proximité du camping.

Bran

⚠ Vampirecamping
Str. Sohodol 77C
📞 40 (0)268 238430
info@vampirecamping.com
D'avr. à fin-oct. 3 ha (200 empl.)
Loisirs : 🚐 🚲 Excursions organisées (juil. à mi-août)
Services : 🛉 🍴 📷 ⏚🍷 ✗ snack, pizzeria

Brașov

⚠ Complex Darte
Calea Bucuresti 285
📞 40 (0)268 339967
camp.dirste@deltanet.ro
De mi-avr. à mi-oct. (260 empl.)
Services : ⛽ 🛉 ☺ 🏕 ⏚ 📷 ⏚✗

București/Bucarest

⚠ Casa Alba
Aleea Privghetorilor 103/Padurea B
📞 40 (0)212 304525
info@casaalba.ro
Permanent (40 empl.)
Services : ⛽ ☺ 🏕 ⏚✗
☺ Transports en commun pour le centre-ville.

Cârța

⚠ De Oude Wilg
Str. Prundului 311
📞 40 (0)723 186343
de_oude_wilg@yahoo.com
Permanent 1 ha (30 empl.)
Loisirs : 🚲 canoë
Services : ⛽ 🛉 ☺ 🏕 ⏚ 📷 sèche-linge
☺ Transports en commun à 300 m.

Cisnădie

⚠ Ananas
Str. Cimitirului 32
📞 40 (0)269 566 066
De mi-mai à fin-sept. 1 ha (30 empl.)
Loisirs : ⛳🏇 🐎 (centre équestre)
Services : ⛽ ☺ 🏕 ⏚
☺ Transports en commun proche du camping.

Dărmănești

⚠ Trotus Valley
Calea Trotusului 272
📞 40 (0)234 374 705
De mi-avr. à mi-oct. 1 ha (60 empl.)
Services : 🛉 🍴 ⏚ ✗ Barbecue collectif

Le conseil de Bib

▶ Si vous avez des difficultés pour stationner, n'hésitez pas à demander aux habitants, ils se feront un plaisir de vous indiquer un lieu sûr, voire de vous inviter chez eux. De nombreuses auberges ou tables d'hôtes chez l'habitant offrent aussi la possibilité de faire halte sur leur parking.

Carnet pratique

Les bonnes **adresses** de Bib

Office de tourisme de Bucarest
Centrul de informare turistica – *Pasajul Piata Universitatii* - ✆ *305 550, puis code 1605.*

Braşov

Taverna Sarbului
Str. Republicii nr. 55 (au fond de la cour) - ✆ *410 222 - www.tavernasarbului.ro - 9h-0h - 30 lei.*
Cette taverne serbe à l'ambiance animée par les célèbres fanfares de Goran Bregović propose des spécialités roumaines, serbes et hongroises dans une atmosphère chaleureuse. Vous pourrez y déguster notamment de délicieuses saucisses paysannes aux haricots blancs ou un fromage très épicé. Vin en carafe.

Bucureşti /Bucarest

Burebista
Calea Moşilor nr. 195 - ✆ *210 9704 - 12h-0h - 50 lei.*
Le décor en bois et les peaux de bêtes annoncent la couleur : ici vous êtes en territoire carnivore. Les classiques plats roumains et le gibier sont bien préparés et servis en portions généreuses.

Caru' cu Bere
Str. Stavropoleos nr. 3 - ✆ *313 7560 - lun.-jeu. et dim. 8h-0h, vend.-sam. 8h-2h - 20/30 lei.*
Le décor vaut à lui seul les nombreux essais qu'il faut en général tenter avant d'obtenir une table libre. Sous les boiseries et les vitraux néogothiques de ce lieu historique, vous dégusterez une bonne cuisine roumaine à des « tarifs démocratiques ». Le menu du jour et les excellents papanaşi sont particulièrement intéressants.

Mesogios
Str. J.-L. Calderon nr. 49 - ✆ *313 49 51 - 12h-0h - 60 lei.*
Dans un cadre très agréable, où parquet, poutres et couleurs se combinent de belle façon, on déguste les meilleurs plats de poissons et de fruits de mer de la ville.

Artisanat
Il est plus intéressant de faire ses achats auprès des artisans lors de votre périple à travers le pays. À Bucarest, les meilleures boutiques se trouvent au musée du Village (Şos. Kiseleff nr. 28 - ✆ 222 9106 - 9h-19h, lun. 10h-17h) et au musée du Paysan roumain (Şos. Kiseleff nr. 3 - ✆ 650 53 60 - mar.-dim. 10h-18h). Vous y trouverez un grand choix de livres, de vêtements, d'objets en bois, d'icônes et de céramiques, à des prix très élevés.

Ateliers-verreries
La rue « des selliers » abrite divers magasins d'artisanat du verre : Coman Design (Str. Şelari nr. 18 - ✆ 312 1151 - lun.-vend. 9h-19h), Sticerom (Str. Şelari nr. 9 - ✆ 314 9492 - lun.-sam. 9h-18h, sam. 15h).

Marché
Piaţa Obor – Quartier Obor (métro : Obor).
En général ouvert tous les jours. Cet immense marché-bazar, en travaux pour quelques années, est le plus grand de la ville. Une « visite » de ce labyrinthe de vêtements made in China, de quincaillerie, de fruits et légumes odorants, est une vraie plongée dans le Bucarest populaire. Dans le même genre, voyez les petits marchés de quartier : Piaţa Traian (Calea Călăraşilor/Str. Traian), Piaţa HaralambieBotescu (Str. Berzei).

Curtea de Argeş

Camino
Str. Negru Voda nr. 5 - ✆ *728 020 -www.hotelcamino.ro - 7h30-22h30 - 33 lei.*
Le bâtiment n'est pas beau, mais la cuisine roumaine attire tous les mariages de la ville.

Crama Basarabilor
B-dul Basarabilor nr. 106 - ✆ *0720 062 640 -11h30-0h - 120 lei.*
Au début de la rue principale, grande terrasse en été, salle à l'étage tout en bois et carte roumaine classique. Préparations et service inégaux.

Sinaia

Bucegi
B-dul Caril I - ✆ *313 902.*
Une adresse sans prétention pour déguster des classiques locaux.

Smart
Str. Theodor Aman nr. 16 - ✆ *312 288 - 8h-22h30 - 50 lei.*
Dans un décor moderne-folklorique réussi, on vous sert une cuisine roumaine correcte.

Târgovişte

Belvedere
Str. Al. I. Cuza - ✆ *212 726 - 10h-0h - 35 lei.*
Outre le décor chaleureux, on apprécie ici la qualité du service, les portions généreuses et le menu varié : spécialités roumaines ou internationales, pizzas, salades, belle carte de desserts et de vins, à des tarifs très abordables. La salle à l'étage est souvent bondée. Dommage que la musique soit si forte.

Entre plaine et mer

➲ **Départ
de Constanța**
➲ **9 jours
495 km
Carte Michelin
n° 738**

Casino de Constanța

Jour 1

Le petit centre historique de **Constanța** donne sur les flots et le port depuis sa péninsule surélevée. Populaire, tellement méditerranéen, un peu oriental, il se parcourt avec nonchalance. Ruines antiques, mosquées et façades du 19e s. s'enchaînent. Au musée national d'Histoire et d'Archéologie, vous pourrez admirer, entre autres, de belles pièces grecques et romaines, ainsi que Glycon, sculpté au 3e s., divinité protectrice énigmatique, aujourd'hui symbole de la ville.

Jour 2

Mangalia, l'autre ville du littoral, est aussi le deuxième port roumain. Dans son centre animé, on retrouve quelques vestiges de son ancêtre, Callatis. Fondée par les Grecs au 6e s. av. J.-C., cette cité prospéra grâce aux échanges commerciaux en temps de paix, puis déclina au fil des conflits, au point de disparaître au 7e s. Elle connut un nouvel essor au 16e s. sous le nom de Mangalia. Dans les années 50, la ville était prisée des curistes qui venaient pour la thalassothérapie et les eaux sulfureuses.

Jour 3

La route vous permet ensuite de quitter Mangalia pour partir à la découverte d'une région oubliée. À **Adamclisi**, un monument et un musée rappellent le passage de Trajan. Plus loin, l'église blanche du monastère **Sf. Andrei** (St-André) apparaît au milieu d'une clairière, qui abrite également une grotte, considérée comme le premier lieu de culte de Roumanie. Elle aurait servi de retraite au saint apôtre André. Après la visite, prenez la belle route 223 en direction de Cernavodă. Elle longe sporadiquement le Danube à travers les collines, les vignobles et des bourgs très modestes comme Dunăreni et Aliman. Revenez vers **Constanța** par la route 22 C.

Jour 4

La E 87 vous mène à **Histria**, la plus ancienne cité antique du pays et la mieux conservée. Un affichage en anglais et en roumain décrit les différentes ruines : thermes et place dallée de l'époque romaine, mur grec, magasins. Via Sinoie 28 et Baia, vous parvenez au village de pêcheurs lipovènes de **Jurilovca**, au bord du lac Razim. Les collines nues et la citadelle d'Enisala dominent de grandes étendues de roseaux annonçant le delta. Après un écart par **Babadag** la musulmane (à voir musée et mosquée), ralliez Murighiol ou Dunavățu de Jos pour passer la nuit au sein de ces paysages de tourbière.

Jour 5

Laissez votre camping-car à **Murighiol** pour explorer le bras sud du Danube à **Sf. Gheorghe**, en reliant cette localité du bout du monde en ferry ou en sillonnant les environs en barque. La bourgade de 1 000 habitants est isolée entre le débouché du Danube dans la mer Noire et une interminable plage. De jolies maisons aux porches byzantins s'organisent autour de rues sableuses. L'absence d'édifice remarquable oblige à se concentrer sur la vie de la population et de la faune : pêcheurs, vaches errantes, cigognes attentives. Vous dégusterez chez l'habitant de délicieux plats de poisson.

Jour 6

Gagnez **Tulcea**, porte d'entrée du delta. Musées, agences, commerces et restaurants tout est là pour la découverte des lieux. Si le centre-ville aligne ses blocs sans originalité, les collines alentour comptent de vastes bourgs, noyés dans la verdure. Le Danube, dont la ville épouse les courbes, prend ici un dernier élan avant de s'éparpiller en éventail dans sa course vers la mer. Les berges ont été aménagées en large quai-promenade (Str. Portului ou Faleza Dunării) où il fait bon regarder le ballet des embarcations en tout genre.

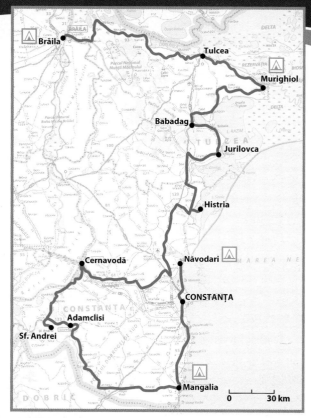

Jours 7 et 8

Vous pourrez prévoir deux jours pour naviguer sur le bras de **Sulina**. Devant vos yeux, l'agglomération oubliée déroule ses maisons urbaines et traditionnelles, ses usines, sa vaste église et ses grues rouillées. Le vent soulève la poussière et balaye quelques jolies façades, souvenirs d'un passé plus glorieux. Un kilomètre de piste mène à la mer, à travers une étendue de sable où affleure une herbe drue et salée que broutent les vaches et les chevaux.

Jour 9

De retour à Tulcea, suivez la route 22 où collines en terrasses, petits monastères et vestiges antiques se succèdent. Franchissez le Danube en bac à Smârdan, pour rejoindre **Brăila**, la cité de Panaït Istrati. Son opulence passée s'affiche sur les belles demeures qui bordent ses rues endormies. Au 19e s., les négociants de toute l'Europe se croisaient ici, s'enrichissaient grâce aux céréales de la plaine de Munténie et exploitaient des esclaves rom. Les axes pavés, mi-urbains, mi-ruraux, autour de la piaţa Traian et de la strada Eminescu réservent des surprises aux promeneurs. Sur la place, une horloge bleue voisine avec l'église des St-Archanges, aménagée dans une ancienne mosquée.

Roumanie

⛺ Campings

Bräila

⛺ Donaris
DN 21
☎ 40 (0) 239 626919
casadonaris@yahoo.com
De mi-mai à fin-sept. 1,2 ha (50 empl.)
Services : ⚬━ 🍷

Mangalia

⛺ Popas Zodiac
Gala Galaction 49 - Statiuna Jupiter
☎ 40 (0) 241 731404
sperantacar@hotmail.com
De mi-avr. à fin-oct. 2 ha (400 empl.)
Loisirs : 🎣 ⚊ (plage)
Services : ⚬━ 🔲 ☺ 🚿 ⚼ 🔲 🍷

Murighiol

⛺ Camping Lac Murighiol
Rte de Tulcea
☎ 40 (0) 788 41210678
contact@campinglacmurighiol.ro
www.campinglacmurighiol.ro
Permanent (40 empl.)
🚐
Loisirs : Visite du delta en bateau.
Services : ⚬━ 🔲 ☺ 🚿 ⚼ 📶 🔲 ✕
☺ La découverte du delta en bateau avec Octavian,
maître des lieux.

Le conseil de Bib

▶ Les routes principales sont en général de bonne qualité mais le réseau secondaire est parfois très dégradé. Attention aux nombreuses ornières ainsi qu'aux bordures qui peuvent être dangereuses.

Năvodari

⛺ Popas Hanul Piratilor
Mamaia - Sat
☎ 40 (0) 241 831702
Permanent5 ha (2000 empl.)
Loisirs : ⚊ (plage)
Services : ⚬━ 🔲 ☺ 🚿 ⚼ 🍷 ✕

⛺ GPM Holidays
DN 68 - Mamaia
☎ 40 (0)241 831002
gpm_camping@yahoo.com
De mai à fin-sept. 5 ha (600 empl.)
Loisirs : snack 🎣 ⚊ (plage) ⚲
Services : 🔲 ☺ 🚿 ⚼ 📞 🔲 ⚊

© Lili et Octavian Glodian
Camping Lac Murighiol

Les bonnes **adresses** de Bib

Brăila

Casa Bolta Rece
Str. Rece nr. 10 - ℰ 212 255 - www.casaboltarece.ro - 8h-0h - 30 lei.
La maison est belle (style traditionnel) et le jardin agréable. Vous y savourerez peut-être d'excellents sarmale ou papanași, mais le service peut s'avérer en dessous de tout.

Casa Lavric
Str. Sf. Atanasie nr. 21 - ℰ 229 960 - 12h-0h (lun. 15h) - 42 lei.
Maison ocre, terrasse fleurie, cette adresse recherchée propose des spécialités locales et internationales.

Constanța

Q's Inn
B-dul Ferdinand nr. 7 - ℰ 075 580 880 - 8h-22h - 15 lei.
Tout est là pour composer un excellent repas à emporter, de l'entrée au dessert. Vaste choix (cuisine locale de qualité), serviettes et couverts fournis.

Amster's
B-dul Tomis nr. 55 - ℰ 511 499 - 10h-0h - 20-30 lei.
Vous choisissez parmi des préparations de poulet et de pâtes, dans une ambiance et un décor de pub.

On plonge
Portul Tomis - ℰ 0729 006 832 - 10h30-0h - 48-55 lei.
Derrière des vitres bleues qui évoquent un aquarium, on contemple le port tout en dégustant des plats de poissons corrects.
Achats : La strada Ştefan cel Mare est le grand axe commercial de Constanța. Le Tomis Mall y rassemble les enseignes connues. En continuant, vous trouverez un grand supermarché (Mega Image), une vinothèque (nr. 72) et, à l'écart, le marché et son ambiance bien plus pittoresque.

Tulcea

Delta du Danube
Les pensions du delta proposent le gîte et le couvert (souvent d'excellente qualité) et acceptent le stationnement des camping-cars. Il faut compter avec eux car il existe peu de restaurants. À Tulcea, ravitaillez-vous dans les supermarchés, marchés ou au Simigerie – Pâtisserie (Str. Babadag - près de Trident) où l'on fait la queue pour acheter les covrigi, plăcinte et börek sortant du four.

Le conseil de Bib

▶ **ORNITHOLOGIE** : à l'aide de jumelles, vous pourrez observer plusieurs espèces durant vos déplacements dans le delta. Pour une observation sérieuse, préférez les mois de mai, juin et octobre, périodes des migrations, et faites-vous conduire (pêcheur, agence) dans les sites autorisés.

Pêche . le permis s'achète à Tulcea. Informations sur les saisons de pêche, les zones autorisées, les excursions sur www.turism.ro.

Le grand Ouest

➲ **Départ
de Timişoara**
➲ **8 jours
1 055 km
Carte Michelin
n° 738**

*Cluj-Napoca
et ses clochers*

Jour 1

Célèbre pour avoir joué un rôle décisif au cours de la révolution de 1989, **Timişoara**, la « Petite Vienne », est une cité dynamique en plein essor économique, à la fois universitaire et cosmopolite. Aussi nommée la « ville des roses » pour ses nombreux jardins, elle s'emploie à mettre en valeur son superbe centre historique, dont les immeubles baroques et Sécession occupent le territoire de la forteresse impériale, construite par les Autrichiens au 18ᵉ s.

Jour 2

Par les routes 6 et 68 A, vous rejoignez **Deva** et sa citadelle. Celle-ci culmine à 371 m sur une colline aujourd'hui classée réserve naturelle. Plus au sud, à **Hunedoara**, se dresse un spectaculaire château. Avant d'emprunter le pont de bois au-dessus de la Cerna, vers la porte percée dans une tour massive, détaillez la façade de l'édifice et, notamment, la superbe série de poivrières. Poursuivez votre chemin sur la route de **Haţeg** qui traverse une campagne souriante et vallonnée puis jusqu'à l'originale petite église de **Densuş**, construite avec les pierres de la cité romaine voisine.

Jour 3

Il faut prendre le temps de quitter la route 7 (dir. Alba Iulia) pour apprécier les plus beaux vestiges du royaume des Daces, au sud d'**Orăştie**. Avant d'entamer cette balade, sachez que ces sites, aujourd'hui classés au patrimoine mondial de l'Unesco, sont difficiles d'accès. Les plus courageux peuvent gagner à pied Sarmizegetusa Regia (4h30 de marche environ). Fondée au 1ᵉʳ s. av. J.-C., cette cité nichée à 1 200 m d'altitude fut la capitale de Decebal. La route 7 continue vers **Sebeş**, petite cité saxonne dont l'église évangélique abrite un retable du 16ᵉ s. La journée s'achève à **Alba Iulia**, qui occupe une place particulière dans le cœur des Roumains : ici fut proclamée l'unification du pays, le 1ᵉʳ décembre 1918.

Jour 4

Les petites routes de l'est des Apuseni traversent de charmants villages et paysages : Ighiu, Teiuş, monastère de Râmeţ, Aiud. Puis, une fois les gorges de Vălişoara dépassées, vous atteignez la vallée bucolique de Rimetea où il fait bon s'arrêter pour la nuit.

Europe orientale

Jour 5

Après cette halte enchantée, faites un aller-retour vers **Cluj-Napoca**, phare économique, universitaire et culturel, favorisé par Matei Corvin, roi de Hongrie, puis par les Habsbourg. Malgré un premier moment de consternation provoqué par le bruit et la circulation, Cluj se révèle sous son véritable visage : celui d'une ville animée dont le centre historique recèle nombre de trésors. Parmi eux, la cathédrale St-Michel, symbole et cœur de la cité où fut baptisé Matei Corvin. Église-halle, c'est-à-dire dont les trois nefs sont de même hauteur, ce sanctuaire donne une impression de grandeur à laquelle contribue l'austérité du décor intérieur.

Jours 6 et 7

En suivant les routes 75 et 76 le long de la vallée de l'Arieş, vous pénétrez dans le pays des Moți. Le musée de Lupşa est une bonne introduction à cette région d'élevage où des fermes isolées égaient un superbe paysage de montagnes. Autour de **Beiuş**, qui accueille les foires locales, des églises en bois se dressent dans chaque hameau. Pour la plupart construites par des charpentiers locaux au 18e s., elles furent souvent décorées par un peintre itinérant originaire de Valachie, David Zugravul. Un détour par le plateau de Padiş, paradis des spéléologues, permet d'admirer de spectaculaires formations karstiques. À Pietroasa, la route s'arrête pour laisser la place à un sentier forestier. Difficilement praticable en voiture, il remonte la vallée d'un torrent, affluent du Criş Noir. Il faut être un marcheur expérimenté – et mieux vaut partir accompagné – pour découvrir les environs. Gouffres, avens, canyons et grottes, telle la citadelle de Ponor où se dissimule une rivière souterraine, composent un paysage tourmenté, rendu plus inquiétant par d'épaisses forêts. Ainsi s'explique pourquoi les Apucènes se sont révélés des refuges inexpugnables pour les révoltés qui y luttèrent jadis.

Jour 8

Quittez les Apucènes par la E 79 en direction d'**Oradea**. La cité multiethnique s'offre à vous avec ses édifices baroques et ses innombrables façades nées de l'imagination florissante des architectes des années 1900. La vaste place de l'Union constitue l'un des plus beaux ensembles architecturaux du pays. Deux monuments en particulier attirent l'attention : la baroque église de la Lune et le Palais de l'Aigle noir, immense ensemble Art nouveau au décor polychrome et aux ondulations audacieuses. Un arrêt s'impose pour profiter des bains chauds de la station thermale de **Băile Felix**. Regagnez ensuite **Timişoara** via **Arad** par les routes 79 et 69.

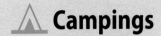 Campings

Sânmartin

🏚 Apollo
Accès : 10 km au sud d'Oradea par E 79.
📞 *40 (0)740 391 879*
contact@campingapollo.ro
www.campingapollo.ro
Permanent 1 ha (30 empl.)
🚐
Loisirs : 🚣 🖼 🔱
Services : 🔑 🍴 🔲

Ghioroc

🏕 Camping Route Roemenie
Sat Minis 298
📞 *40 (0)257 461 359*
sharon.rose@dntar.ro
D'avr. à fin-sept. 0,5 ha (14 empl.)
Loisirs : 🏊 (plan d'eau)
Services : 🔑 ✗
🌐 Petit camping géré par un couple hollandais.

Gilău

🏕 Eldorado
DN 1 - E 60
📞 *40 (0) 264 371 688*
info@campingeldorado.com
De mi-avr. à mi-oct.
🚐
Loisirs : 🚣 🐚 Promenades guidées en juillet et août
Services : 🔑 🍴 ☺ 🚰 📶 📞 🔲 sèche-linge 🔧✗

Lipova

🏕 Camping Baile Lipova
Str. Lugojului 50
📞 *40 (0)257 563 139*
www.baile.lipova.dntar.ro
Permanent (50 empl.)
Loisirs : 🚣
Services : ☺ 🚰 🔨 🔲

Orăştie

🏕 Aurel Vlaicu
Str. Principala 155
📞 *40 (0)254 245 541*
aurelvlaicu@email.ro .
www.campingaurelvlaicu.lx.ro
De mi-avr. à fin-sept. 0,7 ha (40 empl.)
Loisirs : 🏇 🚴 🐚
Services : 🍴 🔲 sèche-linge 🔧✗
🌐 Transports en commun proche du camping.

Timişoara

🏕 International
Aleea Padurea Verde 6
📞 *40 (0)256 208 925*
campinginternational@yahoo.com
Permanent 4,5 ha (100 empl.)
Loisirs : 🚣 tennis de table
Services : 🔑 🍴 ☺ 🚰 lave-vaisselle ✗
🌐 Transports en commun à proximité du camping.

Săliştea

🏕 Salisteanca
Strada Baii 13
📞 *40 (0)269 553 121*
iulian_parau@yahoo.com
De mi-avr. à fin-oct. 0,2 ha (15 empl.)
Loisirs : 🚐 🏇 (centre équestre), excursions organisées 2 fois par semaine de juin à sept.
Services : 🔑 🍴 ☺ 🚰 🔨 🔲

Sebeş

🏚 Poarta Oilor
Str. M. Eminescu 573 - Garbova
📞 *40 (0)258 748 001*
Permanent 4 ha (30 empl.)
🚐
Loisirs : 🚣 🚴 🏸 🏊 🐚 trampoline
Services : 🔑 🍴 ☺ 🚰 🔨 📶 🔲 sèche-linge
🍷 ✗ snack

Carnet pratique

Les bonnes **adresses** de Bib

Jackson Heights
P-ța A. Iancu nr. 9 - 𝒸 0744 600 487 - 10h-0h - 52 lei.
Salle agréable, service stylé, belle carte de vins et cuisine magyaro-roumaine ou franco-italienne au choix. Le gulaș, délicieux, est accompagné d'une polenta merveilleuse de finesse.

Cluj-Napoca

Casa Ardeleană
B-dul 21 Decembrie 1989 nr. 5 (à l'entrée du centre commercial Sora en sous-sol) - 𝒸 439 451 - 12h-0h - 20-30 lei.
Installée dans un sous-sol au décor plus rustique que nature et à l'agréable mobilier peint, la « Maison Transylvaine » propose des plats traditionnels, mijotés au four à bois. Une sympathique adresse, à deux pas du centre.

Agape
Str. Iuliu Maniu nr. 6 - 𝒸 406 523 - 12h-23h - 35 lei.
Au rez-de-chaussée de l'hôtel, sous une verrière Art nouveau, un self-service propose des spécialités hongroises. À l'étage, pas moins de quatre salles décorées avec goût vous accueillent pour y déguster des spécialités transylvaines, à moins que vous ne préfériez la cuisine magyare, dans le superbe salonul Mátyas Király – musique traditionnelle en prime.

Oradea

Taverna
Str. Mihai Eminescu nr. 2 - 𝒸 0359 800 238 - 12h-0h - 40 lei.
En sous-sol, plats traditionnels hongrois et roumains. Menu du jour au déjeuner.

Timișoara

The Tunnel
Str. Mărășești nr. 12 - 𝒸 295 318 - 18h-22h - 32 lei.
Grande taverne dans une cave voûtée. Spécialités roumaines et menu du jour.

Stradivarius
P-ța Unirii - 𝒸 9h-0h - 28 lei.
Petite restauration et plats du jour dans une ambiance jeune et animée.

Karadorde
Str. Gheorghe Lazăr nr. 2 - 𝒸 430 712 - 12h-23h -41 lei.
Près de l'église serbe, en sous-sol, un restaurant serbe où vous pourrez déguster les emblématiques čevapčici, rouleaux de viande hachée passés au grill. Des spécialités plus raffinées sont disponibles sur commande (4h).

LLoyd
P-ța Victoriei nr. 2 - 𝒸 294 949 - 60 lei.
Cette brasserie a investi une vaste salle au décor Art nouveau (vitraux, lustres, miroirs) à dominante verte, au pied du palais du même nom. Cuisine italo-magyaro-roumaine et service professionnel.

Bastion
Str. Popa Șapcă nr. 4- 𝒸 201 268 - 12h-23h - 48 lei.
Un des restaurants établis dans le bastion Marie-Thérèse. Des spécialités roumaines sont servies dans un agréable décor rustique, sous des voûtes de brique.

Index des localités

Index des localités

Index des localités

Index des localités

Index des localités

Index des localités

Index des localités

Index des localités

Manufacture française des pneumatiques Michelin
Société en commandite par actions au capital de 504 000 004 EUR
Place des Carmes-Déchaux - 63000 Clermont-Ferrand (France)
R.C.S. Clermont-Fd B 855 200 507

Dépôt légal : Décembre 2011
Compogravure : Archipel studio, à Paris
Imprimeur : G. Canale & C. Spa, à Borgaro Torinese
Imprimé en Italie : Décembre 2011
Sur du papier issu de forêts gérées durablement